Winfried Steffani

Parlamentarische und präsidentielle Demokratie

Winfried Steffani

Parlamentarische und präsidentielle Demokratie

Strukturelle Aspekte westlicher Demokratien

Springer Fachmedien Wiesbaden

CIP-Kurztitelaufnahme der Deutschen Bibliothek

Steffani, Winfried:
Parlamentarische und präsidentielle Demokratie:
strukturelle Aspekte westl. Demokratien / Winfried
Steffani. — Opladen: Westdeutscher Verlag, 1979.
ISBN 978-3-531-11476-7

© 1979 Springer Fachmedien Wiesbaden
Ursprünglich Erschienen bei Westdeutscher Verlag, Opladen 1979

Umschlaggestaltung: Horst Dieter Bürkle, Darmstadt
Satz: Vieweg, Braunschweig
Druck und buchbinderische Verarbeitung: Lengericher Handelsdruckerei, Lengerich

ISBN 978-3-531-11476-7   ISBN 978-3-663-14351-2 (eBook)
DOI 10.1007/978-3-663-14351-2

INHALT

VORWORT

Die westlichen Demokratien sind ihren Strukturmerkmalen nach pluralistische Demokratien. Damit ist vor allem dreierlei ausgesagt: Ihre Bürger können sich auf unveräußerliche, auch Minderheiten schützende Grundrechte berufen, zu denen das Recht der freien Gründung von Parteien und Interessengruppen aller Art gehört. Zum zweiten verfügen die Parteien und Interessengruppen über die Befugnis, nach freiem Ermessen zu bestimmen, in welcher Art und Intensität sie miteinander konkurrieren und kooperieren wollen. Dazu zählt insbesondere das fundamentale Recht zur Bildung und Praxis von parlamentarischer und außerparlamentarischer Opposition; denn „die Frage nach der praktizierbaren Freiheit in einem politischen System ist identisch mit der Frage nach der Freiheit und realen Wirkungschance politischer Opposition."[1] Drittens befinden sich in den pluralistischen Demokratien die Prinzipien der Demokratie und der Gewaltenteilung nicht in einem Verhältnis unaufhebbarer Spannung. Gewaltenteilung wird hier vielmehr als organisatorischer Ausdruck des pluralistischen Demokratieverständnisses interpretiert.[2]

Im modernen politischen Gemeinwesen stehen sich nicht — wie in der bürgerlichen Gesellschaft des 19. Jahrhunderts — Staat und Gesellschaft in nahezu unvermittelter Form gegenüber, wobei der Staat das Prinzip des Öffentlichen und die Gesellschaft das des Privaten repräsentiert und das politische System weitgehend mit dem Staat identifiziert wird. In den westlichen Demokratien der Gegenwart bildet vielmehr das politische System als der Bereich politischer Öffentlichkeit die Staat und Gesellschaft verbindende Klammer.

Das Staat und Gesellschaft verbindende politische System, zu dem die gesamte staatliche Organisation mit all ihren Ämtern und Entscheidungsorganen gehört, ist heute in die Gesellschaft integriert. Parallel mit der Ausweitung des allgemeinen Wahlrechts haben Parteien, Interessengruppen und Massenmedien diese Ausweitung des politischen Systems in die Gesellschaft hinein bewirkt und gefördert. Sobald Parteien, Interessengruppen, sonstige Bürgerinitiativen und Bürgeraktionen, die Presse und andere Kommunikationsmedien am politischen Willensbildungs- und Entscheidungsprozeß mitwirken — auf ihn Einfluß nehmen und zwischen den staatlichen Organen und der gesamten Gesellschaft kommunikativ-vermittelnd bzw. selbstverwaltend oder in Form von Selbsthilfeaktivitäten tätig werden —, sind sie Teil des politischen Systems.

---

1 Siehe unten S. 237.
2 Vgl. hierzu meinen Aufsatz „Monistische oder pluralistische Demokratie? Zugleich eine Auseinandersetzung mit Schelsky's Demokratie-Thesen", in: Günther Doecker und Winfried Steffani (Hrsg.), Klassenjustiz und Pluralismus — Festschrift für Ernst Fraenkel zum 75. Geburtstag, Hamburg 1973, S. 482—514. Vgl. auch den Beitrag „Demokratie und Legitimation", unten S. 103 ff.

Dabei stehen die politischen Parteien im Zentrum des politischen Systems. Als Erscheinungen des gesellschaftlichen und politischen Pluralismus durchdringen sie heute die staatlichen Entscheidungsstrukturen in einem Ausmaße („Parteienstaat"), daß dies entscheidende Auswirkungen auf die Gewaltenteilung haben muß.

Soweit Gewaltenteilung als Strukturprinzip staatlicher Organisation zum Tragen kommt, kann zwischen einer horizontalen und einer vertikalen Gewaltenteilung unterschieden werden. Unter vertikaler Gewaltenteilung werden die Kompetenzabgrenzungen und Kontrollbeziehungen in territorialer, vornehmlich bundesstaatlicher Hinsicht verstanden: Föderalismus als Gewaltenteilungsprinzip. Horizontale Gewaltenteilung bezieht sich demgegenüber auf funktionale Differenzierungen (wie Regelsetzung, Regelanwendung und Streitentscheidung), institutionelle Kompetenzabgrenzungen, Kontrollbeziehungen und wechselseitige Abhängigkeiten zwischen verschiedenen staatlichen Entscheidungsinstanzen. In einem politischen Willensverband sind die je getroffenen bzw. vorfindbaren Kombinationen horizontaler und vertikaler Gewaltenteilung für die Verhaltens-, Organisations- und operativen Verfahrensweisen der Teilhaber am politischen Entscheidungsprozeß von systemprägender Relevanz. Die Prinzipien des Pluralismus[3], Föderalismus und der Gewaltenteilung bedingen einander.

Hierbei verdient im Rahmen der horizontalen Gewaltenteilung das Verhältnis zwischen Parlament und Regierung besondere Aufmerksamkeit, denn eine Analyse dieses Verhältnisses und seiner Konsequenzen ist Voraussetzung dafür, daß vor allem die Rolle der Parteien im politischen Prozeß erfaßt und zutreffend gewertet werden kann. Demzufolge bilden auch Regierungssystem und Parteiensystem stets eine engstens aufeinander bezogene politische Wirkungseinheit. Unter den mannigfachen Organisationsformen, in denen das Verhältnis von Parlament und Regierung üblicherweise gestaltet wird, haben sich im Laufe der historischen Entwicklung zwei Grundformen herausgebildet, für die sich in der vergleichenden Regierungslehre unter bzw. neben dem Schlagwort oder Leitbegriff „Parlamentarismus" die Formeln parlamentarisches und präsidentielles Regierungssystem eingebürgert haben. Auf die westlichen Demokratien übertragen wird in diesem Zusammenhang von parlamentarischer und präsidentieller Demokratie gesprochen. Dem Verhältnis von Parlament und Regierung wird demnach in der vergleichenden Regierungslehre traditionellerweise ein so hoher Stellenwert eingeräumt, daß die zur Kennzeichnung dieses Verhältnisses entwickelten Begriffe gleichzeitig dazu dienen, die für die westlichen Demokratien typischen Grundstrukturen der politischen Entscheidungsverfahren auf eine Kurzformel zu bringen.

Wie den hier knapp skizzierten Hinweisen zu entnehmen ist, verweisen die Begriffe parlamentarische und präsidentielle Demokratie auf komplexe Zusammenhänge und grundlegende Strukturprobleme institutioneller Entscheidungsabläufe in den westlichen Demokratien. Der damit angedeuteten komplexen Thematik sind die folgenden Abhandlungen gewidmet. Obgleich die einzelnen Kapitel des Bandes während eines

---

3   Zur neueren politologischen Pluralismusdiskussion jetzt vor allem Hans Kremendahl: Pluralismustheorie in Deutschland − Entstehung, Kritik, Perspektiven, Leverkusen 1977, sowie Winfried Steffani „Pluralismus − Konzeptionen, Positionen, Kritik", in: Pluralismus, Reihe Politische Bildung, Heft 1, 1977, S. 3−33.

Zeitraumes von fünfzehn Jahren als eigenständige Studien entstanden sind, bilden sie doch insgesamt ein einheitliches Ganzes. Soweit aufgrund der langjährigen Entstehungsweise des Buches hier und da Überarbeitungen angebracht erschienen — um die Verbindung zwischen den einzelnen Kapiteln sicherzustellen, Wiederholungen auszuschließen oder auf ein unvermeidliches Minimum zu reduzieren, wo erforderlich neuere Daten, Literaturhinweise und Überlegungen in den Text oder die Anmerkungen aufzunehmen — sind sie doch so knapp wie möglich gehalten worden. Zurückhaltung in der Überarbeitung schien vor allem in den Fällen geboten, wo es sich um Beiträge handelt, die bereits in thematisch spezifizierten Sammelbänden abgedruckt worden sind oder sonst häufiger zitiert werden[4]. In anderen Fällen konnte großzügiger verfahren werden, was z.B. für den zweiten und dritten Beitrag gilt, deren Manuskripte bisher noch nicht veröffentlicht wurden.

Die politologische Institutionen- und Regierungslehre, die eine Zeit lang von einigen recht formalistisch betrieben oder aus welchen Gründen auch immer von anderen zunehmend vernachlässigt wurde, ist dabei, wieder an Interesse und Reputation zu gewinnen. Ersteres verweist auf die Wichtigkeit des Gegenstandes, dessen Bearbeitung die Politologie nicht aus ihrer Kompetenz entlassen darf. Letzteres mag auf die differenzierende Umsicht zurückzuführen sein, mit der heute bei der Institutionen- bzw. Strukturanalyse der Regierungssysteme im umfassenden, politologischen Sinne zu Werke gegangen wird. Die hier wiedergegebenen Abhandlungen werden den kaum befriedigen, der die Diskussion struktureller bzw. institutioneller Probleme nur in unmittelbarer Verbindung mit einer eingehenden sozioökonomischen Gesellschafts- oder gar Kapitalismusanalyse für zulässig und sinnvoll erachtet. Andere können möglicherweise den folgenden Ausführungen einige Anregungen, aufschlußreiche Sichtweisen und hoffentlich hin und wieder auch Erkenntnisse entnehmen. Sollte dies der Fall sein, hätte sich die Publikation vollauf gelohnt.

Hamburg, Juni 1978   *Winfried Steffani*

---

4 So sei z.B. darauf hingewiesen, daß die im folgenden Abschnitt entwickelte politologische Gewaltenteilungslehre im hier wiedergegebenen Beitrag gegenüber dem Original um eine weitere (sechste), die sogenannte „konstitutionelle Teilungslehre" ergänzt wurde. Siehe unten S. 27 ff.

GEWALTENTEILUNG UND DEMOKRATIE

1. Gewaltenteilung im demokratisch-pluralistischen Rechtsstaat

Wir sind es gewohnt, in der Auseinandersetzung zwischen Ost und West in den Modellen Demokratie und Totalitarismus zu denken und zu debattieren[1]. Die Begriffe bilden nicht unbedingt einen Gegensatz – Talmon konnte ein Buch unter dem Titel "The Origins of Totalitarian Democracy"[2] schreiben. Der wahre Antipode des totalitären Staates ist der pluralistische. Pluralistische Staaten, oder allgemeiner und zutreffender: pluralistische (freiheitliche) Gemeinwesen, sind letztlich nur dort möglich, wo unveräußerliche, prinzipiell auch einer demokratischen Mehrheit nicht frei zur Disposition stehende Grundrechte anerkannt werden. Unverbrüchlich garantierte und faktisch wirksame Grundrechte (Individual- und Gruppenrechte) sind die Vorbedingung und Lebensbasis dafür, daß ein pluralistisches Gemeinwesen entstehen und bestehen kann, das heißt ein Gemeinwesen mit einem Höchstmaß autonomer Gestaltungschancen im gruppenoffenen[3] Sozial- und Herrschaftsgefüge.

Der pluralistische Staat, das pluralistische Gemeinwesen, ist folglich nur als Rechtsstaat möglich, der die entscheidend wichtigen formellen Voraussetzungen der Grundrechtentfaltung bietet. Die Demokratie findet demgemäß ihre höchste Ausprägung und wahre Entfaltung als freiheitssicherndes Herrschaftssystem erst in der Form des pluralistischen Rechtsstaates[4].

Das staatliche Leitbild des freiheitlichen Gemeinwesens des „Westens" ist demnach der demokratisch-pluralistische Rechtsstaat. Ihm steht als „Gegenmodell" der autokratisch-totalitäre Diktaturstaat (Maßnahmenstaat) gegenüber[5]. Zwischen diesen beiden extremen Modellen vorfindbarer Herrschaftsgebilde befindet sich – gleichsam als „Mittelmodell" – der autoritäre Staat, der in vielfältiger Ausprägung denkbar ist.

---

1 Diesem Beitrag liegt ein Vortrag zugrunde, der am 27. April 1961 auf einer wissenschaftlichen Tagung der Deutschen Vereinigung für politische Wissenschaft in Bad Eilsen gehalten wurde. Neuere Veröffentlichungen konnten nur in den Anmerkungen berücksichtigt werden.

2 J. L. Tamon: The Origins of Totalitarian Democracy, London 1952.

3 Zur Problematik des Pluralismus und möglicher Gruppenkonflikte vgl. den Beitrag von Gustav E. Kafka „Probleme der ‚pluralistischen Gesellschaft' – Konflikte aus mehrfacher Gruppenzugehörigkeit", in: Franz-Lieber-Hefte, 1959, Nr. 2, S. 42–66.

4 Hierzu Ernst Fraenkel „ Die Selbstbestimmung in der Demokratie und in der Volksdemokratie", in: Deutsche Rundschau, 1960, Nr. 9, S. 778 bis 786, bes. S. 781 f.

5 Zur Unterscheidung von pluralistischer und monistischer Demokratie siehe weiter unter S. 108 ff.

Welche Möglichkeiten bieten sich nun an, wenn der Versuch gewagt werden soll, ein konkretes Herrschaftsgebilde daraufhin zu befragen, welchem der zwei angedeuteten extremen Modelle — demokratisch-pluralistischer Rechtsstaat oder autokratisch-totalitärer Diktaturstaat — es zuzuordnen sei, bzw. ob es eher dem autoritären Herrschaftsmodell zuzurechnen wäre, oder noch genauer: wieweit jeweils von einer *Annäherung* an eines der Modelle gesprochen werden kann? Da es sich hierbei um dynamische Forschungsobjekte handelt, erfordert die Gegenwartsanalyse zugleich das Fragen nach dem Woher und Wohin (der historische Aspekt als politologisch-analytisches Grunderfordernis); kurz, es gilt die „lebende Verfassung", also die normativ-reale Ganzheit eines politischen Gemeinwesens, und deren Bewegungstrends zu ergründen.

Unter den sicherlich mannigfachen Möglichkeiten systematischen Befragens scheint mir jene eine brauchbare Handhabe zu bieten, die sich auf Grund der politologischen Gewaltenteilungslehre — wie ich sie nennen möchte — finden läßt.

I. Gewaltenteilung als politologischer Grundbegriff

Wenn in einer Diskussion der Begriff „Gewaltenteilung" angeführt wird, überkommt uns leicht ein gewisses Gefühl des Unbehagens, des vagen Tappens, ähnlich dem, das das allzu kühn strapazierte Wort „Freiheit" assoziiert. Sind wir hier manchmal geneigt, den schönen Vers „Freiheit die *ich* meine" zu zitieren, so kann auch jede sinnvolle Gewaltenteilungsdebatte erst dann verständig geführt werden, wenn gesagt wird, welche der zahlreichen Grundvorstellungen, für die das Wort Gewaltenteilung herhalten muß, denn nun eigentlich gemeint sei.

Gewaltenteilung ist ein seiner politologischen Grundbedeutung nach mit dem Terminus „Freiheit" eng korrespondierender Begriff. Beide Begriffe kennzeichnen für den Politologen umfassende Phänomene von zentraler Bedeutsamkeit. Beim Versuch, Freiheit als „Einsicht in die Notwendigkeit" zu definieren, stellt sich die Gretchenfrage nach dem Sinngehalt dessen, was das Wort „Notwendigkeit" in dieser Formel inhaltlich besage. In unserem Zusammenhang wäre eine doppelte Antwort erforderlich: Die Antwort auf die Frage nach dem materiellen Wertbezug und Sinngehalt des „Not-wendenden" (Ziel) sowie die Beantwortung der Frage nach dessen realer Garantie (Mittel). Die erste läßt sich wohl letztlich allein philosophisch-theologisch ergründen. Die zweite Antwort ist historisch-empirisch begründbar.

Ernst Fraenkel gibt sie indirekt in seinem Buch „Das amerikanische Regierungssystem" in einer Formulierung, die nach Ernst Cramer „eigentlich in die deutschen Schulbücher aufgenommen werden sollte"[6]: „Die Verfassungsstruktur ... (eines freiheitlichen Gemeinwesens) beruht auf der Erkenntnis, daß es das kennzeichnende Merkmal einer jeden Tyrannis ist, ein möglichst simples Regierungssystem zu errichten, und daß es das kennzeichnende Merkmal eines jeden freiheitlichen Rechtsstaates ist, daß er — unter Ablehnung des Prinzips ‚Ein Führer, Ein Volk, Ein Reich' und der dieses

---

6 Vgl. Die Welt, 8. April 1961, S. 17.

Prinzip tragenden Ideologie – ein bewußt kompliziertes Regierungssystem errichtet[7]."
Ein kompliziertes Regierungssystem besagt: ein Regierungssystem, in dem Gewaltenteilung im umfassenden Sinne praktiziert wird. Wenn die Formel „Einsicht in die Notwendigkeit" noch einmal bemüht werden darf, dann müßte die Antwort auf die Frage nach der „realen Garantie" also lauten: *Die notwendige politische Voraussetzung einer freiheitlichen Lebensgestaltung ist ein Regierungssystem, in dem Gewaltenteilung praktiziert wird.*
Gewaltenteilung als Grundbegriff kennzeichnet demnach nicht ein exaktes Einzelproblem – etwa die funktionale und personale Teilung zwischen Regierung und Parlament oder innerhalb des Parlaments (Zweikammersystem) –, das wäre Gewaltenteilung im engeren Sinne. Gewaltenteilung im weiteren Sinne bezeichnet in der Gegenwardsdiskussion vielmehr ein Grundprinzip politischer Herrschaftsgestaltung, nämlich: die institutionelle Sicherung rechtsstaatlicher Verbindlichkeit der Normen (primär: die Garantie unveräußerlicher Grundrechte) vermittels machtbeschränkender Aufgliederung und wechselseitiger Kontrollen wesentlicher Letztinstanzen sowie Aktivierung der Gesamtbürgerschaft, um einen soweit als irgend möglich bewußt vollzogenen, dauernden Integrationsprozeß zur freiheitssichernden Ganzheit hin zu erwirken. Der Gewaltenteilung liegt folglich ein doppelter Aspekt zugrunde: Einmal Kompetenzaufgliederung und Machtkontrolle (womit ein desintegrierendes Moment verbunden ist) und zum anderen Gemeinschaftsaktivierung zur Ganzheit hin (womit das Bestreben bewußt vollzogener Integration betont wird).

II. Psychologische Deutungsversuche

Auf diesen Doppelcharakter des Gewaltenteilungsphänomens und die ihm immanenten Wechselbeziehungen hat vor allem der Schweizer Staatsrechtler Max Imboden[8] eindringlich aufmerksam gemacht, indem er untersrich, daß die Gewaltenaufgliederung durch Differenzierung und Kontrastierung einen gewichtigen Beitrag zur Erhellung und Vermehrung des bürgerlichen Bewußtseins zu leisten vermag:
„Ein Vordringen des Bewußtseins kann sich stets nur durch Differenzierung vollziehen. Durch kontrastierendes Öffnen der in primitiver Unreflektiertheit verschlungenen Gegensätze erhellt sich unser Inneres und erhellt sich unsere Umwelt. Durch die Differenzierung der äußeren Gewalten wird den bewußten Vorstellungsinhalten des

---

7 Ernst Fraenkel: Das amerikanische Regierungssystem, Köln und Opladen 1960, S. 346, 3. Auflage 1976.

8 Vgl. seine Schriften: Die Staatsformen – Versuch einer psychologischen Deutung staatsrechtlicher Dogmen, Basel-Stuttgart 1959, und: Montesquieu und die Lehre der Gewaltentrennung, Berlin 1959. Dazu auch Heinz Rausch (Hrsg.): Zur heutigen Problematik der Gewaltentrennung, Darmstadt 1969. Unter neueren Arbeiten sei hierzu verwiesen auf Werner Kägi „Von der klassischen Dreiteilung zur umfassenden Gewaltenteilung", in: Verfassungsrecht und Verfassungswirklichkeit. Festschrift für Hans Huber zum 60. Geburtstag, Bern 1961, S. 151–173, und Max Imboden: Die politischen Systeme, Basel und Stuttgart 1962, S. 20 ff. und vor allem S. 127 ff.

Kollektivs ein Vordringen ermöglicht. Das staatliche Gefüge wird zur Stütze eines Prozesses, der sich in uns selbst vollzieht ... Durch die Gewaltenseparierung entstehen für den Einzelnen symbolhafte und vielfach auch reale Kontraste. Damit werden Stützen geschaffen für das Herausholen undifferenzierter Vorstellungsinhalte in das helle Licht des Erkannten. Das bürgerliche Bewußtsein wird vermehrt... Die von Montesquieu geforderte Differenzierung der Herrschaft durch Bildhaftmachung ihrer Kontraste und Prinzipien macht die soziale Umwelt zum bewohnbaren Land; sie führt die staatliche Herrschaft auf menschliches Maß zurück. Sie bedeutet die Humanisierung der Gewalt, die Durchdringung der verschlingenden Macht *von innen* her ... So fördert die Gewaltentrennung nicht nur die Freiheit, sondern sie ermöglicht erst eine vertiefte und dauerhafte menschliche Gemeinschaft"[9]. Denn „nicht in einer äußeren Gewaltenmechanik, sondern in dem durch den kontrastschaffenden Gewaltenpluralismus vermehrten bürgerlichen Bewußtsein liegt der eigentliche Damm gegen die ungeformte und verschlingende Gewalt"[10]. Die Gewaltenteilung symbolisiert somit zugleich Differenzierung wie Einheit[11].

Imboden nennt seine Staatsformenlehre den „Versuch einer psychologischen Deutung staatsrechtlicher Dogmen". Gerade Schweizer Staatsrechtler waren und sind es, die sich in steigender Intensität um das „Hintergründige" der Verfassung bemühen. Dietrich Schindlers bedeutsame Schrift „Verfassungsrecht und soziale Struktur"[12] ist primär der Beziehung des Außerrechtlichen zum positiven Recht gewidmet. Schindler bezeichnet die Zusammenhänge der Verfassung mit dem Außerrechtlichen und Hintergründigen als die „Ambiance"[13] des Rechts. Erst durch Einbeziehung des Hintergründigen rundet sich jedes Herrschaftsgebilde „zum polar gestalteten Ganzen"[14]. Erwähnt Schindler hierbei die Schriften C. G. Jungs nur ganz am Rande[15], so betonen Max Imboden und Hans Marti[16], daß sie den Arbeiten Jungs „entscheidende Anregungen und Einsichten"[17] verdankten. Das Spannungsverhältnis zwischen dem Unbewußten und Bewußten sowie deren mannigfache Relationen bilden ihr Grundthema. Muten auch manche der hierbei angestellten Überlegungen zeitweilig wie intellektuelle Spielereien an, so wird insgesamt doch auf Zusammenhänge verwiesen, die keineswegs völlig übersehen und mißachtet werden sollten. Daher seien hier noch einige Erwägungen angedeutet, wie sie unter diesem Aspekt diskutiert werden.

Nach Hans Marti sind die Bezüge (die *Ambiances*) einer Verfassung „zu ihren Urbildern, zu ihren Archetypen, wohl die wichtigsten Bezüge überhaupt. Ohne diese

---

9 Montesquieu, S. 23 ff.
10 Staatsformen, S. 55.
11 Vgl. ebd., S. 56.
12 Dietrich Schindler: Verfassungsrecht und soziale Struktur, Zürich 1931, 3. A. 1950.
13 Schindler, a.a.O., S. 93.
14 Ebd., S. 124. Vgl. auch die Schindler gewidmete umfangreiche Arbeit von J. J. Kiefer: Über die Fundamentalstruktur des Staates — Theorie der sozialen Ganzheit, Bern 1940.
15 Schindler, a.a.O., S. 35, Anm. 6.
16 Siehe vor allem dessen Abhandlung: Urbild und Verfassung — Eine Studie zum hintergründigen Gehalt einer Verfassung, Bern-Stuttgart 1958.
17 Hans Marti, a.a.O., S. 11, Anm. 7.

Beziehungen zu den Urbildern hätte keine Verfassung Bestand ... Die ‚Heiligkeit'
und ‚Unverbrüchlichkeit' einer Verfassung" und der in ihr verankerten Prinzipien
„sind letztlich nicht in ihren rationalen Vorzügen begründet; beide Eigenschaften
sind vor allem Auswirkungen der archetypischen Bilder, die in der Verfassung ihren
Niederschlag gefunden haben"[18]. Mit der Wandlung der archetypischen Bilder kann
das Kollektiv die Beziehung zur Verfassung und ihren Grundprinzipien verlieren.
Die Norm wird in diesem Fall nur allzu leicht zu einem bezugsleeren Anspruch. Daraus
ergeben sich für die Gewaltenteilung und ihre gegenwärtige, zumeist scharf-kritische
Diskussion als „Gewaltentrennung" aufschlußreiche Perspektiven.
Der rationale konstitutionelle Rechtsstaat ist, wie Marti darlegt, weitgehend durch
den Archetypus „Großer Vater" geprägt[19]. Der soziale Geborgenheit und Sicherheit verheißende Wohlfahrtsstaat ist dem Archetypus „Große Mutter"[20] zuzuordnen.
Ein einseitiges Festklammern an partriarchalen Auffassungen führt im Staatlichen
zur restaurativen, wenn nicht gar reaktionären Entscheidung und stützt die Tendenz
zum autoritären Herrschaftskonzept. Die Hinwendung zur materiarchalen Auffassung
kann im äußersten Extrem zum Moloch Staat führen, zur alles verschlingenden Ver-
sorgungs- und Regulierungsmaschine, letztlich zum totalitären Vorsorgestaat. Eine
Synthese zwischen der partriarchalen und matriarchalen Komponente ist unmöglich, aber eine bewußte Anerkennung beider Komponenten, ein bewußtes Erkennen
und Ordnen des zwischen ihnen bestehenden unaufhebbaren Spannungsverhältnis-
ses[20a] ist die Voraussetzung einer wahrhaft menschlichen politischen Ordnung. Dabei denke man etwa an den Symbolcharakter der Formel „sozialer Rechtsstaat".

Die Gewaltenteilung hat im Zeichen des Urbildes „Großer Vater" (Konstitutionalismus) ihren Siegeszug angetreten[21]. Kurt Kluxen[22], Max Imboden[23] und vor allem
Hans Marti[24] weisen darauf hin, daß diese Lehre gerade als Trias-Konzept triumphierte. Karl Loewenstein[25] ist sicherlich zuzustimmen, daß eine zwingende Logik für
diese Trinität − wie sie in der französischen Nationalversammlung von 1789 als ver-
nunftgeprägter Glaubenssatz verkündet wurde und auch bei Kant im Prokrustesbett
des Syllogismus selbstverständlich zu sein scheint − nicht besteht. Aber die rationale
Logik des Dreiteilungs-Konzepts war sicherlich auch gar nicht deren alleiniges Er-
folgsmotiv. Weit aufschlußreicher ist der Hinweis, daß die klassische Gewaltentei-

---

18 Hans Marti, a.a.O., S. 15 f.
19 Ebd., S. 12 ff.
20 Zum Gesamten auch Carl G. Jung: Von den Wurzeln des Bewußtseins − Studien über den
   Archetypus, Zürich 1954, S. 89 f.
20a Vgl. hierzu ebd., S. 115 f.
21 Hans Marti, a.a.O., S. 130.
22 Kurt Kluxen „Die Herkunft der Lehre von der Gewaltentrennung", in: Aus Mittelalter und
   Neuzeit − Festschrift zum 70. Geburtstag von Gerhard Kallen, Bonn 1957, S. 227 f. Kurt
   Kluxen bemerkt: „Der Satz, daß niemand in eigener Sache richten soll, dient nicht nur zur
   Begründung der Unabhängigkeit des Richterstandes, sondern ist als Grundlage der gesamten
   dreiteiligen institutionellen Aufgliederung erkennbar." Ebd. 227.
23 Max Imboden: Staatsformen, S. 49 f.
24 Hans Marti, a.a.O., S. 65 f. und 130 ff.
25 Karl Loewenstein: Political Power and the Governmental Process, Chicago 1957, S. 34 f.

lungslehre – die nach Marti wie „alle ‚großen' verfassungsrechtlichen Themen schließlich ein säkularisiertes theologisches Thema"[26] ist –, daß diese Dreiteilungslehre vielleicht eine säkularisierte Trinität symbolisiert. Wie die Dreieinigkeitslehre nach Jung „ursprünglich einer partriarchalen Gesellschaftsordnung entspricht"[27], so gehört nach Marti die Gewaltenteilung „mit ihrem Bestreben der rechtlichen Sicherung der menschlichen Freiheit zum Recht und damit zur Vaterwelt"[28]. Kann die klassische Gewaltenteilungslehre u. a. als eine säkularisierte Trinitätslehre gedeutet werden und ist sie wie der Konstitutionalismus dem Archetypus des „Großen Vaters" zu zurechnen, dann könnte dies mit die Kraft erklären, mit der sie als Glaubensdogma verherrlicht wurde und sich in relativ kurzer Zeit im Verfassungsrecht durchzusetzen vermochte.

Der Trend zur Sicherheit, zum Wohlfahrtsstaat der Moderne, bedeutet „Wandlung" und Akzentuierung eines anderen Archetypus und damit ein Infragestellen der Gewaltenteilungsproblematik[29]. Dieser Bezug der rationalen Gewaltenteilungsdebatten und normativen Regelungen zu den außerrechtlichen Hintergründen deutet gerade hinsichtlich der gegenwärtigen Diskussionen um die Gültigkeit der Gewaltenteilungstheorie für die moderne pluralistische Massengesellschaft Interdependenzen an, die – wie gesagt – zumindest nicht allzu leichtfertig *völlig* außer acht gelassen werden sollten.

Denn im Gegensatz zur partriarchalen Auffassung wird die Gewaltenteilung vom matriarchalen Denken her, in radikaldemokratischer Sicht, entschieden abgelehnt. Rousseaus Auslassungen im 2. Kapitel des II. Buches seines *Contract social* sind eine klassische Belegstelle; Lenins Sentenzen im III. Kapitel seiner Abhandlung „Staat und Revolution" nicht minder[30]. Das Volk, das Referendum, sind der Idee nach die einzige Gewalt und entscheidende Handlungsinstanz. Da Gewaltenteilung ohne Repräsentation schlechterdings nicht möglich ist, erscheint dies Thema als eine Variante der Wechselbeziehung repräsentativer und plebiszitärer Verfassungskomponenten. Alle Versuche, die beiden Komponenten – die patriarchale und die matriarchale – bewußt in ein tragbares Spannungsverhältnis zu setzen, führen in der politischen

---

26 Hans Marti, a.a.O., S. 69.
27 C. G. Jung: Symbolik des Geistes, Zürich 1948, vierter Aufsatz „Versuch zu einer psychologischen Deutung des Trinitätsdogmas", S. 323 bis 446, bes. S. 377.
28 Hans Marti, a.a.O., S. 69.
29 Ebd., S. 129 f.
30 W. I. Lenin: Staat und Revolution, August 1917 geschrieben. In Kapitel III, Abschnitt 3 („Aufhebung des Parlamentarismus"), Abs. 10 heißt es: „Den korrupten und verfaulten Parlamentarismus der bürgerlichen Gesellschaft ersetzt die Kommune durch Körperschaften, in denen die Freiheit des Urteils und der Beratung nicht in Betrug ausartet, denn da müssen die Parlamentarier selbst arbeiten, selbst ihre Gesetze ausführen, selbst kontrollieren, was bei der Durchführung herauskommt, selbst unmittelbar vor ihren Wählern die Verantwortung tragen. Die Vertretungskörperschaften bleiben, aber der Parlamentarismus als besonderes System, als Trennung der gesetzgebenden von der vollziehenden Tätigkeit, als Vorzugsstellung für Abgeordnete besteht hier *nicht*. Ohne Vertretungskörperschaften können wir uns eine Demokratie nicht denken, auch die proletarische Demokratie nicht; ohne Parlamentarismus können und *müssen* wir sie uns denken, soll die Kritik an der bürgerlichen Gesellschaft für uns nicht leeres Gerede sein . . ."

Realität zur polaren Verbindung einer institutionellen Gewaltenordnung mit dem vitalen Pluralismus des sozialen Gruppengefüges.

Damit ist in groben Zügen und mit einigen Hinweisen der umfassende Rahmen angedeutet, in dem sich das Gewaltenteilungsproblem in seinem institutionellen und psychologischen Aspekt heute stellt. Es gilt zu fragen, inwieweit die überkommenden Gewaltenteilungslehren der sozialen Wirklichkeit einer modernen pluralistischen Gesellschaft noch entsprechen. Selbstverständlich kann es sich auch hierbei nur um einige skizzenhafte Andeutungen handeln.

III. Montesquieu im Streit der Meinungen

Karl Loewenstein hat in seinem anregenden und interessanten Buch "Political Power and the Governmental Process"[31] erklärt, daß das „Dogma von der Gewaltenteilung" als das „Allerheiligste" der konstitutionellen Theorie und Praxis ein „eingerostetes Gedankenschema" sei, das vom Sockel gestoßen werden müsse, um einer anderen Analyse der Machtdynamik, „die den Gegebenheiten der pluralistischen Massengesellschaft unseres Jahrhunderts gerecht werde", Platz zu machen.

Soweit damit die rationalistische Gewaltentrennungsdogmatik des 19. Jahrhunderts gemeint wird, wäre dem kaum zu widersprechen. Aber die Bemerkung, das „mechanistische Denken", dem diese „Doktrin der Gewaltentrennung ihre Entstehung verdanke", sei „unverfälschter Montesquieu", setzt m. E. sowohl dogmengeschichtlich als auch im Hinblick auf eine fruchtbare Gegenwartsbesinnung falsche oder zumindest mißverständliche Akzente. Findet diese Bemerkung doch ihre Parallele in der sicherlich etwas kühnen Behauptung, Rousseau habe den totalen Staat propagiert – wobei dieser These in gewissem Sinne sogar mehr Berechtigung zukäme. Nicht eine Verdammung Montesquieus scheint der rechte Weg, sondern eine Besinnung auf seine Grundeinsichten sowie deren sinnvolle Weiterführung und zeitgemäße Ergänzung. Montesquieu ist nicht der Vater des Gedankens einer radikalen Gewaltentrennungslehre. Diese Lehre ist – unter Verwendung Rousseauschen Gedankengutes – weit eher von den französischen Pamphletisten des ausgehenden 18. Jahrhunderts und in der französischen Nationalversammlung erfunden sowie weiterhin im 19. Jahrhundert auf dem europäischen Kontinent wie teilweise in der amerikanischen Diskussion rationalistisch, von ihren Ursprüngen losgelöst, dogmatisiert worden[32]. Die rationalistische Gewaltentrennungslehre, die auf einer exakten Funktionslehre basiert und ohne sie fragwürdig und als mechanistisches Konzept unmöglich wird, hat den grundlegenden politischen Gedanken der Montesquieuschen Darlegungen fast völlig verdunkelt.

---

31 Chicago 1957, die von Rüdiger Boerner besorgte deutsche Übersetzung steht unter dem Titel „Verfassungslehre" (Tübingen 1959), die Zitate ebd., S. 39 f. bzw. 31 f.
32 Vgl. hierzu vor allem Oskar Werner Kägi: Zur Entstehung, Wandlung und Problematik des Gewaltenteilungsprinzips, Zürich 1937.

Montesquieu selbst entwickelt keine Funktionslehre, er ist in dieser Frage höchst unklar, lässig und widersprüchlich[33]. Er eröffnet sein berühmtes sechstes Kapitel mit der schlichten Behauptung: „In jedem Staat gibt es drei Arten von Gewalt"[34]. In ähnlicher Form hatte bereits Aristoteles[35] ohne nähere Begründung drei Teilgebiete — κοιρον — von Staatsfunktionen unterschieden. Eine logische Ableitung oder Motivierung dieser primären Dreiteilung erfolgt nirgendwo.

Auch ist die angeblich unabdingbare, radikale Gewaltentrennung im Montesquieuschen Konzept eine Unterstellung. Die Vokabel *séparer* tritt in diesem Zusammenhang nur an einer einzigen Stelle auf: die rechtsprechende Gewalt müsse von den anderen separiert sein. Einem Staat, in dem die „Exekutive" und die „Legislative" personell verflochten sind, billigt Montesquieu immer noch die Qualitäten eines *gouvernement modéré* zu. Wo diese Gewalten mit der rechtsprechenden vereinigt sind, herrscht hingegen *un affreux despotisme*[36]. Montesquieu selbst umschreibt im ersten Kapitel des XII. Buches (Absatz 2) die Beziehung der Gewalten zueinander mit der Kurzformel *une certaine distribution des trois pouvoirs,* also „eine gewisse Verteilung der drei Gewalten". Montesquieu ist in der Sache viel vorsichtiger als manche seiner Kritiker in ihrer Urteilsbereitschaft. Daher findet auch die Frage, ob Montesquieu einer Gewalten*trennung* oder Gewalten*verschränkung*, d. h. einer wechselseitigen Kontrolle — einem gegenseitigen „potentiellen Oppositionsverhältnis", wie Sternberger sagt[37] — den Vorzug gebe, bei ihm keine *eindeutige* Antwort. Er beendet sein vieldiskutiertes XI. Buch mit dem bemerkenswerten Hinweis: „Man soll den Gegenstand nicht immer derart erschöpfen, daß man dem Leser nichts zu tun übrigläßt. Es kommt darauf an, nicht zum Lesen, sondern zum Denken anzuregen"[38].

Insgesamt scheinen die rund 60 Jahre früher publizierten Theoreme John Lockes umfassender und moderner als die Montesquieus zu sein, denn bei ihm lassen sich die Elemente einer modernen Gewaltenteilungslehre weit eindeutiger nachweisen: Ausgehend von Grundrechtserwägungen und einer breit angelegten Funktionslehre entwirft Locke eine Gewaltenbeziehungslehre, verbindet sie mit den Prinzipien der

33 Auf diesen Tatbestand macht besonders Max Imboden aufmerksam, Staatsformen, S. 42 f.
34 De l'esprit des lois, XI. Buch, 6. Kapitel: "Il y a dans chaque État trois sortes de pouvoirs..."
35 Politik, IV. Buch, 14. Kap., 2. Absatz.
36 De l'esprit des lois, XI. Buch, 6. Kap., 7. Abs. Ganz in diesem Geiste auch Ludwig von Spittler in seiner Göttinger Vorlesung aus dem Jahre 1976, vgl. L. v. Spittler: Vorlesungen über Politik, herausgegeben von Karl Wächter, Stuttgart-Tübingen 1828, S. 38 f. und bes. S. 48, wo es zum sogen. „4. Axiom" u. a. heißt: „Weit unschädlicher ist die Coalition der gesetzgebenden und der gesetzanwendenden Gewalt in *einem* Subjekt. Daher suchten auch weiland die Franzosen nur die richterliche Gewalt (ihre Parlamente) so unabhängig von der vollziehenden Macht zu erhalten als irgend möglich. Eine Volksfreiheit scheint, wenn auch alles übrige in der Verfassung fehlt und schlecht organisiert ist, allein dadurch erhalten werden zu können, daß diese Gewalt recht gut organisiert ist."
37 Dolf Sternberger „Gewaltenteilung und parlamentarische Regierung in der Bundesrepublik Deutschland", in: Politische Vierteljahresschrift, 1960, Nr. 1, bes. S. 35 f.
38 De l'esprit des lois, XI. Buch, 20 Kap. "Mais il ne faut pas toujours tellement épuiser un sujet, qu'on ne laisse rien à faire au lecteur. Il ne s'agit pas de faire lire, mais de faire penser."

status mixtus-Lehre (gemischte Verfassung) und richtet seine Erwägungen am Postulat der Volkssouveränität aus[39].

Wir sagten, daß die von ihren Ursprüngen losgelöste, dogmatisierte Gewaltentrennungslehre den grundlegenden politischen Gedanken der Montesquieuschen Darlegungen fast völlig verdunkelt habe. Worin lag nun aber das politische, auch für unsere heutige Besinnung wichtige Grundanliegen Montesquieus, die Substanz seiner Gewaltenteilungslehre — deren Grundintention der Sicherung individueller Freiheit unbestritten bleibt —, wenn nicht im logischen Schluß von der rational begründeten Funktionendreiheit zur separierenden Organdreiheit?

Gaetano Mosca zielt auf den Kern, wenn er erklärt, es werde oft vergessen, „daß ein politisches Organ ein anderes nur dann wirksam beschränken kann, wenn es selbst eine politische Kraft mit Autorität und sozialem Einfluß vertritt, die sich anderen Kräften gegenüber behaupten kann"[40]. Daß diese Grundeinsicht die Montesquieuschen Darlegungen beherrscht, scheint unübersehbar zu sein: Ausgehend von der Trinität, die er als gegeben hinnahm, unterschied Montesquieu ohne jede nähere Begründung drei staatliche Tätigkeitsbereiche, untergliederte sie mehrmals, verband sie mit einem der drei Strukturmerkmale der klassischen *status mixtus*-Lehre (monokratisches, aristrokratisches und demokratisches Strukturprinzip) und setzte drei der so differenzierten Kompetenzeinheiten und Struktureinheiten mit den sozialen, durch Privilegienpositionen voneinander *separierten* Machtgruppen des ständischen Gesellschaftsgefüges seiner Zeit und seines Landes in Beziehung (Krone — Erbadel — Bürgertum/ „Volk"). Dabei entwickelte er eine doppelte Teilungslehre:

1. Zunächst unterschied er zwischen der Legislative, der Exekutive und der rechtsprechenden Gewalt — wobei er zwar die Begriffe John Lockes übernahm, jedoch dessen Förderative mit der Exekutive verband und die Judikative als eigenständige „Gewalt" herausstellte.[41] Diese „Dritte Gewalt" (*la puissance de juger*) erachtete Montesquieu wiederum für *so bedeutsam* — in diesem Zusammenhang spricht er von der „unter den Menschen so schrecklichen richterlichen Gewalt"[42] —, daß er sie keiner ständigen Personengruppe, keinem unabsetzbaren Richterstand anvertrauen wollte. Nur von Fall zu Fall sollte ein Tribunal, das sich aus für diesen Zweck gewählten Bürgern der gleichen sozialen Schicht des Angeklagten zusammensetzen sollte, die rechtsprechende Funktion ausüben. Nachdem er so die rechtsprechende „Gewalt" jeder sozialen Potenz beraubt hatte, nannte er sie hinfort mitunter *invisible et nulle* beziehungsweise *en quelque façon nulle*[43].

---

39 Siehe John Locke: The Second Treatise of Civil Government, 1960, vornehmlich Kapitel IX ff.

40 Gaetano Mosca: Die herrschende Klasse — Grundlagen der politischen Wissenschaft, München 1950, S. 121.

41 Siehe hierzu auch C. J. Friedrich: Der Verfassungsstaat der Neuzeit, Berlin-Göttingen-Heidelberg 1953, S. 202.

42 De l'esprit des lois, XI. Buch, 6. Kap., 14. Abs.: "... La puissance de juger, si terrible parmi les hommes ..."

43 Ebd., 14. bzw. 32. Abs.

2. Übrig blieben – von der rechtsprechenden strikt getrennt – als Gewalten politischer Gestaltungsbefugnis die Exekutive und die Legislative. Diese wurden nun einer erneuten Dreigliederung unterzogen (auch von dieser Dreiheit spricht Montesquieu als *ces trois puissances*[44]), wobei der Exekutive das monokratische Strukturprinzip und der Monarch als Amtsträger zugeordnet wurden, während die Legislative aus dem *Corps des nobles* (aristokratisches Prinzip – Erbadel) und dem separaten *Corps de peuple* (demokratisches Prinzip – Bürgertum) gebildet werden sollten. Bezeichnenderweise war dabei die Adelskammer nicht allein als Legislativorgan gedacht, sondern sollte zugleich als Richter in allen *Impeachment*-Angelegenheiten und als umfassende, letztinstanzliche Begnadigungsinstanz (eigentlich als Berufungsgericht mit Strafmilderungsrecht) fungieren. Diese drei ,,politischen Gewalten" waren somit als reale soziale Machtfaktoren gedacht, die sich auf Grund differenzierter Privilegien[45] und staatsrechtlicher Zuständigkeiten gegenseitig im Rahmen eines *checks and balances*-Systems an diktatorischer Machtusurpation hindern konnten.
Inwieweit diese auf sozialökonomischem Bezugsdenken beruhende Montesquieusche Teilungskonzept realisierbar war, steht auf einem anderen Blatt. Montesquieu selbst war skeptisch und meinte, daß jedes politische Gemeinwesen das ihm gemäße Ordnungskonzept entwickeln müsse. Aber daß sein Konzept von einem logistischen, rational-abstrakten Trennungsdogma weit entfernt ist, dürfte evident sein. – Daß es übrigens im einzelnen auch zu den politischen Grunderwägungen Montesquieus gehört haben mag, den dritten Stand als Machtfaktor ins Herrschaftsgeflecht einzubeziehen und dabei dem aristokratischen Corps des nobles – als der Instanz der Mäßigung und der Gesellschaftsschicht Montesquieus – eine entscheidende Machtposition vorzubehalten, mag hier unerörtert bleiben.
Montesquieu selbst skizziert sein bedeutsames Teilungskonzept auf dem Hintergrund einer ständischen Gesellschaft. Er bietet keine klare Funktionslehre; er verzichtet auf eine eingehendere Grundrechtserörterung; das Souveränitätsproblem steht außerhalb der Diskussion. (Aber auch das Phänomen ,,Partei" kann bei Montesquieu noch keine Rolle spielen, und die Chancen einer parlamentarischen, geschlossenen Opposition sowie deren machthemmende und gewaltenkontrollierende Wirkungen hinsichtlich künftiger Wahlen können ihm kaum bewußt sein[46].)
Somit bedeutet nicht Montesquieu die entscheidende Zäsur in der modernen Geschichte der Gewaltenteilung, wenn man nach deren Anwendbarkeit auf die Politik in einem pluralistischen Gemeinwesen fragt. Diese Bedeutung kommt weit mehr den amerikanischen Verfassungsvätern zu. Hier werden eine modifizierte Montesquieusche

44 Ebd., 32. Abs.
45 Der Verb *séparer* wird von Montesquieu im 6. Kapitel nur zweimal gebraucht: Einmal unterstreicht es die Separierung der Justiz von den anderen Gewalten (Abs. 5), zum anderen wird damit die strikte Interessen*trennung* zwischen den Repräsentanten des *Corps des nobles* und des *Corps des peuple* hervorgehoben (Abs. 31)!
46 Unter diesem Gesichtswinkel ist auch der Montesquieusche Satz, der das Inkompatibilitätsgebot postuliert, verständlich: "Losque dans la même personne ou dans le même corps de magistrature, la puissance législative est réunie a la puissance exécutrice, il n'y a point de liberté ...", ebd., 4. Abs. Die Skepsis gegenüber den (kaum entwickelten) Parteien ließ auch die Amerikaner das Inkompatibilitätsgebot als ,,Freiheitspostulat" überbetonen.

Gewaltenbeziehungslehre und *status mixtus*-Lehre mit englischer Verfassungstradition sowie den Lockeschen Grundrechts- und Volkssouveränitätspostulaten verwoben und der gesamte theoretische Komplex mit den Realitäten eines pluralistischen Gesellschaftsgefüges in Beziehung gebracht. Unter den an dieser Diskussion Beteiligten sind James Madison (u a. Federalist No. 47 ff.) und John Adams an erster Stelle zu nennen.

Damit nicht genug, wurde schließlich auch noch der problemträchtige Bundesstaatskomplex in die Erwägungen der amerikanischen Verfassungsschöpfer mit einbezogen. Das Resultat waren der „Federalist" und die amerikanische Bundesverfassung, die älteste noch heute geltende geschriebene Verfassung der modernen Staatenwelt. Sie hat sich mit ihrem Gewaltenbeziehungssystem trotz staatspolitischer Krisen und heftigster Kritiken im nordamerikanischen Kontinent in steter Wandlung sowie unter langsamer Demokratisierung bei minimalen Textänderungen bewährt. Sie hat sich bewährt als ein Konzept sinnvoller Zuordnung einer institutionellen Gewaltenordnung einerseits und eines vitalen, heterogen strukturierten pluralistischen Gruppengefüges andererseits. Auch hier steht über allem das Ziel, eine weitgehend integrierte Einheit in Freiheit zu realisieren. Die amerikanische Verfassungsdiskussion bietet darüber hinaus eine Fundgrube wichtiger Anregungen für unsere gegenwärtigen Überlegungen.

IV. Zur Problematik einer politologischen Gewaltenteilungslehre

Kommen wir zurück zu der Ausgangsfrage nach der Möglichkeit einer Gewaltenteilungslehre, die einem modernen pluralistischen Gemeinwesen adäquat ist und dessen Grundstrukturen und politische Lebensprozesse zu erfassen weiß. Es sei hier versucht, in groben Zügen den Entwurf einer politologischen Gewaltenteilungslehre anzudeuten. Bereits im vornhinein sei jedoch ganz deutlich vermerkt, daß es sich im folgenden um ein Modell, eine Methode umfassenden, systematischen Befragens und nicht um eine Interpretationsschablone handelt. Jedes Modell, das nicht dem Ordnen und Sichten und dabei letztlich dem Erschließen des befragten Objektes dient, sondern zu dessen Vergewaltigung mißbraucht wird, büßt seinen Nutzwert ein. Die Mißdeutung eines Fragemodells als Interpretationsschema ist dessen Sündenfall[47].

47 Jeder Politologe hat sich der Fraenkelschen Warnung zu stellen: „Wenn immer man den Versuch unternimmt, ein fremdes Regierungssystem in den Kategorien einer ‚allgemeinen' politologischen Institutionen- und Funktionenlehre darzustellen, läuft man Gefahr ‚von sich auf andere zu schließen' oder sich in Allgemeinheiten zu verlieren. Es ist fast unvermeidlich, daß durch Vernachlässigung der spezifischen Elemente, die ein jedes individuelle Regierungssystem kennzeichnen, dessen eigentümlicher politischer Charakter verkannt wird. Sobald die detaillierte Analyse einer durch die Einmaligkeit gekennzeichneten politologischen ‚Gestalt' durch Deduktionen aus allgemeinen Begriffen ersetzt wird, entsteht — zum mindesten bei dem heutigen Stand der Wissenschaft — die Gefahr, daß die Resultate dieser Bemühungen entweder — weil allzu egozentrisch — unzutreffend oder — weil allzu vage — bedeutungslos sind. Vom Blickpunkt der vergleichenden Lehre der Herrschaftssysteme aus gesehen ist die generalisierende politische Soziologie die unpolitical science par excellence." (Fraenkel: Das amerikanische Regierungssystem, S. 280.)

Mit der politologischen Gewaltenteilungslehre soll eine Möglichkeit erschlossen werden, ein politisches Gemeinwesen daraufhin zu erforschen, wieweit in ihm die äußeren Voraussetzungen politischer Freiheit formell gegeben und die darauf beruhenden Rechte und Gestaltungschancen praktisch wahrnehmbar sind sowie tatsächlich wahrgenommen werden. Die politologische Gewaltenteilungslehre umgreift und verbindet sechs fundamentale Teilungslehren, die zueinander in engster Beziehung stehen und *erst zusammengenommen einen brauchbaren Aussagewert* ermöglichen:

1. Die staatsrechtliche („horizontale") Teilungslehre,
2. die temporale Teilungslehre,
3. die föderative („vertikale") Teilungslehre,
4. die konstitutionelle Teilungslehre,
5. die dezisive Teilungslehre und
6. die soziale Teilungslehre.

Ist hier auch nicht der Ort, die einzelnen Teilungslehren jeweils eingehender zu entwickeln, so sei doch in einigen Stichworten, gleichsam um skizzenhaft die Richtung aufzuzeigen, auf etliche Probleme verwiesen.

V. Die staatsrechtliche („horizontale") Teilungslehre

Die staatsrechtliche Teilungslehre knüpft an die Grundelemente der klassischen (Montesquieuschen) Gewaltenteilungslehre an. Vom Recht her kommt man – nicht als logisch schlüssiges Konzept, sondern als grundlegende Hauptfunktionen gedacht – zur Dreiteilung: Rechtsetzung, nichtstreitige Rechtsanwendung und streitige Rechtsanwendung.

a) Die streitige Rechtsanwendung ist die Domäne der *Justiz*. Ihre Unabhängigkeit, ihre hochgradige Trennung von den sogenannten „politischen Gewalten" ist das primäre Postulat rechtsstaatlicher Ordnung und der staatsrechtlichen Teilungslehre. Hinsichtlich der grundlegenden Aktionsprinzipien Gestaltung und Bewahrung[48] kommt der rechtsprechenden Gewalt *primär* die Funktion Bewahrung, den politischen *primär* die Funktion Gestaltung zu. Autorität und sozialen Einfluß erlangt die rechtsprechende Gewalt nicht allein durch die Erzwingbarkeit ihres Urteils: das hieße ja gerade letztlich Abhängigkeit von den exekutiven politischen Gewalten. Das Maß an Respekt vor der Würde des Rechts, das im politischen Gemeinwesen vorhanden ist, und die Autorität des vor Recht und Gerechtigkeit bestehenden richterlichen Erkenntnisurteils machen das gewalthemmende Gewicht und die soziale Wirksamkeit der Justiz aus.

In einer Grenzsituation befindet sich die Verfassungsgerichtsbarkeit – vor allem im Bereich der Normenkontrolle. Wohl übt sie immer noch rechtsprechende Funktionen

---

48 Näheres hierzu bei Peter Schneider „Zur Problematik der Gewaltenteilung im Rechtsstaat der Gegenwart", in: Archiv des öffentlichen Rechts, Bd. 82, 1957, bes. S. 12 ff.

aus. Dabei wird sie in dem ihr eingeräumten richterlichen Ermessensbereich jedoch mit Problemen konfrontiert, die neben der rechtlichen Bewahrungsfunktion gelegentlich einen nicht unerheblichen Anteil politisch-relevanter Gestaltungsmöglichkeiten implizieren. Der selbstgesteckte Zirkel sachgerechter Eigenbeschränkung wird zum entscheidenden Politikum[49].

b) Die Grundfunktion Gestaltung prägt die politischen Gewalten *Legislative* und *Exekutive*, Begriffe, die der Differenzierung bedürfen. Dabei steht der „Legislative" grundsätzlich die Funktion Rechtsetzung (Bestimmung), der „Exekutive" hingegen die Funktion Rechtsanwendung (Ausführung) zu. Rechtsetzung umgreift aber eine doppelte Funktion: Planung (Zielsetzung, Richtungsbestimmung) und Zustimmung (bzw. endgültige, letztinstanzliche Beschlußfassung). Planung ist eine der primären Regierungsfunktionen („Der Bundeskanzler bestimmt die Richtlinien der Politik", heißt es in Art. 65 GG), Zustimmung die Funktion des Parlaments[50].

Auch die Rechtsanwendung umschließt eine doppelte Funktion: Ausführung (im engeren Sinne, d. h. innerhalb begrenzter Ermessenskompetenz gestaltende Rechtsanwendung im konkreten Einzelfall) und Leitung (d. h. politische Anweisung und letztinstanzliche Befehlsgebung). Leitung ist eine primäre Regierungsfunktion, Ausführung die Funktion der Verwaltung.

Somit stehen den vier primären Funktionsbereichen Planung, Zustimmung, Leitung und Ausführung die drei Institutionsbereiche Parlament, Regierung und Verwaltung gegenüber. Ungeachtet eventuell entgegenstehender ideologischer Konzeptionen und Wesensanalysen ergibt sich die historisch-praktische Erfahrung, daß die Funktionen Planung und Leitung primäre Regierungsfunktionen sind. Daher wird auch eine Regierung — die institutionell der „Exekutive" zugeordnet wird, auf Grund ihrer Planungsfunktion jedoch stets im Funktionsbereich der „Legislative" richtungweisend tätig werden muß — immer über die Chance der Gesetzesinitiative verfügen, gleichgültig, ob sie ihr verfassungs*rechtlich* zugestanden ist oder nicht. Im letztgenannten Falle wird sie sich der Verschleierung bedienen *müssen,* ein Verfahren, das eine Fülle erfolgreicher Wege zuläßt und in dieser Form ein nützliches Glied des *checks and balances*-Systems zu sein vermag. Beim Parlament verbleiben als Hauptfunktionen die Zustimmung und die Kontrolle über die Ausführung des Beschlossenen. Letztere ergibt sich als *implied power* aus der Funktion Zustimmung und wird zumeist indirekt, das heißt über die Regierung, ausgeübt. Lediglich vermittels parlamentarischer Untersuchungsausschüssen ist im allgemeinen auch eine *direkte* Verwaltungskontrolle möglich. Die Regierung (als 1. Planungsinstanz und 2. Weisungszentrale für die Aus-

---

49 Vgl. hierzu beispielsweise Ernst Fraenkel: Das amerikanische Regierungssystem, S. 190 f. und weiter unten S. 27 ff. (VIII. Probleme einer konstitutionellen Teilungslehre) und 299 ff.

50 Hier handelt es sich um primäre, nicht um ausschließliche Funktionen. Letzteres scheint von Walter Lippmann postuliert zu werden: 'The executive is the active power in the state, the asking and the proposing power. The representative assembly is the consenting power, the petitioning, the approving and the criticizing, the accepting and the refusing power. The two powers are necessary if there is to be order and freedom. But each must be true to its own nature, each limiting and complementing the other." (Lippmann: Essays in the Public Philosophy, Boston-Toronto 1955, S. 30.)

führung) wird so zum entscheidenden Bindeglied zwischen der letztinstanzlich zustimmenden Gewalt der Legislative und dem ausführenden (das heißt also mitgestaltenden und an der Gesetzesplanung mitunter richtungsweisend beteiligten) Zweig der Exekutive, der Verwaltung.

Bei der Zuordnung von Legislative und Exekutive — repräsentiert durch die Legislativinstanz Parlament und das „Bindeglied" Regierung — lassen sich zwei Grundformen unterscheiden: Einmal Trennung *(Inkompatibilitätsgebot)* von Parlament und Regierung und Kooperation zwischen ihnen, zum anderen Verbindung von Parlament und Regierung *(Integration)*. Das entscheidende Kriterium zwischen der ersten und der zweiten Lösung des Zuordnungsproblems von Parlament und Regierung ist die Abberufbarkeit der Regierung: Ist die Regierung von Parlament *absetzbar*, so haben wir es mit der Grundform *parlamentarisches Regierungssystem* zu tun, ist eine derartige Abberufung nicht möglich, mit der Grundform *präsidentielles Regierungssystem*. Die Abberufbarkeit steht in engster Relation zur Regierungsbestellung, über die ein Parlament des parlamentarischen Regierungssystems verfassungsrechtlich *nicht* unbedingt verfügen *muß*, verfassungspolitisch hingegen stets mehr oder minder gewichtig, wenn nicht gar letztinstanzlich bestimmen wird — eine Entscheidung, die im modernen Zweiparteisystem mitunter vom Wähler selbst gefällt wird. Das entscheidende verfassungs*rechtliche* Kriterium ist demnach nicht die Einsetzung, sondern die Abberufung der Regierung[51].

Diese apodiktische Unterscheidung mag zunächst sehr formal erscheinen. Ihrem Ausgangspunkt nach (positives Verfassungs*recht*) ist sie es auch. Als Kriterium wurde jedoch das m.E. sachnotwendigste Minimum sinnvoller Unterscheidungsmerkmale gewählt. Daß die derart getroffene Aufgliederung ihren Aussagewert auch zur näheren Kennzeichnung „lebender Verfassungen" behält — und um deren wissenschaftliche Bestimmung, Unterscheidung und wechselseitige Konfrontierung, das heißt um deren *Vergleich* es ja schließlich im Rahmen politikwissenschaftlicher Bemühungen geht —, müßte aus den weiteren Darlegungen ersichtlich werden.

Da die mit der hier getroffenen Unterscheidung verbundenen strukturellen Konsequenzen und die dadurch erforderlichen Differenzierungen in einem späteren Beitrag[52] eingehender erörtert werden, sei an dieser Stelle lediglich auf die für unsere weiteren Überlegungen bedeutsamen Strukturmerkmale der Fraktionsdisziplin und der Opposition verwiesen. In einem parlamentarischen Regierungssystem sind dank der verfassungsrechtlich garantierten parlamentarischen Abberufungsbefugnis kompakte Regierungsmehrheiten und damit strikte Fraktionsdisziplin — wie es Ernst Fraenkel nennt[53] — für die Regierungsstabilität wesensnotwendig. Zugleich bedeutet hier die Existenz einer wirksamen, geschlossenen Opposition, die in ihrem Zu-

---

51 Vgl. hierzu auch Ulrich Scheuner, der in seiner rechtsvergleichenden Abhandlung „Über die verschiedenen Gestaltungen des parlamentarischen Regierungssystems" (in: Archiv d. öffentl. Rechts. NF. Bd. 13, bes. S. 214, 221 und 231) die parlamentarische Abberufbarkeit des Kabinetts als das eigentliche Kriterium des parlamentarischen Regierungssystems bezeichnet.
52 Siehe unten S. 37 ff.
53 Das amerikanische Regierungssystem, S. 282.

sammenspiel mit der öffentlichen Meinung, der Wählerschaft, zum gewichtigen Machtfaktor werden kann und muß, das entscheidende Gegengewicht gegen einen Gewal-
tenmonismus. Ein präsidentielles Regierungssystem hingegen ist nicht auf die Existenz kompakter parlamentarischer Mehrheiten angewiesen. Es funktioniert mit *ad
hoc*-Mehrheiten. Daher sind weder eine strikte Beachtung der Fraktionsdisziplin
noch die Funktion einer geschlossenen parlamentarischen Opposition strukturnot-
wendige Voraussetzungen. Beide Grundtypen der Regierungssysteme erzeugen somit rein strukturell erheblich unterschiedliche Ausstrahlungen auf das Gefüge der
Parteien und die Handlungsweisen der politischen Interessengruppen. Es ergeben
sich für diese unterschiedliche Zugänge zu den Entscheidungszentren ihres Wirk-
samwerdens (*access to points of decision*, um mit David Truman[54] zu sprechen).

VI. Probleme einer temporalen Teilungslehre

Im Rahmen der staatsrechtlichen Teilungslehre erweist sich das Zeitproblem als ein
Spezialaspekt von größter Wichtigkeit. Denn jede Erörterung von Kompetenzauf-
gliederungen sowie von Funktions- und Amtsverteilungen sieht sich neben der Frage
personaler Verflechtungen sachnotwendig mit der Zeitfrage, etwa dem Problem
der Dauer einer Amtsinhabe, konfrontiert. Insofern ist die staatsrechtliche durch
die temporale Teilungslehre zu ergänzen.
Welche zentrale Rolle dem Zeitproblem zukommt, wird bereits aus der provozierenden Kurzformel ersichtlich, die Friedrich Meinecke für das Verfassungskonzept des
modernen Staates prägte: „temporäre Vertrauensdiktatur"[55] — wir würden heute
eher „temporäre Vertrauensautokratie" sagen. Man kann das Adjektiv „temporär"
als unbedeutenden, gleichsam lästigen Einbruch demokratischer Prinzipien in ein
autokratisches Herrschaftskonzept interpretieren. Dies tut Rousseau, wenn er schreibt:
„Das englische Volk glaubt frei zu sei; es täuscht sich gar sehr. Es ist nur während
der Wahlen der Parlamentsmitglieder frei; sobald sie gewählt sind, ist es Sklave, ist
es nichts. Der Gebrauch, den es in den kurzen Momenten seiner Freiheit von dieser
macht, verdient wohl, daß es sie verliert".[56]

---

54 David Truman: The Governmental Process — Political Interests and Public Opinion, New
   York 1953, bes. S. 264 f.
55 Diese im Januar 1912 geprägte Formel wird in folgendem Zusammenhang angeführt: „Überall sind die ,Wenigen' am Werk, um die Arbeit der Vielen zu organisieren ... Und die Macher
   und Leiter erhalten sich so lange in Amt, Stellung und Einfluß, als sie das Vertrauen im allgemeinen rechtfertigen, das die Vielen ihnen schenken — und schenken müssen sie es immer
   einigen Wenigen, weil anders die Sache nicht geht. So ist recht eigentlich die ,temporäre Vertrauensdiktatur' die spezifisch moderne Verwaltungs- und Regierungsform! In England ist
   sie es schon jetzt auch im Mittelpunkt des Staates, denn die angeblich regierenden Mehrheitsparteien des Unterhauses sind heute nichts weiter als Wahlkörper für die Wahl der leitenden
   und alles machenden Minister." (Friedrich Meinecke: Politische Schriften und Reden, hrsg.
   und eingel. von Georg Kotowski, Darmstadt 1958, S. 51.)
56 Du contrat social, III. Buch, 15. Kap., 5. Abs.

Rousseau bietet aber zugleich zwei andere Formeln, deren Erörterung uns weiterführen kann. Da heißt es einmal: „Es ist gegen die natürliche Ordnung, daß die große Zahl regiere und die kleine regiert werde"[57]. Und zum anderen: „Je mehr Stärke die Regierung hat, desto häufiger muß sich der Souverän zeigen"[58]. Zwei Gesichtspunkte, die auch bei John Stuart Mill in klassischer Form mit großer Schärfe und Gewichtung besprochen werden[59]. Daraus kann gefolgert werden, daß die Errichtung und Duldung einer starken Regierung – die „naturnotwendig" in wenigen Händen liegen wird – mit einer hohen effektiven Kontrollchance verbunden werden muß, während sich dies Problem gegenüber einer schwachen, entscheidungs- und handlungsunfähigen Regierung nicht so dringlich stellt.

Für das Zeitproblem ergeben sich hieraus eine Fülle komplexer Beziehungen, indem die Amtsinhabe verschiedener, wechselseitig aufeinander bezogener und hingeordneter Kontrollinstanzen in einander mannigfach überlagernden *Intervallen* und *Sessionen* erfolgen kann. Als ein grobes, wenngleich wichtiges Beispiel für viel verwickeltere Beziehungen: Im präsidentiellen Regierungssystem der USA müssen sich das Repräsentantenhaus alle zwei Jahre, der Präsident alle vier Jahre, die Senatoren alle sechs Jahre einer Wahlprozedur unterwerfen. Weitere Überlagerungen entstehen dadurch, daß sich das Repräsentantenhaus im Zweijahresrhythmus jeweils gänzlich, der Senat hingegen nur zu einem Drittel einer Neuwahl zu stellen hat.

Es besteht die allgemeine Gepflogenheit, daß das „Volkshaus" radikaler, relativ kurzfristiger Totalerneuerung unterworfen wird, während dem „Oberhaus", dem Senat oder „Rat" längere Intervalle zugestanden werden, wenn nicht gar die lebenslängliche Amtsinhabe vorgesehen ist.

Im parlamentarischen Regierungssystem gewinnt das Zeitproblem dank der strukturgewichtigen Funktion der *Opposition* einen ganz besonderen Aspekt. In diesem System kann von einer machthemmenden Aufgliederung der „politischen Gewalten" Exekutive und Legislative auf die Dauer nur dann gesprochen werden, wenn die freie Oppositiontätigkeit sich der realen Chance gegenübergestellt sieht, selber im Wahlakt Regierungsmehrheit zu werden[60]. Der Wahlturnus wird so zum entscheidenden Problem; besonders dann, wenn Regierungsmehrheit und Opposition als derart feste Handlungsblöcke auftreten, daß sich für die Opposition lediglich im Falle einer

---

57 Ebd., III. Buch, 4. Kap., 3. Abs.
58 Ebd., III. Buch, 13. Kap., 3. Abs.
59 John Stuart Mill: Considerations on Representative Government, 1861, bes. Kap. V und XI.
60 Dazu vgl. auch Dolf Sternberger, „Gewaltenteilung ...", S. 36 f. Die fundamentale Bedeutung, die der Opposition im parlamentarischen Regierungssystem der Bundesrepublik Deutschland zukommt, verdeutlicht u. a. der § 88 des Strafgesetzbuches (Neufassung vom 30. August 1951), der als dritten Verfassungsgrundsatz „Das Recht auf die verfassungsmäßige Bildung und Ausübung einer parlamentarischen Opposition" anführt. Dazu in der Begründung von Prof. Dr. Wahl, M.d.B.: „Besonders wichtig erschien es, den Einparteienstaat durch die Verankerung des Rechts auf die verfassungsmäßige Bildung und Ausübung der parlamentarischen Opposition als verfassungswidrig zu kennzeichnen ..." (Hochverrat, Staatsgefährdung, Landesverrat, Heidelberg 1951, S. 13 f.)

– zumeist unwahrscheinlichen – Parteispaltung der Regierungspartei (einige Nuancen ergeben sich im Koalitionsfalle) Regierungschancen bieten[61].

In diesem Zusammenhang wäre auch die Problematik der Parlamentsauflösungen und parlamentarischen Mißtrauensvoten, vor allen jedoch der zeitlichen Kompetenzbegrenzungen im Notstandsfalle, der Fristenregulierungen im Falle konstitutioneller Diktaturbefugnisse, unter jeweils speziellen Fragestellungen zu erörtern. Darüber hinaus gewinnt das Zeitproblem noch im weiten Feld der Verfahrensfragen, der mannigfachen Fristen- und Terminsetzungen – es sei nur an die verschiedenen Fristenregulierungen der Geschäftsordnungen gedacht – eine nicht unerhebliche Bedeutung. Insgesamt befaßt sich also die temporale Teilungslehre mit all den Zeitfragen, die sich von dem Problem des „richtigen" Turnus der allgemeinen Wahlakte, über die Frage einer „richtigen" Zuordnung der Sessionen und Amtsperioden verschiedener Letztinstanzen, bis hin zu den speziellen Fragen der Inter- und Intraorgankontrollen – wie es in der Terminologie Karl Loewensteins heißt[62] – erstrecken.

VII. Probleme einer föderativen („vertikalen") Teilungslehre

Die staatsrechtliche und die temporale Teilungslehre sind durch die *föderative Teilungslehre* zu ergänzen. An Hand der staatsrechtlichen Teilungslehre läßt sich ein Herrschaftsgebilde nach seinem Organisationsgehäuse befragen. Sie ermöglicht in Verbindung mit dem temporalen Gesichtspunkt einerseits Antworten hinsichtlich der formellen Rechtsstaatlichkeit (zu der auch das Grundrechtsproblem gehört) und gibt andererseits Auskunft darüber, ob und in welcher speziellen Ausprägung ein parlamentarisches oder präsidentielles Regierungssystem vorliegt. Die föderative Teilungslehre hingegen erhellt das System und die Interdependenzen der territorialen (einschließlich der internationalen) Handlungseinheiten sowie deren jeweilige Gestaltungskompetenzen und gewaltenkontrollierte Auswirkungen auf die bürgerliche Freiheit des Einzelnen. Soweit in der föderativen Teilungslehre Rechtsprobleme eine primäre Rolle spielen, kann – einmal abgesehen vom besonderen Bereich des Völkerrechts – in gewissem Sinne von einer „*staatsrechtlich-vertikalen*" *Teilungslehre* gesprochen werden.

Der föderativen Teilungslehre liegt der von Montesquieu betonte[63] und von Hamilton im *Federalist* [64] angeführte Gedanke zugrunde, daß die innerstaatliche bürgerliche Freiheit in kleinen Gemeinwesen größere Entfaltungchancen habe, während zum

---

61 Welche Problematik damit verbunden ist, verdeutlicht Dolf Sternberger in seinem Beitrag „Mutation des Parteiensystems", in: Wahlen und Wähler in Westdeutschland, hrsg. von Erwin Faul, S. 1–16, und zum Ganzen auch Sternbergers „Lebende Verfassung", Meisenheim 1956.
62 Die Beschäftigung mit den Inter- und Intraorgankontrollen – den Kontrollmöglichkeiten zwischen und innerhalb einzelner Staatsorgane – nimmt in Loewensteins „Verfassungslehre" einen breiten Raum ein; vgl. vor allem ebd., S. 167–291.
63 De l'esprit des lois, IX. Buch, 1. Kap.
64 Federalist, No. IX.

Schutz nach außen der geschlossene Bund (die *république fédérative*[65]) die sicherste
Wehr biete. Wechselseitige Einwirkungsbefugnisse sollen hier Lokaldiktaturen und
dort Machtballungen verhindern und insgesamt der aktiven, eigenverantwortlichen
Mitwirkung des Bürgers in den verschiedenen Regionaleinheiten Wirkungsbereiche
erschließen.

Die föderative Teilungslehre ermöglicht aber nicht nur Einblicke in die staatsrechtlichen vertikalen Kompetenzabstufungen und Kontrollbeziehungen, sondern verdeutlicht auch die völkerrechtlichen, internationalen Verflechtungen des jeweiligen Herrschaftssystems, deren gewaltenhemmende und das innerstaatliche Machtgefüge mitunter stark beeinflussende Rückwirkungen eine wichtige Komponente im Gewaltenbeziehungssystem darstellen. Man denke nur an die Einbeziehung der Bundesrepublik in die *NATO* und *EWG* oder an das britische *Conmmonwealth of Nations*. In
diesem Zusammenhang wäre auch zu erörtern, inwieweit das *Subsidiaritätsprinzip*
als Zuständigkeits- und Aufbauprinzip bei der Lösung organisatorischer Zuordnungs-
probleme angewandt und fruchtbar gemacht werden könnte. Vielleicht ist es sogar — um mit Arthur Utz zu sprechen — dazu geeignet, „das bisher im Zusammen-
leben der Staaten beherrschende Souveränitätsprinzip abzulösen bzw. zu ergänzen"[66].

Vielzählig ist das Ineinandergreifen, ist der Wirkungszusammenhang der einzelnen
„Gewalten" bzw. Gestaltungseinheiten der staatsrechtlichen und föderativen Teilungslehre. So ist beispielsweise im Bundesstaat die eine Kammer der Legislative
stets als das bündische Repräsentationsorgan der staatlichen Einzelglieder gedacht,
was sich neben allgemeinen Kontroll-, Gesetzgebungs- und Verwaltungsfragen vor
allem im Falle angestrebter Verfassungsänderungen auszuwirken vermag. Dabei wären grundsätzlich vier föderative Gestaltungsebenen differenzierten Kompetenzgra-
des zu unterscheiden: 1. Territoriale Handlungseinheiten, denen das Recht der Selbst-
verwaltung im engsten Sinne, das heißt im Rahmen vorgegebener Normvorschriften
(Gesetze und Verwaltungsvorschriften), zusteht, wobei von einem heteronomen
Selbstvollzugssystem[67] mit breitem Ermessensspielraum gesprochen werden kann.
2. Handlungseinheiten, denen in bestimmten Sachbereichen autonome *Normsetzungs-*
befugnisse zugestanden sind und die innerhalb dieser vorbehaltenen bzw. eingeräumten, auf jeden Fall beschränkten Kompetenzbereiche als autonomes Selbstvollzugssystem fungieren können. 3. Handlungseinheiten, denen einerseits ein hohes Maß
autonomer Gestaltungsbefugnis in *eigenen* Zuständigkeitsbereichen eingeräumt ist

65 Montesquieu, ebd., 3. Abs.
66 Das Subsidiaritätsprinzip, hrsg. von Arthur F. Utz, Heidelberg 1953, S. 5. Siehe auch Arthur
   F. Utz: Formen und Grenzen des Subsidiaritätsprinzips, Heidelberg 1956, und Adolf Süster-
   henn „Das Subsidiaritätsprinzip als Grundlage der vertikalen Gewaltenteilung", in: Vom Bonner
   Grundgesetz zur gesamtdeutschen Verfassung — Festschrift zum 75. Geburtstag von Hans
   Nawiasky, München 1956, S. 141—155.
67 Diese in anderem Zusammenhang von Ekkehart Stein erarbeitete Formel könnte im Rahmen
   der föderativen Teilungslehre und in Verbindung mit dem Subsidiaritätsprinzip fruchtbar
   angewandt werden. Es geht dabei um die Fixierung der Relation von autonom und heteronom
   bestimmten Entscheidungskompetenzen im Selbstvollzugssystem. Vgl. dazu Ekkehart Stein
   „Ist die ,Deutsche Demokratische Republik' ein Staat?", in: Archiv. d. öffentl. Rechts, Bd. 85,
   Nr. 4, 1961, S. 363—391, bes. S. 390.

(autonome Gesetzgebungs- und Verwaltungsbefugnis) und andererseits eine bestimmende *Mitwirkung* am Willensbildungs- und Entscheidungsprozeß des umfassenden („nationalen") Gesamtverbandes zukommt — die vor allem über eine entscheidende Mitwirkungskompetenz im Rahmen des gesamtstaatlichen Verfssungsrechts verfügen. 4. Territoriale Handlungseinheiten, die als autonome Selbstvollzugssysteme Gestaltungsträger *internationaler* Handlungseinheiten sind und zugunsten dieser Einheiten kraft freier, letztinstanzlicher Entscheidungskompetenz Beschränkungen ihrer autonomen Gestaltungsbefugnis akzeptieren[68].

VIII. Probleme einer konstitutionellen Teilungslehre

Die konstitutionelle Teilungslehre geht von der Tatsache aus, daß im modernen Verfassungsstaat zwischen verschiedenen Rechtsebenen unterschieden werden kann, wobei sich eine stufenförmig strukturierte Rangfolge zwischen den Ebenen der Verfassung, des Gesetzes, der Verordnungen, Verfügungen, Verwaltungsanweisungen usw. herausgebildet hat. Die konstitutionelle Teilungslehre befaßt sich mit den Abhängigkeitsbeziehungen und Kompetenzbereichen jener Institutionen und Amtsträger, die mit der Setzung derart unterschiedlicher Rechtsakte betraut und zur Überprüfung ihrer jeweiligen Richtigkeit bzw. Zulässigkeit befugt sind. Welche Bedeutung dieser Teilungslehre beizumessen ist, kann vor allem an der Wechselbeziehung zwischen Verfassung und Gesetz und den sich daraus ergebenden Problemen verdeutlicht werden.

Obgleich der Unterscheidung zwischen verfassungsgebender und gesetzgebender Gewalt — pouvoir constituant und pouvoir constitués — im modernen Verfassungsstaat prinzipiell eine fundamentale Bedeutung zukommt,[69] könnte wohl ein Einheitsstaat, nicht jedoch ein Bundesstaat auf diese Differenzierung verzichten. Es mag daher erklärlich sein, daß zwar der Einheitsstaat des Vereinigten Britischen Königsreichs noch heute ohne eine geschriebene Verfassungsurkunde existieren kann. Der erste moderne Bundesstaat der westlichen Welt, die USA — die die älteste geschriebene Verfassung besitzen — wäre demgegenüber ohne ein derartiges Verfassungsdokument kaum denkbar[70]. Ist es doch der primäre Sinn einer Bundesverfassung, die jeweiligen Kompetenzen zwischen „Bund" und „Ländern" so klar wie möglich zu bestimmen, sie den verschiedenen Ebenen möglichst eindeutig zuzuweisen und weder den Bund noch die Länder einseitig in die Lage zu versetzen, die Kompetenzgrenzen willkürlich zugunsten der einen oder anderen Seite zu verändern. Änderungen müssen vielmehr von deren gemeinsamer Zustimmung abhängig gemacht werden.
Daraus folgt zweierlei: Zum einen muß deutlich zwischen Verfassungsgesetzgeber und einfachem Gesetzgeber unterschieden werden; zum anderen muß es eine Instanz geben, die im Konfliktfall darüber befindet, ob eine Entscheidung vom einfachen

---

68 Vgl. hierzu beispielsweise die Bestimmungen des Art. 24 GG.
69 Siehe Georg Jellinek: Allgemeine Staatslehre, 3. Auflg. 1913, S. 505 ff bes. 522 ff und Martin Kiele: Einführung in die Staatslehre, Hamburg 1975, S. 259 ff.
70 Vgl. hierzu unten S. 282 f.

Gesetzgeber oder nur vom Verfassungsgesetzgeber getroffen werden kann. Es geht um die strittige Frage der Zuständigkeit von verfassungsgebender oder gesetzgebender Gewalt: ein Gewaltenteilungsproblem.

Um welche Probleme es sich hierbei im Einzelnen handeln kann, läßt sich am besten bei einem Vergleich zwischen den konträren Konstitutionsbeispielen Großbritannien, USA und der Schweiz aufzeigen. In Großbritannien entsteht das Differenzierungsproblem überhaupt nicht, weil es keine Unterscheidung zwischen Verfassungsrecht und Gesetzesrecht gibt: Denn jedes vom Britischen Parlament verabschiedete Gesetz hat Verfassungsrang. Dieser fundamental bedeutsame Sachverhalt ist gemeint, wenn von der „Souveränität des Britischen Parlaments" die Rede ist. Parlamentssouveränität besagt demnach, daß das vom Parlament gesetze Recht von keiner außerparlamentarischen Instanz (etwa einem Verfassungsgericht) auf seine Verfassungskonformität hin überprüft werden kann und auch keinem Volksentscheid (wie in der Schweiz) unterliegt. Der Wille der gesetzgebenden Parlamentsmehrheit ist mit der Verfassung identisch: deren Selbstbeschränkung hat Verfassungskontinuität und Rechtssicherheit zu garantieren. Da das Britische Unterhaus beschlußfähig ist, wenn von den heute insgesamt 630 Abgeordneten mindestens vierzig – einschließlich dem Speaker – anwesend sind, genügt ein entsprechendes Parlamentsquorum prinzipiell auch für die letztinstanzliche Entscheidung in Verfassungsfragen.

Völlig anders stellt sich die Lage in den USA dar, wo das Parlament keine „Souveränität" besitzt, sondern – wie in der Bundesrepublik – in seinen Entscheidungen an die Verfassung gebunden ist; wo das Parlament unter, nicht über bzw. „an Stelle" der Verfassung steht. Einfache Gesetzgebung und Verfassungsgesetzgebung sind auf verschiedene Gewalten verteilt. Ein einfaches Gesetz kommt zustande, wenn beide Häuser des Kongresses mit einfacher Mehrheit einen gleichlautenden Gesetzestext beschließen und der Präsident kein Veto einlegt.[71] Bei einer Verfassungsänderung sind nicht nur in beiden Häusern des Kongresses Zweidrittel-Mehrheiten erforderlich, es muß vielmehr die Zustimmung der gesetzgebenden Körperschaften in Dreivierteln der heute fünfzig Einzelstaaten hinzukommen. Kein Wunder, daß bei einem so erschwerten Verfahren Änderungen des Verfassungstextes nur äußerst selten zustande kommen.

Bei einer derartigen Sachlage kann der Gesetzgeber leicht in die Versuchung geraten, die schwere Hürde der formellen Verfassungsrevision dadurch zu umgehen, indem er über den Weg der einfachen Gesetzgebung unter Berufung auf einen seine Mehrheit konstituierenden Wählerwillen mehr oder weniger gewagte Verfassungsinterpretationen unternimmt. Ob der Gesetzgeber dabei seine Kompetenzen überschreitet bzw. überschritten hat, wird in den USA bei anhängiger Klage von den Gerichten, in letzter Instanz vom Supreme Court, der in den USA die Aufgaben auch eines Obersten Verfassungsgerichts ausübt, entschieden.

---

71 Das präsidentielle Veto kann nur mit Zweidrittel-Mehrheiten in beiden Kongreßhäusern überwunden werden.

Einen dritten Lösungssatz bietet die Schweiz. Zwar haben auch hier die Bundesgerichte verfassungsgerichtliche Kompetenzen, allerdings nur im Falle eines Konfliktes zwischen kantonalem Recht und Bundesrecht. Bundesgesetze hingegen dürfen von Bundesgerichten nicht auf ihre Verfassungsmäßigkeit hin überprüft werden. Hier kommt das extensiv gehandhabte, direktdemokratisch motivierte Referendumsverfahren als Ausdruck des Volkssouveränitätsprinzips zum tragen. Der wahlberechtigte Teil des Volkes selbst ist die einzige Instanz, die Gesetzesbeschlüsse der Bundesversammlung (die aus den zwei Kammern Nationalrat und Ständerat — Kantonalvertretung — besteht) aufheben, bestetigen oder revidieren kann. Hierzu verfügt es über das Instrumentarium des fakultativen und obligatorischen Referendums — und in Verfassungsfragen auch über das Recht der Initiative. Da die wahlberechtigten Staatsbürger als Repräsentanten des ganzen Volkes zugleich als gesetzgebende wie verfassungsgebende Gewalt tätig werden, unterliegen deren gesetzgebende und verfassungsändernde Entscheidungen auf Grund von Referenden auch keiner verfassungsgerichtlichen Kontrolle. Dies gilt auch für die Fälle, in denen „das Volk" auf die Durchführung eines Referendums (nur bei Verfassungsänderungen ist das Referendum obligatorisch) verzichtet.

Der gewaltenteilende Kerngedanke verfassungsgerichtlicher Streitentscheidung liegt bei Normenkontrollverfahren stets darin, festzustellen , ob der Gesetzgeber einen Beschluß mit gesetzgebenden oder nur mit verfassungsändernden Mehrheiten fassen durfte oder ob ein Gesetzestext auf dem Wege der Interpretation mit der Verfassung in Einklang gebracht werden kann. Falls sich der Gesetzgeber bei einem so gearteten Streit auf einen von ihm entsprechend gedeuteten Wählerwillen beruft, kann dies nur bedingt von Bedeutung sein, da sich auch die für Verfassungsänderungen erforderlichen Mehrheiten auf „Wählerwillen" beziehen können. Das Volk kann nicht eine Verfassung wollen, die zwischen einfachem und verfassungsgebendem bzw. -änderndem Gesetzgeber klar unterscheidet, um dann über einen „Wählerauftrag" an den einfachen Gesetzgeber diese Unterscheidung faktisch wieder aufzuheben.

Da die Verfassung in besonderem Maße politisch bedeutsames Recht postuliert, fallen Konflikte über die richtige Deutung des Verhältnisses von Verfassung und Gesetz in konkreten Streitfällen oft genug mit politischen Grundkonflikten zusammen. Insofern bildet die Funktion der Verfassungsgebung, -änderung und -interpretation innerhalb der konstitutionellen Teilungslehre neben den „Gewalten" der Gesetzgebung, Gesetzesausführung und rechtlichen Streitentscheidung eine eigenständige „vierte" Gewalt. An dieser vierten, konstitutionellen Gewalt der Verfassungsgebung, -änderung und -interpretation können neben den Wählern — die direkt oder indirekt daran teilnehmen — auf je unterschiedliche Weise sowohl parlamentarische wie gerichtliche Institutionen beteiligt sein. Im einzelnen lassen sich in den verschiedenen politischen Systemen diverse Kombinationsformen gewaltenteilender Lösungsmöglichkeiten nachweisen. Unter den westlichen Demokratien bilden Großbritannien und die USA lediglich zwei Beispiele konträrer Problemregelung.

IX. Probleme einer dezisiven Teilungslehre

Mit der staatsrechtlichen („horizontalen"), temporalen, föderativen und konstitutionellen Teilungslehre, die weitgehend normbestimmt sind, bilden die dezisive und die
soziale Teilungslehre eine wesensbezogene Einheit. An Hand der *dezisiven Teilungslehre* — die als das Herzstück der politologischen Gewaltenteilungslehre bezeichnet
werden kann — läßt sich der politische Willensbildungs- und Entscheidungsprozeß
(der politische Gestaltungsprozeß) verfolgen. Durch sie wird das pluralistische Grup-
pengeflecht in all seinen politischen Gestaltungsformen und Wirksamkeiten mit den
staatsrechtlich fixierbaren Kompetenzbereichen in Beziehung gesetzt. Zusammen genommen bilden sie das politische System. Hier können fünf autonome, jedoch stets
in innigster Interdependenz zueinander stehende Diskussions- und Entscheidungsebenen unterschieden werden:

1. Regierung
2. Parlament
3. Parteien
4. Interessengruppen
5. Öffentliche Meinung.

Die „Gewalten" der staatsrechtlichen, föderativen und konstitutionellen Teilungslehre
erscheinen auch in der dezisiven, nur in sehr verschiedener Eingliederung. Diese Eingliederung geht von einer Erkenntnis aus, die Gustav Kafka mit den Worten umschrie-
ben hat: Die pluralistisch-rechtsstaatliche Demokratie „bedeutet freien, wenn auch
durch feste Normen geregelten Wettbewerb um das Vertrauen des wahlberechtigten
und damit die Staatsführung kontrollierenden Volkes, eines Volkes, das nicht aus
einer Summe von Individuen besteht, sondern aus einer Vielzahl von Gruppen, in
denen öffentliche Meinung gebildet wird, in denen das Strukturprinzip aller Grup-
penbildung, nämlich die Einheit des Zusammenwirkens von Führern und Geführten,
sich verwirklicht"[72]. In diesem pluralistischen Gemeinwesen bzw. System „sind es
die politischen Parteien, die den Staat" bzw. das Gemeinwesen als Staat „aktionsfähig machen. Sie sind die Antriebskräfte der staatlichen Organisation, als dem — nach
Hermann Heller — ‚zur Einheit der Entscheidung und Wirkung planmäßig organisierten Handlungsgefüge' zur Verwirklichung des Gemeinwohls"[73].
Will man den Willensbildungs- und Entscheidungsprozeß eines politischen Gemeinwesens systematisch analysieren, so empfiehlt es sich, aus methodischen Gründen
in der geschlossenen Einheit „Gemeinwesen" zwei Bereiche zu unterscheiden: 1. den
„staatlichen (primär herrschaftlichen) Raum" und 2. den „sozialen (primär genossen-

---

72 Ich zitiere aus Gustav Kafkas Lagebericht vor dem staatspolitischen Arbeitskreis des Zentral-
komitees der deutschen Katholiken, den er im April 1960 auf der Arbeitstagung Ettal abgab:
„Arbeitstagung Ettal", hrsg. vom Zentralkomitee der deutschen Katholiken, Paderborn 1960,
S. 281.
73 Ebd., S. 288.

schaftlichen) Raum". Unter dem *staatlichen Raum* wird hier jener Bereich verstanden, in dem kraft Amtes die staatsrechtlich letztinstanzliche Verfügung über die Machtmittel und Befugnisse des Staatsapparates möglich ist. Der *soziale Raum* ist der in diesem Sinne nichtstaatliche Bereich, in dem in weitgehend autonomer Gestaltungsmöglichkeit und Sinnbestimmung religiöse, geistige und wirtschaftliche Kräfte wirksam sind.

Beide Bereiche finden der Idee nach ihre innigste Verbindung im Wahlakt des Bürgers. Daher ist auch — wie Westerath ganz richtig sagt — das Wahlverfahren „weit mehr als eine unscheinbare, technisch-juristische Prozedur, es ist der Kern, an dem sich der demokratische Staat entfaltet"[74]. Denn Verfahrensfragen können Folgen zeitigen, die darüber mitbestimmen, ob ein politisches Gemeinwesen bestehen kann, in dem „Freiheit mit Autorität verbunden und zugleich offene Eliten wie gefestigte Institutionen möglich sind".[75]

Die wichtigsten politischen Entscheidungsebenen (Gestaltungsebenen) im staatlichen Raum sind *Regierung* und *Parlament*. Im sozialen Raum sind es die Entscheidungsebenen *Interessengruppen* und *öffentliche Meinung*. Das auch und vor allem jenseits des unmittelbaren Wahlaktes vermittelnde Verbindungsglied, das die dauernde umfassende Einheit beider Bereiche ermöglichen soll, sind die *Parteien*, deren Grundfunktion in der Transformation sozialen Wollens in staatliches Wollen besteht.

Grundsätzlich wird in der dezisiven Teilungslehre das politische Gemeinwesen als ein vielschichtig verknüpftes Geflecht mannigfacher Interessengruppen begriffen[76], wobei die Interessengruppen ein Gefüge bilden, dessen einzelne Glieder in vielzähliger Weise völlig unterschiedlich und andersartig orientiert, strukturiert und organisiert (bzw. nichtorganisiert) sein können. Aus diesem Gruppengefüge sind auf Grund ihrer überragenden Besonderheiten für den politischen Entscheidungsprozeß die Ebenen Regierung, Parlament und Parteien auszuordnen — das heißt, die Interessengruppen Regierung, Parlament und Partei werden insofern als Interessengruppen spezieller Art und Wichtigkeit aufgefaßt.

Dank der Tatsache, daß der Wahlbürger der Idee nach im Wahlakt als Einzelperson eine souveräne Entscheidung fällt, ist auch die Ebene *öffentliche Meinung* auszugliedern. Sicherlich ist der Begriff „öffentliche Meinung" heiß umstritten — welcher politologische Begriff ist es nicht? —, aber ohne die Debatte „gemeines Meinen — öffentliches Meinen" aufgreifen zu wollen[77], sei nur soviel vermerkt, daß hier *öffentliche Meinung* das öffentliche Meinen meint, das sich gegebenenfalls im Wahlakt in öffentlich relevanter Verbindlichkeit in letztinstanzliche Grundentscheidungen umzusetzen vermag und darum stets beachtet bzw. in Rechnung gestellt wird und als

---

74 Heriberth Westerath „Der sogenannte ‚Pluralismus', die Demokratie und das Wahlverfahren", in: ZPolit, NF. 6, 1959, S. 331.

75 Ebd., S. 319.

76 Es sei hier auf die prinzipiellen Erwägungen verwiesen, die David Truman in seinem Buch: The Governmental Process, New York 1953, anstellt.

77 Vgl. hierzu die geistvollen Bemerkungen von Wilhelm Hennis in seiner kleinen Schrift: Meinungsforschung und repräsentative Demokratie, Tübingen 1957, bes. S. 28 f.

„Gewalt" gelegentlich eine gewichtige Rolle zu spielen vermag. Kurz, öffentliche Meinung wird hier gleich Wählerschaft gesetzt.[78] Wahlfragen, Probleme der Pressefreiheit und der Handhabung der Massenkommunikationsmittel sind die gravierenden Probleme, die in der Entscheidungsebene „öffentliche Meinung" unter dem Aspekt zu analysieren sind, inwieweit hier von einer autonomen Gestaltungschance einer Pluralität von Individuen und Gruppen die Rede sein kann. Hierher gehört auch die Frage, inwiefern in dieser Ebene der öffentlichen Meinungsbildung Monopol- bzw. Oligopolerscheinungen zu verzeichnen sind, welche Bedeutung ihnen (etwa im Bereich der Massenkommunikationsmittel) zukommt und wie ihnen notfalls zu begegnen ist und begegnet wird.

Die Entscheidungsebene *Interessengruppen* wirft die kompliziertesten Probleme auf. In diesem Zusammenhang werden als politische Interessengruppen all die Gruppen erfaßt, die am politischen Entscheidungsprozeß in irgendeiner Form beteiligt sind. Jede Interessengruppe kann somit als politische Interessengruppe fungieren − gleichgültig in welcher Form und Dauer − und als solche nach ihrer Stellung und Wirkungsweise im gewaltenverschränkenden politischen Willensbildungs- und Entscheidungsprozeß befragt werden. Die in diesem Sinne potentiellen politischen Interessengruppen umfassen demnach sämtliche bisher nicht ausgesonderten Gruppen, von der staatlichen Verwaltungsbürokratie über die Gerichtsbürokratie, die zahlreichen öffentlich-rechtlichen Institutionen wie Industrie-, Handels- und Handwerkskammern nebst Kirchen, Banken und kommunalen Körperschaften bis hin zu den unübersehbar vielzähligen, teils kurzfristig und sehr locker organisierten (oder nichtorganisierten, da spontan zusammengeführten) Verbänden, Vereinigungen und sonstigen Gruppen[79]. All diese Gruppen können als politische Interessengruppen fungieren − auch die Kirchen. Wenn Gustav Kafka schreibt: „die Kirche ist kein Interessenverband, weil ihr ,Interesse' an der Gesellschaft ein universales ist, sie fordert nicht Gerechtigkeit für sich, sondern Gerechtigkeit schlechthin…"[80], so könnte dieser Anspruch − wenn auch in je anderer Wertsetzung − ebenso von der Justiz, in gewissem Sinne von der Verwaltung wie auch von privaten Gruppen ähnlichen Selbstverständnisses (etwa dem Wählerverband) erhoben werden. Das ändert aber nichts am bisher Dargelegten, denn die dezisive Teilungslehre treibt keine Wesensanalyse, sie fragt nicht primär nach dem jeweiligen Selbstverständnis der Gruppen, sondern nach deren konkretem Verhalten im politischen Entscheidungsprozeß − und dies sollte sie recht ungeniert tun.

78 Eine Auffassung, die von Hennis (a.a.O., S. 9, Anm. 8) wohl als „positivistische Soziologie" gekennzeichnet würde, obgleich mit ihr die Frage nach dem repräsentativen Gehalt und Charakter der öffentlichen Meinung weder ausgeschlossen noch übersehen ist.

79 Von einer näheren Analyse und systematischen Untergliederung dieser Gruppen, die vor allem nach rechtlichen, funktionalen und politisch-relevanten Gesichtspunkten sowie hinsichtlich ihrer sachorientierten Interessenpositionen zu erfolgen hätte, muß hier Abstand genommen werden.

80 Kafka, a.a.O., S. 285. − Zur Problematik einer Begriffsbestimmung des Phänomens „Interesse" siehe vor allem Beate Huber: Der Begriff des Interesses in den Sozialwissenschaften, Winterthur 1958. Der Begriff wird hier in einem Sinne gebraucht, wie er ebd. S. 106 näher gekennzeichnet ist.

Es ist dabei unwesentlich, ob die als Interessengruppe handelnde Einheit sich ihrer Wirksamkeit als Interessengruppe bewußter ist oder nicht. Sie kann vielmehr der festen Überzeugung sein, ihre Auffassungen in höchster Gerechtigkeit und orientiert an Wertvorstellungen von axiomatischer Evidenz zu bilden und demgemäß ihre Entscheidungen zu fällen. Aber selbst wenn es eine objektiv erkennbare Gerechtigkeit gäbe, könnten die altruistischen Diener dieser Wahrheit im politischen Entscheidungsprozeß nicht anders denn als Interessenvertreter (eben dieser Wahrheit) oder Glieder einer Interessengruppe auftreten. Sobald sie nun versuchen würden — selbst unter radikaler Mißachtung sonstiger privater Sonderinteressen —, dieser Wahrheit im politischen Gestaltungsprozeß Geltung zu verschaffen, entweder durch direkte Einwirkung auf Gesetzgebung und Verwaltung (*Lobby*-Funktion) oder vermittels indirekter Einflußnahme über die öffentliche Meinung (*Pressure*-Funktion), würden sie als politische Interessengruppen fungieren.

So wäre es beispielsweise denkbar, daß ein oberstes Gericht in Ehescheidungsfragen innerhalb seines richterlichen Ermessensspielraumes Urteile mit dem Anspruch fällt, sie seien letztlich an schlechthin allgemeingültig vorgegebenen Normen orientiert. Damit werden jedoch in letzter richterlicher Instanz Präzedenzfälle für ein Richterrecht geschaffen, dessen Interessencharakter u.a. dann deutlich wird, wenn im parlamentarischen Gesetzgebungsverfahren der Versuch unternommen werden sollte, dieses faktische Richterrecht entweder normativ zu untermauern oder in neue Bahnen zu lenken. Im Streit der Gruppenmeinungen innerhalb des Parlaments könnte dann offenkundig werden, wie sehr man die Tendenz der richterlichen Ermessensentscheidung als politisch bedeutsamen Interessenstandpunkt zu werten vermag. — Als ein weiteres Beispiel in dieser Ebene ließe sich etwa die „politische Justiz" zur Zeit der Weimarer Republik anführen. Oder man denke an die „neutralen" Interessenpositionen der verschiedenen staatlichen Verwaltungsbürokratien, etwa an die Relation: militärischer und ziviler Bereich.

Die fünf angedeuteten Willensbildungs- und Entscheidungsebenen der dezisiven Teilungsebene stehen — das sei nochmals betont — in innigster Interdependenz zueinander. Dennoch ist ein freiheitssichernder Pluralismus, der weder in Gruppenanarchie noch in autoritäre Staatsdiktatur entarten soll, nur dann möglich, wenn in jeder der genannten fünf Ebenen ein hoher Grad an freiem, autonomem Entscheidungsvermögen gewährleistet ist — auch und gerade für den Einzelnen, der als Glied einer oder mehrerer Gruppen sowie dank seiner mannigfachen Entscheidungschancen auf den verschiedenen Ebenen mitunter an den neuralgischen Punkten des Entscheidungsprozesses zu wirken vermag: Man denke dabei etwa an den plebiszitären Personenkult einzelner Parteiführer und dessen Auswirkungen auf die Funktionen und faktischen Entscheidungschancen der Partei als Gesamtverband; oder an die Entscheidungsmöglichkeiten von Personen, die zugleich in den Entscheidungszentren gewichtiger Interessengruppen, Parteien (mitunter als Parteimäzene) und bedeutsamer staatlicher Instanzen (etwa im Parlament) sitzen bzw. auf sie einwirken. Überhaupt berührt die Frage nach den Entscheidungschancen des Individuums im pluralistischen Gemeinwesen des sogenannten Massenzeitalters ein noch keineswegs hinreichend erörtertes Problem.

Läßt sich in einem politischen Gemeinwesen in jeder der skizzierten Entscheidungsebenen ein Pluralismus autonomer Willensbildungs- und Entscheidungsmöglichkeiten nachweisen, wird freiheitsgefährdenden Oligopol- und Monopolbildungen wirksam begegnet, befindet sich die Interdependenz der einzelnen Ebenen − denen je
verschiedene Grundfunktionen zukommen[81] − in „funktionsadäquater Relation",
und wirken sie auf diese Weise integrierend („von unten und oben"), so kann von
einem *demokratisch-pluralistischen* Gemeinwesen gesprochen werden. Wird der Pluralismus innerhalb der einzelnen Ebenen eingeengt und verlagert sich der gewichtigste
Teil des Entscheidungsprozesses unter Drosselung der freien, autonomen Entscheidungen in den anderen Ebenen auf die Instanzen des staatlichen Raumes, so bestehen die
Anzeichen für ein *autoritäres* System, für eine erzwungene Integration. Wird die Freiheit aller Ebenen ausgeschaltet und werden sämtliche Entscheidungen − gleichsam
bis in die Seele des einzelnen hin − von einer Instanz aus monopolistisch vorgeformt
und dirigistisch bestimmt, so kann von einem *autokratisch-totalitären* Herrschaftssystem gesprochen werden.

X. Probleme einer sozialen Teilungslehre

Im Verlauf der bisher entwickelten Teilungslehre war überwiegend von funktionalen
Aufgliederungen, sachlichen und temporalen Kompetenzabgrenzungen sowie wechselseitigen Zuordnungen die Rede. Darüber hinaus ist auch auf die Problematik autonomer Gestaltungschancen einer Pluralität konkurrierender Partner in verschiedenen
Entscheidungsebenen eingegangen worden. All diese Erörterungen sind jedoch immer
noch dem Verdacht ausgesetzt, letztlich doch formalistisch, wenn nicht gar mecha-
nistisch orientiert zu sein. Ein Gewaltenteilungssystem ohne real-sozialen Bezug
bleibt allerdings ein totes Theorem. Die Gewaltenteilung erschließt ihren Sinngehalt
als fundamentales Strukturprinzip erst dann, wenn sie mit dem sozialen Gruppengefüge
in Beziehung gesetzt wird. Erst wenn das Geflecht der sozialen Gewalten und deren
Strukturen, Mobilitäten und Antagonismen aufgefaßt und mit den Kompetenz- und
Personaleinheiten der bisher erörterten Teilungslehren konfrontiert worden sind,
haben wir es mit Gewaltenteilung im umfassenden Sinne zu tun, das heißt mit Gewalten, die einander wirksam beschränken können, weil sie selbst jeweils „eine politische Kraft mit Autorität und sozialem Einfluß vertreten, die sich anderen Kräften
gegenüber behaupten kann"[82].
Insofern kommt der sozialen Teilungslehre im Rahmen der politologischen Gewaltenteilungslehre eine fundamentale Bedeutung zu. So wäre etwa die formale Feststellung, daß es eine Vielzahl von Interessenpositionen und eine Fülle der für die Verwirklichung oder zumindest weitgehende Beachtung wirkenden Interessengruppen gibt,
nun durch den Nachweis der Realität der Interessen, der Art, sozialen Kraft und

---

81 Näheres hierzu bei Winfried Steffani: Die Untersuchungsausschüsse des Preußischen Landtages
   zur Zeit der Weimarer Republik, Düsseldorf 1960, S. 305.
82 So zitierten wir Mosca a.a.O., S. 121.

politisch-relevanten Gewichtigkeit der einzelnen sozialen Kreise und der in ihnen wirkenden und sie repräsentierenden Gruppen zu ergänzen. Die Formeln Klassenstruktur, soziale Schichtung, dominierende Ideologien, numerische und ökonomische Potenzen der einzelnen Gruppen kennzeichnen hier entscheidende Fragestellungen. Ist es das Ziel der Gewaltenteilung, durch funktionale Aufgliederungen und kontrollierende Zuordnungen einen freiheitssichernden Ausgleich realer sozialer Gewalten zu ermöglichen, so versucht sie dieser Intention dadurch zu entsprechen, indem sie den Kampf der sozialen Gruppen („Klassen") einerseits in rechtsstaatliche Bahnen lenkt und andererseits in ein mäßigendes Gleichgewicht zu bringen versucht. Gewaltenteilung will den Krieg der Klassen durch eine bewußt akzeptierte Partnerschaftsbeziehung ersetzen.

Eine Station in diesem Prozeß des Ineinanderwirkens sozialer und staatsrechtlich konstruierter „Gewalten" beschreibt in geradezu klassischer Prägnanz und unter Verweis auf aufschlußreiche Interdependenzen Arthur T. Hardly in einem Vortrag, den er am 9. April 1908 an der Berliner Friedrich-Wilhelm-Universität gehalten hat[83]: „Wenn gewöhnlich gesagt wird, daß in den modernen Staaten die fundamentale Gewaltenteilung zwischen der gesetzgebenden, ausführenden und rechtsprechenden Gewalt bestehe, so hat der Betrachter der amerikanischen Institutionen eine bedeutsame Ausnahme zu beachten. Nach der amerikanischen Verfassung liegt die fundamentale Teilung der Gewalten zwischen den Wählern auf der einen und den Eigentümern auf der anderen Seite. Den Kräften der Demokratie, die sich auf die Exekutive und Legislative verteilen, stehen die Kräfte des Eigentums gegenüber, zwischen sich die Gerichtsbarkeit als schiedsrichterliche Instanz. Die Verfassung selbst verbietet nicht nur der Gesetzgebung und Regierung, in die Eigentumsrechte einzugreifen, sondern zwingt die Gerichtsbarkeit geradezu, sie in verfassungsrechtlich vorbestimmter Weise zu verteidigen und zu wahren.

Dieses Konzept der amerikanischen Politik ist nicht oft beschrieben worden. Aber nach ihm wurde ständig verfahren. Einer der Gründe, weshalb es nicht freimütiger dargelegt wurde, ist darin zu sehen, daß man nach ihm so allgemein verfuhr, daß bisher kein Amerikaner eine eingehendere Beschreibung für nötig befand. Auf die Politik des Landes hatte dieses Konzept jedoch höchst fundamentale und weitreichende Wirkungen. So hat es, um nur eines unter vielen zu erwähnen, das Experiment allgemeiner Wahlen unter Voraussetzungen ermöglicht, die essentiell verschieden waren von denen, die zu deren Scheitern in Athen und Rom führten. Der Wähler war allmächtig – innerhalb eines begrenzten Bereiches. Er konnte nach seinem Belieben Gesetze erlassen, solange sie nicht in das Eigentumsrecht eingriffen. Er konnte nach freiem Belieben Beamte wählen, solange diese nicht Handlungen vornahmen, die nach der Verfassung den Eigentümern zustanden. Die Demokratie war vollkommen, so weit sie reichte, aber auf dem Wege zur *sozialen* Demokratie war sie verfassungsrechtlich zum innehalten genötigt. Ich will nicht so weit gehen, zu sagen, daß diese

---

83 Der englische Text des Vortrages zum Thema "The Constitutional Position of property in America" ist auszugsweise enthalten in A. Th. Mason: Free Government in the Making, New York 1956. S. 676 ff.

Beschränkungen der politischen Macht der Mehrheit zugunsten der politischen Macht der Eigentümer ein notwendiges Element in der Entwicklung des allgemeinen Wahlrechts in den Vereinigten Staaten gewesen sei, aber ich möchte doch unumwunden erklären, daß ihnen ein entscheidendes Gewicht bei der Formung des politischen Charakters der Nation und der gegenwärtigen Entfaltung seiner Industrien und Institutionen zukommt."

Im Rahmen der sozialen Teilungslehre wären somit auch die Fragen des Wirtschaftssystems zu erörtern.

Mit der Gewaltenteilung wird in der pluralistischen Demokratie ein Prinzip akzeptiert, mit dessen Hilfe konzentrierte Minderheitsdiktaturen ausgeschlossen, Mehrheitsdiktaturen verhindert und im politischen wie wirtschaftlich-sozialen Machtkampf benachteiligten oder unterlegenen Minderheiten eine mitwirkende Teilhabe bzw. gesicherte Freiheitssphäre eröffnet werden soll. „Das Prinzip der Gewaltenteilung, inwiefern es mit der soziologischen Tatsache der Pluralität der sozialen Kreise in Verbindung gebracht wird, bekommt eine recht allgemeine Bedeutung. Es wird zum allgemeinen Prinzip des sozialen Lebens und muß als Quelle der indivuduellen Freiheit wie auch des Phänomens der Autonomie im sozialen Leben bezeichnet werden."[84].

Im Rahmen der politologischen Gewaltenteilungslehre kann ein Herrschaftssystem an Hand der sozialen und dezisiven Teilungslehre nach seinem demokratisch-pluralistischen Charakter befragt und zugleich in Verbindung mit der staatsrechtlichen, temporalen, föderativen und konstitutionellen Teilungslehre die Zusammensicht der staatlichen und sozialen „Gewalten" vollzogen werden.

---

84 Mit diesen Worten beschließt Victor Leontovitsch seinen kurzen, aber interessanten Beitrag „Abhängigkeit und Selbständigkeit bei der Gewaltenteilung" im Sammelband: Abhängigkeit und Selbständigkeit im sozialen Leben (Bd. I Köln und Opladen 1951, S. 394—400), in dem er u. a. auf die Arbeiten von Maurice Hauriou zu diesem Problemkreis und dessen Begriff „équilibres sociaux" verweist. Leontovitsch selbst spricht von einer „séparation des pouvoirs sociaux", ebd. S. 394.

2. Strukturtypen präsidentieller und parlamentarischer Regierungssysteme

I. Kriterien der Unterscheidung

Gewaltenteilung ist ein Strukturmerkmal des westlichen Verfassungsstaates. Im Rahmen dieser Gewaltenteilung kommt bei einer vergleichenden Betrachtung verschiedener Regierungssysteme der Beziehung zwischen Parlament und Regierung eine besondere Bedeutung zu. Ein wesentlicher Grund hierfür ergibt sich aus der Tatsache, daß in allen modernen Verfassungsstaaten die Parteien im Zentrum des politischen Prozesses stehen und deren operative Verhaltensweisen entscheidend durch die Grundbeziehungen zwischen Parlament und Regierung bestimmt werden.

Im modernen Verfassungsstaat stellt das politische System die Staat und Gesellschaft verbindende Klammer dar. In diesem politischen System — dem Bereich der politischen Öffentlichkeit — repräsentieren die hoheitlichen Organe, ihre Entscheidungsinstanzen und Amtsinhaber, den staatlichen Part, während die Parteien neben den Interessengruppen und Medien der öffentlichen Meinung den zwischen den Staatsorganen und der Gesellschaft vermittelnden und sie miteinander verbindenden Part darstellen. Insofern bilden Regierungssystem und Parteiensystem eine aufs engste miteinander verbundene politische Handlungseinheit. Für die Wechselbeziehung zwischen Parteiensystem und Regierungssystem ist daher die institutionelle Grundstruktur des Regierungssystems von ausschlaggebender Bedeutung. Als kennzeichnendes Merkmal der institutionellen Grundstrukturen von Regierungssystemen kommt neben der Frage, ob und inwieweit es sich jeweils um einen Einheitsstaat oder einen Bundesstaat handelt und in welcher Beziehung Verfassungsgeber und Gesetzgeber zueinander stehen, vornehmlich das Verhältnis zwischen Parlament und Regierung in Betracht.

Unter den vielfältig möglichen Beziehungen zwischen Parlament und Regierung lassen sich zwei Grundformen ausmachen, für die sich in der vergleichenden Regierungslehre die Bezeichnungen parlamentarisches und präsidentielles Regierungssystem eingebürgert haben. Mit diesen Bezeichnungen können allerdings recht unterschiedliche Vorstellungen einhergehen. Es stellt sich demnach die Frage, was mit den Worten präsidentielles und parlamentarisches System jeweils konkret gemeint ist.

1. Differenzierungsversuche

Bei dem Versuch, die Bezeichnungen präsidentielles und parlamentarisches Regierungssystem mit konkreten Vorstellungen zu verbinden, können zwei prinzipiell unterschiedliche Zugänge gewählt werden. Dies sind der primär „historische" und der primär „systematische" Differenzierungsversuch.

Die historische Differenzierung geht von der Tatsache aus, daß die Grundformen des präsidentiellen Systems erstmals in den USA und die des parlamentarischen erstmals in Großbritannien entwickelt wurden. Da die USA und Großbritannien geschichtlich als die Musterbeispiele des jeweiligen Regierungstyps angesehen werden, besteht die Neigung, einem Regierungssystem dann die Bezeichnung präsidentielles System zuzubilligen, wenn es den Strukturmerkmalen des amerikanischen Regierungssystems möglichst nahe kommt, und gleiches bei parlamentarischen Systemen gegenüber Großbritannien zu praktizieren. Es ist dabei weitgehend in das Belieben des jeweiligen Interpreten gestellt, welche Merkmale dem historischen Vorbild bzw. Muster entnommen und als unverzichtbare Kennzeichen des jeweiligen Strukturtyps zugerechnet werden. Je mehr demnach die politischen Entscheidungsprozesse und deren Organisationsstrukturen denen Großbritanniens oder der USA „prinzipiell" oder in einer bestimmten historischen Entwicklungsphase entsprechen, desto eher wird ihnen bescheinigt, den Strukturerfordernissen eines „echten" oder „wahren" parlamentarischen bzw. präsidentiellen Regierungssystems gerecht zu werden.

Die systematische Differenzierung geht demgegenüber von dem Versuch aus, anhand grundlegender Kriterien Strukturtypen zu konstruieren, die bei ihrer systematischen Begründung hinreichend realitätsbezogen, plausibel, eindeutig und differenzierungsfähig sind, um bei der vergleichenden Analyse verschiedener Regierungssysteme einen erkenntnisfördernden Beitrag leisten zu können. Je größer hierbei die Anzahl der definitionsnotwendigen Strukturkriterien gewählt wird, desto weniger politische Systeme werden den dadurch begründeten Strukturtypen entsprechen. Je geringer die Zahl der Kriterien, desto allgemeiner, differenzierungsärmer und möglicherweise nichtssagender wird der konstruierte Typus. Man kann diesem Dilemma dadurch entgehen, indem *ein* zentrales Kriterium als primäres Merkmal zur Unterscheidung der Grundform aller parlamentarischer und aller präsidentieller Strukturtypen gewählt wird, zu dem dann weitere Kriterien als supplementäre Merkmale hinzutreten, womit eine zunehmende Differenzierung unterschiedlicher Strukturtypen präsidentieller und parlamentarischer Regierungssysteme ermöglicht wird. Die folgenden Ausführungen befassen sich mit einem derartigen, zwischen primären und supplementären Kriterien unterscheidenden, systematischen Differenzierungsversuch.

Beispiele für andere Versuche, die historische und systematische Differenzierungen kombinieren und zumeist eine Mehrzahl notwendiger Kriterien anführen, sind u. a. den Arbeiten Karl Loewensteins und Klaus von Beymes zu entnehmen. Loewenstein[1] unterscheidet — abgesehen vom Typus unmittelbarer Demokratie — fünf weitere Regierungstypen des demokratischen Verfassungsstaates, wobei Großbritannien als „Kabinettsregierung" einen eigenen Typus neben dem „sonstigen Parlamentarismus" bildet. Da im britischen Parlamentarismus „das Recht der Parlamentsauflösung und das Mißtrauensvotum zusammen gehören wie Kolben und Zylinder einer Maschine", bilden diese Kriterien nach Loewenstein auch eines jener Strukturelemente, die „allen Varianten *echter* parlamentarischer Regierung" eigen sein müssen.[2] Weil diese Kriterien in der Bundesrepublik Deutschland nicht erfüllt werden, könne hier

---

1 Karl Loewenstein: Verfassungslehre, Tübingen 1959.
2 Ebd. S. 84, 85.

auch allenfalls von einem „kontrollierten Parlamentarismus" gesprochen werden, der „wohl kaum geeignet ist, eine Schulung im Betrieb des Parlamentarismus oder der Demokratie überhaupt zu vermitteln".[3] Auch v. Beyme hat nach einer kritischen Auseinandersetzung mit verschiedenen Differenzierungsversuchen unter der Überschrift „Merkmale des parlamentarischen Regierungssystems"[4] u. a. eine Reihe institutioneller Kriterien aufgeführt, die erfüllt sein müßten, bevor von einem parlamentarischen System die Rede sein könnte. Da beispielsweise die Fünfte Französiche Republik in ein so konstruiertes Schema nicht ganz paßt, wird ihr Regierungssystem folglich als „parlamentarisch-präsidentielles Zwittergebilde" bzw. als „präsidentiell-parlamentarisches Mischsystem" charakterisiert.[5] Dies sind terminologische Unsicherheiten, die der folgende Differenzierungsversuch vermeiden will.

2. Das primäre Unterscheidungsmerkmal zwischen präsidentiellen und parlamentarischen Regierungssystemen

Bei der verfassungsrechtlichen Kompetenzaufteilung zwischen Parlament und Regierung sowie ihrer wechselseitigen Zuordnung lassen sich zwei Grundformen unterscheiden: Einmal hochgradige personelle Trennung bzw. Unabhängigkeit von Parlament und Regierung und deren *Kooperation*, zum anderen personelle Verflechtung bzw. Abhängigkeit von Parlament und Regierung, was auf eine engere *Integration* hinausläuft. Das primäre formale Unterscheidungsmerkmal zwischen der ersten und zweiten Lösung des Zuordnungsproblems von Parlament und Regierung kann in der Abberufbarkeit der Regierung gesehen werden: Ist die Regierung vom Parlament absetzbar, so haben wir es mit der Grundform „parlamentarisches Regierungssystem" zu tun, ist eine derartige Abberufbarkeit verfassungsrechtlich nicht möglich, mit der Grundform „präsidentielles Regierungssystem"[6] Die Abberufbarkeit steht in engster Verbindung zur Regierungsbestellung, über die ein Parlament des parlamentarischen Regierungssystems verfassungs*rechtlich* jedoch nicht unbedingt verfügen muß. So besitzen z. B. in Großbritannien, dem „Mutter-

---

3 Ebd. S. 94.
4 Klaus von Beyme: Die parlamentarischen Regierungssysteme in Europa, München 1970, S. 40 ff. Siehe auch den Differenzierungsversuch von Peter Lösche: Politik in USA, Opladen 1977, S. 21 f.
5 Ebd. S. 381 f.
6 So auch Ulrich Scheuner, der in seiner rechtsvergleichenden Abhandlung „Über die verschiedenen Gestaltungen des parlamentarischen Regierungssystems" (in: Archiv des öffentlichen Rechts, NF. Bd. 13, bes. S. 214, 221 und 231) die parlamentarische Abberufbarkeit des Kabinetts als das eigentliche Kriterium des parlamentarischen Regierungssystems bezeichnet. Ebenso C. F. Strong: A History of Modern Political Constitutions − An Introduction to the Comparative Study of their History and Existing Form, New York 1963, S. 73 f. Strong, der eine Reihe möglicher Kriterien zur „Klassifizierung" konkreter Verfassungen analysiert (ebd., S. 59−78), hält die „Abberufbarkeit" ("removal") für eines der wichtigsten Merkmale zur Unterscheidung sämtlicher Verfassungsstaaten "into two great classes","this difference introduces one of the most important considerations in modern constitutional politics" (ebd., S. 73 und 74). Siehe auch v. Beyme a.a.O., S. 623 ff.

land" des parlamentarischen Regierungssystems, weder das Unterhaus noch das Oberhaus das „Recht", den Premierminister oder einen seiner Kabinettskollegen zu „wählen". Verfassungsrechtlich werden alle Regierungsmitglieder allein von der Krone ernannt und entlassen. Andererseits verfügt ausgerechnet das Parlament im „Musterland" des präsidentiellen Regierungssystems, der Kongreß in den USA, unter bestimmten Umständen über das Recht, den Regierungschef sowie dessen „unmittelbaren Nachfolger im Ablebensfalle", den Vizepräsidenten, direkt zu wählen.[7] Ebenso wird in der Schweiz, dessen Regierungssystem seiner Grundform nach zum präsidentiellen Typ gehört[8], der Bundesrat (die Regierung) von der Bundesversammlung für vier Jahre gewählt. Demgegenüber konnte der Deutsche Reichstag im parlamentarischen System der Weimarer Republik zwar ebenso wie das englische Unterhaus die Regierung abberufen, nicht jedoch „wählen"; der Reichskanzler und die Reichsminister wurden vom Reichspräsidenten ernannt und entlassen. Daß es zu einem funktionierenden parlamentarischen Regierungssystem gehört, daß die Parteien im Parlament bei der Regierungsbestellung üblicherweise *den* bestimmenden Einfluß ausüben – wobei im modernen Zweiparteiensystem die wichtigste Personalentscheidung, die Wahl des Regierungschefs, zumeist vom Wähler selbst vollzogen wird –, wird damit selbstverständlich nicht bestritten[9]. Das ist aber ein verfassungspolitisches und kein verfassungsrechtliches Charakteristikum des parlamentarischen Regierungssystems. Das entscheidende verfassungs*rechtliche* Kriterium ist nicht die Einsetzung, sondern die Abberufung der Regierung, speziell die des Regierungschefs.

Diese apodiktische Unterscheidung mag recht formal erscheinen. Ihrem Ausgangspunkt nach (positives Verfassungs*recht*) ist sie es auch. Als primäres Unterscheidungsmerkmal wurde jedoch das wichtigste und sachnotwendigste Minimum sinnvoller Kriterien gewählt. Daß die derart getroffene Einteilung gerade zur näheren Kennzeich-

---

7 Falls kein Präsidentschaftskandidat im Wahlmännerkollegium die absolute Mehrheit erhält, hat das Repräsentantenhaus gemäß Verfassungs-Amendment XII (seit 1804) einen Präsidenten unter den drei Kandidaten mit der höchsten Stimmenzahl zu wählen. Die Abgeordneten jedes Staates verfügen dabei en bloc über eine Stimme. Ein Präsidentschaftskandidat bedarf demnach heute im Falle seiner Wahl durch das Repräsentantenhaus mindestens 26 Stimmen. Im Gegensatz zum Wahlmännerkollegium haben hier die kleinen Staaten ein gleiches Stimmengewicht wie die großen. Falls kein Vizepräsidentschaftskandidat im Wahlmännerkollegium die absolute Mehrheit erhält, muß der Senat unter den zwei erfolgreichsten Kandidaten die Entscheidung treffen. Auf diese Weise wurde 1825 John Quincy Adams vom Repräsentantenhaus zum Präsidenten gewählt, obgleich er im Wahlmännerkollegium weniger Stimmen als sein Rivale Andrew Jackson erhalten hatte.

8 Ebenso Strong, der allerdings nicht die Formel „präsidentielles System", sondern „Fixed Executive" verwendet (Strong a.a.O., S. 226 f.). Zu dieser Grundform zählt er auch das Wilhelminische Kaiserreich (ebd., S. 74).

9 Siehe hierzu auch Dolf Sternberger „Gewaltenteilung und parlamentarische Regierung in der Bundesrepublik Deutschland", in: Politische Vierteljahresschrift, Bd. 1 (Oktober 1960), S. 22-37, bes. S. 28 ff und ders. „Parlamentarische Regierung und parlamentarische Kontrolle", in: Politische Vierteljahresschrift, Bd. 5 (März 1964), S. 6–19. Bei Jürgen Domes (Bundesregierung und Mehrheitsfraktion, Köln und Opladen 1964, S. 11) heißt es: „Tatsächlich ist dies das ausschlaggebende Axiom parlamentarischer Regierungsweise ...: daß nämlich die Volksvertretung – beziehungsweise deren Mehrheit – aus ihrer Mitte die Regierung bestellt und im Amte erhält." Ebenso jetzt auch Heinrich Oberreuter: Kann der Parlamentarismus überleben?, Zürich – Osnabrück 1977, S. 42.

nung „lebender Verfassungen"[10] ihren Aussagewert besitzt, sollte aus den weiteren Darlegungen ersichtlich werden.

Zunächst ist darauf hinzuweisen, daß beide Grundformen vorfindbarer Regierungssysteme in mannigfacher Ausgestaltung möglich sind. So können sie einerseits sowohl in monarchischer als auch in republikanischer Form auftreten. Dabei scheint es evident zu sein, daß Demokratie und Monarchie lediglich im Rahmen eines parlamentarischen Regierungssystems, Demokratie und präsidentielles System hingegen nur in republikanischer Staatsform miteinander vereinbar sind. Ein präsidentielles System in monarchischer Form, d.h. ein Regierungssystem, in dem der Monarch die Mitglieder einer Regierung ernennt, die vom Parlament jedoch nicht abberufen werden kann, wird stets (mehr oder weniger deutlich) autoritäre Züge tragen.

Brauchbare Kriterien für eine systematische Aufgliederung der zwei Grundformen präsidentieller und parlamentarischer Regierungssysteme in wichtigste Strukturtypen lassen sich bei einer Betrachtung der verschiedenartigen Ausgestaltungen der politischen Spitze der Exekutive (Staatsoberhaupt und Regierung) finden.[11] Dabei kann von der These ausgegangen werden, daß in präsidentiellen Regierungssystemen das Prinzip der *geschlossenen*, in parlamentarischen Systemen das der *doppelten Exekutive* vorherrscht.[12] Für beide Exekutivkonstruktionen gibt es im einzelnen die verschiedensten Ausgestaltungen.

Die einfachste, klarste, geradezu „klassische" Konstruktion einer geschlossenen Exekutive unter den *präsidentiellen Regierungssystemen* ist in der Verfassung der USA vorgesehen. Der amerikanische Präsident ist Staatsoberhaupt, Regierungschef und einziger Minister in einer Person: „The executive Power shall be vested in a President of the United States of America", heißt es in Art. II, Sektion 1 der amerikanischen Bundesverfassung. Auf dieser ungeteilten, konkurrenzlosen Kompetenz beruht verfassungsrechtlich das hohe Machtpotential des Präsidenten. Eine in sich stärker gegliederte Ausgestaltung der präsidentiellen Exekutivform läßt sich in lateinamerikanischen Staaten nachweisen. Hier steht neben dem Präsidenten der Minister- bzw.

---

10 Walter Bagehot beginnt seine Einleitung zur zweiten Auflage seines Werkes: The English Constitution (1867) im Jahre 1872 mit dem berühmten Satz: „There is a great difficulty in the way of a writer who attempts to sketch a Living Constitution — a constitution that is in actual work and power".

11 Gute Hinweise im Rahmen einer systematischen Analyse bietet Paul Kehlenbeck: Der Staatspräsident — Die Gestaltung des Präsidentenamtes in den Verfassungen seit 1945, herausgegeben von der Forschungsstelle für Völkerrecht und ausländisches Recht der Universität Hamburg (hektographiert), Hamburg 1955. — Kehlenbeck geht bei seiner Zuordnungsanalyse von drei „Verfassungstypen" aus: „Gewaltentrennende Präsidialverfassung", „parlamentarisches Regierungssystem" und „Verfassung mit Parlamentsabsolutismus". Ähnlich auch neuerdings Douglas V. Verney, der in seiner Studie: The Analysis of Political Systems, London 1959, die drei Grundformen "Parliamentary Government" und "Convention Theory-Government by Assembly" (hierzu rechnet er auch die Schweizer Verfassung) unterscheidet. — Während sich Kehlenbeck auf Loewenstein stützt, bevorzugt dieser in seiner „Verfassungslehre" Tübingen 1959 (amerikanische Originalausgabe: Political Power and the Governmental Process, Chicago 1957) neben diesen drei Grundtypen die weitere Einteilung in sechs Regierungstypen.

12 Julien Laferrière bemerkt zutreffend: "L'exécutif du régime parlementaire est à deux têtes: Il y a bicéphalisme gouvernemental". Manuel de droit constitutionel, 2. Aufl., Paris 1947, S. 798.

Staatsrat, der in gewisser Weise als „Bremse der Präsidentialgewalt"[13] fungieren soll. Der Staatspräsident bleibt jedoch immer Chef der gesamten Exekutive und Herr des Ministerrats.

Ein weiterer präsidentieller Strukturtyp, der ebenfalls die Merkmale einer „geschlossenen Exekutive" besitzt, ist mit dem Schweizer Bundesrat (der „Regierung") gegeben. In diesem Gremium sind die repräsentativen Funktionen des Staatsoberhauptes mit denen der Regierung im engeren Sinne vereinigt: abwechselnd fungiert eines der sieben Mitglieder des Bundesrates für ein Jahr gleichzeitig als Bundespräsident und Vorsitzender des Bundesrates („Regierungschef" als „primus inter pares", „Kollegialsystem").[14]

Ein monarchischer Verfassungsstaat mit präsidentiellem Regierungssystem ist die „konstitutionelle Monarchie" (im Gegensatz z. B. zu den parlamentarischen Monarchien Großbritanniens und der skandinavischen Staaten). Hier ist die geschlossene Exekutive insofern deutlicher aufgegliedert, als das Staatsoberhaupt auf Grund des monarchischen Prinzips und der ihm gemäßen Maxime „the king can do no wrong" — womit das Impeachment-Verfahren gegen den Monarchen einen revolutionären Akt darstellen würde — nur durch einen ihm allein verantwortlichen Minister handeln kann. Ein Beispiel dieses „präsidentiellen Verfassungstyps" bietet das Wilhelminische Kaiserreich: Neben dem Kaiser, dem das „Präsidium des Bundes" zusteht, kennt die Reichsverfassung von 1871 lediglich einen einzigen Minister, den Reichskanzler. Verfassungsrechtlich kann er nur vom Kaiser ernannt und entlassen werden, dem er allein verantwortlich ist. Der Reichstag ist verfassungsrechtlich weder an der Bestellung noch an der Abberufung der Regierung in irgend einer Form beteiligt.

Breit ist die Skala möglicher Exekutivkonstruktionen im *parlamentarischen Regierungssystem*. Hier stehen sich im Bereich der politischen Weisungsspitze zwei verfassungsrechtlich mehr oder weniger eigenständige Kompetenzträger gewaltenhemmend gegenüber: der Regierungschef mit seinem Kabinett — deren Beziehungen zueinander wiederum sehr verschiedenartig geregelt sein können — einerseits, und das Staatsoberhaupt andererseits. In den modernen, demokratisch-parlamentarischen Monarchien ist die Rolle des Königs als Staatsoberhaupt im wesentlichen auf rein repräsentative Funktionen beschränkt, während die substantielle Entscheidungsgewalt eindeutig bei der Regierung und deren Chef liegt, die wiederum vom Parlament — in einem Zweikammersystem von der „Volkskammer" — abberufen werden können. Während unter den parlamentarischen Monarchien (d.h. parlamentarischen Regierungssystem in monarchischer Form) vor allem zwischen dem angelsächsischen (Zweiparteiensystem) und dem kontinentalen Strukturtyp (Mehrparteiensystem) zu unterscheiden ist, können unter den parlamentarischen Republiken vier Strukturtypen unterschieden werden. Dabei werfen Art und Grad der Kompetenzausstattung von Regierung und Staatsoberhaupt sowie ihr Verhältnis zueinander, und beider gegenüber dem Parlament, besondere Probleme auf.

---

13 So Karl Loewenstein „Der Staatspräsident — eine rechtsvergleichende Studie", in: Archiv des öffentlichen Rechts, Bd. 75, (1950), S. 141.
14 Vgl. Erwin Ruck: Schweizerisches Staatsrecht, 3. erw. Aufl., Zürich 1957, S. 170 ff. Siehe demgegenüber Loewenstein zur „Direktorialregierung in der Schweiz" als „Regierungstyp sui Generis" (Verfassungslehre, S. 120 ff.).

In einer demokratischen Republik müssen sowohl das Staatsoberhaupt wie der Regierungschef (die Regierung allgemein) demokratisch legitimiert sein, jedoch nur letzterer
ist im parlamentarischen System vom Parlament abberufbar. Je größer die Machtbefugnisse des Staatspräsidenten sind, desto weniger werden die Strukturprinzipien des
parlamentarischen Systems zur Geltung gelangen. Unter diesem Gesichtspunkt lassen
sich folgende vier Strukturtypen unterscheiden:

1. Weitgehende Machtbalance zwischen Präsident und Regierungschef *(Exekutiv-
   kooperation)*. Beispiel: klassischer französischer Parlamentarismus der III. und
   IV. Republik[15] .
2. Einseitige Machtverlagerung zugunsten des Regierungschefs bzw. der Regierung,
   Kabinett oder Ministerrat *(Premierminister- bzw. Kanzlerhegemonie)*; Beispiel:
   Bundesrepublik Deutschland; unter den Monarchien hat Großbritannien ein parlamentarisches Regierungssystem mit Premierhegomonie.
3. Einseitige Kompetenz- und Machtverlagerung zugunsten des Staatspräsidenten
   (Präsidialhegemonie); Beispiel: Weimarer Republik; Finnland; noch deutlicher
   V. Republik in Frankreich.
4. Verfassungsrechtlich fundamentale Schwächung der gesamten „doppelten Exekutive" und eindeutige Kompetenzakkumulation zugunsten des Parlaments *(Ver-
   sammlungshegemonie)*. Zu diesem letztgenannten Typ würden neben der „Konventsverfassung" auch entwickelte Rätesysteme gehören.[16]
   Setzt man die Abberufbarkeit der Regierung durch das Parlament als das primäre
   Unterscheidungsmerkmal zwischen präsidentiellen und parlamentarischen Regierungssystemen und folgt der weiteren Aufgliederung in wichtigste Strukturtypen,
   so ergibt sich demnach folgendes Einteilungsschema: (siehe Schaubild S. 42)

Mit dieser Gliederung — und das sei nochmals hervorgehoben — soll zunächst unter
verfassungsrechtlich-formalen (wenn auch alles andere als allein rechtlich relevanten)
Gesichtspunkten ein politologisch brauchbares Einteilungsschema wichtigster Strukturtypen präsidentieller und parlamentarischer Regierungssysteme entworfen werden.
Daß dabei recht verschiedenartige Verfassungssysteme unter der gleichen „Rubrik"
erscheinen, wird schon daraus ersichtlich, daß nach vorliegendem Einteilungsschema
beispielweise die USA und die Schweiz als Typen des präsidentiellen Regierungssystems
republikanischer Form aufgeführt werden, obgleich in den USA Präsident und Kongreß
gleichberechtigt als eigenständige, getrennte, jedoch mit bedeutsamen, wechselseitig
einwirkenden Kontrollbefugnissen ausgestattete „Gewalten" nebeneinander stehen,
während nach der Schweizer Verfassung (ganz abgesehen von der fundamentalen Bedeutung des Referendums) der Bundesrat der Bundesversammlung prinzipiell „untergeordnet" ist. Zwar mag der Hinweis, es sei „ der Tatbestand, daß (heute, gemäß der
modernen ,Entwicklung im Sinne einer Steigerung der Staatsgewalt und der Staatsaufgaben der Eidgenossenschaft') nicht die Bundesversammlung, sondern der Bundes-

15 Dazu näheres Karl Loewenstein: Verfassungslehre, S. 86 ff.
16 Verfassungs*rechtlich* könnten diesem Typus ebenso die Sowjetische Verfassung vom Jahre 1936
   wie die neue Verfassung der DDR vom 6. April 1968 zugerechnet werden.

rat Herr der Sachlage ist, entgegen der Bundesverfassung und entgegen einer folgerichtigen Auswirkung des Vorranges der Legislative vor der Exekutive"[17], den gravierenden Unterschied zwischen dem amerikanischen und schweizer Typ etwas relativieren. Für unsere weiteren Überlegungen ist dieser verfassungsreale Sachverhalt jedoch zunächst unerheblich. Denn der prinzipielle Tatbestand, daß sowohl die USA als auch die Schweiz auf Grund des Kriteriums „Abberufbarkeit der Regierung" als präsidentielle Regierungstypen anzusehen sind, Großbritannien, Frankreich (auch V. Republik) und die Bundesrepublik Deutschland hingegen parlamentarische Regierungssysteme aufweisen, ist zum Verständnis der Funktion und Bedeutung der Partei, der Partei- und Franktionsdisziplin sowie der Rolle der parlamentarischen Opposition in diesen Ländern von grundlegender Wichtigkeit. Hierfür dürfte sich das vorliegende Einteilungsschema als sinnvoll und nützlich erweisen. Bevor auf die angedeuteten bedeutsamen verfassungs*politischen* Konsequenzen verfassungsrechtlicher Grundentscheidungen näher eingegangen wird, ist es erforderlich, auf die wichtigsten supplementären Merkmale, durch die präsidentielle und parlamentarische Regierungssysteme voneinander unterschieden sind, sowie weitere Besonderheiten, durch die sie jeweils ausgezeichnet sein können, zu verweisen.

Schaubild: *Strukturtypen präsidentieller und parlamentarischer Regierungssysteme (Unterscheidungsmerkmal: Abberufbarkeit des Regierungschefs durch die Mehrheit des Parlaments).*

a) Präsidentielle Regierungssysteme   b) Parlamentarische Regierungssysteme

Monarchische Form	*Republikanische Form*	*Monarchische Form*	*Republikanische Form*
Konstitutionelle Monarchie (z.B. Wilhelminisches Kaiserreich)	USA: Präsident	England: Zweiparteiensystem (Premierhegemonie)	Exekutivkooperation (z.B.: III. und IV. Französische Republik)
	Lateinamerika: Präsident im Ministerrat	Kontinent/ Skandinavien: Mehrparteiensystem	Kanzlerhegemonie (z.B. Bundesrepublik Deutschland)
	Schweiz: Bundesrat („Kollegialsystem")		Präsidialhegemonie (z.B.: Weimarer Republik, Finnland, V. Französische Republik)
			Versammlungshegemonie (Konventsherrschaft, Rätesystem)

17 Ruck a.a.O., S. 185.

3. Supplementäre Merkmale

Das primäre Unterscheidungsmerkmal zwischen präsidentiellen und parlamentarischen Regierungssystemen ist die Abberufbarkeit der Regierung durch das Parlament. Kein weiteres Kriterium gilt immer und unbedingt als „definitionsnotwendiges" Unterscheidungsmerkmal, weder das Institut der Parlamentsauflösung noch das der Inkompatibilität. So konnte z. B. im Wilhelminischen Kaiserreich zwar der Reichstag die „Regierung" nicht abberufen, diese jedoch den Reichstag auflösen. Und sowohl nach der Französischen Konventsverfassung 1793 wie nach der Sowjetischen Verfassung von 1936 kann das Parlament die „Regierung" zwar abberufen, diese jedoch das Parlament nicht auflösen. Wilhelminisches Kaiserreich und Konventsverfassung sind aber zugestandenermaßen extreme Strukturtypen unter den präsidentiellen bzw. parlamentarischen Regierungssystemen. Extrem insofern, wenn man jene Strukturtypen zum Richtmaß setzt, die jeweils als die historischen Modelle der zwei Grundformen vorfindbarer Regierungssysteme gelten: das präsidentielle System der nordamerikanischen Bundesrepublik und das parlamentarische System des britischen Königsreiches. Die Verfassungen dieser Staaten gelten deshalb als „Paradeexemplare" der einen oder anderen Regierungsgrundform, weil sie in der modernen Staatenwelt weitgehend die „Erfinder" jener konträren Regierungsformen sind. Weitere Kriterien können daher als supplementäre Merkmale diesen Systemen entnommen werden.

a) Parlamentsauflösung und Inkompatibilität

In England ist das parlamentarische Auflösungsrecht der Krone älter als das Abberufungsrecht der Regierung durch das Parlament. Erst als das praktizierte Verfahren, daß ein Mißtrauensvotum des Unterhauses und ein Wahlsieg der Opposition unwiderruflich zum Sturz der Regierung führen, die Qualität eines (ungeschriebenen) Verfassungsrechtssatzes erlangte[18], war das parlamentarische Regierungssystem in Großbritannien endgültig „erfunden" worden. Erst seitdem gehören im britischen Parlamentarismus „das Recht der Parlamentsauflösung und das Mißtrauensvotum zusammen wie Kolben und Zylinder einer Maschine".[19] Im parlamentarischen Regierungssystem zählt das Recht der Parlamentsauflösung (korrekter: das Recht der Auflösung jener Kammer des Parlaments, die über das Abberufungsrecht verfügt) zu den wichtigsten supplementären Merkmalen.

Das Recht der Parlamentsauflösung in der Hand der Exekutive ist im parlamentarischen System die Regel. Zur Begründung wird normalerweise das Bild einer gewaltenhemmenden Machtbalance zwischen Parlament und Regierung bemüht:[20] Falls ein Parlament über

---

18 Erst seit 1830 — Wahlniederlage der Regierung Wellington und Bildung des Kabinetts Lord Grey —, endgültig erst nach 1841 — zweites Kabinett Sir Robert Peel — wurde dieses Verfahren zum anerkannten Verfassungsprinzip. Hierzu David Thomson: England in the Nineteenth Century, 1815–1914, Cambridge 1950 und Archibald S. Foord: His Majesty's Opposition, 1740–1830, Oxford 1964, S. 10 f.

19 Loewenstein: Verfassungslehre, S. 85.

20 So Loewenstein a.a.O., S. 85 f; kritisch hierzu v. Beyme a.a.O. S. 833 ff und S. 893.

das Abberufungsrecht verfügt, ohne das Gegengewicht einer Parlamentsauflösung seitens der Regierung einkalkulieren zu müssen, könnten eine eindeutige Abhängigkeit der Regierung vom Parlament und damit dessen Suprematie begründet werden. Könnte hingegen die Regierung (in Kooperation mit dem Staatsoberhaupt) das Parlament auflösen, ohne einem parlamentarischen Abberufungsrecht zu unterliegen, würde eine eindeutige Vorherrschaft der Exekutive die Folge sein. Diese Argumentation geht von der Annahme aus, daß das Recht der Parlamentsauflösung der „politischen Gewalt Regierung" und das Abberufungsrecht der „politischen Gewalt Parlament" eine gewisse Eigenständigkeit im Sinne einer wirksamen Gewaltenteilung verleihe. Würden in einem tiefgreifenden Konfliktsfall zwischen Regierung und Parlament von ihnen diese Waffen eingesetzt, dann wären beide − Regierung wie Parlament − gezwungen, die Wählerschaft als „Schiedsrichter" anzurufen. Diese Ultima ratio werde folglich die kompromißbereite Kooperation zwischen den „Gewalten" fördern und im extremen Konfliktfall einen „tödlichen Stillstand" des Regierungsbetriebes, der bei einer strikten Gewaltenteilung nach Montesquieuschem Konzept unter derartigen Umständen drohen würde, verhindern.

Soweit die Verfassungsideologie. Inwieweit sie sich im konkreten Einzelfall bestätigt findet, und welche Funktionen die Parlamentsauflösung und Regierungsabberufung im jeweiligen System tatsächlich erfüllen, hängt − neben einer Reihe weiterer Faktoren − entscheidend davon ab, in welchem Ausmaße ein Zwei- oder Mehrparteiensystem gegeben ist, bzw. wie die jeweilige parlamentarische Majorität strukturiert ist. Zudem können sowohl das Recht der Abberufung wie das der Parlamentsauflösung sehr unterschiedlich ausgestaltet und einander zugeordnet sein.

In Grißbritannien beispielsweise verfügt nach heute geltendem Verfassungsbrauch der Premierminister über ein ebenso unbeschränktes, jederzeit anwendbares Auflösungs-„Recht" (die Mitwirkung der Krone − zu deren Prärogative das Auflösungs*recht* gehört − ist praktisch ein formaler Akt), wie das Unterhaus dem Kabinett und jedem einzelnen Minister gegenüber ein unbeschränktes Abberufungs- „Recht" besitzt. Seit hundert Jahren ist in England jedoch kein *einzelner* Minister durch ein formelles Mißtrauensvotum des Unterhauses gestürzt worden[21], und ein Premierminister tritt mit seinem Kabinett nur dann zurück, wenn die Opposition in der Lage ist, der Krone einen Nachfolger mit der Erwartung präsentieren zu können, daß er im Parlament eine tragfähige Mehrheit finden werde.[22] Falls es zu einem Mißtrauensvotum kommt, daß

---

21 "Not since the 1850s and 1860s has it been possible for the Commons to censure a Minister without overthrowing the London 1964, S. 39 f.

22 Siehe Ernst Fraenkel: Deutschland und die westlichen Demokratien, Stuttgart 1964, S. 18: „In Wirklichkeit entspricht es ... englischem Verfassungsbrauch, die parlamentarische Niederlage einer Regierung dann unbeachtet zu lassen, wenn sie von einer regierungsunfähigen Parlamentsmehrheit zugefügt worden ist. 'Es wäre seitens einer Opposition ein Vorgehen, das als Unverantwortlichkeit und Parteisucht bezeichnet und nicht scharf genug zurückgewiesen werden muß, wenn sie ihre Macht zu dem alleinigen Zweck verwenden wollte, eine Regierung zu stürzen, wenn sie sich gleichzeitig darüber im klaren ist, daß sie diese Regierung nicht zu ersetzen vermag. 'Diese von Disraeli gegen Gladstone entwickelte Ansicht bildet seit dem Konflikt über das Universitätsgesetz für Irland aus dem Jahre 1873, der zu ihrer Proklamierung den Anlaß lieferte, einen nicht unwesentlichen Bestandteil der englischen Verfassungsübung". Siehe auch W. Ivor Jennings: Cabinet Government, 2. Aufl., London 1961, S. 47 ff.

der Regierung die Arbeitsbasis entzieht, ist die Parlamentsauflösung gleichsam die automatische Folge: Ein erfolgreiches Mißtrauensvotum kommt insofern einer parlamentarischen Selbstauflösung gleich.

In Großbritannien ist die Parlamentsauflösung aber nicht nur in unmittelbarer Verbindung mit dem Mißtrauensvotum von Bedeutung. Ihr kommt auch unabhängig davon eine wichtige Funktion zu, denn mit dem Recht der Parlamentsauflösung in der Hand des Premiers wird nicht die Position der Regierung gegenüber dem Parlament schlechthin gestärkt, als vielmehr die der Regierungsmehrheit (als der Einheit von Parlamentsmehrheit und Regierung) gegenüber der Opposition. Der britische Premierminister kann nach freiem Ermessen den Zeitpunkt der Parlamentsauflösung und den nächsten Wahltermin unter dem Gesichtspunkt günstiger Siegschancen für seine Partei bestimmen. Das Auflösungsrecht wird damit faktisch zu einer, wenn auch, wie jüngste Wahlen erneut zeigten, gelegentlich gefährlich zweischneidigen Waffe der Parlamentsmehrheit (bzw. ihres erwählten Führers) gegenüber der Opposition.

Andere Lösungen sind − um abschließend ein weiteres Beispiel zu nennen − im Grundgesetz der Bundesrepublik vorgesehen. Die Regelung des Abberufungsrechts kommt dem englischen Verfassungsbrauch sehr nahe. Gemäß Art. 67 GG kann der Bundeskanzler (und allein über ihn die Regierung mit ihren weiteren Mitgliedern) vom Parlament nur dadurch abberufen werden, indem die Mehrheit der Mitglieder des Bundestages gleichzeitig einen Nachfolger wählt. Demgegenüber ist das Recht der Parlamentsauflösung in der Hand des Kanzlers eine stumpfe Waffe. Gemäß Art. 68 GG darf er nur dann eine Parlamentsauflösung *vorschlagen*, wenn ein Antrag des Bundeskanzlers, ihm das Vertrauen auszusprechen, nicht die Zustimmung der Mehrheit der Mitglieder des Bundestages findet. Unter diesen Bedingungen *kann* der Bundespräsident binnen 21 Tagen dem Vorschlag des Kanzlers entsprechen. Eine zweite Auflösungsmöglichkeit ist in Art. 63 GG vorgesehen: Erhält ein Bewerber für das Amt des Bundeskanzlers zu Beginn eines neugewählten Bundestages oder bei sonstiger Vakanz des Amtes trotz mehrmaliger Wahlgänge nur die relative Mehrheit, so hat ihn der Bundespräsident binnen sieben Tagen entweder zu ernennen oder den Bundestag aufzulösen. Auch hier liegt die letzte Entscheidung nicht beim Bundeskanzler, sondern beim Bundespräsidenten.

In keinem Falle kann das Auflösungsrecht seitens der Parlamentsmehrheit und ihres Führers im Kanzleramt als wirksame Waffe gegenüber der Opposition eingesetzt werden. Unter diesem Gesichtspunkt ist das Auflösungsrecht in der Bundesrepublik ein Instrument der Krise, nicht der Opportunität.

Ergänzen Abberufungsrecht und Auflösungsrecht einander im parlamentarischen System, so sind die präsidentiellen Systeme normalerweise dadurch gekennzeichnet, daß *beide* Verfahrensweisen nicht vorgesehen sind.

Das Auflösungsrecht wird somit zu einem wichtigen supplementären Unterscheidungsmerkmal zwischen parlamentarischen und präsidentiellen Regierungssystemen.

Ein weiteres supplementäres Unterscheidungsmerkmal bildet das Inkompatibilitätsgebot. Normalerweise ist die Unvereinbarkeit von Regierungsamt und Abgeordnetenmandat nur in präsidentiellen Regierungssystemen vorgeschrieben. Das sie in der Verfassung der V. Republik Frankreichs, die ein parlamentarisches System mit Präsidialhegemonie konzipiert, zu finden ist[23], stellt einen Ausnahmefall dar. Abgeordnete, die ein Ministeramt übernehmen, verlieren hier ihr parlamentarisches Stimmrecht und bei einer eventuellen Abberufung auch ihr Rederecht im Parlament. Deren persönliches Interesse an einer stabilen Regierung dürfte damit erhöht, deren Beziehung zu ihrer Fraktion allerdings – wie beabsichtigt – nicht gerade gefördert werden. Allgemein läßt sich sagen, daß im parlamentarischen System – insbesondere in einem mit Kanzler- bzw. Premierhegemonie – die Parlamentsmitgliedschaft der Minister, speziell des Regierungschefs, zwar selten ein verfassungsrechtliches Gebot,[24] jedoch normalerweise eine der bedeutsamsten verfassungspolitischen Konsequenzen des Abberufungsrechts ist.

b) Bundesstaat und Zweikammersystem

Für den Standort der „Legislative" im Regierungsprozeß sind vom Blickpunkt der Gewaltenteilung aus nicht nur deren Beziehungen zu den Institutionen der Verfassungsgebung und Verfassungsinterpretation sowie der Justiz und der „Exekutive" von Wichtigkeit. Nicht minder wichtig sind die Probleme, die im Rahmen der „vertikalen Gewaltenteilung", d. h. der föderativen Struktur, aufgeworfen werden. Mit den hier getroffenen Lösungen werden nicht nur die allgemeinen gesetzgeberischen Kompetenzen des *nationalen* Parlaments bestimmt, vielmehr werden sie auch eine unmittelbare Auswirkung auf die Grundstruktur der „Legislative" selbst haben: auf Notwendigkeit, Art und Funktion eines Zweikammersystems.[25]

Ohne die Streitfrage aufgreifen zu wollen, ob ein Bundesstaat im Grunde nichts anderes darstelle als ein extrem dezentralisierter Einheitsstaat, seien vier Hauptmerkmale genannt, die zusammen genommen den Bundesstaat vom Einheitsstaat unterscheiden:[26]

1. Suprematie einer geschriebenen Verfassung, in der die Kompetenzen des „Bundes" und der „Länder" (oder wie diese Einheiten sonst immer genannt sein mögen) bestimmt und voneinander abgegrenzt werden.
2. Existenz eines Zweikammersystems, wobei die eine Kammer gemäß Zusammensetzung und Art der Mitgliederbestellung primär das „nationale", die andere das einzelstaatliche („Länder") Element repräsentiert.

---

23 Französische Verfassung vom 4. Okt. 1958, Art. 23. Ähnlich allerdings auch die Verfassungen der Deutschen Bundesländer Bremen und Hamburg (Art. 38 a).
24 Ein Verfassungsgebot ist es in Großbritannien und mehreren Staaten des Britischen Commenwealth. Beispielhaft für geschriebene Verfassungstexte wurde dabei Art. 64 der Australischen Verfassung vom Jahre 1900, in dem es heißt: "After the first general election no Minister of State shall hold office for a longer period than three months, unless he is or becomes a Senator or a member of the House of Representatives". Vgl. auch Strong a.a.O., S. 244 ff.
25 Einen nützlichen Überblick zur allgemeinen Problematik des Zweikammersystems bietet K. C. Wheare. Legislatures, New York 1963, S. 197–218.
26 Zum Folgenden vgl. Strong a.a.O., S. 103–133. Strong beginnt sein Kapitel mit dem Satz: "The Importance of federalism to the study of political constitutionalism cannot be overemphasized"., Ebd., S. 103.

3. Vorhandensein einer Instanz — möglichst einer unabhängigen Gerichtsbarkeit (Verfassungsgerichtsbarkeit) — zur Streitentscheidung bei Kompetenzkonflikten und zur Verfassungsinterpretation (Bundesverfassungsgerichtsbarkeit z. B. in den USA, der Bundesrepublik Deutschland, der Schweiz; im Wilhelminischer Kaiserreich lag diese Kompetenz beim nichtdemokratisch bestellten Bundesrat).
4. Effektive Mitwirkung der „Länder" bei Verfassungsänderungen, insbesondere in den Fällen, die den „Ländern" vorbehaltene Kompetenzen betreffen. Die Mitwirkung muß zumindest über ein die Länderinteressen wahrnehmendes Bundesorgan möglich sein. (Beispiel: USA = Senat und Parlamente der Einzelstaaten; Australien und Kanada = Senat; Bundesrepublik Deutschland = Bundesrat; Schweiz = Ständerat und Referendum; Weimarer Republik = Einspruch des Reichsrats kann nur durch Volksentscheid überwunden werden).

Obgleich grundsätzlich sowohl präsidentielle wie parlamentarische Regierungssysteme bundesstaatlich oder einheitsstaatlich organisiert sein können und ein Zweikammersystem auch im parlamentarischen Einheitsstaat eher die Regel ist (Ausnahmen z. B Dänemark, Finnland, Neuseeland), sind doch in beiden Systemen gewisse Kombinationen derart häufig anzutreffen, daß sie als supplementäre Unterscheidungsmerkmale zwischen parlamentarischen und präsidentiellen Systemen angesehen werden können.
Dazu würde etwa der Tatbestand zählen, daß ein Bundesstaat mit Zweikammersystem, dessen zwei Häuser bei der Gesetzgebung über ungefähr gleichgewichtige Kompetenzen verfügen (die wichtigsten Abweichungen sind in der Regel im Bereich der Finanzgesetzgebung zu finden), im präsidentiellen System den Normalfall, im parlamentarischen System dagegen eine Ausnahme darstellt (Ausnahmen z. B. Australien, Kanada, in geringerem Ausmaße die Bundesrepubliken Deutschland und Österreich). Allein in parlamentarischen Regierungssystemen mit Bundesstaat und Zweikammersystem kommt es wiederum vor, daß die Exekutive mitunter über das Recht verfügt, beide Häuser des Parlaments aufzulösen (z. B. Australien), obwohl nur die jeweilige „Volkskammer" das Abberufungsrecht besitzt. Gleiches gilt für parlamentarische Einheitsstaaten mit Zweikammersystem, gleichgültig ob, wie in der Südafrikanischen Republik, nur die „Volkskammer" oder, wie in Italien, sowohl der Senat als auch die Volkskammer Mißtrauensvoten einbringen können.
In demokratisch-parlamentarischen Einheitsstaaten mit Zweikammersystem spielt das „Oberhaus" neben dem „Unterhaus" normalerweise nur dann eine wesentlichere Rolle, wenn seine Mitglieder zumindest indirekt ganz oder überwiegend durch demokratische Wahlen für eine begrenzte Amtszeit bestellt werden.[27] Das im parlamentarischen Regierungssystem angelegte Wechselspiel zwischen Mißtrauensvotum und Parlamentsauflösung kann erheblich relativiert werden, falls das Parlament aus zwei Häusern besteht, von denen nur das eine Haus an diesem Wechselspiel beteiligt ist, während das andere („Oberhaus") zur Exekutive in einer Beziehung steht, die im präsidentiellen System mehr oder weniger für beide Parlamentskammern typisch ist. Normalerweise verfügt daher in einem parlamentarischen Einheitsstaat mit Zweikammer-

---

27 Hierzu eingehend Strong a.a.O., S. 194—220.

system ein derartiges „Oberhaus" (oftmals „Senat" genannt) im Gegensatz zum „Unterhaus" über beschränktere und sich zumeist mehr dilatorisch auswirkende Kompetenzen. Hierzu zählen neben dem Entscheidungsrecht bei der Verabschiedung von Gesetzen vor allem das Initiativrecht und die Detailrevision bei Finanzvorlagen. Ein wichtiges supplementäres Unterscheidungsmerkmal zwischen präsidentiellen und parlamentarischen Regierungssystemen ist schließlich der politisch bedeutsame Tatbestand, daß es nur in den letzteren das Phänomen einer von der Parlamentsmehrheit „tolerierten Minderheitsregierung" geben kann.

Zusammenfassend ist demnach festzuhalten, daß mit den Termini präsidentielles bzw. parlamentarisches Regierungssystem Herrschaftsgebilde bezeichnet werden, die im einzelnen sehr verschiedenartig strukturiert sein können. Die Formeln „das" präsidentielle bzw. „das" parlamentarische Regierungssystem stellen folglich hochgradige Generalisierungen dar. Seiner verfassungsrechtlichen Grundkonstruktion nach wird jedes konkrete Regierungssystem in mehr oder weniger starkem Maße höchst individuelle Züge aufweisen. Sind doch bereits im Bereich der „horizontalen" und „vertikalen" Gewaltenteilung eine Fülle bedeutsamer Variationen möglich, zu denen noch so wichtige Problemkreise wie Grundrechtsgarantien, Verfassungsänderung und Verfassungsinterprepation (Verfassungsgerichtsbarkeit), Wahlrecht und Wahlverfahren sowie Art und Ausmaß der unmittelbaren Mitwirkung des Wahlvolkes durch Volksinitiative und Referendum hinzukommen. Als noch weit komplizierter und „individueller" erweist sich jedes konkrete Regierungssystem, wenn die Verfassungsrealität, ohne die jede Beschreibung wirklichkeitsfremde Behauptung bleibt, in die Analyse mit einbezogen wird.[28]

Dennoch ist es gerade für eine vergleichende Untersuchung verschiedener Regierungssysteme nützlich und sinnvoll, von einer generellen Unterscheidung zwischen präsidentiellen und parlamentarischen Regierungssystemen auszugehen. Denn mit dieser verfassungsrechtlichen Grundentscheidung (Abberufbarkeit oder nicht) sind verfassungspolitische Konsequenzen verbunden, die in jeder der zwei Grundformen vorfindbarer Regierungssysteme prinzipiell verschiedener Art sind. Jede der zwei Grundformen erzeugt die ihr gemäßen systemimmanenten Konsequenzen. Sie bilden insgesamt das der jeweiligen Grundform systemimmanente Strukturmodell. Abweichungen von diesem Modell müßten demgemäß als Folge individueller Eigenheiten des jeweiligen konkreten Regierungssystems erklärbar sein.

II. Verfassungspolitische Konsequenzen verfassungsrechtlicher Grundentscheidungen

Wenn in einem Regierungssystem die verfassungsrechtliche Grundentscheidung gefällt wurde, daß die Regierung zurücktreten muß, sobald ihr im Parlament das Mißtrauen ausgesprochen wird, so ergeben sich hieraus eine Reihe evidenter verfassungspolitischer Konsequenzen. Eine Regierung kann sich in diesem Fall nur solange im

---

28 Zu dieser Problematik siehe Gunnar Heckscher: The Study of Comparative Government and
Politics, London 1957, bes. S. 75 ff.

Amt halten, solange sie von einer parlamentarischen Mehrheit getragen bzw. toleriert wird. Sie kann nur die Aktionen realisieren, die von den erforderlichen parlamentarischen Mehrheiten unterstützt werden. Sie vermag nur dann ein umfassenderes Regierungsprogramm durchzusetzen, wenn dieses Programm im Parlament die nötige Zustimmung findet. Sie kann sich nur dann verantwortungsvoll mit langfristigen Planungen abgeben, falls sie über längere Zeiträume hinweg mit einer entsprechenden Kooperation der Parlamentsmehrheit rechnen darf. In außenpolitischen Verhandlungen, insbesondere beim Abschluß zwischenstaatlicher Verträge und Eingehen internationaler Verpflichtungen wird sie nur dann als zuverlässiger Partner auftreten können, wenn sie sich im Parlament der erforderlichen Unterstützung weitgehend sicher weiß. Kurz, eine parlamentarische Regierung vermag nur in dem Fall und solange stabil und aktionsfähig zu sein, so lange sie über eine entsprechend stabile und zur Kooperation bereite Mehrheit im Parlament verfügt. Eine Regierung vermag nur dann und solange zu regieren, d. h. eine umfassende Führungsfunktion zu erfüllen, falls und solange ihr Führungsanspruch prinzipiell nicht bestritten wird und ihre Vorschläge akzeptiert werden: solange und insoweit sie „zustimmende Gefolgschaft" findet.

Je enger eine Regierung mit der sie tragenden Parlamentsmehrheit verbunden ist, desto handlungsfähiger wird sie sein. Diese Verbindung zu schaffen, ist im parlamentarischen Regierungssystem die wichtigste Funktion der Parteien im Parlament. Das von ihnen anzustrebende Ziel muß daher — als verfassungspolitische Konsequenz — die integrierte, auf Vertrauen beruhende Einheit von Parlamentsmehrheit und Regierung sein. Diese Einheit läßt sich, falls Korruption als adäquates Mittel nicht akzeptiert wird, nur durch Verständigungsfähigkeit, Verständigungsbereitschaft und geschlossenes Handeln, d. h. durch Parteidisziplin erreichen. Der „Idealfall" ist dann gegeben, wenn eine Partei im Parlament die Mehrheit bildet und ihre gewählten Führer die Regierung stellen. Verfügt keine Partei über die Mehrheit im Parlament, wird die Bildung einer tragfähigen Koalition mit entsprechender Koalitionsdisziplin zur wichtigsten Funktion der Parlamentsparteien. Im parlamentarischen System sind Stabilität und Aktionsfähigkeit der Regierung weitgehend identisch mit der Geschlossenheit und Aktionsfähigkeit der sie tragenden Parlamentsmehrheit.

Im präsidentiellen System ist das nur bedingt der Fall. Da hier die Regierung nicht abberufen werden kann, ist deren Stabilität, d. h. ihr Verbleiben im Amt, nicht von der Existenz einer geschlossen handelnden, disziplinierten Mehrheitspartei bzw. Koalition abhängig. Anders steht es mit der Aktionsfähigkeit der Regierung. Soweit eine „präsidentielle Regierung"[29] bei ihren Aktionen auf die Zustimmung des Parlaments angewiesen ist, wird auch sie von der Bildung der jeweils erforderlichen Mehrheiten abhängig. Der „Idealfall" wäre auch hier eine disziplinierte Mehrheitspartei im Parlament bzw. zumindest eine Koalition, die in engster Kooperation mit der Regierung als geschlossen handelnde Gruppe deren Aktionen unterstützt. Der wichtigste Unter-

---

29 Unter „präsidentieller Regierung" soll im folgenden jede nicht abrufbare Regierung in einem präsidentiellen Regierungssystem verstanden werden, unter „parlamentarischer Regierung" jede Regierung in einem parlamentarischen System, die durch Mißtrauensvotum gestürzt werden kann.

schied zwischen einem parlamentarischen und einem präsidentiellen System besteht
somit darin, daß im ersteren sowohl Stabilität wie Aktionsfähigkeit der Regierung
von einer tragfähigen Parlamentsmehrheit abhängig sind, während im letzteren diese
Abhängigkeit nur für die Aktionsfähigkeit der Regierung gilt. Dieser Unterschied
ist für die Funktionen der Parteien im jeweiligen System ebenso wie für die Operationsmöglichkeiten, die sich den jeweiligen Regierungen bieten, von schlechthin
fundamentaler Bedeutung. Zunächst zur Problemlage und den verfassungspolitischen
Konsequenzen im parlamentarischen Regierungssystem.

1. Zur Problemlage im parlamentarischen System

Im parlamentarischen System haben die Parteien im Parlament auf Grund des Abberufungsrechts drei Hauptfunktionen zu erfüllen:

1. Eine Regierung stabil, d. h. im Amt zu halten;
2. sie aktionsfähig zu machen, und
3. dafür zu sorgen, daß nicht nur Einzelmaßnahmen der Regierung, sondern ein
   umfassendes Regierungsprogramm einschließlich unpopulärer und langfristiger
   Vorhaben durchgeführt werden kann.

Diese Funktionen lassen sich nicht voneinander isolieren, sie sind vielmehr engstens
aufeinander bezogen. Eine Parlamentsmehrheit kann nicht ungestraft die eine oder
andere der drei genannten Hauptfunktionen ohne entscheidende Auswirkungen auf
die übrigen vernachlässigen. Es ist wohl denkbar (aber höchst unrealistisch), daß eine
Parlamentsmehrheit eine Regierung zwar im Amt hält, deren Regierungsprogramm und
die meisten ihrer Einzelvorlagen aber ablehnt und grundsätzlich eine eigene Politik
verfolgt. Weniger spekulativ ist die Vorstellung einer Regierung, die von der Parlamentsmehrheit „toleriert", d. h. im Amte belassen wird („tolerierte Minderheitsregierung"), die ihre Programmvorhaben jedoch nur insoweit realisieren kann, als
sie im Parlament die hierfür erforderliche Unterstützung findet. Dabei könnte sie
sich eventuell in verschiedenen Gesetzgebungsbereichen auf unterschiedlich zusammen-
gesetzte Parlamentsmehrheiten stützen. Eine solche Situation ist aber ein Ausnahmefall. Regierungen, die unter derartigen Umständen Politik treiben müssen, werden
selten hinreichend aktionsfähig sein. Eine Regierung, die ihr Verbleiben im Amt
ausschließlich der Tatsache verdankt, daß sich die Parlamentsmehrheit auf keine
andere Regierungsmannschaft einigen kann und lediglich aus Furcht vor einer Parlamentsauflösung zum „Tolerieren" bereit ist, dürfte kaum zu einer überzeugenden
Amtsführung gerüstet sein.
Ein funktionierendes[30] parlamentarisches Regierungssystem setzt demgegenüber
voraus, daß die Parlamentsmehrheit nicht selektiv Disziplin übt, (d. h. Erhaltung der

---

30 Von einem „funktionierenden" parlamentarischen Regierungssystem kann dann gesprochen
werden, wenn im Rahmen der Verfahrensregeln des Systems ohne erforderlichen Rückgriff
auf außerordentliche Maßnahmen − mit denen diese Regeln ganz oder teilweise suspendiert
werden − ein Höchstmaß an Stabilität und verantwortlicher Aktionsfähigkeit der Regierung
einschließlich einer freien Wirksamkeit der Opposition gewährleistet sind.

Regierung im Amt, jedoch höchste Zurückhaltung in der Unterstützung ihres Programms), sondern im umfassenden Sinne dazu bereit ist, d. h. langfristig aktionsfähig hält. Das macht die Bereitwilligkeit zur Einhaltung strikter Parteidisziplin erforderlich. Zu dieser Leistung wird eine Parlamentsmehrheit aber nur dann willens und in der Lage sein, wenn sie in entscheidendem Maße an der Regierungsbildung beteiligt ist. Nur dann, wenn ein hinreichendes Vertrauensverhältnis zwischen Mehrheit und Regierung besteht, wenn vor allem der Regierungschef und die wichtigsten Regierungsmitglieder als anerkannte und bewährte, bzw. als ,,ministrabel'' erachtete Führer der Parlamentsmehrheit die Regierungsposten übernehmen. Nur dann, wenn die Beziehung zwischen Parlamentsmehrheit und Regierung weitgehend einer zweckdienlichen Arbeitsteilung bei prinzipieller Interessenidentität gleichkommt.

Eine disziplinierte Parlamentsmehrheit vermag nur solange in der Majoritätsposition und die von ihr getragene Regierung im Amte zu verbleiben, solange sie über die festgesetzten Parlamentsperioden hinweg bei den Wählern die erforderliche Zustimmung findet. Diese Notwendigkeit für Regierung und Mehrheit, sich gemeinsam und unter den gleichen Bedingungen den Wählern stellen zu müssen, schafft das Bewußtsein einer prinzipiellen Interessenidentität als Gruppe. Die Regierungsmehrheit wird somit weitgehend zu einer politischen Einheit, sie weiß sich als ,,Schicksalsgemeinschaft''. Eine Parlamentsmehrheit verhält sich folglich funktionsgerecht, wenn sie aus ihren Reihen qualifizierte Personen ihres Vertrauens in die Regierungsämter delegiert und deren Führung folgt, und zwar so lange und in dem Ausmaße, als diese Führung unter Einhaltung der programmatischen Grundlinien insbesondere der Erwartung entspricht, die Mehrheit in den nächsten Wahlen zu erneutem Siege zu führen.

Auf diese Weise wird im parlamentarischen System wohl effektive Machtausübung gesichert, nicht jedoch öffentlich wirksame Kritik und effektive Regierungskontrolle. Diese Funktion fällt im parlamentarischen System neben der Parlamentsmehrheit vor allem der Minderheit, der Opposition zu. Sie hat – da Parlamentsmehrheit und Regierung eine weitgehend geschlossene Einheit bilden, die bestrebt sein wird, ihre Kritiken, Konflikte und Kontrollen intern auszutragen – die fundamental wichtige Aufgabe, dem Grundprinzip politischer Gewaltenteilung: einer wirksamen gewaltenhemmenden wechselseitigen Machtkontrolle, in aller Öffentlichkeit Geltung zu verschaffen. Dazu wird eine Opposition allerdings nur dann ernsthaft in der Lage sein, falls ihr Amt, als Sprecher der Minderheit und kritischer Kontrolleur zu fungieren, innerhalb wie außerhalb des Parlaments grundsätzlich respektiert wird, und wenn sie Macht und Autorität zu entfalten weiß, indem sie als systematisch Opposition betreibende, disziplinierte ,,Einheit'' der ,,Einheit'' Regierungsmehrheit gegenübertritt. Im parlamentarischen System stehen sich nicht die Institutionen Parlament und Regierung per se als die entscheidenden politischen Kontrahenten gegenüber, sondern Regierungsmehrheit und institutionalisierte Opposition.[31] Nicht die Institutionen Parlament und Regierung, sondern formierte Parteien, die als Mehrheit und Min-

31 Zur Oppositionsproblematik siehe den Sammelband von Hans-Gerd Schumann: Die Rolle der Opposition in der Bundesrepublik Deutschland, Darmstadt 1976, mit einer ausgewählten Bibliographie.

derheit unterschiedliche Funktionen zu erfüllen haben, bilden die Grundelemente im verfassungspolitischen Gewaltenteilungsgefüge des parlamentarischen Regierungssystems.

Die Möglichkeiten einer Opposition zur effektiven Regierungskontrolle müssen allerdings minimal erscheinen, wenn man lediglich die Institutionen Parlament und Regierung in Betracht zieht. Denn die Regierungsmehrheit verfügt in beiden Institutionen über die Entscheidungsbefugnis.[32] Die Opposition vermag allenfalls die Regierung und die sie tragende und für ihre Politik demnach mitverantwortliche Mehrheit zur Rede zu stellen, Kritik zu üben und Gegenpositionen vorzutragen. Eine Opposition wird daher einer disziplinierten Mehrheit gegenüber erst dann zur politischen Macht, wenn es ihr gelingt, die Regierungsmehrheit an ihrer empfindlichsten Stelle wirksam zu treffen: der öffentlichen Meinung, der Wählerschaft.

Gelingt es ihr, sich zum Sprecher der „Mehrheit im Lande" zu machen und dies in einem Wahlsieg bestätigt zu finden, hat sie ihr wichtigstes Ziel erreicht: die legale und demokratisch legitimierte Regierungsübernahme. Je überzeugender und erfolgversprechender eine Oppsition dieses Ziel ansteuert, je größer die Wahrscheinlichkeit wird, daß die Führer der Opposition bei den Wählern als Alternative zur amtierenden Regierung Anklang finden, desto größer wird ihr Einfluß auf diese Regierung sein, desto besseres Gehör werden ihre begründeten Vorwürfe und kritischen Anfragen finden, desto stärker wird die Parlamentsmehrheit daran interessiert sein müssen, unter Beachtung dieser Vorwürfe die Regierung im kontrollierenden Griff zu behalten. Keine Regierungsmehrheit dürfte es sich bei einer derartigen Sachlage auf die Dauer ungestraft leisten können, kritische Anfragen der Opposition im permanenten Wahlkampf zwischen Opposition und Regierungsmehrheit leichtfertig oder unsachlich abzutun.

Da, wie die Erfahrung lehrt, in einem parlamentarischen System eine Opposition nicht damit rechnen kann, die Regierungsmehrheit im Parlament selbst zu „sprengen", weil hier Disziplin geübt wird, richtet sich ihr Bemühen primär auf die Wählerschaft im Lande. Nur auf diesem Wege einer permanenten Einwirkung auf die Wählermehrheit bietet sich eine reale Chance, aus der Minderheit herauszukommen. Die Oppositionsarbeit wird daher immer auf die Öffentlichkeit zielen. Die Opposition zwingt damit die Mehrheit, ihre Entscheidungen vor der Wählerschaft zu erklären und zu rechtfertigen. Dieser permanente Wahlkampf zwischen Regierungsmehrheit und Opposition umfaßt zwei Phasen: langfristige Überzeugungs- und Werbearbeit einerseits sowie, kurz vor den eigentlichen Wahlen („Wahlkampf" im engeren Sinne), intensivere Wählermobilisierung, um auch den politisch uninteressierten Wähler zur Stimmabgabe zu veranlassen — in dieser Phase auch unter Verwendung weniger sachlich orientierter, plakativer Werbemittel — und für die „richtige Liste" zu gewinnen

---

32 Thomas Ellwein (Das Regierungssystem der Bundesrepublik Deutschland, Köln und Opladen 1963, S. 135) nennt in diesem Zusammenhang die Auffassung, daß die Kontrollfunktionen ... auf die Opposition übergegangen seien, ... ein Ammenmärchen, ''das unberücksichtigt läßt, wie auch zu effektiven Kontrollmaßnahmen zum Schluß ein Mehrheitsentscheid nötig ist, den die Opposition eben gerade nicht herbeiführen kann." Dabei bleibt allerdings unberücksichtigt, daß die Opposition über die Wähler auf die Regierung Druck auszuüben vermag.

andererseits. Der langfristige Wahlkampf gilt primär dem mehr oder weniger ernsthaft politisch interessierten Bürger, die hektische Wahlkampagne kurz vor dem eigentlichen „Urnengang" dem politisch relativ Desinteressierten unter den stimmberechtigten Mitbürgern.

Im Zusammenspiel mit der Öffentlichkeit, den potentiellen Wählern, muß daher eine Opposition im parlamentarischen System darum bemüht sein, als wichtigster, stets zur Amtsübernahme und politischen Verantwortung bereiter Regierungskritiker und Machtkontrolleur[33] Profil zu gewinnen, um damit zum entscheidenden politischen Gegengewicht gegen die Regierungsmehrheit zu werden. Sie vermag diese Funktionen nur dann wirksam zu erfüllen, wenn sie als disziplinierte, systematisch opponierende Gruppe in Erscheinung tritt. Im parlamentarischen Regierungssystem ergibt sich aus dem Abberufungsrecht somit letztlich die verfassungspolitische Konsequenz, daß die Partei- bzw. Koalitionsdisziplin zur Voraussetzung für eine stabile und aktionsfähige Regierungsführung sowie für eine gewaltenhemmende und kritisch kontrollierende Opposition wird. Eine diszipliniert operierende Gruppe muß sich als Kollektiv bewähren, sie wird vom Wähler in kollektive Verantwortung genommen werden. Das hat nicht nur seine Auswirkungen auf das Verhalten der Parteimitglieder im Parlament (Fraktion) selbst, auf die Stellung und Funktion ihrer Führer und Sprecher, sondern auch, und vor allem, auf die Struktur und das Verhalten der „Parteien im Lande", die Wählerorientierung (der Abgeordnete wird in der Regel nicht primär als Person, sondern als Parteimitglied gesehen) sowie schließlich die Wirkungsmöglichkeiten der Interessengruppen gegenüber Parteien, Abgeordneten, Parlament, Regierung und Verwaltung.

2. Zur Problemlage im präsidentiellen System

Im präsidentiellen Regierungssystem sind die Amtsperioden der Regierung im voraus festgelegt. Die Stabilität der Regierung wird institutionell gesichert, sie muß nicht erst von den Parteien im Parlament als politische Leistung vollbracht werden. Insoweit ist eine präsidentielle Regierung unabhängig von den jeweiligen parlamentarischen Mehrheitsverhältnissen. Die Parteien im Parlament haben nicht die Aufgabe zu erfüllen, eine Regierung im Amte zu halten.

33 Der wichtigste Unterschied zwischen der parlamentarischen und außerparlamentarischen Opposition durch Kritik und Machtkontrolle — etwa seitens der Interessenverbände, Wissenschaft und Presse — liegt darin, daß die erstere im Gegensatz zur letzteren damit rechnen muß, vom Wähler in politische Verantwortung genommen zu werden. Sie wird daher die außerparlamentarische „Opposition" nur insoweit mobilisieren, als dadurch ihre Fähigkeit und Chancen zur Regierungsübernahme nicht ernsthaft beeinträchtigt werden. Das kann zu Kompromißhaltungen veranlassen, die einer uneingeschränkten, keine Tabus scheuenden öffentlichen Diskussion Grenzen setzen. Insofern hat die außerparlamentarische Opposition, die sich in einer völlig anderen Lage befindet, in jedem Regierungssystem neben der parlamentarischen Opposition eine wichtige Funktion zu erfüllen. Eine parlamentarische Opposition kann sich durchaus funktionsgerecht verhalten, wenn sie von der außerparlamentarischen Opposition diskutierte Auffassungen erst dann übernimmt bzw. gestaltend aufgreift, wenn sich im Lande bereits ein breiter Konsens gebildet hat.

Das wichtigste systembedingte Motiv für eine Mehrheitspartei bzw. Mehrheitskoalition, als disziplinierte Gruppe zu fungieren, wird damit hinfällig. Anders steht es mit der Aktionsfähigkeit der Regierung. Soweit sie hierbei auf die Zustimmung und Unterstützung der Parlamentsmehrheit angewiesen ist, sehen sich auch im präsidentiellen System Regierung und Parlamentsmehrheit genötigt, falls sie zu gemeinsamem Handeln gelangen wollen, eine engere Aktionsgemeinschaft zu bilden. Besonders dann, wenn von der Regierung erwartet wird, ein umfassenderes Regierungsprogramm durchzuführen, das weder vor unpopulären aber als notwendig erachteten Maßnahmen zurückschreckt, noch langfristige Planungen scheut. Das macht aber nicht nur eine engere Kooperation zwischen Regierung und Parlamentsmehrheit erforderlich, sondern setzt auch eine grundsätzliche Übereinstimmung zwischen beiden und eine gewisse Geschlossenheit und Beständigkeit der letzteren voraus. Sobald und soweit eine derartige kooperative Übereinstimmung besteht, wird die Regierung zugleich stabil und aktionsfähig sein. Da im präsidentiellen System jedoch das wichtigste verfassungspolitische Motiv für eine parlamentarische Mehrheitsdisziplin entfällt, nämlich eine Regierung möglichst lange im Amt zu halten, weil mangelhafte Mehrheitsdisziplin weder zum Sturz der Regierung noch zur Parlamentsauflösung führt, wird es sich grundsätzlich als recht schwierig erweisen, eine hochgradig disziplinierte Mehrheitspartei bzw. Mehrheitskoalition zusammen zu bringen.

Andererseits wird zwar die Effektivität einer präsidentiellen Regierung bei strikter parlamentarischer Mehrheitsdisziplin maximal sein. Je mehr sie sich jedoch auf eine dergeartete Mehrheit stützt und von ihr abhängig wird, desto enger wird ihr eigenes Manövrierfeld werden. Die Regierung vermag dabei nur in dem Rahmen aktionsfähig zu sein, der von der disziplinierten Mehrheit als gemeinsame Operationsbasis akzeptiert wird. Geht die Regierung über ihn hinaus, indem sie eigene Vorstellungen und Pläne verfolgt, so riskiert sie deren Kooperationsbereitschaft als einheitliche Gruppe. Eine präsidentielle Regierung wird sich vor allem dann zu einer relativ eigenständigen Politik veranlaßt sehen, wenn sie sich unter anderen Bedingungen und im Rahmen anderer Verfahrensweisen einer möglicherweise anders strukturierten Wählerschaft stellen muß, bzw. anderen Prozeduren ihr Amt verdankt, als die Parlamentsmehrheit. Unter solchen Umständen kann es sich ergeben, daß zwischen Regierung und Parlamentsmehrheit keine Interessenidentität mehr besteht. Parlament und Regierung wissen, daß sie nicht unter völlig gleichen Bedingungen mit den Forderungen der öffentlichen Meinung konfrontiert werden, daß die Raktionen der Wählerschaft sich auf beide recht unterschiedlich auswirken können.

Bei einer derartigen Sachlage wird die Regierung dazu neigen bzw. mit dem Problem konfrontiert sein, sich nicht gänzlich mit einer disziplinierten Parlamentsmajorität (selbst wenn es sich dabei um die eigene Partei handelt) zu liieren, sondern sich die taktische Möglichkeit offen zu halten, unter bestimmten Umständen die erforderliche parlamentarische Zustimmung bei Parlamentsmehrheiten zu finden, die eventuell von Abstimmung zu Abstimmung – bzw. je nach Gesetzgebungsbereich – in ihrer Zusammensetzung wechseln. Eine präsidentielle Regierung bleibt auch dann „stabil", wenn sie sich zur Durchsetzung ihrer Programmvorhaben auf ad hoc-Mehrheiten stützt oder stützen muß.[34] Insofern bieten sich einer präsidentiellen Regierung andere Operationsmöglichkeiten als einer parlamentarischen.

Je geringer die Kohäsion der Parlamentsmehrheit ist, desto geringer vermag auch die der Minderheit zu sein. Es wird sogar im Interesse der Minderheit liegen, die relative Unabhängigkeit und gegebenenfalls lockere Verbindung zwischen präsidentieller Regierung und Parlamentsmehrheit nicht dadurch unnötig zu festigen, daß sie sich in disziplinierter Geschlossenheit als der entscheidende Gegner unterschiedslos beider gibt. Sie wird, falls sie mit der präsidentiellen Regierung grundsätzlich nicht übereinstimmt, danach trachten, die Eigenständigkeit des Parlaments gegenüber der Regierung besonders herauszustreichen und unter Berufung auf die speziellen Interessen, die das Parlament gegenüber der Regierung zu vertreten habe, auf die parlamentarischen Mehrheitsentscheidungen Einfluß zu gewinnen versuchen.

Sie wird, falls sie die verfassungsrechtliche Grundkonstruktion des präsidentiellen Systems prinzipiell bejaht, die besonderen Funktionen des Parlaments hervorheben, gegen jede Einschränkung seiner Kompetenzen zugunsten der Regierung zu Felde ziehen und den Gedanken einer verfassungsgewollten Machtbalance zwischen Parlament und Regierung − wenn nicht gar, falls die Verfassungsideologie darauf abzielt, die Unterordnung der letzteren − propagieren. Dadurch wird die dem präsidentiellen System eigene institutionelle Gewaltenteilung zwischen Parlament und Regierung betont in den Vordergrund gerückt.

Soweit diese Grundauffassung vorherrscht, wird demgegenüber die Gewaltenteilung zwischen Regierungsmehrheit und Opposition − ein wesentliches Charakteristikum eines funktionierenden parlamentarischen Regierungssystems − im präsidentiellen System weniger eindeutig dominieren. Eine präsidentielle Regierung, die sich im Parlament nicht auf eine disziplinierte Mehrheit stützt, sondern mit ad hoc-Mehrheiten zusammenarbeitet, an deren Zustandekommen die Minorität (bzw. mehr oder weniger gewichtige Teile von ihr) in wechselnder Stärke beteiligt ist, findet ihren politischen Gegenspieler nicht nur und stets primär in „der Opposition", sondern normalerweise ebenfalls im gesamten Parlament. Nicht eine formierte,[35] systematische parlamentarische Opposition wird zum entscheidenden kritischen Kontrolleur der Regierung: das Parlament in seiner Gesamtheit wird sich um die öffentlich wirksame Wahrnehmung dieser Funktion bemühen.

Ein präsidentielles Regierungssystem vermag demgemäß auch ohne Einhaltung einer strikten Mehrheits- und Oppositionsdisziplin relativ krisensicher zu funktionieren

---

34 Man denke etwa an den Fall, daß die präsidentielle Regierung von einer anderen Partei gebildet wird als die Parlamentsmehrheit. Falls beide nicht zu kompromißbereiter Kooperation fähig oder willens sind, muß das Regierungssystem über kurz oder lang in eine katastrophale Lage geraten. Die Vorstellung einer „tolerierten Minderheitsregierung" wäre bei einer derartigen Sachlage insbesondere dann völlig abwegig, wenn die präsidentielle Regierung ebenso wie die Parlamentsmehrheit allgemeinen Wahlen ihr Amt verdankt. Hier stehen sich zwei Majoritäten gegenüber, die lediglich die Wahl zwischen Kooperation, der Unterordnung der einen Majorität unter die andere oder unlösbarer Staatskrise haben. Vgl. hierzu auch Willmoore Kendall "Two Majorities", in: Midwest Journal of Political Science, Bd. 4 (1960), S. 137−345. Zur Problematik der zwei Mehrheiten siehe auch unten S. 74, 124 f. und 127.

35 Siehe hierzu Sir Ivor Jennings: Party Politics, Bd. 2: The Growth of Parties, Cambridge 1961, S. 2 ff und Bd. 3: The Stuff of Politics, Cambridge 1962, S. 15 ff.

und ein gewaltenhemmendes Kontrollverfahren zu praktizieren. Die parlamentarische Opposition hat dabei nicht die gleichen Funktionen wie im parlamentarischen System zu erfüllen. Das System funktioniert auch dann, wenn den parlamentarischen ad hoc-Mehrheiten keine disziplinierte, systematisch vorgehende Opposition gegenübersteht, sondern von Fall zu Fall eine ad hoc-Opposition, die den Gegenpositionen zu anstehenden Entscheidungen Ausruck verleiht. Je geringer die Geschlossenheit von Opposition und Mehrheit sein wird und je lockerer die Beziehung zwischen Parlamentsmehrheit und Regierung, desto stärker wird die Gegenüberstellung der als relativ eigenständige „Gewalten" fungierenden Institutionen Parlament und Regierung in Erscheinung treten.

Damit werden sich zwar die taktischen Operationsmöglichkeiten der Regierung vermehren, ihre Aktionsfähigkeit hinsichtlich eines umfassenden, langfristige Projekte vorsehenden Regierungsprogramms wird allerdings alles andere als eindeutig sein. Eine derartige Aktionsfähigkeit dürfte erst dann weitgehend gesichert sein, wenn sich die präsidentielle Regierung — auf Kosten eigener Unabhängigkeit und taktischer Beweglichkeit — im Parlament auf eine disziplinierte Mehrheit langfristig zu stützen vermag. Sobald das der Fall ist, verliert die institutionelle Gegenüberstellung von Parlament und Regierung an Schärfe zugunsten einer eindeutigeren Konfrontation von „Regierungsmehrheit" und Opposition. Bei dieser Sachlage gewinnt die Notwendigkeit einer disziplinierten, systematisch operierenden Opposition erheblich an Bedeutung. In einem funktionierenden präsidentiellen Regierungssystem erweist sich somit im Gegensatz zum parlamentarischen System die Notwendigkeit einer disziplinierten Parlamentsmehrheit und parlamentarischen Opposition in weit geringerem Maße und nicht stets, sondern lediglich unter besonderen Bedingungen als eine verfassungspolitische Konsequenz des Systems.

Wenn in einem präsidentiellen System weder die die Parlamentsmehrheit stellende Partei (bzw. die sie bildenden Parteien) strikte Disziplin üben, noch die der Opposition, so wird das nicht nur auf das Verhalten der Mitglieder dieser Parlamentsparteien selbst sowie die Position und Funktion ihrer Führer und Sprecher seine Auswirkungen haben, sondern auch, und vor allem, auf die Struktur und das Verhalten der „Parteien im Lande", die Wählerorientierung (der keiner ernsthaften Parteidisziplin unterworfene Abgeordnete wird nach seiner persönlichen Qualifikation und seiner Grundhaltung bewertet und nicht nur als Parteimitglied gesehen), die Wirkungsmöglichkeiten der Interessengruppen gegenüber Parteien, Abgeordneten, Parlament, Regierung und Verwaltung.

3. Zusammenfassung

Zusammenfassend lassen sich demnach die folgenden Hypothesen formulieren:

1. Aus den verfassungspolitischen Konsequenzen, die dem Grundmerkmal *parlamentarischer Regierungssysteme* entsprechen, ergibt sich als immanentes Modell:
   Regierung und Parlamentsmehrheit streben danach, als Regierungsmehrheit eine

integrierte politische Aktionseinheit zu bilden, die durch strikte Partei- bzw. Koalitionsdisziplin ausgezeichnet ist. Ihr steht eine mehr oder weniger systematische, formierte parlamentarische Opposition gegenüber, die erst vermittels strikter Parteidisziplin ihre Funktionen auszuüben vermag. Zu diesen Funktionen gehört es, dem Wähler politische Alternativen anzubieten und für eine öffentlich wirksame, kritische Regierungs- und Verwaltungskontrolle Sorge zu tragen. Als die bedeutendsten Gegenspieler (und Partner) des politischen Gewaltenteilungsgefüges fungieren Regierungsmehrheit und öffentlich wirksame Opposition. Zwischen ihnen findet der wichtigste offizielle politische Dialog im Lande statt.

2. Die dem Grundmerkmal *präsidentieller Regierungssysteme* entsprechenden verfassungspolitischen Konsequenzen ergeben als systemimmanentes Modell: Parlamentsmehrheit und Regierung müssen nur dann eine geschlossene, disziplinierte Aktionseinheit bilden, wenn sie gemeinsam ein umfassendes, langfristige Vorhaben einschließendes Programm verantwortlich durchsetzen wollen. Andernfalls ist es der Regierung durchaus möglich, im Verlaufe ihrer feststehenden Amtszeit zu versuchen, ihr Programm mit wechselnden Parlamentsmehrheiten durchzuführen. Erster Fall: Bilden Regierung und Parlamentsmehrheit eine weitgehend integrierte, disziplinierte Handlungseinheit (Regierungsmehrheit), so tritt die dem präsidentiellen System eigene Gegenüberstellung von Parlament und Regierung zugunsten einer betonteren Konfrontation von Regierungsmehrheit und parlamentarischer Opposition zurück. Im Rahmen des politischen Gewaltenteilungsgefüges mit seinen öffentlich wirksamen Kontrollbeziehungen wird demgemäß eine systematische Opposition an verfassungspolitischer Bedeutung gewinnen. Zweiter Fall: Bilden Regierung und Parlamentsmehrheit hingegen keine geschlossene Aktionseinheit, bemüht sich die Regierung vielmehr für ihre Programmvorhaben im Parlament um zustimmende ad hoc-Mehrheiten (bzw. sie ist dazu genötigt), mit dem Resultat, daß sie auch ihrem Programm diametral entgegenstehende Parlamentsbeschlüsse — die jederzeit ohne Regierungssturz oder Parlamentsauflösung[36] möglich sind — grundsätzlich akzeptieren muß, so gewinnt das latente Spannungsverhältnis zwischen den auf Kooperation angelegten Institutionen Parlament und Regierung an Bedeutung. Der offizielle politische Dialog findet dann nicht mehr primär zwischen Opposition und Mehrheit bzw. Opposition und Regierung,

---

36 Eine Ausnahme stellt das Wilhelminische Reich dar, wo der Reichskanzler mit Zustimmung des Kaisers zwar den Reichstag auflösen, dieser jedoch die Regierung nicht abberufen konnte. Damit war die Position der Regierung gegenüber dem Reichstag erheblich gestärkt. In den USA vermag wiederum der Präsident mit seinem Veto gegen Gesetzesbeschlüsse des Kongresses unerwünschten Parlamentsaktionen auf wirksame Weise zu begegnen. Sein Veto kann im Kongreß lediglich mit 2/3-Mehrheiten in beiden Häusern überwunden werden. Das gelingt dem Kongreß nur relativ selten. Von 1789—1960 machten amerikanische Präsidenten von ihrem Vetorecht in insgesamt 2192 Fällen Gebrauch. Nur in 73 Fällen wurde das Veto vom Kongreß außer Kraft gesetzt. Der Präsident kann demnach unerwünschte Kongreßbeschlüsse bereits dann unwiderruflich unwirksam machen, wenn er lediglich in einem der zwei Kongreßhäuser von einer Minderheit von 1/3 + 1 der abgegebenen Stimmen unterstützt wird. Eine Tabelle mit eingehenderen Angaben über die Anzahl der Vetos, die die einzelnen Präsidenten von Washington bis Eisenhower einlegten, bei William H. Young: Ogg and Ray's Introduction to American Government, 12. Aufl., New York 1962, S. 324.

sondern vornehmlich zwischen Parlamentsmehrheit (normalerweise mehr oder minder gewichtigen Teilen von ihr) und Regierung statt. Die Praxis einer systematischen Opposition wird dadurch erheblich erschwert. Ihre Zielrichtung vermag, falls der notwendige Adressat „Regierungsmehrheit" nicht existiert, an Eindeutigkeit einzubüßen. Die Opposition hat im Gewaltenteilungsgefüge verfassungspolitisch nicht mehr die gleichen Funktionen wie im erstgenannten Fall zu erfüllen.

3. Das präsidentielle System der USA und die parlamentarischen Systeme Großbritanniens und Deutschlands im Vergleich

I. Vorbemerkung

Die USA sind die an Landfläche und Bevölkerungszahl (ca. 215 Mill.) konkurrenzlos größte unter den hochentwickelten pluralistisch-demokratischen Industrienationen der Welt. Bevölkerungsmäßig folgen unter den westlichen Demokratien an zweiter und dritter Stelle die Bundesrepublik Deutschland (ca. 62 Mill.) und das Vereinigte Königreich von Großbritannien (ca. 56 Mill.). Die politischen Systeme dieser drei Staaten — deren gemischte „Wirtschaftssysteme" eine Kombination privater, genossenschaftlicher und staatlicher Verfügungsgewalt über Produktionsmittel aufweisen, wobei der privatwirtschaftliche Anteil in den USA, der staatliche Anteil in Großbritannien am höchsten ist — sind durch ihren rechtsstaatlichen, demokratischen und pluralistischen Charakter gekennzeichnet. Sie sind *rechtsstaatlich*, da und insoweit in ihnen die Prinzipien der Unverbrüchlichkeit des Rechts, der Gleichheit aller vor dem Gesetz, der Unabhängigkeit der Justiz, der Fairness des Prozeßverfahrens und des Schutzes von Grundrechten respektiert werden. *Demokratisch*, wenn und insoweit man darunter zumindest ein System begreift, in dem höchste staatliche Ämter durch frei sich bildende, aktive politische Führungsgruppen im permanenten, werbenden Konkurrenzkampf um die Stimmen einer mehr oder weniger aktiven Wählerschaft, die es zu mobilisieren gilt, gewonnen werden — einer Wählerschaft, die sich in allgemeinen, freien, gleichen und geheimen Wahlen verbindlich äußern kann. *Pluralistisch*, da und insoweit in allen drei Ländern die Bildung von Parteien und sonstigen Vereinen grundsätzlich frei ist, Opposition respektiert wird und sowohl Parteien als auch Interessengruppen in freier Konkurrenz ihren politischen Einfluß im Staate geltend machen können.

In institutioneller Hinsicht liegt der wichtigste Unterschied zwischen den politischen Systemen der USA und Großbritanniens einerseits und dem der Bundesrepublik andererseits darin, daß die erstgenannten über ein gemeinsames britisches Erbe verfügen: ihre angelsächsische Rechts- und Verfassungstradition und die Grundzüge ihrer politischen Kultur[1]. Die Bundesrepublik gehört dagegen zu den kontinentaleuropäischen Staaten, die das römische Recht rezipierten und sowohl in ihrer Verfassungsgeschichte als auch in ihrer politischen Kultur tiefgreifende Herausforderungen und Traditionsbrüche zu verarbeiten hatten und haben.

1 Zu den gemeinsamen Grundzügen der anglo-amerikanischen politischen Kultur im Vergleich mit anderen politischen Kulturen sowie den Besonderheiten, die die politische Kultur Großbritanniens von der in den USA vorherrschenden im einzelnen unterscheiden siehe Gabriel

Die USA und Großbritannien konnten demgegenüber auch in den letzten hundert Jahren eine relativ kontinuierliche verfassungsgeschichtliche Entwicklung durchlaufen. Eine vergleichende Betrachtung der Regierungssysteme Großbritanniens, der Bundesrepublik und der USA wird diese grundlegenden Unterschiede stets mit zu bedenken haben.

Gehören auch beide, USA wie Großbritannien, zur Gruppe der anglo-amerikanischen politischen Systeme, so repräsentieren sie doch zwei konträre Strukturtypen: Die USA haben ein präsidentielles Regierungssystem in bundesstaatlicher und republikanischer Form, das unter einer geschriebenen Verfassung operiert, für deren letztinstanzliche Interpretation ein unabhängiges oberstes Bundesgericht als Verfassungsgericht zuständig ist. Großbritannien besitzt demgegenüber ein parlamentarisches Regierungssystem in einheitsstaatlicher und monarchischer Form, das keine geschriebene Verfassung im konventionellen Sinne und daher auch keine Verfassungsgerichtsbarkeit kennt.

Beide stellen − als deren „Begründer" − die ältesten Systemtypen dieser Art dar. Beide weisen ein Zweiparteiensystem auf, jedoch mit einem wesentlichen Unterschied: während als das wichtigste Merkmal des amerikanischen Zweiparteiensystems seine hochgradige Dezentralisation gelten kann, zeichnet sich das britische sehr im Gegensatz hierzu dadurch aus, daß es auf parlamentarischer Ebene im Unterhaus als hochgradig zentralisiertes System in Erscheinung tritt.

Die Bundesrepublik Deutschland wiederum hat − wie Großbritannien − ein parlamentarisches Regierungssystem, jedoch in bundesstaatlicher und republikanischer Form, das ebenso wie das amerikanische System unter einer geschriebenen Verfassung („Grundgesetz") steht, für deren letztinstanzliche Interpretation ein speziell hierfür geschaffenes Bundesverfassungsgericht zuständig ist. Die Bundesrepublik weist einen bemerkenswerten Trend zu einem Zweiparteien- bzw. Zweigruppensystem auf, dessen Strukturmerkmale und Operationsweisen weit mehr dem britischen als dem amerikanischen Parteiensystem entsprechen.

Zeigen sich die erheblichen Unterschiede der drei politischen Systeme bereits bei grober Gegenüberstellung, so verschärfen sich die Linien bei einer Analyse des Details.

Almond "Comparative Political Systems", in: The Journal of Politics 1956, S. 391−409, Robert R. Alford: Party and Society, London 1964, bes. S. 2 ff, Seymour Lipset: The First New Nation, New York 1963, S. 213−224, sowie Richard Rose: Politics in England, Boston− Toronto 1974. Den Wandlungsprozeß der politischen Kultur Großbritanniens im Verlauf der letzten 150 Jahre analysiert an Hand der englischen Parteiengeschichte Samuel H. Beer: Modern British Politics − A Study of Parties and Pressure Groups, London 1965. Zu den kennzeichnenden Merkmalen der zentral-europäischen politischen Kultur siehe Lipset a.a.O., S. 224−247. Vgl. in diesem Zusammenhang auch die pointierenden Ausführungen von Thomas Dehler in seinem Referat zum Thema „Das Parlament im Wandel der Staatsidee", in: Macht und Ohnmacht der Parlamente, Schriftenreihe der Friedrich Naumann-Stiftung zur Politik und Zeitgeschichte, Nr. 9, Stuttgart 1965, S. 9−34, bes. S. 12 ff sowie Sidney Verba "Germany: The Remaking of Political Culture", in: Lucian W. Pye und Sidney Verba, Political Culture and Political Development, Princeton, N.J. 1965, S.130−170.

II. USA

1. Gewaltenverschränkung

Die 1787 vom Philadelphia-Konvent verabschiedete amerikanische Bundesverfassung läßt erkennen, daß Montesquieu bei den "Founding Fathers" in höchsten Ehren stand[2]. Dessen Gewaltenteilungskonzeption wurde als ein nützliches Orientierungsmodell bei dem Versuch gepriesen, einen Staat mit einem Höchstmaß an freiheitssichernder, wechselseitiger Machtkontrolle zu errichten, die vor allem die Gefahren einer „Mehrheitstyrannei" wirksam einzudämmen vermochte[3]. Die amerikanischen Verfassungsväter folgten weitgehend der von Montesquieu in seinem „De l'esprit des lois" dargebotenen Organisationsskizze:[4] sie schufen ein System getrennter und personell voneinander unabhängiger Institutionen — Kongreß (bestehend aus Repräsentantenhaus und Senat), Präsident und, abweichend von Montesquieus Organisationsskizze, Supreme Court — von denen jede zwar mit besonderen grundlegenden Kompetenzen ausgestattet wurde, jedoch zugleich bestimmte Rechte zugewiesen erhielt, um in wirksamer Weise in die Kompetenzbereiche der anderen Instanzen eingreifen zu können. Weniger die Gewaltentrennung, als vielmehr die Art der Gewaltenverschränkung (System der "checks and balances") kennzeichnet das besondere Merkmal der amerikanischen Gewaltenteilung[5]. Für dieses Gewaltenteilungssystem prägte Richard Neu-

---

2 Vgl. Arthur T. Vanderbilt: The Doctrine of the Separation of Powers and its Present-day Significance, (1953), Lincoln Nebr. 1963, S. 43 ff. James Madison schrieb am 1. Februar 1788 ("Federalist", Nr.47): "... the preservation of liberty requires the three great Departments of power should be separate and distinct. The oracle who is always consulted and cited on this subject is the celebrated Montesquieu".

3 Siehe Robert A. Dahl: A Preface to Democratic Theory, Chicago 1956, S. 4—33.

4 Eingehend hierzu M. Knust: Montesquieu und die Verfassungen der Vereinigten Staaten von Amerika, Berlin 1922.
Gegen die weitverbreitete, vereinfachende These, Montesquieu habe, als er von 1729 bis 1731 in London lebte, die wirklichen Verfassungsverhältnisse Englands verkannt, wendet sich Kurt Kluxen mit dem Hinweis auf den Tatbestand, daß Montesquieu ein Leser der führenden Oppositionszeitschrift gegen Walpole, "The Craftsman", gewesen sei, deren Argumente er sich zu eigen machte. „Sein (Montesquieus) berühmtes Kapitel XI, 6 im Esprit des lois ist bis zu einem gewissen Grade ein Resumé jener weitgesponnenen Kontroversen, die die Opposition um 1730 im Kampf gegen Walpole entzündete und in denen wiederholt die Gewaltentrennung als Erbgut der Verfassung und alte Form der Rechtssicherung hingestellt wurde. Daher rührt die „aphoristische Eleganz" (Hasbach) seines England-Kapitels, mit der hier mannigfache Elemente aus englischer Geschichte, Verfassung und Theorie zusammengedrängt sind". Kurt Kluxen „Die Herkunft der Lehre von der Gewaltentrennung", in: Aus Mittelalter und Neuzeit. Festschrift zum 70. Geburtstag von Gerhard Kallen, Bonn 1957, S. 219—236, S. 223, siehe dort S. 219 und 221 ff.

5 So Ernst Fraenkel „Das amerikanische Regierungssystem", 3. Aufl. Opladen 1976, S. 221 f: „Weit davon entfernt, eine totale Trennung der Regierungsgewalten durchzuführen, hat die amerikanische Verfassung vielmehr eine Verschränkung der Regierungsgewalten hergestellt, stets darauf bedacht, dem Prinzip Rechnung zu tragen, daß die verschiedenen Regierungsfunktionen an verschiedene Regierungsorgane übertragen werden, aber nicht minder besorgt, zu verhüten, daß die ausschließliche Betrauung eines Regierungsorgans mit der Wahrnehmung einer Regierungsgewalt die Ausübung unkontrollierbarer Herrschaftsbefugnisse ermöglicht (System der 'checks and balances')".

stadt die prägnante Formel: "A government of separated institutions sharing powers"[6].
So ruht nach dem Wortlaut der Verfassung im Kongreß „alle legislative Gewalt"[7]:
Allein Kongreßmitglieder sind befugt, Gesetzentwürfe formell einzubringen, und
Gesetze können nur dann beschlossen werden, wenn beide Häuser die gleiche Text-
version verabschieden. Dennoch vermag der Präsident nach dem Willen der Verfas-
sung in entscheidender Weise in den Gesetzgebungsprozeß einzugreifen: Gemäß Art. I,
Sekt. 3 der Bundesverfassung hat er „von Zeit zu Zeit dem Kongreß über die Lage der
Union Bericht zu erstatten und Maßnahmen zur Beratung zu empfehlen, die er für notwendig und nützlich erachtet".
Der Präsident kann sich demnach nicht nur mit seinen alljährlichen „Botschaften über
die Lage der Nation", sondern jederzeit mit Spezialbotschaften ("special massages")
an den Kongreß wenden, denen er gegebenenfalls — so die neuere Entwicklung —
höchst detaillierte Gesetzesentwürfe beizufügen vermag[8]. Zugleich besitzt der Präsident
das Vetorecht, dessen Wirksamkeit nur in namentlicher Abstimmung mit Zweidrittel-
mehrheiten beider Kongreßhäuser überwunden werden kann (Art. I, Sekt. 7, Abs. 2).
So durfte z. B. Präsident Eisenhower auf einer Pressekonferenz vom 22. Juli 1959 unter Verweis auf sein Vetorecht erklären: "I am part of the legislative process"[9].
Alle Partner des Gesetzgebungsprozesses sind wiederum verpflichtet, lediglich verfassungskonforme Gesetze zu verabschieden bzw. zu billigen (Art. VI, Abs. 3 und Art. II,
Sekt. 1, Abs. 7). Bis Präsident Jackson mit jener Tradition brach, war es zunächst auch
üblich, daß das präsidentielle Veto ausschließlich zur Einhaltung dieser Verpflichtung,
nicht wegen seiner politischen oder sachlichen Mißbilligung verabschiedeter Kongreß-
vorlagen angewandt wurde. Aber weder Kongreß noch Präsident sind unter den Staatsorganen die letztinstanzlich entscheidenden „Hüter der Verfassung". In seiner berühmten Entscheidung im Falle "Marbury v Madison"[10] vom Jahre 1803 hatte der Supreme
Court unter Chief Justice Marshall eindeutig festgestellt, daß es Sache des Supreme
Court sei, verbindlich über die Vereinbarkeit jedes Gesetzes mit der Verfassung zu befinden — und das relativ knappe, heute rund 7800 Worte umfassende Dokument läßt
mancherlei Interpretationen zu. Unter diesem Aspekt sind auch die Bundesgerichte in
mitunter höchst wirksamer Weise Partner des Gesetzgebungsprozesses. Die, falls es zu

---

6 Richard E. Neustadt: Presidential Power, New York 1962, S. 33.
7 Artikel I, Sekt. 1, Absatz 1 der US-Verfassung lautet: "All legislative Powers herein granted
  shall be vested in a Congress of the United States, which shall consists of a Senate and House of
  Representatives".
8 Siehe Richard E. Neustadt: "Politicians and Bureaucrats", in: David B. Truman (Hrsg.): The
  Congress and America's Future, Englewood Cliffs, N.J. 1965, S. 102—120, bes. S. 110 ff:
  "By 1961, however, 'John Kennedy' became the signature on draft bills sent with messages
  directly to the Speaker and the President of the Senate, very much as though the White House
  were Whitehall".
9 "New York Times" vom 23. Juli 1959. Die neuere Entwicklung faßte der bekannte Washingtoner Chefkorrespondent der New York Times, James B. Reston, nur leicht überspitzend bereits
  1962 in der Formel zusammen: "It is no longer the Congress that proposes and the President
  who vetoes legislation, but the other way around". ("New York Times" vom 25. Juli 1962).
  Zum Ganzen siehe auch Daniel M. Berman: In Congress Assembled, New York 1963, S. 70—95.
10 Marbury v Madison, 1803, 1 Cranch (U.S.) 137.

einem Streitfall kommen sollte, möglicherweise zu erwartende Grundhaltung des Supreme Court sowie die vorliegenden Präzedenzentscheidungen werden vom Kongreß und vom Präsidenten bei deren Gesetzgebungstätigkeit stets mit in Rechnung gestellt[11].

2. Präsident, Kongress und Verwaltung

Über die höchsten Spitzen der exekutiven Gewalt, wie Staatsoberhaupt, Regierungschef, Minister und Regierung, heißt es in der amerikanischen Verfassung kurz und bündig: „Die exekutive Gewalt liegt bei dem Präsidenten der Vereinigten Staaten von Amerika. Seine Amtszeit beträgt vier Jahre, und er wird zugleich mit dem für dieselbe Amtsdauer zu wählenden Vizepräsidenten.... gewählt..." (Art. II, Sekt. 1). Vom Vizepräsidenten wird weiterhin lediglich gesagt, daß er bei Amtsunfähigkeit des Präsidenten oder Vakanz des Amtes die Amtspflichten zu übernehmen habe (Art. II, Sekt. 1, Abs. 6), ebenso wie der Präsident und alle Beamten im Amtsanklage-Verfahren vor dem Kongreß (Anklageinstanz ist das Repräsentantenhaus, Entscheidungsinstanz der Senat) seines Amtes enthoben werden kann ("impeachment", Art. II, Sekt. 4 sowie Art. I, Sekt. 2, Abs. 5 und Sekt. 3, Abs. 7) und daß er Präsident des Senats sei, jedoch nur bei Stimmengleichheit über ein Stimmrecht verfüge[12]. Der Präsident der USA ist demnach Staatsoberhaupt, Regierungschef und „Regierung" in einer Person. Er allein trägt die politische Verantwortung für alle Regierungsakte; er hat seine Entscheidungsgewalt mit niemandem im Bereich der Exekutive zu teilen. Die USA besitzen eine „geschlossene Regierung" in perfektester Form.

Wohl hat sich auch in den USA eine Einrichtung etabliert, die als "Cabinet" bezeichnet wird und an deren Erörterungen die in Art. II, Sekt. 2, Abs. 2 der Bundesverfassung erwähnten (heute 11) "Heads of Departments" sowie solche Personen teilzunehmen pflegen, die der Präsident hinzuzuziehen wünscht. Irgendwelche Entscheidungsbefugnisse hat dieses der kodifizierten Verfassung unbekannte Gremium allerdings nicht[13].

Dennoch ist der Präsident — ganz abgesehen von der tatsächlichen Bedeutung der mannigfachen Beraterstäbe sowie der enorm komplizierten und umfangreichen Bundesverwaltung mit dem ihr eigenen internen „Gewaltenteilungsgefüge" — keineswegs unumschränkter „Herr der Exekutive".

11 Eingehend hierzu Robert H. Jackson: The Struggle for Judicial Supremacy, New York 1941, bes. Kap. I–V und Eugene V. Rostow: The Sovereign Prerogative: The Supreme Court and the Quest for Law, New Haven und London 1962.

12 Für Einzelheiten sowie die generelle Problematik und Entwicklung dieses Amtes, siehe L. C. Hatch und E. L. Sharp: History of the Vice Presidency of the U.S., New York 1934; Irving C. Williams: The American Vice Presidency New Look, New York 1954; ders.: The Rise of the American Vice Presidency, Washington 1956, John D. Feerick: From Failing Hands — The Story of Presidential Succession, New York 1965 und Thomas E. Cronin: The State of the Presidency, Boston-Toronto 1975, S.211–236.

13 Näheres hierzu bei Richard F. Fenno: The President's Cabinet, New York 1959 und Stephen Horn: The Cabinet and Congress, New York 1960 und Cronin a.a.O., S. 177–210.

Sämtliche Beamtenernennungen (einschließlich der von Offizieren und aller Bundesrichter) kann der Präsident nur auf „Anraten und mit Zustimmung des Senats" ("Advice and Consent", Art. II, Sekt. 2, Abs. 2) vollziehen, es sei denn, der Kongreß schafft durch Gesetz erleichterte Verfahrensweisen für die Ernennung von unteren Beamten[14]. Der Kongreß (bei Ernennungen speziell der Senat) besitzt aber nicht nur ein entscheidendes Mitwirkungsrecht im Bereich der Personalhoheit, vielmehr verfügt er auch über die Organisationsgewalt. Ohne Zustimmung des Kongresses vermag der Präsident keine Behörde zu errichten. Der Kongreß entscheidet ebenso darüber, ob eine Behörde errichtet werden darf, wie er deren Charakter, Umfang und Kompetenzbereich zu bestimmen vermag. Es ist der Kongreß, der dem Präsidenten weitgehend vorschreiben kann, wie das administrative Haus einzurichten sei. Das Parlament hat im Laufe der Jahrzehnte dafür Sorge getragen, daß sich in diesem Hause viele Kammern, Keller, Erker und Türmchen verschiedenster Art befinden, die zwar hier und dort − wenn auch keineswegs stets − durch verwinkelte Gänge miteinander verbunden sein mögen, insgesamt jedoch ein höchst kompliziertes, verwirrendes Gebilde abgeben, in dem der Präsident nur bedingt den verantwortlichen Hausherrn zu spielen vermag[15]. Zugleich hat der Kongreß bewirkt, daß der Präsident nicht in allen Räumen über ein unbeschränktes Hausherrenrecht verfügt, indem er eine Vielzahl mehr oder weniger „unabhängiger Exekutivbehörden" ("independent agencies") schuf, die der Weisungsbefugnis des Präsidenten teilweise oder gänzlich entzogen sind[16].

Unter diesen Agenturen kommt den sogenannten „unabhängigen Regulierungskommissionen" ("independent regulatory agencies" oder "Commissions") eine besondere Bedeutung zu, die − ansetzend mit der 1887 errichteten "Interstate Commerce Commission", der noch heute wichtigsten und machtvollsten Regulierungskommission, die für

---

14 Das Standardwerk zu dieser Problematik ist immer noch Joseph P. Harris: The Advice and Consent of the Senate: A Study of the Confirmation of Appointments by the United States Senate, Berkeley, Calif. 1953.

15 Hierzu John D. Millett: Government and Public Administration − The Quest for Responsible Performance, New York usw. 1959. Einen knappen, eindrucksvollen Überblick zur anliegenden Problematik bieten Peter Wolf: American Bureaucracy, New York 1963, bes. S. 142−173 und Ernst Fraenkel: Das amerikanische Regierungssystem, 3. Auflg. Opladen 1976, S. 231 ff und 271 ff.

16 Welch relativ enge Grenzen dieser „Weisungsbefugnis" generell gesetzt sind, betont Wolf (a.a.O. S. 159), wenn er schreibt: "The fact that the bureaucracy is not necessarily under the control of the President, by the terms of the Constitution, nor within his jurisdiction by statute, means that the President must deal with administrative agencies in the same way he deals with other interest groups and with Congress. He must persuade the bureaucracy to go along with him, for he cannot command it to obey him". Richard Neustadt berichtet, Präsident Truman habe 1952 im Hinblick auf einen eventuellen Wahlsieg Eisenhowers an seinem Schreibtisch sitzend bemerkt: "He'll sit here and he'll say, 'Do this! Do that!' And nothing will happen. Poor Ike − it won't be a bit like the Army. He'll find it very frustrating." Und Truman über seine eigenen Erfahrungen: "I sit here all day trying to persuade people to do things they ought to have sens enough to do without my persuading them... That's all the powers of The President amount to." Siehe Neustadt: Presidential Power, S. 9f. Zur „Macht" des Präsidenten vor und nach Watergate siehe auch den informativen Reader von Thomas E. Cronin und Rexford G. Tugwell (Hrsg.): The Presidency Reappraised, 2. revidierte Auflage, New York 1977, und die anläßlich der Präsidentschaftswahl 1976 erstellte Studie von Peter Lösche: Politik in USA, Opladen 1977.

das Eisenbahn- und Transportwesen zuständig ist[17] — eine Erfindung der amerikanischen Verfassungs- und Verwaltungsgeschichte darstellen[18]. Die vom Bund eingerichteten Regulierungskommissionen sind „reine Geschöpfe" des Kongresses, der durch Gesetz ihre allgemeinen Kompetenzen bestimmt, sonst aber nicht weisungsberechtigt ist.

Diese Kommissionen haben die Befugnis, im Rahmen der sie betreffenden Gesetze rechtssetzende Funktionen auszuüben, Verwaltungsakte vorzunehmen und in strittigen Fällen als quasi-judizielle Behörden verbindliche Entscheidungen zu treffen. Eine Mißachtung ihrer Entscheidungen kann, falls sie durch ein ordentliches Bundesgericht bestätigt werden, strafrechtliche Konsequenzen haben. Die Leiter und Führungsgremien dieser Behörden werden vom Präsidenten mit Zustimmung des Senats für eine festgesetzte Amtszeit ernannt. Sie unterliegen weder seiner Weisungsbefugnis, noch darf er sie vor Ablauf ihrer Amtszeit gegen ihren Willen entlassen, selbst dann nicht, wenn die von ihnen befolgte Politik der seinen zuwiderlaufen sollte[19].

Die Regulierungskommissionen, die normalerweise stärker dem Einfluß des Kongresses als dem des Präsidenten ausgesetzt sind, stellen einen bemerkenswerten Kompromiß zwischen staatlicher Regulierung und privatwirtschaftlicher Selbstkontrolle dar. Von den Leitern dieser Behörden — an deren Qualifikation heute höchste Anforderungen gestellt werden — wird erwartet, daß sie als Fachleute einerseits grundsätzlich das Vertrauen der von ihnen zu „regulierenden" Interessenbereiche besitzen und zum anderen genügend Unabhängigkeit zeigen, um die Interessen „des Ganzen" zu wahren. Bei einem Mißlingen dieser Ausgleichsfunktion seitens der unabhängigen Kommissionen droht die „Gefahr" einer gewichtigeren staatlichen Intervention auf dem Gesetzeswege. Die betroffenen Interessengruppen wie die Kommissionen sind sich dieser „Alternative" durchaus bewußt.

---

17 Hierzu jetzt die kritische Arbeit von Hans J. Kleinsteuber: Staatsintervention und Verkehrspolitik in den USA — Die Interstate Commerce Commission, Ein Beitrag zur politischen Ökonomie der Vereinigten Staaten von Amerika. Stuttgart 1977.

18 Als eingehende Studien zur rechtlichen und politischen Problematik der unabhängigen Regulierungskommissionen sind zu nennen Wilson K. Doyle: Independent Commissions in the Federal Government, Chapel Hill, N.C. 1939 und vor allem Robert E. Cushman: The Independent Regulatory Commissions, New York 1941 sowie Marver H. Bernstein: Regulatory Business by Independent Commissions, Princeton 1955. Eine gute Einführung bieten Wolf a.a.O., S.29—45 und Fraenkel a.a.O., S. 205 ff.
   Wichtig ist Fraenkels Hinweis (a.a.O., S. 204 f): „Durch die Errichtung und den Ausbau von Regulierungskommissionen hat USA einen Behördentyp geschaffen, für den es in Deutschland keine Parallelerscheinung gibt und der in den Kategorien des deutschen Rechts- und Regierungssystems nicht erklärt werden kann. Sie stellen den originellen Beitrag dar, den USA zur Entwicklung des modernen Verwaltungsstaates beigesteuert hat."

19 Die hierfür grundlegende Gerichtsentscheidung ist "Humphrey's Executor (Rathbun) v. United States", 295 U.S. 602, 1935. William Humphrey, ein äußerst konservativer Mann, war 1931 von Präsident Hoover erneut als Vorsitzender der Federal Trade Commission ernannt worden. Präsident Roosevelt bemühte sich vergeblich um seine vorzeitige Entlassung. Zum Geschichtlichen und Hintergrund des Falles siehe Robert E. Cushman "Leading Constitutional Decisions", 12. Aufl., New York 1963, S. 302 ff. Wolf a.a.O., S. 156 ff und Bernard Schwartz: "The Powers of Government", Bd. II: The Powers of the President, New York — London 1963, S. 47—56.

Daß eine extensive, jedoch unsystematische und mannigfache Sonderinteressen machtvoller Interessengruppen berücksichtigende Handhabung der Organisationsgewalt durch
den Kongreß zu einer Aufsplitterung der Bundesverwaltung zu führen vermag, die die
ungünstigsten Folgen für eine verantwortliche präsidentielle Administration hervorrufen kann, ist nicht nur eine theoretische Möglichkeit, sondern erwies sich immer
wieder als ein praktischer Tatbestand. Mit der zunehmenden staatlichen Intervention
im wirtschaftlichen und sozialen Bereich wuchsen gleichermaßen die Bundesverwaltung und die Notwendigkeit einer sinnvollen Koordination.

Durch den "Overman Act" von 1918 erhielt erstmals ein amerikanischer Präsident
die Befugnis, "to coordinate or consolidate... bureaus, agencies and offices... in the
interest of economy and the more efficient operation of the Government". Ähnliche Befugnisse wurden dem Präsidenten durch den Economy Act vom 30. Juni 1932
zugestanden, allerdings mit dem Vorbehalt, daß jede Kammer des Kongresses gegen
geplante Reorganisationsvorhaben des Präsidenten innerhalb von 90 Tagen ein Veto
einlegen durfte.

Etwas größeren Erfolg[20] erbrachten die jeweils befristet geltenden, jedoch in leicht
gewandelter Fassung immer wieder verlängerten Reorganisationsgesetze der Jahre
1939, 1945 und 1949[21]. Das Gesetz vom Jahre 1949 hielt sich eng an die Empfehlungen, die nach intensiven Studien von der sogenannten "Hoover Kommission"
(unter Vorsitz des ehemaligen Präsidenten Hoover) dem Kongreß unterbreitet worden waren. Erstmals wurde davon abgesehen, daß irgendeine Behörde der Organisa-
tionsbefugnis des Präsidenten entzogen blieb. Schon seit 1939 gilt dabei die Bestimmung, daß dem Kongreß zugesandte Organisationspläne des Präsidenten dann in Kraft
treten, wenn der Kongreß nicht binnen 60 Tagen sein Veto ("legislative veto") einlegt. Seit 1949 genügt bereits der Widerspruch der absoluten Mehrheit und seit 1957
sogar der relativen Mehrheit *einer* Kammer des Kongresses.

20 Lindsay Rogers "The American Presidential System", in: The Political Quarterly", Bd. 8 (1937),
   S. 517 ff und 525 f) gab Mitte der dreißiger Jahre folgenden Situationsbericht: „Unter dem
   präsidentiellen Regierungssystem, wie es heute besteht, kann der Präsident unmöglich ein erfolgreicher Verwaltungschef sein. Man wundert sich tatsächlich, daß das System nicht zusam-
   menbricht... Mühsam muß er (der Präsident) sich seinen Weg durch einen Wust von Einzelpro-
   blemen bahnen, die untereinander unverbunden sind... Das gegenwärtig bestehende System
   legt dem Präsidenten ein Maximum physischer Belastungen auf und reduziert die Gelegenheit
   zur Diskussion und zum Nachdenken, die seinen Entscheidungen vorausgehen sollten, auf ein
   Minimum... Bei der unkoordinierten Kombination seiner Betätigung auf dem Gebiet der hohen
   Politik und seiner Beschäftigung mit Lappalien steht der Präsident unter dem Schatten des Kongresses, der ihm jede 'managerial' Freiheit verweigert. Hinsichtlich der Frage, wieviel Personal er
   beschäftigen kann und wie hoch die Bezahlung ist, hat er kaum ein Jota der Macht des englischen Premierministers. Insoweit ist der Kongress Diktator." (Zitiert nach Fraenkel a.a.O.,
   S. 273).
21 Eine Übersicht hierzu und zum Folgenden mit detaillierten Angaben bietet: Congress and the
   Nation, herausgegeben vom Congressional Quarterly Service, Washington 1965, S. 1455–1470,
   für die neueren Entwicklungen sind die entsprechenden Ausgaben des Congressional Quarterly
   Weekly Report zu konsultieren. Dazu Kurt L. Shell: Das politische System der USA, Stuttgart
   1975. S. 139–149.

3. Machtbefugnisse des Kongresses

Der Kongreß besitzt nicht nur ein absolutes Vetorecht in Fragen der Personalhoheit und der Organisationsgewalt. Den größten Einfluß auf die Exekutive vermag er durch seine unbeschränkte Budgethoheit und sein fast unbegrenztes Kontrollrecht auszuüben[22]. "No money shall be drawn from the Treasury, but in Consequence of Appropriations made by Law", heißt es in Art. I, Sekt. 9, Abs. 7 der amerikanischen Bundesverfassung. Konkret besagt dies, daß der Präsident ohne Zustimmung des Kongresses keinen Cent der Staatskasse entnehmen darf und daß der Kongreß völlig frei darin ist, ob, zu welchem Zweck, in welcher Höhe und für welchen Zeitraum er ihm Gelder bewilligen will. Diese "power of the purse", über deren unbeschränkte Verfügungsgewalt der Kongreß mit hoher Empfindlichkeit wacht, ist das stärkste Druckmittel in der Hand des amerikanischen Parlaments gegenüber der Exekutive. Seit dem Zweiten Weltkrieg hat sich dabei auch in Verbindung mit diesem Bewilligungsrecht eine Kongreßpraxis entwickelt, die berechtigterweise den Unwillen der Exekutive hervorrief, ohne daß sie sich dagegen bisher wirksam zu wehren vermochte: die Praxis des "legislative veto"[23]. Der Kongreß schreibt dabei in einem Autorisationsgesetz vor, daß gewisse, generell bewilligte Beträge nur dann ausgegeben werden dürfen, wenn der Kongreß zuvor über die konkreten Anwendungsfälle genauestens informiert wird und nicht binnen einer festgesetzten Frist sein Veto einlegt. Derartige Gesetze sehen zumeist vor, daß nicht der gesamte Kongreß, sondern speziell aufgeführte Fachausschüsse das Vetorecht wahrnehmen. Tatsächlich delegieren diese Ausschüsse die Ausübung des Vetorechts sehr oft an ihre zuständigen Unterausschüsse, gelegentlich auch an einzelne Abgeordnete (zumeist Ausschußvorsitzende) oder gar festangestellte Mitglieder des Ausschußhilfsdienstes.

Im äußersten Extremfall kann diese Praxis dazu führen, und führt dazu, daß der Präsident der USA über die Ausgabe bestimmter bereits bewilligter Beträge erst dann verfügen kann, wenn der Vorsitzende eines Unterausschusses bzw. gar ein Angestellter eines Kongreßausschusses entscheidet, kein Veto einzulegen. Für Kongreßabgeordnete, die gewisse, ihren Wahldistrikt bzw. Staat betreffende administrative Aktionen des Bundes beeinflussen wollen, kann diese Praxis eine willkommene Handhabe bieten. Falls ein Abgeordneter einen bestimmten in Aussicht gestellten Verwaltungsakt, der einem legislativen Veto unterliegt, mißbilligt, dürfte sich oft genug in einem der zwei Häuser ein zuständiger Ausschuß finden lassen, der ihm mit seinem Vetorecht behilflich sein wird[24]. Insgesamt ist diese Vetopraxis die Kehrseite des immer häufiger an-

22 Eingehend hierzu Robert A. Wallace: Congressional Control of Federal Spending, Detroit 1900 sowie Joseph P. Harris: Congressional Control of Administration, Washington D.C. 1964. S. 46−127 und Fraenkel a.a.O., S. 234 ff und 308−328.

23 Zur Problematik des "legislative veto" allgemein: Joseph Cooper "The Legislative Veto: Its Promis and Its Perils", in: Public Policy, Bd. VII, Cambridge, Mass. 1956, S. 128−176. Zum folgenden vgl. Walter E. Rhode: Committee Clearance of Administrative Decisions, East Lansing, Mich. 1959; Berman a.a.O. S. 170 ff und besonders Harris a.a.O., S. 204−248 und 282−284.

24 Berman a.a.O., S. 171; Rhode a.a.O. S. 59.

gewandten Verfahrens, der Exekutive in gewissen Bereichen mit generellen Geldbewilligungen eine größere Bewegungsfreiheit einzuräumen[25]. Ob allerdings ein Präsident
die ihm bewilligten Mittel auch immer tatsächlich ausgibt, ist eine andere Frage. So
haben sich beispielsweise sowohl Präsident Truman als auch Eisenhower, Kennedy und
Nixon geweigert, bewilligte Beträge für spezielle militärische Projekte, die nicht ihre
Zustimmung fanden, auszugeben.[26]
Derartige Fälle sind jedoch relativ selten. Kein Präsident kann es ungestraft wagen,
den Kongreß über Gebühr zu provozieren.
Gleiches gilt für das Kontrollrecht des Kongresses. Obwohl der Präsident dem Kongreß
gegenüber nicht verantwortlich ist und die Bundesverfassung ein spezielles parlamentarisches Kontrollrecht nicht vorsieht, hat der Kongreß von Angebinn erfolgreich die
Auffassung vertreten, daß sich diese Kompetenz selbstverständlich aus seiner Gesetz-
gebungs- und Bewilligungsbefugnis ergebe ("implied power"). Ein Parlament kann
keine verantwortliche Gesetzgebungs- und Bewilligungsarbeit leisten, wenn es sich
nicht umfassend zu informieren weiß und die Ausführung der Gesetze sowie die Geld-
ausgaben seitens der Exekutive zu kontrollieren vermag. Gemäß dieser Auffassung hat
der Kongreß nicht nur in zunehmendem Umfange allgemeine "Hearings" durchgeführt,
sondern auch eine extensive Untersuchungspraxis entfaltet[27].
Hearings sind (zumeist öffentliche) Ausschußsitzungen, in denen sich Beamte und sonstige Auskunftspersonen (Interessenvertreter und Experten) zu anliegenden Problemen äußern können bzw. zur Beantwortung bestimmter Fragen aufgefordert werden.
Konstituiert sich ein Ausschuß als Untersuchungsausschuß, so verfügt er über das
Recht, Akten und sonstige Unterlagen anzufordern und in "Hearings" Zeugen, gegebenenfalls unter Eid, zur Aussage anzuhalten. Wird die Aussage verweigert, so kann
dies als "contempt of Congress" bestraft werden[28].
Der Präsident selbst erscheint nicht vor Kongreßausschüssen; der Vizepräsident nur
dann, wenn er sich dazu bereit erklärt. Da die Regierung in keinem der beiden Kongreßhäuser über ein Sitz- oder Rederecht verfügt, können die „Minister" und verantwortlichen Leiter der mannigfachen Behörden sowie deren Stellvertreter den Abgeordneten nur vor den Kongreßausschüssen unmittelbar Rede und Antwort stehen. Diese
Kontrollgespräche werden äußerst intensiv betrieben. Es ist dabei üblich, daß die Abgeordneten die Vertreter der Exekutive deutlich spüren lassen, wie sehr ihre Aktionsmöglichkeiten von einer wohlwollenden Kooperation des Kongresses abhängig sind.
Zwar kann es durchaus vorkommen, daß der Präsident einzelnen Beamten die Anweisung erteilt, vor dem Kongreß keine Aussagen zu machen bzw. unter Berufung
auf die Sicherheit der Nation die Vorlage gewisser Akten verweigert. Das geschieht
jedoch äußerst selten. Da der Präsident — besonders beim innenpolitischen Gesetzgebungsprozeß — ohne Kooperation des Kongresses weitgehend machtlos ist und in

25 Vgl. Harris a.a.O., S. 246, hier auch zur allgemeinen Gesetzes-Delegation.
26 Siehe Berman a.a.O., S. 171 f.
27 Grundlegende Literatur zu dieser Problematik: Telford Taylor: Grand Inquest, New York 1955
   und Allan Barth: Government by Investigation, New York 1955; zum neueren Stand siehe
   Harris a.a.O., S. 249—278.
28 Vgl. Carl Beck: Contempt of Congress, New Orleans 1959.

einem Konfliktsfall relativ selten über die stärkeren Waffen verfügt, kann es kein Präsident ungestraft wagen, den Kongreß über Gebühr zu „provozieren".

Zu den stärksten Waffen des Präsidenten gehört seine Fähigkeit, die öffentliche Meinung zu beeinflussen[29]. Gelingt es ihm, sie zu seinen Gunsten wirksam zu mobilisieren, wird es dem Kongreß relativ schwer fallen, dem Druck der öffentlichen Meinung lange zu widerstehen. In diesem „Ringen um die öffentliche Meinung" ist der Präsident vor allem seit der Entwicklung der modernen Massenkommunikationsmittel in einem erheblichen Vorteil. „Der Kongreß", das sind 435 Repräsentantenhausabgeordnete und 100 Senatoren, für die nur selten einige gewählte Führer verbindlich zu sprechen vermögen. „Der Präsident", das sind Mr. Roosevelt oder Mr. Truman, Mr. Eisenhower oder Mr. Kennedy, Mr. Johnson, Mr. Nixon, Mr. Ford oder Mr. Carter, jeder in seiner Amtszeit für seine Person, getragen vom hohen Prestige seines Amtes. Der *eine* Präsident steht im Scheinwerferlicht des öffentlichen Interesses, im Zentrum der öffentlichen Diskussion. Er kann seine Beziehungen zur Presse systematisch pflegen,[30] die Verlautbarungen der ihm unterstellten Verwaltung dirigieren und koordinieren, durch Botschaften an den Kongreß seine Position wirksam aktenkundig machen, in Pressekonferenzen seine Politik persönlich im Frage- und Antwortspiel vertreten, und wo er auftritt und spricht, darf er einer wachen Presseresonanz sicher sein — und vor allem: er kann sich über Rundfunk und Fernsehen direkt an den Wähler wenden. Der Kongreß hingegen spricht mit vielen Stimmen; selten selbst die Mehrheit oder Minderheit für sich als wohlabgestimmter Chor.

In einem politischen System und zu einer Zeit, die der öffentlichen Meinung — den mannigfachen Forderungen und Reaktionen der potentiellen Wähler sowie den erfolgreichen Gestaltern und Interpreten ihrer Auffassungen — eine zentrale Rolle zuerkennen, sind die Gewichte zwischen zwei politischen Gegenspielern, die sich der öffentlichen Meinung stellen müssen, dann ungünstig verteilt, wenn sich der eine mit achtungerheischender Solostimme, der andere lediglich mit kontroversem Stimmengewirr zu präsentieren vermag. Daß die Presse allerdings nicht nur ein kommunikatives Vermittlungsorgan zwischen Präsident und Öffentlichkeit darstellt, das zugleich die Handlungen des Präsidenten mehr oder weniger kritisch kommentierend begleitet, sondern auch zur meinungsbildenden Gegenmacht werden kann, hat kein Präsident so wirkungsvoll erfahren müssen wie Mr. Nixon im Verlauf der Watergate-Affaire. Die rücksichtslose Berichterstattung und kommentierende Meinungsbildung einiger Presseorgane trug in diesem Fall wesentlich dazu bei, daß über den Kongreß ein Untersuchungs- und Entscheidungsprozeß in Gang gesetzt wurde, der schließlich 1974 zum ersten Rücktritt eines Präsidenten vor Ablauf seiner Amtszeit führte.

---

29 Gute Hinweise zu diesem Fragenkreis in Donald B. Johnson und Jack L. Walker: The Dynamics of the American Presidency; New York 1964 Sektion X: The President and Public Opinion, S. 271—294, Douglas Cater: The Fourth Branch of Government, New York 1959, Fraenkel a.a.O., S. 333—339 und vor allem Elmar E. Cornwell Jr.: Presidential Leadership of Public Opinion, Blomington, Indiana, 1965.

30 Dazu u.a. Daniel P. Moynihan "The President and the Press", in: Cronin and Tugwell, a.a.O., S. 174—189.

Daß der amerikanische Kongreß seine allgemeine parlamentarische Untersuchungstätigkeit und – heute gelegentlich fernsehübertragene – Hearingspraxis in den letzten Jahrzehnten so sehr intensivierte, liegt nicht nur darin begründet, besser und wirksamer die gewaltig anwachsende Bürokratie kontrollieren zu können, sondern auch darin, als Institution im Ringen um die öffentliche Aufmerksamkeit nicht völlig hinter den Präsidenten zurückzufallen. Derartige öffentliche Parlamentsveranstaltungen bieten zugleich den Abgeordneten und erst recht den jeweiligen Ausschußvorsitzenden eine zumeist höchst willkommene Gelegenheit, die Schlagzeilen der Presse eine Zeitlang beeinflussen und ihre Namen dem Bewußtsein der Öffentlichkeit besonders einprägen zu können[31]. Die enorme Ausweitung einer umfassenden öffentlich wirksamen Untersuchungstätigkeit (d. h. Informations- und Kontrolltätigkeit) des Kongresses – und hier insbesondere der des Senats – ist eine der wichtigeren Begleit- und Folgeerscheinungen der ständig wachsenden Machtanhäufung in den Händen des Präsidenten seit Beginn dieses Jahrhunderts[32].

4. Zur Kooperation zwischen Präsident und Kongreß im föderativen System

Präsident und Kongreßabgeordnete müssen miteinander kooperieren[33] und beide haben, da sie allgemeinen Wahlen ihr Amt bzw. Mandat verdanken, ein besonderes Verhältnis zur öffentlichen Meinung. Für die Bedingungen dieser Kooperation und den Umstand, daß Kongreß und Präsident in einem recht unterschiedlichen Verhältnis zur öffentlichen Meinung stehen, sind u. a. eine Reihe verfassungsrechtlicher Vorkehrungen ausschlaggebend. Hierzu zählen neben der entscheidenden Tatsache, daß weder der Präsident vom Kongreß abberufen noch dieser vom Präsidenten aufgelöst[34] werden kann, insbesondere das strikte Inkompatibilitätsgebot, das Zweikammersystem, die abgestuften Wahlperioden, der Föderalismus, das Wahlsystem sowie die daraus resultierenden Konsequenzen für das Parteiensystem und die Verhaltens- wie Operationsweisen der Interessengruppen.

Das Inkompatibilitätsgebot wird eindeutig in Art. I, Sekt. 6, Abs. 2 der amerikanischen Verfassung formuliert: "No Person holding any Office under the United States, shall

---

31 Man denke in diesem Zusammenhang nur an die Namen Truman, Kefauver, Nixon, McCarthy. Mit dem Namen Joseph Mc-Carthy verbindet sich amerikanische Untersuchungspraxis in ihrer übelsten Form, mit dem Namen Harry S. Truman in ihrer besten Form. Vgl. Donald H. Riddle: The Truman Committe – A Study in Congressional Responsibility, New Brunswick, N.J., 1964.

32 Vgl. Arthur Hacker: "Voice of Ninety Million Americans", in: The New York Times Magazine, 4. März 1964.

33 Hierzu jetzt die Studie von Jürgen Hartmann: Der amerikanische Präsident im Bezugsfeld der Kongreßfraktionen – Strukturen, Strategien und Führungsprobleme in den Beziehungen der Präsidenten Kennedy, Johnson und Nixon zu den Mehrheitsfraktionen im Kongreß (1961–1973), Bonn 1977.

34 Gemäß Art. II, Sekt. 3, Abs. 1 kann der Präsident "on extraordinary Occassions, convene both Houses, or either of them, and in Case of disagreement between them, with Respect to the Time of Adjournment, he may adjourn them to such Times as he shall think proper". Von dem Vertagungsrecht hat kein amerikanischer Präsident jemals Gebrauch gemacht.

be a Member of either House during his Continuance in Office". Dieses grundlegende Postulat einer prinzipiellen Ämterunvereinbarkeit ist durch Gesetz und Praxis derart ausgeweitet worden, daß selbst die Bewerbung um ein Kongreßmandat nicht nur die Suspendierung, sondern die Auflösung des Dienstverhältnisses eines jeden im Bundesdienst stehenden zur Folge hat, vom kleinsten „Laufburschen" bis zu den "Heads of Departments"[35]. Ebenso gilt es als ausgeschlossen, daß ein Kongreßabgeordneter zugleich Mitglied eines Staatenparlaments oder einer einzelstaatlichen Behörde ist. Nicht ausgeschlossen wäre hingegen die Mitgliedschaft von Kongreßabgeordneten im Kabinett. Da das „Kabinett" gleichsam eine private Veranstaltung des Präsidenten ist, die über keinerlei rechtsverbindliche Kompetenzen verfügt, ein Kabinettsposten *als solcher* also kein "office under the United States" bedeutet, stünden einer Teilnahme von Kongreßabgeordneten − etwa der von gewählten „Fraktionsführern" der Partei des Präsidenten bzw. von Vorsitzenden der wichtigsten Kongreßausschüsse − an den Sitzungen des Kabinetts auch keine verfassungsrechtlichen Hemmnisse entgegen[36]. Daß es zu dieser Praxis nicht gekommen ist, stellt demgegenüber einen verfassungspolitisch höchst bedeutsamen Sachverhalt dar.

Gleiches gilt für den wichtigen Tatbestand, daß weder der Präsident noch einer seiner „Minister" im Plenum des Repräsentantenhauses oder des Senats über einen Sitzplatz verfügt, noch − abgesehen von den seltenen Auftritten des Präsidenten zur Verlesung einer Botschaft vor den versammelten Mitgliedern beider Häuser im Plenum des Repräsentantenhauses, die jedoch mit keinerlei Aussprachen verbunden sind − mit den Abgeordneten im Parlament ein öffentliches Gespräch führen kann. Die Verfassung schweigt zu diesem Problem[37].

Neustadts Formel, die amerikanische Verfassung konstituiere "a government of separated institutions sharing powers" gilt aber nicht nur für die Beziehungen zwischen Präsident und Kongreß, sondern gleichfalls für das Verhältnis beider Kongreßhäuser zueinander. Lediglich bei Ernennungen und zum Abschluß völkerrechtlicher Verträge ist der Präsident allein auf die Zustimmung des Senats angewiesen. Gesetze, einschließlich sämtlicher Geldbewilligungen, bedürfen stets der Zustimmung *beider* Häuser, die

---

35 Zu dieser Problematik Ernst Fraenkel „Freiheit und politisches Betätigungsrecht der Beamten in Deutschland und USA", in: Veritas, Justitia, Libertas; Berlin 1953, S. 60 ff und ders.: Das amerikanische Regierungssystem, S. 284 ff.

36 Siehe hierzu Edward S. Corwin: The Constitution and What it Means Today, New York 1963, S. 105 f; ders.: The President − Office and Powers, 1789−1948, New York 1957, S. 361 ff und Stephen Horn: The Cabinet and Congress, New York 1960, S. 170 f u. Cronin (Anm. 12) a.a.O., S. 177−210.

37 Eingehend und sehr informativ zu dieser Problematik, insbesondere hinsichtlich der mannigfachen Versuche, eine Art "Question Period" auch im Kongreß einzuführen − zuletzt während und kurz nach dem Zweiten Weltkrieg vor allem vom damaligen Repräsentantenhaus-Abgeordneten Estes Kefauver (D., Tenn.) und von Senator William Fulbright (D., Ark.) energisch propagiert − siehe Stephen Horn: The Cabinet and Congress, New York 1960.
Das erste und letzte Mal seit dem 18. Jahrhundert, da ein Kabinettsmitglied vor den versammelten Mitgliedern beider Kongreßhäuser im Plenum des Repräsentantenhauses persönlich einen Bericht abgab, war der historische Auftritt von Außenminister Cordell Hull am 18. November 1943 (siehe "Congressional Record" 78. Kongreß, 1. Session, S. 9677−79).

insofern grundsätzlich gleichberechtigt sind. Die Urteile darüber, welches der beiden
Kongreßhäuser heute das bedeutsamere und mächtigere sei, sind geteilt. Seitdem die
"treaty power" des Senats dank des zunehmend praktizierten "executive agreement"-
Verfahrens weitgehend an Bedeutung eingebüßt hat und in der Außen- wie Verteidigungspolitik Geldbewilligungen immer mehr eine ausschlaggebende Rolle spielen, ist
die ehemalige Vorrangstellung des Senats auch in diesen Bereichen zunehmend abge-
baut worden. Der Präsident hat es demgemäß — abgesehen von Ernennungsfragen —
stets mit zwei durchaus gleichbedeutsamen Kongreßhäusern zu tun, wobei er nur dann
erfolgreich sein kann, wenn er in *beiden* Häusern die erforderliche Zustimmung und
Unterstützung (durch Resolutionen und Stellungnahmen zu seiner Politik) findet[38].
Für die wechselseitige Kooperation zwischen Präsident und Kongreß einerseits und
Repräsentantenhaus und Senat andererseits ist es dabei nicht nur bedeutsam, daß die
eine Kammer 435, die andere 100 Abgeordnete zählt, und beide in Detailfragen recht
unterschiedliche Geschäftsordnungsprozeduren aufweisen, die verschiedene Taktiken
erforderlich machen. Wichtiger ist die Tatsache, daß sowohl der Präsident als auch der
Senat und das Repräsentantenhaus jeweils die gesamte Nation repräsentieren und
— *faktisch* auch im Falle des Präsidenten — weitgehend unabhängig voneinander und
unter verschiedenen Bedingungen vermittels allgemeiner, unmittelbarer Wahlen bestellt werden. Wertet man Kongreß und Präsident als zwei separate, demokratisch gewählte Institutionen, so ergibt sich hieraus das im modernen Verfassungsstaat nicht
unbekannte Problem der doppelten bzw. „dreifachen" demokratischen Mehrheit[39]
als Legitimationsquelle staatlicher Macht.
Die Mitglieder des Repräsentantenhauses werden in der Regel in (theoretisch) bevölkerungsmäßig etwa gleich großen Einmann-Wahlkreisen für jeweils zwei Jahre gewählt.[40] Diese Abgeordneten haben den Zwei-Jahres-Rhythmus zu bedenken und
müssen primär die in ihrem Wahldistrikt vorherrschende öffentliche Meinung berücksichtigen. Der Präsident hingegen wird für vier Jahre gewählt. Die Bewerber für dieses
Amt haben ihre Wahlstrategie so anzulegen, daß sie im Wahlmännerkollegium die erforderliche Mehrheit gewinnen. Da alle Wahlmännerstimmen, über die ein Einzelstaat verfügt (sie entsprechen der Gesamtzahl an Repräsentantenhaus-Abgeordneten und Senatoren, die ein Staat im Kongreß stellt), dem Bewerber zufallen, der im jeweiligen
Staat die relativ meisten Wählerstimmen auf seine Wahlmänner vereinigt, werden sich
die Präsidentschaftskandidaten vor allem um eine günstige „öffentliche Meinung" in
den großen, bevölkerungsreichen Einzelstaaten bemühen. Die Präsidentschaftsbewer-
ber haben dabei den Vier-Jahres-Rhythmus zu bedenken und müssen darum besorgt
sein, daß die für ihre Wahl ausschlaggebende „öffentliche Meinung" insbesondere zu
dem für *ihren* Wahlgang entscheidenden Zeitpunkt ihnen und ihrer Partei wohlgeson-
nen ist. Die Senatoren wiederum denken (hinsichtlich ihrer Wahlüberlegungen) in

---

38 Vgl. Nelson W. Polsby: Congress and the Presidency, N.J. 1964, S. 48 f und 99--115; und vor
   allem Hartmann (Anm. 33) a.a.O.
39 Hierzu näheres weiter unten S. 124 f. und 127.
40 Zu dieser komplexen Problematik Malcolm E. Jewell: The Politics of Reapportionment, New
   York 1962 und Andrew Hacker: Congressional Districting — The Issue of Equal Representation, Washington, D.C. 1963.

Sechs-Jahres-Rhythmen. Für deren Wahl und Wiederwahl ist es allein wesentlich, daß die Mehrheit der Wähler ihres jeweiligen Staates ihnen alle sechs Jahre ihr Vertrauen bekunden.

Bundeswahlen finden in den USA im Zwei-Jahres-Turnus statt. Stets haben sich dann sämtliche Abgeordnete des Repräsentantenhauses, die ihr Mandat behalten wollen, der Wiederwahl zu stellen. Alle vier Jahre steht auch das Präsidentenamt zur Disposition. Da die Wahlbeteiligung in den Jahren, in denen zugleich der Präsident zu wählen ist, erfahrungsgemäß erheblich höher liegt als bei den dazwischen liegenden Bundeswahlen — den sogenannten "off-year-elections" —, haben die Bewerber für einen Sitz im Repräsentantenhaus diese Wählerschwankungen mit ihren möglicherweise bedeutungsvollen Konsequenzen hinreichend in Rechnung zu stellen. D. h. in den Präsidentschaftswahljahren wird die Beziehung des Abgeordneten zu den Präsidentschaftskandidaten im allgemeinen eine größere Rolle spielen als in den "off-year-elections". In besonders umkämpften Wahldistrikten, die keiner Partei sehr sicher sind, kann folglich der Unterschied zwischen "off-year-elections" und Präsidentschaftswahlen für die Mandatsbewerber von ausschlaggebender Bedeutung sein.

Alle zwei Jahre haben sich rund ein Drittel der Mitglieder des Senats ihren Wählern zu stellen. Für den Senat ergibt sich demnach das besondere Problem, daß sich die überwiegende Mehrheit der Senatoren bei allen anstehenden Bundeswahlen nicht im geringsten um ihr Mandat zu sorgen braucht — nur eine Minderheit steht alle zwei Jahre zur Wahl an. Wenn ein Senator in "off-year-elections" gewählt wurde, muß er bedenken, daß seine Wiederwahl nach sechs Jahren im Rahmen eines Präsidentenwahljahres erfolgen wird. Ist er in einem Präsidentenwahljahr in sein Amt gelangt, so hat er sich erst nach zwölf Jahren erneut gemeinsam mit einem Präsidentschaftskandidaten seiner Partei seinen Wählern zu stellen.

Die unterschiedlich abgestuften Wahlperioden der Hausabgeordneten, des Präsidenten und der Senatoren sowie die zeitlichen Überschneidungen haben somit zur Folge, daß sich bei keiner Bundeswahl Kongreß und Präsident in toto dem Wähler präsentieren müssen. Die Wählerschaft kann niemals ein totales Generalurteil über die Besetzung sämtlicher Wahlämter im Weißen Haus und auf dem Kapitolshügel fällen. Alle vier Jahre ist es nur einer Minderheit der amerikanischen Wähler möglich, in einem Wahlgang ihre Stimme zugleich für einen Hausabgeordneten, einen Senator und einen Präsidentschaftskandidaten abzugeben. Nur in extremen Ausnahmefällen können einige von ihnen gleichzeitig beide Senatoren ihres Staates wählen.[41]

Bei diesen und besonders den "off-year"-Wahlen kann es durchaus geschehen, daß die eine Partei mit ihrem Präsidentschaftskandidaten erfolgreich ist bzw. das Präsidentenamt besetzt hält, während die andere in einem oder, wie bisher üblich, in beiden Kon-

---

41 Falls ein Senatssitz vorzeitig vakant wird, wird er üblicherweise vom Gouverneur des betreffenden Staates durch Ernennung bis zur nächsten allgemeinen Bundeswahl besetzt. Der so ernannte Senator muß sich dann der Wahl stellen, wobei er für den Rest der festgelegten Amtsdauer zu wählen ist. Falls sich zu diesem Zeitpunkt auch sein Senatskollege regulär der Wahl stellen muß, kann es sich hierbei ergeben, daß die Wähler ihre Stimme im gleichen Wahlgang für zwei Senatoren abgeben können.

greßhäusern die Mehrheit erringt[42]. Dieses "split-government" bezeichnete Phänomen doppelter, demokratisch legitimierter Mehrheiten (der Präsident als Ausdruck eines demokratischen Mehrheitswillens), ist seit dem Zweiten Weltkrieg sehr im Gegensatz zur Vergangenheit relativ häufig in Erscheinung getreten. Während der letzten dreißig Jahre vor dem Amtsantritt Jimmy Carters im Januar 1977 stellte insgesamt sechzehn Jahre lang die eine Partei die Kongreßmehrheiten, die andere den Präsidenten. Unter den demokratischen Präsidenten sah sich lediglich Harry Truman zwei Jahre (Januar 1947 bis Januar 1949) einem Kongreß gegenüber, in dem die Republikaner in beiden Kammern über eine Mehrheit verfügten. Während der sechzehn Jahre republikanischer Präsidentschaft (Eisenhower, Nixon, Ford) kontrollierten die Demokraten hingegen 14 Jahre lang den Kongreß. Seit 1954 fand zwar häufiger ein Parteiwechsel im Präsidentenamt, nicht mehr jedoch bei den Kongreßmehrheiten, die die demokratische Partei seit 1933 mit nur vierjähriger Unterbrechung stellte, statt.

Wohl sind der Präsident, die Hausabgeordneten und Senatoren gemeinsam von allen anderen Angehörigen des öffentlichen Dienstes dadurch unterschieden, daß sie die Aufgabe eines erfolgreichen Wahlkampfes zu bewältigen haben, falls sie längere Zeit in ihrem jeweiligen Amt verbleiben wollen. Ist ihnen somit auch gemeinsam, *daß* sie sich der Wahl stellen müssen, so gilt dies doch nicht für die besonderen Bedingungen, unter denen sich ihnen das Wiederwahlproblem jeweils stellt – ganz abgesehen von dem speziellen Umstand, ob sie sich als Abgeordnete bzw. Senatoren in einem „sicheren" oder „unsicheren" Wahldistrikt bzw. Staat um ihr Mandat bewerben und in welchem Grade ein mehr oder weniger extensiv und intensiv betriebenes Primary-Verfahren den Wahlprozeß bestimmt.[43] Folglich haben auch Präsident, Hausabgeordnete und Senatoren selbst als Mitglieder der gleichen Partei oftmals ein recht unterschiedliches Verhältnis zur „öffentlichen Meinung". Soweit sie als Indikator künftiger Wählerentscheidungen einkalkuliert und berücksichtigt wird, ist die für den Präsidenten wichtige und maßgebliche „öffentliche Meinung", um deren Beeinflussung er besonders bemüht ist, nicht immer die gleiche, die die Überlegungen und Entscheidungen von Hausabgeordneten und Senatoren wesentlich mitbestimmt.

Aus dieser gesamten Sachlage – einschließlich der erforderlichen Berücksichtigung lokaler und funktionaler Sonderinteressen durch die meisten Kongreßabgeordneten im föderativen System der USA – ergibt sich die für das amerikanische Regierungssystem kennzeichnende Dezentralisation, hochgradige Interessenaufsplitterung und daraus resultierende Kooperationserschwernis zwischen Präsident, Senat und Repräsentantenhaus. Nur soweit zwischen ihnen ein Konsensus erreichbar ist, lassen sich normaler-

42 Einmalig waren die Wahlen im November 1956 und 1972, als die Republikaner Eisenhower bzw. Nixon zum Präsidenten gewählt wurden, während *beide* Kongreßhäuser sichere demokratische Mehrheiten erhielten. In jüngerer Zeit ebenso selten ist ein Majoritätswechsel in einem, bzw. in beiden Kongreßhäusern (wie z. B. 1946 und 1954) im Gefolge von "off-year elections". Es kann durchaus vorkommen, daß ein und derselbe Wähler z. B. in einem Wahlgang einem republikanischen Präsidentschaftskandidaten, einem demokratisch-liberalen Senator und einem demokratisch-konservativen Hausabgeordneten seine Stimme gibt.

43 Dazu Siegfried Magiera: Die Vorwahlen (Primaries) in den Vereinigten Staaten, Frankfurt/ Main 1971.

weise erfolgreiche Aktionen realisieren. Unter diesem Gesichtspunkt muß im präsidentiellen System der USA bereits ein maßvoller Grad an parlamentarischer Parteidisziplin in Sachfragen als erhebliche politische Arbeitsleistung der Kongreßmitglieder erscheinen.[44]

III. Großbritannien

1. "The efficient secret" des britischen Regierungssystems

Walter Bagehot hat in seinem 1867 veröffentlichten Buch "The English Constitution" die „innige Verbindung" ("the close union, the nearly complete fusion") von Exekutive und Legislative als "the efficient secret" der englischen Verfassung bezeichnet. Das entscheidende Verbindungsglied sei mit dem Kabinett gegeben: "By that new word we mean a committee of the legislative body selected to be the executive body".[45] Durch das im gleichen Jahre (1867) verabschiedete zweite Reformgesetz — das die Wahlbevölkerung von 1,2 auf 2,5 Millionen erhöhte und damit dem Demokratisierungsprozeß des Wahlrechts (weiter verstärkt durch das Reformgesetz von 1884) gewichtige Impulse verlieh — wurde jedoch ein bedeutungsvoller Wandlungsprozeß des englischen parlamentarischen Regierungssystems eingeleitet.[46] Bestrebt, die neuen Wählerschichten zu ihren Gunsten zu mobilisieren, sahen sich die Führer der bis dahin weitgehend auf das Parlament beschränkten Parteien genötigt, straff organisierte Massenparteien im Lande zu bilden. Gleichzeitig wandelten sich die Parlamentsparteien selbst von relativ lockeren Parlamentariergruppierungen zu Vereinigungen mit strikter Fraktionsdisziplin. Sowohl im Parlament wie im Lande trat die Beziehung zwischen Parteiführung und Gefolgschaft in ein grundlegend neues Stadium. Das moderne englische Zweiparteiensystem formierte sich.[47] Gegen Ende des 19. Jahrhunderts erwies

---

44 Zu den neueren Entwicklungen des amerikanischen Parteiensystems unter besonderer Berücksichtigung der Präsidentschaftswahlen von 1976 jetzt Peter Lösche: Politik in USA — Das amerikanische Regierungs- und Gesellschaftssystem und die Präsidentschaftswahl 1976, Opladen 1977, S. 54 ff., bes. 76 ff.

45 Walter Bagehot: The English Constitution, Ausgabe: The World's Classics, London 1961, S. 9. "Efficient secret" verstanden als Gegenstück zur "dignified facade", die die Krone symbolisiert, s. ebd., S. 4, 10 f und bes. 30 ff.

46 Vgl. hierzu und zum folgenden Sir Ivor Jennings "Party Politics", Bd. I: "Appeal to the People", Cambridge 1960, S. 55 ff. Gemessen an der Gesamtbevölkerung von 1861 (28,9 Millionen) betrug die wahlberechtigte Bevölkerung von 1866 rund 3,9 %, nach dem Reformgesetz von 1867 mehr als das Doppelte: 8,5 %. Nach dem dritten Reformgesetz von 1884 betrug die wahlberechtigte Bevölkerung (sie stieg von 3 Mill. im Jahre 1883 auf 5,7 Mill. im Jahre 1885) gemessen an dem Bevölkerungsstand von 1881: 16,4 %. Siehe Jennings a.a.O., S. 55, 58 und Hans Setzer: Wahlsystem und Parteienentwicklung in England — Wege zur Demokratisierung der Institutionen 1832 bis 1948, Frankfurt/Main 1973.

47 Hierzu Allen M. Potter: British Party Politics — A Study of Party Discipline, Ph. D. Dissertation, Columbia University, New York 1955 (Manuskript), S. 141—183 und Ivor Jennings: Appeal to the People, S. 204 ff.

sich nicht mehr primär die innige Verbindung von Exekutive und Legislative als "the efficient secret" des britischen Regierungssystems, sondern die „innige Verbindung" von Kabinett und disziplinierter Partei (im Parlament wie im Lande).[48]
Konnte bis dahin der Premierminister im Kreise seiner Kabinettskollegen noch als primus inter pares gesehen werden, so wurde mit dem Ersten Weltkrieg ein neuer Wandlungsprozeß immer offenkundiger: Der Trend zur stärkeren Machtakkumulation im Amt des Premierministers. Spätestens mit dem Zweiten Weltkrieg war die Fortentwicklung des englischen „Kabinettssystems" zu einem parlamentarischen Regierungssystem mit betonter Premierhegemonie vollzogen. Zu diesem Zeitpunkt hatte zugleich das englische Zweiparteiensystem die Periode des Übergangs — in der die Liberale Partei zerfiel, die im Jahre 1900 gegründete Labour Partei zum entscheidenden konkurrierenden Partner der Konservativen erstarkte, und die in den zwanziger Jahren ihren Höhepunkt erreichte — überwunden und zu seiner neuen „Normalität" zurückgefunden[49]. Dieses „Zweiparteiensystem" erfährt in jüngster Zeit zwar durch den Wahlerfolg von Dritt- und Regionalparteien ernsthafte Herausforderungen. Es bleibt in seinen systemprägenden Grundzügen jedoch auch heute noch bestimmend. Demnach gilt weiterhin: Als das "efficient secret" des heutigen parlamentarischen Regierungssystems Großbritanniens kann die dominierende Stellung des Premierministers als Parteiführer *und* Regierungschef angesehen werden[50].
Während der amerikanische Präsident automatisch der nominelle Vorsitzende und Führer seiner Partei wird, sobald er sein hohes Amt gewonnen hat, muß der englische Premierminister erst als weitgehend unbestrittener Führer seiner Partei akzeptiert worden sein (bzw. akzeptabel erscheinen), *bevor* er für das Amt des Regierungschefs überhaupt in Frage kommt.

2. Die zentrale Funktion der Unterhauswahlen

Ein wesentliches Moment zum Verständnis des "efficient secret" der britischen Verfassung bildet die zentrale Funktion der Unterhauswahlen und ihr Bedeutungswandel im Verlaufe der letzten 150 Jahre. Während in den USA Bundeswahlen alle zwei Jahre stattfinden (seit 1872 jeweils am Dienstag nach dem ersten Montag im November eines jeden Jahres mit gerader Jahreszahl), in denen Senat, Repräsentantenhaus und Präsi-

---

48 Vgl. Bernard Crick: The Reform of Parliament, London 1964, S. 3, John P. Mackintosh: The British Cabinet, London 1962, Kap. VI, S. 101 ff; Ivor Jennings a.a.O., Bd. II: The Growth of Parties, Cambridge 1961.

49 Eingehend hierzu R. T. McKenzie: British Political Parties — The Distribution of Power within the Conservative and Labour Parties, 2. Aufl., New York und London 1963. Siehe hierzu auch die "Classic Statesments on the Need for Party Discipline" von Salisbury und Disraeli aus dem Jahre 1878, ebd., S. 156 f.

50 Hierzu Sir Ivor Jennings: Cabinet Government, 3. Aufl., Cambridge 1959, Kap. VIII, S. 173–227. „Parteiführer" im umfassenderen Sinne: der Partei im Parlament wie der Partei im Lande. Hierzu auch Crick a.a.O., S. 34–43; Hans Daalder: Cabinet Reform in Britain, 1914–1963, Stanford, Calif. 1963, S. 247 ff und R. H. Crossman, M. P. , Einleitung zu: Walter Bagehot, The English Constitution, Ausgabe: Collins, The Fontans Library, London 1963, S. 1–57, bes. 51 ff.

dent unabhängig voneinander und für unterschiedlich lange Amtsperioden gewählt werden, wobei kein einheitliches Bundeswahlgesetz das Verfahren im einzelnen näher regelt und niemals alle Wahlämter zugleich zur Disposition stehen (das des Präsidenten nur alle vier Jahre, im Senat alle zwei Jahre nur etwa 1/3 der Senatorenämter), gibt es in England lediglich einen (heute) einheitlich geregelten Wahlakt: den zur totalen Neubesetzung des Unterhauses. Bei dieser Wahl wird im gegenwärtigen englischen Zweiparteiensystem in einem Wahlgang darüber befunden, welche Partei die Mehrheit im Unterhaus erhält und damit automatisch das Kabinett und vor allem den Premier stellen wird sowie welche Partei die Aufgaben der offiziellen Opposition — deren Führer seit 1937 das Gehalt eines Ministers erhält —[51] zu übernehmen hat. Bei diesem einzigen Wahlakt, den die englische Verfassung kennt, der Wahl zum Unterhaus[52], wird darüber entschieden, welche Partei mit der vollen Verantwortung für die politischen Entscheidungen, die die Repräsentanten des "efficient part" der britischen Verfassung zu fällen haben, betraut werden soll. Die Manager der britischen Parteien haben für ihre Wahlstrategien — abgesehen von den gelegentlichen Nachwahlen — diesen einen zentralen Wahlakt stets im Auge.

Der Monarch als Staatsoberhaupt und Symbol der nationalen Einheit wird ebenso wie das Oberhaus, die andere Kammer des Parlaments, nicht durch demokratische Wahlen bestellt. Beide verfügen daher heute auch über keinerlei nennenswerte politische Macht und fungieren primär als Repräsentanten des "dignified part" der Verfassung.

Während zwischen 1832 und 1868 die Unterhaus-Abgeordneten noch weitgehend lokal-orientiert waren, relativ enge Beziehungen zu den machtvollen Gruppen ihres Wahlbezirkes pflegten bzw. pflegen mußten und von ihnen nicht erwartet wurde, daß sie bei ihren parlamentarischen Abstimmungen *stets* ihre Parteiführer unterstützten, entwickelte sich seit den Unterhauswahlen von 1868 zunehmend eine neue Praxis. Wahlen bedeuteten nunmehr primär die Entscheidung für oder gegen ein bestimmtes Kabinett. Von einem Abgeordneten der Mehrheitspartei wurde jetzt erwartet, daß er das Kabinett zwar weiterhin in Einzelfragen notfalls auch öffentlich kritisierte, nicht hingegen ohne weiteres gegen es stimmte, wenn dies zum Regierungssturz führen sollte. Gemäß dieser merklichen Neuorientierung verstärkten sich im Unterhaus die Fraktionsdisziplin, im Lande das geschlossene (zentral gelenkte) Auftreten der Parteien bei Wahlen, allgemein die Tendenz zur betont nationalen Ausrichtung der Politik unter besonderer Berücksichtigung funktionaler Gruppeninter-

---

51 Erstmals vorgesehen im "Ministers of the Crown Act" von 1937.

52 Unterhauswahlen müssen heute spätestens alle 5 Jahre stattfinden, es sei denn, der Premierminister bestimmt einen früheren Wahltermin durch vorzeitige Parlamentsauflösung. (Das Unterhaus könnte jederzeit mit einfacher Mehrheit beschließen, daß Wahlen nur, z. B., alle 10 Jahre stattfinden müssen!). Vakant werdende Parlamentssitze können — wie im amerikanischen Repräsentantenhaus — nur durch unmittelbare „Nachwahlen" ("by-elections") neu besetzt werden. Zur Bedeutung dieser by-elections siehe Mackintosh a.a.O., S. 8, 193, 510 ff und Philipp W. Buck: Amateurs and Professionals in British Politics, 1918–1959, Chicago und London 1963, S. 23 f. By-elections können eine größere Rolle spielen, wenn die Parlamentsmehrheit sehr knapp ist, wie z. Z. des ersten Labour-Kabinetts Wilson 1964–66 und gegenwärtig.

essen bei Hintanstellung lokaler Sonderinteressen und im Parlament die durch Geschäftsordnungsreformen bewirkte Vormachtstellung des Kabinetts im Arbeitsprozeß[53].

Gegen 1900 stand das Kabinett als wichtigste Entscheidungsinstanz dominierend im Zentrum des britischen Regierungssystems.

Der einzelne Abgeordnete wurde von den Wählern nicht mehr primär wegen seiner besonderen persönlichen Qualifikationen bzw. Nützlichkeit für gewisse im Wahldistrikt vorherrschende Interessengruppierungen gewählt, sondern als Mitglied eines Teams (Partei), das versprach, im Parlament im Rahmen einer geschlossen operienden Gruppe für oder gegen ein bestimmtes Kabinett zu wirken. Auch heute werden die 630 Abgeordneten des Unterhauses — gleich denen des amerikanischen Repräsentantenhauses — in Einmann-Wahlkreisen gemäß den Prinzipien der relativen Mehrheitswahl gewählt. Heute orientiert sich der Wähler bei der Stimmabgabe für seinen Wahlkreisbewerber aber nicht nur an dessen Parteizugehörigkeit als verläßlichen Indikator für oder gegen ein bestimmtes Kabinett, sondern deutlicher als zuvor für bzw. gegen einen der zwei maßgebenden Premierkandidaten, die um das Vertrauen des Wählers werben und ihm als Personen durch die Massenmedien nahegebracht werden[54].

Obgleich der Premieranwärter selbst ebenso wie jeder seiner 629 Unterhauskollegen nur in einem relativ kleinen Wahlbezirk gewählt wird — seit 1923 muß der Premier gewähltes Mitglied des Unterhauses sein, bis dahin genügte es, wenn er nicht gewähltes Mitglied des Oberhauses war[55] — werden die Wahlen von den Parteien für die Wähler heute derart organisiert, daß ihre Mehrheitsentscheidung im nationalen Rahmen einer endgültigen Entscheidung darüber, wer der künftige Regierungschef sein wird, faktisch gleichkommt. Den Wählern verbleibt dabei die letzte Entscheidung zwischen zwei Kandidaten. Wer diese sind, entscheiden die Parteien. Vorbedingung für eine Kandidatur ist langjährige Unterhausmitgliedschaft in einer der beiden Großparteien. Nur wer sich hier als Führer qualifizierte, hat Aussicht, als Kandidat seiner Partei den Wählern präsentiert zu werden. Gewinnt er die Zustimmung der Wählermehrheit und zeigt er sich fähig, sie zu erhalten, ja zu verstärken, wird er zum mächtigsten Amtsinhaber des britischen Regierungssystems und gewinnt eine faktische Machtstellung, die — verglichen im Rahmen des jeweiligen Systems — der des amerikanischen Präsidenten überlegen sein kann[56]. Der Premierminister bestimmt letztlich die Zusammensetzung seines

---

53 Siehe Mackintosh a.a.O., S. 161 ff, 188 ff; Sir Ivor Jennings: Parliament, 2. Aufl., Cambridge 1957; Crick a.a.O., S. 19, 39 f, R. M. Punnett: British Government and Politics, London 1968.

54 Mackintosh a.a.O., S. 486.

55 Siehe Daalder a.a.O., S. 7 sowie vor allem Jennings: Cabinet Government, S. 511–538. Der entscheidende Präzedenzfall war 1923 die Berufung Baldwins als Premierminister unter „Übergehung" Lord Curzons, der im Oberhaus saß. Da die Labour-Party als die „offizielle Opposition" im Oberhaus nicht vertreten war, sie jedoch als Opposition Anspruch darauf hatte, den Premier persönlich im Parlament zur Rede stellen zu können, *mußte* ein Unterhausmitglied berufen werden. Dies Verfahren ist heute gefestigte Konvention. Vgl. hierzu Jennings: Cabinet Government, S. 526 und Crick a.a.O., S. 45.

56 Vgl. etwa die oben (Anmerkung 16) angeführten Zitate mit der Bemerkung Mackintoshs: "British governments have a very wide field of action open to them. The country is small, homogeneous, and accustomed to centralised and firm leadership. British statesmen *have usual-*

Kabinetts und entläßt Minister, wenn er es für richtig hält; er bestimmt die Richtlinien der Politik (einschließlich des Bereichs, in dem individuelle Ministerverantwortlichkeit noch möglich ist), weitgehend den parlamentarischen Gesetzgebungsprozeß sowie den Zeitpunkt der Parlamentsauflösung und Ausschreibung von Neuwahlen[57].

3. Amerikanischer Präsident und englischer Premierminister

Während in den USA Präsident und Kongreß die Grenzen bundesstaatlicher Zuständigkeiten nicht überschreiten dürfen, stellt sich für Premierminister und Parlament im englischen Einheitsstaat rechtlich diese Frage nicht. Während der amerikanische Präsident einerseits niemals gewiß ist, ob selbst seine wichtigsten Gesetzesvorschläge im wesentlichen unverändert die Zustimmung des Kongresses finden und nicht selten im Zweifel ist, ob sie überhaupt behandelt oder gar verabschiedet werden, und andererseits mit Gesetzesbeschlüssen des Kongresses konfrontiert werden kann, die er trotz heftiger Aversion entweder akzeptieren muß oder gegen die er nur in toto sein Veto einzulegen vermag – das wiederum von Zweidrittelmehrheiten in beiden Kongreßhäusern überstimmt werden kann –, bleibt der englische Premierminister stets Herr des Gesetzgebungsprozesses: zumindest, soweit wesentliche Fragen zur Entscheidung anstehen[58].

Faktisch verfügt der britische Premier mit seinem Kabinett sogar über ein weiterreichendes und wirksameres „Vetorecht" als der amerikanische Präsident: Im englischen Unterhaus dürfen kostenverursachende Gesetzesanträge nur von der Regierung eingebracht werden, und gegen den ausgesprochenen Widerstand der Regierung und ihres Chefs haben nicht einmal kleinere Änderungsvorschläge zu vorliegenden Gesetzestexten eine ernsthafte Erfolgschance. Da Gesetzesvorlagen der britischen Regierung normalerweise die Annahme im Parlament so gut wie sicher ist, hat sie allerdings bei deren Ausgestaltung zugleich eine weit höhere politische Verantwortung zu tragen, als dies beim amerikanischen Präsidenten in seiner Eigenschaft als "Chief Legislator" der Fall ist.

Ein weiteres kommt hinzu. Der amerikanische Präsident kann sich – selbst bei völliger Übereinstimmung mit den Gesetzesbeschlüssen des Kongresses – nur solange auf verabschiedete Gesetze berufen, wie deren Verfassungsmäßigkeit generell oder in Detail-

---

ly been impressed more by the opportunities open to them than the curbs on their endeavours... A successful, strong and opinionated Prime Minister can put his impress on a whole government... The Cabinet falls into place as a forum for informing his colleagues of decisions that have been taken." Mackintosh a.a.O., S. 477 und 420, Hervorhebungen von mir. Gegen eine zu starke Betonung der Macht des Premierministers wenden sich u. a. Lord Morrison of Lambeth: Government and Parliament, Vorwort zur 3. Auflage, London 1964, S. 9 f und G. W. Jones "The Prime Minister's Power", in: Parliamentary Affaires, Bd. 18, 1965, S. 167–185. Siehe auch Daalder a.a.O., S. 312, Anmerkung 8.

57 Hierzu Crick a.a.O., S. 37–43.

58 Potter a.a.O., S. 85–110; zum Gesetzgebungsprozeß allgemein Morrison a.a.O., Kap. X und XI, S. 210–254.

bestimmungen vom Supreme Court nicht bestritten wird. Zugleich sind Revisionen der geschriebenen Verfassung nur aufgrund äußerst komplizierter Prozeduren möglich. Demgegenüber haben sich der englische Premierminister und seine Kabinettskollegen nur der Unterstützung der Parlamentsmehrheit (d. h. normalerweise allein der Abgeordneten ihrer Mehrheitspartei) zu versichern, da deren mit einfacher Mehrheit gefaßte Beschlüsse stets letztinstanzlich und verfassungsrechtlich unanfechtbar sind.

Und schließlich: Während in den USA die Bundeswahltermine fixiert sind, der Präsident keines der zwei Kongreßhäuser aufzulösen vermag, er nur einmal wiedergewählt werden kann und es oftmals mit einer anderen „öffentlichen Meinung" und Wählerschaft zu tun hat als viele Kongreßabgeordneten, von denen keineswegs alle, die den gleichen Parteinamen wie er führen, das berechtigte Gefühl haben, hinsichtlich ihrer Wahl- und parlamentarischen Wirkungschancen mit dem Präsidenten in einem Boot zu sitzen, steht der englische Premierminister in allen wesentlichen Punkten anderen Problemen gegenüber. Der britische Premierminister kann sich nur solange im Amt halten und als führender, verantwortlicher Politiker handlungsfähig sein, solange er sich im Kabinett durchzusetzen vermag, im Parlament von einer disziplinierten parlamentarischen Parteimehrheit getragen weiß und der Favorit der Wähler bleibt. Die Partei im Parlament ist erfahrungsgemäß wiederum solange zu strikter Disziplin bereit, wie sich der Premier als wirksamer Führer erweist, in seinen Maßnahmen nicht völlig und unvorbereitet von den im Laufe der Jahre gemeinsam erarbeiteten Grundlinien der Parteipolitik abweicht und im übrigen eine Politik verfolgt, die den Wahlsieg des Oppositionsführers und seiner Partei zumindest sehr unwahrscheinlich macht[59].

Interessenkonflikte und politische Richtungskämpfe werden in Großbritannien öffentlich zwischen Opposition und Regierungsmehrheit ausgetragen; mehr intern zwischen den Flügeln innerhalb der Mehrheitspartei und ihren Führungsgruppen. Die letztgenannten Auseinandersetzungen finden zumeist ihre Grenze in dem Bewußtsein, als Partei eine Interessengemeinschaft zu sein, deren richtungsweisender Einfluß auf die Staatspolitik eher dadurch gesichert erscheint, wenn sie nach außen ein möglichst geschlossenes Auftreten demonstriert; vor allem aber strikte Abstimmungsdisziplin übt und damit ihren Abgeordnetenkollegen in Kabinettsstellungen, insbesondere jedoch ihrem Führer im Premieramt, ein wirksames Führungshandeln ermöglicht[60]. Diese Haltung wird nicht deshalb an den Tag gelegt, weil sie „logischerweise" die einzig richtige oder sachlich die beste sei, und nicht einmal deswegen, weil der Premierminister gegen Abtrünnige sehr im Gegensatz zum amerikanischen Präsidenten wirksame Sanktionsmittel einsetzen könnte, sondern weil sie prinzipiell der Grundkonzeption des überkommenen Systems, seiner institutionellen Zuordnung und den darauf beruhenden Spielregeln entspricht und als solche akzeptiert wird und vor allem, weil sie allein erfahrungsgemäß von den Parteimitgliedern im Lande und den Wählern an den Urnen honoriert wird.

---

59 Näheres bei Jennings: Cabinet Government, S. 173 ff; Crick a.a.O. S. 76 ff.
60 Dazu Robert J. Jackson: Rebels and Whips – Dissension, Discipline and Cohesion in British Political Parties since 1945. London 1968.

Die Einhaltung einer strikten Fraktionsdisziplin ist funktionell die wichtigste Voraussetzung zur Arbeitsfähigkeit des modernen britischen parlamentarischen Regierungssystems mit Premierhegenomie.

In der Praxis hat dies zur Folge, daß die mit Kabinettsposten betrauten Führer der Parlamentsmehrheit unter Leitung des Premierministers die Arbeitsprozesse und Entscheidungen des Parlaments, insbesondere die des allein maßgeblichen Unterhauses, weitgehend bestimmen und kontrollieren. Zugleich sind sie bemüht, unter steter Berufung auf das Prinzip der kollektiven Verantwortlichkeit der Regierung einer allzu weiten und eigenständigen Aktionsfreiheit ihrer lediglich im Parlament sitzenden Mehrheitskollegen, der sogenannten "Back-benchers", zu wehren. Andererseits darf es sich aber auch die stärkste Kabinettsführung nicht leisten, ihren Back-benchers — unter denen sich auch die Führer von morgen befinden — weder Gehör noch hinreichende Beachtung zu schenken, denn deren laute Kritik und mögliche Revolte vermag dem Ansehen der Regierung zu schaden sowie deren Position zu schwächen. Sie könnte im äußersten Extremfall zum Sturz der Regierung und zur Parlamentsauflösung führen: und dies zu einem Zeitpunkt, der dem Premierminister höchst unwillkommen sein kann.

Ein amtierender Premierminister, der mit einer zerstrittenen Parlamentspartei zur Wiederwahl vor die Wähler tritt, ist kein hoffnungsvoller Kandidat. Ein gravierender Streit innerhalb seiner Partei kann ihm als Zeichen mangelhafter Führungsqualität angekreidet werden. Dies wäre dann die Stunde der Opposition, der die Regierung im Parlament stets Rede und Antwort zu stehen hat, und deren Recht und Pflicht, die Regierungsmehrheit scharfer öffentlicher Kritik zu unterziehen, seit über 150 Jahren zu den wichtigsten freiheitssichernden Grundprinzipien des britischen Regierungssystems gehört. Im britischen System ist die Funktion der offiziellen Parlamentsopposition[61], als formierte, systematisch operierende Opposition die Regierung zur öffentlichen Begründung und Rechtfertigung ihrer Politik anzuhalten, der Kritik an ihren Aktionen und Gegenvorstellungen zu ihrer Politik wirksamen Ausdruck zu verleihen, dem Wähler die Gelegenheit zu bieten, bei den Wahlen eine Sach- und Personalalternative zur amtierenden Regierungsmannschaft unter Führung eines verantwortlichen Premierministers vorzufinden sowie vor allem die amtierende Regierung daran zu erinnern, daß sie sterblich ist[62].

---

61 Näheres bei R. M. Punnett: Front-Bench Opposition — The Role of the Leader of The Opposition, The Shadow Cabinet and Shadow Government in British Politics, London 1973.

62 Zur Rolle der modernen Opposition siehe Jennings: Cabinet Government, S. 15 f und bes. 499 ff; Morrison a.a.O., S. 109 und vor allem Allen Potter "Great Britain: Opposition with a Capital '0'" in: Robert A. Dahl (Hrsg.) Political Oppositions in Western Democracies, New Haven and London 1966, S. 3—33 and Nevil Johnson „Opposition als Staatseinwirkung und Alternativregierung: Das britische Modell", in: Heinrich Oberreuter (Hrsg.): Parlamentarische Opposition, Hamburg 1975, S. 25—51. Zur Entstehung und Frühgeschichte der parlamentarischen Opposition in Großbritannien siehe Archibald S. Foord: His Majesty's Opposition, 1714—1830, Oxford 1964. Zum Begriff „formierte Opposition" siehe Sir Ivor Jennings: Party Politics, Bd. II: "The Growth of Parties", Cambridge 1961, S. 2 ff und Bd. III: "The Stuff of Politics", Cambridge 1962, S. 15 ff.

IV. Bundesrepublik Deutschland

1. Wechsel deutscher Regierungssysteme

Mit der Begründung der Bundesrepublik im Jahre 1949 wurde in Deutschland der zweite Versuch unternommen, eine freiheitlich-rechtsstaatliche Demokratie zu errichten. Während die USA und Großbritannien auch in den letzten 100 Jahren ihre kontinuierliche Verfassungsentwicklung fortsetzen konnten, führte die deutsche Geschichte in diesem Zeitabschnitt — abgesehen vom „Interregnum" der Besatzungszeit von 1945 bis 1949 (bzw. 1955) und der Eigenentwicklung Österreichs — zur Errichtung fünf verschiedener Regierungssysteme: 1. Von 1867 bis 1918 gab es in Deutschland eine konstitutionelle Monarchie in der Form eines föderativen Staates. Das Präsidium des (bis zu seiner territorialen Erweiterung im Jahre 1870/71 „Norddeutscher Bund" genannten) Bundes stand dem Könige von Preußen zu, der seit 1871 den Titel „Deutscher Kaiser" führte (Art. 11 RV)[63]. Da der Reichskanzler, die Regierung, ohne Mitwirkung des Reichstages vom Präsidium des Bundes (bzw. Kaiser) ernannt und erlassen werden konnte (Art. 15 RV) und der Reichstag die Regierung nicht abberufen durfte[64], wies das System insofern das primäre Grundmerkmal eines präsidentiellen Regierungssystems auf. Der Reichskanzler war in seinem Amt nicht von einer stabilen Parlamentsmehrheit abhängig, als deren verpflichteter Vertrauensmann er galt; er konnte bei entsprechendem Geschick seine Gesetzesvorhaben auch mit ad hoc-Mehrheiten realisieren[65]. Grundsätzlich kam ein Gesetz nur zustande, falls der demokratisch gewählte

63 Art. 11 der Verfassung des Norddeutschen Bundes vom 16. April 1867 beginnt mit den Worten: „Das Präsidium des Bundes steht der Krone Preußen zu, welche in Ausübung desselben..." Art. 11 der Verfassung des Deutschen Reiches vom 16. April 1871 beginnt: „Das Präsidium des Bundes steht dem Könige von Preußen zu, welcher den Namen Deutscher Kaiser führt".

64 Was selbstverständlich nicht ausschließt, daß eine verfestigte Mehrheitskoalition im Reichstag unter bestimmten Umständen einen Reichskanzler faktisch zum Rücktritt veranlassen konnte, wie z. B. im Falle des Reichskanzlers Fürst von Bülow, als ihm der Reichstag die Zustimmung zur Erbschaftssteuer verweigerte (Sommer 1909).

65 In seiner auch heute noch lesenswerten Schrift: Regierung und Volkswille, Berlin 1914, hat Hans Delbrück die parlamentarischen Systeme Großbritanniens und Frankreichs mit dem „dualistischen Regierungssystem" (S. 66) des Kaiserreichs verglichen und deren jeweilige Vor- und Nachteile, wie er sie deutete, herauszuarbeiten versucht. Im englischen Zweiparteiensystem sei die Regierung — getragen von einer disziplinierten Mehrheitspartei — zwar stabil, die Minderheit jedoch vom Gesetzgebungsprozeß ausgeschlossen. Die Minderheitspartei müsse solange warten, bis ein eventueller Wahlsieg endlich einen Mehrheitswechsel herbeiführe. Das französische Mehrparteiensystem mit seinen häufig wechselnden Mehrheitskombinationen im Parlament erhöhe zwar die Mitwirkungschancen der Minderheiten erheblich, allerdings auf Kosten häufiger Kabinettsstürze. „Die Folge ist der völlige Mangel an Stablität in der Regierung" (S. 129). In Deutschland sei ebenso wie in Frankreich die Hoffnung auf ein arbeitsfähiges Zweiparteiensystem z. Z. völlig unrealistisch: „Zum wenigsten fünf Gruppen müssen auf absehbare Zeit bei uns notwendig existieren: Konservative, Liberale, Zentrum, Sozialisten, Polen..." (S. 130). Unter diesen Umständen, bei einem derartigen Mangel an gesellschaftlicher und ideologischer Homogenität, biete das dualistische System des Deutschen Kaiserreichs den großen Vorteil, daß sich einerseits keine Minderheit im Reichstag dauernd ausgeschlossen fühlen müsse, da erfahrungsgemäß jederzeit die unterschiedlichsten parlamentarischen Mehrheitskom-

Reichstag[66] und der als zweite Kammer fungierende, nicht-demokratisch bestellte Bundesrat (die „Ländervertretung") übereinstimmten. Soweit die von jeder Personalpolitik ausgeschalteten Parlamentsparteien Fraktionsdisziplin übten, war sie nicht „systembedingt", sondern primär das Ergebnis einer besonderen Interessenbindung bzw. weltanschaulich-programmatischen Orientierung. In dieser System-Umwelt sind die deutschen Parteien „groß" geworden[67].

2. Nach dem Zusammenbruch des Kaiserreichs im Jahre 1918 wurde die erste deutsche freiheitliche Demokratie in bundesrepublikanischer Form als parlamentarisches Regierungssystem begründet, und zwar — wie sich vor allem gegen Ende der Weimarer Republik überdeutlich zeigte — in bemerkenswerter Weise als ein parlamentarisches System mit Präsidialhegemonie. Der mit weitreichenden Machtbefugnissen ausgestattete Reichspräsident wurde für sieben Jahre vom Volke direkt gewählt (Art. 41 und 43 WV)[68]. Der Reichskanzler und die Reichsminister konnten von ihm ohne Mitwirkung des Reichstages ernannt und entlassen werden (Art. 53 WV). Sie *mußten* zurücktreten, falls ihnen der nach den Grundsätzen der Verhältniswahl bestellte Reichstag (Art. 22 WV) — den der Reichspräsident mit Gegenzeichnung (Art. 50 WV) des Reichskanzlers jederzeit aufzulösen vermochte (Art. 25 WV) — formgerecht das Mißtrauen aussprach (Art. 54 WV). Die Regierung war nur dann und solange in sich gefestigt, handlungsfähig und vom Reichspräsidenten relativ unabhängig, insofern sie sich im Reichstag auf eine stabile Parlamentsmehrheit stützen konnte. Das setzte Mehrheits-

---

binationen möglich seien, [„Bei uns stimmen a l l e Parteien zeitweilig für, zeitweilig gegen die Regierung. Gestern haben wir das beinahe ungeheuerliche Bild gehabt, daß eine große Steuer angenommen wurde mit allen Stimmen, die Sozialdemokraten eingeschlossen, gegen die Konservativen und die Polen". (S. 86)], während andererseits die Regierung, da sie kein Mißtrauensvotum zu befürchten habe, trotz dieser Majoritätswechsel und -Instabilität über längere Zeiträume hinweg äußerst stabil und tatkräftig zu sein vermag.

Es sei „grundfalsch" zu behaupten, der Reichstag sei „nur eine Dekoration" (S. 65). Vor allem dank seines Geldbewilligungsrechts übe er vielmehr eine „ungeheure Macht" aus, was auch Bismarck voll anerkannt habe und anerkennen mußte (S. 143). Sollte der Reichstag jedoch „die Befugnisse einer sogenannten parlamentarischen Regierung gewinnen", so würde das „dem Deutschen Reich... zum Verderben gereichen" (S. 187). Und Delbrück kommt zum Ergebnis: „Ohne die Augen zu verschließen vor den inneren Mängeln, die auch unserem Regierungssystem anhaften, muß ich doch sagen, daß ich in ihm eine weit höhere und bessere Form der politischen Gestaltung sehe als in irgendeinem anderen Staate der Gegenwart... Wenn beide zusammenwirken, Regierung und Reichstag, dann können sie das höchste erreichen, mehr jedenfalls als die Staaten, die immer wieder darauf angewiesen sind, bald dieser bald jener Partei zu folgen, d. h. also die Politik nicht vom Standpunkt des Ganzen, sondern vom Standpunkt eines Teiles des Ganzen zu treiben." (S. 186 f).

Die Ähnlichkeit zwischen den hier angeführten Argumenten Delbrücks und denen amerikanischer Verteidiger des überkommenen präsidentiellen Systems der USA gegenüber den Thesen der "party government"-Reformer ist nicht zu übersehen.

66 Seit 1867 gewählt nach den Prinzipien der allgemeinen, gleichen und geheimen Wahl — ein demokratisches Wahlrecht, das in der damaligen Zeit keine Parallele fand (ausgestaltet als absolute Mehrheitswahl).

67 Zur Parteienentwicklung bis 1918 wichtig Thomas Nipperdey: Die Organisation der deutschen Parteien vor 1918, Düsseldorf 1961.

68 Verfassung des Deutschen Reiches vom 11. August 1919 (Weimarer Verfassung).

disziplin voraus. Wohl praktizierten die einzelnen Parlamentsparteien in erheblichem Ausmaße Fraktionsdisziplin. Sie war jedoch noch überwiegend weltanschaulich-programmatisch sowie interessenmotiviert und nicht hinreichend systemorientiert; d. h. sie war im Weimarer Vielparteienparlament nicht hinreichend „koalitionsorientiert" mit dem Ziel, durch Kompromißbereitschaft eine stabile und dauerhafte Regierungsmehrheit zu ermöglichen[69]. Von einer Integration zwischen Regierung und Parlamentsmehrheit konnte in der Weimarer Periode selten ernsthaft die Rede sein. Einige Reichskanzler und zahlreiche Minister waren weder vor noch während ihrer Amtszeit Mitglieder des Reichstages; mehrere von ihnen gehörten keiner Partei an[70].

3. Nach dem endgültigen Scheitern der Weimarer Republik im Jahre 1933 hatte die parlamentarische Weimarer Verfassung bis 1945 als Fassade zwar noch gewisse Funktionen zu erfüllen, mit dem Ausbau des nationalsozialistisch-totalitären Führerstaats verlor sie jedoch ihre verfassungsrechtliche und verfassungspolitische Relevanz. Das von der nationalsozialistischen Staatspartei okkupierte Parlament war zur Schaubühne gelegentlicher Akklamationsakte degradiert, Fraktionsdisziplin durch gehorsamsverpflichteten Fraktionszwang ersetzt[71].

4. Nach 1949 erlebte die Weimarer Verfassung in abgewandelter Form vorübergehend ihre „Wiedergeburt" im Verfassungsdokument der Deutschen Demokratischen Republik. Faktisch hatte sie jedoch auch im totalitären Regime kommunistischer Observanz eine bloße Fassaden-Funktion zu erfüllen. Da die im Zwangskorsett des Parteienblocks zusammengefaßten, von der SED-Führung mehr oder weniger direkt gelenkten Parteien gemäß der herrschenden Ideologie den wahren Volkswillen repräsentieren und die in der Volkskammer tätigen Abgeordneten in ihrer Eigenschaft als „Volksboten" sich diesem parteibestimmten „Volkswillen" nicht widersetzen dürfen, triumphiert auch hier der Fraktionszwang[72]. An dieser Realität hat auch die sozialistische Verfassung der DDR vom 6. April 1968 nichts geändert.

5. Parallel zur Gründung der DDR in der Sowjetzone entstand im Frühjahr 1949 in den Westzonen das fünfte Regierungssystem auf deutschem Boden, die Bundesrepublik Deutschland. Die Grundzüge des „föderativ relativierten" parlamentarischen Regierungssystems der Bundesrepublik Deutschland sind im Grundgesetz vom 23. Mai 1949 festgelegt. Die Verfassung begründet eine parlamentarische Bundesrepublik mit Kanzlerhegemonie.

---

69 Siehe hierzu das grundlegende Werk von Karl Dietrich Bracher: Die Auflösung der Weimarer Rupublik, 4. Aufl., Villingen 1964.

70 Weder Reichstagsabgeordnete noch Mitglied einer Partei waren z. B. die Reichskanzler Cuno, Luther und v. Schleicher. Als Reichskanzler war von Papen parteilos. Hitler war niemals Reichstagsabgeordneter.

71 Hierzu Karl Dietrich Bracher, Wolfgang Sauer, Gerhard Schulz: Die nationalsozialistische Machtergreifung – Studien zur Errichtung des totalitären Herrschaftssystems in Deutschland 1933/34, 2. Aufl., Köln und Opladen 1962.

72 Siehe Ernst Richert: Macht ohne Mandat – Der Staatsapparat in der Sowjetischen Besatzungszone Deutschlands, 2. erw. Aufl., Köln und Opladen 1963, und Peter J. Lapp: Die Volkskammer der DDR, Opladen 1975. Unter der Überschrift „Wie kommt es zu den einstimmigen Beschlüssen der Volkskammer?" schrieb Prof. Dr. Johannes Dieckmann, Präsident der Volkskammer der DDR, am 9.6.1966 im Organ des Zentralrats der FDJ „JUNGE WELT" (Nr. 133) nach

2. Parlamentarisches System mit Kanzlerhegemonie

Als die westdeutschen Verfassungsväter das Grundgesetz schufen, waren ihnen die Auflösung der Weimarer Republik und die Terrorherrschaft des nationalsozialistischen Totalitarismus eindringlich gegenwärtig. Unter dem Eindruck dieser Erfahrungen und im Bekenntnis zum freiheitlich-demokratischen Rechtsstaat schufen sie das zunächst nur für eine vorübergehende Geltungsdauer gedachte Grundgesetz[73]. Als wesentliche Neuerungen dieses Dokuments gegenüber der Weimarer Verfassung gelten u. a. das Bekenntnis zu unverletzlichen und unveräußerlichen Menschenrechten (Art. 1 GG); die Bindung von Gesetzgebung, vollziehender Gewalt und Rechtsprechung an die in Art. 2 – 17 GG aufgeführten Grundrechte als unmittelbar geltendes Recht (Art. 1, Abs. 3 GG); die Rechtsschutz-Generalklausel gemäß Art. 19, Abs. 4 GG; die Errichtung eines mit weitreichenden Kompetenzen ausgestatteten Bundesverfassungsgerichts als letztinstanzlich entscheidendem Interpreten der Verfassung (Art. 92–94 GG); die der Verfassung zugrunde liegende Konzeption einer „freiheitlichen demokratischen Grundordnung", zu der in der Auslegung des Bundesverfassungsgerichts u. a. die „Verantwortlichkeit der Regierung" und das „Recht auf verfassungsmäßige Bildung und Ausübung einer Opposition" gehören (Art. 18 und 21 GG); die fast völlige Abschaffung der in der Weimarer Verfassung enthaltenen Institute Volksbegehren und Volksentscheid; die betonte Herausstellung der Parteien als Mitgestalter der „politischen Willensbildung des Volkes" (Art. 21 GG); eine weitreichende Einschränkung der Machtbefugnisse des indirekt gewählten Bundespräsidenten im Vergleich zu denen des direkt gewählten Weimarer Reichspräsidenten (Art. 54–61, 63, 64, 67, 68, 81 GG); die Wahl des Bundeskanzlers durch den Bundestag (Art. 63 GG); die Einführung des sogen. „konstruktiven Mißtrauensvotums", beschränkt auf die Person des Bundeskanzlers (Art. 67 GG); die wesentliche Einschränkung des Rechts der Parlamentsauflösung (Art. 63, 68 GG); die Gliederung des Bundesstaates in Länder, deren grundsätzliche Mitwirkung bei der Gesetzgebung besonders geschützt (Art. 79,3) und durch den mit

---

der Erklärung „Das Wesen des alten, im Grunde längst überlebten ‚parlamentarischen' Systems ist die ‚Opposition'" und der Feststellung „Der alten ‚parlamentarischen' Demokratie haben wir etwas gänzlich Neues gegenübergestellt: unsere sozialistische Demokratie": „‚Das vorletzte Wort' haben also die Ausschüsse der Volkskammer. In diesen sind alle neun Fraktionen der Volkskammer vertreten. Die Ausschüsse beraten so lange, bis ein einstimmiger Beschluß zustande kommt. Die Ausschußvertreter der Fraktionen berichten über das Ergebnis ihren Fraktionen. Ist eine Fraktion mit dem Ergebnis nicht einverstanden (das kommt vor), so geht die Vorlage erneut an die Ausschüsse, und es wird dann erneut und so lange beraten, bis die volle Einmütigkeit erreicht ist. Wenn nach alledem bei der Schlußabstimmung der Vorlage im Plenum der Volkskammer ein Abgeordneter gegen ein derart demokratisch vorberatenes Gesetz sprechen oder stimmen würde, so würde er sich doch nur lächerlich machen und als ein eigenbrötlerisches Unikum ausweisen. *Da unsere Abgeordneten aber wahre Volks-Vertreter sind, kann für solche Figuren in der Obersten Volksvertretung der sozialistischen DDR einfach kein Raum sein.*"

73 Dazu Friedrich K. Fromme: Von der Weimarer Verfassung zum Bonner Grundgesetz – Die verfassungspolitischen Folgerungen des Parlamentarischen Rates aus Weimarer Republik und nationalsozialistischer Diktatur, Tübingen 1960, und Werner Sörgel: Konsens und Interessen, Stuttgart 1969.

weitreichenden Kompetenzen – vor allem bei Verfassungsänderungen – ausgestatteten Bundesrat ermöglicht wird (Art. 50,78); der Verzicht auf Art. 48 WV entsprechende Notstandsbestimmungen (bis 1969).

Zu den wichtigeren Entwicklungstendenzen der zweiten parlamentarischen Republik in Deutschland[74] gehört die entscheidende Verringerung der Anzahl der im Bundestag vertretenen Parteien – wesentlich bedingt durch das für Deutschland völlig neue Phänomen, daß der „Massenpartei" SPD eine demokratische „bürgerliche" Volkspartei mit breitester Massenbasis in der Wählerschaft gegenübersteht, die CDU/CSU[75]. Waren im I. Bundestag (1949–53) insgesamt 9 Parteien vertreten, so im II. (1953–57) nur noch 6, im III. (1957–61) 4 und seit dem IV. Bundestag (1961–65) bis heute lediglich 3 (CDU/CSU aufgrund ihrer Fraktionsgemeinschaft als eine Parlamentspartei gerechnet).

Von gewichtiger Bedeutung für diese Parteienreduzierung war die Wahlgesetzgebung, konzipiert nach den „Grundsätzen einer mit der Personenwahl verbundenen Verhältniswahl", deren Bestimmungen hinsichtlich der Erfolgschancen der Parteien bis zum heute geltenden Wahlgesetz vom Jahre 1975 zunehmend verschärft wurden[76]. Nach vorherrschender Auffassung liegt es heute allein an der Tatsache, daß die Sitzverteilung im Bundestag nicht wie in Großbritannien gemäß den Grundsätzen der Mehrheitswahl ermittelt wird, daß der allgemeine Trend zum Zweiparteiensystem – ein absolutes Novum in der deutschen Parteien- und Verfassungsgeschichte – bisher im Bundestag nicht voll zur Auswirkung gelangen konnte. Von den drei im Bundestag vertretenen Parteien haben bereits alle sowohl als Regierungspartei wie als Oppositionspartei Erfahrungen gesammelt, d. h. alle freigewählten Parteien des Bundestages sind prinzipiell koalitionsfähig miteinander: ebenfalls ein Novum in der deutschen Parlamentsgeschichte.

Das mit den bedeutendsten Kompetenzen ausgestattete Regierungsamt ist das des Bundeskanzlers[77]. Er muß vom Bundestag mit der Mehrheit der Stimmen seiner Mitglieder gewählt werden. Die Wahl erfolgt gemäß parlamentarischer Geschäftsordnung

---

74 Als grundlegendes Werk dazu Thomas Ellwein: Das Regierungssystem der Bundesrepublik Deutschland, 4. Aufl. Opladen 1977, und vor allem die laufenden Nummern der seit 1970 erscheinenden ZEITSCHRIFT FÜR PARLAMENTSFRAGEN. Zur soziologischen Analyse der westdeutschen Demokratie siehe Ralf Dahrendorf: Gesellschaft und Freiheit – Zur soziologischen Analyse der Gegenwart, München 1961 und ders.: Gesellschaft und Demokratie in Deutschland, München 1965.

75 Zur Entstehung und Entwicklung der CDU/CSU siehe Ernst Deuerlein: CDU/CSU 1945–1957, 2. Aufl. Köln 1960, Helmuth Pütz: Die CDU, 3. Aufl. Düsseldorf 1978, und Alf Mintzel: Die CSU, Opladen 1975.

76 *1949* hieß es noch: Eine Partei nimmt an der Sitzverteilung nur dann teil, wenn sie mindestens 5 % der gültigen Zweitstimmen in einem *Land* oder *ein* Direktmandat gewinnen konnte. *1953* hieß es bereits: Mindestens 5 % der gültigen Zweitstimmen „im Wahlgebiet", also im *Bund*, oder *ein* Direktmandat. Seit *1956* (Wahlgesetz § 6 Abs. 4) gilt als Voraussetzung: Mindestens 5 % der gültigen Zweitstimmen im *Bund*esgebiet oder mindestens *drei* Direktmandate.

77 Siehe Fritz Münch: Die Bundesregierung, Frankfurt 1954; Wilhelm Hennis: Richtlinienkompetenz und Regierungstechnik, (Reihe: Recht und Staat, Nr. 300/301), Tübingen 1964; Ernst Ulrich Junker: Die Richtlinienkompetenz des Bundeskanzlers, Tübingen 1965 und Ellwein a.a.O., S. 273 ff.

mit verdeckten Stimmzetteln, eine mit den Grundprinzipien des demokratischen Parteienstaates nur schwer zu vereinbarende Verfahrensweise. Nur der Bundeskanzler ist dem Bundestag direkt verantwortlich. Die übrigen Mitglieder der Bundesregierung („Bundesminister") werden auf Vorschlag des Kanzlers vom Bundespräsidenten ernannt und entlassen. In der Bundesregierung (Kabinett) gelangen drei Prinzipien zur Geltung: 1. das Kanzlerprinzip („Der Bundeskanzler bestimmt die Richtlinien der Politik und trägt dafür die Verantwortung", Art. 65 GG), 2. Das Ressortprinzip (Verantwortlichkeit der einzelnen Minister) und 3. das Kollegialprinzip (Entscheidungsbefugnisse des Kabinetts als Gruppe). Das erstgenannte Prinzip begründet die besondere politische Verantwortlichkeit des Regierungschefs und seine Vorrangstellung im Kabinett. Das Kollegialprinzip soll das einheitliche Auftreten der Regierung nach außen und für deren Beschlüsse eine kollektive Verantwortlichkeit sichern[78]. Wo im Einzelfall die Grenzen dieser verschiedenen Wirkungskreise liegen und welche faktische Bedeutung ihnen im politischen Entscheidungsprozeß zukommt, ist letztlich keine verfassungsrechtliche Frage, sondern eine politische Ermessensfrage, die wesentlich von dem Durchsetzungsvermögen der beteiligten Personen, insbesondere des Bundeskanzlers, abhängt.

Die Bundesregierung verfügt als politische Weisungsspitze der Verwaltung nicht nur über die Organisationsgewalt — vorbehaltlich entsprechender Geldbewilligungen durch das Parlament — sowie über erhebliche Kompetenzen im Bereich des Finanz- und Haushaltsrechts; vielmehr stehen ihr auch bedeutsame Befugnisse bei der Gesetzgebung zu: sie besitzt das Recht der Gesetzesinitiative, und gemäß Art. 113 GG bedürfen Beschlüsse, „welche die von der Bundesregierung vorgeschlagenen Ausgaben des Haushaltsplanes erhöhen oder neue Ausgaben in sich schließen oder für die Zukunft mit sich bringen", der Zustimmung der Bundesregierung[79].

Ein kennzeichnendes Merkmal parlamentarischer Regierungssysteme ist die enge personelle Verflechtung zwischen Regierung und Parlament. In der Bundesrepublik wird diese Verbindung nicht nur durch das parlamentarische Abberufungsrecht bewirkt, sondern auch zusätzlich durch das Recht des Bundestages, den Kanzler zu wählen. Damit liegt die letzte Entscheidung über die Besetzung des Kanzleramtes in der Verfügungsgewalt der die Bundestagsmehrheit stellenden Fraktionen bzw. Fraktion. In der Praxis hat sich daraus ergeben, daß Parlamensmehrheit und Regierung eine weitgehend geschlossene Operationseinheit bilden und die Personalunion von Ministeramt und Abgeordnetenmandat grundsätzlich eine Selbstverständlichkeit ist. Der Fraktions- und Koalitionsdisziplin kommt die Funktion zu, diese Einheit zwischen Parla-

---

78 In § 28 Abs. 2 der Geschäftsordnung der Bundesregierung vom 11. Mai 1951 heißt es: „Die Vertretung (der von der Bundesregierung beschlossenen Vorlagen) hat einheitlich zu erfolgen, auch wenn einzelne Bundesminister anderer Auffassung sein sollten. Gegen die Auffassung der Bundesregierung zu wirken, ist den Bundesministern nicht gestattet."

79 Eine eingehende Studie zu diesem Artikel bietet Wilhelm Henrichs: Artikel 113 des Grundgesetzes — Stellung in der Verfassung, Zweck und Anwendbarkeit, Bonn 1958. Siehe auch Ernst Fraenkel: Deutschland und die westlichen Demokratien, Stuttgart 1964, S. 16 ff sowie Wilhelm Hennis „Therapie für parlamentarische Schwächen", in: DIE ZEIT, Nr. 13, 26. März 1966, S. 32.

mentsmehrheit und Regierung zu ermöglichen und langfristig zu sichern. Fraktionsdisziplin ist aber nicht nur die Voraussetzung dafür, daß eine derartige Operationsbzw. Aktionseinheit entstehen und bestehen kann. Sie bewirkt zugleich, daß aufgrund der Tendenz zum Zweiparteiensystem die zwei Großparteien CDU/CSU und SPD die Möglichkeit haben, dem Wähler die Wahl zwischen zwei Parteiführern, die als Kanzlerkandidaten herausgestellt wurden, zu eröffnen. Damit vermag der Wähler bereits bei der Wahl zum Bundestag eine faktisch weitgehend bindende Vorentscheidung darüber zu treffen, welche Person von der Bundestagsmehrheit in das Amt des Regierungschefs zu berufen ist. Ohne Fraktionsdisziplin im Bundestag wäre diese bedeutsame Wählervorentscheidung, die gegenüber offenen Koalitionsverhandlungen das Mitwirkungsrecht des Wählers erheblich steigert, nicht möglich.

3. Bundesstaat und parlamentarisches System

Mit den Bundestagswahlen, den wichtigsten Wahlen für den Entscheidungsprozeß auf Bundesebene, wird — wie bei den Unterhauswahlen in Großbritannien — in einem Wahlgang darüber entschieden, welche Partei bzw. Parteienkoalition die Mehrheit im Bundestag und die Regierung zu stellen hat sowie, faktisch, welche Person das Amt des Regierungschefs übernehmen soll. Daß den Bundestagswahlen im deutschen parlamentarischen System dennoch nicht *die* zentrale Funktion wie den Unterhauswahlen im britischen System zukommt, liegt nicht nur an den Besonderheiten des Parteiensystems. Vornehmlich ist es eine Folge der Organisation der Bundesrepublik als B u n d e s republik.

Wie jeder Bundesstaat verfügt auch die Bundesrepbulik über ein (entsprechend deutscher Verfassungstradition allerdings höchst unkonventionell konstruiertes) Zweikammersystem: Neben dem Bundestag nimmt der Bundesrat (die Ländervertretung) bei der Gesetzgebung des Bundes die Funktionen einer zweiten Kammer wahr[80]. Der Bundesrat ist selbst dann, wenn man ihn lediglich in seiner Eigenschaft als ein an der Gesetzgebung mitwirkendes Entscheidungsorgan betrachtet, seiner Konstruktion und Funktion nach mit dem britischen Oberhaus kaum und mit dem amerikanischen Senat nur sehr bedingt vergleichbar. Gemessen an seiner faktischen Bedeutung im Gesetzgebungsprozeß des jeweiligen Systems rangiert er jedoch weit über der des Oberhauses, wenn auch erheblich unter der des Senats.

Der Bundesrat setzt sich aus weisungsgebundenen Mitgliedern der Regierungen der (heute 11) Länder zusammen, die sie bestellen und abberufen. Jedes Bundesland verfügt über mindestens drei, die größten über fünf Stimmen, die nur einheitlich abgegeben werden können. Insgesamt umfaßt der Bundesrat heute 45 Stimmen, einschließlich der vier Stimmen des Bundeslandes Berlin, die bei Abstimmungen im Plenum nicht

---

80 Für Einzelheiten siehe Karlheinz Neunreither: Der Bundesrat zwischen Politik und Verwaltung, Heidelberg 1959, herausgegeben vom Bundesrat: Der Bundesrat als Verfassungsorgan und politische Kraft, Bad Honnef/Darmstadt 1974, und Friedrich Karl Fromme: Gesetzgebung im Widerstreit — Wer beherrscht den Bundesrat? Die Kontroverse 1969—1976, Stuttgart 1976.

mitgerechnet werden. Die politische Zusammensetzung der Vertretungen der einzelnen Länder hängt von den Ergebnissen der jeweiligen Landtagswahlen und den darauf beruhenden Regierungen (bzw. Regierungskoalitionen) ab. Die Landtagswahlen sind nicht koordiniert, sie finden zu den verschiedensten Zeiten statt. Für den Bundesrat ergibt sich daraus, daß er im Gegensatz zum Bundestag, der jeweils in toto für vier Jahre gewählt wird, als ständiges Organ fungiert, dessen Mehrheit somit auch unter anderen zeitlichen und sachlichen Bedingungen und unabhängig von einer Mehrheitsänderung im Bundestag zu wechseln vermag. So ist beispielsweise die Konstellation einer CDU/CSU-Mehrheit im Bundesrat und einer SPD-FDP-Mehrheit im Bundestag mit allen daraus resultierenden politischen Konsequenzen für die Entscheidungsfreiheit und Verantwortlichkeit einer Bundesregierung seit 1969 eine Realität[81]. Insofern kommt den Landtagswahlen neben den Bundestagswahlen auch für die Bundespolitik und die Aktionsfreiheit der parlamentarischen Regierungsmehrheit eine nicht unerhebliche Bedeutung zu.

Aber selbst bei gleichen Parteimehrheiten im Bundestag und Bundesrat ist eine Übereinstimmung keineswegs immer sicher, da einmal im Bundesrat oft genug Länderinteressen vor bundesorientierten Parteiinteressen rangieren — wobei in der Regel im Vermittlungsausschuß[82] ein Interessenausgleich gesucht werden muß — und zum anderen derartige Interessenkonflikte auch die Willensbildung innerhalb der Bundestagsmehrheit beeinflussen können. Soweit entsprechende Sachentscheidungen anstehen, hat die Bundesregierung bei ihren Forderungen und Erwartungen gegenüber der Bundestagsmehrheit diese Möglichkeiten stets zu bedenken und mit in Rechnung zu stellen.

Auch im parlamentarischen System der Bundesrepublik ist es ebenso wie in Großbritannien die Funktion der Parlamentsopposition, die Regierung und die sie tragende Parlamentsmehrheit dazu anzuhalten, ihre Politik öffentlich zu begründen und zu rechtfertigen, deren Programmatik und Aktionen einer scharfen Kontrolle und öffentlichen Kritik zu unterziehen, Gegenvorstellungen zur Regierungspolitik zu erarbeiten und wirksam zu artikulieren sowie dem Wähler die Möglichkeit einzuräumen, bei den Wahlen eine Sach- und Personalalternative zur amtierenden Regierungsmannschaft unter Führung eines verantwortlichen Kanzlers vorzufinden. Eine parlamentarische Opposition kann diesen Funktionen erfahrungsgemäß nur dann gerecht werden, sie nur dann erfüllen, wenn sie möglichst als formierte, systematisch vorgehende, disziplinierte Opposition der Regierungsmehrheit gegenübertritt.

Im Gegensatz zur britischen ist die deutsche Oppositionspartei jedoch nicht auf ihre Wirksamkeit im Bundesparlament beschränkt. Sie ist in der Lage, auf Landesebene allein oder in Koalition mit anderen Parteien Parlamentsmehrheiten, Kabinette und Regierungschefs zu stellen. Führende Vertreter der Oppositionspartei auf Bundesebene können somit in den Ländern Regierungs- und Verwaltungserfahrungen sammeln und

---

81 Gleichzeitig ist es durchaus möglich, daß die Oppositionspartei des Bundestages nicht nur im Bundesrat, sondern bei entsprechenden Wahlerfolgen in den Ländern auch in der Bundesversammlung, die alle fünf Jahre den Bundespräsidenten zu wählen hat (vgl. Art. 54 GG), die Mehrheit zu stellen vermag.

82 Zur Funktion und Problematik Harri Reinert: Vermittlungsausschuß und Conference Committees — Ein Beitrag zur vergleichenden Lehre der Herrschaftssysteme, Heidelberg 1966.

über den Bundesrat an der Verwaltung und Gesetzgebung des Bundes mitwirken. Die Opposition vermag auf diese Weise nach einem eventuellen Bundeswahlsieg auf erfahrene Landespolitiker für Ministerposten zurückgreifen. Diese Möglichkeit hat durchaus seine Vorteile. Andererseits muß es sich für ein parlamentarisches System, falls dessen Parlament die Bühne der Auseinandersetzungen zwischen Regierungsmehrheit und Opposition unter Führung von Regierungschef und Oppositionsführer sein soll, als höchst abträglich erweisen, wenn der Posten des Regierungschefs in einem Bundesland höher bewertet und − zu Recht oder Unrecht − für bedeutsamer und attraktiver erachtet wird als das Amt des Oppositionsführers im Parlament. So war es in der Bundesrepublik immerhin möglich, daß die sozialdemokratische Oppositionspartei in 'den Wahljahren 1961 und 1965 ebenso wie die CDU/CSU 1976 ein Nichtmitglied des Bundestages, den Regierenden Bürgermeister von Berlin, Willy Brandt, bzw. den Ministerpräsidenten von Rheinland-Pfalz, Helmut Kohl, zum Kanzlerkandidaten nominieren konnte. Im parlamentarischen Einheitsstaat Großbritannien wäre ein derartiger Vorgang − logischerweise − nicht möglich. Ein parlamentarischer *Bundes*staat setzt demnach 'andere Akzente und eröffnet andere Möglichkeiten, mit entsprechenden Konsequenzen für Fraktionsdisziplin und Führungsauslese im Parlament, als ein parlamentarischer *Einheits*staat.

V. „Präsidentielles Parlament" und „parlamentarisches Parlament"

1. Die Beziehung zwischen Parlament und Regierung als kennzeichnendes Merkmal

Ein Parlament läßt sich allein aus dem Gesamtzusammenhang des konkreten Regierungssystems heraus verstehen, in das es einbezogen ist. Hierdurch sind seine Kompetenzen, Funktionen, Arbeitsweisen sowie weitgehend die Verhaltensweisen seiner Mitglieder bestimmt. Von grundlegender Bedeutung ist dabei, ob und in welcher speziellen Ausgestaltung ein parlamentarisches oder präsidentielles Regierungssystem gegeben ist, in dessen Kontext ein Parlament zu operieren hat.

Während alle demokratischen Parlamente die Grundfunktion haben, demokratische Legitimation staatlichen Handels zu bewirken, können bei Parlamenten in parlamentarischen Regierungssystemen („parlamentarischen Parlamenten") im einzelnen sieben primäre Funktionsbereiche unterschieden werden:

1. Gourvernementale Kreations- und Terminierungsfunktion (Bestellung und Abberufung der Regierung).
2. Kommunikationsfunktion (Öffentlichkeitsarbeit im Plenum und über die Ausschüsse).
3. Interessenartikulations-Funktion (Vertretung des allgemeinen Interesses unter Beachtung von „Sonderinteressen"; „Repräsentation des Volkswillens").
4. Integrationsfunktion (Regierungsmehrheit und Opposition als Gesprächspartner).
5. Kontrollfunktion (permanente Kontrolle der Regierung und Verwaltung).

6. Gesetzgebungs- und Geldbewilligungsfunktion (vor allem letztinstanzliche Beschlußfassung).
7. Rekrutierungsfunktion (Auslese politischen Führungspersonals).

Unterschiede zwischen einzelnen Parlamenten des parlamentarischen Systems ergeben sich im wesentlichen aus der unterschiedlichen Intensität, mit der das jeweilige Parlament innerhalb der einzelnen umfassenden Funktionsbereiche aktiv wird und aus der Art und Weise, wie diese Funktionsbereiche einander zugeordnet sind, d. h. in welchen Bereichen faktisch der Schwerpunkt parlamentarischer Tätigkeit zu finden ist.

Parlamente in präsidentiellen Regierungssystemen („präsidentielle Parlamente") haben grundsätzlich die gleichen primären Funktionen zu erfüllen, jedoch mit einem wesentlichen Unterschied: ihnen fehlt das Recht, die Regierung direkt oder indirekt durch Mißtrauensvotum zum Rücktritt zu zwingen. Dieses Abberufungsrecht prägt entscheidend die Beziehungen zwischen Parlament und Regierung und wird sich folglich auch darauf auswirken, wie ein Parlament im einzelnen seine Kompetenzen wahrnimmt und seine Funktionen erfüllt. Welche Konsequenzen mit diesen unterschiedlichen Abhängigkeiten und Wechselbeziehungen verbunden sein können, läßt sich am Beispiel der parlamentarischen Gesetzgebungsbefugnis verdeutlichen.

Stehen beispielsweise Parlament und Regierung einander relativ unabhängig gegenüber, wie es in einem präsidentiellen System der Fall ist, so wird das Parlament normalerweise nur sehr zögernd bereit sein, der Regierung bei der Gesetzgebung die Führung zu überlassen. Es wird sich betont um eine deutliche Eigeninitiative bemühen, sich zumindest die Fähigkeit zur regierungsunabhängigen Gesetzgebungsarbeit zu bewahren versuchen. Ein „präsidentielles Parlament" wird sich daher kaum damit begnügen, die personell parlamentsunabhängige, dem Parlament nicht verantwortliche Regierung bei der Ausführung der Gesetze lediglich besonders scharf zu kontrollieren. Es wird vielmehr zugleich bestrebt sein, deren Tätigkeit durch möglichst eingehende Detailarbeit an den Gesetzen mitbestimmen und auf diese Weise eine anderweitig schwer kontrollierbare, unerwünschte Bewegungsfreiheit der Regierung einengen zu können. Zu solch extensiver und intensiver Gesetzestätigkeit muß ein Parlament gerüstet sein. Es muß sich mit dem erforderlichen Instrumentarium versehen, um diese Detailarbeit in eigener Regie und möglichst frei von direktem Regierungseinfluß oder in allzu enger Abhängigkeit von ihrer Sachhilfe erledigen zu können.

Da das Parlament in seiner Gesamtheit eine derartige gesetzgeberische Detailarbeit nicht bewältigen kann, wird es eine Reihe für bestimmte Sachbereiche spezialisierter Fachausschüsse einsetzen und eventuell zur fachlichen Unterstützung der Abgeordneten und Ausschüsse einen entsprechend qualifizierten parlamentarischen Hilfsdienst einrichten. Je betonter die Gesetzestätigkeit, je spezialisierter die Sachzuständigkeit der Ausschüsse und ihrer Unterausschüsse ist, desto eindeutiger werden sie zu den wichtigsten Arbeitszentren des Parlaments aufsteigen. Mit der Arbeit verlagert sich auch die Macht vom Parlamentsplenum in die Ausschüsse. Diese Tendenz zur Machtakkumulation in den Ausschüssen wird vor allem dann bedeutsam sein, wenn die Regierung und deren Vertreter nicht im Plenum, sondern ebenso wie private Interessenvertreter nur vor den Ausschüssen und Unterausschüssen zu Worte kommen können.

Daraus folgt zugleich, daß Plenardiskussionen mehr den Charakter parlamentsinterner Auseinandersetzungen erhalten, während das unmittelbare öffentliche Informations- und Kontrollgespräch zwischen Parlamentsabgeordneten und Vertretern der Regierung lediglich in den jeweils zuständigen Ausschüssen stattfinden kann. Ein Parlament in einem präsidentiellen System, das seine gesetzgeberische Eigenständigkeit gegenüber der Exekutive stark betont, wird normalerweise ein Parlament mit ständigen Fachausschüssen sein, in denen nicht nur die parlamentarische Hauptarbeit geleistet wird, sondern in denen auch die wichtigsten parlamentarischen Vorentscheidungen getroffen werden.

Obgleich die eben skizzierten Tendenzen auch in einem Parlament möglich wären, das über das Recht verfügt, die Regierung abzuberufen, so werden hier doch andere Grundorientierungen und praktische Verfahrensweisen bei der Gesetzgebungsarbeit viel wahrscheinlicher sein. In einem „parlamentarischen Parlament" sind die Mitglieder der Regierung, insbesondere jedoch der Regierungschef selbst, normalerweise zugleich Mitglieder des Parlaments. Die Tendenz wird demgemäß dahin gehen, die in der Regierung sitzenden Parlamentsmitglieder mit der Aufgabe zu betrauen, eine klare Führung bei der Gesetzgebung auszuüben. Von der Regierung wird hier selbstverständlich generell die Initiative erwartet. Das ist nur folgerichtig, denn in einem parlamentarischen Parlament sind die Minister normalerweise Führer der Parlamentsmehrheit, die von dieser dazu beauftragt sind, erforderliche Gesetzesentwürfe in detaillierter und beschlußreifer Form dem Parlament zuzuleiten und sich hierfür aller verfügbaren Hilfskräfte, vor allem jedoch der Ministerialbürokratie, ausgiebig zu bedienen.

Erfüllt die Regierung diesen Parlamentsauftrag, so wird die Parlamentsmehrheit dazu neigen, sich mit einer mehr oder weniger ins Detail gehenden Überprüfung der Regierungsentwürfe zu begnügen und sich auf mehr oder weniger gravierende Detailrevisionen zu beschränken. Sehr erhebliche Abweichungen von der Generallinie eines Regierungsentwurfs werden ausgesprochenen Seltenheitswert besitzen, radikale Neuorientierungen fast ausgeschlossen sein — sie kämen faktisch einem Mißtrauensvotum gleich.

Soweit — wie in der Bundesrepublik — die Gesetzesinitiative in Form detaillierter Entwürfe aus der Mitte eines parlamentarischen Parlaments selbst kommt, dürfte sie überwiegend von der Opposition ausgehen. Deren Führer und Experten werden zugleich danach streben, ihre Auffassungen und die Interessen der Opposition bei der parlamentarischen Bearbeitung von Regierungsentwürfen zur Geltung zu bringen. Radikalere Revisionsverlangen werden besonders von ihr ausgehen. Sie wird versuchen, weitgehend die Diskussionspunkte zu bestimmen. Sollte sie mit ihren Änderungswünschen, wie zu erwarten, nicht allzu erfolgreich sein, wird sie sich darum bemühen, ihren abweichenden Auffassungen und ihrer Kritik an den Mehrheitsvorhaben in öffentlicher Verhandlung im Parlamentsplenum Ausdruck zu verleihen. Sie wird danach trachten, die Regierung und die sie tragende Mehrheit im Plenum zur Stellungnahme und Antwort zu zwingen. Die Plenardiskussion wird dabei vornehmlich von den Führern der Opposition und den Regierungsmitgliedern sowie den eventuell nicht in der Regierung vertretenen Führern der Parlamentsmehrheit bestritten werden. In einem parlamentarischen Parlament kommt — soweit diese Sachlage zutrifft — normalerweise der Plenardiskussion eine größere Bedeutung zu als in einem präsidentiellen Parlament.

2. „Redeparlament" und „Arbeitsparlament"[83]

John Stuart Mill hat in seinen 1861 veröffentlichten "Considerations on Representative Government" die wichtigsten Parlamentsfunktionen darin gesehen, die Regierung in ihrer Tätigkeit zu überwachen und zu kontrollieren ("to watch and control government"), anfallende Probleme zu beraten ("(to be) a deliberative body")[84], kontroversen Auffassungen und anliegenden Beschwerden Ausdruck zu verleihen ("to be at once that nation's Committee of Grievances, and its Congress of Opinions")[85] sowie generelle Beschlüsse zu fassen[86]. Zur Kodifizierung und Detailbearbeitung von Gesetzen schrieb Mill, es sei sehr wahr, "though only of late and slowly beginning to be acknowledged, that a numerous assembly is as little fitted for the direct business of legislation as for that of administration. There is hardly any kind of intellectual work which so much needs to be done, not only by experienced and exercised minds, but by minds trained to the task through long and laborious study, as the business of making laws. This is a sufficient reason, were there no other, why they can never be well made but by a committee of very few persons."[87]

Da Parlamente zur Gesetzesarbeit ungeeignet seien, empfahl Mill, parlaments- und regierungsunabhängige "Commissions of Codification" einzurichten, die zwar neben eigener Initiative auch im Auftrage des Parlaments tätig werden sollten, deren Gesetzentwürfe vom Parlament jedoch nur insgesamt angenommen oder abgelehnt werden dürften[88]. Diese Anregung blieb Literatur. In der Praxis sind von den Parlamenten zwei andere Wege eingeschlagen worden. Der eine Weg bestand darin, der parlamentsabhängigen Regierung auch die Funktion einer "Commission of Codification" zu übertragen.

---

83 John Stuart Mill: Utilitarianism — Liberty — Representative Government, Ausgabe: Everyman's Library Nr. 482, London — New York 1960, Kapitel V: "Of the proper functions of representative bodies", S. 239.

84 Ebd. S. 231.

85 Ebd. S. 239.

86 Ebd. S. 237. Zur Frage der Einsetzung der Regierung und deren Verantwortlichkeit heißt es bei Mill u. a.: "The proper duty of a representative assembly in regard to matters of administration is not to decide them by its own vote, but to take care that the persons who have to decide them shall be the proper persons ... It has never been thought desirable that the Parliament should itself nominate even the members of a Cabinet ... In reality, the only thing which Parliament decides is, whoch of two, or at most three, parties or bodies of men, shall furnish the executive government: the Opinion of the party itself decides which of its members is fittest to be placed at the head ... Parliament does not nominate any minister, but the Crown appoints the head of the administration in conformity to the general wishes and inclinations manifested by Parliament, and the other ministers on the recommendation of the chief ... In a republic, some other arrangement would be necessary: but the nearer it approached in practice to that which has long existed in England, the more likely it would be to work well. Either, as in the American republic, the head of the Executive must be elected by some agency entirely independent of the representative body; or the body must content itself with naming the prime minister, and making him responsible for the choice of his associates and subordinates". Ebd., S. 233 ff.

87 Ebd., S. 235.

88 Ebd., S. 237.

In dieser Richtung bewegten sich parlamentarische Parlamente. Der andere Weg führte zum Ausbau eines hoch spezialisierten Systems ständiger Fachausschüsse, die im Auftrage des Parlaments jeweils für bestimmte Sachbereiche die gleiche Funktion übernahmen. „Präsidentielle Parlamente" tendierten zu dieser Lösung.

Anhand dieser zwei Lösungsmöglichkeiten lassen sich zwei unterschiedliche Parlamentstypen skizzieren, für die sich die Formeln „Redeparlament" und „Arbeitsparlament" anbieten. Ein *Redeparlament* ist ein eminent politisches Parlament. Es erhebt den Anspruch, das wichtigste Forum der öffentlichen Meinung, die offizielle Bühne aller großen, die Nation bewegenden politischen Diskussionen zu sein. Die parlamentarischen Ausschüsse steigen nicht über den Rang mehr zweitrangiger Hilfsorgane, das Plenum bleibt das entscheidende Aktionsforum. Die Parlamentsrede hat dabei verschiedene grundlegende Funktionen zu erfüllen: Rechtfertigung eigener Entscheidungen, Kritik an der Haltung anderer, öffentlich-wirksame Kontrolle, Information und Meinungsbekundung sowie politische Bildung im weitesten Sinne. Im Plenum wird nicht primär diskutiert, um sich gegenseitig zu überzeugen. Derartige „Überzeugungs-Gespräche" finden auf anderen Ebenen in größeren und kleineren Gruppen sowie in vielerlei Form und Weise statt. Die parlamentarische Plenarrede zielt in wesentlichem Maße auf die öffentliche Meinung, die Presse, den Wähler ab. Die Plenarrede ist von allen anderen politischen Reden dadurch unterschieden, daß sie öffentlich in einem höchsten staatlichen Entscheidungsorgan im Beisein des politischen Gegners erfolgt, der über das Recht zur Gegenrede verfügt und wo Rede und Gegenrede protokollarisch festgehalten werden. Eine derartige Rede verliert jedoch weitgehend an Wirksamkeit, falls Presse und Rundfunk von ihr wenig oder gar keine Notiz nehmen, den Sinn der Kontroversen nicht herausarbeiten und vor allem die jeweiligen Reaktionen des anwesenden politischen Gegeners nicht angemessen deutlich werden lassen. Das Redeparlament bleibt weitgehend stumm, wenn die Massenmedien ihre Vermittlungsfunktion zwischen Parlament und Öffentlichkeit nicht hinreichend wahrnehmen.

Ein Redeparlament lebt davon, daß die wichtigsten Redepartner entscheidende politische Macht repräsentieren. Daher steht im Zentrum die Debatte zwischen Regierungschef und Oppositionsführer, zwischen Minister und „Schattenminister". Das Redeparlament hat folglich nur dort eine Chance, wo Regierungschef und Oppositionsführer Mitglieder des Parlaments sind oder zumindest in ihm ein Rederecht und eine Auskunftspflicht haben. Ein Redeparlament kann nur dort seinen Funktionen sinnvoll nachkommen, wo Parlamentsreden mit wacher Resonanz in der öffentlichen Meinung rechnen können; in einem derartigen Parlament wird das Zusammenspiel zwischen einer glaubwürdigen, systematischen und überzeugenden Opposition und einer kritischen öffentlichen Meinung zum wichtigsten Element wirksamer politischer Kontrolle.

Während im Redeparlament das Plenum die wesentliche Rolle spielt, sind im *Arbeitsparlament* Macht und Arbeit in entscheidender Weise in die Ausschüsse verlagert. Nicht der Redner, sondern der kenntnisreiche Detailexperte, der unermüdliche, bestens informierte Sachbearbeiter wird zur wichtigsten Parlamentsfigur. Der Machteinfluß des einzelnen Abgeordneten hängt jetzt vor allem von seiner Position im parlamentarischen Ausschußsystem ab. Im Arbeitsparlament findet die Regierungskontrolle nicht primär dadurch statt, daß die Regierung und Verwaltung sowie deren politische Apologeten im Plenum von opponierenden Kritikern öffentlich zur Rede gestellt werden. Hier besteht weit mehr die Tendenz, daß das Parlament den Charakter einer betont politisch interessierten Spezialbürokratie gewinnt. Die Macht des Arbeitsparlaments beruht im wesentlichen darauf, daß in ihm parlamentarische Experten die Experten der Exekutive in höchst intensiver und kenntnisreicher Weise um Rede und Auskunft ersuchen, deren Tätigkeiten und Vorhaben bis zu Detailfragen und Einzelposten hin überprüfen sowie gegebenenfalls durch Bestimmungen im vorhinein die Aktionsmöglichkeiten der Exekutive einzuengen wissen.

Jedem dieser zwei extremen Parlamentsmodelle sind gewisse Vorzüge und Schwächen immament: Ein Parlament, das sich ausschließlich am Modell des Arbeitsparlaments orientiert, droht in der Detailarbeit aufzugehen und den Blick für die großen Linien und Probleme zu verlieren. Einem Parlament, das sich andererseits vornehmlich am Modell des Redeparlaments ausrichtet, droht die Kontrolle über die entscheidenden Detailprobleme immer mehr aus den Händen zu gleiten. Von einem Parlament, das sowohl seiner Öffentlichkeits- bzw. Kommunikationsfunktion wie seiner Kontroll- und Gesetzgebungsfunktion nachkommen will, müßte erwartet werden, daß es ebenso die Fähigkeit zur öffentlich-wirksamen, verantwortlichen Diskussion großer Sachprobleme besitzt, wie das Vermögen, Regierungsvorlagen und -maßnahmen notfalls auch sachverständiger Detailprüfung und qualifizierter Detailrevision bzw. -kritik zu unterziehen.

3. Zur Problematik eines Parlamentsvergleichs

Kein Parlament wird zwischen diesen zwei skizzierten Modellen des Rede- und des Arbeitsparlaments völlig frei wählen können. Die Disposition zum einen oder anderen Modell ist durch die Beziehungen zwischen Parlament und Regierung weitgehend vorbestimmt. Nur innerhalb eines gewissen Spielraumes werden diese Beziehungen wandelbar sein. Diesem Spielraum sind Grenzen gesetzt, die sich aus dem Grundcharakter des jeweiligen Regierungssystems – parlamentarisches oder präsidentielles System – ergeben. Nur wenn sich das Regierungssystem selbst wesentlich wandelt, wird auch das Parlament seinen Charakter grundlegend ändern können. Das isolierte „ideale Parlament schlechthin" ist jedenfalls eine Illusion.

Unter diesem Aspekt muß es sich auch als ein riskantes Unterfangen erweisen, die Parlamente zweier grundverschiedener Regierungssysteme unter dem Gesichtspunkt miteinander vergleichen zu wollen, welches von ihnen im jeweiligen System über die größeren realen Machtbefugnisse, über die „größere Bedeutung" verfüge. Im präsidentiellen System stehen Parlament und Regierung einander in relativer Unabhängigkeit gegenüber. Hier können die realen Machtbefugnisse des Parlaments mit denen der Regierung konfrontiert werden, indem man in gewisser Weise von zwei getrennten, jeweils eigenständigen Organen ausgeht.

Im parlamentarischen System sind Regierung und Parlament hingegen politisch-personell weitgehend miteinander vereinigt, sie können, wie Bagehot formulierte, "a close union, a nearly complete fusion" bilden. Die Regierungsmitglieder sind zugleich Parlamentsmitglieder und umgekehrt: einflußreiche und führende Mitglieder der Parlamentsmehrheit konstituieren die Regierung. Regierungsmitglieder sind Abgeordnete, die auch nach ihrer Amtsübernahme vollberechtigte Abgeordnete bleiben – insofern „Parlamentswirklichkeit" sind – die jedoch zusätzliche Befugnisse, Verantwortlichkeiten und Verpflichtungen im Auftrage ihrer Mehrheitskollegen übernommen haben. Sie sind in Personalunion Regierung und Parlament. Sie bleiben „Fleisch vom Fleische" des Parlaments; ob und wie ihr Geist auch nach der Amtsübernahme daraus Folgerungen zieht, ist eine Frage der Tradition und Verfassungsideologie. Ihre Beantwortung wird die Verfassungswirklichkeit wesentlich prägen und den Grad einer echten Integration zwischen Parlamentsmehrheit und Regierung bestimmen.

Sicherlich wird es auch in einem parlamentarischen Regierungssystem relativ einfach sein, Parlament und Regierung verfassungs*rechtlich* voneinander abzugrenzen. Wo diese Abgrenzung jedoch in verfassungs*realer* Hinsicht jeweils liegen wird, dürfte sich hingegen kaum exakt bestimmen lassen. Es stellt sich hierbei die Frage nach dem besonderen Verhältnis von Mehrheitsabgeordneten mit Regierungsposten und entsprechenden Sonderkompetenzen einerseits und Abgeordneten ohne diese zusätzlichen Befugnisse, also vor allem Mehrheitsparlamentariern ohne Regierungsämter andererseits. Sind die mit Regierungsposten betrauten Abgeordneten mit den übrigen Mehrheitsabgeordneten eng verbunden und stehen sie prinzipiell in einem engen Vertrauens- und operativen „Führer-Gefolgschafts"-Verhältnis zueinander – was selbstverständlich keineswegs aktive gruppeninterne Kontrollbeziehungen zwischen ihnen und wechselseitige Abhängigkeiten ausschließt –, so wird die Macht der Regierung mit der Macht der Parlamentsmehrheit nahezu identisch werden, und vice versa. Bei einem Vergleich der realen Machtbefugnisse eines präsidentiellen Parlaments mit denen eines parlamentarischen Parlaments wird das Ergebnis davon abhängen, ob und auf welche Weise man diese jeweils grundverschiedenen Beziehungen zwischen Parlament und Regierung in Rechnung stellt.

Wird der amerikanische Kongress als Musterbeispiel eines präsidentiellen Arbeitsparlaments und das britische Unterhaus als Musterbeispiel eines parlamentarischen Redeparlaments genommen[89], kann ein Vergleich zwischen ihnen die angeschnittene Problematik verdeutlichen. Faßt man beispielsweise Unterhaus und Kabinett als politische „Wirkungseinheit" zusammen und Kongreß und Präsident ebenfalls, so wird sich die britische „Einheit" – im Rahmen des jeweiligen Systems betrachtet – in doppelter Hinsicht als „machtvoller" erweisen als das amerikanische Gegenstück: Im britischen Einheitsstaat repräsentieren Unterhaus und Kabinett die Summe aller staatlichen Gewalt, während Kongreß und Präsident im amerikanischen Bundesstaat lediglich einen, wenn auch zunehmend vorherrschenden Teilbereich staatlicher Entscheidungsgewalt – nämlich die in ihren Kompetenzen beschränkte Bundesgewalt – repräsentieren. Zum anderen verfügen Kabinett und Unterhausmehrheit in Großbritannien, falls und soweit sie als integrierte, disziplinierte Regierungsmehrheit unter zentraler Führung

---

89 Auf diesen Unterschied verweist Ernst Fraenkel mit den Worten: „Im Gegensatz zum House of Commons ist der Kongreß primär nicht ein redendes, sondern ein arbeitendes Parlament". Fraenkel: Das amerikanische Regierungssystem, 3. Aufl., Opladen 1976, S. 317.

auftreten, über eine kollektive Machtfülle, die dem amerikanischen Pendant weit überlegen ist: Kongreßmehrheit und Präsident bilden keine disziplinierte, integrierte Handlungseinheit. Kongreß und Präsident stehen vielmehr weitgehend in einem Konkurrenzverhältnis zueinander, wobei die Aktions- und Entscheidungsfreiheit beider Partner aufgrund der gegebenen Führungsdezentralisation vergleichsweise recht beschränkt ist.

Vergleicht man hingegen Unterhaus und Kongreß einerseits und Kabinett und Präsident andererseits als eigenständige Institutionen, so wird man in zweierlei Hinsicht „amerikanische Überlegenheiten" konstatieren können. Rechnet man nämlich im britischen Unterhaus die Regierungsbank ("frontbench") nicht zum Parlament, identifiziert man vielmehr die realen Machtbefugnisse des Parlaments mit denen der "Backbencher", so muß das Unterhaus dem Kabinett gegenüber als der bei weitem „schwächere Partner" erscheinen. Unter diesem Blickwinkel, und nur unter diesem, wird der amerikanische Kongreß — der aufgrund des strikten Inkompatibilitätsgebots der amerikanischen Verfassung und seiner extensiven Handhabung in der Verfassungswirklichkeit ein reines Backbencher-Parlament ist — seiner Regierung, dem Präsidenten, gegenüber als ein bei weitem machtvolleres Parlament in Erscheinung treten, als das beim britischen Unterhaus (gewertet als reines Back-bencher-Parlament und als Aktionsbühne der Opposition) jemals der Fall sein kann[90]. Andererseits wird ein so angelegter Vergleich aber auch bei einem „Macht-Vergleich" zwischen der amerikanischen Regierung und dem britischen Kabinett zum Ergebnis führen, daß das britische Kabinett als Regierungs-Kollektiv dem amerikanischen Präsidenten, der zugleich Staatsoberhaupt, Regierungschef und einziges verantwortliches und entscheidungsberechtigtes Regierungsmitglied ist, keineswegs als „überleben" angesehen werden kann. Denn obgleich der britische Premierminister in seiner Eigenschaft als Regierungschef über eine erhebliche Machtfülle verfügt, steht er bei seinen Entscheidungen doch in einem weit stärkeren Abhängigkeitsverhältnis zu seinen Kabinettskollegen, ohne deren willige Kooperation er zur tragischen Figur werden kann, als der amerikanische Präsident. Im briti-

---

90 Auch in Deutschland ist es hier und dort Mode geworden, vom britischen Unterhaus zu sagen, es sei heute nicht mehr dem "efficient part" der Verfassung, sondern ebenso wie Krone und Oberhaus überwiegend dem "dignified part" der Verfassung zuzurechnen. Voraussetzung dabei ist jedoch, daß man „Unterhaus" gleich "Backbencher-Parlament" setzt. Aber selbst für dieses „Rumpfparlament" trifft die Formel nur sehr bedingt zu. Daalder hat meines Erachtens völlig zu recht darauf hingewiesen, daß diese Deutung die Strenge der Fraktionsdisziplin, d. h. das Ausmaß dessen, was die Frontbench der Backbench zumuten könne, überschätze, den tatsächlichen Einfluß der Back-bencher, unter denen sich auch die Führer von morgen befinden, unterschätze, und vor allem die Rolle und Wirksamkeit der parlamentarischen Opposition falsch einschätze bzw. völlig außer acht lasse. Daß die Opposition im Unterhaus zum "dignified part" gehöre, dürfte doch wohl eine polemische Überspitzung sein. Im übrigen ist Daalder zuzustimmen, wenn er erklärt: "Whereas the critics of Cabinet government correctly draw attention to the potential conflict of interest between the Cabinet and Parliament, they underestimate the substantial identity of outlook between the two bodies. Indirectly, they therefore underestimate the influence that parliamentary life tends to have on the executive in all its branches. In effect, the concept of "Cabinet Government" means merely that the Cabinet is the activating and leading part of Parliament." Hans Daalder: Cabinet Reform in Britain, 1914—1963, Stanford, Calif., 1963, S. 4, siehe auch die ebd. Anm. 6 und 7 angeführte Literatur.

schen Kabinett muß immer erst eine grundlegende Übereinstimmung zwischen Mehreren erzielt worden sein bzw. als gegeben vorausgesetzt werden können, bevor die Regierung wichtige Entscheidungen zu treffen vermag. Der amerikanische Präsident muß formell nur mit sich selbst ins Reine kommen. Seine Entscheidung ist immer zugleich die unbestrittene und unanfechtbare Entscheidung der Regierung. Und was das Wichtigste ist: Der amerikanische Präsident kann die öffentliche Meinung ganz anders mobilisieren, sich ihr ganz anders ins Bewußtsein bringen, als dies ein Kabinettskollektiv oder ein Premierminister vermöchte.

Die Beziehungen zwischen Regierung und Parlament in einem parlamentarischen und präsidentiellen Regierungssystem können demnach prinzipiell so verschiedenartig sein, daß ein isolierter Vergleich zwischen den Parlamenten dieser Systeme ohne Parallelvergleich mit der Regierung und der faktischen Wechselbeziehung beider zueinander zu keinem befriedigenden Resultat führt. Soweit der Fraktionsdisziplin die Funktion zukommt, die „Gewaltenteilung" zwischen Parlament und Regierung erheblich zu relativieren, wenn nicht faktisch aufzuheben, wird sie es sein, die einem parlamentarischen Parlament seine „unvergleichbaren" Eigenheiten gegenüber einem präsidentiellen Parlament verleiht. Dieser Sachverhalt muß daher auch bei einem Vergleich der institutionellen und strukturellen Eigenheiten und Gemeinsamkeiten von Kongreß, Unterhaus und Bundestag stets im Auge behalten werden.

VI. Zusammenfassung

Die Formeln „präsidentielles und parlamentarisches Regierungssystem", „Bundesstaat und Einheitsstaat", „Arbeitsparlament und Redeparlament" kennzeichnen verschiedene Grundformen oder primäre Typen institutioneller Zuordnungen bzw. Parlamentstypen, von denen in der politischen Praxis je drei in unterschiedlichster Ausgestaltung und Kombination auftreten können. Zwei Musterbeispiele konsequenter, geschichtlich gewachsener Kombinationen, die darauf hinweisen, daß je drei der angeführten Typen in besonderer Weise aufeinander bezogen sind, einander „logisch" bedingen und ergänzen, sind das amerikanische und das britische Regierungssystem.

In den *USA* bilden präsidentielles Regierungssystem, Bundesstaat und Arbeitsparlament eine operative Einheit. Die Arbeitsprozesse im Kongreß und die Verhaltensweisen der dem Kongreß erst politische Realität verleihenden Abgeordneten sind weitgehend durch die Besonderheiten des präsidentiellen und bundesstaatlichen Systems der USA bestimmt. Dieses extrem dezentralisierte System bleibt aktionsfähig bzw. operativ, d. h. es „funktioniert" auch dann, wenn die im Kongreß vertretenen Parteien bei Sachentscheidungen keine nennenswerte Abstimmungsdisziplin befolgen. Der Präsident, der allein die politische Verantwortung für die Entscheidungen der Regierung trägt, ist nur den Wählern, nicht dem Kongreß gegenüber politisch verantwortlich. Die Parteien im Kongreß sehen sich demgemäß nicht mit der Aufgabe konfrontiert, eine stabile Mehrheit erstellen zu müssen, um die Regierung im Amt zu halten. Das wichtigste systembedingte Motiv mehrheitsbildender und mehrheitssichernder Fraktionsdisziplin und Abstimmungskohäsion wird damit hinfällig. Kongreßmehrheit und Präsident stehen lediglich in einem relativen Abhängigkeitsverhältnis und weitgehend in einem Konkurrenzverhältnis zueinander. Das hat seine Auswirkungen auf die Struktur der Parteien innerhalb und außerhalb des Kongresses. Im amerikanischen Zweiparteiensystem sind innerhalb beider Kongreßhäuser Mehrheitspartei und Minderheitspartei nur organisatorisch eindeutig voneinander abgesetzt, weniger in ihrem Verhältnis zum Präsidenten und in ihrer Funktion als Mehrheits- und Oppositionspartei.

In *Großbritannien* bilden demgegenüber parlamentarisches Regierungssystem, Einheitsstaat und Redeparlament eine operative Einheit. Der Einheitsstaat ermöglicht die Machtkonzentration in einer Kammer, dem Unterhaus. Das absolute Abhängigkeitsverhältnis zwischen Kabinett und Unterhaus (im heutigen Sprachgebrauch üblicherweise mit „dem Parlament" schlechthin gleichgesetzt) zwingt zur engen Verbindung. Das Zweiparteiensystem ermöglicht die nahezu perfekte Integration von Regierung und Parlamentsmehrheit. Der Führer der Mehrheitspartei ist der Regierungschef. Seine Stärke hängt von der Stabilität der ihn und sein Kabinett stützenden Mehrheit ab. Die Perfektion und Qualität der Mehrheitsdisziplin bestimmt die Aktionsfähigkeit und Amtsdauer der Regierung und damit den politischen Einfluß sowie das Durchsetzungsvermögen der Mehrheitspartei selbst. Der relativ hohe Grad an praktizierter Fraktionsdisziplin ist primär systembedingt und geringfügiger ideologisch begründet.

Das gilt ebenso für die Oppositionspartei, die sich lediglich dann deutlich von der Mehrheit absetzen kann und konkurrenzfähig zu sein vermag, wenn sie es versteht, sich als disziplinierte Gruppe dem Wähler ins Bewußtsein zu bringen. Nur so kann sie sich den Wählern ernsthaft als regierungsfähige Alternative zur herrschenden Regierungsmehrheit anbieten. Die einzige „offizielle Bühne", von der aus die Führungsgruppen der Opposition und deren Premierkandidat öffentlich agieren und als Amtsträger in Aktion treten können — die Rolle eines Regierungschefs oder Ministers einer „Landesregierung" bietet sich im britischen Einheitsstaat nicht an —, ist das Unterhaus. Hier im Parlamentsplenum das Kabinett und den Regierungschef selbst zur Rede und Antwort verpflichten zu können, ist die wichtigste Chance der Opposition, öffentlichwirksam Kritik und Kontrolle zu üben, ihren politischen Einfluß zu verstärken, für ihre Auffassungen erhöhte Aufmerksamkeit und Publizität zu finden sowie ihrem herausfordernden Konkurrenzkampf mit der Regierungsmehrheit größere Wirksamkeit zu verleihen. Es ist daher Aufgabe der Opposition, und es muß vor allem in ihrem Interesse liegen, der Parlamentsrede im Plenum sowie dem kritischen Streitgespräch mit der Regierung Gewicht und Profil zu geben sowie Gemeinsamkeiten und insbesondere Gegensätze zwischen Regierungs- und Oppositionspolitik deutlich zu machen.

Der Präsident der *USA* nimmt das machtvollste Amt ein, in das eine Einzelperson im amerikanischen Regierungssystem gewählt werden kann: in ihm allein „ruht die exekutive Gewalt". Er ist jedoch einbezogen in ein extrem dezentralisiertes System, in dem der Kongreß über eine Entscheidungsgewalt verfügt, die zumindest im innenpolitischen Entscheidungsprozeß faktisch der des Präsidenten gleichkommt, und in dem die Entscheidungen beider von einer unabhängigen Verfassungsgerichtsbarkeit überprüft und gegebenenfalls aufgehoben werden können. Der Kongreß selbst ist ebenfalls „dezentralisiert", aufgegliedert in zwei gleichberechtigte, miteinander mehr oder weniger konkurrierende Häuser und jedes Haus wiederum in eine Reihe machtvoller Ausschüsse, von denen jeder für sich im „Namen des Kongresses" (bzw. des jeweiligen Hauses) in bestimmten Bereichen über gewichtige Vorentscheidungsbefugnisse verfügt. Dank dieser Befugnisse sind die Ausschüsse oftmals in der Lage, die endgültige Entscheidung des Kongresses vorwegzunehmen bzw. richtungweisend festzulegen. Die sowohl innerhalb wie außerhalb des Kongresses stark dezentralisierten Parteien, die nur in Teilbereichen wirksame Disziplin praktizieren, tragen zur Koordinierung dieser gestreuten Macht auch im Kongreß selbst lediglich in relativ beschränktem Ausmaße bei.

In *Großbritannien* ist die staatliche Macht demgegenüber faktisch in jeder Hinsicht betont zentralisiert. Wenn der Premierminister auch sowohl im Rahmen seines Kabinetts wie hinsichtlich seiner Möglichkeiten, als Regierungschef auf die öffentliche Meinung gestaltend einzuwirken, nicht über die gleiche Machtfülle verfügen dürfte wie der amerikanische Präsident, so ist er als anerkannter Führer einer mehr oder minder disziplinierten Mehrheitspartei im politischen Entscheidungsprozeß doch faktisch mit zumindest gleicher (wenn nicht größerer) Entscheidungsgewalt ausgestattet wie der Präsident innerhalb des Regierungssystems der USA. In diesem Zusammenhang sei auf einen weiteren „zentralisationsfördernden" Aspekt verwiesen: während der amerikanische Regierungssitz Washington lediglich das politische „Bundeszentrum" und ansonsten nur eine Stadt unter anderen ist, gilt der Parlaments- und Regierungssitz London als die konkurrenzlos dominierende Zentrale des ganzen Landes sowohl in politischer wie in kultureller Hinsicht, als Banken- wie Wirtschaftszentrale, als das Gebiet der weitaus größten Bevölkerungsdichte wie vor allem als die Metropole der öffentlichen Meinungsbildung, was insbesondere für Fernsehen, Rundfunk und Presse gilt; 80 % der englischen Presseerzeugnisse werden hier produziert.

Daß die hochgradige Machtkonzentration in der Führungsgruppe der Regierungsmehrheit — deren Entscheidungen aufgrund des vorherrschenden Konzepts uneingeschränkter Parlamentssouveränität verfassungsrechtlich keinerlei Schranken gesetzt sind[91] — nicht in blanke Diktatur entartet, liegt an dem traditionsgemäß hohen Respekt vor der Opposition und vor allem der Tatsache, daß die Regierungsmehrheit nicht aus einer Gruppe von Politikern besteht, die blind zu militärischer Disziplin bereit sind, sondern die die Grenzen des Zumutbaren seitens der Führungsspitze selbst bestimmen und sich stets das Recht zur „legalen Rebellion" vorbehalten haben. Eine derartige Rebellion in der Mehrheitspartei kann das Ende aller parlamentarischen Parteidisziplin und damit den Regierungssturz, zumindest jedoch — bei Rücktrittsverweigerungen — das Ende aller legitimen Regierungsgewalt bedeuten. Freiheitlich-demokratische Tradition, politische Selbstbeschränkung und Furcht vor Rebellion sind die entscheidenden Schranken gegen einen Mißbrauch der britischen Regierungsmacht.

Die *Bundesrepublik Deutschland* wiederum bietet im Vergleich zum skizzierten amerikanischen und britischen Modell eine Kombination von Strukturelementen, die zueinander in einem Spannungsverhältnis stehen: Die Bundesrepublik besitzt im Gegensatz zur USA ein parlamentarisches Regierungssystem, und zwar — besonders vom Konzept der Parlamentssouveränität abgesehen — in seinen Grundzügen in relativ naher Anleh-

---

91 Siehe hierzu oben S. 28.

nung an das britische Modell. Zugleich ist sie aber im Gegensatz zu England eine *Bundes*republik. Die Bundesrepublik Deutschland ist der bevölkerungsreichste Industriestaat, der ein System aufweist, in dem auf relativ engem Staatsgebiet parlamentarische und bundesstaatliche Strukturelemente miteinander verbunden sind[92]. Die Bundesrepublik weist somit — im Gegensatz zu Großbritannien — die Strukturmerkmale eines stark föderativ relativierten parlamentarischen Regierungssystems auf. Das hat Folgen für die Struktur des Parteiensystems und die Arbeitsweisen der Parlamente. So ist der Bundestag weder ein Redeparlament des britischen Typs noch ein Arbeitsparlament des amerikanischen Typs. Er kombiniert auf bemerkenswerte Weise Elemente beider Parlamentstypen, so daß er seiner Struktur nach als das Beispiel einer weitgehend ausgeglichenen parlamentarischen „Zwischenform" angesehen werden kann. In kaum einem anderen Parlament dürfte es so sehr an der Opposition liegen, welcher Charakterzug in der Parlamentspraxis stärker zur Geltung gelangt und der Öffentlichkeit ins Bewußtsein dringt: der eines arbeitenden Redeparlaments, dessen Plenum weit mehr ist als eine Abstimmungsregistratur, oder der eines redenden Arbeitsparlaments, eines Parlaments, in dem die Opposition durch extensive Ausschußarbeit ein Höchstmaß an unmittelbarer Mitwirkung, ja eine indirekte Regierungsbeteiligung zu gewinnen versucht — und darüber ihre kritische, öffentlich wirksame Kontrollfunktion im Plenum selbst vernachlässigt. Im Bundestag können demnach prinzipiell sowohl der Plenarredner wie der Ausschußexperte gleichermaßen zu den wichtigsten und einflußreichsten Figuren des parlamentarischen Kampffeldes aufsteigen.

Im parlamentarischen System der Bundesrepublik kann sich die Regierung nur so lange im Amt halten, wie keine regierungsfähige Mehrheit gegen sie zustande kommt. Ihre Aktionsfähigkeit ist auf die Kooperation der Bundestagsmehrheit und, vor allem bei Gesetzen, auf die Zustimmung des Bundesrates angewiesen.

Da die Bundestagsmehrheit den Regierungschef zu wählen hat, wird sie nur einen Kandidaten ihres Vertrauens, einen ihrer Parteiführer, der für dieses Amt als qualifiziert angesehen wird, bestellen. Damit wird grundsätzlich die enge Verbindung zwischen Parlamentsmehrheit und Regierung gesichert. Falls nur eine Partei die Bundestagsmehrheit stellt, könnte diese Verbindung zur echten Integration führen. Alle bisherigen Regierungen waren Koalitionsregierungen.

Auch in der Bundesrepublik ist die Amtsdauer und Aktionsfähigkeit der Regierung demnach davon abhängig, ob im Bundestag Fraktionsdisziplin mit dem Ziel der Mehrheitsbildung und Mehrheitssicherung praktiziert wird. Bei einer Koalitionsregierung trägt die Fraktionsdisziplin der einzelnen Regierungsparteien nur dann zur Erfüllung

---

92 Unter den pluralistisch-rechtsstaatlichen Demokratien mit parlamentarisch-bundesstaatlichem Regierungssystem sind vor allem Kanada, Australien und Österreich zu nennen. Kanada hat eine Bevölkerung von etwa 19 Mill. bei einem Bundesgebiet von rund 9,9 Mill. qkm. Australien: 11 Mill. Einwohner und 7,7 Mill. qkm. Österreich hingegen: 7,2 Mill. Einwohner bei nur 83849 qkm. Bundesrepublik Deutschland: etwa 62 Mill. Einwohner bei 248458 qkm Bundesgebiet (einschl. West-Berlin).
Siehe hierzu u.a. Robert R. Alford: Party and Society — The Anglo-American Democracies, London 1964, und Allan Kornberg "Caucus and Cohesion in Canadian Parliamentary Parties", in: APSR, Bd. 69 (März 1966), S. 83—92 (dort weitere Literaturhinweise).

dieser systembedingten Aufgabe bei, wenn sie eine stabile Koalitionsdisziplin ermöglicht bzw. sichern hilft. Auch in der Bundesrepublik ist das relativ hohe Maß an Fraktionsdisziplin vornehmlich systembedingt, besonders bei der CDU/CSU und FDP; bei der SPD tritt stärker das Erbe einer einst betont ideologisch orientierten Partei mit entsprechend motivierter Fraktionsdisziplin hinzu.

Die Oppositionspartei in der Bundesrepublik ist, anders als die britische, nicht ausschließlich auf die „Parlamentsbühne" angewiesen. Sie kann, ebenso wie die Mehrheitsparteien, in einem oder mehreren der elf Bundesländer allein oder in Koalition mit anderen Parteien die Landesregierung und deren Regierungschef stellen. Daraus können sich für alle Parteien gewisse personalpolitische Probleme, insbesondere der Führerauslese, ergeben, wie sie sich in dieser Form in Großbritannien nicht stellen. Der Bundestag steht keineswegs mit gleicher Ausschließlichkeit im Mittelpunkt der Überlegungen all jener Politiker, die in führende politische Entscheidungsämter gelangen wollen, wie dies beim Unterhaus in Großbritannien der Fall ist. Andererseits erscheint das Regierungssystem der Bundesrepublik vor allem dank der relativ straffen Parteiorganisation und guten Kooperation der einzelnen Landesverbände untereinander und mit der Bundesorganisation, innerhalb wie außerhalb des Bundestages, lange nicht so dezentralisiert wie das amerikanische. Im Gegensatz zur britischen Regierungsmehrheit sind Regierung und Bundestagsmehrheit in der Bundesrepublik jedoch, ebenso wie Präsident und Kongreß in den USA, sehr weitreichende verfassungsrechtliche Schranken gesetzt, über deren Einhaltung ein unabhängiges Bundesverfassungsgericht bei Anrufung zu wachen hat. Innerhalb dieser Schranken ein prägendes Gewohnheitsrecht, d. h. grundlegende Verhaltensnormen zu entwickeln, ist für die Parteien und Abgeordneten aufgrund der relativ kurzen Geschichte der Bundesrepublik im Vergleich zu USA und Großbritannien bisher nur in gewissen Ansätzen möglich gewesen.

4. Demokratie und Legitimation

Mit der Forderung nach „mehr Demokratie" und dem Postulat einer „Demokratisierung aller Lebensbereiche" wurden Ende der 60er Jahre in der öffentlichen Diskussion der Bundesrepublik Deutschland Probleme aufgeworfen, die sowohl den Theoretiker als auch den Praktiker der Politik herausforderten. So hatte der Bundesvorsitzende der CDU, Helmut Kohl, in einem 1973 erschienenen Buch sein „Problembewußtsein" mit den Worten bekundet: „Demokratisierung ist eine Grundforderung unserer Zeit. Der moderne Mensch, der in vielfältige Organisationen eingebunden ist, protestiert gegen diese seine Lage. Er sehnt sich nach mehr Mitbestimmung und Selbstbestimmung; dieses Lebensgefühl findet in der Forderung nach Demokratisierung seinen bündigen Ausdruck. Die Politik muß darauf eine Antwort geben, allerdings eine differenzierte und nicht eine dogmatische Antwort... Ich möchte unter Demokratisierung die Forderung verstehen, die Grundwerte der Demokratie nicht nur im politischen Bereich, in der staatlichen Ordnung, sondern auch in anderen Bereichen der Gesellschaft zu realisieren. Diese Forderung wird von der CDU nach den Aussagen ihres Düsseldorfer Programms unterstützt."[1] Mit dem letzten Satz verwies Kohl auf die im Januar 1971 in Düsseldorf vollzogene Revision des Berliner CDU-Programms, in dessen Präambel es seitdem heißt: „Die CDU versteht die Demokratie als eine *dynamische, fortzuentwickelnde* politische Ordnung, die die Mitwirkung der Bürger gewährleistet und ihre Freiheit durch Verteilung und Kontrolle der Macht sichert."

I. Demokratie als „Abgrenzungsvokabel"

Die Betonung dieses Konzepts einer dynamischen Demokratie konnte teilweise als eine Reaktion der CDU auf jene Herausforderung angesehen werden, die der SPD-Vorsitzende Willy Brandt 1969 formulierte. Angesichts des nahenden Wahlkampfes schrieb er damals einen „richtungsweisenden" Artikel unter der Überschrift „Die Alternative", in dem er für seine Parteifreunde feststellte: „Hier ist die Alternative, die so viele übersehen haben: Für die CDU/CSU bedeutet Demokratie eine Organisationsform des Staates. Für die SPD bedeutet Demokratie ein Prinzip, das alles gesellschaftliche Sein der Menschen beeinflussen und durchdringen muß ... Die Forderung nach Demokratisierung ... ist in der Periode der zweiten industriellen Revolution zur zwingenden Notwendigkeit geworden."[2] Damit waren einerseits die Schlagworte

---

1 Zwischen Ideologie und Pragmatismus, Stuttgart 1973, S. 74 f.
2 Sonderheft der „Neuen Gesellschaft", 1. Mai 1969, S. 3 f.

Demokratie und Demokratisierung vom sozialdemokratischen Parteivorsitzenden als politisch-polemische „Grundsatzabgrenzungsvokabeln" gegenüber dem Partner der Großen Koalition in den aktuellen Wahlkampf eingebracht worden. Andererseits wurde jedoch über den zeitbedingten Anlaß hinweg die „Forderung nach Demokratisierung" als „zwingende Notwendigkeit" im geschichtlichen Sinne gedeutet.

Daß sich unter der letztgenannten Perspektive zwischen den Parteivorsitzenden von SPD und CDU eine prinzipielle Verständigung ergibt, läßt das eingangs angeführte Kohl-Zitat zumindest vermuten. So vertritt Kohl die Auffassung, daß, gemäß dem Wandel der Produktionsmittel und der jeweils dominanten Beschäftigungsfelder in Gesellschaft und Staat, zwischen drei gesellschaftlichen Formationen unterschieden werden könne: der Agrargesellschaft, der Industriegesellschaft und der Dienstleistungsgesellschaft (Dahrendorf). Der Wandel innerhalb dieser Gesellschaftsformationen und der Übergang von der einen zur anderen wird entscheidend durch den technischen Fortschritt und die damit bewirkten Änderungen in den Produktionsweisen, Arbeits- bzw. Berufsmöglichkeiten sowie den hiermit verbundenen Organisations-, Verfahrens- und Kommunikationsweisen sowohl im gesellschaftlichen als auch im staatlichen Bereich bestimmt. Während in der Agrargesellschaft die Mehrzahl der Beschäftigten im primären Agrarsektor tätig waren und die vorherrschenden sozialen Organisationen relativ einfache Strukturen aufwiesen, bedeutete der Übergang von der Agrar- zur Industriegesellschaft die entscheidende Verlagerung vom primären zum sekundären, d. h. industriellen Produktionssektor – mit allen Konsequenzen für die hierdurch angezeigte Interessenverlagerung, gesteigerte gesellschaftliche Komplexität und zunehmende Differenzierung in der Arbeitsteilung, den Organisationsstrukturen, Entscheidungsabläufen und Kommunikationsweisen.

Vor allem vollzog sich aber ein spürbarer Wandel in den Wertvorstellungen und insbesondere den gesellschaftlichen Ansprüchen, Erwartungen und Forderungen. Die durch technischen Fortschritt erschlossenen Möglichkeiten eröffneten Erwartungen, deren Realisierung nicht mit den hier und da erhobenen Forderungen Schritt hielt und die so u. a. zu „psycho-sozialen Staulagen" (Kohl) führten. Ein derartiger gesamtgesellschaftlicher Wandel wirkt sich auch insofern auf das politische Herrschaftssystem aus, als er in der Regel einen Wandel des Legitimationsverständnisses hervorruft, d. h. einen Wandel in den Überzeugungen davon, welche politischen und staatlichen Herrschaftsformen und Entscheidungsweisen, welche Institutionen und Handlungen in ihrem sozialen Geltungsanspruch als rechtmäßig anzuerkennen sind.

Der mit dem gesamtgesellschaftlichen Wandel einhergehende politische Legitimationswandel findet in der Forderung nach Demokratisierung seinen Ausdruck. Diesen Sachverhalt hat der Politikwissenschaftler Franz L. Neumann gemeint, wenn er 1950 die These formulierte: „In der Agrargesellschaft ist die Praxis der Demokratie verhältnismäßig einfach – aber ein innerer Bedarf nach Demokratie scheint kaum zu bestehen. In der Industriegesellschaft wird die Praxis der Demokratie zusehends schwieriger – aber der innere Bedarf nach Demokratie wächst"[3], wobei „innerer Bedarf" hier für

---

3 Franz Neumann „Die Wissenschaft der Politik in der Demokratie" Vortrag, gehalten vor den Studenten der Freien Universität und der Deutschen Hochschule für Politik am 2. Februar 1950 in Berlin, Berlin 1950, S. 10.

„Legitimation" stehen mag. Neumann verweist mit dieser These auf zwei Vorgänge, die die Brisanz der Problematik verdeutlichen sollen. Einerseits wächst das Verlangen nach Demokratie: Die Forderung nach Demokratisierung wird zur Kampfparole der nach Gleichberechtigung und Herrschaftsbeteiligung strebenden Bevölkerungsgruppen. Auf der anderen Seite wird jedoch mit zunehmender gesellschaftlicher Komplexität zugleich die Praxis von Demokratie, d. h. die organisatorisch-faktische Ausgestaltung und Sicherung von Mitbestimmung und Entscheidungsteilhabe an gesellschaftlicher und staatlicher Macht „zusehends schwieriger". Die Forderung nach Demokratisierung ist insofern nicht nur Ausdruck eines gewandelten Legitimationsverständnisses, sondern zugleich ein Zeichen für erschwerte Realisierungschancen, gesteigerte Manipulationsmöglichkeiten und -gefahren und letztlich damit − falls den Legitimationserwartungen entsprochen werden muß und soll − ein Aufruf zu „innovativer Kreativität" bei der Suche nach realisierbaren Organisationsformen, mit denen eine wirksame demokratische Teilhabe ermöglicht werden kann.

Das bisher Gesagte hat insoweit eine ganz besondere Aktualität, da wir uns gegenwärtig offenkundig im Übergang von der Industrie- zur Dienstleistungsgesellschaft befinden, zu jener Gesellschaftsformation also, in der im Arbeitsmarkt (zumindest, was den prozentualen Anteil betrifft) dem tertiären Sektor der Dienstleistungen im weitesten Sinne − Bürokratien aller Sparten, Handel, Bildung, Freizeit − zunehmend eine, ja *die* entscheidende Bedeutung zukommt. Daher heute auch der verschärfte Kampf um erfolgversprechende Einstiegchancen in den Dienstleistungsbereich: z. B. über den Erwerb von Universitätsexamina. Für diesen Übergang zu einer neuen Gesellschaftsformation gilt nun Neumanns These in verstärkter Weise: Das Verlangen nach mehr Demokratie, nach Demokratisierung wird zur „Grundforderung unserer Zeit" − während die Praxis der Demokratie nicht nur zusehends schwieriger wird, sondern im Gestrüpp der einander überlagernden Organisations- und Kompetenzgefüge zu ersticken droht. Es geht heute schon in weiten Bereichen eher um die Erhaltung demokratischer Substanz als um den Ausbau von Mitwirkungsrechten. So lief etwa die Demokratisierung des Wahlrechts zum Bundestag (Ausweitung des Wahlrechts auf alle Staatsbürger ab 18 Jahren) parallel mit einer zunehmenden Kompetenzverlagerung von Parlamentsrechten auf europäische Institutionen (sprich Bürokratien), die bis heute keine allzu wirksame demokratische oder gar parlamentarische Kontrolle kennen.

Fazit: Daß mit dem Stichwort „Demokratisierung" ein zeitgeschichtliches Zentralproblem angesprochen wird, ist demnach auch zwischen den Parteivorsitzenden von SPD und CDU unbestritten. Hierin stimmen sowohl die Praktiker als auch die Theoretiker der Politik überein.

Anders steht es jedoch mit der differenzierenden Antwort auf die Frage, was mit den Worten Demokratie und Demokratisierung denn nun konkret gemeint sei. Eine sinnvolle Verwendung der Begriffe Demokratie und Demokratisierung setzt eine Begriffsdifferenzierung voraus. Es kann dabei zwischen einem *statischen* und *dynamischen* Demokratiebegriff, einerseits und einem *monistischen* und *pluralistischen* Demokratiebegriff andererseits unterschieden werden.

Demokratie im statischen Verständnis meint ein politisches Ordnungskonzept, das ausschließlich an formalen Organisationskriterien orientiert ist und in seiner Anwendung allein auf den Staat beschränkt wird. Das dynamische Demokratieverständnis, welches demgegenüber betont von dem Gedanken der Fortentwicklung geprägt wird, begreift Demokratie als eine politische Ordnung im Sinne eines Konfliktregelungsverfahrens, das grundsätzlich in allen sozialen Organisationen zur Anwendung gelangen könnte, in denen unter Gleichberechtigten (als Individuen oder Gruppen) über Interessen oder Wertpräferenzen entschieden wird. Der dynamischen Demokratie entsprechen demnach Organisationsformen, mit denen „die Grundwerte der Demokratie nicht nur... in der staatlichen Ordnung, sondern auch in anderen Bereichen der Gesellschaft" (Kohl) realisiert werden können.

II. Monistische und pluralistische Demokratie

Von zentraler Bedeutung ist die Unterscheidung zwischen monistischer und pluralistischer Demokratie[4]. Hiermit werden zwei Grundformen des Demokratieverständnisses bezeichnet, die in idealtypischer Schärfe zwar selten vertreten werden, den verschiedenen Demokratiekonzeptionen jedoch als konträre Denkvorstellungen zugrunde liegen. Die Unterschiede zwischen dem monistischen und pluralistischen Demokratieverständnis lassen sich vor allem an vier konträren Grundannahmen festmachen, die zu unterschiedlichen Ansichten führen über a) den Menschen als dem „Baustein" jeder politischen Ordnung, b) die „Gesetzmäßigkeit" und das Ziel der Geschichte einschließlich der daraus ableitbaren Folgerungen für gesellschaftliche Zukunftsentwürfe, c) das „Gemeinwohl" und dessen Bestimmbarkeit sowie d) die sich aus diesen Annahmen ergebenden Konsequenzen für den allgemeinen Bedingungsrahmen eines politischen Willensbildungs- und Entscheidungsprozesses, welcher Emanzipation, d. h. optimale Selbstbestimmung aller in Freiheit und Gleichheit ermöglichen soll.

Geht man von diesen vier Fragekomplexen aus, so können, um die jeweilige Denkrichtung anzuzeigen, dem *monistischen Demokratieverständnis* folgende Grundannahmen zugerechnet werden: a) Letzte Aussagen über den Menschen, dessen Bewußtsein determiniert und dessen Interessen objektiv bestimmbar sind, sind möglich (so lautet etwa der Zentralsatz bei Rousseau, dem „Erzvater" monistischer Demokratieauffassungen, „der Mensch ist gut"). b) Aus der Geschichte lassen sich klare Gesetzmäßigkeiten ableiten, die zugleich eine in ihren Konturen relativ präzis bestimmbare Zukunftsprojektion zulassen (die „klassenlose Gesellschaft" als Ziel der Geschichte). c) Es gibt ein „richtiges" Gemeinwohl, das in seiner Richtigkeit vorgegeben und erkennbar ist. Derjenige, der es in seiner Richtigkeit erkannt hat, wird damit legitimiert, notfalls auch extreme Mittel zu seiner Verwirklichung (im Interesse aller!) anzuwenden. d) Freiheit und Gleichheit lassen sich nur dann in einem politischen System verwirklichen, wenn im sozioökonomischen Bereich Homogenität besteht (was „private" Verfügungsgewalt über wirtschaftliche Macht bzw. über Produktionsmittel ausschließt) und alle Entscheidungsbetroffenen an der Entscheidungsfindung direkt beteiligt werden.

4 Vgl. meinen Aufsatz „Monistische oder pluralistische Demokratie? Zugleich eine Auseinandersetzung mit Schelsky's Demokratie – Thesen", in: G. Doeker und W. Steffani (Hrsg.), Klassenjustiz und Pluralismus – Festschrift für Ernst Fraenkel, Hamburg 1973, S. 482–514.

Dem komplex strukturierten *pluralistischen Demokratieverständis* wären demgegenüber als Grundannahmen zuzurechen: a) Die Überzeugung, daß der Mensch nicht total „bekannt gemacht" werden kann und es die Würde jedes einzelnen ausmacht, über die „Sinnbestimmung" seines Daseins letztlich selbst zu befinden. b) Daß der Mensch nicht als total berechenbare Größe in eine entsprechend bekannt gemachte bzw. in ihren Gesetzmäßigkeiten wissenschaftlich erschlossene Geschichte und davon ausgehende Entwürfe künftiger Gesellschaftsgestaltung einbezogen werden kann. Darauf beruhende, mit dem Anspruch alleiniger Richtigkeit auftretende Wahrheitsbehauptungen können nicht anerkannt werden. c) Es gibt kein Gemeinwohl, das vorgegeben und richtig ist und als solches eindeutig erkennbar wäre, vielmehr bleibt Gemeinwohl immer eine Behauptung. Gemeinwohl ist das zur Disposition stehende Ergebnis des politischen Willensbildungs- und Entscheidungsprozesses, wobei die konkurrierenden Parteiprogramme als Versuche politischer Aktivgruppen anzusehen sind, Gemeinwohlvorstellungen zu formulieren. Dieses Gemeinwohlverständnis begründet für die Minderheit das fundamental wichtige Recht, als Opposition auch mehrheitlich akzeptierte Gemeinwohlvorstellungen kritisieren und für die Durchführung bzw. Beachtung ihrer eigenen Vorstellungen werben und konkurrieren zu können. Auf Grund dieses Gemeinwohlverständnisses begründet pluralistische Demokratie – im Gegensatz zur monistischen – die Legitimität von politischer Opposition. d) Da eine sozioökonomisch völlig homogene Gesellschaft ohne den Einsatz weitreichender Zwangsmittel, die die Freiheit und Chancengleichheit aller auch langfristig wesentlich beschränken würde, weder herstellbar noch dauerhaft aufrecht zu erhalten wäre, muß – auch bei freiheitlich-sozialistischen Gesellschaftsentwürfen – eine Heterogenität gesellschaftlicher Wirklichkeit als Bedingungsrahmen des politischen Prozesses in Rechnung gestellt werden. Diese Einsicht hat erhebliche Konsequenzen für die Ausgestaltung der Organisationsstrukturen und „Spielregeln" des politischen Systems. Dabei ist die Erkenntnis wichtig, daß kein politisches System ohne einen Minimalkonsens optimale Selbstbestimmung in Freiheit und Gleichheit ermöglichen kann. Daher müssen bei einer offenen, freiheitlichen Konfliktaustragung – der Grundbedingung pluralistisch-demokratischer Konfliktregelung – Konsens und Dissens in einer sowohl der Mehrheit als auch der Minderheit prinzipiell zumutbaren Balance bleiben. Nach pluralistischem Verständnis ist daher – und dies ist für pluralistisches Verständnis von schlechthin fundamentaler Bedeutung – gemäß Ernst Fraenkel zwischen einem notwendigen unstrittigen Sektor (Konsens), dem Bereich anerkannter Grund- und Menschenrechte sowie fundamentaler, rechtsstaatlich gesicherter Verfahrensregeln, und einem ebenso notwendigen strittigen Sektor (Dissens), dem Bereich des politischen Konflikts und der politischen Gestaltung, zu unterscheiden. Grundsätzlich gilt dabei der Erfahrungssatz, daß im strittigen Sektor politische Konflikte – auch solche um die Wirtschaftsordnung, die beispielsweise im Grundgesetz nicht als „soziale Marktwirtschaft" festgeschrieben wird – desto offener ohne Zerfall des Systems ausgetragen werden können, je stabiler der Konsensbereich ist, d. h. je umgreifender die freiwillige Anerkennung der Prinzipien des unstrittigen Sektors geleistet wird. Selbstverständlich unterliegt auch der unstrittige Sektor, die das politische System konstituierende gemeinsame Basis allgemein anerkannter Grundwerte und Verfahrensregeln, langfristig historischem Wandel. Der „Grenzkonflikt" zwischen beiden Sektoren, indem etwa im strittigen Sektor getroffene Grundentscheidungen langsam zum Gemeingut des nichtstrittigen Sektors und bisher nicht problematisierte Überzeugungen des nichtstrittigen Sektors zu zentralen Streitfragen werden (ein besonderes Problem wäre dabei das Beispiel der Debatten um den § 218), ist in mehr oder weniger erheblichem Ausmaße stets aktualisierbar. Ebenso selbstverständlich ist jedoch die Gewißheit, daß ein fundamentales Infragestellen des nichtstrittigen Sektors Existenzkrisen pluralistischer Demokratie anzeigt.

Monistische Demokratiekonzeptionen, wie sie hier in ihren Grundannahmen skizziert wurden, sind in sich konsequent strukturiert. Ihr Zentralsatz ist die These von der Indentität der Regierenden und Regierten. In ihrer prinzipiellen Radikalität mag auch die intellektuelle Faszination begründet sein, die die Identitätsthese zu entfalten vermag. Der damit üblicherweise verbundene Richtigkeitsanspruch – der selbstverständlich auch die moralische Heilsgewißheit umgreift – ermöglicht ein Engagement, das an religiöse Ersatzbefriedigung grenzen kann. Sobald mit einem derart strukturierten monistischen Demokratieverständnis Wahrheitsansprüche (wie beim Marxismus-Leninismus der DKP) und der Wille ihrer radikalen Durchsetzung verbunden werden, entartet das monistische, radikaldemokratische Konzept erfahrensgemäß zum Legitimationskonzept totalitärer Demokratie.

Das pluralistische Demokratieverständnis kann es demgegenüber weder an radikaler Reinheit, noch an historischer Gewißheit, noch hierauf beruhender Faszination mit monistischen Konzepten aufnehmen. Das pluralistisch-demokratische Legitimationskonzept verkündet keine Heilsbotschaft. Das pluralistische Demokratiekonzept wird vielmehr von der Überzeugung getragen, daß eine politische Ordnung und ein politischer Willensbildungs- und Entscheidungsprozeß, der von den skizzierten Grundannahmen ausgeht, zwar keine absolute Garantie zur Verwirklichung sozialer Gerechtigkeit, Freiheit und Chancengleichheit bietet, für diese Zielsetzungen jedoch im Vergleich zu anderen bisher bekannten Entwürfen politischer Ordnung erfahrungsgemäß die optimalsten Voraussetzungen begründet. Sobald eine so geartete pluralistische Konzeption allerdings dazu verwandt wird, um den erreichten gesellschaftlichen und politischen Status quo eines politischen Systems dergestalt zu sichern, daß eine Diskussion seiner Schwächen sowie die anderer und neuer Entwürfe für illegitim erklärt und Innovationsbereitschaft unterbunden wird, droht das pluralistische Demokratieverständnis zu einem Rechtfertigungskonzept restaurativer Erstarrung zu entarten. Pluralistische Demokratie ist ein Konzept, das dem Frieden, d. h. dem „gewaltfreien Systemwandel" (Czempiel) dienen soll.

Aus dem Dargelegten wird ersichtlich, daß es für eine Verständigung von erheblicher Bedeutung ist, bei einer Verwendung der Worte Demokratie und Demokratisierung danach zu fragen, ob sie von einem statischen oder dynamischen bzw. monistischen oder pluralistischen Verständnis ausgehen. Unter den Kombinationsmöglichkeiten zwischen diesen Grundauffassungen sind für das westdeutsche Parteiensystem neben dem statisch-pluralistischen Demokratieverständnis, zu dessen Sprecher der ehemalige CDU-Generalsekretär Bruno Heck wurde und das in dieser Partei noch eine Rolle spielt, heute vor allem zwei Kombinationen ausschlaggebend: das dynamisch-monistische und das dynamisch-pluralistische Demokratieverständnis.

Das dynamisch-monistische Demokratieverständnis kann in zwei Varianten auftreten: der rousseauistisch-bürgerlichen (wie bei Schelsky) und der marxistischen, die von mehr oder weniger mit liberalen Elementen (Grundrechte; Bekenntnis zum Recht auf politische Opposition) versetzten Konzeptionen der Neuen Linken bis zur grundgesetzkonträren Demokratieauffassung in der Fasson des Marxismus-Leninismus der DKP reichen.

Die Parteien des Deutschen Bundestages, SPD, CDU/CSU und FDP, bekennen sich heute — gemessen an den Aussagen ihrer Parteiprogramme und Parteivorsitzenden — übereinstimmend zu einem dynamisch-pluralistischen Demokratieverständnis. Demokratie im dynamisch-pluralistischen Verständnis bezeichnet demnach zur Fortentwicklung offene politische Organisationsformen und Verhaltensnormen zur Verwirklichung von Freiheit und Chancengleichheit mittels optimaler Selbstbestimmung bei Abbau weder rational begründbarer noch als legitim erachteter Fremdbestimmung und optimaler Kontrolle aller Herrschaftspositionen: Organisationsformen und Verhaltensnormen, die in ihren Prinzipien grundsätzlich über den staatlichen Bereich im engeren Sinne hinaus auch auf andere soziale Organisationen der Gesellschaft anwendbar sind.

Allerdings ist dabei zwischen dem pluralistischen Demokratieverständnis der nichtsozialistischen Parteien CDU/CSU und FDP einerseits und dem der SPD anderseits zu unterscheiden. Denn das Godesberger Programm der SPD vom Jahre 1959, das sich in klarer Frontstellung gegen das monistische Verständnis des Kommunismus bzw. bürokratischen Sozialismus östlicher Prägung wendet, bekennt sich eindeutig zu einem pluralistisch-demokratischen Sozialismus. Pluralismus, Demokratie und Sozialismus werden dabei insofern eng aufeinander bezogen, als im Godesberger Programm zunächst unter der Überschrift „Grundwerte des Sozialismus" ein pluralistisches Grundverständnis vom Menschen, seiner Geschichte und dem Gemeinwohl skizziert wird, während anschließend Demokratie und Sozialismus auf bedeutsame Weise miteinander verbunden werden: „Sozialismus wird nur durch die Demokratie verwirklicht, die Demokratie durch den Sozialismus erfüllt." Diese Identifikation von Demokratie und Sozialismus bildet die eigentliche „Alternative" zwischen dem Demokratieverständnis von CDU und SPD. Anfang 1969 hatte Willy Brandt erklärt: „Für die SPD bedeutet Demokratie ein Prinzip, das alles gesellschaftliche Sein der Menschen beeinflussen und durchdringen muß."[5] Diese Forderung wurde in der Regierungserklärung vom 28.10.1969 mit den Worten „wir wollen mehr Demokratie wagen" in die Formel von der „Demokratisierung aller Lebensbereiche" gebracht. Für die Sozialdemokratische Partei kann Demokratisierung demnach als „Verwirklichung sozialistischer Prinzipien in allen Lebensbereichen" gedeutet werden.

Sollen die Begriffe Demokratie und Demokratisierung über die bisher erörterten Unterscheidungen hinaus als wissenschaftlich-analytische Begriffe einer sinnvollen Verwendung zugeführt werden, so sind weitere Differenzierungen erforderlich. Dies gilt insbesondere für den Demokratisierungsbegriff.

---

5 Brandt a.a.O. (Anm. 2) S. 4.

Die Demokratisierungsvokabel ist eine hochgradig politische Vokabel; sie fordert zur Stellungnahme heraus. Ihre Verwendung kann begrüßt, mit Entrüstung abgelehnt, resignierend zur Kenntnis genommen, kritisiert oder mit positiven Idealvorstellungen bzw. negativen Feindbildvisionen aufgeladen werden. Wer die Demokratisierungsvokabel als gegenwärtig wirkungsvolle politische Waffe – zur Rechtfertigung eigener Absichten oder, im Kontrast dazu, als Negativbegriff zur totalen Verdächtigung des Gegners bzw. Abqualifizierung politisch unangenehmer Forderungen anderer – gezielt polemisch verwenden will, tut in Freiheit, was er offensichtlich für sinnvoll hält. Das schließt sicherlich eine andere, differenzierende Verwendung nicht aus. Sollen die Vokabeln der Verständigung zugänglich gemacht werden, empfiehlt sich eine Präzisierung, die einerseits hinreichend bestimmt ist, um Differenzierungen zuzulassen und andererseits doch allgemein genug, um handhabbar zu bleiben.

III. Begriffsdifferenzierungen

Ausgehend von der grundlegenden idealtypischen Unterscheidung zwischen monistischem und pluralistischem Demokratieverständnis kann eine hinreichende Differenzierung der Begriffe Demokratie und Demokratisierung gewonnen werden, wenn – gleichsam mehrebenenanalytisch gemäß üblichem Sprachgebrauch – zwischen vier Differenzierungsebenen unterschieden wird:

1. Demokratie als komplexe Systembezeichnung,
2. als Legitimationskonzept,
3. als Ordnungsprinzip,
4. als Verhaltensprinzip.

Zu diesen vier Anwendungsebenen in Stichworten folgendes:

1. „Demokratie als *komplexe Systembezeichnung*" besagt, daß der Demokratiebegriff häufig zur Kennzeichnung des Gesamtbildes eines politischen Systems, etwa im Vergleich zu früheren Stadien seiner eigenen Entwicklung oder im Vergleich zu anderen politischen Systemen, verwandt wird. Da heute kaum ein Land auf den Anspruch verzichtet, eine Demokratie zu sein, wurde es notwendig und üblich, differenzierende „Globalbegriffe" („komplexe Systembezeichnungen") einzuführen. Politische Systeme, die sich in ihrer Gesamtstruktur am Leitbild pluralistischer Demokratie orientieren, stehen dabei üblicherweise unter der Bezeichnung „westliche Demokratie" oder „freiheitliche Demokratie", während primär monistisch orientierte, einem marxistisch-leninistischen Grundbekenntnis verpflichtete Systeme mit den Vokabeln „östliche Demokratie", „Volksdemokratie" oder „Sowjetdemokratie" versehen werden. Abstraktere Systembezeichnungen wären demnach pluralistische oder liberale Demokratie einerseits, monistische, radikale oder totale Demokratie andererseits. Die Formel des Grundgesetzes „freiheitliche

demokratische Grundordnung"[6] meint die Gesamtheit jener Strukturmerkmale und Prinzipien, die die Bundesrepublik als dynamisch-pluralistische Demokratie kennzeichnen.

2. Daß die Grundstrukturen zweier politischer Systeme sowie die sie jeweils konstituierenden Ordnungsvorstellungen und Verhaltensnormen auch dann auf geradezu konträren *Legitimationsvorstellungen* beruhen können, wenn sich beide als Demokratien bezeichnen, ist anhand der zwei Legitimationstypen pluralistischer und monistischer Demokratie verdeutlicht worden. Legitimität meint dabei die Anerkennung begründeter Rechtmäßigkeit von Institutionen, Verfahrensweisen, durch sie bestellter Entscheidungsträger und deren Handlungen, d.h. die Anerkennung von politischen Institutionen und Handlungen in ihrem sozialen Geltungsanspruch als rechtes. Politische Legitimationskonzepte sind der Ausdruck dafür, was in einem Gemeinwesen als rechtmäßig erkannt und anerkannt wird. Sie sind ebenso Folge und Ausdruck gesellschaftlichen Wandels, der hierdurch bewirkten Erwartungen und Forderungen, wie sie auch, ins Bewußtsein gebracht, auf die politische Gestaltung rückwirken.

3. Demokratie als *Ordnungsprinzip* (Herrschaftsform) meint all jene Organisationsformen und Methoden der Konfliktregelung, die dem demokratischen Postulat, daß die Regierenden den Regierten grundsätzlich zur Disposition stehen müssen, d.h. der Forderung nach kontrollierter Herrschaft, Geltung verschaffen sollen. Die „radikalsten" Lösungen dieses Organisationsproblems werden üblicherweise unter dem Schlagwort „direkte Demokratie" − im Gegensatz zur repräsentativen Demokratie − diskutiert und entworfen. Für monistische Demokraten bedeutet direkte Demokratie die allein „richtige" Organisationsform, die im Konzept identitärer Demokratie unverzichtbar ist. Die radikaldemokratischen Organisationsentwürfe reichen daher von Rousseaus Genfer Modell bis zu den mehr oder weniger komplizierten Rätemodellen für hochindustrielle Massengesellschaften.
Pluralistische Demokratie geht demgegenüber von anderen Kriterien aus. Nicht das radikaldemokratische Identitätspostulat, sondern das Postulat wirksamer Herrschaftskontrolle steht im Vordergrund. Daher wertet pluralistische Demokratie den Rechtsstaat und repräsentative Gewaltenteilungskonzepte zur Herrschaftskontrolle nicht als krebskranke Ersatzlösungen, sondern prinzipiell als die der modernen Industrie- und Dienstleistungsgesellschaft funktional angemessene demokratische Organisationsform. Dieses Demokratieverständnis entspricht auch dem des Grundgesetzes, dessen freiheitliche demokratische Grundordnung vom Bundesverfassungsgericht wie folgt präzisiert wurde: „Zu den grundlegenden Prinzipien dieser Ordnung sind mindestens zu rechnen: Die Achtung vor den im Grundgesetz konkretisierten Menschenrechten, vor allem vor dem Recht der Persönlichkeit auf Leben und freie Entfaltung, die Volkssouveränität, die Gewaltenteilung, die Verantwortlichkeit der Regierung, die Gesetzmäßigkeit der Verwaltung, die Unabhängigkeit der Gerichte, das Mehrparteienprinzip und die Chancengleichheit für alle politischen Parteien mit dem Recht auf verfassungsmäßige Bildung

---

6 Siehe die Art. 10 Abs. 2; 11 Abs. 2; 18; 21 Abs. 2; 87a Abs.4 und 91 GG.

und Ausübung einer Opposition."[7] Die grundlegenden Prinzipien monistischer Demokratie im Sinne marxistisch-leninistischer Ordnungsvorstellungen dürften mit diesem Demokratieverständnis des Grundgesetzes unvereinbar sein. Wenn die DKP − auch unter Berufung auf die „freiheitliche demokratische Grundordnung" des Grundgesetzes, die sie „antifaschistisch" im Sinne ihrer Deutung des Potsdamer Abkommens von 1945 interpretiert − von „demokratischen Prinzipien" spricht, bleibt sie stets ihrem monistischen Grundverständnis verpflichtet.

4. Demokratie als *Verhaltensprinzip*, als Ausdruck einer bestimmten politischen Kultur und ihrer Wertvorstellungen. Ausgehend von der Erkenntnis, daß politische Institutionen nur dann ihrer Zweckbestimmung gemäß gehandhabt werden können, wenn die hierfür erforderlichen Verhaltensprinzipien akzeptiert werden, lassen sich vom jeweiligen Legitimationsverständnis her gewisse „demokratische Tugenden" und Verhaltensnormen formulieren. Nach pluralistischem Demokratieverständnis gehören hierzu neben der prinzipiellen Bereitschaft und Fähigkeit zu aktiver, verantwortlicher Partizipation vor allem Kritikfähigkeit, Konfliktoffenheit, Toleranz, Kompromißbereitschaft, Fairneß, Solidarität. Es sind dies jene demokratischen Tugenden, die den „mündigen Bürger" als „Idealfigur" kennzeichnen. Demgegenüber kann Demokratie in monistischem Sinne im Extremfall Freund-Feind-Denken, tödlichen Klassenhaß und Klassenkampf bedeuten, wobei die kritiklose Annahme und Ausführung von Parteibefehlen zur höchsten Tugend stilisiert und „demokratische Sozialisation" in der Praxis mit dogmatischer Infiltration und Disziplinierung gleichgesetzt wird.

Soweit einiges zum Demokratiebegriff und seiner Differenzierungsmöglichkeit. Was besagt nun Demokratisierung? Die CDU hat 1971 in der Präambel ihres Parteiprogramms die Formel von der „dynamischen, fortzuentwickelnden Demokratie" geprägt. Mit diesem Demokratieverständnis wird deutlich von einem starren Ordnungsdenken Abstand genommen und Demokratie nicht nur als permanent kontrollierte Regierung oder Herrschaft auf Zeit, sondern zugleich als eine auf gewaltfreien Systemwandel durch Reform angelegte permanente Herausforderung des jeweiligen gesellschaftlichen Status quo verstanden: mit dem Ziel, gewonnene Freiheit zu bewahren und zu mehren sowie zur Verwirklichung realer Chancengleichheit und sozialer Gerechtigkeit beizutragen. Der Begriff dynamischer, fortzuentwickelnder Demokratie verweist somit auf Demokratisierungsabläufe. Unter diesem Gesichtspunkt kann mit dem Begriff Demokratisierung, bezogen auf die vier unterschiedenen Differenzierungsebenen, die Kennzeichnung folgender Vorgänge und Zielvorstellungen gemeint sein:

1. Auf der Ebene komplexer Systembezeichnung meint Demokratisierung ganz allgemein die Fortentwicklung bzw. Änderung eines gesamten politischen Systems entsprechend der vorherrschenden Vorstellung demokratischer Legitimation, die prinzipiell pluralistisch oder, wie bei möglichen „Systemüberwindern" in der Bundesrepublik, monistisch orientiert sein können.

---

7 BVerfGE 2. 12 f.

2. Fortentwicklung oder Wandel demokratischer Legitimationsvorstellungen und der damit verbundenen Erwartungen und Forderungen. Diese Fortentwicklung kann entweder von einem breiten Konsens getragen sein und/oder in Auseinandersetzung mit konträren demokratischen Legitimationsvorstellungen erfolgen. Die wechselseitige Herausforderung durch konträre Legitimationsvorstellungen vermag gegebenenfalls zur fundamentalen Polarisierung zu führen. Auf dieser Ebene wird Demokratisierung also verstanden als Wandel oder Fortentwicklung des Demokratieverständnisses und dessen Durchsetzung im Staat und anderen sozialen Bereichen.

3. Auf der Ordnungsebene bedeutet Demokratisierung generell Fortentwicklung und Anwendung von Organisationsmustern und Methoden der Konfliktregelung im staatlichen Bereich und deren Übertragung auf andere soziale Bereiche und Organisationen. Nach heute vorherrschendem Legitimationsverständnis wird unter Demokratisierung allerdings nicht nur die Weiterentwicklung demokratischer Organisationsmodelle und Entscheidungsverfahren im Staat oder deren Anwendung in Parteien und Verbänden verstanden. Vielmehr ist damit gegenwärtig zunehmend die Forderung verbunden, die allgemeine ,,Beweislast" insofern umzukehren, als nun nahezu jede soziale Organisation dazu aufgefordert wird, zu begründen, warum sie der Übertragung bzw. Anwendung demokratischer Entscheidungsverfahren prinzipiell oder zumindest weitgehend unzugänglich sei.

Hierbei kann davon ausgegangen werden, daß entsprechend monistischem oder pluralistischem Grundverständnis die einzelnen Demokratisierungsforderungen erheblich voneinander abweichen können. So bedeutet Demokratisierung im monistischen Verständnis üblicherweise Verwirklichung direkter Demokratie. Dies soll entweder a) durch Abbau bestehender Herrschaftspositionen bis hin zur höchstmöglichen Annäherung an den idealen Identitätszustand der Herrschaftslosigkeit geschehen — (so zumindest das verkündete Postulat, solange man nicht selbst an der Macht ist; nach dem Machtgewinn beginnen dann in der Praxis mit hoher Zuverlässigkeit die den ,,historischen Umständen" entsprechenden Anpassungsinterpretationen: nun sind ja die Richtigen an der Macht) oder b) durch Herrschaftsausübung mittels unverkürzten Mehrheitsentscheids des ,,Volkes" erfolgen. Im erstgenannten Fall reichen die Reformvorstellungen wieder einmal bis zu Versuchen rätedemokratischer Radikallösungen. Im zweiten Fall gelten die Direktwahl aller wesentlichen politischen Entscheidungsträger und der Volksentscheid zu den Minimalforderungen.

Erheblich zurückhaltender gegenüber derart direktdemokratischen Reformforderungen sind normalerweise pluralistische Demokratisierungs-Bestrebungen. Hierbei wird unter Demokratisierung das Bestreben verstanden, dem Verlangen nach optimaler Selbstbestimmung durch möglichst freie und gleiche Mitbestimmung aller Entscheidungsbetroffenen dadurch zu entsprechen, daß demokratische Entscheidungsverfahren dann und insoweit auf soziale Organisationen übertragen werden sollen und können, wenn dadurch die Erfüllung der primären Funktionsziele der betreffenden Organisation nicht verhindert wird oder Grund- und Freiheitsrechte Grenzen setzen. Es ist dabei selbstverständlich, daß die primären funktionalen Organisationsziele entweder (wie bei Religionsgemeinschaften) im verfassungsrechtlich garantierten Bereich des autonomen Handlungsspielraums der Individuen und Gruppen liegen müssen oder in ihrem Geltungsanspruch von den politisch zuständigen, demokratisch bestellten und kontrollierten Entscheidungsinstanzen anerkannt werden müssen (wie z. B. der Wissenschaftsauftrag der Universität oder der Verteidigungsauftrag der Bundeswehr).

4. Auf der vierten Differenzierungsebene schließlich wird Demokratisierung verstanden als Förderung und Fortentwicklung von Verhaltensweisen, deren Annahme und Erlerntsein als eine wichtige Grundvoraussetzung für eine sinnvolle Handhabung der demokratischen Entscheidungsverfahren angesehen wird. Die beste und durchdachteste Organisation und Verfahrensweise muß scheitern, wenn diejenigen, die sie handhaben sollen, zum rechten Gebrauch unfähig bzw. zum Mißbrauch bereit und willens sind. Einer so verstandenen Demokratie als „Lebensform" muß daher vor allem im Blick auf Krisensituationen eine noch höhere Bedeutung als allen verfassungsrechtlichen Garantien demokratischer Verfahrensweisen beigemessen werden. Daß auch auf dieser Ebene je nach demokratischem Grundverständnis — monistisch oder pluralistisch — gegebenenfalls geradezu konträre Sozialisationsziele und Verhaltenspostulate mit dem Schlagwort Demokratisierung verbunden sein können (z. B. Erziehung zum Klassenhaß und Freund-Feind-Denken einerseits oder zur Toleranz Andersdenkenden gegenüber und zur Solidarität aller Demokraten andererseits), bedarf hier keiner Begründung mehr.

In verkürzter Form läßt sich das bisher Erörterte etwa folgendermaßen zusammenfassen: Gesellschaftlicher Wandel bewirkt bzw. findet seinen Ausdruck in demokratischem Legitimationswandel, der, falls ihm politisch Geltung verschafft wird, sowohl auf die gesellschaftlichen und staatlichen Organisationen als auch die Verhaltensweisen mit neuen oder gewandelten Erwartungen und Forderungen einwirkt. Dieser Wandel bzw. diese Fortentwicklung von Demokratie kann differenzierend auf vier Ebenen erfolgen:

1. in der Fortentwicklung bzw. im Wandel des Legitimationsverständnisses,
2. in den Ordnungsvorstellungen und den darauf beruhenden Organisations- und Verfahrensänderungen,
3. in den Verhaltensnormen und Verhaltensweisen sowie schließlich
4. in einer Änderung des gesamten politischen Systems.

Ziele einer derartigen Demokratisierung im dynamisch-pluralistischen Verständnis wären primär die Ausweitung der Chancen von Selbstbestimmung in sozialen Organisationen durch Abbau funktional unbegründeter hierarchischer Strukturen und autoritativer Entscheidungen einerseits und Ausweitung der Mitwirkungschancen der Entscheidungsbetroffenen durch entsprechende Regelungen der Information, Anhörung, Kooperation und Mitentscheidung andererseits. Modifikationen im einzelnen und Grenzen einer derartigen Demokratisierung werden durch die primären Ziele der jeweiligen Organisationen bestimmt, über deren funktionale Bedeutung für die gesamte Gesellschaft letztlich im staatlichen Bereich (Verfassung, Gesetze) entschieden werden muß.

Mit der Demokratisierung im pluralistisch-dynamischen Sinne sind grundsätzlich positive Zielsetzungen verbunden, deren Realisierung allerdings durchaus auch negative Wirkungen hervorrufen kann. Für den demokratischen Staat ist es ein positives Ergebnis, wenn durch die Ausweitung unmittelbarer oder mittelbarer Mitwirkung der Entscheidungsbetroffenen in verschiedenen sozialen bzw. funktionalen Selbstverwaltungsbereichen der Gesellschaft und des Staates eine Stabilisierung des politischen Systems im Sinne einer gewaltfreien Gesellschaftsentwicklung erreicht wird. Damit wäre zugleich eine erhöhte Legitimation sozial-relevanter Entscheidungen gewonnen. Als Negativposten wäre demgegenüber die Gefahr einer Machtbegrenzung, Kompetenzeinengung und letztlich gar Ausschaltung (wie im Falle einer unbegrenzten Universitätsautonomie) zentraler Institutionen und der in ihnen verantwortlich Tätigen, die (wie bei Parlament und Regierung) direkt oder indirekt allgemeinen demokratischen Wahlen unterworfen sind, zu nennen — sowie die Gefahr einer manipulativen Chancenausnutzung durch aktive Minderheiten, die nach Herrschaft streben.

Für die pluralistische Gesellschaft soll Demokratisierung zur erhöhten autonomen Entscheidungschance des Einzelnen und von Gruppen beitragen, beruhend auf Grundrechten und vermittelt durch Gewaltenteilung, Föderalismus und Selbstverwaltung. Als Ziel gilt optimale Sachentscheidung einerseits sowie Interessen- und Wertentscheidung durch die Entscheidungsbetroffenen andererseits. Dem liegt die Annahme zugrunde, daß eine pluralistisch-demokratische Staatsordnung der Ergänzung durch eine pluralistisch-demokratische Gesellschaftsordnung bedarf und heute die eine ohne die andere auf die Dauer, und insbesondere in Krisenlagen, nicht lebensfähig ist. Sicherlich darf dabei nicht übersehen werden, daß Demokratisierung immer auch „Politisierung" mit der Gefahr der Emotionalisierung und ihren Begleiterscheinungen bedeutet. Gleichzeitig werden hierdurch Einflußnahmen eröffnet, die, wenn sie nicht von möglichst allen Entscheidungsbetroffenen verantwortlich wahrgenommen werden, aktiven bzw. privilegierten Minderheiten Manipulationsmöglichkeiten verschaffen. Diese Gefahren nötigen zum Realismus, nicht jedoch zur Resignation.

5. Parlamentarismus und Demokratie in der Europäischen Gemeinschaft und deren Mitgliedsstaaten

Die westlichen Demokratien sind entweder parlamentarische oder präsidentielle Demokratien. Ein besonderes Kennzeichen dieser Demokratien ist somit ihr „Parlamentarismus": ein Begriff, der üblicherweise zur Bezeichnung typischer Organisationsmerkmale westlicher Demokratien verwandt wird.

Neun Demokratien Westeuropas haben sich seit den 50er Jahren zu Europäischen Gemeinschaften zusammengeschlossen. Falls Parlamentarismus und Demokratie Merkmale der europäischen Mitgliedsstaaten sind, könnte davon ausgegangen werden, daß diese Prinzipien auch deren Gemeinschaftsorganisation bestimmen. Es stellt sich somit die Frage, was in den Europäischen Gemeinschaften und deren Mitgliedsstaaten unter Parlamentarismus und Demokratie verstanden wird, inwieweit die in den Nationalstaaten geltenden Prinzipien auch auf die zwischenstaatlichen Gemeinschaftsorganisationen übertragen werden können und welche Bedeutung in diesem Zusammenhang parlamentarischen Versammlungen beizumessen sind.

Da der Rat der Europäischen Gemeinschaften am 20. September 1976 die Durchführung der ersten Direktwahl eines Europäischen Parlaments beschlossen hat[1], die laut Beschluß der Gipfelkonferenz von Kopenhagen nun in der Zeit vom 7. bis 10. Juni 1979 − d. h. drei Monate vor der vierzigsten Wiederkehr des Jahrestages des Beginns des Zweiten Weltkrieges − erfolgen soll, wird darüber hinaus auch der Bedeutung und den Konsequenzen dieser Tatsache nachzugehen sein.

Zur Diskussion stehen demnach Probleme des supranationalen, nationalen und subnationalen demokratischen Parlamentarismus im westlichen Europa angesichts der ersten europäischen Volkswahl.

I. Parlamentarismus und Demokratie

Bei der Verwendung der Vokabel „Parlamentarismus" ist zwischen einem allgemeinen und einem speziellen Parlamentarismusbegriff zu unterscheiden[2]. Parlamentarismus im allgemeinen, undifferenzierten Sinne dient als Sammelbezeichnung für all die Repräsentativsysteme, in denen eine Versammlung oder parlamentarische Körperschaft im politischen Prozeß und Gesamtzusammenhang des politischen Systems eine wie auch immer geartete Rolle spielt.

---

1 Die Bestimmungen sind abgedruckt in *Martin Bangemann* und *Roland Bieber:* Die Direktwahl
 - Sackgasse oder Chance für Europa? − Analysen und Dokumente. Baden-Baden 1976,
 S. 117 -123.
2 Siehe hierzu Winfried Steffani (Hrsg.): Parlamentarismus ohne Transparenz, Kritik Bd. 3,
 Opladen 1973, Einführung.

Der spezielle Parlamentarismusbegriff dient demgegenüber als Sammelbezeichnung für die politischen Strukturen, Institutionen, Prozesse und Verhaltensweisen (politische Kultur) der Repräsentativsysteme, deren staatliche Letztinstanzen Parlament und Regierung in einer bestimmten, systemprägenden Grundbeziehung zueinander stehen: Ihr Kennzeichen ist die prinzipielle Kompetenz des Parlaments, die Regierung – zumindest den Regierungschef – auf Grund politischer Erwägungen abberufen zu können. Erst diese Kompetenz verschafft dem Parlament bzw. seiner Mehrheit die verfassungsrechtlichen Voraussetzungen für die besonderen politischen Beziehungen, die in derartigen politischen Systemen das Verhältnis zwischen Parlament und Regierung einerseits und zwischen Regierungsmehrheit (als der politischen Aktionseinheit von Parlamentsmehrheit und Regierung) und Opposition andererseits üblicherweise auszeichnen.

Parlamentarismus im allgemeinen Sinne meint demnach sowohl präsidentielle wie parlamentarische Regierungssysteme; Parlamentarismus im speziellen Sinne bezieht sich nur auf parlamentarische Systeme: diese sind gemeint, wenn im folgenden ohne anderen Hinweis vom Parlamentarismus die Rede ist.

Der Grundtypus des parlamentarischen Systems ist bekanntlich nach langjähriger Entwicklung erstmals in Großbritannien zu Beginn des 19. Jahrhunderts voll etabliert und dauerhaft zur Geltung gebracht worden[3]. Damit setzt vor nahezu anderthalb Jahrhunderten in England die Geschichte des Parlamentarismus im speziellen Sinne ein. Die erste Phase dieser Geschichte des parlamentarischen Regierungssystems in Westeuropa hat *Walter Bagehot* in seiner klassischen Studie "The English Constitution" (1867), die den Zeitraum 1832 bis 1867 beschrieb, analysiert. Das verborgene Wesens merkmal ("efficient secret") dieses Verfassungssystems erkannte *Bagehot* in der engen Verbindung zwischen Parlament und Regierung („Cabinet"), in der innigen Vereinigung zwischen der Parlamentsmehrheit und der politischen Weisungsspitze der staatlichen Exekutive. Diese institutionelle Vorkehrung sollte vor allem zweierlei bewirken: Auf der einen Seite sollte es den im Parlament vertretenen Eliten des Adels und Besitzbürgertums – einer kleinen, relativ homogenen Gesellschaftsschicht, die sich auf Grund ihres Bildungsstandes auch in der sozialen Zusammensetzung des Parlaments weitgehend ungebrochen widerspiegelte – den Zugriff auf den Machtapparat der staatlichen Exekutive ermöglichen und damit deren Eliteherrschaft sichern. Auf der anderen Seite sollten hierdurch sowohl der Monarch als auch das „breite Volk" von der Teilhabe an der effektiven Macht soweit wie möglich ferngehalten werden. Der Monarch, dessen integrative Bedeutung *Bagehot* allerdings sehr zu schätzen wußte, blieb auf repräsentative Funktionen beschränkt. Die Krone sollte im Rampenlicht der Öffentlichkeit tätig sein, um so dem vom faktischen Entscheidungsprozeß ausgeschlossenen Volk die Geborgenheit und Gewißheit staatlicher Einheit und Autorität zu vermitteln. Die Volksmassen sollten vom Wahlrecht ferngehalten und seitens des Parlaments in angemessener Form öffentlich belehrt und politisch erzogen werden.

Diese Funktionen des Verfassungssystems und seiner zentralen Institutionsbeziehungen fanden auch in *Bagehots* vielzitiertem parlamentarischen Funktionenkatalog ihren

---

3 Hierzu und zum Folgenden siehe auch weiter unten S. 147 ff.

Niederschlag. *Bagehot* unterscheidet bekanntlich fünf Parlamentsfunktionen: 1. Elective function (Wahl- und Abberufung der Regierung, "the main function ... the most important function of the House of Commons"), 2. expressive function (Artikulation von Interessen und politischen Forderungen), 3. teaching function (Erziehungs- und Belehrungsfunktion), 4. informing function (Unterrichtungs und Aufklärungs- funktion) sowie schließlich 5. function of legislation (die *Bagehot* mit der financial function zusammenfaßt). All diese Funktionen sind nur dann recht zu würdigen, wenn man sie zunächst unter der Tatsache analysiert, daß die Regierung als integrierter Teil des Parlaments bzw. seiner Mehrheit gesehen wird − unabhängig von allen Wei- sungsbefugnissen, die der Regierung als Exekutivspitze gegenüber der Verwaltung zustehen.

Der Gesetzgebungs*funktion* verbleibt weiterhin ein hoher Rang: *Bagehot* unterstreicht deren "great importance". Die Parlamentsmehrheit überträgt allerdings einen wesent lichen Teil der Gesetzgebungs*arbeit* auf jene parlamentarische Führungsgruppe, und deren administrative Gehilfen, die sie in die Regierung sendet. Daher erhalten die Wahlfunktion und die damit verbundene Kontrollfunktion gegenüber der Regierung im Funktionenkatalog auch ihr ausschlaggebendes Gewicht.

Die Verlagerung der Gesetzgebungsarbeit auf die parlamentarische Führungsgruppe Regierung hat für die Parlamentsarbeit bedeutsame Konsequenzen. Während noch bis zum Vorabend der Französischen Revolution im britischen Unterhaus für Par- lamentsverhandlungen das Prinzip strenger Geheimhaltung galt, dessen Mißachtung als Bruch der Parlamentsprivilegien gegebenenfalls hart bestraft werden konnte, voll- zog sich parallel zur parlamentarischen Machtverlagerung in das mehrheitsabhängige Kabinett der Wandel vom nichtöffentlichen zum öffentlichen Parlament. Das offene Gespräch der Herrschenden fand im nichtöffentlich tagenden Kabinett statt. Ins Plenum zog das öffentlich geführte Streitgespräch ein. Dessen öffentlichkeitsbezogene Funktion umschreibt *Bagehot* mit den Adjektiven expressive, teaching, informing und faßt sie unter der Formel zusammen: "Political education given by parliament to the whole nation".

Die Beziehung zwischen parlamentarischer Öffentlichkeit und Volk trägt hier weniger die Züge einer Kommunikation zwischen Gewählten und deren Wählern, als vielmehr die einer patriarchalischen Lehrer-Schüler-Relation. Es war daher nur folgerichtig, wenn *Bagehot* vor einer Demokratisierung des parlamentarischen Systems durch Aus weitung des Wahlrechts vehement warnte. Die Erweiterung des Wahlrechts, argumen- tierte er, würde unweigerlich zu einer Machtverlagerung aus dem Parlament und der parlamentsabhängigen Regierung zur ungebildeten und politisch radikalisierbaren Wählerschaft führen. Das aber müßte das Ende des parlamentarischen Systems be- deuten, denn "constituency government (Wählerherrschaft) is the precise opposite of Parliamentary government". Anders formuliert: Eine Demokratisierung des parla- mentarischen Systems würde dessen Charakter zerstören.

II. Strukturwandel des Parlamentarismus

Was *Walter Bagehot* beschrieb, ist in die Geschichte als das Konzept des „klassischen Parlamentarismus" eingegangen. Dieser klassische Parlamentarismus – ein plutokratisch-aristokratischer Honoratioren-Parlamentarismus – war durch ein erhebliches Demokratie-Defizit gekennzeichnet. Mit der Demokratisierung des Parlamentarismus vollzog sich zugleich ein fundamentaler Strukturwandel des parlamentarischen Regierungssystems.

Daher kann auch der moderne, demokratische Parlamentarismus nicht an den Kriterien und dem Selbstverständnis eines „klassischen Parlamentarismus" gemessen werden. Ihnen ist lediglich die institutionelle Vorkehrung einer existentiellen Abhängigkeit der Regierung vom Parlament gemeinsam, die in dem verfassungs*rechtlichen* Abberufungsrecht und der verfassungs*politischen* Vertrauens- und Verantwortungsbeziehung zwischen Regierung und Parlamentsmehrheit ihren Ausdruck findet. Ansonsten bestehen nicht nur graduelle, sondern weitgehend fundamentale Unterschiede. Um diese Unterschiede und damit auch die Grundmerkmale des Parlamentarismus der EG-Staaten voll erfassen zu können, sind folgende Hinweise angebracht.

Jedes Herrschaftssystem kann unter drei Perspektiven befragt werden: 1. Hinsichtlich seiner Leistungsfähigkeit bei der Problem- und Konfliktlösung bzw. -regelung; 2. hinsichtlich der Kompetenzzuweisung und Kontrolle staatlicher und politischer Gewalt (Gewaltenteilung); und 3. hinsichtlich der Legitimation staatlich-autoritativer Entscheidungsmacht. In allen drei Problembereichen haben sich im Laufe des vergangenen Jahrhunderts so erhebliche Änderungen ergeben, daß dies zu einem grundlegenden Funktions- und Strukturwandel des politischen Systems führte.

Als Stichworte seien hier nur genannt: Der allgemeine gesellschaftliche und wirtschaftliche Wandel von der Agrar- über die Industrie- zur modernen Dienstleistungsgesellschaft, der einerseits eine zunehmende Komplexität der Sachprobleme zur Folge hat und andererseits nach einer erhöhten Regelungs- und Steuerungskapazität des Staates verlangt. Dies führt nicht nur zur Ausweitung der gesamten Staatsbürokratie mit den entsprechenden Koordinations- und Kooperationsproblemen, sondern mit dem erweiterten Hoheitsbereich des Staates auch zu einer qualitativen wie quantitativen Kompetenzausweitung des Parlaments. Das Parlament reagiert durch Spezialisierung, was sich u.a. im Ausbau und in der Verfeinerung eines komplexen Ausschußsystems zeigt. Bei der Gesetzgebung wird ein wesentlicher Teil der Initiativ- und Ausarbeitungstätigkeit unter Kontrolle der hierfür parlamentarisch verantwortlich gemachten Regierung in den Exekutivbereich verlagert. Das Verlangen nach politischer und gesetzgeberischer Planung wächst.

Das Problem der Kontrolle staatlichen Handelns gewinnt an Bedeutung. Dies gilt ebenso für politische Grundentscheidungen wie für die administrative Detailarbeit. Es kommt zur Errichtung mehr oder weniger unabhängiger Kontrollbehörden und -instanzen, in Deutschland von der Verwaltungsgerichtsbarkeit bis hin zum Bundesrechnungshof. Das Interesse an föderativen Kontrollmechanismen nimmt zu. So erfährt das parlamentarische Regierungssystem in der bundesrepublikanischen Ausprägung des deutschen Grundgesetzes eine gewichtige strukturelle Relativierung: Im parlamentarisch-föderativen System der Bundesrepublik Deutschland gewinnt auf Bundesebene neben dem Bundestag der Bundesrat — insbesondere bei unterschiedlichen parteipolitischen Mehrheiten — eine bedeutsame politische Kontrollpotenz[4].

Einen zentralen Stellenwert im allgemeinen Kontrollgefüge erhält der Beziehungswandel zwischen Parlament und Regierung. Obgleich beide Institutionen verfassungsrechtlich weitgehend eigenständige Befugnisse behalten bzw. erhalten, wird dieser Sachverhalt verfassungspolitisch durch eine Verfestigung der „neuen" politischen Gewaltenteilung überlagert: die Dynamik wechselseitiger Kritik und Kontrolle läßt sich nicht primär auf Interessenkonflikte zwischen Parlament und Regierung zurückführen, sondern speist sich aus den politischen „Gewalten" Regierungsmehrheit und Opposition. Die Herausbildung einer mehr oder weniger systematisch und langfristig organisierten und strategisch orientierten Opposition wird ebenso zum Charakteristikum eines funktionierenden modernen parlamentarischen Systems, wie die primär auf Arbeitsteilung beruhende Differenzierung innerhalb der Regierungsmehrheit als der politischen, in kollektiver Verantwortlichkeit stehenden Aktionseinheit von Regierung und Parlamentsmehrheit.

Die Konsequenzen all dieser gewandelten oder neuen Problemstellungen für das moderne parlamentarische System erhalten vor allem durch die gewandelten Legitimationserwartungen eine neue Qualität. In der Mitte des 19. Jahrhunderts galt es zur Befriedigung demokratischer Legitimität noch als hinreichend, den aktiven, mit „Wahlrechtsprivilegien" ausgestatteten Teil des „Demos" auf eine relativ kleine, bestimmten Qualifikationsmerkmalen (Stand, Vermögen, Steueraufkommen, Geschlecht) gerecht werdende Minderheit zu begrenzen. Die Demokratisierung des parlamentarischen Systems als Ausdruck des sich wandelnden demokratischen Legitimationsverlangens spiegelte sich in der kontinuierlichen Wahlrechtsausweitung wider. Abgesehen von der staatsbürgerlichen Qualifikation sieht das Wahlrecht aller EG-Staaten heute nur noch ein quantitatives Wahlrechtskriterium vor: eine bestimmte Altersgrenze.

Die funktionellen und strukturellen Ergebnisse dieser wahlrechtlichen Folgewirkungen eines gewandelten demokratischen Legitimationsverlangens auf das parlamentarische System lassen sich an keiner politischen Institution besser ablesen als an der Partei und deren „Systemkarriere". Im Gegensatz zum klassischen Parlamentarismus steht heute die mehr oder weniger perfekt organisierte Massenpartei im Zentrum des modernen Parlamentarismus. In der Stellung und Funktion des Parteiensystems findet die Verschmelzung von Parlamentarismus und Demokratie ihren bedeutsamsten Ausdruck. Dies hat entscheidende Konsequenzen für die Gesamtheit der Willensbildungs- und Entscheidungsprozesse, für Organisationsformen und Verhaltensweisen in einer modernen parlamentarischen Demokratie.

---

4 Zur „politischen Kontrollpotenz des Bundesrates" jetzt *Friedrich Karl Fromme:* Gesetzgebung im Widerstreit — Wer beherrscht den Bundesrat? Die Kontroverse 1969—1976, Stuttgart 1976.

Die Gesamtheit dieser neuen Beziehungen und Strukturen kann hier nur angedeutet werden. Sie sind nicht die Folge eines Strukturwandels der Demokratie − wie die These von *Gerhard Leibholz* lautet −, sondern die Folge eines Strukturwandels des Parlamentarismus durch Demokratisierung.

Für das Parlament im demokratischen Parlamentarismus bedeutet dies: Seine politische Grundfunktion besteht heute darin, auf entscheidende Weise an der *demokratischen Legitimation* staatlichen Handelns und autoritativen Befehlens mitzuwirken. Legitimation meint den Prozeß zur Herstellung von Legitimität, d. h. normativ: der Anerkennungswürdigkeit staatlicher Institutionen und ihrer Hoheitsansprüche, sowie empirisch: die Bereitschaft, in freier Entscheidung den sozialen Geltungsanspruch der Institutionen und ihrer Entscheidungen als rechtens anzuerkennen. Ein Parlament kann heute nur dadurch an demokratischer Legitimation wirksam teilnehmen, wenn alle wahlberechtigten Mitglieder an der Wahl der Parlamentsmitglieder − die eine Vertrauensbeziehung zwischen Wählern und Gewählten begründen soll − so direkt wie möglich teilnehmen und die durch den Wahlakt zu freier Entscheidung ermächtigten Abgeordneten in einer Institution tätig werden, die über ausschlaggebende Kompetenzen verfügt.

Ein Parlament muß vor allem *Kontrollrechte* haben. Verstehen wir unter Kontrolle eine Handlungskompetenz, die als Handlungsablauf die Phasen Informationsgewinnung, Informationsverarbeitung, Informationsbewertung (Kritik) und Sanktionsentscheidung (im Extremfall Mißtrauensvotum) umfaßt, so muß ein Parlament über Einrichtungen verfügen, die ihm eine wirksame Kontrollausübung im Rahmen all dieser Handlungsphasen ermöglicht. Neben der Kontrolle steht die *Gesetzgebungskompetenz*. Hier kann das Parlament nur dann einen weiten Bereich der Gesetzesarbeit an andere Institutionen zur Vorbereitung übertragen, wenn ihm auch in diesem Entscheidungsbereich die Kontrollfähigkeit verbleibt: es muß bei einem Gesetzgebungsakt soweit zur Informationsgewinnung, Informationsverarbeitung und Informationsbewertung befähigt sein, daß es zu einer verantwortlichen Entscheidung in der Lage ist und hierbei zumindest die Kompetenz der Zustimmungsverweigerung (als Minimalkompetenz) besitzt.

Bei dem Parlament eines präsidentiellen Systems beschränkt sich diese Zustimmungsverweigerung auf die Gesetzgebung, beim Parlament eines parlamentarischen Systems muß dies auch für die weitere Amtsausübung der Regierung gelten: das rechtswirksame Mißtrauensvotum, bzw. positiv gewendet, die Befugnis, über die politische *Grundhaltung und Amtsdauer der Regierung* zu befinden.

Ein demokratisches Parlament muß selbst für den Wähler kontrollierbar sein. Dem dient als Fundamentalprinzip das Gebot der parlamentarischen Öffentlichkeit. Erst an der Ernsthaftigkeit, mit der ein Parlament seine *Öffentlichkeitsfunktion* wahrnimmt, erweist sich seine Fähigkeit zu demokratischer Legitimation. Mit dieser Öffentlichkeitsfunktion ist nicht, wie bei *Bagehot*, die Intention verbunden, ein unmündiges Volk zu belehren und zu erziehen. Vielmehr gilt es, Probleme, Alternativen, unterschiedliche Positionen und Streitfragen im Angesicht der gewählten Vertreter des politischen Gegners öffentlich zur Sprache zu bringen sowie politische Entscheidungen öffentlich zu begründen und zu kommentieren, um damit den Wähler, dessen wichtigstes Sanktionsinstrument die Wahl ist, zur Ausübung seiner Kontrollfunktion im politischen System zu befähigen. Insbesondere die Opposition wird alle Hoffnung auf diese Wahlen setzen. Daher kommt ihr in einer Demokratie auch die Aufgabe zu, sich als Hüter des parlamentarischen Öffentlichkeitsgebots zu bewähren.

III. Parlamentarismus in den EG-Staaten

In welchem Ausmaß und mit welchem Gewicht das Parlament eines parlamentarischen Systems die hier skizzierten Grundfunktionen wahrnimmt, hängt nicht zuletzt von den Besonderheiten des jeweiligen Systems ab. Alle neun EG-Staaten haben Regierungssysteme, die zum Typus des demokratischen Parlamentarismus gehören. In der jeweiligen Eigenart und Strukturierung des Institutionengefüges gibt es jedoch erhebliche Abweichungen. So sind fünf der parlamentarischen Systeme Monarchien (Großbritannien, Belgien, Dänemark, Niederlande, Luxemburg), vier Republiken (Bundesrepublik Deutschland, Frankreich, Italien, Irland). D.h., in fünf Ländern ist die Nachfolge und Legitimation des Staatsoberhauptes durch Erbfolge, in vier hingegen durch Wahlverfahren geregelt.

Demokratie und *Monarchie* sind nur dann miteinander vereinbar, wenn das Staatsoberhaupt auf repräsentative Funktionen beschränkt bleibt und die politische Macht bei der Regierung liegt. Unter den *Republiken* sind Frankreich und die Bundesrepublik besonders unterschiedlich ausgeprägt. Wohl bedarf in beiden Systemen der Regierungschef des Vertrauens des Parlaments, von dem er abberufen werden kann. Er nimmt jedoch jeweils eine sehr andere Stellung zwischen Parlament und Staatsoberhaupt ein.

Die Verfassung der V. Republik Frankreichs setzt zutreffende Akzente, wenn sie unter den staatlichen Institutionen zunächst den Präsidenten der Republik, dann die Regierung und erst an dritter Stelle das Parlament — bestehend aus Nationalversammlung und Senat — aufführt[5]. Der Präsident und die Nationalversammlung werden direkt gewählt. Beide können sich auf eine unmittelbare demokratische Legitimation berufen. Daraus folgt, daß es in Frankreich *zwei* staatliche Letztinstanzen gibt, die sich beide unmittelbar auf demokratische Mehrheitsentscheidungen berufen können, mit der Konsequenz, daß die französische parlamentarische Republik das Phänomen der doppelten demokratischen Mehrheit kennt[6] — darin der Weimarer Republik nicht unähnlich. Ein derartiges Phänomen ist in präsidentiellen Demokratien, wie insbesondere in den USA, nicht unbekannt. Der fundamentale Unterschied zwischen parlamentarischem und präsidentiellem System hinsichtlich der möglichen Folgewirkungen dieses Sachverhalts wird jedoch deutlich, wenn diese zwei demokratischen „Mehrheitsergebnisse" von unterschiedlichen, ja gegebenenfalls konträren politischen Parteigruppierungen und deren Anhängern getragen werden.

---

5 Dazu *Udo Kempf*: Das politische System Frankreichs — Eine Einführung, Opladen 1975.
6 Zu diesem Problem unter der Überschrift „Die V. Republik: Parallele Legitimation von Parlament und Exekutive" auch *Guy Sautter*, „Legitimation der Willensbildung in den Europäischen Gemeinschaften und politische Tradition in Frankreich", in: Die institutionelle Entwicklung der Europäischen Gemeinschaften in den siebziger Jahren, Kölner Schriften zum Europarecht Bd. 22, Köln usw. 1973, S. 47—60, bes. 52 ff.

Da in den USA der Präsident mit der Regierung identisch ist und keine Kammer des Parlaments (Kongreß) den Regierungschef abberufen kann, müssen, falls es nicht zum tödlichen Stillstand kommen soll, beide demokratische Mehrheiten trotz unterschiedlicher politischer Zielsetzungen miteinander kooperieren. Dieses Verfassungserfordernis prägt seit jeher die politischen Strukturen − vor allem das Parteiensystem − sowie die Willensbildungs- und Entscheidungsprozesse in den USA. Hier stehen sich im Konfliktfall zwei Mehrheiten oder „Oppositionen" gegenüber, von denen jede eine staatliche Letztinstanz „beherrscht". Die Fähigkeit zum Kompromiß wird zum „Lebensprinzip" des Regierungssystems.

In der V. Republik Frankreichs treten im Falle unterschiedlicher oder gar konträrer demokratischer Mehrheiten insofern andere Probleme auf, als hier der Präsident nicht mit der Regierung identisch ist. Ungeachtet der Tatsache, daß der Präsident auf die Regierung einen „hegemonialen" Einfluß auszuüben vermag − er ernennt und entläßt den Premierminister und die übrigen Regierungsmitglieder und führt den Vorsitz im Ministerrat − darf er doch keine Regierung im Amt halten, gegen die die Nationalversammlung ihr Mißtrauen ausgesprochen hat. Da der Präsident bei seinen Handlungen an die Gegenzeichnung des Premierministers bzw. eines verantwortlichen Ministers gebunden ist, die wiederum mit der Regierung dem Parlament verantwortlich sind, müssen Präsident und Nationalversammlung nicht nur miteinander kooperieren, sondern sich auch über die politische Zusammensetzung der Regierung verständigen. Der Zwang zum Kompromiß geht also weiter als in den USA − es sei denn, der Präsident nimmt im Konfliktfall Zuflucht zum Art. 16 der Verfassung („wenn das regelmäßige Funktionieren der verfassungsmäßigen öffentlichen Gewalten unterbrochen ist"), der es ihm erlaubt, die „erforderlichen Maßnahmen", also auch Rechtsetzung, ohne Gegenzeichnung eines verantwortlichen Regierungsmitgliedes zu ergreifen[7].

„Kompromiß" oder „Staatsnotstand" lautet die Alternative bei einem extremen Konflikt zwischen den zwei staatlichen Letztinstanzen, die sich jeweils auf Grund ihrer unmittelbaren Wahl auf eine demokratische Mehrheit berufen können. Daß sich in diesem Konfliktfall der Präsident als das stärkere Verfassungsorgan erweisen könnte, ist in der Verfassung angelegt. Denn die allgemeinen Kompetenzen des französischen Parlaments einschließlich der seiner direkt gewählten Kammer sind gegenüber denen des Präsidenten so erheblich eingeengt, daß die Rangfolge, in der die Verfassungsorgane im Verfassungstext plaziert erscheinen, auch über deren verfassungspolitische Bedeutung zutreffend Auskunft erteilt. Der demokratische Parlamentarismus der V. Republik stellt ein Beispiel jenes Typus dar, der als „parlamentarisches Regierungssystem mit Präsidialhegemonie" bezeichnet werden kann[8].

Zum Typus eines „parlamentarischen Regierungssystems mit Kanzlerhegemonie"[9] gehört demgegenüber die Bundesrepublik Deutschland, deren Grundgesetz, im Gegen-

---

7 Eine deutsche Fassung des Verfassungstextes ist abgedruckt in *Kempf* (Anm. 5) S. 267−280.
8 Zu diesem Begriff weiter oben S. 43 f. Kempf (Anm. 5, S. 51 und 63 ff.) spricht in bezug auf die V. Republik von einem „parlamentarischen Regierungssystem mit präsidentieller Hegemonie".
9 Zu diesem Begriff oben S. 43 f.

satz zur französischen Verfassung, die Rangfolge der verfassungspolitischen Bedeutung ihrer Verfassungsorgane weniger „zutreffend" aufführt. Sie lautet: Bundestag, Bundesrat, Bundespräsident, Bundesregierung. Lediglich der Bundestag wird in allgemeiner, unmittelbarer Wahl gewählt. Der Bundeskanzler, dem in Art. 63 GG ein eigener Verfassungsartikel gewidmet ist, wird dagegen ebenso wie der Bundespräsident und der Bundesrat indirekt gewählt. Der Kanzler verfügt demnach formal ebenso wie der Bundespräsident (gewählt durch die Bundesversammlung, Art. 54 GG) und der Bundesrat, (dessen politische Zusammensetzung auf den Resultaten von Landtagswahlen und den dadurch ermöglichten Regierungsbildungen beruht, Art. 51 in Verbindung mit Art. 28 GG) über eine indirekte demokratische Legitimation.

Der Bundeskanzler bestimmt die Richtlinien der Politik, und nur auf seinen Vorschlag können die übrigen Mitglieder der Bundesregierung ernannt werden. Da er die Befugnisse aber lediglich in grundsätzlicher Übereinstimmung mit der Parlamentsmehrheit, die ihn in das Kanzleramt wählte, ausüben kann, bildet der Kanzler gemeinsam mit der Bundesregierung und den sie tragenden Fraktionen des Bundestages die Regierungsmehrheit. In dieser demokratischen Mehrheit kann sich der Bundeskanzler insbesondere dann weitgehend auf eine direkte demokratische Legitimation beziehen, wenn er bereits bei den Bundestagswahlen den Wählern als präsumtiver Kanzlerkandidat präsentiert wurde.

Eine enge Verbindung zwischen Parlamentsmehrheit und Regierungschef wird vor allem dann begründet, wenn das Staatsoberhaupt in seinen allgemeinen Kompetenzen und bei der Regierungsbestellung weitgehend auf repräsentative Funktionen beschränkt bleibt. Das ist in der Bundesrepublik Deutschland ebenso wie in der englischen Monarchie der Fall. Die parlamentarischen Systeme beider Länder gehören demnach zum Typus des „parlamentarischen Regierungssystems mit Kanzlerhegemonie" (bzw. „Premier-Hegemonie") – eine Bezeichnung, mit der sowohl die politische Vorrangstellung des Regierungschefs gegenüber dem Staatsoberhaupt als auch die besondere Führungsrolle des Regierungschefs und seiner Regierung im Rahmen der Regierungsmehrheit kenntlich gemacht werden soll.

In der Bundesrepublik trägt gerade die parlamentarische Wahl des Regierungschefs – die eigentlich eine betonte Abhängigkeit bewirken sollte – zu dessen Hegemonialstellung bei: Durch die Wahl weist die Bundestagsmehrheit dem Bundeskanzler Führungsaufgaben zu, an deren Wahrnehmung er anschließend nicht durch offene Kritik und Kontrolle gehindert werden kann. Mit der Wahl des Bundeskanzlers geht faktisch eine Vertrauens- und Prestigeinvestition einher, die dazu führt, daß weniger das Parlament die Regierung als vielmehr die Regierung – als Führungsgruppe der Regierungsmehrheit und integraler Bestandteil der Parlamentsmehrheit – die Mehrheit des Parlaments politisch kontrolliert. Dieser Sachverhalt ist seit langem ein Merkmal des britischen Parlamentarismus und mitbegründend für dessen Stabilität.

Daß unter den parlamentarischen Systemen der EG-Staaten Großbritannien und die Bundesrepublik Deutschland den Typus des parlamentarischen Systems mit Kanzlerhegemonie am deutlichsten vertreten, liegt auch an deren Parteiensystemen, die relativ stabile parlamentarische Mehrheitskoalitionen bzw. Mehrheitskonstellationen ermöglichen.

Bei der Bundesrepublik kommt eine weitere Besonderheit hinzu. Während alle anderen EG-Staaten mehr oder weniger dezentralisierte Einheitsstaaten sind, wird hier der Parlamentarismus durch die bundesstaatliche Struktur relativiert. D. h. in Deutschland werden die parlamentarischen Spielregeln und das Gegenüber von Regierungsmehrheit und Opposition auf Bundesebene durch die Wirksamkeit des Verfassungsorgans Bundesrat insofern relativiert, als in der Bundesrepublik faktisch zwei demokratisch legitimierte Mehrheiten auf Bundesebene zur Geltung kommen können. Demnach kennt auch die Bundesrepublik Deutschland ebenso wie die Französische V. Republik das Phänomen der doppelten demokratischen Mehrheit – allerdings unter anderen Rahmenbedingungen. Denn zum einen ist die Bundesratsmehrheit nicht in gleicher Weise wie die parlamentarische Regierungsmehrheit *unmittelbar* demokratisch legitimiert. Zum anderen wirkt der Bundesrat lediglich im Bereich der zustimmungspflichtigen Gesetzgebung (ca. 55 % der gesamten Bundesgesetzgebung) als gleichberechtigtes Gesetzgebungsorgan mit.

Gehören beide Mehrheiten in Bundesrat und Bundestag der gleichen Partei bzw. Parteienkoalition an, so werden parteipolitische Konflikte weitgehend zugunsten regional-strukturell begründeter Kontroversen zurücktreten. Bei konträren Mehrheiten wird demgegenüber das parteipolitische Element gelegentlich prononciert wirksam werden. In diesem Fall gilt ähnliches wie in den USA oder der Französischen V. Republik: Kompromiß oder Stillstand, lautet dann die Alternative. Daß es weite Entscheidungsbereiche gibt, in denen der Kompromiß nicht nur innerhalb der Regierungsmehrheit, sondern auch zwischen zwei parteipolitisch konträren, auf unterschiedliche Weise zustande gekommenen Mehrheiten notwendig wird, bezeichnet einen wesentlichen Unterschied zwischen dem parlamentarischen System Großbritanniens und dem parlamentarisch-föderativen System der Bundesrepublik Deutschland.

IV. Die Institutionen der Europäischen Gemeinschaften und deren „demokratisches Defizit"

Wenn von den europäischen Organisationen die Rede ist, so wird vornehmlich an die doppelte Trias europäischer Einrichtungen gedacht: den Europarat, die Westeuropäische Union und die Organisation für wirtschaftliche Zusammenarbeit und Entwicklung (OECD) einerseits sowie die drei Europäischen Gemeinschaften (Montan-Union, Europäische Wirtschaftsgemeinschaft und Europäische Atomgemeinschaft) andererseits. Hier interessieren, nach einem Hinweis auf den Europarat, vornehmlich die Institutionen der Europäischen Gemeinschaften[10].

Nahezu exakt vier Jahre nach der bedingungslosen Kapitulation des Deutschen Reiches wurde am 5. Mai 1949 mit Gründung des Europarats in London die erste gemeinsame

---

10 Die Gründungsdokumente dieser europäischen Organisationen und Gemeinschaften sind enthalten in: Europa – Verträge und Gesetze, Redaktion und Einführung von *Claus Schöndube,* Europa Union Verlag, Bonn 1972 (zitiert: Europa). Einen Überblick zur Geschichte der europäischen Integration seit dem Zweiten Weltkrieg bietet *Claus Schöndube* in seinem: Europa-Taschenbuch, das seit 1970 in immer neuen Auflagen im Europa Union Verlag erscheint.

politische Einrichtung des freien Europa geschaffen. Zu den zehn Gründungsmit-
gliedern gehörten drei Republiken (Frankreich, Irland und Italien), sechs Königreiche
(Belgien, Dänemark, Niederlande, Norwegen, Schweden sowie das Vereinigte Königreich von Großbritannien und Nordirland) und das Großherzogtum Luxemburg.
1950 wurde die Bundesrepublik Deutschland zunächst als assoziiertes, 1951 als Vollmitglied aufgenommen. Im Juli 1950 zog die erste, vom Bundestag gewählte Dele-
gation deutscher Europa-Abgeordneter in den Europarat ein. Heute zählt der Europarat 20 Mitgliedstaaten (hinzu kamen neben der Bundesrepublik Deutschland die
Türkei, Island, Österreich, Zypern, Schweiz, Malta, Griechenland, Portugal und Spanien).
Dieser erste engere Zusammenschluß europäischer Staaten nach dem Zweiten Weltkrieg wurde u.a. mit der „unerschütterlichen Verbundenheit mit den geistigen und
sittlichen Werten" begründet, „die das gemeinsame Erbe ihrer Völker sind und der
persönlichen Freiheit, der politischen Freiheit und der Herrschaft des Rechts zugrunde
liegen, auf denen jede wahre Demokratie beruht"[11]. Art. 1 der neugeschaffenen
Satzung bestimmte denn auch: „Der Europarat hat zur Aufgabe, eine engere Verbindung zwischen seinen Mitgliedern zum Schutze und zur Förderung der Ideale
und Grundsätze, die ihr gemeinsames Erbe bilden, herzustellen und ihren wirtschaftlichen und sozialen Fortschritt zu fördern". Daß zu diesen demokratischen Grundsätzen vor allem die Vorherrschaft des Rechts gehört, wurde im grundlegenden Art. 3
der Satzung festgestellt: „Jedes Mitglied des Europarates erkennt den Grundsatz der
Vorherrschaft des Rechts und den Grundsatz an, daß jeder, der seiner Hoheitsgewalt
unterliegt, der Menschenrechte und Grundfreiheiten teilhaftig werden soll." Es muß
zu den großen Verdiensten des Europarats gerechnet werden, sich dieser Aufgabe mit
der Verabschiedung der „Konvention zum Schutze der Menschenrechte und Grundfreiheiten" vom 4. November 1950 sowie deren fortlaufenden Ergänzungen und Novellie-
rungen erfolgreich angenommen zu haben[12]. Daß diese Menschenrechtskonvention
vornehmlich für alle Bürger der Europäischen Gemeinschaften von unmittelbarer
Bedeutung ist, hat der Europäische Gerichtshof in seiner sogenannten Rutili-Entschei-
dung zur Arbeitnehmer-Freizügigkeit in den EG-Staaten vom 28.10.1975 deutlich
gemacht, indem er unter direkter Bezugnahme auf die Europäische Menschenrechtskonvention für die Europäischen Gemeinschaften verbindlich feststellte, „daß die zum
Schutz der öffentlichen Sicherheit und Ordnung vorgenommenen Einschränkungen
der in den genannten Artikeln (der Menschenrechtskonvention, d. V.) zugesicherten
Rechte nicht den Rahmen dessen überschreiten dürfen, was für diesen Schutz ‚in einer
demokratischen Gesellschaft' notwendig ist"[13].

Institutionell besteht der *Europarat* aus zwei Organen, dem *Ministerkomitee* und der
Beratenden Versammlung, denen das Sekretariat des Europarats mit seinem Generalsekretär zur Seite steht. An der Konstruktion dieser Institutionen, ihrer Zusammensetzung, Bestellungsweise seiner Mitglieder, Regelung seiner Beschlußfassungen und

11 Präambel der Satzung des Europarats, *Schöndube:* Europa, S. 348.
12 Konvention und Ergänzungs- bzw. Änderungsprotokolle bei *Schöndube:* Europa, S. 369–400.
13 Zum „Rutili-Urteil" vom 28.10.1975 und seiner Kommentierung siehe *Torsten Stein* „Rechtsprechung – Gerichtshof der Europäischen Gemeinschaften", in: Europarecht, 11. Jg. 1976,
   S. 237–245. Zitat aus der Urteilsbegründung ebd. S. 240.

den Kompetenzzuweisungen wird bereits in Umrissen die Wirksamkeit jenes Prinzips erkennbar, das auch den Parlamentarismus einiger EG-Staaten kennzeichnet: das Prinzip einer doppelten demokratischen Mehrheit.

Denn unabhängig von der Tatsache, ob, wie in Frankreich, Parlament und Regierung in einer lockeren oder, wie in Großbritannien und der Bundesrepublik, in einer weitgehend integrierten Beziehung zueinander stehen, ist jeder Mitgliedstaat auf doppelte Weise im Europarat vertreten: Einmal durch einen Regierungsvertreter (Außenminister) im Ministerkomitee und zum anderen in der Beratenden Versammlung durch Parlamentarier des jeweiligen Mitgliedstaates, die von dessen Parlament aus seiner Mitte gewählt werden[14]. Beide Organe sind demnach indirekt demokratisch legitimiert.

Hinsichtlich der Kompetenzen verfügt der Europarat lediglich über das Recht, an seine Mitgliedstaaten Empfehlungen zu richten, wobei die Beratende Versammlung ihre Empfehlungen allein an die Mitglieder übermitteln darf. Das Komitee wird so zum entscheidenden Filter von Versammlungsempfehlungen. Während das Komitee nicht öffentlich tagt und alle wichtigeren Entschließungen einstimmig treffen muß, darf die Beratende Versammlung öffentlich diskutieren und bereits mit Zweidrittel-Mehrheit Beschlüsse fassen. Bei der Bestellung des Generalsekretärs und seines Vertreters sind Versammlung und Komitee zur Kooperation verpflichtet: sie werden auf Empfehlung des Komitees von der Beratenden Versammlung ernannt. Der Generalsekretär muß ebenso wie alle anderen Angehörigen des Personals des Sekretariats durch „eine feierliche Erklärung seine Treuepflicht"[15] gegenüber dem Europarat geloben. Er darf nur dessen Weisungen erfüllen und keinerlei nationalen Erwägungen folgen. Er repräsentiert damit gegenüber dem nationalen ausdrücklich das supranationale Element. Der Europarat erweist sich demnach als eine internationale Kooperationsform eigenständiger Staaten ohne Befugnis zu verbindlichen Entscheidungen für die Mitgliedstaaten oder gar mit direkter Bindungswirkung für deren Bürger.

Die Beratende Versammlung, in der keine klaren Partei- bzw. Fraktionsbildungen entstanden, bewährte sich als Clearing-House der Einigungspolitik. Sie hat von Anbeginn neben der Menschenrechtsproblematik öffentlich zahlreiche Kooperations- und Integrationskonzepte Europäischer Zusammenarbeit erörtert. Zu einem engeren Zusammenschluß in neuen Organisationsformen kam es jedoch lediglich zwischen einigen wenigen Mitgliedstaaten des Europarats.

Den Anfang hierfür bildete die am 18. April 1951 gegründete Europäische Gemeinschaft für Kohle und Stahl (EGKS), die Montan-Union[16]. Die sechs Gründungsstaaten (Belgien, Bundesrepublik Deutschland, Frankreich, Italien, Luxemburg und Niederlande) schufen dabei eine supranationale Kooperationsform, die vor allem zwei Neue-

---

14 Vgl. den vom Institut für Europäische Politik herausgegebenen Sammelband: Das Europa der Siebzehn — Bilanz und Perspektiven von 25 Jahren Europarat, Bonn 1974, dort bes. *Volker Heydt* „Das parlamentarische Organ des Europarats: Die Beratende Versammlung", mit der ersten Kapitelüberschrift „Der Beginn des transnationalen Parlamentarismus", S. 39 ff.

15 Art. 36 Abs. e) Satzung des Europarats.

16 Zur Entstehung, Geschichte und Problematik der drei Europäischen Gemeinschaften, ihrer Fusion und Erweiterung siehe *Hans R. Krämer:* Die Europäische Gemeinschaft, Stuttgart usw. 1974.

rungen aufwies. Es waren dies Neuerungen, die für die kommenden Europäischen Gemeinschaften von richtungweisender Bedeutung wurden: zum einen wurde die neue Europäische Gemeinschaft als Rechtspersönlichkeit mit der Befugnis unmittelbar wirksamer Rechtsetzung (Gemeinschaftsrecht) versehen und zum anderen mit vier Organen ausgestattet, die das Institutionengefüge der Europäischen Gemeinschaften noch heute primär bestimmen – 1. einer Hohen Behörde, der ein Beratender Ausschuß zur Seite steht, 2. einer Gemeinsamen Versammlung, 3. einem Besonderen Ministerrat und 4. einem Gerichtshof.

Die Kompetenz zur Setzung eigenständigen Gemeinschaftsrechts und das der Montan-Union zugrunde gelegte Institutionengefüge bildeten den Ausgangspunkt bei der Schaffung der zwei weiteren Europäischen Gemeinschaften, der Europäischen Wirtschaftsgemeinschaft (EWG) und der Europäischen Atomgemeinschaft (Euratom), deren Gründungsdokumente zum Paket der Römischen Verträge vom 25. März 1957 gehören[17]. Dabei ist bei der neuen vertraglichen Darstellung und Regelung der Gemeinschaftsorgane zunächst dreierlei auffallend:

1. Während im Montan-Vertrag die Organe noch in der Reihenfolge Hohe Behörde, Gemeinsame Versammlung, Besonderer Ministerrat und Gerichtshof aufgeführt wurden, lauteten Reihung und Name nun „Versammlung", „Rat", „Kommission" und „Gerichtshof".

2. Während die drei Gemeinschaften noch bis 1965 jeweils über einen eigenen Rat und eine eigene Hohe Behörde bzw. Kommission verfügen, werden nun bereits – neben einem gemeinsamen Wirtschafts- und Sozialausschuß, der aus Vertretern verschiedener Gruppen des wirtschaftlichen und sozialen Lebens besteht und beratende Aufgaben wahrnimmt – die Versammlungen und Gerichtshöfe der drei Gemeinschaften unter der Bezeichnung „Versammlung" und „Gerichtshof" als gemeinsame Organe der Europäischen Gemeinschaften zusammengefaßt. Die Zusammenfassung der übrigen Gemeinschaftsorgane – Rat und Kommission – erfolgte erst einige Jahre später durch den Fusionsvertrag vom 8. April 1965. Seitdem wurde es üblich, von *der* Europäischen Gemeinschaft zu sprechen.

3. Zur Zusammensetzung, Kompetenz und Wahl dieser gemeinsamen Versammlung heißt es nun einheitlich in den drei Verträgen der Europäischen Gemeinschaften: „Die Versammlung besteht aus Vertretern der Völker der in der Gemeinschaft zusammengeschlossenen Staaten; sie übt die Beratungs- und Kontrollbefugnisse aus, die ihr nach diesem Vertrag zustehen."[18] Und weiterhin: „(1) Die Versammlung besteht aus Abgeordneten, die nach einem von jedem Mitgliedstaat bestimmten Verfahren von den Parlamenten aus ihrer Mitte ernannt werden. (2) Die Zahl dieser Abgeordneten wird wie folgt festgesetzt: Belgien 14, Deutschland 36, Frankreich 36, Italien 36, Luxemburg 6, Niederlande 14. (3) Die *Versammlung arbeitet Entwürfe für allgemeine unmittelbare Wahlen nach einem einheitlichen Verfahren in allen*

---

17 Siehe Anm. 10.
18 Seit 1957 gleichlautend Art. 20 Montan-Union Vertrag (EGKS) (hier fehlen allerdings die Worte „Beratungs- und"), Art. 137 EWG- und Art. 107 Euratom-Vertrag.

Mitgliedstaaten aus. Der Rat erläßt einstimmig die entsprechenden Bestimmungen und empfiehlt sie den Mitgliedstaaten zur Annahme gemäß ihren verfassungsrechtlichen Vorschriften."[19]

Die öffentlich tagende *Versammlung* ist demnach auf Beratungs- und Kontrollbefugnisse beschränkt. Diese Kontrolle gilt vornehmlich gegenüber der Kommission, die – im Gegensatz zum Rat – auf Anfragen aus der Versammlung schriftlich oder mündlich zu antworten hat und deren Mitglieder im Falle eines Mißtrauensvotums – der schärfsten Sanktionswaffe der Versammlung – geschlossen ihr Amt niederlegen müssen.

Die heute aus dreizehn Mitgliedern bestehende *Kommission* wird personell von den Regierungen der Mitgliedstaaten im gegenseitigen Einvernehmen für eine Amtszeit von vier Jahren bestellt. Sie repräsentiert als Exekutivbehörde das supranationale Element der Gemeinschaft. Ihr steht das Initiativrecht zur Verwirklichung der in den Verträgen formulierten Aufgaben und Ziele zu. In diesen Initiativprozeß kann auch die Versammlung zur Beratung einbezogen werden. Verbindliche Entschließungen, die Rechtsetzungsbefugnis der Gemeinschaft, liegt demgegenüber allein beim *Rat.* Er besteht aus je einem Vertreter der Mitgliedstaaten. Diese Vertreter müssen Mitglieder der jeweiligen Landesregierung sein. Der Rat, dessen Konstruktion insoweit der des Deutschen Bundesrates entspricht, ist heute unter den offiziellen Organen der Gemeinschaft das eigentliche Entscheidungsorgan.

Wie die Kommission das supranationale Gemeinschaftsinteresse repräsentiert, so der Rat die einzelstaatlichen Nationalinteressen. Die institutionelle Konstruktion der Europäischen Gemeinschaft sollte vor allem einen Dialog zwischen Kommission und Rat fördern, der Europa auf dem Wege zur gemeinsamen Problembewältigung und Integration richtungweisende Impulse verleihen sollte[20]. Hoffnungen, die sich nur teilweise erfüllten. Die in der Bevölkerung der EG-Staaten gelegentlich aufflackernde, sonst bei relativ kleiner Flamme gleichmäßig wärmende Europabegeisterung war ebenso wenig wie das sachliche Interesse der Wirtschafts- und Agrarverbände stark genug[21], um die Ratsmitglieder daran zu hindern, nur mit maßvollen Schritten unter strenger Beachtung nationaler Vorteile und Interessen in bürokratischer Kleinarbeit die europäischen Staaten miteinander zu verbinden. So war z.B. Frankreich längere Zeit unter der Präsidentschaft von *Charles de Gaulle* gewillt und in der Lage, den Einfluß der Kommission zu reduzieren, den des Rates zu potenzieren, in ihm das Einstimmigkeitserfordernis zu installieren (Luxemburger Vereinbarung vom 28.1.1966) und so

---

19 Art. 21 EGKS-, Art. 138 EWG- und Art. 108 Euratom-Vertrag. Hervorhebung nicht im Original.

20 Siehe hierzu auch die temperamentvollen Ausführungen von *Ralf Dahrendorf:* Plädoyer für die Europäische Union, München – Zürich 1973, S. 211 ff., sowie die kühle Analyse von *Christoph Sasse* „Kommission und Rat – Konstitutionelle Rivalen oder funktionale Partner?", in: Europarecht, 7. Jg., 1972, 341–357 sowie *Edouard Poullet* und *Gérard Deprez:* Struktur und Macht der EG-Kommission. Die Kommission im System der Europäischen Gemeinschaft. Europäische Schriften Bd. 45, Europa Union Verlag, Bonn 1976.

21 Zur Rolle wirtschaftlicher Interessengruppen und anderer gesellschaftlicher und staatlicher Einrichtungen bei der europäischen Gemeinschaftsbildung siehe *Carl J. Friedrich* (Hrsg.): Politische Dimensionen der europäischen Gemeinschaftsbildung, Köln und Opladen 1968.

über die Kontrolle des Gemeinschaftsrechts den Entwicklungsprozeß der Europäischen Gemeinschaften zu dirigieren[22]. Im Konflikt zwischen supranationaler Integration und nationaler Kooperation rangierte vor dem bundesstaatlichen Element das des Staatenbundes.

Das bisherige Ergebnis, an dessen Weiterentwicklung seit dem Beitrittsbeschluß des Rates der Europäischen Gemeinschaften vom 22. Januar 1972 auch das Vereinigte Königreich, Dänemark und Irland mitwirken[23], ist eine durchaus originelle und entwicklungsfähige supranationale Gemeinschaftsform. Deren Institutionen verfügen über rechtsetzende Kompetenzen, die in Verbindung mit der Verlagerung nationaler Regelungsbefugnisse auf die Europäischen Gemeinschaften für die Bürger der EG-Staaten von wachsender Bedeutung sind. Sie greifen unmittelbar in deren Freiheitsrechte ein[24].

Es gehört zu dem in der Präambel der Satzung des Europarats beschworenen „gemeinsamen Erbe" der Bürger Westeuropas und den Prinzipien und Postulaten „wahrer Demokratie", daß die rechtsetzenden Institutionen einer freiheitlichen Gemeinschaft demokratischer Legitimation bedürfen[25]. Hierzu zählt das Postulat, daß zumindest *eine* der am rechtsetzenden Entscheidungsprozeß maßgeblich mitwirkenden Institutionen, ohne deren Zustimmung allgemein verbindliches Recht nicht Geltung erlangen kann, von den Gemeinschaftsmitgliedern unmittelbar gewählt sein muß. Diesem Erfordernis wird die Europäische Gemeinschaft nicht gerecht:

Alle Organe der Europäischen Gemeinschaft sind lediglich indirekt demokratisch legitimiert. Geht man von dem Phänomen der doppelten Mehrheit aus, so besitzen die Repräsentanten der einen Mehrheit lediglich nationale Regierungs-Legitimation, was besagt, daß sie ihre demokratische Legitimität üblicherweise der Vermittlung durch das nationale Parlament verdanken, von dessen Vertrauen ihre Amtsausübung abhängt. In dieser Mehrheit tritt jeder Mitgliedstaat auf europäischer Ebene als nationale Einheit auf. Diese Mehrheit verfügt in der Gemeinschaft über die bedeutsamen Kompetenzen, die dem gemeinsamen Rat zustehen.

Die andere Mehrheit besteht aus Vertretern der „Völker der in der Gemeinschaft zusammengeschlossenen Staaten", die nicht als geschlossene nationale Blöcke, sondern differenziert nach Mehrheits- und Oppositionsparteien in der Gemeinschaftsebene auftreten. Dies läßt die Bildung supranationaler, unterschiedlich strukturierter Parteiverbindungen zu. Deren Wirkungsfeld ist die auf einige Beratungs- und Kontrollbefugnisse reduzierte gemeinsame Versammlung.

22 Eine aufschlußreiche Analyse der Rolle *de Gaulles* in Verbindung mit der Entstehung der Luxemburger Vereinbarung bietet *Leon N. Lindberg* „Spannungen im Integrationsprozeß", in *Beate Kohler* (Hrsg.): Erfolge und Krisen der Integration, Köln 1969, S. 67—101.

23 Einen Überblick über die Stadien der Gemeinschaftserweiterung gibt *Krämer* (Anm. 16) S. 23— 33.

24 Siehe die von der „Generaldirektion Wissenschaft und Dokumentation" des Europäischen Parlaments erarbeitete „Erste Übersicht über die Kompetenzen, die die Parlamente der Mitgliedstaaten durch die Verwirklichung des EWG-Vertrages verloren haben." Stichtag der Erhebungen war der 1. Juli 1973. PE 35.807. Dazu auch *Suzanne Schüttemeyer:* Auswirkungen der EG-Mitgliedschaft der Bundesrepublik Deutschland auf den Deutschen Bundestag, Diplom-Arbeit, Universität Hamburg, Dezember 1977.

25 *Schöndube:* Europa, S. 348.

Dieser grundsätzliche Verzicht auf ein Gemeinschaftsorgan, dessen Mitglieder unmittelbar demokratisch legitimiert sind und ohne deren Zustimmung kein verbindliches Gemeinschaftsrecht gesetzt werden kann, kennzeichnet das bedeutsamste Demokratie-Defizit der europäischen Institutionen[26]. Daß sich die Verfasser der Römischen Verträge dieses Mangels bewußt waren[27], zeigte die Vertragsbestimmung, daß die Versammlung den Auftrag habe, „Entwürfe für allgemeine unmittelbare Wahlen nach einem einheitlichen Verfahren in allen Mitgliedstaaten" auszuarbeiten. Die Realisierung dieses Auftrags stand allerdings unter dem Vorbehalt, daß der Rat einstimmig die entsprechenden Bestimmungen erlassen und den Mitgliedstaaten zur Annahme empfehlen müßte.

V. Das Europäische Parlament und die europäische Direktwahl

Als sich die gemeinsame Versammlung der Europäischen Gemeinschaften durch Beschluß vom 21. März 1958 für den deutschen Sprachbereich den Namen „Europäisches Parlament" gab, war dies durchaus ein Beschluß von zweischneidiger Wirkung. Die Intention der Versammlungsmitglieder war klar. Als Mitglieder ihrer nationalen Parlamente verstanden sie sich als Inhaber eines freien Mandats und als parlamentarische Abgeordnete einer Versammlung, die zumindest einige Attribute einer parlamentarischen Körperschaft aufwies: Sitzordnung, Geschäftsordnungsautonomie mit der Möglichkeit, parlamentarische Arbeitsprozeduren zu etablieren einschließlich der Einsetzung von Ausschüssen, das Recht zu öffentlicher Tagung und kontroverser Diskussion, ein Fragerecht gegenüber der Kommission, das Recht, deren Jahresbericht anzuhören und zu erörtern — und schließlich die Befugnis, der Kommission das politische Mißtrauen auszusprechen und sie damit zur Amtsniederlegung zwingen zu können.[28]
Aber darin lag gerade die entscheidende Schwäche der Versammlung: zwischen dem Recht auf öffentliche Debatte und Anfrage einerseits und dem schweren Geschütz des Mißtrauensvotums andererseits klaffte ein entlarvendes Vakuum. Die Kompetenz zur verbindlichen, von Fall zu Fall dosierbaren Entscheidung, mit der sich ein Parlament im Rahmen der Gewaltenteilung erst Respekt zu verschaffen vermag und sowohl der kritischen Diskussion und Anfrage wie dem Instrument des Mißtrauensvotums als ultima ratio parlamentarischen Sinn verleiht, fehlte der Versammlung. Eine derartige, keinerlei Beschlußkompetenz besitzende Versammlung als Parlament ausgeben zu wollen, hieße „einen Ochsen als Zuchtbullen" anzupreisen[29].

---

26 Die Komplexität dieses Demokratie-Defizits untersucht eingehend *Karl Heinz Naßmacher:* Demokratisierung der Europäischen Gemeinschaften, Bonn 1972.
27 Siehe hierzu *Walter Hallstein:* Der unvollendete Bundesstaat — Europäische Erfahrungen und Erkenntnisse, Düsseldorf — Wien 1969, S. 66 ff.
28 Für Einzelheiten siehe die eingehende Studie von *Roland Bieber:* Organe der erweiterten Europäischen Gemeinschaften — Das Parlament, Baden-Baden 1974.
29 Hinweise auf eine frustrierende „Parlamentspraxis", die diesen zoologischen Vergleich rechtfertigen mögen, bei *Horst Ferdinand* „Die erste Gewalt in der Europäischen Union — Überlegungen auf Grund von Erfahrungen in den europäischen Versammlungen", in: Aus Politik

Für die Abgeordneten der Versammlung war der Name Europäisches Parlament allerdings nicht Feststellung eines Status quo, vielmehr öffentliche Ankündigung eines zukunftsweisenden Anspruchs. So weit so gut. Was jedoch, wenn die Erfüllung dieses Anspruchs auf sich warten läßt? War es zu verantworten, den Völkern Europas unter dem Namen Parlament eine Institution vorzuführen, die zwar über das Gewand, jedoch nicht über die Potenz eines Parlaments verfügte? Sollten sich die Europäer bei ihrer Beobachtung des Europäischen Parlaments mit dem Gedanken vertraut machen, daß Parlamente tatsächlich staatliche Einrichtungen seien, die außer Reden und Spesen nichts Entscheidendes zu produzieren vermögen? Die Versammlung hat unter dem Namen „Europäisches Parlament" bisher wenig dazu beigetragen, den Respekt der Westeuropäer vor der bedeutsamen demokratischen Institution „Parlament" zu festigen oder gar zu erhöhen. Redliches Bemühen ist kein Ersatz fürs Können. Zumal die Bezeichnung Europäisches Parlament bei einigen den Eindruck erwecken könnte, als sei die Europäische Gemeinschaft dabei, die mangelhafte demokratische Legitimation seiner Institutionen durch eine Art Etikettenschwindel kompensieren zu wollen[30].

Da es in Europa kein „Zurück" geben kann, die Europäische Gemeinschaft der demokratischen Legitimation angesichts ihrer wachsenden Kompetenzwahrnehmung[31] zunehmend dringlich bedarf, die Versammlung tatsächlich zu einer Institution ausgebaut werden sollte, die den Namen Parlament beanspruchen darf und die Versammlung durch ihre Selbstbezeichnung ihren zukunftsweisenden Willen deutlich bekundete, gaben die den Rat lenkenden nationalen Regierungen bei opportun erscheinender Gelegenheit endlich dem Drängen der Versammlung nach und stimmten am 20. September 1976 für deren Direktwahl.

Die Versammlung hatte bereits kurz nach ihrer Konstituierung im März 1958 damit begonnen, Entwürfe für die Durchführung einer europäischen Direktwahl auszuarbeiten[32]. Bereits am 17. Mai 1960 konnte das Europäische Parlament nach eingehenden Konsultationen seines politischen Ausschusses in den Mitgliedstaaten den ersten Vertragsentwurf für die Durchführung direkter Wahlen verabschieden und dem Rat zur Entscheidung zuleiten. Der Rat fand jedoch trotz steigenden Drucks seitens des Europäischen Parlaments und seiner „Sympathisanten" erst 1976 den Augenblick für gekommen, den Forderungen nachzugeben.

und Zeitgeschichte, B 48/1974, S. 3—16, wo u. a. aus der Rede vom 10.7.1974 des deutschen Abgeordneten *Ludwig Fellermaier* im Europäischen Parlament zitiert wird, wonach das „Europäische Parlament weniger Rechte als der Oberste Sowjet" habe, ebd. S. 4.

30 Das Europäische Parlament hat nach *Sasse* „schon nach den Verträgen nur die Rolle eines Erwartungen nährenden Embryos zu spielen, nicht die eines Mitentscheidungsorgans". *Sasse* (Anm. 20) S. 343.

31 Dazu u. a. *Claus-Dieter Ehlermann* „Die Entscheidungen des Rates zur Einleitung der ersten Stufe der Wirtschafts- und Währungsunion", in: Europarecht, 7. Jg. 1972, S. 16—34, sowie die in Anm. 24 angeführte Literatur.

32 Zur Geschichte der Verwirklichung einer europäischen Direktwahl siehe *Bangemann/Bieber* (Anm. 1) S. 35—46. Zur Wahlproblematik *Roland Bieber* „Funktion und Grundlagen direkter Wahlen zum Europäischen Parlament im Jahre 1978", in: ZParl, Heft 2, 1976, S. 228—244.

Ob allein mit der Durchführung direkter Wahlen zum Europäischen Parlament – deren Realisierung vornehmlich wegen der Entscheidung des britischen Unterhauses für die Mehrheitswahl erst im Juni 1979 zu erwarten ist – dem demokratischen Defizit begegnet werden kann, ist sicherlich mehr als zweifelhaft[33]. Eine direkt gewählte Versammlung wird allein hierdurch nicht bereits zum Parlament. Eine gewisse Kompetenzerweiterung muß hinzukommen. In welchem Ausmaße dies in der Europäischen Gemeinschaft notwendig und realisierbar ist, war seit langem Gegenstand heftiger Kontroversen. Ausgehend von der These, daß beides nicht zugleich zu haben sei, entsprach der Streit um Direktwahl oder Kompetenzerweiterung dem Henne-Ei Problem: womit sollte der Entwicklungsprozeß zu einem Europäischen Parlament, das seiner demokratischen Legitimationsfunktion nachzukommen vermag, begonnen werden: mit der Direktwahl oder der Kompetenzerweiterung[34]? Der Streit führte lange Zeit nicht zur Förderung beider Wege, sondern zur Erstarrung im Status quo. Als es schließlich dem Europäischen Rat, der Gipfelkonferenz des französischen Staatspräsidenten und der Regierungschefs der übrigen EG-Staaten, auf seiner Sitzung vom 10. Dezember 1974 in Paris gelang, mit seinem Beschluß, „daß das Vertragsziel der allgemeinen Wahl des Europäischen Parlaments so bald wie möglich verwirklicht werden sollte", das Eis zu brechen, ging es auch mit der Frage einer möglichen Kompetenzausweitung besser voran.

Die Einsicht, daß Direktwahlen ohne „flankierende Maßnahmen" nicht genügen würden, hatte die Regierungschefs auf der gleichen Pariser Gipfelkonferenz zu der Absichtserklärung veranlaßt: „Die Kompetenzen des Parlaments werden erweitert, insbesondere durch Übertragung bestimmter Befugnisse im Gesetzgebungsverfahren der Gemeinschaften."[35] Damit waren keine parlamentarischen Gesetzgebungsrechte angekündigt, jedoch erste Zugeständnisse für eine erweiterte parlamentarische Mitwirkungsmöglichkeit signalisiert.

Ursprünglich war die Versammlung der ersten Europäischen Gemeinschaft auf eine beratende Gutachterfunktion mit einigen Kontrollbefugnissen beschränkt gewesen. Daran hatten auch die Römischen Verträge von 1957 und der Fusionsvertrag von 1965 nichts geändert[36]. Seit Beginn der 70er Jahre trat hier ein Wandel ein. So wurden

---

33 Im Rahmen weitergespannter Fragestellungen zu diesem Thema *Karlheinz Neunreither* „Legitimationsprobleme in der Europäischen Gemeinschaft", in: ZParl, Heft 2, 1976, S. 245–258, bes. 257. Siehe auch *Bieber* (Anm. 28) S. 19 ff. und 117 ff.

34 Aufschlußreich hierzu die während des Wissenschaftlichen Kolloquiums am 20. und 21. April 1972 in Bad Ems zum Generalthema „Die institutionelle Entwicklung der Europäischen Gemeinschaften in den siebziger Jahren" (siehe Anm. 6) vertretenen Auffassungen. Während *Roman Herzog* und *Jochen Abr. Frowein* vor einem Beginn mit Direktwahlen dringend warnen und das Postulat der Kompetenzerweiterung an den Anfang stellen (S. 43 ff. bzw. 88 ff., *Frowein*: „Nach meiner Auffassung sollten die Wahlen die letzte Stufe der Entwicklung sein."), gibt *Christoph Sasse* zu bedenken: „Die Direktwahl ... würde den Status der Straßburger Versammlung und damit ihre Kompetenzgewinnschancen verbessern," ebd. S. 81. Siehe in diesem Zusammenhang auch *Marlies Pöhle* „Direktwahl des Europäischen Parlaments: Ein Ablenkungsmanöver? Zehn skeptische Thesen zu den möglichen Wirkungen", in: ZParl, Heft 2, 1976, S. 222–225.

35 Die Erklärung ist abgedruckt in *Bangemann/Bieber* (Anm. 1) S. 176.

36 Für nähere Einzelheiten siehe *Bieber* (Anm. 28).

zunächst durch den Vertrag von Luxemburg vom 22. April 1970 erstmals die Haushaltsbefugnisse des Europäischen Parlaments erweitert. (Siehe hierzu den Beitrag von *Heinrich Aigner* in diesem Heft der ZParl.) Künftig sollte das Europäische Parlament den Haushaltsplan aufstellen und in einigen begrenzten Fällen sogar Entscheidungen fällen dürfen. Erst der am 22. Juli 1975 unterzeichnete Vertrag verlieh dem Europäischen Parlament jedoch bedeutsame neue Rechte. Sie lassen sich in folgenden vier Punkten zusammenfassen: 1. Änderungsvorschläge, die die Gesamthöhe des Etats durch Austausch von Ansätzen nicht erhöhen, gelten als gebilligt, falls sie nicht vom Rat mit qualifizierter Mehrheit abgelehnt werden. 2. Das Europäische Parlament erhält die wichtige Befugnis, den Haushaltsplan in seiner Gesamtheit abzulehnen, wodurch der Rat unter Druck gesetzt werden kann. 3. Allein das Parlament ist nun befugt, auf Empfehlung des Rates der Kommission wegen der Haushaltsführung Entlastung zu erteilen. 4. Zur Finanzkontrolle wird ein Rechnungshof der Gemeinschaft eingesetzt, der dem Parlament zu berichten hat.

Mit dieser Ausweitung der haushaltsrechtlichen Befugnisse wurde die ursprüngliche Gutachter- und Beraterfunktion des Europäischen Parlaments um gewichtige Kontrollbefugnisse ergänzt. Parallel hierzu entfaltete sich eine zunehmende Lebendigkeit in der Kommunikation zwischen der Kommission und dem Parlament, die sowohl im öffentlich tagenden Plenum als auch in den Ausschüssen praktiziert wurde.

Als anläßlich eines vom Europäischen Parlament 1974 in Luxemburg veranstalteten Symposiums zum Thema „Europäische Integration und die Zukunft der Parlamente in Europa" ein Beamter der Kommission die Auffassung vertrat, daß das Europäische Parlament die Kommission wirksamer kontrolliere als so manches Parlament seine nationale Regierung, wurde ihm nicht widersprochen[37]. Das zunehmende Kontrollbewußtsein findet auch darin seinen Ausdruck, daß seit 1972 bereits zweimal der Versuch unternommen wurde, der Kommission ein Mißtrauensvotum anzukündigen[38]. Solch einen Schritt hatte man bis dahin nicht gewagt. Allerdings muß hierbei bedacht werden, daß die Kommission in der Europäischen Gemeinschaft keineswegs den machtpolitischen Rang einer nationalen Regierung besitzt. Genau hier findet auch ein Vergleich des Europäischen Parlamentarismus mit dem Parlamentarismus in den EG-Staaten seine entscheidende Grenze.

VI. Parlamentarismus in der Europäischen Gemeinschaft

Wovon wird gesprochen, wenn vom Parlamentarismus in der Europäischen Gemeinschaft die Rede ist? Einleitend wurde zwischen Parlamentarismus im allgemeinen und speziellen Sinne unterschieden. Dabei wurde Parlamentarismus im allgemeinen Sinne als Sammelbezeichnung für all die Repräsentativsysteme definiert, in denen eine Versammlung oder parlamentarische Körperschaft im politischen Prozeß und

37 Dazu *Bangemann/Bieber* (Anm. 1) S. 29 f. Siehe auch *Bieber* (Anm. 28) S. 41 f.
38 Über die ersten Versuche berichtet *Bieber* (Anm. 28) S. 40 f. sowie eingehend *Erwin Reister* „Bemerkungen zum ersten parlamentarischen Mißtrauensvotum in den Europäischen Gemeinschaften", in: ZParl, Heft 2, 1973, S. 208–212.

Gesamtzusammenhang des politischen Systems eine wie auch immer geartete Rolle spielt. Ob und inwieweit die Europäischen Gemeinschaften Montan-Union, EWG und Euratom bereits als eine politische Gemeinschaft im Sinne der Definition bezeichnet werden können, zumal der Weg der Gemeinschaften zur Europäischen Politischen Union gerade erst beschritten wird, sei hier nicht entschieden.

Für die folgenden Überlegungen genügt die Feststellung, daß die Europäische Gemeinschaft zumindest seit dem Ratsbeschluß zur Direktwahl des Europäischen Parlaments jenen politischen Willen bekundet hat, der in Verbindung mit den vertraglichen Grundlagen und dem bisher entwickelten Organisationsgefüge hinreichend gewichtige Merkmale eines politischen Systems aufweist, die es gerechtfertigt erscheinen lassen, in der Europäischen Gemeinschaft zwischen einem supranationalen, nationalen und subnationalen Parlamentarismus zu differenzieren [39].

Der supranationale Parlamentarismus bezieht sich auf die Gemeinschaftsebene, der nationale auf die zentralstaatliche der Mitgliedstaaten, der subnationale in der Bundesrepublik Deutschland auf die Landesebene. Während der subnationale Parlamentarismus in der Bundesrepublik ebenso wie der Parlamentarismus aller EG-Staaten die Strukturmerkmale eines demokratischen Parlamentarismus im speziellen Sinne, also eines demokratisch-parlamentarischen Regierungssystems aufweist, gilt dies keineswegs für den supranationalen. Hier kann allenfalls von einem Parlamentarismus im allgemeinen Sinne gesprochen werden [40]. Es sei denn, die Kommission würde zu einer europäischen Regierung mit entsprechenden politischen Führungskompetenzen ausgebaut und über das Mißtrauensvotum zur engen politischen Bindung an die Mehrheit des Europäischen Parlaments genötigt werden, während der Rat die Funktion einer zweiten Kammer übernähme. Eine derartige Institutionenzuordnung würde der der Bundesrepublik Deutschland sehr nahe kommen. Eine Entwicklung in dieser Richtung ist jedoch mehr als unwahrscheinlich.

Vorstellbar wäre auch eine Fortentwicklung, die dem Schweizer Regierungssystem Anregungen entnehmen könnte [41]: Ein Europäisches Parlament mit zwei Kammern, deren eine direkt gewählt wird und bei erheblich erweiterten gesetzgeberischen Kompetenzen die für die erste Direktwahl des gegenwärtigen Europäischen Parlaments vorgesehene Zusammensetzung aufweist (insgesamt 410 Mitglieder, davon Frankreich, Bundesrepublik Deutschland, Italien und Großbritannien je 81 Mandate, Niederlande

---

39 Zu diesem Themenkreis jetzt auch die lesenswerte Schrift von *Heinrich Oberreuter:* Kann der Parlamentarismus überleben? Bund-Länder-Europa, Zürich 1977.

40 Hierzu *Manfred Zuleeg* „Die Anwendbarkeit des parlamentarischen Systems auf die Europäischen Gemeinschaften", in: Europarecht, 7. Jg. 1972, S. 1—15, mit einem Thesenanhang, dessen These 4 besagt: „Eine volle Übernahme der Gesetzgebungsfunktion wäre der europäischen Integration abträglich und wenig effizient. Dem Parlament sollte vielmehr ein Mitwirkungsrecht zugestanden werden, wie es der Bundesrat nach dem Grundgesetz besitzt." In These 9 heißt es: „Unmittelbare Wahlen zum Europäischen Parlament empfehlen sich erst zu einem Zeitpunkt, zu dem das Parlament echte Entscheidungsbefugnisse besitzt."

41 *Naßmacher* (Anm. 26) meint, eine „weitgehende Übereinstimmung zwischen dem direktorialen Regierungstyp und dem Regierungssystem der Europäischen Gemeinschaft" (S. 83) ausmachen bzw. „wichtige Übereinstimmungen zwischen dem europäischen Regierungssystem und dem Typ direktorialer Regierungsweise feststellen" (S. 82) zu können.

25, Belgien 24, Dänemark 16, Irland 15 und Luxemburg 6), während die zweite Kammer in der Form des gegenwärtigen Ministerrats konstruiert ist.
Die Kommission müßte von beiden Kammern, d.h. von beiden „europäischen Mehrheiten" gewählt werden. Eine Abberufung aus politischen Gründen wäre wie beim Schweizer Bundesrat während der Amtszeit nicht möglich. Dieses System hätte die Grundstruktur eines präsidentiellen Regierungssystems mit kollektiver Regierung, wobei eines seiner Mitglieder wie im Schweizer Bundesrat auch die repräsentativen Aufgaben eines Präsidenten der Gemeinschaft zu übernehmen hätte. Es fehlen bisher jegliche ernsthaften Hinweise für eine Entwicklung in diese Richtung.
Die Europäische Gemeinschaft ist bisher eigene Wege gegangen, wobei das Ergebnis im Konflikt zwischen supranationalen und nationalen Interessengegensätzen für viele historisch das gegenwärtig realisierbare Optimum darzustellen scheint. Es sind keinerlei Hinwendungen zu nationalen Modellen der EG-Staaten oder der Mitgliedstaaten des Europarats erkennbar. Vielmehr deutet der Entwicklungstrend in die Richtung eines allmählichen Ausbaus der Kontrollbefugnisse des Europäischen Parlaments sowohl gegenüber der Kommission *als auch* gegenüber dem Rat. In diese Richtung weisen nicht nur die vorsichtigen Vorschläge des „Vedel-Berichts" aus dem Jahre 1972[42], sondern auch die Anregungen im „Tindemans-Bericht" über die Europäische Union vom 29. Dezember 1975[43]. Danach sollte künftig das Europäische Parlament ebenso bei der Bestellung der Kommission und ihres Präsidenten beteiligt werden, wie — zunächst durch ein suspensives Veto gegenüber Ratsentscheidungen — an der Rechtsetzung der Gemeinschaft. Als realistisches Ziel gilt das Bestreben, das Europäische Parlament nach der Verwirklichung der Direktwahl — deren Ankündigung bereits zu ersten Formierungen eines europäischen Parteiensystems führten[44] — zumindest mit jenen Befugnissen auszustatten, die dafür ausreichen, daß in der Europäischen Gemeinschaft ohne Zustimmung des Parlaments keine Grundentscheidungen und bedeutsamen Rechtsetzungen Geltung erlangen können. In diese wies auch Bundeskanzler Helmut Schmidt in seiner Rede vor der Parlamentarischen Versammlung des Europarats am 27. April 1978 in Straßburg, als er ausführte: „Die erste Volkswahl des Parlaments der EG, vom Europäischen Rat auf Anfang Juni 1979 festgelegt, schafft eine neue und tiefgegründete Legitimität. Sie wissen, diese

---

42 Näheres hierzu bei *Ernst-Werner Fuß* „Positionsstärkung des Europäischen Parlaments — Zum Vedel-Bericht und zu anderen Vorschlägen für die institutionelle Reform der Gemeinschaften", in: Europarecht, 7. Jg. 1972, S. 358—374.
43 Näheres hierzu bei *Ulrich Scheuner* „Perspektiven einer Europäischen Union — Zum Bericht des Ministerpräsidenten *Leo Tindemans*", in: Europarecht, 11. Jg. 1976, S. 193—212, sowie *Ludwig Schulte* „Mehr Kompetenzen für Europa" und *Wolfgang Wessels* „Die Europäische Union imTindemans-Bericht: Bilanz einer einjährigen Diskussion", beide in: Aus Politik und Zeitgeschichte, B 56/1976.
44 S. dazu den Beitrag des Vizepräsidenten des Europäischen Parlaments, *Hans August Lücker,* MdB, „Die Bedeutung der Direktwahl zum Europäischen Parlament", in: Politische Studien, Nr. 237, 1978, S. 11—17; *Norbert Gresch* „Die supranationalen Fraktionen im Europäischen Parlament", in: ZParl, Heft 2, 1976, S. 190—209 sowie Institut für Europäische Politik (Hrsg.): Zusammenarbeit der Parteien in Westeuropa; Auf dem Weg zu einer neuen politischen Infrastruktur? Europäische Schriften Bd. 43/44, Bonn 1976.

Volkswahl kommt nicht ohne Geburtswehen zustande. Sie rührt an traditionelle Grundfesten der nationalstaatlichen Vorstellungswelt. Dazu ist es freilich aus unserer Sicht auch notwendig, daß die begrenzten Befugnisse des Europäischen Parlaments pragmatisch betrachtet werden und, wo dies als zweckmäßig erscheint, ohne Dogmenstreit *schrittweise erweitert werden*. Jetzt wird hier ein neues Kapital europäischer Einigung aufgeschlagen."

Die mit der Direktwahl höchstwahrscheinlich einhergehende engere Verbindung zwischen den „Völkern der in der Gemeinschaft vereinigten Staaten"[45] und dem Europäischen Parlament kann, wenn dessen Befugnisse mit dem angedeuteten Ziel ausgeweitet werden sollten, durchaus einen gewichtigen Beitrag zur Demokratisierung des Parlamentarismus in der Europäischen Gemeinschaft leisten. Bisher hat die praktizierte Übertragung von Rechtsetzungskompetenzen aus den demokratischen Mitgliedstaaten auf die Gemeinschaftsebene zur Steigerung des allgemeinen Demokratie-Defizits in Europa beigetragen. Diese Entwicklung ließe sich nur teilweise dadurch kompensieren, daß die nationalen Parlamente in stärkerem Maße als bisher die Tätigkeit ihrer Regierungsvertreter auf Gemeinschaftsebene kontrollieren und sie zur Rechenschaft ziehen[46]. Eine solche nationale Kontrolle diente sicherlich der demokratischen Rückkopplung der Mitglieder des Rates gegenüber ihren nationalen Parlamenten. Sie ist daher generell unverzichtbar. Mit ihr ist aber die Gefahr verbunden, daß das Leitbild einer integrierten demokratischen Europäischen Gemeinschaft vor ausschließlich nationalen Kontrollbindungen verblaßt[47].

Heute steht in der Europäischen Gemeinschaft ein immer noch relativ schwaches „Parlament" einer zur Initiative verpflichteten Kommission und einem entscheidungsbefugten Rat gegenüber, die de facto jeweils einen umfangreichen Behördenapparat darstellen, der bei mangelnder öffentlich wirksamer demokratischer Kontrolle ein Eigenleben und Eigengewicht zu entwickeln vermag[48]. Diese Behördenapparate bilden nicht nur untereinander, sondern in immer erheblicherem Maße mit den nationalen Behördenapparaten, soweit sie mit dem Gemeinschaftsrecht und dessen Auswirkungen befaßt sind – und das sind in der Bundesrepublik ebenso Bundes- wie Landesbehörden – ein dichtes Kommunikationsnetz[49]. Soll dieses, auf Grund seiner Struktur und Arbeitsweisen autoritäre Züge aufweisende Behördensystem demokratischer Kontrolle unterworfen und damit demokratischer Legitimation zugänglich

---

45 So die Formulierung in der Schlußerklärung des Europäischen Rats (der Gipfelkonferenz der Regierungschefs) vom 10. Dezember 1974. Wiedergegeben in *Sasse* (Anm. 46) S. 254.

46 Näheres bei *Christoph Sasse:* Regierungen – Parlamente – Ministerrat. Entscheidungsprozesse in der Europäischen Gemeinschaft, Bonn 1975. Zur deutschen Problematik *Ulf Oetting:* Bundestag und Bundesrat im Willensbildungsprozeß der Europäischen Gemeinschaften, Berlin 1973. Siehe auch *Neunreither* (Anm. 33) S. 255 ff.

47 Zum „Leitbild"-Problem jetzt *Heinrich Schneider:* Leitbilder der Europapolitik, Bd. 1 – Der Weg zur Integration, Bonn 1977, bes. S. 13–43. Siehe auch *ders.* „Integration – gestern, heute und morgen", in: Integration, Beilage zur Europäischen Zeitung, Heft 1/1978, S. 3–15.

48 Hierzu *Sasse* (Anm. 46).

49 Zur Rechtsproblematik dieser Verflechtungen *Hans-Werner Rengeling* „Nationaler Verwaltungsvollzug von Gemeinschaftsrecht: Die Gemeinschaftskompetenzen", in: Europarecht, 11. Jg. 1976, S. 216–237.

bleiben, bedarf es nicht nur einer demokratischen Kontrolle durch den Parlamentarismus der EG-Staaten, sondern auch und insbesondere einer verstärkten demokratischen Kontrolle im Rahmen der Institutionen der Europäischen Gemeinschaften. Mit der Einführung der Direktwahl zum Europäischen Parlament, das durch eine zunehmende Verstärkung seiner Kontroll- und Zustimmungskompetenzen künftig die Potenz eines parlamentarischen Organs gewinnen könnte, wurden insofern die zur Zeit gebotenen Schritte auf dem schweren Weg zur Europäischen politischen Gemeinschaft unternommen.

6. Parlamentarische Demokratie — Zur Problematik von Effizienz, Transparenz und Partizipation

„In der Gleichheit eine Voraussetzung der Freiheit zu suchen, ist ... geradezu die Aufgabe des 20. Jahrhunderts. Diese Aufgabe ist lösbar, wenn man sich nur vergegenwärtigt, daß der Mensch nicht nur das durch die Geschichte geformte und geprägte Objekt, sondern gleichzeitig das auch in Freiheit die Geschichte gestaltende Subjekt ist." Mit diesen Sätzen schloß Gerhard Leibholz im Jahre 1956 seine „Thesen zur Problematik der sozialen Grundrechte".[1] Das Bekenntnis zu liberalen Grundrechten förderte die Entwicklung zur liberalen Demokratie. Der Liberalismus ermöglichte die Demokratisierung der wichtigsten Entscheidungsgremien des Staates. Das Sozialstaatspostulat wirft die Frage nach der „Demokratisierung der Gesellschaft" auf.[2]

Das parlamentarische Regierungssystem ist älter als die Demokratie — Demokratie ganz allgemein verstanden als die (zumindest formal) gesicherte Möglichkeit für alle Bürger, Selbstbestimmung durch freie und aktive Partizipation am politischen Prozeß optimieren, bzw. negativ gewendet, Fremdbestimmung auf ein rational begründbares Maß reduzieren zu können. Das parlamentarische System wurde in seinen spezifischen Grundstrukturen — der verbindlichen Abberufbarkeit der Regierung durch das Parlament mit der Folge einer zunehmenden Integration von Parlamentsmehrheit und Regierung sowie der Herausbildung einer systematischen Opposition — erstmals in Großbritannien zu einem Zeitpunkt verwirklicht, als das Verlangen nach politischer Demokratie, d.h. die Forderung nach Demokratisierung des politischen Systems, nach Erweiterung wirksamer Partizipationschancen und nach mehr Transparenz des politischen Willensbildungs- und Entscheidungsprozesses, noch als radikal heraus-

---

1 „Die Problematik der sozialen Grundrechte", neun Thesen zu einem auf dem deutsch-holländischen Juristentag am 20. Oktober 1956 gehaltenen Vortrag, abgedruckt in: Gerhard Leibholz „Strukturprobleme der modernen Demokratie", Karlsruhe 1958, S. 130 f.

2 Hierzu insbesondere Hans-Hermann Hartwich „Sozialstaatspostulat und gesellschaftlicher Status quo", Köln und Opladen 1970. Zur Demokratisierungs-Diskussion vor allem Gerhard und Helmut Willke „Die Forderung nach Demokratisierung von Staat und Gesellschaft", in: Aus Politik und Zeitgeschichte, Beilage zur Wochenzeitung Das Parlament, 14. Februar 1970, S. 33—62 und die akzentuiert polemische Schrift von Wilhelm Hennis „Demokratisierung — Zur Problematik eines Begriffes", Köln und Opladen 1970, sowie die Studie von Theodor Eschenburg „Demokratisierung und politische Praxis", in: Aus Politik und Zeitgeschichte, 19. September 1970, S. 3—13, mit der er sich von der ihm gewidmeten Abhandlung von Hennis etwas distanziert.

fordernde Parole außerparlamentarischer Oppositionsgruppierungen weitgehend verhallte. Während sich in England die allmähliche Entwicklung zur liberalen Demokratie seit der ersten Hälfte des 19. Jahrhunderts im Organisationsgewande des parlamentarischen Regierungssystems vollzog, signalisierte auf dem europäischen Kontinent die Einführung des parlamentarischen Systems in der Regel zugleich den ersten gewichtigeren Realisierungserfolg liberaler Demokratie.

Bietet das parlamentarische Regierungssystem ein geeignetes Instrumentarium der Innovation, um auch im modernen „sozialtemperierten Industriestaat partiell organisierter Marktwirtschaft" liberale Demokratie zu vervollkommnen und soziale Demokratie, zumindest in der Form einer „humanen Leistungsgesellschaft"[3] zu ermöglichen? Sind parlamentarische Systeme, konkret: ist das im Grundgesetz der Bundesrepublik angelegte parlamentarische Regierungssystem von seiner Struktur her geeignet, dem Anspruch der Fähigkeit zur Innovation ebenso zu entsprechen wie dem nach überzeugender Vermittlung demokratischer Legitimation? Eine umfassende Erörterung der angeschnittenen Fragen würde eine eingehende Analyse der sozio-ökonomischen Strukturen und Herrschaftsverhältnisse sowie der internationalen Interdependenzen als dem Bezugsrahmen des Regierungssystems abverlangen. Im Vordergrund der folgenden Überlegungen steht jedoch die Frage nach den Problemen, die die institutionellen Strukturen des parlamentarischen Systems unmittelbar betreffen.

I. Die Forderung nach einer komplexen Demokratietheorie

Vor zwanzig Jahren sah Franz Neumann – der in der Demokratie-Diskussion bemerkenswerterweise sowohl von Habermas[4] als auch von Hennis[5] als gewichtiger Zeuge für ihre je konträren Positionen zitiert wird – das „zentrale Problem" der Demokratie durch die folgende „dialektische Formulierung", die es zu überprüfen gelte, gekennzeichnet: „In der Agrargesellschaft ist die Praxis der Demokratie verhältnismäßig einfach – aber ein innerer Bedarf nach Demokratie scheint kaum zu bestehen. In der Industriegesellschaft wird die Praxis der Demokratie zusehends schwieriger – aber der innere Bedarf nach Demokratie wächst".[6] Der wirtschaftlich-technische Fortschritt bewirkt zunehmende Komplexität der Gesellschaft, erzeugt Organisationsstringenz in allen Bereichen von Staat und Gesellschaft und potenziert damit zugleich die zwei im modernen Industrialismus angelegten, einander diametral entgegengesetzten gesellschaftlichen Tendenzen, „den Trend zur Freiheit und den

---

3   Den Begriff „humane Leistungsgesellschaft" prägte Manfred Wörner, vgl. dessen Aufsatz „Humane Leistungsgesellschaft", in: Die Politische Meinung, Heft 130, 1970, S. 89–95.

4   Jürgen Habermas „Reflexionen über den Begriff der politischen Beteiligung", in: Jürgen Habermas u. a. „Student und Politik", Neuwied 1961, S. 15.

5   Wilhelm Hennis a.a.O., S. 34.

6   Franz Neumann „Die Wissenschaft der Politik in der Demokratie", Vortrag, gehalten vor den Studenten der Freien Universität und der Deutschen Hochschule für Politik am 2. Februar 1950, S. 10.

zur Repression".[7] Der sozioökonomische Strukturwandel, die Technisierung der Gesellschaft, das Verlangen nach und die Notwendigkeit zur Leistungssteigerung bzw. Effizienzmaximierung führen zur zunehmenden Entscheidungs- und Machtkonzentration im sozialen und politischen System, was vor allem in den großorganisatorischen Formierungen im wirtschaftlichen, verbandlichen und staatsbürokratischen Bereich seinen Ausdruck findet.

„Technisierung der Gesellschaft kann einerseits bedeuten, daß die Menschen vollständig abhängig sind von einem komplexen, integrierten Mechanismus, der nur in einem hochorganisierten, stratifizierten und hierarchischen System zu funktionieren vermag. Dieses System muß Disziplin, Gehorsam und Unterordnung prämieren – gleichgültig, wer die Produktionsmittel besitzt. Damit predigt der moderne Industrialismus die gleichen Tugenden, die ein autoritäres politisches System kultiviert. Diese Tugenden sind repressiv, unvereinbar mit der Selbstbestimmung des Menschen. Andererseits kann die Technik die entgegengesetzten Tugenden stärken: Selbstvertrauen, Bewußtsein der eigenen Kraft, das Gefühl der Solidarität – das heißt den Geist der Kooperation – der in klarem Gegensatz zum Autoritarismus steht".[8]

Der dem modernen Industrialismus immanente Trend zum autoritären politischen System erschwert die „Praxis der Demokratie", erhöht die Neigung zu politischer Apathie und damit die Disposition zur Manipulation und in Krisensituationen zur irrational-emotionalen Entladung. Er schärft jedoch zugleich das Bewußtsein für die zunehmende Diskrepanz zwischen den wachsenden wirtschaftlich-technischen Möglichkeiten und ihrer faktischen Nutzung für die Steigerung der Freiheit aller und die Realisierung sozialer Gerechtigkeit. Wenn Neuman in diesem Zusammenhang von dem wachsenden „inneren Bedarf nach Demokratie" spricht, so ist hervorzuheben, daß für ihn – und ich teile diese Position – die Demokratie „nicht lediglich ein politisches System wie jedes andere ist", deren Wesen vielmehr „in der Durchführung großer sozialer Veränderungen, die die Freiheit des Menschen maximieren", erkannt wird.[9] Sie ist „die politische Form der sozialen Mobilität, ... der permanenten Revision" (Marcic), denn „wenn sich nichts ändern soll, braucht man die Demokratie nicht, dann genügt eine stabile herrschaftliche Verwaltung" (von Hentig). Demokratie ist nicht nur permanent kontrollierte Regierung auf Zeit, sie ist die auf Mobilität, Revision und Reform angelegte permanente Herausforderung des jeweiligen status quo. Ein demokratisches System ist ein permanent lernendes Regelungssystem mit der Fähigkeit zu „schöpferischen Lernprozessen" (Deutsch).[10]

In dieses Spannungsverhältnis zwischen zunehmender Komplexität und wachsendem Demokratiebedarf sind die politischen Strukturen einbezogen. So wurde auch das

---

7 Franz Neumann „Demokratischer und autoritärer Staat – Studien zur politischen Theorie", von Helge Pross besorgte deutsche Ausgabe der 1957 von Herbert Marcuse herausgegebenen Aufsatzsammlung, Frankfurt 1967, S. 241.
8 Ebd., S. 242.
9 Ebd., S. 133.
10 René Marcic „Demokratie – Der Baustil des Wandels", Wien 1970, S. 28; Hartmut von Hentig „Die große Beschwichtigung – Zum Aufstand der Studenten und Schüler", in „Merkur", 1968, S. 385–400; Karl W. Deutsch „Politische Kybernetik", Freiburg 1969.

in der Übergangsphase von der Agrar- zur Industriegesellschaft in England erstmals institutionelle Struktur gewinnende parlamentarische Regierungssystem im Inselreich sofort *nach* seiner Konstituierung, auf dem europäischen Kontinent in der Regel zugleich *mit* seiner Konstituierung mit dem Demokratisierungspostulat konfrontiert. Das parlamentarische System unterliegt seitdem einer doppelten Herausforderung: Einmal hat es den Nachweis seiner Leistungsfähigkeit im Prozeß zunehmender Interventionsnotwendigkeiten des Staates gegenüber einer komplexen, sich permanent modernisierenden Industriegesellschaft zu erbringen. Zum zweiten wird es daraufhin befragt, ob und inwieweit es dafür verwertbar erscheint, der demokratischen Selbstbestimmung im politischen Willensbildungs- und Entscheidungsprozeß als Instrumentarium zu dienen und ob und inwieweit es demokratische Legitimation staatlichen Handelns zu vermitteln vermag. Im Zentrum der damit aufgeworfenen Diskussionen stehen insbesondere Tatbestand und Folgeerscheinungen von Bürokratisierung und Oligarchisierung.[11] Als Kriterien fungieren u. a. die Begriffe Effizienz, Transparenz und Partizipation. Auf Kurzformeln gebracht:

Effizienz[12] bezeichnet den Wirkungsgrad im Sinne technisch-rationaler Wirtschaftlichkeit bzw. Leistungsfähigkeit gemessen an der Zeit-Kosten-Nutzen-Relation. Effizienzsteigerung bedeutet demnach möglichst kurzfristige Vermehrung des Nutzens bei gleichbleibenden Mitteln (Kosten) bzw. möglichst kurzfristige Verringerung der Kosten (des Aufwandes) bei gleichbleibendem Nutzen, etc. *Transparenz* bezeichnet den Grad an Nachvollziehbarkeit durch Offenlegung und Durchschaubarkeit; sie bildet eine entscheidende Voraussetzung für Kontrolle. *Partizipation* bezeichnet den Grad an Mitwirkung im Rahmen der in Wechselbeziehung zueinander stehenden Wirkungsstufen der teilnehmenden Beobachtung, Mitberatung und Mitentscheidung. Effizienz, Transparenz und Partizipation sind folglich weitgehend formale Kriterien, die im je gegebenen Fall der Konkretion bedürfen.[13]

Jedes politische System kann vermittels dieser drei Kriterien befragt werden, auch in seiner speziellen Ausprägung eines parlamentarischen Systems. Bedeutsam ist dabei,

---

11 Dazu in der KRITIK-Reihe Jürgen Fijalkowski „Demokraten als Bürokraten — Statussorgen und Funktionsgehorsam gegen politisches Bewußtsein", in: KRITIK-Band I, S. 155—167 (Opladen 1969) und Thomas Ellwein in dem KRITIK-Band III (Winfried Steffani (Hrsg.), Parlamentarismus ohne Transparenz, Opladen 1971, S. 48—68).

12 Zum Effizienzbegriff vgl. Frieder Naschold „Vernachlässigte Aspekte der Regierungs- und Verwaltungsreform in der Bundesrepublik Deutschland", in: Kommunikation, Heft 4, 1969, S. 191—200, bes. S. 192 ff.

13 Die Brauchbarkeit der hier skizzierten analytischen Trias ist in einigen unter meiner Betreuung an der Universität Hamburg entstandenen Dissertationen überprüft und nachgewiesen sowie als Konzeption insgesamt weiterentwickelt worden. Siehe hierzu u. a. Thomas Walde: ND-Report; Die Rolle der Geheimen Nachrichtendienste im Regierungssystem der Bundesrepublik Deutschland, München 1971, S. 263 ff, Günter Pumm: Kandidatenauswahl und innerparteiliche Demokratie in der Hamburger SPD, Frankfurt/Main 1977, S. 32 ff, 330 ff und 390 ff sowie insbesondere Uwe Thaysen: Parlamentsreform in Theorie und Praxis, Opladen 1972, S. 83 ff.

welches analytische Modell[14] der Untersuchung zugrunde gelegt wird, bei unserer begrenzten Fragestellung[15] also ein ein-, zwei- oder dreidimensionales Modell bzw. ein ein- oder multidimensionales Zielmodell. Eindimensionale Zielmodelle sind Maximierungsmodelle, bei denen eine Zielvariable unter Vernachlässigung der Auswirkungen auf andere Faktoren als dominierende Norm die kritische Analyse bestimmt: Eindimensionale Effizienzmaximierung als technokratisches Postulat; eindimensionale Partizipationsmaximierung als Postulat eines verkürzten Demokratieverständnisses; eindimensionale Transparenzmaximierung als zum Selbstzweck übersteigertes Kommunikationspostulat. Multidimensionale Zielmodelle sind demgegenüber Optimierungsmodelle, bei denen mehrere Zielvariablen in Relation zueinander gebracht werden, um bei gegebener Akzentuierung einer bestimmten Norm − z. B. Partizipationssteigerung − zu untersuchen, wie und unter welchen Bedingungen sie unter Berücksichtigung der übrigen Zielvariablen optimal verwirklicht werden könnten.

Wird bei der Analyse komplexer Systeme das Effizienzkriterium im Sinne von leistungssteigernder Wirtschaftlichkeit zur ausschließlichen Norm erhoben, dürfte die Fragestellung technokratischen Zielbestimmungen entsprechen. Werden der Partizipations- und Transparenzaspekt zum alleinigen Kriterium erklärt, spricht die Vermutung für die Orientierung an einem verkürzten Demokratiebegriff. Von einem verkürzten Demokratiebegriff kann dann gesprochen werden, wenn und insoweit die Effizienzproblematik und deren Bedeutsamkeit für die Existenz- und Funktionsfähigkeit hochkomplexer Industriegesellschaften außer Acht gelassen bleibt und als Definitionskriterien die Identität von Regierenden und Regierten sowie ein rigides Partizipations- und Transparenzmaximierungs-Konzept postuliert werden. Ein derart verkürztes, gegebenenfalls ,,unerträglich weit von der Realität entferntes"[16] Demokratieverständnis vermag die Probleme unserer gesellschaftlichen Wirklichkeit nicht zu erfassen. Komplexe Gesellschaft verlangt nach komplexer Demokratietheorie.

Franz Neuman, für den ,,das Ziel der Demokratie einfach zu formulieren ist: Es ist die Verwirklichung der Freiheit des Menschen durch Massenbeteiligung an ihrer Verwirklichung",[17] hat angesichts der ,,zunehmenden Komplexität der Gesellschaft"[18] die Forderung nach einer dieser Wirklichkeit adäquaten Theorie der Demokratie erhoben. ,,Komplexe Systeme", schreibt Naschold, ,,benötigen zu ihrer Steuerung

---

14 Zur Unterscheidung der analytischen Modelle ,,Zielmodell", ,,Systemüberlebensmodell" und ,,Systemzielmodell" siehe Frieder Naschold ,,Organisation und Demokratie − Untersuchung zum Demokratisierungspotential in komplexen Organisationen", Stuttgart 1969, S. 45 f und 53 f, sowie ders. ,,Demokratie und Komplexität", in: Politische Vierteljahresschrift, Heft 4, 1968, S. 495−518, bes. S. 499 und Amitai Etzioni ,,Soziologie der Organisationen", München 1967, S. 33 ff mit den organisationsanalytischen Ansätzen ,,Zielmodell", ,,Systemmodell" und den Untertypen von Systemmodellen: ,,Bestandsmodell" sowie ,,Erfolgsmodell".

15 Ein multidimensionales Zielmodell kann als ein vereinfachtes Systemmodell bezeichnet werden. Zur Unterscheidung von ,,Maximierungsmodell" und ,,Optimierungsmodell" siehe Naschold ,,Demokratie u. Komplexität", S. 499.

16 Naschold ,,Organisation und Demokratie", S. 52.

17 Neumann ,,Die Wissenschaft der Politik in der Demokratie", S. 8.

18 Neumann ,,Demokratischer und autoritärer Staat", S. 88 f.

demokratische Strukturen und Prozesse, wie umgekehrt Demokratie in moderner Gesellschaft nicht mehr nach dem simplen Schema direkter Demokratie strukturiert sein kann, sondern auf komplexe Strukturen und Prozesse angewiesen ist".[19] Obgleich sich Neumann und Naschold zum allein akzeptablen traditionellen Demokratiepostulat der höchstmöglichen Selbstbestimmung in und zur Freiheit und Gleichheit aller bekennen, plädieren beide für eine komplexe Demokratietheorie, deren Basis dieses unverkürzte Freiheitsbekenntnis ist. Im Blick auf das Bürokratisierungs- und Oligarchisierungsproblem skizzierte Neumann die Grundzüge einer derartigen Theorie, indem er — im Gegensatz zur Begrifflichkeit der Vertreter systemtheoretischer komplexer Demokratietheorie wie K. W. Deutsch, A. Etzioni, N. Luhmann, F. Naschold traditionelle Terminologie verwendend — vor allem die Elemente ,,verantwortliche Entscheidung", ,,verantwortliche Repräsentation", ,,autonomer Gruppenpluralismus", ,,politische Aktion des Einzelnen" und ,,aktive politische Bedeutung der Massen mit der Fähigkeit zur spontanen Aktion" hervorhebt:[20]

,,Das Wesen des demokratischen politischen Systems besteht . . . nicht in der (unmittelbaren, W. St.) Beteiligung der Massen an politischen Entscheidungen, sondern darin, politisch verantwortliche Entscheidungen zu treffen. Das einzige Kriterium für den demokratischen Charakter einer Verwaltung ist die volle politische Verantwortlichkeit der Verwaltungsspitze, und zwar nicht gegenüber Einzelinteressen, sondern gegenüber den Wählern insgesamt. Das Modell der Demokratie ist nicht Rousseaus Konstruktion einer Identität von Herrschern und Beherrschten, sondern die Repräsentation der Wähler durch verantwortliche Repräsentanten . . . Politisches Handeln in einer Demokratie ist die freie Wahl der Repräsentanten und die spontane Reaktion auf die Entscheidungen dieser Repräsentanten. Das wiederum setzt voraus, daß soziale Gebilde, wie etwa politische Parteien und Gewerkschaften, vom Staat unabhängig, daß sie offen und dem Druck von unten zugänglich bleiben; daß die Wähler, wenn mit schwerwiegenden Problemen konfrontiert, in der Lage sind, sich spontan zusammenzutun, um sie zu lösen . . .: keine Freiheit ohne politische Aktivität".

Neumann skizziert hier Aspekte einer ,,aktiven Gesellschaft" (Etzioni),[21] deren höchste Gefährdung er in der politischen Apathie ihrer Bürger sieht. In ihrer Einleitung zur deutschen Ausgabe der 1957 von Herbert Marcuse erstmals herausgegebenen Sammlung grundlegender Studien zur politischen Theorie Franz Neumanns hat Helge Pross die Problematik gewisser Elemente des Neumannschen Demokratiemodells erörtert. In der hier grob skizzierten Form zeigt es jedoch die Richtung an, in die sich komplexe Demokratietheorie orientiert — eine Verbindung von Partizipationspostulat und ,,verantwortlicher Repräsentation" — und umreißt zugleich das dem Grundgesetz immanente Demokratiemodell.

19   Naschold ,,Vernachlässigte Aspekte . . .", a.a.O., S. 195.

20   Das folgende Zitat ist dem wichtigen Aufsatz ,,Zum Begriff der politischen Freiheit" (abgedruckt in ,,Demokratischer und autoritärer Staat", S. 100—141) vom Jahre 1953 entnommen und kann nur im Kontext des gesamten Aufsatzes in seiner Aussage ganz erfaßt werden. Das Zitat ebd. S. 132 f, der letzte Satz S. 130.

21   Amitai Etzioni ,,The Active Society" New York 1968 (dt.: Die aktive Gesellschaft, Opladen (1969).

Es wird zu fragen sein, inwieweit das parlamentarische System, wie es im Grundgesetz angelegt ist, den Ansprüchen, die ein derartiges Modell impliziert, zu entsprechen vermag. Zuvor halte ich es jedoch für angebracht, einige Überlegungen zur Problemgeschichte parlamentarischer Demokratie, insbesondere der damit verbundenen „klassischen Diskussion" parlamentarischer Funktionen, und der Entwicklung des Parlamentarismus in Deutschland einzufügen.

II. Zur Problemgeschichte parlamentarischer Demokratie

In Großbritannien, das die grundlegenden Prinzipien und Verfahrensregeln parlamentarischer Regierung im 18. Jahrhundert entwickelte, in der Mitte des 19. Jahrhunderts uneingeschränkt zur Geltung brachte[22] und seitdem stets beispielhaft praktizierte, wurde das parlamentarische Regierungssystem seit der Wahlreform von 1832 zum Instrumentarium der Integration des liberalen Bürgertums in das bestehende politische System. Mit der Ausweitung des Wahlrechts und der damit verbundenen Demokratisierung des politischen Systems vollzog sich bis heute im britischen Königreich unter Beibehaltung des kennzeichnenden fomalen Strukturmerkmals, der Abberufbarkeit der Regierung durch das Parlament, ein bedeutsamer Strukturwandel des parlamentarischen Regierungssystems: Vom „Parliamentary Government" über das „Cabinet Government" zum „Prime Ministerial Government".[23]
Gerhard Leibholz hat in diesem Zusammenhang − auch im Blick auf die deutsche Verfassungsentwicklung − von einem „Strukturwandel der modernen Demokratie" gesprochen, als dessen wesensverschiedene Ausgangs- und Gegenwarts-„Formen der Demokratie" der liberal-repräsentative Parlamentarismus und der egalitär-plebiszitäre Parteienstaat skizziert werden.[24] Tatsächlich vollzog sich in England weniger ein Strukturwandel der modernen Demokratie als vielmehr ein durch die allmähliche Demokratisierung des politischen Systems hervorgerufener Strukturwandel des parlamentarischen Systems. Demokratisierung bedeutete dabei die vermittels etappenweise realisierter Wahlrechtserweiterung allmählich durchgeführte Systemintegration von Bevölkerungsschichten, deren aktive Teilhabe am politischen Prozeß nicht mehr verweigert werden konnte. Dieser Demokratisierungsprozeß führte zur Bildung und Verfestigung moderner, disziplinierter, permanent organisierter parlamentarischer und außerparlamentarischer Parteien, die als Organisatoren des politischen Prozesses den Strukturwandel des parlamentarischen Systems herbeiführten. Die Symbiose von

---

22 Hierzu Karl Loewenstein „Der britische Parlamentarismus − Entstehung und Gestalt", München-Hamburg 1964, S. 85 f, sowie Ronald Butt „The Power of Parliament − An Evolutionary Study of the Functions of the House of Commons in British Politics", London 1967, Kap. II, S. 61−96.
23 Vgl. John P. Mackintosh „The British Cabinet", 2. erw. Auflage, London 1968, sowie Franz Nuscheler „Walter Bagehot und die englische Verfassungstheorie", Meisenheim am Glan 1969, mit einer Warnung vor allzu klischeehafter Anwendung dieser Begriffe (S. 158).
24 Gerhard Leibholz „Der Strukturwandel der modernen Demokratie", in: Gerhard Leibholz „Strukturprobleme der modernen Demokratie", Karlsruhe 1958, S. 78−131, bes. S. 93 f.

Parteiensystem und parlamentarischem System bewirkte einen reziproken Struktur-
und Rollenwandel.[25] In Deutschland ist das parlamentarische System erst in derart
gewandelter Form 1919 Verfassungsnorm geworden. Zuvor gab es im Deutschen
Reich allenfalls eine demo-autoritäre konstitutionelle Monarchie partiell inkorporierter
Mitwirkungsrechte des Reichstages in dessen Eigenschaft als Parlament.[26] Der liberal-
präsentative Parlamentarismus als „Form der Demokratie" in Deutschland ist eine
literarische Fiktion.

In England konstituierte sich während der ersten Phase dieses Entwicklungsprozesses
parlamentarischer Regierung der sogenannte „klassische Parlamentarismus" (1832—
1868). Politisch bezeichnet er die „plutokratische Phase" des britischen parlamentarischen Systems: Durch die Wahlreform von 1832 — die vom „alten System" der
Repräsentation von Communities und Interessen zum „neuen System" der Repräsentation von Personen („one man, one vote, one value") überleitete — war zwar aufgrund der Neueinteilung von Wahlkreisen der Einzug des zunehmend dominierenden
Besitzbürgertums ins Unterhaus eingeleitet, der Anteil der Wahlberechtigten an der
erwachsenen Bevölkerung jedoch nur von 5 auf 7 % (von 510000 auf 720000 Wähler)
erhöht worden[27]. Eine merkwürdige „Form von Demokratie", und — gemessen am
Partizipationskriterium — eine Demokratisierung bescheidensten Ausmaßes. Im Unterhaus diskutierte und votierte eine relativ homogene herrschende Klasse, deren Aufsplitterung in mehrere ziemlich locker gefügte Parlamentsparteien — außerparlamentarische Parteiorganisationen befanden sich noch im ersten Entwicklungsstadium —
häufigen Regierungswechsel bewirkte. Das Parlament bzw. deren wechselnde Koalitionsmehrheiten kontrollierten die Regierung, das Kabinett.

Walter Bagehot, ein Repräsentant des politisch emanzipierten Bürgertums, hat dieser
Phase des britischen Parlamentarismus in seiner Abhandlung „The English Constitution"
(1867) eine weitgerühmte und vielbeachtete Analyse gewidmet. In seiner Einleitung
zur Neuausgabe von 1963 wies Richard Crossman[28] darauf hin, daß Bagehot in drei
grundlegenden Aspekten in der Sache mit seinem Zeitgenossen Karl Marx überein-
stimmte, nähmlich, daß 1. in einem modernen kapitalistischen Staat effektive Macht
in der Hand der Bourgeoisie als der herrschenden Klasse konzentriert sei; 2. repräsentative Institutionen — also auch das parlamentarische System — bewußt dazu verwandt
würden, die Klassendiktatur der Bourgeoisie aufrechtzuerhalten und 3. es zur Erhaltung des Systems erforderlich sei, das Volk in ehrerbietiger Distanz von den Macht-

---

25   Schon 1867 hob Walter Bagehot hervor: „The principle of Parliament is obedience to leaders ...
      The moment, indeed, that we distinctly conceive that the House of Commons is mainly
      and above all things an elective assembly, we at once perceive that party is of its essence.
      There never was an election without party... Party Organisation is the vital principle of
      representative government". Walter Bagehot „The English Constitution", Ausgabe Fontana
      Library, London 1963, S. 158 f.
26   Dazu jetzt insbesondere Dieter Grosser „Vom monarchischen Konstitutionalismus zur parla-
      mentarischen Demokratie", Den Haag 1970.
27   Hierzu A. H. Birch „Representative and Responsible Government", 3. Auflage, London
      1966, S. 52.
28   Walter Bagehot a.a.O., S. 29.

zentren fernzuhalten, und daß sich hierfür die Bourgeoisie der Monarchie bediene, die sie in „umfunktionierter" Form in ihren Dienst zu stellen wisse.

Im Gegensatz zu Marx plädierte Bagehot für die Verfestigung und Absicherung dieses Zustandes, indem er die wichtige Integrationsfunktion der Monarchie betonte (dignified part), die engere Verbindung zwischen Parlamentsmehrheit und Kabinett unterstrich (efficient part) und mit geradezu beschwörender Eindringlichkeit vor der Erweiterung des Wahlrechts warnte. Eine Ausweitung des Wahlrechts müsse unweigerlich die Machtverlagerung zur ungebildeten und politisch radikalisierbaren Wählerschaft herbeiführen. Das aber würde das Ende des „klassischen Parlamentarismus" bedeuten, denn „constituency government is the precise opposite of Parliamentary government".[29]

Bagehots Befürchtungen kamen nicht von ungefähr. Die im Jahre des Erscheinens seines Buches, 1867, tatsächlich vollzogene Wahlreform erhöhte den Anteil der Wählerschaft auf 16,4 % der erwachsenen Bevölkerung — eine Verdoppelung von 1,13 auf 2,23 Millionen Wähler) — und leitete damit den ersten bedeutsamen Strukturwandel des parlamentarischen Systems ein.[30] Das Ende des „klassischen Parlamentarismus" war gekommen. Bagehot polemisierte aber nicht allgemein gegen diese systembedrohenden Gefahren, sondern speziell gegen die Thesen eines berühmten Zeit- und Klassengenossen, der schon zu Beginn der sechziger Jahre das allgemeine Wahlrecht für Frauen und Männer gefordert und dessen 1861 publizierte Studie „On Representative Government" bereits kurz nach ihrem Erscheinen erhebliche Aufmerksamkeit erregt hatte: John Stuart Mill. Obgleich Mill ebenso wie Bagehot die Tyrannei einer ungebildeten, zur Radikalität tendierenden und von unverantwortlichen Parteistrategen organisierbaren Volksmehrheit als ernsthafte Bedrohung ansah, votierte er doch für eine großzügige Wahlreform, die breiten Bevölkerungsschichten Partizipation ermöglichen sollte. Sein Plädoyer für eine extensive Ausweitung des allgemein Wahlrechts, das auch die Frauen einbeziehen sollte, verband er allerdings mit einigen speziellen Wahlrechtsvorschlägen, die zusammengenommen eine Art „volksintegrierendes Bändigungskonzept" darstellten. Die Wähler sollten zwar in die Lage versetzt werden, Vertreter unterschiedlicher Auffassungen zu wählen, die als unabhängige Sprecher in freier Parlamentsdebatte die verschiedenen Standpunkte zu artikulieren hätten. Das Parlament gedacht als öffentliches Meinungsforum der Nation. Um jedoch die Bildung von Massenparteien und vor allem die Verfestigung eines Zweiparteiensystems auszuschließen, das zur Behinderung des Einflusses aufgeklärter Intelligenz im Parlament führen könnte, empfahl er die Einführung eines durch eine Reihe verfahrenstechnischer Vorkehrungen (wie z. B. Literaturtestvorschriften; Stimmenpotenzierung für Angehörige spezieller Berufe, insbesondere Universitätsabsolventen) reglementierten Verhältniswahl-Verrechnungssystems.[31] Die Befürchtung, daß sich trotz dieser Vor-

---

29 Ebd., S. 161.
30 Zu Bagehots Kritik und seiner Analyse der möglichen Folgen dieser Wahlreform siehe dessen Einleitung zur zweiten Auflage seines Buches im Jahre 1872, a.a.O., S. 267 ff.
31 Zur besonderen Berechnungsart dieser individualisierten Verhältniswahl ohne Parteilisten siehe J. St. Mill „Consideration on Representative Government", 1861, Ausgabe Everymans Library, London 1960, S. 260—265; über Literaturtestvorschriften ect. siehe ebd., S. 281 ff.

kehrungen die Entwicklung straff organisierter Massenparteien nicht verhindern lassen werde, begründete Bagehots wortreiche Warnung vor diesem Experiment. Bagehot polemisierte aber nicht nur gegen diese potentiellen Konsequenzen des Mill'schen Konzepts. Er warf ihm zugleich vor, das eigentliche Geheimnis der englischen Verfassung, die zentrale Rolle des Kabinetts und dessen enge Verbindung mit dem Unterhaus, nicht anerkannt zu haben. Obgleich beide, sowohl Mill wie Bagehot, für das Parlament einen weitgehend gleichlautenden Funktionskatalog entwickelten, setzten sie doch unterschiedliche Akzente und differierten in einem entscheidenden Punkt fundamental. Bagehot nennt fünf parlamentarische Funktionen:[32] 1. Elective function (Wahl — und Abberufung der Regierung, „the main function ... the most important function of the House of Commons"), 2. expressive function, 3. teaching function, 4. informing function und schließlich 5. function of legislation (die Bagehot bewußt mit der financial function zusammenfaßt). Wenn auch Bagehot die Gesetzgebungsfunktion zuletzt aufführt, unterstreicht er doch ihre große Wichtigkeit („great importance"). Ihr komme allerdings aufgrund der engen Verflechtung zwischen Parlamentsmehrheit und Regierung im Funktionenkatalog des Parlaments nicht die gleiche Bedeutung wie den Öffentlichkeitsfunktionen zu („the political education (!) given by parliament to the whole nation").

Auch Mill beginnt mit der Wahl- und Abberufungsfunktion des Parlaments, die er jedoch betont mit der Kontrollfunktion verbindet.[33] Gleichgewichtig sei die öffentlich zu vollziehende, auf Transparenz angelegte Kritik- und Diskussionsfunktion („to be at once the nation's Committee of Grievances, and its Congress of Opinions"). Als besonders problematisch wird hingegen die parlamentarische Gesetzgebungsfunktion bezeichnet. Und in der Diskussion dieser Frage ergeben sich die unterschiedlichen Akzente und fundamentalen Differenzen gegenüber Bagehot. Sie betreffen die Beziehungen zwischen Parlament und Kabinett sowie die Rolle des Kabinetts im Gesetzgebungsprozeß, einschließlich der sich daraus ergebenden Konsequenzen für die Rolle des Parlaments.

Mill hebt besonders eindringlich hervor, wozu eine so große Versammlung wie ein Parlament *nicht* befähigt sei: Zur Regierungstätigkeit und zur Erarbeitung von Gesetzentwürfen. Wohl könne und solle das Parlament bei der Bestellung des Regierungschefs eine Entscheidung fällen, nicht hingegen bei der Bestellung der einzelnen Minister.[34] Vor allem aber sei das Parlament zur Gesetzgebungsarbeit völlig ungeeignet. Es müsse strikt auf die Befugnis beschränkt bleiben, von *anderen* erstellte Gesetzesvorlagen entweder zu billigen oder zurückzuweisen. Das Parlament solle und müsse zwar dem Lande alle Gesetze *geben*, es dürfe sie jedoch nicht selber *machen*. Wer soll die Gesetze „machen"? Keineswegs die ausführende Instanz Regierung! Mill schlägt vielmehr die Einsetzung einer parlamentsunabhängigen „Commission of Codification"[35] vor, deren Mitglieder von der Krone für fünf Jahre zu ernennen

---

32 Bagehot a.a.O., S. 150—155.
33 Mill a.a.O., S. 234 und 239.
34 Ebd., S. 234 f.
35 Ebd., S. 237.

wären und, gleich Richtern, nur wegen grober Amtspflichtverletzung durch Beschluß beider Häuser des Parlaments aus ihrem Amt entlassen werden könnten. Allein ein derartiges Expertengremium, das nicht größer als ein Kabinett sein sollte, sei in der Lage, vernünftige Gesetzestexte zu erarbeiten. Es müßte das Recht der Gesetzesinitiative haben. Auch beide Häuser des Parlaments könnten die Initiative ergreifen, jedoch nur im Sinne einer Aufforderung an die Commission of Codification, einen Entwurf zu erstellen. Sollte das Parlament mit einer erarbeiteten Vorlage nicht einverstanden sein, so bliebe ihm nur die Ablehnung oder Rückverweisung an die Commission. Der Unterschied zwischen dem konservativen Bürger Bagehot und dem liberaldemokratischen Bürger Mill wird deutlich. Während Bagehot die „enge Verbindung" zwischen Parlament und Regierung betonte und dem Kabinett auch und gerade im Gesetzgebungsprozeß — vor allem in Finanzfragen — die zentrale Führungsrolle zuerkannte, plädierte Mill für eine „relative Abhängigkeit" zwischen der zentralen Verwaltungsinstanz Regierung und dem Parlament sowie für die Einsetzung eines parlaments- und regierungsunabhängigen Expertengremiums zur Gesetzeserarbeitung. Wenn sich Bagehot gegen eine Wahlrechtserweiterung wehrte, so um den Einbruch der „Volksmassen" in die effektive politische Entscheidungseinheit Parlament und Kabinett zu verhindern. Wenn sich Mill für eine relativ großzügige Wahlrechtserweiterung einsetzte, so wollte er doch nur den Zugang zu einem auf Interessenartikulation, Kritik und Akklamation reduzierten Parlament eröffnen, das nach der Wahl der Regierung und der Einsetzung der Commission of Codification in kritischer Distanz zu beiden zu stehen hätte.

III. Entwicklungstendenzen in England, USA und Deutschland

Mills Empfehlungen blieben weitgehend Literatur. Die Praxis der politischen Systeme schlug andere Wege ein. England entschied sich trotz einer allmählichen Wahlrechtserweiterung nicht für die Verhältniswahl. Die Gesetzesinitiative und die Gesetzeserarbeitung verlagerte sich eindeutig in den Bereich des Kabinetts, dessen politische Führungsrolle, und in ihm die des Premierministers, zunehmend an Bedeutung gewann. Das Kabinett und seine Ausschüsse wurden als die effiziente Lenkungsinstanz zur verantwortlichen Commission of Codification. Über die Wahl des Premierministers entschied nicht mehr das Parlament, sondern in der Regel der Wähler, genauer: Die Mehrheit jener Wähler, die sich an den durch disziplinierte Parteien organisierten Wahlen beteiligten. Obwohl sich das Unterhaus in zunehmendem Maße mit der Rolle eines auf Transparenz bedachten Redeparlaments, in dem das öffentliche Streitgespräch zwischen Regierung und Opposition das Ritual bestimmte, begnügte, wurde es doch nicht zum bloßen Interessenartikulations-, Kritik- und Akklamationsorgan. Mit schweigender oder abgerungener Billigung der Regierung konnten gelegentlich auch Gesetze und Änderungsvorschläge zu Regierungsvorlagen von Oppositionsmitgliedern oder Hinterbänklern der Parlamentsmehrheit ausgehen und akzeptiert werden. Das parlamentarische Ausschußsystem jedoch blieb weitgehend unterentwickelt. Das Unterhaus wurde zum offiziellen Artikulationsorgan der in der parlamentarischen

Opposition formierten Gegner der aktuellen Regierung und der sie tragenden Mehrheit und zum demokratischen Legitimationsorgan der von der Regierung zu verantwortenden Politik.

Auch das präsidentielle System der USA bevorzugte seit Anbeginn einen anderen Weg. Die Gesetzesinitiative liegt noch heute formell beim Kongreß, der sich in seinen ständigen Fachausschüssen — den amerikanischen Commissions of Codification — mit erheblicher Intensität der Detailarbeit am Gesetz widmet. Erst seit F. D. Roosevelt und vor allem seit dem Zweiten Weltkrieg ist de facto auch die Gesetzesinitiative in den wichtigsten Gesetzgebungsbereichen weitgehend in die Verantwortung des Präsidenten übergegangen.[36] Dennoch hat sich gerade in den USA wie in keinem anderen Land der Kongreß bis heute erfolgreich die effektive Detailarbeit am Gesetz vorbehalten können. Das präsidentielle System der USA, dessen Kongreß — insbesondere im Bereich seiner Ausschüsse — mit einem umfassenden Gesetzgebungshilfsdienst ausgestattet ist, folgt allerdings bis heute in seinem politischen Willensbildungs- und Entscheidungsprozeß Verfahrensweisen, die zusammengenommen nur in den groben Konturen eine gewisse Ähnlichkeit mit denen parlamentarischer Systeme aufweisen.[37] Lediglich in Deutschland — dessen Parlamente erst in der Mitte des 19. Jahrhunderts konkret mit der Problematik konfrontiert wurden, ein Rollenverständnis zu entwickeln — haben demgegenüber gewisse Anregungen und Verständnisweisen Mills partiell (und in gewandelter Form) Eingang ins politische System gefunden. So ist z. B. in Deutschland früher als in England das allgemeine, gleiche und geheime Wahlrecht für alle Männer über 25 Jahren eingeführt worden (1867). Die neuen Wählerschichten fanden jedoch Zugang zu einem Parlament, das weitgehend auf die Funktionen eines Interessenartikulations-, Kritik- und Akklamationsorgans beschränkt war. Denn der Reichstag hatte ebenso wie die deutschen einzelstaatlichen Parlamente einen entscheidenden Geburtsfehler: Sie waren wie die ihre Existenz begründenden Verfassungen gnädige, wenn auch abgerungene, Zulassungen der Monarchen, nicht erstrittene Resultate revolutionärer Selbstbestimmung des Volkes. Sie blieben eine schwache Einbruchstelle der „Gesellschaft" in den durch das monarchische Prinzip sich legitimierenden Staat, dessen loyale Diener (Militär, Bürokratie und Justiz) im Monarchen ihren Souverän wußten. Die Effizienz des Staates sollte und durfte durch die parlamentarisch vermittelte Partizipation „des Volkes" nicht aufs Spiel gesetzt werden.

Mit der Einführung des parlamentarischen Systems im Jahre 1919, das materiell die Möglichkeit der Bestellung der Regierung durch den Reichstag eröffnete, formell jedoch lediglich das Abberufungsrecht vorsah, wurden auch das Frauenwahlrecht und die Verhältniswahl akzeptiert. Umstritten blieben vor allem die Beziehungen zwischen Parlament und Regierung sowie die Frage der Gesetzgebung (einschließlich Haushalt- und Finanzgesetzgebung). Bagehots anvisierte Konzeption einer engen

---

36 Hierzu vor allem Richard Neustadt „Politicians and Bureaucrats", in: David Truman (Herausgeber) „The Congress and Americas Future", Englewood Cliffs, N. J. 1965, S. 102–120. bes. S. 110 f.

37 Einen Überblick hierzu weiter unten S. 313 ff.

Verbindung zwischen Regierung und Parlamentsmehrheit sowie die damit implizierte Konfrontation beider mit „der" Opposition wurde als Strukturprinzip weder befürwortet noch ließ es sich im deutschen Vielparteiensystem mit seiner Koalitionsproblematik ohne weiteres realisieren. Zudem war der Reichspräsident weniger und mehr als ein „dignified part" der Verfassung: weniger schon mangels Tradition, mehr aufgrund der unmittelbaren Volkswahl und der potentiellen Entscheidungsbefugnisse, insbesondere bei der Einsetzung und Entlassung der Regierungsmitglieder sowie im Bereich der Gesetzgebung (nicht nur über Art. 48 WRV). Als besonders problematisch erwies sich jedoch die Rolle des Parlaments im Gesetzgebungsprozeß. Das hatte seine historischen Gründe. Ein — größtenteils unter Interessengesichtspunkten — dogmatisiertes Gewaltenteilungsverständnis einerseits und die Spätgeburt der „zugelassenen" Parlamente andererseits wirkten sich unter den Bedingungen der konstitutionellen Monarchie der Einzelstaaten und des Kaiserreichs in doppelter Hinsicht nachteilig aus. Zum einen begründete die Gewaltenteilungsdogmatik das parlamentarische Selbstverständnis als „Gesetzgebungsorgan",in dem, wie gelegentlich Theoretiker zu spekulieren beliebten, „wirklich" unabhängige Einzelpersönlichkeiten als Repräsentanten des ganzen Volkes in rationaler Auseinandersetzung um das Gemeinwohl zu ringen hätten, und dessen Einwirkung auf die Exekutive in Gestalt der verantwortlichen Regierung minimal zu sein habe. Regierung und Verwaltung galten als allein vom Monarchen abhängige Exekutivorgane. Aber selbst dort, wo ihnen ein formelles Initiativrecht zugestanden wurde — wie später dem Reichstag —, blieben die Parlamente bei der Gesetzgebung aufgrund ihrer „Spätgeburt" de facto primär mitwirkende Gesetzgebungsorgane. Denn für die „Arbeit am Gesetz", die mit dem wachsenden Interventionsspielraum des Staates zunehmend komplizierter wurde, hatten sich im Staat bereits hinreichend qualifizierte Instanzen formiert, deren Selbstbewußtsein, Arbeitsperfektion, Sachverstand und Tradition die Parlamente kaum etwas Ebenbürtiges entgegenzustellen vermochten: die Ministerialbürokratien. Die für die Gesetzeserarbeitung zuständigen Referenten der Ministerialbehörden begriffen sich, und fungierten, weitgehend als die wahren, der Effizienz verpflichteten „Commissions of Codification" — eine bemerkenswerte Variante der Mill'schen Konzeption. Nicht nur die Erarbeitung von Entwurfstexten, die ohne Konsultation der betroffenen und interessierten Gruppen, zumindest soweit sie einflußreich und organisiert waren, kaum ernsthaft betrieben werden konnte,[38] sondern de facto auch ein beachtlicher Teil der Gesetzesinitiative fiel in ihr Ressort.

Selbst als sich der Reichstag zur effektiveren Wahrnehmung seiner Gesetzgebungstätigkeit mit einem System spezialisierter Fachausschüsse versah, blieb der unmittelbare Einfluß der Verwaltung bedeutsam. Sehr im Gegensatz zur englischen und amerikanischen Parlamentspraxis haben Mitglieder der Ministerialverwaltung in den parlamentarischen Ausschüssen in ihrer Eigenschaft als Vertreter bzw. Beauftragte der Regierung ein unmittelbares Zutritts-, Rede- und demnach Mitwirkungsrecht. Die

---

38 Für Beispiele aus dem Wilhelminischen Kaiserreich siehe Hannelore Horn „Der Kampf um den Bau des Mittellandkanals", Köln und Opladen 1964, sowie Hans-Jürgen Puhle „Agrarische Interessenpolitik und preußischer Konservatismus", Hannover 1966, S. 201 ff.

Vermutung, daß eine derartige Mitwirkung nicht immer bei der notwendigen Sachinformation und Formulierungshilfe verbleiben wird, verweist auf die Problematik gestaltender Einflußnahme der Verwaltung im Gesetzgebungsprozeß.

Auf eine Formel gebracht: In Großbritannien hatte sich das Parlament bereits im 17. und 18. Jahrhundert eine gesicherte Stellung im System erkämpft, lange bevor in der zweiten Hälfte des 19. Jahrhunderts die Bürokratie ihre Positionen bezog. Das bestimmt ihre Wechselbeziehungen noch heute. In Deutschland war die Bürokratie bereits seit dem 17. und 18. Jahrhundert etabliert, lange bevor in der zweiten Hälfte des 19. Jahrhunderts das Parlament seine Entscheidungskompetenzen im politischen System zu sichern und auszuweiten begann. Die Folge dieses geschichtlichen Tatbestandes prägten und prägen teilweise auch heute noch das Selbstverständnis der Parlamentarier sowie die Wechselbeziehungen zwischen Öffentlichkeit, Parlament, Regierung und Bürokratie, allen demokratisch-parlamentarischen Verfassungspostulaten zum Trotz.

Mit dieser Tradition, die die Frage nach der parlamentarisch vermittelten demokratischen Legitimation staatlichen Handelns aufwirft, fand sich nicht nur der Reichstag der Weimarer Republik, mit ihr findet sich auch der Bundestag im parlamentarischen System der Bundesrepublik konfrontiert.

IV. Parlamentarisches System mit Kanzlerhegemonie

Regierungssysteme sind politische Konfliktregelungssysteme, deren Bewährung sich in nicht unerheblichem Maße aus ihrer Fähigkeit zur effizienten Problemlösung und Innovation ergibt. Demokratischen Ansprüchen genügt ein Regierungssystem erst dann, wenn es effiziente Problemlösung und Innovation bei Optimierung der Partizipationschancen aller Bürger und der Transparenz aller relevanten Planungs-, Diskussions- und Entscheidungsabläufe zu leisten vermag. Auf diesen demokratischen Anspruch hin sind die institutionellen Strukturen und Handlungsabläufe konkreter politischer Systeme zu überprüfen.

Geht man beim Versuch einer Typologisierung politischer Systeme von der Gestaltung der Wechselbeziehungen zwischen Parlament und Regierung aus, so lassen sich die jeweils getroffenen institutionellen Regelungen in den Ländern der sogenannten westlichen Demokratien auf zwei Grundtypen zurückführen, wobei das gewohnheitsrechtlich praktizierte oder ausdrücklich normierte Recht des Parlaments, die Regierung bzw. den Regierungschef abzuberufen, das Unterscheidungsmerkmal anzeigt. Diejenigen Systeme, deren Parlament über diese entscheidende Kompetenz verfügt, gehören zur Gruppe der parlamentarischen Regierungssysteme. Alle anderen können der Gruppe der präsidentiellen Systeme mit ihren unterschiedlichen Gestaltungsvarianten zugeordnet werden.[39] Sowohl die präsidentiellen als auch die parlamenta-

---

39 Eine eingehendere Begründung dieser Typologisierung gab ich in meinem Aufsatz ,,Gewaltenteilung im demokratisch-pluralistischen Rechtsstaat" (in: Politische Vierteljahresschrift, Heft 3, 1962, S. 256—282, bes. S. 267 ff, jetzt auch abgedruckt in Heinz Rausch

rischen Systeme sind ihrer Grundanlage nach dualistische Systeme. Dabei stehen im präsidentiellen System mit seiner hochgradigen personellen Unabhängigkeit zwischen Regierungschef und Parlament primär die Institutionen Parlament und Regierung in einer dualistischen Beziehung zueinander. Im parlamentarischen System mit seiner Integrationstendenz zwischen Regierung und Parlamentsmehrheit findet dieser Dualismus demgegenüber im Spannungsverhältnis zwischen Regierungsmehrheit und parlamentarischer Opposition seinen Ausdruck.[40]

Alle genannten Regierungssysteme sind Repräsentativsysteme, womit allerdings relativ wenig über den jeweiligen faktischen Abhängigkeitsgrad der Parlamentarier von inner- und (oder) außerparlamentarischen Personen, Gruppen und Institutionen ausgesagt wird. Sie sind demokratische Repräsentativsysteme insofern, als deren aus allgemeinen und direkten Wahlen hervorgegangenen Parlamente mehr oder weniger ausschließlich über die formelle Gesetzgebungskompetenz verfügen und zur Fällung politischer Entscheidungen freigesetzt sind; Ausnahmen bilden lediglich die in einigen Verfassungen vorgesehenen direkt-demokratischen Entscheidungsrechte (z. B. Volksabstimmungen) oder/und exzeptionellen Notstandregelungen (z. B. Art. 48 WRV). Demokratische Alternativen zu diesen Repräsentativsystemen präsidentieller oder parlamentarischer Provenienz, die sich sowohl praktikabel als auch demokratie- und damit freiheitsfördernd erweisen müßten, sind noch nicht entwickelt worden.[41]

Das im Grundgesetz konzipierte Regierungssystem kann als ein parlamentarisches Regierungssystem mit Kanzlerhegemonie[42] charakterisiert werden, d. h. als ein System, in dem der parlamentsabhängige Regierungchef vom Staatsoberhaupt weder aus freiem Ermessen ein- noch abgesetzt werden kann und ihm in seiner politischen Entscheidungskompetenz bei weitem überlegen ist. Mit dem Typus „klassischer parlamentarischer Demokratie" hat dieser Parlamentarismus allerdings relativ wenig gemein.[43]

Johannes Agnoli hatte 1968 seine „Thesen zur Transformation der Demokratie" mit der Feststellung eingeleitet, daß es „die klassische parlamentarische Demokratie

(Herausgeber) „Zur heutigen Problematik der Gewaltenteilung", Darmstadt 1969, S. 313–352. bes. S. 331 ff). Zur generellen Problematik mit anderer Akzentsetzung Klaus v. Beyme „Die parlamentarischen Regierungssysteme in Europa", München 1970, dort bes. S. 40–48; das ebd. S. 40 zitierte Wortmonstrum „repräsentativer demokratisch-pluralistischer Verfassungsstaat" ist eine Erfindung, die sicherlich ebensowenig die Forschung weiterbringt wie der Versuch, Steffani mit diesem Monstrum in Verbindung zu bringen. Steffanis „Gegentyp" zum demokratisch-pluralistischen Rechtsstaat ist der autokratisch-totalitäre Diktaturstaat, dazu meinen Aufsatz „Gewaltenteilung", einleitende Bemerkung. Siehe oben S. 41 ff.

40 Zur Dualismus-Problematik und Oppositionsfunktion in verschiedenen politischen Systemen siehe jetzt Norbert Gehrig „Parlament-Regierung-Opposition; Dualismus als Voraussetzung für eine parlamentarische Kontrolle der Regierung", München 1969, und Robert A. Dahl (Herausgeber) „Political Opposition in Western Democracies", Yale 1966.

41 Siehe dazu den Beitrag von Udo Bermbach in KRITIK-Band III (s. Anm. 11) und die dort angegebene Literatur.

42 Vgl. oben S. 43.

43 Siehe hierzu auch die von Karl Loewenstein in seinem Buch „Verfassungslehre" (Tübingen 1959) S. 86–90 vorgenommene Anlayse der Hauptkriterien des „klassischen Parlamentarismus".

schon längst nicht mehr gebe".[44] Sie sei geschichtlich überholt. Diese Organisationsform habe einer kapitalistischen Gesellschaft entsprochen, die mit der Dampfmaschine arbeitete und sei wenig für den Staat in einer Gesellschaft geeignet, die Atomkraft produziere und bald mit Atomkraft produzieren werden. Zur deutschen Situation fügte er hinzu: „Überdies aber: Die klassische parlamentarische Qualität des früheren bürgerlichen Staates: die Vormacht des Parlaments, seine politische wie legislative Entscheidungskompetenz, ist selbst verfassungsrechtlich überwunden. Das Grundgesetz postuliert die Vormacht der Exekutive gegenüber der Legislative, sei es in der Frage der Richtlinienkompetenz, sei es in der Frage der Kontrolle der Regierung über das Parlament."[45]

Ich halte die erste der hier zitierten Thesen Agnolis für kommentarbedürftig und die zweite für falsch. Tatsächlich hat es weder in Großbritannien und noch weniger in Deutschland je eine Periode der „klassischen parlamentarischen Demokratie" im eigentlichen Sinne des Begriffes gegeben. Der „klassische Parlamentarismus" in Großbritannien (etwa 1832–1868) kennzeichnet die letzte Phase des konfliktreichen Übergangs vom autokratischen System der Fürstensouveränität zum demokratischen System der Volkssouveränität, jene Phase, in der eine konservativ-liberale, plutokratisch-aristokratische Oligarchie bei außerordentlich eingeengtem Wahlrecht, das nur einer kleinen Minderheit Partizipation ermöglichte, unter dem Postulat der „Parlamentssouveränität" ihren Herrschaftsanspruch im politischen System zu begründen verstand. Den Strukturmerkmalen einer klassischen parlamentarischen Demokratie des allgemeinen Wahlrechts mit ihrer postulierten Parlamentsvormacht, dem Vielparteiensystem, der mangelhaften Fraktionsdisziplin, dem rechtlich erleichterten und tatsächlich häufig praktizierten Regierungswechsel und der damit verbundenen Übergewichtigkeit staatlicher Bürokratie entsprach allenfalls das Regierungssystem der III. und IV. Republik in Frankreich.[46] Als in Deutschland mit der Weimarer Verfassung, die die Richtlinienkompetenz des Kanzlers bereits normierte,[47] das parlamentarische Regierungssystem erstmals eingeführt wurde, bevorzugte man die Form eines parlamentarischen Systems mit Präsidialhegemonie,[48] kombiniert mit zusätzlichen direkt-demokratischen Entscheidungsmöglichkeiten des Wählers (Volksbegehren, Volksentscheid).

Richtig ist zum anderen, daß keine deutsche Verfassung je zuvor das Parlament mit derart weitreichenden Kompetenzen ausstattete und es so ausdrücklich „in Verantwortung" nahm, wie das Grundgesetz. Verfassungsrechtlich ist die These vom „Macht"-, „Funktions"- oder Kompetenzverlust bzw. -Abbau des Parlaments in Deutschland falsch und daher unhaltbar. Daß das Parlament ungeachtet dessen auch heute weder

44   Johannes Agnoli „Thesen zur Transformation der Demokratie und zur außerparlamentarischen Opposition", in: Neue Kritik, Nr. 47, April 1968, S. 24–33, 24.

45   Ebd., S. 24.

46   Vgl. Loewenstein a.a.O., S. 86 ff.

47   Die vielzitierten ersten zwei Sätze des Art. 65 GG sind fast wörtlich mit Art. 56 der Weimarer Reichsverfassung identisch.

48   Vgl. oben S. 43 f.

im Bewußtsein der Bevölkerung noch tatsächlich einen hinreichend gefestigten und gleichsam krisensicheren Standort gefunden hat und sein Beitrag zur demokratischen Legitimation staatlichen Handelns und Verhaltens keineswegs unumstritten ist, erweist sich weit eher als ein Problem mangelhafter deutscher Parlamenttradition und allgemeiner politischer Kultur denn als eine Konsequenz verfassungsrechtlicher Kompetenzentscheidung.[49]

Die dominierende Stellung des Bundeskanzlers und seiner Regierung im westdeutschen Regierungssystem ist paradoxerweise nicht eine Folge parlamentarischer Zuständigkeitsbeschränkungen als vielmehr eine Folge gewichtiger Kompetenzerweiterungen, die der Bundestag gegenüber allen bisher in Deutschland konstituierten Parlamenten im Grundgesetz erfahren hat. Unvergleichlich einschneidender als das neu eingeführte konstruktive Mißtrauensvotum hat das erstmals eingeführte Recht des Bundestages, den Bundeskanzler zu wählen, dessen Stellung im System und seine Beziehungen zur parlamentarischen Mehrheit gestärkt. Denn mit der Wahl des Bundeskanzlers übernimmt die jeweilige Parlamentsmehrheit in aller Öffentlichkeit eine verpflichtende Verantwortung für die Arbeitsfähigkeit und die Erfolgschancen des Kanzlers und seiner Regierung, deren Arbeits- und Reaktionsfähigkeit die Einräumung eines gewissen Entscheidungsspielraums voraussetzt. Schon Rousseau, der Verfechter „radikaldemokratischer" Konzeptionen, hatte vermerkt: „Es ist gegen die natürliche Ordnung, daß die große Zahl regiere und die kleine regiert werde."[50] Eine parlamentarische Mehrheit würde sich weitgehend dysfunktional verhalten, wenn sie den von ihr gewählten Kanzler, der in der Regel ihr Parteiführer ist, mit der Regierungsfunktion betraute, um ihm dann — ohne ganz außergewöhnlichen Anlaß — durch Initiativkonkurrenz, öffentliche Kooperationsverweigerung und öffentlich kritische Kontrolle die „Gefolgschaft" zu versagen.

Die hierdurch bewirkte Gewichtsverlagerung zugunsten der Führungsgruppe der Regierungsmehrheit muß nicht unbedingt zugleich eine „Parlamentsentmachtung" bedeuten. Warum sollte auch eine Parlamentsentmachtung vorliegen, wenn die Parlamentsmehrheit in die Lage versetzt wird — und davon Gebrauch macht —, ihre Führungsgruppe in die Regierung zu wählen (bzw. über den gewählten Kanzler zu „vermitteln"), zumal dann, wenn den mit Regierungsämtern betrauten Abgeordneten das Parlamentsmandat nicht entzogen wird, sie also vollberechtigte Mitglieder der Mehrheitsfraktion und des Parlaments bleiben können? Eine Entmachtung würde nur dann entstehen, falls und insoweit sich die Regierung der Parlamentsmehrheit entfremden bzw. von ihr absondern würde und zur Verteidigungsinstanz parlamentsunabhängiger Verwaltungsentscheidungen entwickelte. Daß diese Tendenz in der Bundesrepublik traditionell besteht, läßt sich empirisch nachweisen.[51] Dieser Sachverhalt gehört zu den besonders

---

49 Wichtig hierzu Ernst Fraenkel „Deutschland und die westlichen Demokratien", Stuttgart 1968, S. 13–31 und 69–78, der von den „historischen Vorbelastungen" und der „Parlamentsverdrossenheit" spricht.

50 Rousseau „Contrat social", Drittes Buch, Kapitel IV, Abs. 3.

51 Für Einzelheiten sei vor allem auf die von Thomas Ellwein herausgegebene Reihe „Politik — Regierung — Verwaltung; Untersuchungen zum Regierungsprozeß in der Bundesrepublik Deutschland" verwiesen. Vgl. insbesondere den von Ellwein verfaßten Band III „Regierung

kritikbedürftigen Erscheinungsformen deutscher parlamentarischer Demokratie. Eine Analyse dieses Sachverhalts kann jedoch kaum sinnvoll betrieben werden, wenn man bereits im Ansatz Parlament und Regierung als Exponenten „gewaltengetrennter besonderer Organe" einander konfrontiert (wobei unter Verwendung der Formel „Exekutive" zwischen Regierung und Verwaltung nicht differenziert wird), ohne die jeweiligen speziellen Wechselbeziehungen zwischen Parlament und Regierung einerseits und Regierung und Verwaltung andererseits deutlich herauszuarbeiten.

Als typisches Beispiel für eine zwar stereotyp vorgetragene, darum jedoch in dieser Form nicht weniger verfehlte Argumentation bei dem Versuch, die „Entmachtung" des Bundestages empirisch belegen zu wollen, kann der statistische Verweis auf die seitens der Bundesregierung und aus der Mitte des Bundestages eingebrachten Gesetzentwürfe und deren jeweilige Erfolgsquoten angesehen werden. So vermerkt Urs Jaeggi: „In den ersten drei Wahlperioden des Bundestages (wurden) von Regierungsseite 1319 Gesetzentwürfe vorgelegt und davon 1108 verabschiedet. Der Bundesrat brachte 54 Entwürfe ein, von denen 21 verabschiedet wurden; für den Bundestag lautet das Verhältnis 822 : 347. Prozentual betrachtet ist der Anteil der Parlamentsinitiativen mit 20,2 gegenüber 57,3 Prozent der Bundesregierung noch relativ hoch: effektiv wurden aber nur die verabschiedeten Gesetze, von denen 75 Prozent auf Entwürfen der Bundesregierung beruhen und nur 23,5 Prozent ihren Ursprung im Bundestag haben. Oder anders: für die Entwürfe der Bundesregierung ergibt sich eine Erfolgsquote von 84 Prozent, für die Vorschläge des Bundestages von 37,7 Prozent."[52] Jaeggi gibt keinen Hinweis darauf, daß die erfolgreichen Parlamentsvorlagen in der Regel von den Mehrheitsfraktionen eingebracht wurden bzw. auf interfraktionelle Entwürfe zurückgingen und daß die abgelehnten „Parlamentsinitiativen" tatsächlich Oppositionsinitiativen waren oder sind. Und da es zur deutschen Oppositionstradition gehört, bei der Einbringung von Gesetzesentwürfen einen besonderen, energieverschleißenden Eifer zu zeigen (die front-bench der britischen Oppositionspartei bringt keine Gesetzesentwürfe ein), muß das verständlicherweise in der „Erfolgsstatistik" des Bundestages seinen Niederschlag finden. Man kann wohl kaum ohne weiteres erfolglose Oppositionspolitik als einen Beleg für Parlamentsentmachtung zitieren.

An den zitierten Zahlen dürfte also nicht der hohe Regierungsanteil, sondern der hohe Prozentsatz an Initiativen und „Erfolgen" aus der Mitte des Bundestages verwundern. Denn daß in einem Parlament, dessen Mehrheit die Regierung mit dem Generalauftrag bestellt, bei der Durchführung des mehrheitlich gebilligten Regierungsprogrammes die Gesetzesinitiative zu ergreifen, dies kein Anlaß dafür sein kann, die Mehrheit zur konkurrierenden Gesetzesinitiative zu animieren, ist zu evident, um der Erklärung zu bedürfen. Das Gegenteil müßte Erstaunen hervorrufen. Auch die relativ geringe Erfolgsquote der Parlamentsvorlagen ist, da es sich hierbei fast ausschließlich um Oppositionsvorlagen handelt, alles andere als sensationell oder „enthüllend" niedrig.

Viel wichtiger dürfte die Frage sein, ob und inwieweit „Regierungsvorlagen" von der Regierung gemeinsam mit der Parlamentsmehrheit politisch verantwortet werden und zu verantworten sind oder ob sich die Regierung de facto immer mehr zum bloßen Notar anonymer, in Kooperation mit einflußreichen Verbänden erstellter Verwaltungsentscheidungen degradieren läßt und der Mehrheit ungeprüfte Akklamation zumutet. (Hierauf wird noch zurückzukommen sein.) Bei einer durch Nominations- und Wahlbeziehungen begründeten hochgradigen Interessenidentität zwischen Partei, Mehrheitsfraktion und Regierung werden Regierungserfolge und der damit gesteigerte Vertrauensgewinn zu den wichtigsten Aktivposten der Partei für die nächsten Wahlen. Es liegt in der Logik eines parlamentarischen Systems mit Kanzlerhegemonie, daß tendenziell nicht „das Parlament" die Regierung, als vielmehr die Regierungsmehrheit unter eindeutiger Führung des Kanzlers und seiner Regierung das Parlament kontrolliert. Diese Tendenz liegt nicht nur in der Logik des Systems begründet, sie wird vor allem durch das öffentlich kritische Agieren parlamentarischer Opposition potenziert, was vornehmlich bei einer Reduzierung der wahlentscheidenden Parteien auf zwei „Koalitionslager" bzw. bei einem Trend zum Zweiparteiensystem deutlich zur Geltung gelangt.

Die dominierende Rolle des Kanzlers und seiner Regierung im politischen System der Bundesrepublik kann demnach nur bedingt als unmittelbare Folge der verfassungsrechtlichen Bestimmungen des Grundgesetzes angesehen werden. Primär hingegen ist sie eine Konsequenz der Organisationsform und Verhaltensweisen, die die Parteien unter adaptiver Ausnutzung der im Grundgesetz angelegten Möglichkeiten entwickelten. Wenn Agnoli diesen Sachverhalt auf die Formel verkürzt, „das Grundgesetz postuliert die Vormacht der Exekutive gegenüber der Legislative",[53] so gibt er damit nicht nur ein weitverbreitetes Vorurteil wieder, sondern bedient sich zugleich einer Terminologie, mit der sich die anstehende Problematik schwerlich beschreiben läßt. Die Begriffe Legislative und Exekutive, die ohne genauere Kommentierung nicht mehr verwendbar sind, werden üblicherweise auf eine Weise in die Diskussion einbezogen, mit der schwerlich ein Beitrag zur Klärung der Problemlage und damit zur Transparenz des Systems zu leisten ist. Sie werden allgemein in zweifacher, sehr unterschiedliche Tatbestände benennender Hinsicht gebraucht. Einmal zur Unterscheidung von Funktionsbereichen: Legislative gleich Regelsetzung, Exekutive gleich Regelanwendung; zum anderen zur Bezeichnung von Institutionen: Legislative gleich Parlament, Exekutive gleich Regierung, Staatsoberhaupt und staatliche Verwaltung im weitesten Sinne bzw. Ministerialbürokratie im besonderen Fall. Nun dürfte es evident sein, daß in einem parlamentarischen System zumindest funktional die Regierung weder dem Bereich der „Exekutive" noch dem der „Legislative" eindeutig zuzuordnen ist. Auch in der Bundesrepublik stellt die Regierung de facto sowohl die politisch verantwortliche Weisungsspitze der Verwaltung als auch — durch Personalunion — eine entscheidungsbefugte Führungsgruppe des Parlaments dar, deren Mitglieder (von seltenen Ausnahmen abgesehen) über die gleichen Rechte wie jedes andere Parlamentsmitglied verfügen. So würde etwa bei den gegenwärtigen Mehrheitsverhältnissen der

---

53 Agnoli a.a.O., S. 24.

sozial-liberalen Koalition bereits eine Stimmenthaltung der Regierungsmitglieder im Plenum des Bundestages einer Abstimmungsniederlage der Regierungsmehrheit gleichkommen. Das Abstimmungsverhalten der Regierung entscheidet über das Abstimmungsergebnis des Parlaments.

Man kann nicht in der Theorie die Interessenidentität und Aktionseinheit von Regierung und Parlamentsmehrheit postulieren, um sie bei der Analyse des Systems völlig zu ignorieren bzw. mit einem Rügevermerk zu kritisieren. Es widerspricht den Strukturprinzipien des im Grundgesetz konzipierten parlamentarischen Systems, das der Verfassung immanente Gewaltenteilungspostulat mit den Kategorien und Kriterien des klassischen Dreiteilungsmodells messen zu wollen. Die Formulierung von Art. 20 GG, wonach die Staatsgewalt ,,vom Volke ... durch *besondere* Organe" ausgeübt werde, verweist, soweit die Beziehungen zwischen Parlament, Regierung und Verwaltung betroffen sind, nicht auf das klassische Gewaltenteilungskonzept, sie kann vielmehr allein von Art. 63 (Wahl des Kanzlers) und vor allem Art. 67 GG (Abberufbarkeit der Regierung) her sinnvoll interpretiert werden. Damit wird zugleich auf die dem Grundgesetz immanente Parlamentarismus-Theorie verwiesen, die mit der ,,klassischen" Parlamentarismus-Theorie relativ wenig gemein hat.

V. Thesen moderner Parlamentarismus-Theorie

Das im Grundgesetz konzipierte parlamentarische Regierungssystem läßt sich mit einer Parlamentarismus-Theorie, die dem Typ klassischer parlamentarischer Demokratie angemessen gewesen sein mag, nicht vereinbaren. Die dem Grundgesetz immanente Parlamentarismus-Theorie nimmt den Strukturwandel des parlamentarischen Systems zur Kenntnis. Sie könnte in folgenden Thesen skizzenhaft zusammengefaßt werden:

1. Es gilt das demokratische Prinzip verantwortlicher Repräsentation, d. h. das in Art. 46 GG in Übereinstimmung mit angelsächsischer Tradition konzipierte Prinzip des freien Mandats (das klassische Indemnitätsrecht des Parlamentariers) entzieht den Abgeordneten bei seinen rechtsverbindlichen politischen Entscheidungen im Parlament zwar allen rechtlichen, keineswegs jedoch politischen Sanktionen. Er ist grundsätzlich dem Wähler gegenüber rechenschaftspflichtig und schuldet ihm die Begründung seiner Entscheidungen und Stellungnahmen.[54] Der in Artikel 38 GG formulierte Text bestätigt lediglich diesen Sachverhalt, indem er — seit Weimar überflüssigerweise mit der Katechismussentenz ,,nur seinem Gewissen verpflichtet" befrachtet[55] — rechtlich erzwingbare Bindungen

---

54 Zur ,,demokratischen Repräsentationstheorie" siehe Hanna Pitkin ,,The Concept of Political Representation", Los Angeles 1967.
55 Mit dem Verzicht auf den Abgeordneteneid für die Mitglieder des Weimarer Reichstages ging der zuvor (vor allem in den einzelstaatlichen Verfassungen) üblicherweise in den Eidesformeln der Abgeordneten — wo er hingehört — enthaltene Verweis auf die ,,Gewissens-

an außerparlamentarische Befehle (Wähler, Interessengruppen, Partei) verneint und den Abgeordneten damit zu freiwilligen politischen Bindungen, vor allem gegenüber Fraktionen und Partei, befähigt.

2. Mit der wachsenden personellen Verflechtung und Bindung der Regierung an das Parlament, insbesondere durch Abberufung und Wahl des Regierungschefs, wächst der Regierung notwendigerweise die Führungsrolle im parlamentarischen Willensbildungs- und Entscheidungsprozeß zu.

3. Eine Integration von Regierung und Parlamentsmehrheit wird dann ermöglicht, wenn die die Regierung wählende bzw. sie tragende Partei sich im Parlament als disziplinierte Aktionsgruppe formiert bzw. falls und insoweit bei Koalitionsmehrheiten die einzelnen Partner eine entsprechende Koalitionsdisziplin üben. Ein Optimum an Fraktions- bzw. Koalitionsdisziplin bildet die Basis des parlamentarischen Parteienstaates.

4. Mit zunehmender politischer Integration und Interessenidentität von Regierung und Parlamentsmehrheit verringert sich die Disposition der parlamentarischen Majorität zu öffentlicher Kritik und Kontrolle der Regierung. Versteht man unter Kontrolle die Überprüfung von Handlungen und Entscheidungen mit dem Ziel, notfalls erforderliche Korrekturen durch Androhung von Sanktionen erwirken zu können, so kontrollieren Parlamentsmehrheit und Regierung einander wechselseitig — mit einem Übergewicht auf seiten der Regierung, falls und insoweit sie ihren Einfluß durch Gewährung und Entzug von Vergünstigungen, die ihr zur Disposition stehen (z. B. Ämterpatronage), zu intensivieren vermag. Parlamentsmehrheit und Regierung sind jedoch weniger zur wechselseitigen Kontrolle als vielmehr gemeinsam zur politischen und im Einzelfall davon schwer zu trennenden sachlichen Kontrolle der Verwaltung (der Ministerial- wie Vollzugsverwaltung) angehalten.

5. Die Funktion öffentlich akzentuierter Kritik muß von der parlamentarischen Opposition wahrgenommen werden. Der Freiheitsspielraum und die Wirkungschance politischer, vor allem parlamentarischer Opposition, ist weitgehend identisch mit dem Ausmaß praktizierbarer Freiheit in einem politischen System. Die parlamentarische Opposition übt bei Wahrnehmung ihrer kritischen Funktion gleichsam im Auftrage ihrer Wähler zugunsten des gesamten politischen Systems ein öffentliches Amt aus. Sie bildet im offiziellen politischen Dialog den entscheidenden Kontrahenten der Regierungsmehrheit.

bildung" (so enthält z. B. der in § 82 der Verfassungsurkunde für das Königreich Sachsen vom 4.9.1831 enthaltene Eidestext die Formulierung: „Ich schwöre ... nach meinem besten Wissen und Gewissen ... So wahr mir Gott helfe", bzw. der § 163 der Verfassungsurkunde für das Königreich Württemberg vom 25.9.1819 den Satz: „Ich schwöre ... nach meiner eigenen Überzeugung, treu und gewissenhaft zu beraten. So wahr mir Gott helfe!") unmittelbar in den den Abgeordneten betreffenden Verfassungstext ein, auf Reichsebene erstmals in Art. 21 Weimarer Reichsverfassung. Gäbe es in der Bundesrepublik den Abgeordneteneid, wäre der Mandatsverlust bei Parteiverbot schwerlich möglich. Siehe auch meinen Aufsatz „Ein Verfassungseid für Abgeordnete in Bund und Ländern?", in: Zeitschrift für Parlamentsfragen, Heft 1, April 1976, S. 86—112, insbes. S. 100 und 112.

6. Soweit gesamtparlamentarische Kontrollkompetenzen mit Sanktionsmöglichkeiten gekoppelt sind, über die allein die Mehrheit verfügen kann, ist die Kontrollfunktion des Parlaments nicht auf die Opposition übergegangen.[56] Opposition
vermag Kontrolle (abgesehen von gewissen Minderheitsrechten wie bei der Einsetzung von Untersuchungsausschüssen) nur indirekt vermittels Mobilisierung von
Öffentlichkeit auszuüben, falls und insoweit Regierung und Parlamentsmehrheit den aktuellen Reaktionen der Öffentlichkeit nachgeben bzw. antizipiertes
Wählerverhalten in Rechnung stellen. Effektive Opposition setzt ebenso kritische
Öffentlichkeit voraus wie die realisierbare Chance der Regierungsübernahme
(bzw. -Beteiligung bei kleineren Oppositionsparteien) durch Wählerentscheid.

7. Die parlamentarische Mehrheit fungiert (zumindest potentiell) als jederzeit aktua-
lisierbare Terminierungsinstanz für die auf Zeit bestellte Regierung. Eine wie
auch immer motivierte Entfremdung zwischen Regierung und Mehrheit sowie
den mit ihr verbundenen gesellschaftlichen Gruppierungen kann zur Rebellion
und damit zur Schwächung der Regierung bzw. im extremen Konfliktsfall zum
Regierungssturz führen: Die parlamentarische Mehrheit in ihrer Eigenschaft als
Resonanzboden des politisch Zumutbaren.

8. Politische Initiativen (einschließlich Gesetzesinitiativen) der Regierungsmehrheit
gehen formell in der Regel von der Regierung aus, werden jedoch informell auch
aus den Reihen der Mehrheitsfraktion(en) veranlaßt.

9. Bei zunehmender, durch Modernisation bewirkter Komplexität von Industriegesellschaften wächst mit der Ausweitung der Regelungserfordernisse durch das
politische System auch das Problem der steten Parlamentsüberforderung. Die
wichtigste Alternative lautet: Funktions*wandel* durch Kompetenzeinengung und
Akzentverlagerung oder Funktions*verlust* durch überfordernde Allzuständigkeit.
D.h.: a) Verzicht auf umfassende, permanente Detailkontrolle durch Konzentration auf politische Grundentscheidungen (der Verweis auf die Abgrenzungs-
schwierigkeit darf nicht zum Verdrängungsalibi werden) und Übertragung von
speziellen Regelungskompetenzen an Behörden und in staatlichem Auftrag
handelnde Instanzen sowie Beschränkungen auf deren generelle Kontrolle bei
allgemeinem Revokationsrecht,[57] oder b) expansiver Ausbau bzw. Aufbau eines
parlamentarischen Apparats,[58] um zumindest die Fiktion umfassender permanenter Detailkontrolle und informierter Entscheidung wahren zu können.

---

56   Ellwein bemerkt insoweit völlig zu Recht: „Daß die Kontrollfunktionen (des Parlaments)
auf die Opposition übergegangen seien, ist ein Ammenmärchen, das unberücksichtigt läßt,
wie auch zu effektiven Kontrollmaßnahmen zum Schluß ein Mehrheitsentscheid nötig ist,
den die Opposition eben gerade nicht herbeiführen kann". Thomas Ellwein „Das Regierungssystem der Bundesrepublik Deutschland", Köln und Opladen 1963, S. 135.

57   Eine ähnlich gelagerte Entwicklung und Problematik in den USA analysiert und diskutiert
Murray Weidenbaum in seinem wichtigen Buch „The Modern Public Sector — New Ways
of Doing the Government's Business", New York-London 1969.

58   Über die Situation parlamentarischer Hilfsdienste und die erkennbaren Entwicklungstendenzen ihres Ausbaus informieren eingehend Thomas Keller und Hubert Raupach „Informa-
tionslücke des Parlaments? — Wissenschaftliche Hilfseinrichtungen für die Abgeordneten des
Deutschen Bundestages und der Länderparlamente", Hannover 1970.

10. Im Kampf der hochorganisierten Verbände um den günstigsten Kompromiß, der oft genug zu recht einseitig begünstigenden Regelungssätzen führt, haben die parlamentarischen Fraktionen die besondere Funktion, den nicht hinreichend organisierten und artikulierten Minderheits- und Allgemeininteressen wirksam Gehör und Beachtung zu verschaffen: Partei und Fraktion als Interessengruppen für das Allgemeine.

11. Tritt die Regierung einerseits als verbindende Instanz zwischen Parlament und Verwaltung (Ministerial- und Vollzugsverwaltung) in Erscheinung und steht sie andererseits zusammen mit der sie tragenden parlamentarischen Majorität als Regierungsmehrheit der Opposition gegenüber, so bilden die Mitglieder von Parlament und Regierung gemeinsam jene Personengruppe auf Bundesebene, die sich im Gegensatz zu allen anderen ,,im öffentlichen Dienst des Bundes" stehenden Amtsinhabern[59] in periodischen Zeitabständen den Wählern in direkter bzw. durch das Parlament vermittelter Wahl stellen muß. Das sollte eine ,,demokratische Solidarität" der wahlabhängigen Politiker fördern, deren Einfluß im System darüber entscheidet, ob und inwieweit der parlamentarische Parteienstaat oder die Staatsbürokratie (in Kooperation mit den Repräsentanten und Bürokratien etablierter Verbände) dominiert.[60]

12. Im Gegensatz zur hierarchisch strukturierten Bürokratie, deren Vertreter dem Effizienzpostulat besonders verpflichtet sind, kommt es den gewählten Mitgliedern von Parlament und Regierung — und zwar allen gemeinsam — in exzeptioneller Weise zu, den Prinzipien der Partizipation und Transparenz im System Geltung zu verschaffen. Für die Transparenz aller wesentlichen Diskussions-und Entscheidungsabläufe Sorge zu tragen, ist ein primäres Postulat, dem das Parlament in einer parlamentarischen Demokratie gerecht werden muß.

13. Nur wenn das Parlament in ständiger Kommunikation mit den Wählern, Massenmedien und Verbänden steht, können Parlament und Regierung ihre wichtigste Systemfunktion erfüllen: demokratische Richtungsbestimmung und Kontrolle staatlichen Handelns zu sichern und damit zur demokratischen Legitimation staatlichen Handelns beizutragen.

VI. Partizipationschancen auf Bundesebene

Um den hier skizzierten Zielen näherzukommen, ist jedoch — neben der generellen Forderung nach konzeptioneller Politik, die allerdings an keine spezielle institutionelle Struktur gebunden ist oder durch sie erst bewirkt werden könnte — vor allem zweierlei

---

59 Ausgenommen Bundespräsident und Bundesratsmitglieder.

60 Vgl. hierzu den wichtigen Aufsatz von Richard Rose ,,Party Government vs. Administrative Government. A Theoretical and Empirical Critique", in: Party Systems, Party Organizations, and the Politics of New Masses", herausgegeben von Otto Stammer, als Manuskript gedruckt, Berlin 1968, S. 209—233, sowie Richard E. Neustadt a.a.O. (siehe Anm. 36) unter der Zwischenüberschrift ,,The Common Stakes of Elective Politicians", S. 116 ff.

notwendig: Eine Potenzierung der im gegebenen System angelegten Partizipationsmöglichkeiten und eine konzeptionelle Reformstrategie. Da die im Grundgesetz konzipierte parlamentarische Demokratie dem Anspruch genügen muß, ein System der Zukunftsoffenheit, der permanenten Reformbereitschaft und kreativen Lernfähigkeit zu ermöglichen, das seinem Wesen nach auf Optimierung des Demokratiepotentials angelegt ist, sollte es bei diesem Anspruch genommen, muß dieser Anspruch ernst genommen werden. Reine Status-quo-Orientierung wäre nach diesem Verständnis systemwidrig. Systemkonforme Reformstrategie umgreift hiernach auch radikale Veränderungen.[61]

Prinzipiell ist es sicherlich richtig, daß der bundesrepublikanische Bürger nach den Bestimmungen des Grundgesetzes in seinen Partizipationschancen auf Bundesebene keineswegs auf den alle vier Jahre stattfindenden Wahlgang beschränkt bleibt. Mit den Wahlen wird er zu einer in periodischen Abständen angesetzten Entscheidung aufgerufen, in der den gewählten Abgeordneten, wie Eschenburg betont,[62] eine Ermächtigung zu rechtlich weisungsfreier, allgemein verbindlicher Handlungsbefugnis erteilt wird. Ginge es nach den Empfehlungen der Verfassung, so muß und soll sich der Bürger jenseits der Wahlen jedoch nicht mit der passiven Beobachtung der politischen Entscheidungen anderer begnügen. Das Grundgesetz konzipiert vielmehr vier primäre Partizipationsstränge, auf die der Bundesbürger zur aktiven Teilnahme am politischen Willensbildungs- und Entscheidungsprozeß verwiesen wird. Neben den Artikeln 20 und 38 mit ihrem Verweis auf die Direktwahl der Abgeordneten des Bundestages sind dies zweitens der Hinweis auf die permanente Mitwirkung über die Parteien in Art. 21 GG, drittens der Hinweis auf die Organisations- und Partizipationsmöglichkeiten durch Vereine und Verbände (Art. 9) und in sonstigen Kollektivformen, denen sowohl das Petitionsrecht (die Rechtsbasis des Lobbyismus) als auch das Demonstrationsrecht (Art. 17 und 8) zur Verfügung stehen, sowie viertens der Hinweis auf die potentiell permanent aktualisierbaren individuellen politischen Mitwirkungsrechte von der Meinungs- und Pressefreiheit (Art. 5) bis hin zum Petitionsrecht (Art. 17). Mit dem Verweis auf diese vier primären Partizipationsmuster konzipiert das Grundgesetz ein parlamentarisches Repräsentativsystem, das trotz des Verzichts auf die Direktwahl des republikanischen Staatsoberhauptes und die Institutionen des Volksbegehrens und Volksentscheids auf Bundesebene durch die Mannigfaltigkeit seiner verfassungsrechtlich gesicherten Partizipationsmöglichkeiten und − soweit der Verfassung ein programmatischer Grundzug zukommt − seiner Partizipationspostulate ausgezeichnet ist. Dem Grundgesetz ist insoweit, soll es eine Verfassung praktizierbarer Freiheit sein, das Prinzip der permanenten aktiven politischen Beteiligung seiner Bürger mit dem Ziel der optimalen Selbstverwirklichung aller in Frei-

---

61 In der für unseren Zusammenhang wichtigen Begründung des KPD-Urteils erklärte das Bundesverfassungsgericht, daß die „Aufgabe" der „staatlichen Ordnung der freiheitlichen Demokratie ... wesentlich darin bestehe, die Wege für *alle* denkbaren Lösungen offenzuhalten ..." (Hervorhebung von mir). BVerfGE 5, S. 198.

62 Theodor Eschenburg „Demokratisierung und politische Praxis", in: Beilage zur Wochenzeitung Das Parlament, 19. September 1970, S. 5 und 7.

heit immanent; ein Ziel, dem auch alle staatliche Gewalt unter Beachtung der Prinzipien sozialer Gerechtigkeit verfassungsrechtlich verpflichtet ist.[63]

Eine optimale Selbstverwirklichung aller Bürger kann sicherlich kaum durch dramatisierte Gesinnungstüchtigkeit, sondern langfristig allein durch aktive Partizipation am politischen Willensbildungs- und Entscheidungsprozeß geleistet werden. Selbstverwirklichung durch politische Selbstbestimmung bedeutet für den einzelnen nicht gesellschaftliche Isolation, sondern Kommunikation und konfliktaustragende Kooperation. Problematisch ist daher die utopische Zielprojektion einer postulierten Identität von Regierenden und Regierten.[64] Identität läßt sich allenfalls bei Einstimmigkeit bzw. in einer homogenen, dem Harmonieideal verpflichteten Gesellschaft partiell realisieren. Der Mehrheitsentscheid in einer heterogenen Gesellschaft enthält für den in der Minderheit Verbleibenden stets den Tatbestand der Fremdbestimmung. Politische Selbstbestimmung, orientiert am Identitätspostulat, setzt eine wirklichkeitsferne, dogmatische Zielprojektion, die wenig zur Interpretation und Lösung konkreter gesellschaftlicher und politischer Probleme beizutragen vermag und daher eher zur Kategorie der von Marx als ahistorisch kritisierten „Robinsonade"-Konstruktionen gerechnet werden muß.

Unter den Bedingungen komplexer Industriegesellschaften ist politische Selbstbestimmung für den einzelnen und den in Gruppen Organisierten allein durch Partizipation, d. h. durch Mitbestimmung vollziehbar. Das Ziel sozialer Demokratie — auch in seiner parlamentarischen Form — liegt darin, die notwendigen gesamtgesellschaftlichen Voraussetzungen und Verhältnisse dafür zu schaffen, daß die formelle Chancengleichheit zur Partizipation auch materiell optimal ermöglicht wird. Unbestreitbar bleibt die Gültigkeit der Almondschen These, daß auch im gegenwärtigen Zeitalter der „Partizipations-Explosion" die Realisierung bestimmter politischer Systemvorstellungen die Entfaltung einer adäquaten politischen Kultur — einschließlich der sie bedingenden sozioökonomischen Tatbestände — zur Voraussetzung hat: „A democratic form of participatory political system requies as well a political culture consistent with it".[65] Das Defizit an Demokratiepotential im allgemeinen Mängelbestand der Bundesrepublik ist in diesem Bereich des politischen Bewußtseins und der politischen Kultur besonders hoch.

VII. Reformprobleme

Das Partizipationssystem der im Grundgesetz angelegten parlamentarischen Demokratie läßt sich in folgenden vereinfachenden Kurzformeln zusammenfassen: Bürgerpartizipation auf Bundesebene sollte grundsätzlich in zweierlei Weise praktiziert

---

63 Vgl. hierzu besonders die Art. 1, 2 und 20 GG.

64 Zur Kritik an der Identitätsthese siehe Konrad Hesse „Grundzüge des Verfassungsrechts der Bundesrepublik Deuschland", Karlsruhe 1967, S. 54 f, und Manfred Hättich „Demokratie als Herrschaftsordnung", Köln und Opladen 1970, S. 36 ff.

65 Gabriel A. Almond und Sidney Verba „The Civic Culture", Boston – Toronto 1963, S. 3.

werden, erstens durch Beteiligung an den periodisch angesetzten Wahlen zum Bundestag und der damit verbundenen (indirekten) Wahl des Bundeskanzlers, zweitens ad hoc durch punktuell mögliche bzw. permanente Einflußnahme auf den politischen Willensbildungs- und Entscheidungsprozeß vermittels öffentlicher Meinung, Interessengruppen und Parteien. Soweit mit der punktuellen Einflußnahme Regierungshandeln „mitbestimmt" werden soll, bietet sich ein doppelter Weg, einmal über das Parlament, zum anderen über die staatliche Verwaltung, insbesondere die Ministerialverwaltung. Die faktischen Realisierungsschwierigkeiten verweisen auf die Problematik dieses Partizipationssystems. Äußerst abträglich wirken sich nicht nur generell die mannigfachen Verfremdungen aus, die auf Grund allgemein verbreiteter politischer Apathie und Lethargie sowie der konkreten Besitz- und Einflußverhältnisse mit ihren tatsächlichen Verzerrungen der Gleichheitchancen und bei den gegebenen Verfahrensregelungen nachweisbar sind: Bei Wahlen die Vorwegnahme gewichtiger Entscheidungen durch eingeschränkte, parteiinterne Nominationsverfahren, bei denen in der Regel über annähernd zwei Drittel des Personalbestandes der späteren Abgeordneten entschieden wird; der Mangel an parteipolitischem Engagement und innerparteilicher Demokratie; die Bürokratisierungs- und Oligarchisierungstendenzen in den Verbänden sowie die „wettbewerbsverzerrende" Dominanz der etablierten und ökonomisch gewichtigen unter ihnen;[66] die überproportional hohen Einwirkungschancen finanziell potenter und/oder mitgliederstarker, gut organisierter Verbände auf Parteien und deren Entscheidungsinstanzen; die überdimensionale Einflußsteigerung durch Privateigentum an Produktionsmitteln im Bereich der Massenkommunikation – um es mit diesen beispielhaften Hinweisen bewenden zu lassen.

Wie fragwürdig die Auswirkungen dieser Verzerrungen tatsächlich sein können, wird jedoch erst dann überdeutlich, wenn der die Einflußnahme vermittelnde Adressat und dessen Stellenwert im politischen Entscheidungsprozeß mit berücksichtigt werden. Wird die Einflußnahme primär über das Parlament und die in ihm tätigen Parteien vermittelt, so besteht die Vermutung für dessen Kontrolle durch ein demokratisch bestelltes Organ, das dem Entscheidungsergebnis durch seine Zustimmung demokratische Legitimation zu verleihen vermag. Das setzt allerdings voraus, daß der parlamentarische Vermittlungsprozeß hinreichend transparent abläuft. Es gibt wenige Parlamente mit vergleichsweisem Zuständigkeitsgrad, die in dieser Hinsicht einen ebenso hohen Nachholbedarf wie der Deutsche Bundestag haben. Es gibt wenige Parlamente, die sich – indem sie äußerst selten in öffentlichen Plenarsitzungen tagten und ihre Haupttätigkeit in nichtöffentliche Ausschußsitzungen verlegten[67] – in glei-

---

66 Dazu Rupert Breitling „Politische Pression wirtschaftlicher und gesellschaftlicher Kräfte in der Bundesrepublik Deutschland", in: Die Gesellschaft in der Bundesrepublik, Analysen, Erster Teil, herausgegeben von Hans Steffen, Göttingen 1970, bes. S. 91 ff.

67 Während das Unterhaus, dessen Standing Committees stets öffentlich tagen, jährlich zu etwa 160 Plenarsitzungen zusammenkommt und im amerikanischen Kongreß, dessen Ausschüsse sehr häufig ausgedehnte öffentliche Anhörungsverfahren durchführen, der Senat jährlich ca. 180 und das Repräsentantenhaus 160 Plenarsitzungen abhält, tagt der Bundestag im Jahresdurchschnitt in 60 öffentlichen Plenarsitzungen, während bis zur GO-Änderung vom Jahre 1969 die Bundestagsausschüsse, von wenigen Ausnahmen abgesehen, fast völlig unter Ausschluß der Öffentlichkeit arbeiteten.

cher Weise wie der Bundestag der unmittelbaren Beobachtung der Öffentlichkeit entzogen und ihre Kritiker auf die Drucksachenlektüre verwiesen haben. Mitte 1969 ist in Verbindung mit der „kleinen Parlamentsreform" zugleich der erste weitreichende Versuch unternommen worden, den parlamentarischen Diskussions- und Entscheidungsprozeß auch und vor allem in der Ausschußphase — die im Bundestag von hoher Relevanz ist — etwas transparenter zu gestalten; eine Geschäftsordnungsreform, die allerdings in dieser Hinsicht noch weitgehend auf ihre Realisierung wartet.[68]
Wird der Einfluß hingegen — wie nachweislich in der Bundesrepublik — primär über die staatlichen Verwaltungen, insbesondere über die Ministerialverwaltung (die deutschen „Commissions of Codification") vermittelt,[69] so stellt sich die Frage nach der demokratischen Legitimation des Entscheidungsresultats. Ihre Beantwortung wird wesentlich durch das gegebene Kommunikations- und Abhängigkeitsverhältnis zwischen Regierung und Ministerialverwaltung einerseits sowie zwischen Regierung und Parlamentsmehrheit andererseits bestimmt. Je stärker die Regierung in Abhängigkeit von der Informations-, Planungs-, Vorschlags-, Formulierungs- und damit Entscheidungshilfe der Verwaltung bei gleichzeitiger Distanzierungstendenz gegenüber der Parlamentsmehrheit gerät, desto größer erweist sich der Einfluß des effizienzorientierten (tendenziell autoritären) Verwaltungsstaates und desto geringer wird der Einfluß des parlamentarisch vermittelten Parteienstaates sein. Je enger und unmittelbarer hingegen die kontinuierliche Kommunikation zwischen der Regierung und der sie tragenden und beratenden Parlamentsmehrheit ist — einer Parlamentsmehrheit, die über das geeignete Instrumentarium verfügen müßte, um die Regierung in die Lage zu versetzen, politische Verwaltungskontrolle zu praktizieren —, desto wirksamer könnte der parlamentarische Parteienstaat dem Einfluß des Verwaltungsstaates lenkend und bestimmend Grenzen setzen. Ob und inwieweit damit allerdings das Potential demokratischer Partizipation und Legitimation tatsächlich gesteigert würde, wäre dann freilich nicht zuletzt eine Frage innerparteilicher Demokratie.
Unter den sicherlich notwendigen Strukturreformen zur Steigerung des Demokratiepotentials des parlamentarischen Regierungssystems der Bundesrepublik, d. h. seines Partizipations-, Transparenz- und Effizienzpotentials, kommt neben der Reform von Parteien, Regierung und Verwaltung insbesondere der permanenten Parlamentsreform ein hoher Bedeutungsgrad zu. Um jedoch die hierzu bereits in stattlicher Anzahl vorliegenden einzelnen Reformempfehlungen sinnvoll diskutieren und zielorientiert verwirklichen zu können, scheint es mir vordringlich zu sein, daß die Zielvorstellungen einer konzeptionellen Parlamentsreform überdacht und ins Bewußtsein gebracht werden. Ich sehe vor allem die folgende Alternative: 1. Das Parlament könnte sich (man ist versucht zu sagen: weiterhin) das Ziel setzen, seine Eigenständigkeit (als „Legislative") dem „Machtkomplex" Regierung und Bürokratie (als „Exe-

---

68 Bundestags-Drucksache V/4373. Für eine knappe Analyse der GO-Reform vom 18. Juni 1969 siehe Uwe Thaysen und Peter Schindler „Bundestagsreform 1969. Die Änderungen der Geschäftsordnung", in: Zeitschrift für Parlamentsfragen, Heft O, Dezember 1969, S. 20—27. Siehe auch unten S. 177 ff.
69 Siehe hierzu die in Anm. 51 genannte Literatur.

kutive") gegenüber dadurch zu erhöhen, daß es sich zwecks besserer Kontrolle dieses „Komplexes" zur partiell transparent operierenden Gegenbürokratie mit entsprechend angelegtem, qualifiziertem und in seinem Selbstverständnis fixierten Hilfsdienst entwickelte. Ich hielte diesen Weg im Ansatz für verfehlt. 2. Das Parlament könnte sich einerseits als „offizielles" Diskussionsforum zwischen parlamentarischer Opposition und Regierungsmehrheit verstehen. Hierzu wäre es erforderlich, daß die Opposition mit dem notwendigen Instrumentarium für hinreichende Information und Artikulation ausgestattet wird, z. B. durch Ausbau ihres wissenschaftlichen Hilfsdienstes und Fraktionsapparates sowie durch Einrichtung einer aus öffentlichen Mitteln finanzierten Presse- und Informationsstelle der Opposition − parlamentarische Opposition als öffentliches Amt. Andererseits (und zugleich) hätte sich das Parlament zusammen mit der Regierung als richtungsbestimmende und kontrollfähige Entscheidungsinstanz gegenüber der Ministerial- und Vollzugsverwaltung zu begreifen, wobei der parlamentarische Hilfsdienst und das Bundeskanzleramt ebenso eng zusammenarbeiten müßten wie insbesondere Parlamentsmehrheit und Regierung, um der einseitigen Abhängigkeit der Regierung von den Entscheidungsvorbereitungen der Ministerialbürokratie effizient entgegenwirken zu können. Nur sofern und insoweit dies möglich ist, kann heute noch ein Parlament in einem parlamentarischen System seine demokratische Legitimationsfunktion glaubhaft erfüllen. Zur Realisierung dieser Zielvorstellung bedürfte es jedoch ebenso eines Umdenkens der Handelnden wie einer Verstärkung kritischer, der Problematik bewußter Öffentlichkeit.

7. Vom halböffentlichen zum öffentlichen Parlament

Muß „öffentliche Gewalt" stets öffentlich sein? Hans-Ulrich *Jerschke* hat mit dieser scheinbar paradoxen Frage nicht nur auf den hier gemeinten Doppelsinn von „öffentlich" und den damit prinzipiell möglichen und jederzeit erfahrbaren Widerspruch verwiesen: „Handeln im Interesse aller entzieht sich der Wahrnehmung aller"[1]. Die Frage nach der Öffentlichkeit von öffentlicher Gewalt zielt vielmehr auf ein grundlegenderes Problem. Es wird mit der Frage nach der Beweislast im Falle einer geforderten Ausweitung oder Einengung von Öffentlichkeit aufgeworfen: Liegt die Beweislast bei dem, der sich für die Erweiterung bisher praktizierter Öffentlichkeit, d.h. für die Erweiterung der Publizitätspflicht öffentlicher Gewalt und damit für deren jedermann, also dem allgemeinen Publikum potentiell zugängliche Überprüfbarkeit einsetzt, oder liegt sie bei dem, der sich dieser Forderung verweigert?[2]

Am Prinzip der „Fürstensouveränität" orientierte bzw. faktisch autoritäre Staatlichkeit wird die Beweislast selbstverständlich dem Fordernden aufbürden. Der moderne demokratische Rechtsstaat geht demgegenüber im Prinzip ebenso selbstverständlich von der Gegenposition aus, nach der alle staatliche Betätigung grundsätzlich in voller Öffentlichkeit stattzufinden habe. An diesen Grundsatz hat in den USA Bundesrichter William *Douglas* bei der historischen Entscheidung des Obersten Bundesgerichtes zur Veröffentlichung geheimer (Vietnam-)Dokumente durch die „New York Times" und andere Presseorgane, erinnert, als er feststellte: „Geheimhaltung in einem Regierungssystem ist grundsätzlich undemokratisch und eine beständige Quelle bürokratischer Irrtümer."

Wenn das Öffentlichkeitsprinzip im staatlichen Willensbildungs- und Entscheidungsprozeß aller Demokratien dennoch seine mehr oder weniger weit gezogenen Grenzen findet, so gibt es hierfür sicherlich auch überzeugende Argumente (kann z.B. die Alternative tatsächlich nur lauten: „Öffentlicher Geheimdienst" oder „Verzicht auf Geheimdienst"?). Sicherlich ist es weiterhin richtig, daß im Rahmen moderner komplexer Demokratietheorie das Öffentlichkeitsgebot nicht das einzige Kriterium darstellt, sondern nur unter Berücksichtigung und Einbeziehung des entscheidenden Partizipationspostulats, aber auch des Postulats der Effizienz zu seiner *optimalen* Verwirklichung gebracht werden kann. Daß jedoch ein derartiges Optimum den öffentlichen Gewalten auf den Gebieten der Rechtsprechung, der Verwaltung und der Gesetzgebung bereits eigen ist,

---

1 Hans-Ulrich Jerschke: Öffentlichkeitspflicht der Exekutive und Informationsrecht der Presse, Berlin 1971, S. 21.
2 Zum Thema „Öffentlichkeit" als Ersatzwort sowohl für „Publizität" als auch für „Publikum" siehe Wolfgang Martens: Öffentlich als Rechtsbegriff, Bad Homburg-Berlin-Zürich 1969.

wird wohl auch für die Bundesrepublik schwerlich behauptet werden können. Um Beispiele anzudeuten: die gesetzliche Zulassung von öffentlichen Minderheitsvoten im Bundesverfassungsgericht z. B. ist erst jüngeren Datums; in Schweden hat jeder Bürger ein weitgehendes Akteneinsichtsrecht; noch werden keineswegs allen Abgeordneten des Bundestages und der Länderparlamente die Stellungnahmen der Verbände bei der Vorbereitung von Gesetzesentwürfen durch die Ministerialbürokratie zugänglich gemacht, und immer noch arbeiten alle Bundestagsausschüsse grundsätzlich nicht öffentlich.

Von Artikel 20 Abs. 2 und den ausdrücklichen Öffentlichkeitsgeboten des Grundgesetzes ausgehend hat *Jerschke* für die Bundesrepublik — und gleiches gilt prinzipiell für die Länder — überzeugend nachgewiesen, daß „das allgemeine Öffentlichkeitsgebot des Grundgesetzes die besonderen Organe der Gesetzgebung, der vollziehenden Gewalt und der Rechtsprechung zur Publizität verpflichtet"[3]. Für die Exekutive lautet das Ergebnis einer Überprüfung der praktizierten Öffentlichkeit: „Die Publizitätsbilanz ist negativ". Obgleich unter den „besonderen Bundesorganen" der Bundestag — und aufgrund ähnlich lautender Bestimmungen der Länderverfassungen die Landesparlamente — in vergleichsweise exzeptioneller Weise dem Öffentlichkeitsgebot unterworfen sind, ist deren Publizitätsdefizit, wie uns die vorliegende wissenschaftliche Fachliteratur versichert, gemessen an der jeweiligen Differenz zwischen Soll- und Istbestand nicht geringer als das der „Exekutive". Daß sich der Bundestag und einige Länderparlamente dieses Sachverhalts bewußter werden, haben die Parlamentsreformen seit Ende der 60er Jahre mit ihren Ansätzen gezeigt.

I. Geschichte und Problematik

Ein Parlament ist nie Selbstzweck, es ist immer Instrument der im Parlament tätigen Personen und Formationen wie Fraktionen und Koalitionen bzw. der über ihr Tätigwerden und Tätigsein mehr oder weniger entscheidend (mit-)bestimmenden Personen und Gruppen. Die Funktionen eines Parlaments, einschließlich seiner Öffentlichkeitsbeziehungen, werden darüber hinaus nicht unwesentlich von den formell und insbesondere faktisch verfügbaren Kompetenzen und Beziehungen zu anderen Entscheidungsinstitutionen, vor allem zur Regierung und Verwaltung, geprägt. Die Parlamentsgeschichte zeigt dabei, ausgehend vom „Mutterparlament" in England, den folgenden allgemeinen Entwicklungstrend: Ursprünglich waren Parlamente zumeist nicht öffentlich tagende Kommunikationsinstrumente zwischen privilegierten Ständen und Gruppen einerseits und der Krone andererseits, die allmählich ihre Kompetenzen von der Beschwerdeeinbringung über die Steuerbewilligung bis zur Haushaltsfestlegung und Gesetzgebung ausweiteten. Dabei galt bis zum Vorabend der Französischen Revolution in England für Parlamentsverhandlungen die Geheimhaltungspflicht, deren Mißachtung als Bruch der Parlamentsprivilegien bestraft werden konnte und bestraft wurde. Erst

---

3 Jerschke a.a.O. S. 116; das folgende Zitat ebd. S. 54.

mit dem Einzug neuer Wählerschichten insbesondere des Besitzbürgertums ins Unterhaus wurde das Öffentlichkeitspostulat zur Diskussion gestellt.

Als klassisches Dokument der ursprünglichen parlamentarischen Öffentlichkeitsfeindlichkeit wäre jene am 13. April 1738 einstimmig im *Londoner* Unterhaus verabschiedete Resolution zu zitieren, wonach es „im höchsten Grade unwürdig und ein offensichtlicher Bruch der Privilegien dieses Hauses ist, wenn ein Berichterstatter in Briefen oder anderen Veröffentlichungen irgendeine Darstellung von den Debatten und Verhandlungen dieses Hauses oder eines seiner Komitees gibt, gleichgültig, ob dies zu einer Zeit erfolgt, während der das Haus tagt oder nicht versammelt ist, und daß dieses Haus mit äußerster Strenge gegen jeden vorgehen wird, der sich eines Verstoßes hiergegen schuldig machen sollte"[4]. Noch heute kann jeder Abgeordnete des Unterhauses den Gang der Verhandlungen mit dem Ruf "I see a stranger" unterbrechen und damit den Ausschluß der Öffentlichkeit bis zur gegenteiligen Entscheidung der Mehrheit des Hauses oder des jeweiligen standing committee, die wie das Plenum öffentlich tagen und beraten, wirken — ein Vorgang, der heute allerdings ausgesprochenen Seltenheitswert besitzt.

Mit der allmählichen Ausweitung des Wahlrechts und dem Einzug neuer Gesellschaftsschichten in das Unterhaus vollzog sich ein doppelter, weitgehend parallel verlaufender Wandlungsprozeß. Einerseits eroberte die von der Mehrheit getragene Führungsgruppe des Parlaments die Führung im stets vertraulich tagenden Kabinett, andererseits wurde die Öffentlichkeit der parlamentarischen Verhandlungen, deren wahrheitsgetreue Presseberichterstattung zunehmend an Risiko verlor, zur Regel. Das bedeutete, daß mit der zunehmenden Kompetenzausweitung des Unterhauses, dem Vordringen seiner Führungsgruppe in den Exekutivbereich und der damit verbundenen Machtverlagerung in das vertraulich tagende Kabinett das Öffentlichkeitsgebot parlamentarischer Tätigkeit in England an Bedeutung gewann. Das Unterhaus wandelte sich zu einem mitregierenden Herrschaftsinstrument, während die Gesetzesinitiative faktisch zum Regierungsmonopol wurde.

Als sich im frühen 19. Jahrhundert in deutschen Landen Parlamente etablierten, galt für sie zwar das seit der Französischen Revolution für unwiderruflich erachtete liberale Postulat uneingeschränkter Öffentlichkeit, ihre tatsächlichen Befugnisse waren jedoch denkbar eng bemessen. Die Parlamente durften wohl bei der Gesetzgebung mitwirken und sich für deren korrekte Ausführung interessiert zeigen, ein Einfluß auf die personellen Probleme der Regierung war ihnen jedoch verwehrt. Sie sollten, wie noch der liberale Staatslehrer Friedrich Christoph *Dahlmann* betonte, „mitgesetzgebend, gesetzwahrend, aber eben darum nicht mitregierend, nicht mitverwaltend sein"[5]. Dieser Sachverhalt bestimmte auch die Stellung des Parlaments im größten deutschen Einzelstaat, des Preußischen Landtages, dessen schwache Position gegenüber

---

4 Zitiert nach Ernst Fraenkel „Parlament und öffentliche Meinung", in ders.: Deutschland und die westlichen Demokratien, Stuttgart 1968, S. 123.

5 Friedrich Christoph Dahlmann: Die Politik auf den Grund und das Maß der gegebenen Zustände zurückgeführt, 3. Auflg., Leipzig 1847, Bd. 1, S. 165.

der Regierung seit dem Verfassungskonflikt fixiert blieb und bis zum Ersten Weltkrieg seine Auswirkungen auch auf das Verhältnis zwischen Reichstag und Reichsregierung zeigte.

Im Jahre 1867 wurden sowohl in England als auch in Deutschland grundlegende Wahlreformen durchgeführt. Die im Vergleich zum britischen Unterhaus sehr erhebliche Kompetenzschwäche des ersten Deutschen Reichstages wurde jedoch keineswegs dadurch kompensiert, daß die *Bismarck*sche Wahlgesetzgebung von 1867 mit der Einführung der allgemeinen, gleichen und *geheimen* Wahl wesenlich progressivere Züge aufwies als die englische.[6] Denn während die weit konservativere englische Wahlreform von 1867 mit der Ausweitung der Wählerschaft zur Gründung von nationalweit organisierten Massenparteien führte, die den Zugang zu einem *Parlament mit Verfügungsgewalt über das Regierungspersonal* eröffnete, blieb den deutschen Parteien diese für ihre Funktionsweise und ihr Selbstverständnis zentral wichtige Voraussetzung im Kaiserreich verwehrt. Dieser systembedingte Erfahrungsmangel der deutschen Parteien sollte sich nach der Einführung des parlamentarischen Regierungssystems in der Weimarer Republik 1918/19 und der damit verbundenen erheblichen Kompetenzausweitung des Reichstages, dessen Mehrheit nun auch Mitverantwortung für die Regierung zu übernehmen hatte, als äußerst negative Hypothek erweisen.

Halten wir – etwas vereinfachend – fest: Nachdem im 18. Jahrhundert in England das „geheime Parlament" dominiert hatte, bildeten sich seit der Mitte des 19. Jahrhunderts in England und in Deutschland zwei unterschiedliche Typen des „öffentlichen Parlaments" heraus. Im parlamentarischen Regierungssystem Englands, dessen kennzeichnende Spielregeln eine Erfindung der Parlamentsparteien sind, stehen Parlamentsmehrheit und Regierung als weitgehend integrierte politische Aktionsgruppe der Opposition gegenüber. Das parlamentarische System kann daher ohne ein Verständnis der Rolle der Parteien, der Opposition und der für die Entwicklung und Arbeitsweise beider in zunehmendem Maße ausschlaggebenden Partei- und Fraktionsdisziplin nicht sinnvoll analysiert werden. Während die personelle Zusammensetzung der Regierung von der Parlamentsmehrheit abhängig ist und die Gesetzesinitiative gleichzeitig de facto ins Kabinett verlagert wird, gewinnt die öffentliche Plenardebatte zunehmend an Bedeutung. Die Plenardebatte dient dazu, daß Regierungsmehrheit und Opposition ihre konträren politischen Positionen zu anhängigen Fragen sowie zu Vorlagen der Regierung artikulieren, wobei insbesondere die Regierung durch die Kritik der Opposition zur Begründung und Offenlegung ihrer Politik genötigt werden soll. Das Parlament wird somit zum offiziellen Forum des öffentlichen politischen Streitgesprächs, dessen Wirkung primär auf den Wähler berechnet ist, und in dem die parlamentarische Mehrheit bei jeder Abstimmung weniger zu Sachfragen als vielmehr letztlich darüber entscheidet, ob sie „noch" zu „ihrer" Regierung steht und sie weiterhin im Amt zu halten bereit ist. Die parlamentarische Debatte ist Teil des permanenten Wahlkampfes. Mit der Zustimmung des Parlaments zu den Vorlagen und Entscheidungen der Regierung soll zugleich die parlamentarisch vermittelte demokratische Legitimation staatlichen Handelns vollzogen werden. Es ist dies die klassische Form des „Redeparlaments".

---

6 In England wurden die geheimen Wahlen erst 1873 „probeweise" eingeführt.

Im Gegensatz hierzu standen sich im öffentlichen Parlament des 19. Jahrhunderts deutscher Fasson weniger Regierungsmehrheit und Opposition als vielmehr ein in mannigfache Gruppen zergliedertes Parlament und eine Regierung gegenüber, die in ihrer personellen Zusammensetzung und in der Dauer der Amtsinhabe vom Parlament fast völlig unabhängig war. Das Parlament blieb dabei weitgehend auf die Mitwirkung bei der Gesetzgebung und ein Kontrollrecht beschränkt, mit dem keine allzu wirksamen Sanktionsmöglichkeiten einhergingen. Max *Weber* monierte 1917, daß dieser Typ des öffentlichen Parlaments entweder zur „kenntnislosen Demagogie" und „nur Kritik" oder zur „routinierten Impotenz" verurteile[7]. *Lenin* sprach im gleichen Jahre verächtlich von der parlamentarischen „Schwatzbude"[8], von einer Versammlung also, auf die jenes Bibelwort (Apostelgeschichte 19, Vers 32) zutrifft, das der Abgeordnete Johannes *Rau* am 13. Mai 1969 im *Düsseldorfer* Landtag zitierte: „Die einen redeten so und die anderen redeten so und die Versammlung ward irre. Sie berieten aber lange, weshalb sie wohl zusammengekommen wären".

II. Theoretiker des öffentlichen Parlaments

Beide Typen des öffentlichen Parlaments haben ihre vielzitierten Theoretiker gefunden. Während Walter *Bagehot* nach ungeschminkter Realanalyse 1867 den englischen Typ des öffentlichen Parlaments seiner Gegenwart beschrieb und danach seinen parlamentarischen Funktionenkatalog entwickelte, unterbreitete Carl *Schmitt* 1923 seine wirkungsreiche Schrift „Die geistesgeschichtliche Lage des heutigen Parlamentarismus", in der er, allerdings ohne vorherige Realanalyse des Parlaments des 19. Jahrhunderts, seine Theorie „vom Wesen" des öffentlichen Parlaments (deutschen Typs) vortrug.

Bei *Bagehot* steht die Wahlfunktion, d. h. die Bestellung der Regierung, an der Spitze seines parlamentarischen Funktionenkataloges; die gesetzgebende Funktion wird zuletzt genannt. Die übrigen drei sind Öffentlichkeitsfunktionen, für die die Stichworte Expression (expressive function), Information (informing function) und Edukation (teaching function) stehen. Parlamentarische Öffentlichkeitsarbeit und Diskussion sollen demnach dreierlei bewirken und leisten: den im Lande gegebenen kontroversen Haltungen und Beschwerden, also den Konflikten, Ausdruck verleihen; über politische Positionen, Absichten und Sachprobleme informieren; durch Aufklärung die Potenz kritischen Bewußtseins im Lande fördern oder durch Belehrung erzieherisch wirken – auch und nicht zuletzt hinsichtlich der Arbeitsweise und des Stellenwerts des Parlaments im politischen Prozeß.

Carl *Schmitt* fragt demgegenüber nicht primär nach der tatsächlichen Funktion von Parlamenten, sondern nach „der Wahrheit und Richtigkeit des Parlaments". Als „die wesentlichen Prinzipien", die dem Parlament erst „Sinn geben", werden „Diskussion und Öffentlichkeit" genannt. In der wichtigen Vorbemerkung „über den Gegensatz

---

7 Max Weber: Parlament und Regierung im neugeordneten Deutschland, München-Leipzig 1918, S. 61.

8 W. I. Lenin: Staat und Revolution, 1917, Kapitel III, Abschnitt 3 „Aufhebung des Parlamentarismus".

von Parlamentarismus und Demokratie" zur zweiten Auflage seiner Schrift (1926) präzisiert *Schmitt* seine Ansichten: Diskussion „bedeutet nicht einfach Verhandeln…, (sondern) den Gegner mit rationalen Argumenten von einer Wahrheit und Richtigkeit zu überzeugen oder sich von der Wahrheit und Richtigkeit überzeugen zu lassen". Dazu gehören „Unabhängigkeit von parteimäßiger Bindung, Unbefangenheit von egoistischen Interessen". Nur bei derart „wahrer Diskussion ist Öffentlichkeit vernünftig". Bei Verhandlungen hingegen, in denen versucht wird, „Interessen und Gewinnchancen zu berechnen und durchzusetzen und das eigene Interesse nach Möglichkeit zur Geltung zu bringen" (wie bei „Kaufleuten"!), ist die Öffentlichkeit „unangebracht". Der Verzicht auf „wahre Diskussion" bedeutet „Krise des Parlamentarismus". Da in der bisherigen Geschichte Parlamente immer interessenbestimmte Instrumente mehr oder minder gewichtiger Herrschaftspartizipation waren und keine primär der „Wahrheitsfindung" verpflichteten akademischen Seminare (konventionellen Verständnisses), ist mit der *Schmitt*schen Theorie die damit stets aktuelle Parlamentarismuskrise definiert.

Obgleich *Bagehots* Funktionenkatalog und *Schmitts* Theorie von den parlamentarischen „Wesensprinzipien" auch in der gegenwärtigen parlamentarischen Reformdiskussion immer wieder als Orientierungskonzeptionen — letztere in variierter Fassung, etwa in der bekannten, von Gerhard *Leibholz* konzipierten Lehre vom „Strukturwandel der modernen Demokratie" — bemüht werden, ist ihr problemklärender Beitrag von beschränktem oder allenfalls negativem Wert. *Schmitts* Prinzipienlehre schließt die Möglichkeit einer *parlamentarischen* Parteiendemokratie prinzipiell aus. Aber auch *Bagehots* Funktionenkatalog kann keine Allgemeingültigkeit für alle parlamentarischen Regierungssysteme beanspruchen, denn er ist auf englische Verfassungsnorm und -realität im frühen 19. Jahrhundert bezogen, nicht auf deutsche.

Es sei nur auf den folgenden verfassungsrechtlichen und parlamentsstrukturellen Unterschied verwiesen. Im britischen Unterhaus ist die einfache Mehrheit bei ihren Entscheidungen, also auch in Reformfragen, bis heute an keine geschriebene Verfassungsnorm gebunden; die mit der Gesetzgebung befaßten Ausschüsse (standing committees) tagen öffentlich und sind — ebenso wie die nicht öffentlich arbeitenden select committees — allgemein von politisch geringer Relevanz. Die deutschen Parlamente hingegen sind auch in Reformfragen an die Grenzen der Verfassungsregeln gebunden, die im Streitfall der Interpretation der Verfassungsgerichtsbarkeit unterliegen bzw. nur mit qualifizierten Mehrheiten geändert werden können; den Ausschüssen, vornehmlich den ständigen Fachausschüssen, die bis heute grundsätzlich nicht öffentlich tagen, kommt im parlamentarischen Willensbildungs- und Entscheidungsprozeß traditionsgemäß eine erhebliche politische Relevanz zu. Die „eigentliche Arbeit" im britischen Unterhaus findet bei den Debatten und Erörterungen im Plenum sowie in den öffentlichen Ausschüssen statt. In deutschen Parlamenten, die sich traditionsgemäß primär als Gesetzgebungsorgane begreifen, wird die „eigentliche Arbeit", wie die enthüllende Sprachregelung selbst bei Abgeordneten lautet, offenbar in den nicht öffentlichen Fachausschüssen geleistet. Das britische Unterhaus ist auch nach der Demokratisierung des Wahlrechts im 20. Jahrhundert als „Redeparlament" primär ein öffentliches Parlament. Die deutschen Parlamente sind mit ihrer Neigung zum „Arbeitsparlament" halböffentlich.

III. Das halböffentliche Parlament und die Frage demokratischer Legitimation

Die Entwicklung zum modernen halböffentlichen Parlament ist in Deutschland von der verfassungsrechtlichen Einführung des parlamentarischen Systems nach dem Ersten Weltkrieg nicht unterbrochen worden. Die Phasen dieses zu Beginn des 19. Jahrhunderts einsetzenden Entwicklungsprozesses lassen sich etwa folgendermaßen skizzieren: Die anfänglich in wachsender Zahl ad hoc eingesetzten Ausschüsse werden allmählich durch nichtständige Spezialausschüsse ergänzt, die wiederum durch ständige Fachausschüsse ersetzt werden; mit der − sowohl absolut als auch im Verhältnis zu den Plenarsitzungen − zunehmenden Häufigkeit von Ausschußsitzungen vollzieht sich eine faktische und formelle Kompetenzerweiterung und damit eine wachsende Eigenständigkeit der Ausschüsse. Die Entwicklung führt schließlich zum Ausbau eines strukturierten Systems teilweise in hierarchischer, teilweise in wechselseitiger Kontrollbeziehung zueinander stehender, grundsätzlich nicht öffentlich beratender Ausschüsse mit einem Kernbestand von heute etwa 15 bis 20 ständigen Fachausschüssen. Seit dem Zweiten Weltkrieg besteht eine Tendenz, die Ausschüsse mit einem größeren bürokratischen Hilfsdienst auszustatten und ihnen formell das Recht einzuräumen, auch öffentliche Anhörverfahren durchzuführen − eine Möglichkeit, von der allerdings erst seit den 60er Jahren in wachsendem Maße Gebrauch gemacht wird. Insgesamt vollzog sich damit eine gewichtige Verlagerung parlamentarischer Beratung und Verhandlung sowie faktischer Entscheidungsmöglichkeiten aus dem öffentlich arbeitenden Plenum in das grundsätzlich nicht öffentliche Ausschußsystem.

Parallel hierzu erfolgte ein Wandel des Parteiensystems sowie der Ausbau und die Verfeinerung der fraktionellen Substruktur. Seit der Gründung der Bundesrepublik reduzierte sich die Zahl der im Parlament vertretenen Parteien, deren disziplinierte Fraktionen über ein zunehmend verfeinertes System von Arbeitskreisen und Arbeitsgruppen verfügen, die innerhalb der Fraktionen sowohl Spezialisierung als auch Koordination der Ausschußarbeit ermöglichen. Den gewählten Führungsgremien fällt dabei die Aufgabe zu, für eine hochgradige Geschlossenheit der Fraktionsentscheidung im Plenum Sorge zu tragen.

Das Ergebnis dieses allgemeinen Entwicklungsprozesses bildet ein halböffentliches Parlament, das sich primär als fleißiges Arbeitsparlament erweist, dessen Fraktionen in vertraulichen Verhandlungen Vorentscheidungen fällen, die in nicht öffentlichen Ausschußberatungen zum möglichen Kompromiß gebracht werden und in gelegentlichen öffentlichen Plenarsitzungen bei mehr oder minder deutlicher Kontrastierung der Mehrheits- und Oppositionspositionen zur Veröffentlichung gelangen. Dieses Verfahren gilt nicht nur für den Gesetzgebungsprozeß, sondern auch für die parlamentarische Kontrolle, die sich, soweit sie effektiv zu sein vermag, überwiegend im Ausschußsystem vollzieht.

In diesem Zusammenhang sei daran erinnert, daß der Bundestag zu den Parlamenten gehört, die bisher die geringste Bereitschaft zeigten, öffentlich zu arbeiten. Während die Plena beider Häuser des amerikanischen Kongresses, dessen Ausschüsse sehr häufig ausgedehnte Hearings veranstalten, ebenso wie das Plenum des britischen Unterhauses im Jahresdurchschnitt 160mal und öfter zusammentreten, liegt die Vergleichszahl des

Bundestages bei 56 — ganz abgesehen davon, daß der Bundestag mit etwas mehr als fünf Stunden die durchschnittliche tägliche Sitzungsdauer des Unterhauses von acht Stunden nicht erreicht.

Ein Parlament, das sich lediglich darum bemüht, im komplizierten und komplexen Prozeß einer modernen Industriegesellschaft ein Höchstmaß an effektiver Mitwirkung bei der Gesetzgebung und Regierungskontrolle zu bewahren, mag sich mit diesem Zustand abfinden und allenfalls an technischen Verbesserungen der Arbeitsbedingungen sowie der Informationsbeschaffung und -bewältigung interessiert zeigen. Ein Parlament jedoch, das sich primär als demokratisches Legitimationsorgan staatlichen Handelns begreift, wird sich dabei vor allem seiner Öffentlichkeitspflicht bewußt bleiben müssen. Denn die Formel „Vertrauen ist gut, Kontrolle ist besser" hat nicht nur ihre Relevanz für die Beziehungen zwischen Parlament und Regierung sowie beider gegenüber der Verwaltung, sondern ebenso für die Beziehungen zwischen Wähler und Parlament.

Gerade ein Parlament verliert das in einer parlamentarischen Demokratie notwendige öffentliche Vertrauen, wenn es eine Kontrolle der Zumutbarkeit dieses Vertrauens nicht hinreichend zuläßt und damit die Entfremdung zwischen Parlament und Wähler ermöglicht oder gar fördert. Ein Parlament vernachlässigt seine entscheidende Grundfunktion, demokratische Legitimation staatlichen Handelns zu bewirken, wenn es sich der Kontrolle durch den Wähler entzieht. Durch die Wahl ermächtigte der Wähler das Parlament zur Wahrnehmung seiner verfassungsmäßigen Kompetenzen. Diese Ermächtigung verliert ihre demokratische Legitimation, wenn sie faktisch zu einem unkontrollierbaren Vertrauensakt verkürzt wird.

Soll eine Wahl eine informierte Entscheidung ermöglichen und soll die stete Kommunikation zwischen Parlament und Öffentlichkeit kontrollierbares Vertrauen begründen, so gehört es zu den wichtigsten Aufgaben des Parlaments, die hierfür notwendigen Voraussetzungen optimal zu schaffen. Sicherlich gehört dazu letztlich eine Politik, die „im Interesse des Volkes" geschieht. Im Rahmen der parlamentarischen Öffentlichkeitspflicht bedeutet dies jedoch, daß das Parlament zumindest in seinen offiziellen Organen weitgehende teilnehmende Beobachtung eröffnet und den Mittlern zwischen Parlament und Öffentlichkeit, der Presse und anderen Massenkommunikationsmedien, optimale Informationsvermittlung erschließt.

Daß sich der Bundestag und im Rahmen ihrer besonderen Problematik auch die Länderparlamente dieser Notwendigkeit zunehmend bewußt werden, haben insbesondere die seit 1969 mit gesteigerter Intensität diskutierten Probleme parlamentarischen Selbstverständnisse und die Reformen der parlamentarischen Verfahrensweisen und Geschäftsordnungsregelungen gezeigt. Uwe *Thaysen* hat in diesem Zusammenhang zutreffend bemerkt: „Das Parlament selbst und nicht die Presse ist für sein eigenes Bild in allererster Linie verantwortlich... Das Parlament selbst kann durch öffentliche Debatten über seine eigenen Funktionen maßgeblich das Bild beeinflussen, das von ihm in der Öffentlichkeit vorherrscht — von seinen Aufgaben ebenso wie von seiner tatsächlichen Arbeit." Eine öffentliche Debatte des Selbstverständnisses und der Reformintentionen, die kontroverse Standpunkte nicht verschleiert, gehört nicht nur zu den Desiderata, sondern zu den Pflichten des Parlaments.[9]

9 Siehe dazu Thaysen (Anm. 10) S. 253 ff.

IV. Parlamentsreform

Obgleich sich der Bundestag und die Parlamente auf Länderebene seit längerem mit der Frage einer „Verlebendigung" von Plenardebatten und einer wirksameren Ausgestaltung öffentlich wirksamer Kontrollinstrumentarien — wie Fragestunde und aktueller Stunde — befaßt und entsprechende Verfahrensänderungen eingeführt hatten, brachten erst die Reformdiskussionen und die vollzogenen Reformen seit Ende der 60er Jahre die komplexe Problematik eines „öffentlichen Parlaments" ins Bewußtsein einer breiteren Öffentlichkeit.

So stellte der Bundestag in seiner 5. Wahlperiode nach längeren Vorgesprächen und nach der Amtsübernahme von Bundestagspräsident Kai Uwe von *Hassel* am 5. Februar 1969 ein ganzes Bündel von Reformvorschlägen zur Debatte. Kurz darauf publizierten die einzelnen Bundestagsfraktionen die Ergebnisse ihrer internen Reformüberlegungen, die Ende März zu ersten Reformmaßnahmen führten. Am 25. März 1969 trat dann unter Vorsitz des Bundestagspräsidenten die entscheidende parlamentarische Reformkommission des Bundestages zusammen. Ihren Beratungen stand eine 180 Seiten umfassende Materialsammlung des Planungsstabes des Bundestages mit mehr als 120 Reformempfehlungen zur Verfügung, von denen sich ein erheblicher Teil direkt oder indirekt mit grundsätzlichen oder Detailfragen der Gestaltung des Verhältnisses von Parlament und Öffentlichkeit befaßte.

Nachdem der 5. Bundestag schon in seiner 225. Sitzung am 26. März 1969 bei der zweiten Lesung des Bundestagshaushaltes für das laufende Haushaltsjahr *Änderungen* vorgenommen hatte, wurde in der 240. Sitzung am 18. Juni 1969 die sogenannte „kleine Parlamentsreform" beschlossen[10]. Die *Änderungen* betrafen u. a. eine Heraufsetzung der Fraktionsstärke von bisher 15 Abgeordneten auf mindestens fünf Prozent der Mitglieder des Bundestages (das sind heute 26 Abgeordnete) bei gleichzeitiger Herabsetzung des Quorums auf „Fraktionsstärke" für namentliche Abstimmungen (bisher waren 50 Abgeordnete erforderlich) und bei Verlangen einer aktuellen Stunde zur Antwort der Regierung auf mündliche Anfragen in der Fragestunde (bisher 30 Abgeordnete), ferner die Bewilligung größerer Summen für die Öffentlichkeitsarbeit und zwecks Rationalisierung des „Informationsflusses" bei der Parlamentsarbeit.

Unter den Juni-Reformen, die eine Ahnung von der umfassenden Problematik vermitteln, haben mehrere einen mehr oder weniger direkten Bezug zum Verhältnis Parlament und Öffentlichkeit. Da ist zunächst die Verstärkung der Öffentlichkeitsarbeit durch Errichtung eines Presse- und Informationszentrums des Bundestages, das im Frühjahr 1970 seine Arbeit aufgenommen hat und seit dem 15. September 1970 eine Parlamentskorrespondenz unter dem Titel „hib" („heute im Bundestag") publiziert. Der in den Sitzungswochen bis zu dreimal täglich erscheinende hektographierte Nachrichtendienst ist insbesondere für Mitglieder und Mitarbeiter des Bundestages, Journalisten, den Bundesrat und Behörden bestimmt. Er berichtet über die laufende Parlamentsarbeit und

---

10 Hierzu eingehend mit entsprechenden Nachweisen jetzt Uwe Thaysen: Parlamentsreform in Theorie und Praxis — Eine empirische Analyse der Parlamentsreform im 5. Deutschen Bundestag, Opladen 1972.

vor allem die Tätigkeit der Ausschüsse, wobei den Redakteuren des Presse- und Informationszentrums des Bundestages die Teilnahme an den grundsätzlich nicht öffentlichen Ausschußsitzungen ermöglicht wird. Neben „hib" hat der sporadisch nur für *Bonner* Journalisten herausgegebene Pressedient „pz" („pressezentrum") — Mitteilungen aus dem Bundestag — bei den Mittlern zwischen Bundestag und Öffentlichkeit als gelungener Versuch, einen Beitrag zu erhöhter Transparenz parlamentarischer Arbeit zu leisten, Anerkennung gefunden. Die *Bonner* Redaktionen der Massenmedien machen sich den zunehmenden Informationsfluß zunutze. Ein weiterer Ausbau der Publikationstätigkeit des Presse- und Informationszentrums des Bundestages ist geplant. Seit Anfang 1971 erscheinen Broschüren „Zur Sache — Themen Parlamentarischer Beratung" und andere Publikationsreihen.

Schon seit 1965 war es im Bundestag auf Antrag von Abgeordneten möglich, daß als „Aktuelle Stunde" eine Aussprache über eine bestimmt bezeichnete Frage von allgemeinem aktuellen Interesse stattfindet, in der der einzelne Redner maximal fünf Minuten sprechen darf. Seit der Reform von 1969 ist es bereits 26 (bisher 30) Abgeordneten möglich, unmittelbar nach Schluß der Fragestunde eine Aussprache über die Antwort der Regierung auf eine mündliche Anfrage von allgemeinem aktuellen Interesse zu verlangen. Auch die Fragestunde wurde zur „Belebung" einer Reihe von Verfahrenserneuerungen unterzogen. Schließlich dürfen selbständige Anträge von Abgeordneten nicht mehr gegen den Willen der Antragsteller von der Tagesordnung abgesetzt werden. Ebenso können jetzt Antragsteller aus der Mitte des Hauses sechs Monate nach der Überweisung ihres Antrages verlangen, daß der betreffende Ausschuß „durch den Vorsitzenden oder Berichterstatter dem Bundestag einen Bericht über den Stand der Beratungen erstattet"; dadurch ist eine „Beerdigung" des Antrages in den Ausschüssen gegen den Willen der Initianten nicht mehr möglich.

Zur Straffung und Belebung der Plenardebatten wurden weiterhin eine Reihe von Neuregelungen der Rednerfolge, der Redezeit und des Redemodus in die Geschäftsordnung aufgenommen, die allerdings nur dann voll zur Geltung kommen können, wenn sie, entgegen bisheriger Erfahrung, sowohl von den betroffenen Abgeordneten als auch den amtierenden Präsidenten, vor allem aber von den Fraktionsführungen in Gestalt der Parlamentarischen Geschäftsführer hinreichend beachtet werden. Dazu gehört, daß der Präsident bei der Worterteilung tatsächlich „auf die Rede eines Mitgliedes oder Beauftragten der Bundesregierung eine abweichende Meinung zu Wort kommen" läßt. Womit der Tatsache, daß sich im Plenum Regierungsmehrheit und Opposition gegenüberstehen, deutlicher als bisher Rechnung getragen würde. Vorherige Redezeitangabe und grundsätzlich freie Rede, von der nur nach rechtzeitiger Anmeldung beim Präsidenten „mit Angabe von Gründen" und nur mit dessen Einwilligung abgewichen werden darf, sollen ebenfalls der Straffung und Belebung der Debatten zugute kommen.

Gegen Verstöße sind schärfere Sanktionen als bisher vorgesehen. Um den dialogischen Stil der Plenardebatten zu fördern, sollen Reden grundsätzlich nicht länger als 15 Minuten betragen. Jede Fraktion kann jedoch für einen ihrer Sprecher bis zu 45 Minuten Redezeit beantragen. Wenn in Paragraph 39 Absatz 2 der neuen Geschäftsordnung vorgesehen ist, daß alle Redezeiten auf Antrag des Redners vom Präsidenten verlängert werden können oder auf Antrag einer Fraktion verlängert werden müssen (falls der

„Gegenstand oder der Verlauf der Debatte dies nahelegen"), so soll damit eine flexible Reaktionsmöglichkeit gegenüber eventuellen Versuchen der Regierung und ihrer Beauftragten oder den Mitgliedern des Bundesrates eröffnet werden, falls diese von ihrem nicht beschränkbaren Recht im Bundestag gemäß Artikel 43 Absatz 2 Satz 2 des Grundgesetzes über Gebühr Gebrauch machen sollten.

Der Übergang vom halböffentlichen zum öffentlichen Parlament entscheidet sich weitgehend in den Parlamentsausschüssen. Neben der allgemeinen Öffentlichkeitsarbeit und Belebung der Plenartätigkeit stellte sich daher auch im Bundestag die Frage, inwieweit der Öffentlichkeit Zugang zum bisherigen Halbdunkel der Ausschußtätigkeit verschafft werden sollte. Lediglich die FDP-Fraktion war zu einer grundsätzlichen Änderung bereit. Ihr Antrag vom 17. Juni 1969, der Bundestag wolle in die Geschäftsordnung die Bestimmung aufnehmen:

„(1) Die Beratungen der Ausschüsse sind in der Regel öffentlich. Die Ausschüsse können für einen Beratungsgegenstand oder für Teile desselben die Nichtöffentlichkeit der Sitzung beschließen",

wurde jedoch tags darauf im Plenum des Bundestages „mit großer Mehrheit abgelehnt". Annahme fand dagegen der „Kompromiß"-Antrag der SPD-Fraktion:

„(1) Die Beratungen der Ausschüsse sind grundsätzlich nicht öffentlich. Der Ausschuß kann beschließen, daß die Öffentlichkeit zugelassen wird. Die Öffentlichkeit einer Sitzung ist hergestellt, wenn der Presse und sonstigen Zuhörern im Rahmen der Raumverhältnisse der Zutritt gestattet wird."

Wie umstritten, „traditionswidrig" und herausfordernd selbst dieser Antrag war, machen die knappen Mehrheitsverhältnisse deutlich: von 291 abgegebenen Stimmen lauteten 154 „Ja" und 136 „Nein" bei einer „Enthaltung".

Dieser Kompromißformel zur Ausschußöffentlichkeit schloß sich auch der Nordrhein-Westfälische Landtag bei seiner Parlamentsreform vom Juli 1970 an, wobei er den Empfehlungen seines Reformausschusses[11] folgte, der in dieser Frage zum Ergebnis gekommen war: „Es kann sich also nur darum handeln, unter genereller Beibehaltung des gegenwärtigen Grundsatzes der Nichtöffentlichkeit von Ausschußsitzungen deren Publizität zu verbessern". Als „gewichtige Bedenken" gegen grundsätzlich öffentliche Ausschüsse hatte er hervorgehoben:

„1. Die Beratungen würden weniger effizient. Denn mancher Kompromiß ist nur möglich, weil er unter Ausschluß der Öffentlichkeit ausgehandelt wird.
2. Die Exekutive kann den Ausschüssen zahlreiche Informationen nur geben, weil sichergestellt ist, daß sie nicht an die Öffentlichkeit gelangen.
3. Allgemeine öffentliche Ausschußsitzungen entmachten das Plenum, denn die Debatte würde dann vom Plenum in die Ausschüsse verlagert."

---

11 Im Bericht vom 13. März 1970 — Drucksache Nr. 1856 — trägt der entsprechende Abschnitt die Überschrift „Verdeutlichung der Landtagsarbeit".

Hinzu kommt das Bedenken, daß „eine volle Öffentlichkeit der Sitzungen mit Sicherheit die Entscheidung bestimmter Fragen in vertrauliche Gremien verlagern würde". Alles Argumente der Opportunität, denen sicherlich Gewicht beizumessen ist. Es sind aber Argumente der Vertreter eines halböffentlichen Parlaments, die das Postulat parlamentarischer Öffentlichkeit in der Praxis nur als bedingt verpflichtend werten. Der Verweis auf bisher gemachte Erfahrungen geht von nicht-öffentlicher Ausschußpraxis aus. Weder werden die Erfahrungen des Berliner Abgeordnetenhauses oder gar die des Bayerischen Landtages mit ihren grundsätzlich öffentlichen Ausschußsitzungen, über deren Praxis Heinrich *Oberreuter* berichtet[12], noch die des britischen Unterhauses hinreichend gewürdigt. Wilhelm *Kewenig* hat darauf hingewiesen, wie stark sich in der Praxis der Ausschußtätigkeit ein neues Kontrollverständnis durchsetzt: parlamentarische Kontrolle nicht mehr verstanden als „Aufsicht über fremde Amtsführung", sondern Kontrolle verstanden als „Zusammenwirken verschiedener Instanzen auf ein gemeinsames Ziel".[13] Obgleich *Kewenig* mit überzeugenden Argumenten die Vereinbarkeit dieser Ausschußtätigkeit mit dem vom parlamentarischen System her interpretierten Gewaltenteilungskonzept des Grundgesetzes feststellt, bleibt die Frage, ob damit auch für parlamentarische Ausschüsse zunehmend das Öffentlichkeitsgebot lediglich in der Weise gelten kann, wie dies für Regierungsgremien traditionsgemäß der Fall ist. Eine Argumentation in dieser Richtung, der *Kewenig* nicht folgt, wäre sicherlich verfehlt.

Als Resultat der Parlamentsreform von 1969 bleibt für den hier erörterten Sachverhalt festzustellen:

Die Ausschüsse können zu ihren Beratungen die Öffentlichkeit zulassen. Ihr Recht, die Anwesenheit jedes Mitgliedes der Bundesregierung zu verlangen, um es anzuhören, gilt ausdrücklich auch für öffentliche Sitzungen. Über die nicht öffentlichen Sitzungen kann im Rahmen der parlamentskontrollierten Nachrichtendienste des Presse- und Informationszentrums, dessen Redakteure weitgehend Zutritt zu den Beratungen haben, seit September 1970 kontinuierlicher Information gewonnen und vermittelt werden als bisher.

Die Bestimmungen zur Durchführung der seit 1952 zulässigen Abhaltung von öffentlichen Informationssitzungen (Hearings), in denen „Sachverständige, Interessenvertreter und andere Auskunftspersonen" angehört werden können, wurden ergänzt und zum Teil geändert. Neuerdings muß ein federführender Ausschuß bei überwiesenen Anträgen bereits auf Verlangen von einem Viertel seiner Mitglieder öffentliche Anhörungen abhalten, bei anderen Gegenständen auf Mehrheitsbeschluß. Der Ausschuß kann mit den Auskunftspersonen in eine Aussprache eintreten. Dabei ist die Redezeit zu begrenzen. Auch einzelne Mitglieder der Ausschüsse können zur Durchführung einer Anhörung beauftragt werden. Während in den ersten vier Bundestagen von der Möglichkeit öffentlicher Anhörungen kaum Gebrauch gemacht wurde und erst im 5. Bundestag eine lebendigere Praxis begann, ist der 6. Bundestag dabei, mit diesen Verfahren Er-

12 Siehe Heinrich Oberreuter in: Das Parlament, vom 23. Mai 1970.
13 Wilhelm Kewenig: Staatsrechtliche Probleme parlamentarischer Mitregierung am Beispiel der Arbeit der Bundestagsausschüsse, Bad Homburg-Berlin 1970.

fahrungen zu sammeln, deren Auswertung noch ansteht. Sofern Informationssitzungen abgehalten werden, sollen die Ausschußberichte jetzt „die wesentlichen Ansichten der angehörten Interessen- und Fachverbände wiedergeben".

Hinsichtlich der nicht unwichtigen Frage, ob und inwieweit der Bundestag rechtzeitig über Referentenentwürfe der Regierung und bei der Exekutive eingebrachte Stellungnahmen von Verbänden zu informieren sei, blieb es seitens des Bundestages bei einem gleichfalls am 18. Juni 1969 verabschiedeten „Ersuchen an die Bundesregierung", in die „Gemeinsame Geschäftsordnung der Bundesministerien" die folgenden Bestimmungen aufzunehmen:

„1. Wenn die Bundesregierung Referentenentwürfe Verbänden zur Kenntnis gibt, leitet sie diese Referentenentwürfe an den Präsidenten des Deutschen Bundestages.
2. Außerdem sollen die gemäß § 39 Abs. 1 GGO II dem Bundesrat zugeleiteten Gesetzentwürfe in ihrer Begründung die wesentlichen Ansichten der nach § 23 Abs. 1 GGO II gehörten Fachkreise wiedergeben."[14]

Insgesamt hat der Bundestag mit seinen Reformen des Jahres 1969 eine Reihe formaler Vorkehrungen getroffen, die allenfalls als zaghafte Schritte auf dem Wege vom halböffentlichen zum öffentlichen Parlament gedeutet werden können. Der Zutritt der Öffentlichkeit zu den Ausschußsitzungen blieb jedoch grundsätzlich verwehrt.

14 Vgl. Lechner-Hülshoff (Hrsg.): Parlament und Regierung – Textsammlung, München 1971, S. 428.

8. Parlamentarische Untersuchungsausschüsse

I. Die historischen Wurzeln parlamentarischer Untersuchungsausschüsse

Das parlamentarische Untersuchungsrecht der Bundesrepublik ist nicht nur das Kind deutscher Verfassungspraxis und -interpretation, es ist vielmehr das vorläufige, spezielle Endergebnis einer Entwicklungsgeschichte, die auf zwei Grundströmungen verweist. Eine relativ konstante *englische* einerseits und eine recht wechselvolle, doch typische Besonderheiten aufweisende *amerikanisch-französisch-belgisch-preußische* Entwicklungslinie andererseits. Zwei Linien, die sich 1918/19 – bei der Konzeption des Art. 34 der Weimarer Verfassung – inniger miteinander verbinden und damit die Geschichte des modernen deutschen, in bedeutsamer Hinsicht von den Regelungen aller ürigen Staaten der Welt abweichenden Untersuchungsrechts einleiten. Wohl läßt sich schon lange vorher eine periodisch intensiver oder schwächer deutlich werdende wechselseitige Einwirkung beider Entwicklungslinien nachweisen, wobei die Engländer mehr zu den Gebenden denn zu den Nehmenden (civil service) gehören. Aber das auf englischem Boden gewachsene „Kunstwerk" des parlamentarischen Regierungssystems wird erst 1918/19 – in theoretisch abstrahierter Form – als Gestaltungskonzept in die deutsche Verfassungsgeschichte einbezogen und damit der entscheidende „verbindende Schritt" unternommen. Bis dahin war die deutsche Geschichte des Untersuchungsrechts durch die Namen Montesquieu und Rousseau geprägt, deren Lehren unter dem Dogma des monarchischen Prinzips deutschen Verständnisses interpretiert wurden. An der Wende zur Moderne steht der Name Max Weber.

In *England* findet die „Lebensgeschichte" zahlreicher wichtiger parlamentarischer Institutionen ihren Ausgangspunkt. Dies gilt auch für die parlamentarischen Untersuchungsausschüsse[1]. So berichtet Redlich, daß das englische Parlament bereits im Jahre 1340 einen Ausschuß „zur Prüfung der Rechnungen über die Verausgabung der letztbewilligten Subsidie[2]" eingesetzt habe. Hallam, und mit ihm Anson, hingegen setzen den Beginn der faktischen Wirksamkeit der „select committees" in das Jahr der Bill of Rights, 1689[3]. Tatsächlich bilden die Verfassungskämpfe des 17. Jahrhunderts eine bedeutsame Zäsur in der verwickelten englischen Parlamentsgeschichte,

---

1. Hierzu und zum Folgenden Literaturangaben, nähere Erörterungen und zahlreiche Quellenhinweise bei Winfried Steffani: *Die Untersuchgsausschüsse des Preußischen Landtages zur Zeit der Weimarer Republik*, Düsseldorf 1960.
2. Josef Redlich: *Recht und Technik des englischen Parlamentarismus*, Leipzig 1905, S. 469.
3. Vgl. dazu Eric Taylor: *The House of Commons at Work*, 2nd ed., Aylesbury 1955, S. 179 und ebd., Anm. 2.

die schließlich zum Sieg des Parlaments über die Krone führten und damit auch den entscheidenden Vorrang der parlamentarischen Untersuchungen (select committees) gegenüber denen der Krone (royal commissions und departmental committees) sicherten. Im 19. Jahrhundert wurden schließlich die "select committees" nicht nur insgesamt weit mächtiger als die "royal commissions", vielmehr unter ihnen die des Unterhauses bald wichtiger als die des Oberhauses.

Bedeutsam bleibt dabei die Tatsache, daß die "select committees" nicht generell über die zwei wichtigsten Attribute echter Untersuchungsausschüsse verfügen — das Recht der *Akteneinsicht* und *eidlichen Zeugenvernehmung* —, sondern ganz bestimmte Machtbefugnisse erst in der stets präzis gefaßten "order of reference" jeweils zugewiesen erhalten. Gleichfalls dürfen, falls die "order of reference" dies vorsieht, erst seit 1858 die Untersuchungsausschüsse des Oberhauses und erst seit 1871 die des Unterhauses[4] selbständig Zeugen unter Eid vernehmen. Bis dahin mußte die Eideseinvernahme der Zeugen im Plenum vorgenommen werden. Dabei wurde in quasijudizieller Weise vorgegangen. So durften und dürfen sich zum Beispiel vorgeladene Zeugen, deren Interessen in Mitleidenschaft gezogen werden könnten, im Untersuchungsverfahren durch einen Rechtsbeistand vertreten lassen; eine Prozedur, die im kontinentalen Untersuchungsverfahren, da es hier *nur* Zeugen (Auskunftspersonen) gibt, nicht in Frage kommt. Denn hier, bei der englischen Begründung des parlamentarischen Untersuchungsrechts, wird eine Tatsache deutlich, auf die Erich Kaufmann 1920 mit besonderem Nachdruck verwies, nämlich „daß das englische Parlament ursprünglich selbst ein Gerichtshof war und daß sich in den Geschäftsformen und vor allem in den Traditionen des Parlaments noch mannigfache Anklänge an diesen Ursprung finden[5]". Das englische Regierungssystem hat dabei Formen und Verfahren entwickelt, die Kaufmann im Hinblick auf die konstitutionelle Gewaltenteilungslehre als „aufgeklärten Absolutismus[6]" bezeichnete.

Und der Terminus „Gewaltenteilung" kennzeichnet denn auch jene Eigenheiten, durch die die zweite Entwicklungslinie in entscheidenden Grundzügen von der englischen unterschieden ist.

Die *Vereinigten Staaten von Nordamerika* haben sich als erster moderner Verfassungsstaat einer geschriebenen Urkunde als staatlicher Rechtsbasis unterworfen. Dabei spielte das zwar von Locke weitgehend bestimmte, in bedeutsamen Punkten aber primär von Montesquieu geprägte Gewaltenteilungsdenken eine wichtige Rolle. Dieses Gewaltenteilungsdenken sah im Untersuchungsrecht ein schier unlösbares Problem. So erwähnt die amerikanische Verfassung dieses Recht bis heute mit keinem Wort. Wenn sich dennoch in der Verfassungspraxis die parlamentarische Untersuchungstätigkeit bis zur Gegenwart in einem Maße intensivierte und ausweitete, daß darin

---

4. Vgl. den "Parliamentary Witnesses Oaths Act" von 1871. Das Recht der "select committees", "to send for persons, papers, and records", wird durch St. O. (= Standing Order) Nr. 63 bestimmt.
5. *Untersuchungsausschuß und Staatsgerichtshof*, Berlin 1920, S. 61.
6. Ebd., S. 28.

vergleichsweise kein Staat mit den USA konkurrieren kann, so ist dieses Ergebnis wesentlich durch drei Umstände bedingt:

Die strikte Trennung von Exekutive und Legislative ermöglicht erst in den parlamentarischen Ausschüssen ein intensives Gespräch zwischen beiden „Gewalten". Dabei nötigt die eminent gewichtige "power of the purse" des Kongresses die Regierung und die ihr nachgeordneten Behörden, den inquisitorischen Fragen der Repräsentanten und Senatoren bereitwillig Rede und Antwort zu stehen und Akten zur Einsichtnahme vorzulegen. Zum zweiten ist der Kongreß bei seiner primär bei ihm liegenden legislatorischen Arbeit auf fundierte Tatsachenkenntnis angewiesen. Eigene Erhebungen sind — gerade im Kontakt mit den Interessengruppen im pluralistischen Sozialgefüge — von erheblicher Wichtigkeit. Zum dritten akzeptierte im Rahmen der "implied powers"-Theorie auch der Hüter der Verfassung, der Supreme Court, die sich für die parlamentarische Arbeit in der Praxis als schlechthin existentiell notwendig erweisende Untersuchungstätigkeit — auch und gerade der Regierung gegenüber. Denn man entsann sich dabei der Tatsache, daß bereits Montesquieu dem Parlament neben der Gesetzgebungstätigkeit die selbstverständliche Pflicht zur ständigen Überwachung der Gesetzesdurchführung seitens der Exekutive zuerkannt hatte: "La puissance législative ... a droit, et doit avoir la faculté d'examiner de quelle manière les lois qu'elle a faites ont été exécutées[7]." Auf Grund der "implied powers"-Theorie, wonach die Zuweisung einer Pflicht auch das Recht auf die Mittel zu ihrer Ausübung enthalten müsse, wurde demgemäß erklärt, daß das Untersuchungsrecht des Kongresses — "the power to send for persons and papers" — in seinen Grundfunktionen wesensmäßig mit eingeschlossen (implied) sei. Diese theoretische Ansicht ist schließlich vom Supreme Court seit dem Jahre 1927[8] immer wieder als rechtswirksam bestätigt worden[9]; wobei sich das Gericht jedoch grundsätzlich vorbehalten hat, im Einzelfall entsprechend den der Verfassung zugrunde liegenden Prinzipien — vornehmlich den im ersten Amendent aufgezählten individuellen Freiheitsgarantien — die Grenzen der parlamentarischen Untersuchungsbefugnis zu bestimmen. Der Supreme Court hat dabei in strittigen Fällen, vor allem seit den dreißiger Jahren dieses Jahrhunderts, zunehmend zugunsten der Machtbefugnisse des Kongresses entschieden.

Auch in der wechselvollen *französischen* Verfassungsgeschichte spielte die Gewaltenteilung eine äußerst wichtige Rolle. Heißt es doch in Art. 16 der „amerikanisch imprägnierten" Menschenrechtserklärung von 1789: "Toute société, dans laquelle la garantie des droits n'est pas assurée ni la séparation des pouvoirs déterminée, n'a point de constitution." Auch hier hat bis heute keine Verfassung das Untersuchungsrecht jemals erwähnt, geschweige denn dem Parlament Zeugniszwangsbefugnisse zugestanden. Dennoch triumphierte auch hier die faktisch geübte Untersuchungspraxis gegenüber der stets heftig geführten verfassungstheoretischen Diskussion, die eine derartige Praxis

---

7. De l'esprit des Lois (1748), Ausgabe: *Classiques Garnier*, Bd. I, S. 170.
8. McGrain v. Daugherty, 273 US. 135, 174 (1927).
9. Neuere Entscheidungen des Supreme Court sind der Case Watkins v. United States, 345 US. 178, und Seeney v. New Hampshire, 354 US. 234, beide vom 17. Juni 1957.

mit den Gewaltenteilungsprinzipien kaum in Einklang zu bringen vermochte. Erst im Jahre 1914 ist den stets nichtöffentlich tagenden Untersuchungsausschüssen das Recht der eidlichen Zeugenvernehmung gesetzlich zugestanden und das Untersuchungsverfahren durch Gesetz vom 6. Januar 1950 und dessen Ergänzung vom 8. Dezember 1953 fester umrissen worden.

Ist der Untersuchungsausschuß einmal eingesetzt, so ist er — im Gegensatz zu den strikt an die Weisungen der "order of reference" gebundenen Select Committees — dank der stets breit gefaßten Formel der Generalvollmacht ("les pouvoirs les plus étendus") zu äußerst weitreichender und unbeengter Tätigkeit freigesetzt. Auch hier wurde es für selbstverständlich erachtet, daß die Untersuchungsausschüsse im gesamten Kompotenzbereich des Parlaments tätig werden konnten. Daß mit der allgemeinen Kompetenzeinengung der Nationalversammlung in der Fünften Republik gleichfalls das Untersuchungsrecht betroffen wurde, läßt sich leicht denken. Während sich auch hier die Verfassung in Schweigen hüllt, wird die Untersuchungsbefugnis in der "Ordonance n° 58 — 1100" vom 17. November 1958 stark einengend fixiert (nichtöffentlich; Gerichtsverhandlungen sind stets vorrangig; Untersuchungsausschüsse dürfen vom Einsetzungstermin an nur vier Monate tätig sein; zum gleichen Thema darf erst nach zwölf Monaten erneut ein Untersuchungsausschuß tätig werden).

Nach dem bisher Gesagten scheint die Geschichte der amerikanischen und französischen Untersuchungsausschüsse bis 1958 gleichartig verlaufen und gleichgeartet gewesen zu sein. Aber schon der Hinweis, daß die Untersuchungsausschüsse in Frankreich niemals auch nur annähernd die Bedeutung derjenigen des amerikanischen Kongresses aufwiesen, dürfte auf die verschiedene Gewichtigkeit beider Institutionen aufmerksam machen. Der wichtigste Grund hierfür wird noch zu erwähnen sein. Hier sei nur noch eine weitere bedeutsame Unterschiedlichkeit beider letztlich mit dem Gewaltenteilungsproblem belasteter Entwicklungsabläufe aufgezeigt. Rousseau hatte zwar Montesquieus Gewaltenteilungslehre als gänzlich absurd verworfen[10]. Dennoch trug gerade er indirekt zu einer Verhärtung des Montesquieuschen Gewaltenteilungsdenkens bei, die auch die deutsche Entwicklung sehr belasten sollte. Denn Montesquieu hatte zwar eine aus angelsächsischen Diskussionen erwachsene Gewaltenbeziehungslehre entwickelt, aber keine für eine exakte Kompetenzabgrenzung der einzelnen Gewalten erforderliche Funktionslehre. Sein Gesetzbegriff, den er im *Esprit des lois* auch gar nicht klar bestimmen wollte, blieb im dunkeln.

Hier wurde nun Rousseau bemüht. Sein Gesetzesbegriff und die auf ihm basierende Funktionslehre[11] wurden mit der Montesquieuschen Gewaltenteilungslehre verbunden und zur Gewaltentrennungslehre entstellt. Das Verständnis für die Bedeutsamkeit der "checks and blances" ging dabei fast völlig verloren. In Kants Staatslehre feierte dieses Bemühen, sich beim Entwerfen von Gewaltenbeziehungskonzeptionen jeglichen soziökonomischen Bezugsdenkens möglichst zu enthalten, einen deutschen Triumpf[12]. Daß in einem derartigen Schema ein parlamentarisches Untersuchungs-

10. *Du contrat social*, Buch II, Kapitel 2.
11. Vgl. dazu ebd. Buch II, Kap. 6, mit Buch III, Kap. 1.
12. *Metaphysik der Sitten*, Erster Teil: „Anfangsgründe der Rechtslehre", § 45 (1797).

recht keinen Platz fand, ist einsichtig. Daß ein derartiges Gewaltenteilungsschema überhaupt in einer geschriebenen geltenden Verfassung Bestand haben konnte, dafür mußte das *monarchische Prinzip* herhalten – ein dialektischer Sprung. Gewaltenteilung und monarchisches Prinzip, miteinander verbunden in der Regierungsform der konstitutionellen Monarchie, prägten das mitteleuropäische Verfassungsleben, ansetzend mit der *Charte Constitutionelle* von 1814, bis zum Zusammenbruch des Wilhelminischen Reiches. Dabei diente das monarchische Prinzip dazu, den bloßen Mitwirkungsanspruch der Stände, später des „Volkes", zu motivieren, und der Appell an die Gewaltenteilungsprinzipien, den parlamentarischen Bemühungen zur Begründung und Ausgestaltung der Ministerverantwortlichkeit ein theoretisch fundiertes Veto entgegenstellen zu können. In dieser Entwicklungslinie bewegte sich die frühe Geschichte des deutschen Untersuchungsrechts.

II. Zur Geschichte des Deutschen Untersuchungsrechts

Über hundert Jahre währte die *deutsche* Entwicklungsgeschichte der parlamentarischen Untersuchungsausschüsse von ihrer ersten verfassungsrechtlichen Erwähnung im Jahre 1816 bis zum Zeitpunkt, da sie, versehen mit weitreichenden Machtbefugnissen, als echtes, faktisch wirksames Untersuchungsinstitut tätig werden konnten. Der § 91 der Verfassung von Sachsen-Weimar-Eisenach vom 5. Mai 1816 ist allerdings lange Zeit eine Ausnahme geblieben. Daß dieses schüchterne konstitutionelle Zugeständnis im Deutschen Bunde nicht Schule machen konnte, dafür sorgten schon die zwei größeren Einzelstaaten, Preußen und Österreich, die bereits mit der Überbetonung des monarchischen Prinzips in der Wiener Schlußakte von 1820 eine ungehemmte Verfassungsentwicklung in den eventuell damit liebäugelnden Kleinstaaten zu verhindern wußten. Lediglich Kurhessen entschloß sich im Gefolge der Julirevolution von 1830, mit dem § 93 seiner 1831 erlassenen Verfassung den parlamentarischen Ausschüssen eine gewisse Untersuchungsbefugnis zuzubilligen. In den übrigen Verfassungen wurde den Parlamenten im Höchstfall ein Klage- und Beschwerderecht zugestanden, verbunden mit der Versicherung, daß die Regierung, und nur sie allein, die nötigen Untersuchungen und notfalls erforderlichen Abänderungen pflichtgemäß vornehmen werde.

Diese Regelungen waren allerorts durch das furchtsame Bestreben gekennzeichnet, die Parlamente als Repräsentationsorgane des Volkes zu isolieren und ihre Mitwirkung im Staatsleben auf eine Wirkungslosigkeit im Regierungsprozeß zu reduzieren, eine natürliche Folge des im konstitutionellen System Deutschlands vorherrschenden, von Mohl so sehr beklagten „unglücklichen Dualismus zwischen Regierung und Volk[13]". An dieser Position hat sich im Grunde genommen selbst nach dem revolutionären Aufbegehren von 1848 nichts Prinzipielles geändert. So mußte Egon Zweig im Jahre 1913 nach eingehender Situationsanalyse resignierend feststellen, daß „es sich gezeigt habe, daß das Recht der parlamentarischen Untersuchung im

13. Robert von Mohl: *Staatslehre*, Tübingen 1860, Bd. I, S. 51.

deutschen Boden nicht Wurzel fassen konnte[14]"; eine Erkenntnis, die Karl Salomo Zachariä bereits in den dreißiger Jahren des 19. Jahrhunderts unter Hinweis auf die Eigentümlichkeiten der deutschen konstitutionellen Monarchie prophezeit hatte[15]. Dennoch bildete in dieser Periode das Jahr 1848 einen bedeutsamen Einschnitt. „Ganz unvermittelt, ohne erkennbaren Übergang" (Zweig) erhielt die Entwicklung des deutschen Untersuchungsrechts mächtige Impulse. Lag bei der bisherigen Scheidung zwischen Parlament und Regierung die überragende Machtkonzentration bei der Exekutive, so bestand nun die Tendenz, diese Relation in ihr Gegenteil umschlagen zu lassen. Dabei wurde weniger ein angelsächsischem Verfassungsdenken adäquates Checks-and-balances-System angestrebt, als vielmehr ein offenkundiges Überbetonen der legislativen Machtposition befürwortet – trotz grundsätzlicher Anerkennung des Gewaltenteilungsprinzips. Das Parlament sollte mit erheblichen Kontroll- und allgemeinen Machtbefugnissen ausgestattet werden; ein kennzeichnender Ausdruck des tiefgreifenden Mißtrauens der Exekutive gegenüber.

Dieser generelle Grundzug ist sowohl in den Debatten der Frankfurter als auch in denen der Berliner Nationalversammlung unverkennbar. Dabei spielte das parlamentarische Untersuchungsrecht eine erhebliche Rolle. Verweist es doch, nach den Worten Zweigs, „schon vermöge seiner Herkunft auf das System der Parlamentsherrschaft[16]". In den Diskussionen und der faktischen Realisierung des parlamentarischen Untersuchungsrechts spiegeln sich Macht und Elend der deutschen Parlamente wider.

Bereits die von der Paulskirchenversammlung auf ihrer 9. Sitzung (29. Mai 1848) vorläufig akzeptierte Geschäftsordnung bestimmte in § 24, daß „die Versammlung einem Ausschuß das Recht einräumen kann, Zeugen und Sachverständige vorzufordern, zu vernehmen und vernehmen zu lassen, oder mit Behörden in Verbindung zu treten". Diese Bestimmung ist später (7. November 1848) dahingehend erweitert worden, daß, unabhängig von einem Plenarbeschluß, allen Ausschüssen unmittelbar das Untersuchungsrecht zugestanden wurde (Antrag Eisenmann): Eine Bestimmung, die lediglich in der Untersuchungsbefugnis der Ausschüsse des amerikanischen Kongresses eine Parallele findet[17]. Darüber hinaus forderte ein auf der 11. Sitzung (3. Juni 1848) eingebrachter Antrag des Abgeordneten Rösler, „daß die konstituierende Nationalversammlung sich dieselben Befugnisse und Vorrechte beilegen (solle), welche die gesetzgebenden Versammlungen anderer freier Staaten" bereits besäßen, und sah u. a. in § 2 die Pflicht zur Aktenvorlage bei der Nationalversammlung selbst oder in deren Ausschüssen vor. In § 4 wurde weiterhin verlangt, daß „jeder Beamte eines deutschen Staates auf seinen Amtseid, jede Privatperson aber auf Zeugeneid zu vernehmen" sei. Diese dem englischen Parlamentsrecht entlehnten Forderungen blieben allerdings bereits während der Session der Nationalversammlung unwirksam – ein weiteres Zeichen für den von Georg Jellinek konstatierten Tatbestand, daß

---

14. Egon Zweig „Die parlamentarische Enquete nach deutschem und österreichischem Recht, in: *Zeitschrift für Politik*, 1913, S. 293.
15. *Vierzig Bücher vom Staate*, 2. Aufl., Heidelberg 1839/40, Bd. III, S. 263.
16. Zweig, a.a.O., S. 284.
17. Vgl. dazu den *Legislative Reorganization Act of 1946*, Section 136.

„der festländische Parlamentarismus nicht so sehr englischen als vielmehr französischen Ursprungs ist und die herrschende parlamentarische Theorie (bereits) in der Zeit der Restauration und des Julikönigtums ausgebildet worden ist[18] ".

Am 5. Oktober 1848 fand schließlich im Anschluß an eine beantragte Abgeordnetenquete erstmals in Deutschland auf Reichsebene eine kurze, aber ins Grundsätzliche verstoßende Debatte über das Untersuchungsrecht statt. Es wurde dabei erörtert, inwieweit ein Staat, dessen Verfassung auf dem Gewaltenteilungsprinzip basiere, seinem Parlament überhaupt Untersuchungsbefugnisse einräumen könne. Der Abgeordnete Beseler stellte dabei den Grundsatz auf, „daß wir durch unser Gesetz die Selbständigkeit der Nationalversammlung haben aufrechterhalten, keineswegs aber einen Gerichtshof haben begründen wollen[19] ". Es ging dem Parlament also keineswegs um das Recht einer justiziellen Streitentscheidung im Einzelfall – ein derartiges Ziel wäre mit den Minimalforderungen jeder Gewaltenteilung unvermeidbar. Der Akzent lag vielmehr auf „Selbständigkeit". Es galt vor allem, sich aus der Lage eines legislatorisch „mitwirkenden" Anhängsels der Exekutive zu befreien. Ist doch der entscheidende Unterschied zwischen den *Anfrage*instituten (kleine Anfrage und Interpellation) und dem *Untersuchungs*institut darin zu finden, daß das Parlament vermittels ersterer auf die Darlegungen der Exekutive angewiesen ist, während letzteres es zur selbständigen Tatsachenerkenntnis befähigt. Selbständigkeit bedeutet aber Machterweiterung, und damit war der Exekutive der Kampf angesagt.

Mit dem § 99 der Deutschen Reichsverfassung vom 28. März 1849 wurde daher nicht nur die Untersuchungsbefugnis erstmals auf Reichsebene zu einem grundgesetzlich garantierten Parlamentsrecht erhoben. Es wurde vielmehr zugleich indirekt der Kompetenzbereich angedeutet: „Das Recht des Gesetzesvorschlages, der Beschwerde, der Adresse und der Erhebung von Tatsachen, sowie die Anklage der Minister steht jedem Hause zu." Das hieß: Parlamentserhebungen nicht nur zur Gesetzesvorbereitung, also als *Informationsrecht*, sondern auch zur Überprüfung der Gesetzesdurchführung, also eindeutiges *Kontrollrecht*. Dieser doppelte Charakter des Untersuchungsbereichs lag allen Forderungen nach verfassungsrechtlicher Verankerung des Enqueterechts zugrunde. Hier sollten die Parlamente aber bald in eine hilflose Defensive gedrängt werden. Soweit in den Verfassungen der deutschen Einzelstaaten überhaupt ein Untersuchungsrecht vorgesehen war, wurde ihm nach 1848 sehr bald der Kontrollrechtscharakter strittig gemacht und im Höchstfall eine gewisse gesetzesvorbereitende und mehr generell informierende Funktion zugebilligt. Wenn Hatschek später konstatierte, daß das Untersuchungsrecht „seinem Wesen nach nur der Geltendmachung der parlamentarischen Ministerverantwortlichkeit[20] " diene und Laband den Reichstag dank seiner Kontrollbefugnisse das große öffentliche „Rügegericht[21] " über Regierung und Verwaltung nannte, so blieb das wesentlich Literatur. Denn wie erfolglos selbst die Forderung nach Gesetzgebungsenqueten

---

18. *Verfassungsänderung und Verfassungswandlung*, S. 52.
19. Sten. Berichte der Nat.-Vers. S. 2434.
20. *Das Parlamentsrecht des Deutschen Reiches*, Teil I, Berlin 1915, S. 228.
21. *Staatsrecht*, Bd. I, S. 306.

blieb, wird etwa aus den unmutigen Bemerkungen Mohls[22] aus dem Jahre 1872 und der 1911 von Neumann-Hofer[23] erhobenen Empfehlung ersichtlich, den parlamentarischen Kommissionen doch wenigstens bei der Gesetzgebung ein gewisses Untersuchungsrecht zuzugestehen.

Daß die Reichsverfassung von 1871 expressis verbis dem Parlament kein Untersuchungsrecht zugestand, erklärte nicht allein der vielzitierte Verweis auf den bundesstaatlichen Charakter des Reichs. Vielmehr trugen dazu entscheidend Preußens Erfahrungen mit dieser parlamentarischen Befugnis bei. Denn die bis 1918 geltende Preußische Verfassung vom 31. Januar 1850 erklärte zwar kurz und bündig in Art. 82: „Eine jede Kammer hat die Befugnis, behufs ihrer Information Kommissionen zur Untersuchung von Tatsachen zu ernennen." Aber diese kurze Formel der Verfassung stand am Ende einer heftigen innerparlamentarischen Auseinandersetzung und am Anfang einer Verfassungspraxis, die einer eigenständigen parlamentarischen Entwicklung in hohem Maße abträglich sein sollte. Sind doch, nach einer anfänglich äußerst lebhaften Untersuchungstätigkeit bis zur Verabschiedung der neuen Verfassung, unter Berufung auf Art. 82 nur drei Untersuchungsausschüsse eingesetzt worden: einer 1851, ein zweiter 1863 und ein dritter – am 19. März 1919, nach dem Zusammenbruch des Wilhelminischen Reiches[24].

Wohl mußte, wie Biedermann zu Recht gesteht, dem deutschen Verfassungsdenken um 1815 die Forderung nach einem parlamentarischen Untersuchungsrecht „beinahe als eine Ungeheuerlichkeit[25]" erscheinen. Und auch 1840 hielt es noch ein so bedeutender liberaler Führer wie Rotteck für selbstverständlich, daß die Regierung dem Parlament zwar Auskünfte erteilen solle, die dafür erforderlichen Untersuchungen jedoch allein „von seiten der Regierung zu veranstalten seien[26]". Der preußischen Krone aber erschien dieses Recht selbst 1848 als eine Ungeheuerlichkeit. Der Regierungsentwurf vom 20. Mai erwähnte es nicht. Erst die Mitte Juni von der Nationalversammlung eingesetzte Verfassungskommission forderte in Art. 73 ihres Verfassungsentwurfs vom 26. Juli 1848: „Eine jede Kammer hat die Befugnis, Kommissionen zur Untersuchung von Tatsachen zu ernennen, mit dem Rechte, unter Mitwirkung richterlicher Beamten Zeugen eidlich zu vernehmen und die Behörden zur Assistenz zu requirieren." Die Kommission motivierte diese Bestimmung damit, daß sie die Untersuchungsausschüsse als zur Bewältigung der parlamentarischen Arbeiten schlechthin erforderliche Einrichtung bezeichnete. Es hieß dort wörtlich. „Es wurde hierbei für unnötig erachtet, die Requisition der Behörde nur durch Vermittlung des Staatsministeriums eintreten zu lassen[27]." Mit dem Art. 73 des Kom-

22. *Encyklopädie der Staatswissenschaften*, 2. umgearbeitete Auflage, Freiburg, Tübingen 1872, S. 157, Anm. 12.
23. „Die Wirksamkeit der Kommissionen in den Parlamenten", in: *Zeitschrift für Politik*, 1911, S. 71 f., 85.
24. Vgl. dazu Steffani, a.a.O., S. 54 ff. und S. 127 ff.
25. *Die Untersuchungsausschüsse im Deutschen Staatsrecht*, Halle, Wittenberg 1929, S. 12.
26. *Lehrbuch des Vernunftsrechts und der Staatswissenschaften*, 2. Aufl., Stuttgart 1840, Bd. II, S. 256.
27. Sten. Berichte der Preuß. Nat.-Vers., S. 733.

missionsentwurfs war zugleich die in der preußischen Verfassungsgeschichte großzügigste und gewichtigste Enquetebestimmung konzipiert worden.

Die nach der Auflösung der preußischen Nationalversammlung den beiden neueinberufenen Kammern vorgelegte sogenannte „oktroyierte Verfassung" vom 5. Dezember 1848 lenkte in diesem Punkt ein. Sie entschied sich – unter Anlehnung an
die für die Preußische Verfassung in vielem vorbildliche Belgische Verfassung vom
7. Februar 1831 (Art. 40)[28] – für einen Kompromiß, indem sie das Untersuchungsrecht zwar generell gewährte, jede genauere Fixierung und Kompetenzbestimmung
aber vermied. Der Art. 81 dieser Verfassung lautete nunmehr: „Eine jede Kammer
hat die Befugnis, behufs ihrer Information Kommissionen zur Untersuchung von
Tatsachen zu ernennen."

Wohl hatte es das Parlament jetzt erreicht, daß auch eine Regierungsvorlage das parlamentarische Untersuchungsrecht anerkannte. Solange aber nichts über die Befugnisse jener Ausschüsse festgesetzt wurde, war alles Wesentliche und Entscheidende offengelassen und jede konkrete Handlungsmöglichkeit der Untersuchungskommissionen dem freien Spiel der Kräfte überlassen. Jede Gewichtsverschiebung im
Balanceverhältnis zwischen Exekutive und Legislative konnte nun unweigerlich eine
beliebige Machterweiterung oder -beengung der parlamentarischen Untersuchungsbefugnisse zur Folge haben. Das Parlament sah sehr wohl diese Gefahren, und es
gab in beiden Häusern ernsthafte Bemühungen, in der Kompetenzfrage zu eindeutigen Formulierungen zu kommen. Die regierungsfreundlichen Kräfte waren jedoch
in beiden Kammern stark genug, um bei der Revision der Verfassung jeden Zusatzantrag abzulehnen. Die zweite Kammer akzeptierte schließlich die allgemein gehaltene Formel des Regierungsentwurfs, und die Minderheit stimmte resigniert mit
der Bemerkung zu, sie beinhalte bereits „unzweifelhaft" die in den Zusätzen geforderten Befugnisse. Nach diesem Erlebnis fand sich auch die erste Kammer, deren
Zentralausschuß zunächst die Streichung des Art. 81 empfohlen hatte, bereit, der
Kompromißformel zuzustimmen. Dabei stieß allerdings die Bemerkung des Abgeordneten Wachler, daß das Untersuchungsrecht auch der Vorbereitung einer Ministeranklage dienlich sein müsse, auf weit weniger Sympathie als der Antrag des Abgeordneten Itzenplitz, Enqueten nur im Gesetzgebungsbereich zuzulassen[29]. So wurde
Art. 81 am 31. Januar 1850 als Art. 82 in unveränderter Form geltendes Verfassungsrecht.

Am 28. November 1849 hatte der Berichterstatter der ersten Kammer die Annahme
der Entwurfsformel mit den Worten empfohlen: „Ich glaube aber, daß man bei der
Bestimmung, wie sie die Verfassungsurkunde enthält, in dieser Allgemeinheit sich
vollkommen beruhigen und das weitere, wie man von solchen Kommissionen Gebrauch zu machen haben werde, der ferneren Entwicklung im praktischen Leben
überlassen kann[30]." Seit dem Verfassungskonflikt war jedoch das Gleichgewicht
zwischen Legislative und Exekutive zerstört und der Regierung eine derartige Macht-

---

28. Vgl. dazu Steffani, a.a.O., S. 43, Anm. 4.
29. Sten. Berichte der I. Kammer (1849/50), S. 1637 f.
30. Ebd., S. 1637.

fülle zugewachsen, daß sie zur bestimmenden Größe im politischen Machtgeflecht wurde. Sie konnte bald weitgehend unangefochten entsprechend der Lückentheorie die Grenzen der allgemeinen Bestimmungen des Art. 82 festlegen und damit das Parlament jeder wirksamen Untersuchungstätigkeit berauben. Als daher das Abgeordnetenhaus am 28. November 1863 mit „sehr großer Majorität[31]“ einen Untersuchungsausschuß „behufs der Information des Hauses wegen der bei den letzten Wahlen der Abgeordneten vorgekommenen gesetzeswidrigen Beeinflussung und noch fortwährenden Verfolgung der Wähler und Verkümmerung des verfassungsmäßigen Wahlrechts und der Wahlfreiheit preußischer Staatsbürger“ einsetzte, würgte Bismarck dessen Erhebungen kurzerhand ab[32]. Der Weigerung der Minister, vor dem Ausschuß zu erscheinen, folgte der Erlaß vom 18. Dezember 1863, wonach „alle mittelbaren und unmittelbaren Staatsbeamten Requisitionen irgendwelcher Art seitens der sogenannten (!) Untersuchungskommission des Hauses der Abgeordneten keinerlei Folge zu geben“ hatten. Was half es der zweiten Kammer, dieses Vorgehen der Regierung mit „großer Majorität“ für verfassungswidrig zu erklären? In tiefer Erbitterung stellte Parlamentspräsident Grabow am 25. Januar 1864 vor dem Haus der Abgeordneten fest: „Die liberalen Grundsätze des Jahres 1858 sind verlassen! Die Machtfrage verdrängt in unserem engeren und weiteren Vaterlande die königlichen Worte: Die Welt muß wissen, daß Preußen überall das Recht zu schützen bereit ist. Mit ihr ist die Reaktion wieder aufgetreten. Sie setzt den Absolutismus zum Erben des Scheinkonstitutionalismus ein[33].“ In diesem Machtkampf blieb auch das parlamentarische Untersuchungsrecht auf der Strecke.

Das preußische Beispiel wirkte deprimierend. Die Verfassungen des Norddeutschen Bundes und des Reiches wissen nichts von einem parlamentarischen Untersuchungsrecht. Die Reichstagsprotokolle legen jedoch ein beredtes Zeugnis über die Gründe dieses Schweigens ab. Die ablehnenden Argumente der Mehrheit reichen vom Preußenbeispiel bis zum Rousseau-Argument, Untersuchungen seien Verwaltungsakte und als solche prinzipiell im Zuständigkeitsbereich der Exekutive gelegen. Wohl hat der Reichstag zahlreiche Enqueten veranstaltet. Es waren jedoch stets Gesetzgebungsenqueten, die unter der Leitung und Kontrolle der Exekutive absolviert wurden. Kontrollenqueten wurden unmöglich.

Bei dem ersten der zahlreichen Versuche, das Untersuchungsrecht trotz aller Widerstände in der Verfassung verankern zu lassen, erklärte der Berichterstatter Dr. Engel am 5. Juni 1868 im Reichstag nüchtern, realistisch und im Geiste der konservativen Restauration seiner Zeit: Der Widerstand der bürokratischen Exekutive ist nicht zu brechen, „nach den Gesetzen und Gebräuchen in Preußen ist das nicht anders möglich[34]“, denn die Aussage untergeordneter Beamter vor parlamentarischen Gremien „halte ich in der Tat für etwas sehr Mißliches ... Es würde die Autorität der höheren Beamten abschwächen, und ob, wie es in England der Fall ist, selbst die

31. Sten. Berichte des Abgeordnetenhauses, S. 118.
32. Hierzu und zum Folgenden Steffani a.a.O., S. 56 ff.
33. Sten. Berichte des Abgeordnetenhauses, S. 942.
34. Sten. Berichte des Norddeutschen Reichstages (1968), S. 267.

Minister gezwungen werden könnten, vor einer solchen Untersuchungskommission zu erscheinen, das möchte ich als noch eine Frage sehr zweifelhafter Natur betrachten, eine Frage, die sich mit den Begriffen unserer preußischen Beamten schwer verträgt[35]." Treffender läßt sich die parlamentarische Verantwortungslosigkeit einer Bürokratie wohl kaum begründen und beschreiben. Dieses Argument verdeutlicht zugleich die Konsequenzen der Tatsache, daß, während in *Englang* das *Parlament* bereits im 17. und 18. Jahrhundert seine Macht begründete und die Bürokratie erst im 19. in das Machtgeflecht einbezogen wurde, in *Deutschland* hingegen erst im 19. Jahrhundert ein schwaches Parlament einer bereits im 17. und 18. Jahrhundert sehr erstarkten *Bürokratie* „übergestülpt" (Fraenkel) wurde. Wie läßt sich da ein Vergleich zwischen den Machtpositionen beider Parlamente ziehen?

So war es deutsche Verfassungstradition, als der Staatsrechtler Bornhak im Jahre 1911 lehrte: „ Es würde ferner, wenn die Kommission eine selbständige Untersuchungsbehörde wäre, die Bestellung einer solchen nur aus dem Mißtrauen gegen die Regierung hervorgehen. Durch die verfassungsmäßige Möglichkeit, eine solche Kommission zu bestellen, wäre jedes Vertrauensverhältnis zwischen Regierung und Landtag ausgeschlossen. Es ist jedoch nicht anzunehmen, daß der Gesetzgeber das Mißtrauen zwischen Regierung und Volksvertretung zu einer selbständigen Einrichtung des preußischen Verfassungsrechts machen wollte[36]."

III. Funktion und Bedeutung der Untersuchungsausschüsse im parlamentarischen und präsidentiellen Regierungssystem

„Die historische Wurzel des Enqueterechts ist in seiner Eigenschaft als Instrument des Mißtrauens der Legislative gegen die Exekutive[37]" begründet. Von dieser Tatsache läßt sich nichts forttheoretisieren. Die Geschichte der Untersuchungsausschüsse in dem Ursprungsland des parlamentarischen Untersuchungsrechts ist hierin ziemlich eindeutig.

Dabei errang der Siegeszug des englischen Untersuchungsrechts seinen größten Triumph mit der faktischen Wirksamkeit des parlamentarischen *Mißtrauensvotums*. In dem Augenblick, da die Parlamentsmehrheit durch Bekundung ihres Mißtrauens über die „Existenz" der Regierung befinden konnte, hatten die Untersuchungskommissionen theoretisch den potentiell höchsten Wirkungsgrad erreicht — praktisch verloren sie jedoch erheblich an Bedeutung. Denn in einem Parlament, dessen Mehrheit die Regierung stellt und zugleich über die Einsetzung von Untersuchungsausschüssen entscheidet, verliert das Untersuchungsrecht seinen speziellen Nutzeffekt und Reiz. Kann es im Interesse der Mehrheit liegen, der Regierung und den weisungsgebundenen Behörden vor aller Öffentlichkeit durch Enqueten Schwierigkeiten zu berei-

---

35. Ebd., S. 259.
36. *Preußisches Staatsrecht*, Bd. 1, 2. Aufl., Breslau 1911, S. 460.
37. Walter Lewald „Enqueterecht und Aufsichtsrecht", in: *Archiv des öffentlichen Rechts*, 1923, S. 320.

ten? Verfügt sie, die die Regierung abberufen kann und mit ihr personalpolitisch eng verflochten ist, nicht über mannigfache andere, verschwiegenere und weniger „verdächtigende" Kontrollmöglichkeiten? Die Mehrheit wird hier nur in den seltensten Fällen Kontrolluntersuchungen zulassen; nur dann, wenn sie sich auf Grund oppositioneller Verdächtigungen nicht mehr vermeiden lassen oder durch sie die Haltlosigkeit hartnäckiger Verleumdungen dokumentiert werden kann. Auch Gesetzgebungsenquenten werden nun nicht mehr erforderlich, denn die Gesetzesvorbereitung liegt jetzt fast ausschließlich im Bereich der Exekutive.

So ergibt es sich, daß das *parlamentarische Regierungssystem* dank der Integration von Regierung und Parlamentsmehrheit einer intensiven Untersuchungstätigkeit abträglich ist. Die Einsetzung eines Untersuchungsausschusses wird zu einem Seltenheitsereignis oder erlangt — wie im gegenwärtigen England — eine politisch zweitrangige Bedeutung: Die Select Committees fungieren heute bewußt als parteipolitisch neutrale Untersuchungsgremien, die sich vornehmlich rechts- und verwaltungstechnischen Fragen widmen. Eine gewichtige politische Bedeutsamkeit gewinnen sie erst dann, wenn ein echter Machtkontrahent der Regierung, etwa die *Opposition* über Themen und Einsetzung eines Untersuchungsausschusses zu bestimmen vermag. Dies war in England Anfang Oktober 1924 zur Zeit des Minderheitskabinetts McDonald der Fall. Als die Opposition die Einsetzung des Campbell-Untersuchungsausschusses gegen den Willen der Regierungsmannschaft beschloß, erklärte das Kabinett ein derartiges Untersuchungsverfahren für die Regierung als unzumutbar, wertete diesen Vorgang als Mißtrauensvotum und löste das Unterhaus auf. Die Regierung war damit gestürzt[38].

Im Gegensatz zum parlamentarischen hat sich das *präsidentielle Regierungssystem* amerikanischer Fasson als der fruchtbarste Nährboden einer blühenden Untersuchungspraxis erwiesen. Im Machtkampf zwischen Legislative und Exekutive dient das Untersuchungsrecht nicht nur zur Stärkung der parlamentarischen Position gegen die wachsende Gewichtigkeit der Exekutive, sondern trägt als Instrument parlamentarischen Mißtrauens zu einer engen Kooperation zwischen beiden Kontrahenten und damit zur fruchtbaren Überwindung hemmend-trennenden Mißtrauens bei. Da die konstitutionelle Monarchie ihrer Grundstruktur nach dem präsidentiellen Regierungssystem zuzuordnen ist, deutet die dargelegte Tatsache, daß im Deutschen Reich ein parlamentarisches Untersuchungsrecht „nicht Wurzel fassen konnte" (Zweig) darauf hin, daß der Dualismus von Exekutive und Legislative kein wirklich kooperatives Zusammenspiel erzielt hatte. Das erbitterte Ringen zwischen Krone und Parlament endete am Vorabend des Ersten Weltkrieges mit einem Scheinsieg der Krone. Erst kurz vor der Katastrophe wurde mit plötzlicher Eile im Oktober 1918 das parlamentarische Regierungssystem „beschlossen". Das parlamentarische Regierungssystem war nicht die Schöpfung einer „Revolution von unten", sondern einer verspäteten „Revolution von oben". Denn zufolge ihrer historisch verständlichen Machtstellung und mangelhaften Einsichtskraft hatte es die Exekutive vermocht, den evo-

---

38. Siehe Steffani, a.a.O., S. 25, Anm. 2 und Heinrich Gerland: *Die Beziehungen zwischen dem Parlament und den Gerichten in England*, Berlin, Leipzig 1928, S. 105 und 103, Anm. 1.

lutionären Entwicklungsprozeß zum parlamentarischen Regierungssystem systematisch zu boykottieren und das Erstarken einer zu echter Kooperation befähigten Legislative zu sabotieren. Die Geschichte der parlamentarischen Untersuchungsausschüsse legt dafür beredt Zeugnis ab.

Vor diesem allgemeinen Hintergrund und der speziellen Tatsache, daß auch die Untersuchungstätigkeit des Reichstages kläglich daniederlag, erhalten die berühmten Zeitungsartikel Max Webers in der Frankfurter Allgemeinen Zeitung des Sommers 1917 erst ihre rechte Bedeutung[39]. Hier hat Weber hinsichtlich des parlamentarischen Untersuchungsrechts Begründungen und konkrete Vorschläge unterbreitet, die ihm den Namen eines „geistigen Vaters" des modernen deutschen Untersuchungsrechts eintrugen.

IV. Max Webers Beitrag zur Ausgestaltung des modernen deutschen parlamentarischen Untersuchungsrechts

Ein Brief Max Webers aus dem Jahre 1917 verdeutlicht das Ziel seiner verfassungspolitischen Artikelserie: „Es ist natürlich gar nicht daran zu denken, daß irgendein solcher Paragraph, welcher etwa die Berufung und Entlassung des Reichskanzlers an ein Parlamentsvotum knüpfen würde, plötzlich ‚Führer' aus der Erde stampfen würde, deren jahrzehntelange Ausschaltung aus dem Parlament durch dessen Machtlosigkeit bedingt war. Wohl aber lassen sich die *unerläßlichen Voraussetzungen dafür organisatorisch schaffen*, und davon, daß dies geschieht, hängt jetzt in der Tat alles ab[40]." Weber stellt sich demnach die Aufgabe, im Rahmen der gegebenen Bismarckschen (präsidentiellen!) Verfassung die Reformen zu verlangen, die den Reichstag aus dem Status eines „verfassungsmäßig zur dilettantischen Dummheit[41]" verurteilten Diskussionsgremiums befreien und ihn als machtvolles, zur konstruktiven Kooperation befähigtes Arbeitsparlament ausrüsten. Dem Untersuchungsrecht rechnet er dabei eine zentrale Bedeutung zu. Dessen Einführung ist für ihn „die grundlegende Vorbedingung aller weiteren Reformen im Sinne einer Steigerung der positiven Leistungen des Parlaments als Staatsorgan. Sie ist insbesondere auch die unentbehrliche Voraussetzung dafür: Daß das Parlament zur Auslesestätte für politische Führer wird[42]." Diese Auffassung ist das Resultat einer umfassenden kritischen Analyse der Verfassungssituation seiner Zeit. Die Kritik gipfelt in der Feststellung, daß der Reichstag in seiner Tätigkeit wegen des verfassungsmäßig nicht garantierten Untersuchungsrechts zur Unkenntnis und damit zu unfruchtbarem Dilettantismus verurteilt sei. Er könne aus mangelnder Sachkenntnis heraus keine aktive Politik treiben und stehe der Bürokratie, die sich mittels des Zauberwortes „Dienstgeheimnis" jeder echten

---

39. 1918 erschienen als Buch unter dem Titel: *Parlament und Regierung im neugeordneten Deutschland.*
40. Zitiert bei Marianne Weber: *Max Weber, Ein Lebensbild*, Heidelberg 1950, S. 630 f.
41. Max Weber, a.a.O., S. 57.
42. Ebd., S. 60.

Kontrolle entziehe, machtlos gegenüber. Daraus habe es sich ergeben, daß in Deutschland nicht der eigentlich dazu berufene Politiker regiere, der auf Grund seiner unzureichenden Sachkenntnis immer der Unterlegene sei, sondern der politisch unkundige, kontrollfreie Beamte.

Der praktische Nutzeffekt der Untersuchungsausschüsse liegt nach Weber nun vor allem darin, daß sie nicht als schlichte, die parlamentarischen Entscheidungen „neutral" vorbereitende Gremien gedacht sind, sondern als drohende parlamentarische Kontrollwaffe fungieren sollen, als „Rute", die die Regierung und die Staatsbürokratie zu korrekter Arbeit „zwingen" werde[43]. Während in den USA, wo Regierung und Kongreß im Plenum nicht „miteinander reden" können[44], die Untersuchungsausschüsse dieses Gespräch grundsätzlich erst ermöglichen, sind die Untersuchungskommissionen bei Weber lediglich als Ultima ratio für den Fall gedacht, daß die Regierung im Plenum und in den Ausschüssen des Reichstages nicht offen Rede und Antwort zu stehen bereit ist. Die Enqueten sollten daher nur als „gelegentliches Hilfsmittel"[45], wenn der Verdacht nicht ganz einwandfreier Verwaltungstätigkeit bestünde, in Aktion treten. Dabei läßt die für die deutsche Parlamentsgeschichte typische Kampfstellung zwischen Exekutive (bei Weber vornehmlich „Bürokratie") und Legislative Max Weber den Aspekt parlamentarischer Verwaltungskontrolle in erheblicher Einseitigkeit überbetonen. „Nur jene Schule intensiver Arbeit an den Realitäten der Verwaltung, welche der Politiker in den Kommissionen eines mächtigen Arbeitsparlaments durchzumachen hat und in der er sich bewähren muß, machen eine solche Versammlung zu einer Auslesestätte nicht für bloße Demagogen, sondern für sachlich arbeitende Politiker"; wogegen der Reichstagsabgeordnete bisher zur „nur Kritik", „kenntnislosen Demagogie" und damit „routinierten Impotenz" verurteilt sei[46]. Um darüber hinaus reinigend, Verdächtigungen und stichhaltige Vorwürfe aufdeckend wirken zu können, müßte das Parlament zugleich unbedingt in die Lage versetzt werden, seine Funktion der Verwaltungskontrolle vor der Kontrollinstanz „öffentliche Meinung" wahrzunehmen. Der Untersuchungsausschuß sollte daher letztlich gleichsam als eine moralische Anstalt fungieren, die kraft außerordentlicher Machtbefugnisse jeden Vorgang der Kritik der öffentlichen Meinung zur Schau stellt.

Gegen die Wirksamkeit des Untersuchungsrechts konnte Weber nur einen einzigen Einwand anerkennen. Was geschah, wenn die Legislative einmal einer „künftig möglichen parlamentarischen Mehrheitswirtschaft" unterworfen wurde? Könnten dringliche, der Majorität aber unerwünschte Enqueten dann nicht verhindert und das Untersuchungsrecht damit entwertet werden? Diesem Einwand setzt Weber seine Forderung entgegen, das Untersuchungsrecht „unbedingt als Minoritätsrecht[47]...

und natürlich mit dem Recht der Minderheit auf Vertretung, Fragestellung, Neben-

---

43. Ebd., S. 59.
44. Vgl. hierzu Ernst Fraenkel: *Das amerikanische Regierungssystem*, Köln, Opladen 1960, S. 287 f.
45. Weber, a.a.O., S. 59.
46. Ebd., S. 61.
47. „Sagen wir etwa: auf Verlangen von 100 Abgeordneten", ebd., S. 66.

bericht[48]" auszugestalten. Damit hatte Weber aber einen prinzipiellen Wunsch an-
gemeldet, dessen Erfüllung dem deutschen Untersuchungsrecht bis zur Gegenwart
seine ganz eigentümliche, besondere Note verliehen hat.

Max Webers Überlegungen lassen sich also dahingehend zusammenfassen: Die Macht
des Parlaments der Bürokratie gegenüber muß gestärkt werden; dies ist nur vermittels
einer „durch effektive Parlamentskontrolle erzwungenen Publizität der Verwalt-
tung[49]" und einer darauf beruhenden Auslese politischer Führer möglich; diese parlamentarische Erziehungsarbeit wiederum muß als *Minoritätsrecht* gegen Mißbrauch
gesetzlich abgesichert werden, indem die Macht der Mehrheit durch das „Gegengewicht der Publizität[50]" begrenzt wird.

Diese Konzeption des parlamentarischen Untersuchungsrechts, basierend auf den
Grundpostulaten: *Verwaltungskontrolle, Öffentlichkeitsprinzip und Minoritätsrecht,*
wurde auch nach dem Zusammenbruch des Wilhelminischen Reiches zum Leitbild
bei der Formulierung der Untersuchungsbestimmungen der Weimarer Verfassung
wie der der meisten Länderverfassungen, an ihrer Spitze Preußen. Schon der erste
unter Leitung von Hugo Preuß konzipierte Verfassungsentwurf vom 20. Januar 1919
war hinsichtlich des parlamentarischen Untersuchungsrechts nach den Vorschlägen
Webers, der an den vom 9. bis 12. Dezember 1918 im Reichsamt des Innern stattfindenden Vorbesprechungen teilgenommen hatte, abgefaßt worden. Die Grundge-
danken: Verwaltungskontrolle, Öffentlichkeitsprinzip und Minoritätsrecht sind un-
schwer als die tragenden Bestimmungen des § 52 zu erkennen: „Jedes Haus des Reichstages hat das Recht und auf Verlangen von einem Fünftel seiner Mitglieder die Pflicht,
Ausschüsse zur Untersuchung von Tatsachen einzusetzen, wenn die Gesetzlichkeit
oder Lauterkeit von Regierungs- oder Verwaltungsmaßnahmen des Reiches angezweifelt werden. Diese Ausschüsse erheben in öffentlicher Verhandlung die Beweise,
die sie oder die Antragsteller für erforderlich erachten. Die Gerichte und Verwal-
tungsbehörden sind verpflichtet, dem Ersuchen dieser Ausschüsse um Beweiserhebungen Folge zu leisten. Alle behördlichen Akten sind diesem Ausschuß auf Verlangen vorzulegen."

Dieses auf den Kompetenzbereich scharf-kritischer Verwaltungskontrolle angelegte
Untersuchungsinstitut war demnach in seiner Stoßrichtung eindeutig auf die „Bürokratie" ausgerichtet. Gleichzeitig war eine relativ geringe Minderheit in die Lage
versetzt, darüber zu befinden, wann die „Gesetzlichkeit oder Lauterkeit von Regie-
rungs- oder Verwaltungsmaßnahmen" anzuzweifeln sei. Daß hier kein Mißbrauch
getrieben wurde, setzte ein übermenschliches Verantwortungsgefühl der Parlamentarier
voraus. Dennoch wurden beim endgültigen Abfassen des Verfassungsartikels nicht
das großzügige Minderheitsrecht, das gleichsam heilig gesprochen wurde, eingeengt,
sondern die zwei anderen Grundpostulate „entschärft".

Nachdem man sich zunächst, um das Minderheitsrecht nicht auszuhöhlen, nur für
einen einstimmig gefaßten Ausschluß der Öffentlichkeit erklären konnte, einigte

48. Ebd., S. 66 f.
49. Ebd., S. 61.
50. Ebd., S. 67.

man sich nach längeren, heftigen Erörterungen auf die Formel: „Die Öffentlichkeit kann vom Untersuchungsausschuß mit Zweidrittelmehrheit ausgeschlossen werden." Auch der Passus „wenn die Gesetzlichkeit oder Lauterkeit von Regierungs- oder Verwaltungsmaßnahmen angezweifelt wird" wurde verworfen. Im Verfassungsausschuß der Nationalversammlung erklärte hierzu der Abgeordnete Haussmann, daß die Ansicht, als ob ein Untersuchungsausschuß nur dann tätig werden könne, wenn ein „Mißtrauensvotum gegen die Regierung" fällig wäre, zu vermeiden sei[51]. Auch sollte nach den Worten des Abgeordneten Gröber nicht der Eindruck erweckt werden, daß die Einsetzung eines Untersuchungsausschusses a priori eine „Spitze gegen die Regierung" darstelle. Gröber sah vielmehr in der gesetzvorbereitenden Tätigkeit der Kommissionen, die völlig übersehen werde, deren eigentliche „Hauptbedeutung[52]". Es war eindeutig, daß der Wille, das Untersuchungsrecht nicht lediglich auf verwaltungskontrollierende Maßnahmen zu beschränken, es vielmehr in seiner ganzen potentiellen Ermittlungsbreite wirksam werden zu lassen, dominierte. Damit war zwar die bewußt einseitige Kompetenzeinengung aufgehoben und die Öffentlichkeitsverpflichtung eingeschränkt worden. Das Minderheitsrecht und damit die Möglichkeit einer kleinen Oppositionsgruppe, gegen die Regierungsmehrheit jederzeit ein Untersuchungsverfahren erzwingen zu können, dessen Beweisthema die antragstellende Minorität formulieren durfte, blieb jedoch bestehen. Allerdings mit einer, wie sich später zeigen sollte, zeitweilig doch bedeutsamen Einschränkung: Den Antragstellern wurden im Ausschuß keine besonderen Rechte mehr zuerkannt. Ihr Minderheitsrecht war auf die Formulierung des Beweisthemas und die Bestimmung des Einsetzungstermins begrenzt. Nur die Beweisanträge, die die Minderheit im Einsetzungsantrag stellte, waren für die Mehrheit, die sonst allein im Ausschuß bestimmte, bindend. Dies ist noch heute geltendes Verfassungsrecht. Ist aber im Rahmen des Untersuchungsrechts ein verfassungsrechtlich garantiertes Minderheitsrecht mit der Grundkonzeption eines parlamentarischen Regierungssystems überhaupt vereinbar? Sowohl Max Weber als auch die Weimarer Verfassungsväter haben bei ihren Erwägungen zum parlamentarischen Untersuchungsrecht immer wieder mit großer Beredsamkeit auf das englische Vorbild verwiesen. Bis zum Ausgang des Jahres 1918 konnte eine prinzipielle Orientierung wenig fruchten, da der entscheidende Hintergrund, das parlamentarische Regierungssystem, fehlte. Aber auch als Objekt bedeutsamer Anregungen deutete Weber die Untersuchungstätigkeit des englischen Unterhauses recht subjektiv. Von der sachlich gut informierten politischen Führerschaft des Unterhauses fasziniert, verkannte er völlig, daß in einem parlamentarischen Regierungssystem, in dessen Parlament die Mehrheit allein entscheidet, eine öffentliche scharf-kritische Enquetepraxis nicht gedeihen kann. Seit dem Ende des 19. Jahrhunderts waren Kontrolluntersuchungen in England eine absolute Seltenheit geworden. Selbst Gesetzgebungsenqueten − die bis dahin die Parlamentsarbeit ständig begleitet hatten, das Haupttätigkeitsfeld und die größte Leistung der englischen

---

51. Verhandlungen der verfassunggebenden Deutschen Nationalversammlung, Anlagen, Aktenstück Nr. 391, „Bericht des Verfassungsausschusses", S. 265 f.

52. Ebd., S. 265.

Enqueten überhaupt ausmachten und von Weber anscheinend gänzlich übersehen worden sind – wurden nur noch sporadisch eingesetzt.

Sicherlich war schon vor Weber ständig auf das eindrucksvolle englische Vorbild mit dem Wunsch verwiesen worden, der Legislative größere Befugnisse zu erkämpfen. Wenn Weber nun aber das Minderheitsrecht in die Debatte warf, so folgte er nicht dem englischen Beispiel, sondern eher einem Gedanken, der aus der deutschen Verfassungssituation erwachsen war. Die Parlamentsrechte, die Chancen echter Politikerschulung, sollten unbedingt erhöht werden. Gleichzeitig galt es, die Bürokratie von ihrem hohen Roß herunterzuholen. Dieser Plan sollte auch nicht an einer kurzfristigen „Mehrheitswirtschaft[53]" scheitern. Es war jedoch sicherlich nicht das Resultat folgerichtigen Handelns und bestimmt nicht stets sehr segensreich, als die von Weber im Rahmen der Bismarckschen Verfassung entwickelten Vorstellungen im Jahre 1918/19 in entscheidender Hinsicht zum Leitbild beim Fixieren des Untersuchungsrechts gemacht wurden. Denn Weimar legte seiner Verfassung als Leitbild nicht das präsidentielle, sondern das parlamentarische Regierungssystem zugrunde. In diesem stellt das verfassungsrechtlich verankerte Minderheitsrecht jedoch ein strukturfremdes Element dar. So hat es auch nur in Deutschland – bis heute – Eingang gefunden. Am Beginn der Geschichte des modernen deutschen Untersuchungsrechts, in dem sich wesentliche Prinzipien kontinentaleuropäischen und englischen Verfassungsdenkens begegnen und das in wichtiger Hinsicht eigene Züge aufweist, steht der Name Max Weber.

V. Zur Problematik des Minderheitsrechts und der Kompetenzbestimmung parlamentarischer Untersuchungsausschüsse

Die Verankerung des *Minderheitsrechts* erweist sich sowohl verfassungstheoretisch als auch praktisch-politisch als ein erhebliches Problem, von der komplizierten Rechtsproblematik ganz zu schweigen. Das Minderheitsrecht wurde als das Ei des Kolumbus dem parlamentarischen Regierungssystem eingefügt und zum ausgedehnten, überraschungsträchtigen Tummelplatz juristischer Diskussionen und Dissertationen[54], bis heute.

Während der Weimarer Republik ist tatsächlich der Versuch unternommen worden, das Minoritätsrecht verfassungstheoretisch zu motivieren. Ausgehend von der Feststellung, daß die „historische Wurzel" des Untersuchungsrechts in seiner „Eigenschaft als Instrument des Mißtrauens der Legislative gegen die Exekutive" begründet sei, hat Walter Lewald 1922 in einer vielbeachteten Analyse[55] dieses Experiment gewagt. Er entwickelte in diesem Zusammenhang eine Theorie, die im praktischen

---

53. Weber, a.a.O., S. 67.
54. Während der Weimarer Zeit erschienen achtzehn, von 1945 bis 1958 acht juristische Dissertationen, die speziell dem parlamentarischen Untersuchungsrecht gewidmet sind. Siehe Steffani, a.a.O., S. 366 f.
55. Ich zitiere nach der oben Anm. 38 angeführten Quelle. Lewald, a.a.O., S. 320.

Verhalten falsche Wertvorstellungen erzeugen muß. Denn Lewald behauptet, der der konstitutionellen Monarchie zugrunde liegende Dualismus, das Mißtrauen zwischen Exekutive und Legislative, sei „durch die Einführung des parlamentarischen Systems" aufgehoben, womit eine „Lücke geschaffen" werde, die das parlamentarische Untersuchungsrecht vermittels des Minoritätsrechts „zu schließen" habe[56]. Durch diese Ergänzung erst erhalte das parlamentarische System „eine höhere Rechtfertigung". Denn „die parlamentarische Macht als Minderheitsmacht bedeutet eine Vergeistigung der parlamentarischen Form[57]".

Diese „Vergeistigungsvorstellung" ist verfassungstheoretisch unhaltbar. Denn es liegt nun einmal im Wesen des Parlamentarismus, daß die Mehrheit immer repräsentativ und rechtsverbindlich für das Parlament entscheidet. Der Dualismus zwischen Exekutive und Legislative wird im parlamentarischen Regierungssystem nicht dadurch vom Dualismus zwischen Regierungsmehrheit und Opposition abgelöst, daß der Opposition verfassungsrechtlich verbindliche Entscheidungsbefugnisse eingeräumt werden, sondern durch die Bestimmung, daß jede Mehrheit in periodischen Zeitabständen mit der Opposition in Wahlkonkurrenz zu treten hat, deren Korrektheit rechtsstaatlich garantiert werden muß. Wieweit die Regierungsmehrheit der Opposition deren Kontrollfunktion durch sachliche und glaubhafte Information erleichtert, ist eine politische Zweckmäßigkeitsfrage, geprägt durch Einsicht und Fairneß. Sie berührt aber nicht das Wesen des parlamentarischen Regierungssystems.

Lewald blieb aber bei seiner prinzipiellen Rechtfertigung des Minoritätsrechts nicht stehen. Folgerichtig schloß er, daß die freie Verfügung über das Untersuchungsrecht der Minderheit jederzeit, auch während der gesamten Prozedur des Untersuchungsverfahrens, zustehen müsse[58]. Zu welch eigenartigen Konsequenzen dies in der Praxis führen könnte, hat Karl Heck[59] in seiner Auseinandersetzung mit Lewald dargelegt. Die rechtliche Verankerung und Privilegierung des Minderheitsrechts zeitigte aber noch weitere Folgen. Die Regierung und vornehmlich die sie tragende und absichernde Parlamentsmehrheit werden danach streben, dem Minderheitsrecht, das ja auch von einer destruktiven Minorität gehandhabt werden kann, die Gefährlichkeit zu nehmen. Dies kann in doppelter Weise geschehen: Einmal, indem das Minderheitsrecht im wesentlichen auf den Akt der Einsetzung des Ausschusses beschränkt wird. Schon in Weimar wurde das, begleitet von einem Schwarm komplizierter Rechtsstreitigkeiten und gerichtlicher Entscheidungen, bald gängige Verfahrens- und Rechtspraxis. Zum anderen ist es auch möglich, den allgemeinen Zuständigkeitsbereich der Kommissionen überhaupt einzuengen. Diese das parlamentarische Untersuchungsrecht grundsätzlich einengenden Rückwirkungen machen sich besonders in der gegenwärtigen Diskussion bemerkbar. Die ersten Anzeichen dazu sind bereits während der Weimarer Republik spürbar geworden.

---

56. Ebd., S. 320 f.
57. Ebd., S. 326.
58. Lewald, a.a.O., S. 318 ff.
59. *Das parlamentarische Untersuchungsrecht*, Stuttgart 1925, S. 30 ff.

Wie wir sahen, hatte die Nationalversammlung in Art. 34 der Weimarer Verfassung bewußt den Kompetenzbereich parlamentarischer Untersuchungen nicht einengen wollen. Lewald knüpfte daran sogar die Schlußfolgerung, daß Art. 34 dem Parlament eine „Generalkontrollkompetenz" einräume, wodurch die „Zuständigkeit zur parlamentarischen Untersuchung gegenständlich nicht begrenzt" sei[60]. Als Schranken wurden demnach weder der Bundescharakter des Reiches noch die Prinzipien der Gewaltenteilung anerkannt. Mit dieser extremen Interpretation blieb Lewald jedoch allein. Sonst wurde und wird allgemein die Grundansicht vertreten, daß Untersuchungsausschüsse, die als Hilfsorgane des Parlaments fungieren, nur innerhalb der Parlamentskompetenz tätig werden können. Nach Zweig wird diese herrschende Auffassung als „Korollartheorie" gekennzeichnet[61].

Der gegenständliche Umfang parlamentarischer Enqueten findet daher nur dort seine Grenzen, wo er in den Kompetenzbereich anderer, nach dem Gewaltenteilungsprinzip gleichrangig beigeordneter Instanzen eingreift. Derartige Kompetenzüberschreitungen können in viererlei Richtung erfolgen:

1. Insofern das verfassungsrechtlich anerkannte Föderativprinzip verletzt wird.
2. Wenn in den Funktionsbereich der Gerichte eingegriffen wird.
3. Falls Grundrechte einzelner Personen und Gruppen verletzt werden.
4. Soweit Handlungen beabsichtigt werden, die allein in den Kompetenzbereich der Regierung und Verwaltung fallen.

Vergegenwärtigt man sich das Wesen der parlamentarischen Untersuchung, so ergibt es sich, daß echte Kontroverssituationen theoretisch allein im Bereich der Föderativstruktur des Staates entstehen können. Denn hier wird, unabhängig von der Natur des Untersuchungsvorganges, gegebenenfalls in den laut Verfassung einem Parlament bewußt entzogenen Zuständigkeitsbereich eingegriffen. In allen übrigen Fällen müßte sich das Untersuchungsrecht seinem Wesen nach verändern, wenn es prinzipielle Kontroversen heraufbeschwören wollte. Denn ein Untersuchungsausschuß hat nur das Recht, dem parlamentarischen Erkenntnisinteresse zu dienen, die dafür erforderlichen Beweise zu erheben, die Beweise sachdienlich zu ordnen, sie zu beurteilen, darüber dem Plenum zu berichten und dessen Entscheidungen durch Empfehlungen und Anregungen vorzubereiten.

So ist das parlamentarische Untersuchungsverfahren durch seinen rein politisch-informatorischen Charakterzug geprägt und insofern prinzipiell vom juristisch-inquisitorischen Wesenszug des gerichtlichen Untersuchungsverfahrens unterschieden. Während ein Untersuchungsausschuß Tatbestände klärt und beurteilt, liegt der Zweck der gerichtlichen Untersuchung darin, die festgestellten Ergebnisse eines bestimmten Tatsachenverhaltes unter das Gesetz zu subsumieren und zu *ver*urteilen. Ob gerichtliche und parlamentarische Untersuchungen parallel laufen sollen oder welcher der Vorzug eingeräumt wird, ist weitgehend eine taktische Ermessensfrage.

60. Lewald, a.a.O., S. 292 f.
61. Zweig, a.a.O., S. 265 ff.

In der Weimarer Republik neigte die Theorie zum Vorrang der parlamentarischen Untersuchung. Heute wird unter Berufung auf die Rechtsstaatlichkeit für extreme Kollisionsfälle der Vorrang der Gerichte hervorgehoben[62]. In der Praxis wird das Parlament den Gerichten zumeist dann — in hochpolitischen Streitfällen — den Vortritt geben, wenn die Justiz Vertrauen und Autorität besitzt. Dies war in Weimar nicht unbedingt der Fall. Vor allem in der Mitte der zwanziger Jahre gab es in dieser Hinsicht sehr hitzige und erbittert ausgetragene Kontroversen[63]. In Ländern, in denen die Gerichte ungeteilte Hochachtung genießen, wie in England, verzichtet das Parlament stets auf eine Untersuchung, solange ein gerichtliches Verfahren anhängig ist[64].

Da der Untersuchungsausschuß keine gerichtlichen Funktionen ausübt, gibt es vor ihm auch keine Angeklagten im juristischen Sinne. Jede Person fungiert als Zeuge, als Auskunftsperson. Ihre Rechte und Pflichten sind in den für Zeugen vorgesehenen Bestimmungen des Strafprozeßrechts, die auf die Beweiserhebungen sinngemäß anzuwenden sind, geregelt. Zwar sollen Enqueten nur zur Erforschung öffentlich interessierender Sachverhalte und Vorgänge eingeleitet und Privatangelegenheiten nicht dem Zugriff parlamentarischer Untersuchungen unterworfen werden. Die *Kompetenz-Kompetenz* in der sachlichen Ermessensfrage, welche Gegegebenheiten jeweils öffentliches Interesse beanspruchen können und welche nicht, liegt jedoch ausschließlich beim *Parlament*. Nur im Falle möglicher juristischer Selbstanklagen steht den Auskunftspersonen ein beschränktes Zeugnisverweigerungsrecht zu[65]. Sieht sich jemand durch die Feststellungen eines Untersuchungsausschusses betroffen, so kann er zur sachlichen Richtigstellung gegen sich ein Gerichtsverfahren einleiten, dessen Entscheidungsergebnis dem Beschluß des Ausschusses widersprechen kann, das Feststellungsergebnis des Ausschusses aber niemals aufhebt[66]. Diese Zeugenstellung im deutschen Untersuchungsrecht entspricht wesentlich der, die Auskunftspersonen vor amerikanischen Untersuchungskommissionen genießen. Weniger Schutz finden sie vor französischen, den größten vor englischen Untersuchungsausschüssen.
Der Regierung und Verwaltung gegenüber würde ein Untersuchungsausschuß nur dann seine Zuständigkeit überschreiten, wenn er ihm entzogene Verwaltungsakte selbst ausüben oder unmittelbar bindende Anweisungen erteilen wollte. Soweit dies dem Parlament überhaupt zukommt, hat allein das Plenum zu entscheiden. Dem Erkenntnisinteresse der Untersuchungsausschüsse hingegen muß die Exekutive stets entsprechen. Dabei müßte das parlamentarische Untersuchungsverfahren auch zur laufenden Überwachung der Verwaltung eingesetzt werden können. Das ist bei den amerikanischen Kongreßausschüssen gängige Praxis. Einige dieser Ausschüsse werden geradezu als "watch-dog committees" bezeichnet, die, wie es im *Legislative*

---

62. Vgl. dazu Hans Mensching: *Parlamentarische Untersuchungsausschüsse gemäß Art. 44 GG*, Diss., Hamburg 1954, S. 98 ff. und allgemein Günter Halbach: *Die Untersuchungsausschüsse des Bundestages*, Diss., Köln 1957, S. 63 ff.
63. Näheres hierzu bei Steffani, a.a.O., S. 321 ff.
64. Vgl. Gerland, a.a.O., S. 107.
65. § 55 StPO.
66. Dazu Näheres bei Bernhard Cordes: *Das Recht der Untersuchungsausschüsse des Bundestages (Art 44 GG)*, Diss., Münster 1958, S. 86 ff.

Reorganization Act von 1946 heißt, eine ständige Wachsamkeit (continuous watchfullness) gegenüber der Bürokratie entfalten sollen[67]. In Deutschland stieß diese Auffassung jedoch auf erheblichen Widerstand. Dazu trug während der Weimarer Republik nicht nur die Gerichtsbarkeit bei, deren staatsrechtliche Grundansichten im Gewande prinzipieller Gewaltentrennungsbedenken die traditionelle deutsche Ehrfurcht vor der Staatsbürokratie zum entscheidenden Kriterium erhoben. Am 12. Januar 1922 erklärte der Staatsgerichtshof des Deutschen Reiches *ständige* Untersuchungskommissionen zwecks *laufender* Kontrolle der Verwaltung oder bestimmter Verwaltungszweige für verfassungswidrig[68]. Zudem gab sich auch die parlamentarische Mehrheit eilfertig mit dieser Verfassungsinterpretation zufrieden: Würde eine derartige laufende Verwaltungskontrolle nicht der parlamentarischen Minderheit einen ständigen, der Mehrheit sicherlich erheblich abträglichen, unmittelbaren Einblick in die laufende Verwaltungsarbeit geben? Würde die Opposition dabei den „Takt" walten lassen, der es allein verhindern könnte, eine initiativreiche, gedeihliche Verwaltungstätigkeit zu gefährden? Das Minderheitsrecht trug dazu bei, daß das Parlament eine bedeutsame Kompetenzeinengung widerspruchslos hinnahm. Das Grundgesetz sieht zwar in dieser Hinsicht für den Verteidigungs- und den Ständigen Ausschuß Sonderregelungen vor (Art. 45, I und Art. 45 a, 2 BGG). Daß diese Bestimmungen aber als Ausnahmen gedeutet werden, dafür setzt sich auch heute die Parlamentsmehrheit ein. In den Erörterungen des Rechtsausschusses und im Plenum des ersten Bundestages standen sich in dieser Frage die Meinungen der CDU-Mehrheit (Dr. Kiesinger, Dr. Laforet) und SPD-Minderheit (Dr. Arndt, Erler) ziemlich konträr gegenüber. Dabei gab es aufschlußreiche Begründungen[69].

VI. Die parlamentarischen Grundfunktionen in ihrer Beziehung zu den Hauptarten möglicher Untersuchungen

Die parlamentarischen Untersuchungen sind gemäß der geltenden Korollartheorie gegenständlich auf den Zuständigkeitsbereich des Parlaments beschränkt und haben vorbereitend der Ausübung der parlamentarischen Funktionen zu dienen. Diese Funktionen lassen sich bei Parlamenten des parlamentarischen Regierungssystems in vier Hauptgruppen aufgliedern[70]:

1. Abberufung (mitunter auch Einsetzung) und ständige Kontrolle der Regierung sowie der ihr nachgeordneten Verwaltungsinstanzen.
2. Gesetzgebung und Budgetrecht (dabei vor allem die Etappen der Beratung und Verabschiedung).

---

67. Vgl. dazu Ernst Fraenkel, a.a.O., S. 279.
68. RGZ 104/432; vgl. auch die Entscheidung vom 12. Juli 1921, zitiert bei Lammers-Simon: *Die Rechtsprechung des Staatsgerichtshofs für das Deutsche Reich*, Bd. I, 1929, S. 378 ff.
69. Näheres hierzu bei Halbach, a.a.O., S. 58 ff. und Cordes, a.a.O., S. 50 ff.
70. Hierzu und zum folgenden Näheres bei Steffani, a.a.O., S. 14 ff. und 106 ff. Siehe auch oben S. 92 f.

3. Sicherung und Aufrechterhaltung der innerparlamentarischen Ordnung (speziell Geschäftsordnungsbereich).
4. Politische Information und Integration, das heißt öffentlich-wirksame Diskussion der das Gemeinwesen zentral berührenden Probleme.

Da die parlamentarische Untersuchungsbefugnis mit sämtlichen parlamentarischen Funktionen korrespondiert, entsprechen den vier Hauptgruppen die verschiedenen Hauptarten möglicher Untersuchungen:

1. Kontrolluntersuchungen: Ihr Hauptzweck ist die primär informatorische, sachliche Kontrolle der Regierung und Verwaltung.
2. Gesetzgebungsuntersuchungen.
3. Untersuchungen in Kollegialsachen. Als Unterarten sind hier vor allem Wahl- und Abgeordnetenuntersuchungen zu nennen. Letztere erstrecken sich von Selbstreinigungs- über Disziplinar- bis zu Anklageuntersuchungen.
4. Politisch-propagandistische Untersuchungen. Ihr Ziel ist es, die Öffentlichkeit auf Probleme und Tatsachen, die ein allgemeines öffentliches Interesse beanspruchen können, aufmerksam zu machen oder allgemeine politische Tatbestände, die die Öffentlichkeit stark erregen und beschäftigen, auf ihren wahren Sachverhalt hin zu durchleuchten. (Das berühmteste Beispiel hierfür war der am 20. August 1919 von der Weimarer Nationalversammlung eingesetzte ,,Untersuchungsausschuß über die Schuldfrage des ersten Weltkrieges''.) Besonders diese Untersuchungen werden vom Gesamtparlament[71] (,,Spiegelausschuß des Bundestages'') oder parlamentarischen Teilgruppen zur öffentlichen Information beziehungsweise zum Angriff oder zur Verteidigung gegen inner- oder außerparlamentarische Gruppierungen oder Personen gefordert, eingesetzt und praktiziert. Sie reichen daher von den ,,Problemuntersuchungen'' bis zu den sogenannten ,,Skandaluntersuchungen''.

Kennzeichnen die ersten drei der aufgeführten Funktionsgruppen den Bereich parlamentarischer Sachentscheidungen, so die letzte den zentral bedeutsamen öffentlich wirksamer Integrationspflicht. Dabei lehrt die Praxis, daß die Parlamente vor allem innerhalb der ersten und letzten Funktionsgruppe Untersuchungsverfahren veranstalten. Die Gesetzgebungsuntersuchung gewinnt heute lediglich im präsidentiellen Regierungssystem noch eine gewisse Bedeutung.[71a]

---

71. Vgl. etwa die Vorgeschichte, Begründung und Einsetzungsprozedur des am 1.12.1960 vom Berliner Abgeordnetenhaus eingesetzten Untersuchungsausschusses ,,Zur Klärung der Justizkrise''; man beachte vor allem die Begründung des CDU-Fraktionsvorsitzenden Endres im Plenum.
71a. Seit 1970 wird in der Geschäftsordnung des Bundestages zwischen Untersuchungsausschüssen gemäß Ar. 44 GG und Enquete-Kommissionen unterschieden. Die Enquete-Kommissionen sollen ,,zur Vorbereitung von Entscheidungen über umfangreiche und bedeutsame Sachkomplexe'' (§ 74a GO) eingesetzt werden. In ihnen können auch Nichtparlamentarier Mitglieder sein. Sie übernehmen heute im parlamentarischem System der Bundesrepublik die Funktion von Gesetzgebungsuntersuchungen.

Für die erste Präsidentenschaft Roosevelts (1933–1937) hat N. McGeary statistisch analysiert, welchen verfassungsrechtlichen und politischen Funktionen die verschiedenen Kongreßuntersuchungen gewidmet waren[72]. Er kam dabei, wenn wir unsere Terminologie zugrunde legen, zu folgendem Ergebnis:

45   Kontrolluntersuchungen.
47   Gesetzgebungsuntersuchungen.
22   Untersuchungen in Kollegialsachen.
51   politisch-propagandistische Untersuchungen.

Für die recht bedeutsame Untersuchungstätigkeit des *Preußischen Landtages* zur Zeit der Weimarer Republik liegen jetzt gleichfalls genauere Ergebnisse vor[73]. Hier können auf Grund der Primärtendenz veranstalteter Untersuchungsverfahren unterschieden werden:

 3   Kontrolluntersuchungen
21   politisch-propagandistische Untersuchungen.

Unter diesen haben nur vier auch als Kollegialuntersuchungen etwas stärker mitgewirkt; als Gesetzgebungsuntersuchungen lediglich drei sehr indirekt. Insgesamt sind im Preußischen Landtag 55 Untersuchungsanträge gestellt worden, davon 11 seitens der Regierungsmehrheit, 43 seitens der Opposition (28 Rechtsopposition, 15 KPD). Unter den 24 eingesetzten Untersuchungskommissionen sind 14 von den rechtsoppositionellen Minderheiten erzwungen worden. 7 Untersuchungsanträge gingen von der Regierungsmehrheit aus[74]. – Sehr ähnlich lagen die Relationen bei den insgesamt 22 eingesetzten Untersuchungsausschüssen des *Reichstages*[75].

Wohl ist hierbei zu berücksichtigen, daß eine eindeutige Abgrenzung, vor allem hinsichtlich der Kontroll- und politisch-propagandistischen Untersuchungen, nicht immer einfach ist. Dennoch wird hier – gerade im Vergleich mit der Untersuchungspraxis des englischen parlamentarischen Regierungssystems (s. o.) – folgendes deutlich: In einem parlamentarischen Regierungssystem gewinnt die Untersuchungstätigkeit erheblich an Bedeutung, wenn sie mit einem Minoritätsrecht gekoppelt ist. Aus doppeltem Grunde: Einmal, weil eine Minderheit im allgemeinen schneller zu einem Einsetzungsentschluß gelangen wird, und zum zweiten, weil die *Opposition* auf Grund ihrer scharf kritischen Kontrollfunktion auch und gerade dann ein Untersuchungsverfahren einleiten wird, wenn die angestrebte öffentliche Beweiserhebung der gegenwärtig verantwortlichen Regierung und den sie tragenden Parteien wenig angenehm ist. Untersuchungen werden aber nicht nur häufiger angestrengt. Es vollzieht sich zugleich ein Bedeutungswandel des Untersuchungsrechts. Es ist nun – mit allen Folgen – nicht mehr auf die Kontroverslage Parlament-Regierung, sondern Mehrheit-Opposition angelegt. Das Untersuchungsrecht wird zu einem Instrument der

72. Angaben bei Ernst Fraenkel „Diktatur des Parlaments?“, in: *Zeitschr. f. Politik*, 1954, S. 118.
73. Vgl. Steffani, a.a.O., S. 125–290.
74. Angaben bei Steffani, a.a.O., 287.
75. Vgl. ebd., S. 291, Anm. 1.

Opposition. Erst in ihrer Hand gewinnt das Untersuchungsinstitut seinen akzentuiert politisch-propagandistischen Zug. Übt die Opposition dabei Mißbrauch, so neigt die Mehrheit nicht nur zu gleichem Handeln, sondern dazu, den allgemeinen Kompetenzbereich der Untersuchungsausschüsse überhaupt einzuengen. Beides dient nicht dem Ansehen und der Wirkkraft des Parlaments.

Nach dem ersten Weltkrieg gewann das deutsche parlamentarische Untersuchungsrecht sowohl rein rechtlich als auch faktisch eine erhebliche politische Bedeutung. In der besonderen Lage der Weimarer Republik hat die auf dem Minderheitsrecht basierende Untersuchungspraxis das Ansehen des Parlaments jedoch nicht, wie „theoretisch" erwartet, gestärkt, sondern weit eher geschwächt. Die hohe Bedeutung der Untersuchungsausschüsse hat sich dabei dank der agitationswütigen Enquetepolitik der Parteien letztlich zuungunsten der Weimarer Demokratie ausgewirkt.

Nach dem zweiten Weltkrieg sind aus diesen Erfahrungen nur teilweise revidierende Schlüsse gezogen worden. Das Minderheitsrecht, nicht mehr einer Einfünftel-, sondern nur noch einer Einviertel-Minderheit zustehend, prägt weiterhin im Bund (Art. 44 GG) und in den meisten Ländern das parlamentarische Untersuchungsrecht. Die Öffentlichkeit kann heute bereits mit einfacher Mehrheit ausgeschlossen werden. Da das Gerichtsverfassungsgesetz jetzt auch auf die Beweiserhebungen der Untersuchungskommissionen Anwendung findet, verfügt der Ausschuß gegenüber sich ungebührlich benehmenden Zeugen über größere Machtbefugnisse[76]. Dies sind die wichtigsten Änderungen seit Weimar. Die Opposition kann auch heute darüber entscheiden, ob und wann ein Untersuchungsausschuß eingesetzt wird. Dieses Oppositionsrecht kann sich, wie bisher in der Bundesrepublik, in „Friedenszeiten" gut bewähren. In Krisenzeiten kann eine verantwortungslose Opposition leicht zu wirksamem Mißbrauch verleitet werden. Dies führt wiederum zur Neigung der Regierungsmehrheit, den allgemeinen Kompetenzbereich des Untersuchungsrechts eng zu fassen.

Aus diesen Gefährdungen, denen das Untersuchungsrecht unterliegt und die Weimar exemplarisch durchexerzierte, zogen die Länder Bremen[77] und vor allem Berlin[78] die Konsequenzen. Daß Berlin kein Minderheitsrecht im parlamentarischen Untersuchungsrecht kennt, ist weitgehend der Initiative des späteren sozialdemokratischen Regierenden Bürgermeisters Otto Suhr zuzuschreiben. Er wollte das Untersuchungsrecht gegen den Mißbrauch oppositioneller Gruppen geschützt sehen und der parlamentarischen Mehrheit für Krisenzeiten die volle und ungeschmälerte Wirksamkeit dieses Rechts der Exekutive und der Öffentlichkeit gegenüber gesichert und erhalten wissen. Daher sollte auch das Öffentlichkeitsprinzip der freien Entscheidungsgewalt der Mehrheit untergeordnet bleiben. Sie allein sollte darüber bestimmen, ob selbst Beweiserhebungen öffentlich absolviert werden oder nicht.

---

76. Welche Rolle dieser Aspekt in den zwanziger Jahren spielte, dazu Steffani, a.a.O., S. 102 f., bes. S. 199 f. und 364 f.
77. Landesverfassung der Freien und Hansestadt Bremen vom 21. Oktober 1974, Art. 105, Abs. 6, sowie die Geschäftsordnung vom 17. Oktober 1956, § 64.
78. Verfassung von Berlin vom 1. September 1950, Art. 33, sowie die Geschäftsordnung, Fassung vom 15. Juli 1955, § 22.

Sowohl bei den Beratungen zur Berliner Verfassung vom 1. September 1950 wie beim Erstellen des „Gesetzes über das Verfahren vor den Untersuchungsausschüssen des Abgeordnetenhauses von Berlin" vom 10. August 1951 sind die Vorhaltungen und Anträge der CDU-Minderheit (Landsberg, Dr. Kielinger, Amrehn), das Minderheitsrecht einzufügen und auch sonst die Regelungen des Grundgesetzes zu übernehmen, bei den Schlußabstimmungen „mit Rücksicht auf die allgemeinen Bedenken Dr. Suhrs[79]" zurückgezogen worden.

Berlin ist mit dieser Regelung bisher gut gefahren. Es hat bereits eine Reihe wenn auch nicht sehr lärmender, so doch relativ ergiebiger Enqueten hinter sich. Ähnlich erging es Bonn – dank des maßvollen Verhaltens der Opposition – mit seiner Regelung. Die gegenwärtig in Bonn geführten Diskussionen zum parlamentarischen Untersuchungsrecht lassen aber in mancherlei Hinsicht erkennen, daß die Mehrheit zu einengender Kompetenzinterpretation neigt, wenn Minderheiten mit Untersuchungsverfahren drohen, die der Majorität nicht opportun erscheinen. Nur die maßvolle Haltung aller Fraktionen und jedes Abgeordneten kann das gegenwärtige, potentiell parteipolitischen Mißbrauch relativ leicht zulassende, minderheitsrechtlich sanktionierte deutsche Untersuchungsrecht vor Entstellung und parteipolitischer Ausbeutung schützen.

Sollte dies Praxis werden, würden parlamentarische Untersuchungsausschüsse als Einrichtungen politischer Konfliktregelung und Streitaustragung ihren politischen Sinn bewahren. Dann könnte sich auch heute der am 9. Mai 1930 vom sozialdemokratischen Abgeordneten Erich Kuttner im Preußischen Landtag geäußerte Optimismus als stimmig erweisen: „Was Sie auch gegen die Demokratie und was Sie auch gegen das parlamentarische System einzuwenden haben, eines müssen Sie mir zugestehen: Es gibt auf der ganzen Welt kein System, das eine so freimütige Untersuchung aller Vorgänge, die in ihm geschehen, und namentlich aller Regierungs- und Amtshandlungen zuläßt, wie dieses demokratische System. Nennen Sie mir sonst ein einziges System, das es für recht erklärt, daß den Untersuchungsausschüssen alle Akten, alle Geschäftsvorgänge vorgelegt werden müssen, daß alle Beamten den Untersuchungsausschüssen gegenüber zu Aussagen verpflichtet sind, nennen Sie mir ein einziges System, in dem sich jeder Beamte bei jeder Amtshandlung unter dem Bewußtsein zu fühlen hat: morgen kann ein Untersuchungsausschuß eingesetzt werden und Rechenschaft verlangen über das, was du getan hast, und dann helfen dir die allergeheimsten Akten nichts. Meine Herren, Untersuchungsausschüsse verfolgen und erfüllen einen Zweck weit über ihren unmittelbaren Ursprung hinaus: sie dienen zur ständigen Selbstreinigung und Sauberhaltung des Systems. Es ist eine Unwahrheit, wenn behauptet wird, daß im demokratischen System mehr Korruption herrsche als in irgendeinem anderen System. Richtig ist nur das eine: Es gibt kein System auf der Welt, in dem so offenherzig und so frei über Mißstände geredet werden darf und in dem Mißstände so gründlich untersucht werden, um dann abgestellt zu werden."

---

79. Protokolle des Verfassungsausschusses der Stadtverordnetenversammlung von Groß-Berlin, Sitzung vom 26. Oktober 1949, S. 17. – Vgl. auch Suhrs Ausführungen auf der Konferenz der Präsidenten der deutschen Landtage vom 25. und 26. Oktober 1954 in Hannover, Protokolle, bes. S. 49 ff. und 56.

9 a. Parteienstaat und Opposition (1965)

I. Parteienstaat — oder was sonst?

Die Bundesrepublik Deutschland ist nicht nur ein Bundesstaat, republikanischer Staat, Rechtsstaat, pluralistischer Staat, demokratischer Staat, Sozialstaat usw., sondern auch ein Parteienstaat. Die Parteienstaatlichkeit zählt neben der Rechtsstaatlichkeit zu den Grundmerkmalen freiheitlich demokratischer Herrschaftsordnung. Diese These ist zwar einerseits immer wieder behauptet und begründet worden — sie repräsentiert zugleich den modernsten Stand fast allgemein akzeptierten Lehrbuchwissens —, andererseits wurde und wird sie aber auch immer wieder in Frage gestellt. Die Thesen-Gegner und In-Frage-Steller gingen und gehen bei ihrer Kritik nun keineswegs stets von prinzipiell gleichgearteten Motiven und Leitbildern aus. Es kann unter ihnen vielmehr grob zwischen autoritären und radikaldemokratischen Kritikern, pluralistisch-demokratischen Zweiflern und mehr rhetorisch fragenden Apologeten unterschieden werden.

Die Letztgenannten spielen eingestandenermaßen eine Sonderrolle. Sie sind schließlich primär Apologeten der Parteienstaatsthese und nicht Verkünder eines parteienstaatlichen Endzeitstadiums. Zu ihnen kann beispielsweise Wilhelm Grewe gerechnet werden mit seinem bereits klassisch gewordenen Aufsatz aus dem Jahre 1951 ›Parteienstaat — oder was sonst?‹ [1]. Grewe fragt in seinem Artikel nach den zwei potentiellen Alternativen zum Parteienstaat — wobei er das „besondere Kriterium des Parteienstaates" darin sieht, „daß Parteien (im Gegensatz zu Interessengruppen jeder Art) Gebilde freier Werbung sind, deren Anteil an der Macht aufgebaut ist auf der Zahl der Wählerstimmen, die sie für sich zu gewinnen vermögen." [2]

Die eine Alternative sieht er im Einparteistaat. Da eine „Partei" begrifflich immer ein Gegenüber, eine Gegenpartei voraussetzt, mit der sie konkurrieren kann, müßte nach Grewe dabei strenggenommen von einem Staat mit „politischer Einheitsorganisation" gesprochen werden. Der Partienstaat setzt demgegenüber stets die Existenz eines Vielparteiensystems oder zumindest eines Zweiparteiensystems voraus. Bei der Erörterung des „Einparteistaates" als einer Alternative zum Parteienstaat hält sich Grewe 1951 jedoch nicht lange auf. Denn „nach den Erfahrungen, die wir in Deutschland mit dem Einparteistaat gemacht haben, dürfte es überflüssig sein, diese Alternative zum Vielparteienstaat ernstlich zu diskutieren" [3]. Allerdings hielt er es auch im Rahmen des Parteienstaates auf Grund der „sozialen, konfessionellen, stammesmäßigen und geisti-

---

1 Wilhelm Grewe, „Parteienstaat — oder was sonst?", in: Der Monat, Heft 36, September 1951, S. 563—577.
2 Ebd., S. 568.
3 Ebd., S. 566.

gen Struktur des deutschen Volkes" damals für gerechtfertigt, selbst das Zweiparteien-system „als eine für unser Land ernstlich in Frage kommende Möglichkeit auszu-scheiden"[4].

Die andere Alternative zum Parteienstaat sieht Grewe in einer berufsständischen Konzeption. Ihr billigt er immerhin zu, daß sie auf „ernst zu nehmenden Einwänden" gegen das Erscheinungsbild des modernen Parteienstaates beruhe, d. h., daß sie sich gegen beachtenswerte Strukturdefekte des bestehenden Systems richte. Die Verfechter dieser pluralistischen Alternative zum pluralistischen Parteienstaat wollen schließlich den zunehmenden Einfluß machtvoller Interessenverbände auf den politischen Entscheidungsprozeß der Anonymität entziehen und öffentlicher Kontrolle unterwerfen. Als entscheidendes Stichwort gilt hierbei heute der Terminus „Wirtschaftsdemokratie"; der Ruf nach einem „Wirtschaftsparlament" bestimmt die Diskussion.[5]

Diese berufsständische Alternative zum Parteienstaat ist keineswegs neu. Sie wurde bereits während der Weimarer Republik in Verbindung mit Art. 165 Weimarer Reichsverfassung („Reichswirtschaftsrat") lebhaft diskutiert. Ja, Max Weber hatte sie in Deutschland schon 1917 einer scharfen und grundlegenden Kritik unterzogen.[6] In der Praxis sollte der Parteienstaat mit seinem politischen Parlament jedoch nicht völlig abgelöst, vielmehr nur durch ein berufsständisches Parlament ergänzt werden. Die berufsständische Konzeption war nicht als Alternative gedacht — wie im faschistischen Italien —, sondern (zunächst?) als „Ergänzung". Da jedoch die Wirtschaftspolitik heute den Kernbereich aller Politik ausmacht, würde der angestrebte Dualismus eines politischen Parlaments und eines Wirtschaftsparlaments, das nicht nur auf völlig unverbindliche Beratungsfunktionen beschränkt bleibt, faktisch zur Vorherrschaft des einen Parlaments über das andere führen müssen oder die Einheit des Staates zerbrechen. Denn hier stünde nicht das Problem eines Zweikammersystems zur Debatte, sondern die Frage einer machtpolitischen Aufgliederung zweier substantiell zu unterscheidender Kompotenzbereiche — deren Konturen praktisch nicht abgrenzbar sind — auf zwei grundverschieden strukturierte Gremien. Unter diesem Dualismus könnten die Parteien ihrer wichtigen politischen Funktion, eine gesamtstaatliche Integration divergierender Gruppen und Individualinteressen zu bewirken, nicht nachkommen. In der Regel „siegt" das politische Parlament und das Wirtschaftsparlament bleibt ein relativ einflußloses Ärgernis. Führte hingegen der Konkurrenzkampf zwischen den beiden Parlamenten zur Suprematie des Wirtschaftsparlaments, so wäre die Demokratie der Gleichberechtigung endgültig durch die willkürlich bestimmte Parität berufsständischer Organisationen ersetzt.[7] Das demokratische Gleichheits- und Wettbewerbsprinzip hätte

---

4 Ebd., S. 568.

5 Als Grewe schrieb, war im März 1950 gerade eine Denkschrift des Deutschen Gewerkschafts-bundes › Zur Neuordnung der deutschen Wirtschaft ‹ erschienen, in der die Bildung eines Bundeswirtschaftsrates gefordert wurde.

6 Vgl. Max Weber „Wahlrecht und Demokratie in Deutschland" (1917), in: Politische Schriften, Berlin 1921, S. 287 f.

7 In seinem Gutachten vom 30./31. Oktober 1964 hat der Wissenschaftliche Beirat beim Bundes-minister für Wirtschaft zur vom Deutschen Gewerkschaftsbund erneut angeregten Schaffung eines Bundeswirtschaftsrates, in dem die großen Interessenverbände zusammengefaßt und ge-

dem Prinzip manipulierbarer Willkür zu weichen, denn die Gretchenfrage aller berufsständischen Vertretungskörperschaften ist die nach ihrer Zusammensetzung. Bei der
Suche nach einem akzeptierbaren Verteilerschlüssel scheitern in der Praxis bekanntlich alle Versuche einer befriedigenden Lösung der berufsständischen oder syndika-
listischen Alternative zum Parteienstaat – es sei denn, man folgt dem faschistischen
Staatsmodell, in dem die „Verteilerfunktion" dem Führer obliegt. Denn, wie Ernst Forsthoff in seiner Bekenntnisschrift zum totalen Staat aus dem Jahre 1933 richtig sagt[8]:
„In dem Augenblick, in dem ein Führerstand vorhanden ist, der die Staatlichkeit und
die staatliche Autorität wirklich repräsentiert, hört die Frage der richtigen Placierung
dieser Anliegen und der angemessenen Mandatszuteilung in einer zu errichtenden berufsständischen Kammer auf, ein Problem zu sein. Denn die aus der Repräsentanz der
autoritären Staatlichkeit getroffene Entscheidung trägt die Gewähr der Richtigkeit in
sich."
Wegen dieser unüberwindlichen Probleme und der berechtigten Annahme, daß auch ein
berufsständisches System in allen kritischen Punkten „nicht um ein Haar besser sein
würde als ein demokratischer Parteienstaat"[9], ja, ein derartiger Versuch einer partiellen
Verdrängung der Parteien und des Parlaments durch Wirtschaftsgremien mit der freiheitlich demokratischen Grundordnung des Bonner Grundgesetzes unvereinbar wäre
und nur über eine fundamentale Verfassungsrevision ermöglicht werden könnte, sieht
Grewe auch hier keine realisierbare Alternative zum Parteienstaat. Seine Frage nach
dem „Was sonst?" ist somit rhetorisch gestellt. Er erweist sich demnach als bewußter
Apologet des Parteienstaates – was selbstverständlich dessen Kritik niemals ausschließt.

In diesem Zusammenhang sei kurz auf die autoritären Kritiker der Parteienstaats-These
eingegangen; der Deuter und Kritiker jener These also, derzufolge die Parteien nicht
nur auf freier Werbung beruhende Wahlkampforganisationen sind, sondern zugleich
die wichtigsten Verbindungsglieder zwischen Individuen und Interessengruppen einerseits und den politischen Entscheidungsinstanzen des Staates andererseits.
Das Glaubensbekenntnis der „autoritären Kritiker" hat in dem aus dem Jahre 1933
stammenden, eben zitierten Satz Forsthoffs: „Die aus der Repräsentanz der autoritären Staatlichkeit getroffene Entscheidung trägt die Gewähr der Richtigkeit in sich"[10],
eine prägnante und eindeutige Formulierung gefunden. Dies Bekenntnis wird durch

---

genüber dem Bundestag eine beratende Funktion übernehmen sollten, Stellung genommen. Er
lehnte sie unter Hinweis auf die schlechten Erfahrungen, die man mit dem „Reichswirtschaftsrat" in der Weimarer Republik, dem französischen „Conseil National Économique" und dem
italienischen „Nationalrat für Wirtschaft und Arbeit" gemacht hat, ab. Wörtlich heißt es, derartige Bestrebungen, einen Wirtschaftsrat zu schaffen, hätten „bewußt oder unbewußt das Ziel,
die Politik durch Sachverstand, die Wirtschaftspolitik durch den ökonomischen Sachverstand
zu ersetzen; damit verkennen sie das Wesen der Politik ... Ein Bundeswirtschaftsrat ... würde das
Ende der parlamentarischen Demokratie bedeuten". Eine solche Ständevertretung würde die
Bürger dem Sonderinteresse der als politische Machtfaktoren etablierten Stände ausliefern.
8 Ernst Forsthoff: Der totale Staat, Hamburg 1933, S. 45 f. Forsthoff leitete seine Abhandlung
mit den Worten ein: „Diese Schrift steht nicht im Dienste historischen Erkennens, sondern der
politischen Aktion", ebd., S. 8.
9 Grewe, a.a.O., S. 576.
10 Man fragt sich unwillkürlich, inwieweit de Gaulle diesen Satz variieren würde.

die Überzeugung vervollständigt, daß der Parteienstaat als parlamentarische Demokratie nicht in der Lage sei, diese „autoritäre Staatlichkeit" zu erstellen. Daher müsse der Parteienstaat entweder überwunden oder durch berufsständische Korsettstangen, die letztlich nur im autoritären Führerstaat „richtig" zu placieren sind, ergänzt werden. Als Übergangslösung wird gelegentlich auf den Korpsgeist des Beamtentums gesetzt[11], dessen disziplinierte Staatsgesinnung den Rummel der Parteien und Interessengruppen nicht völlig in Anarchie entarten lasse.

II. Zwei Demokratiemodelle

Bedeutsamer für unsere Überlegungen sind die demokratischen Deutungen und Kritiken des Parteienstaates. Ernst Fraenkel schrieb kürzlich: „Das kritikbedürftigste Moment des Bonner Parlamentarismus scheint mir die landläufige Kritik zu sein, die an ihm geübt wird."[12] Gleiches gilt unstrittig für die Kritik am demokratischen Parteienstaat. Entscheidend ist die Frage nach dem Maßstab, nach dem Orientierungsmodell, an Hand dessen der demokratische Parteienstaat gewertet und beurteilt wird. In seinem grundlegenden Aufsatz „Strukturdefekte der Demokratie und deren Überwindung"[13] hat Fraenkel auf die zwei konträren Hauptmodelle demokratischen Verständnisses hingewiesen: das französische Orientierungsmodell der „klassischen Demokratietheorie" und das angelsächsische Modell der „Konkurrenztheorie". Operieren auch beide Demokratieauffassungen mit dem Begriff des Gemein- oder Volkswillens, so besteht der essentielle Unterschied jedoch darin, daß die klassische Demokratietheorie mit ihrem Erzvater Rousseau die Tatsache eines *vorgegebenen* Gemeinwillens, der als der richtige zu erkennen ist, postuliert. Demgegenüber begreift die Konkurrenztheorie den Gemeinwillen als das *Ergebnis* eines stets offenen Willensbildungsprozesses, und zwar als ein immer wieder von neuem zu erarbeitendes Ergebnis, wobei niemals unumstößlich feststeht, ob dieses jeweilige Ergebnis als Mehrheitswille die „Richtigkeit" auf seiner Seite habe. Nach der Konkurrenztheorie bleibt es der unterlegenen Minderheit stets unbenommen, zu behaupten, daß ihre Willensäußerung „die richtige" sei und für diese Auffassung aktiv öffentlich zu werben. Ja, es bleibt ihr nicht nur unbenommen, dies zu behaupten: Die Konkurrenztheorie geht vielmehr von der prinzipiellen Vermutung aus, daß die Minderheit gegebenenfalls die bessere Einsicht und die besseren Argumente auf ihrer Seite haben kann. Sie postuliert einen offenen Entscheidungs- und Wettbewerbsprozeß, in dessen Verlauf die Minderheitsauffassung jederzeit zum Mehrheitswillen führen könne. Die demokratische Konkurrenztheorie begründet die demokratische Oppositionstheorie.

11 Siehe z. B. Werner Weber „Die Teilung der Gewalten als Gegenwartsproblem", in: Festschrift für Carl Schmitt, hrsg. von Hans Barion, Ernst Forsthoff und Werner Weber, Berlin 1959, S. 266 u. 272.

12 Ernst Fraenkel: Deutschland und die westlichen Demokratien, Stuttgart 1964, S. 55.

13 Der Aufsatz ist abgedruckt im Sammelband: Deutschland und die westlichen Demokratien, Stuttgart 1964, S. 48—68, und in: Aus Politik und Zeitgeschichte, Beilage zur Wochenzeitung Das Parlament, Nr. 9 v. 26.2.1964. — Siehe auch unten S. 270 ff.

In der klassischen Demokratietheorie hat die Opposition keinen „logischen" Ort. Diese Lehre ist darüber hinaus letztlich parteienfeindlich. Ihr theoretisches Postulat, daß der Mehrheitswille den richtigen Gemeinwillen repräsentiert, muß in der Tatsache einer opponierenden Minorität eine Provokation erkennen. Opposition ist hiernach Widerstand gegen den wahren Volkswillen — und nur insoweit ein gewisses Widerspruchsrecht zugebilligt wird, kann davon abgesehen werden, Opposition mit reiner Obstruktion gleichzusetzen, ihre Vertreter als bloße „Nein-Sager" abzutun oder sie gar schlechthin als staatsfeindlich zu deklarieren. Hierauf wird noch zurückzukommen sein.

Es bleibt festzuhalten, daß eine demokratische Deutung und Kritik am Parteienstaat jeweils anders verlaufen wird, ob sie von der einen oder der anderen Demokratietheorie ausgeht. Nach der klassischen Demokratietheorie manifestiert sich der richtige Gemeinwille im Mehrheitswillen, den der Staat auszuführen habe. Der Parlamentsabgeordnete hat hiernach nicht frei zu repräsentieren, d. h. in freier Entscheidung das von ihm in Verantwortung dem Gemeinwesen gegenüber als gerechtfertigt und begründet erkannte Ergebnis freier Auseinandersetzung in allgemeinverbindlicher Gesetzesform zu fixieren, sondern er hat als Volksbote einem vorgegebenen Willen zu gehorchen und ihn zu realisieren. Demokratie wird als Identität von Regierenden und Regierten verstanden. Ganz in diesem Sinne lautet z. B. eine der Forderungen, die das „Komitee zum Studium der gesellschaftlichen Verhältnisse und ihrer Veränderung in Westdeutschland beim Nationalrat der Nationalen Front des demokratischen Deutschland" zur „Demokratisierung Westdeutschlands" erhebt, präzis und unumwunden: „Bindung der Abgeordneten an den Volkswillen".[14]

Gemäß dieser Demokratietheorie ist nicht nur der Einparteistaat demokratisch legitimiert, wenn nicht gar der Idealfall, sondern auch der Parteienstaat einer bestimmten Deutung unterworfen. In der Bundesrepublik Deutschland hat eine derartige Parteienstaatslehre im Werk von Gerhard Leibholz den einflußreichsten Niederschlag gefunden.[15] Danach ist die reine, wahre Demokratie, in der der Volkswille, die «volonté générale», mit Hilfe des Identitätsprinzips unverfälscht zur Geltung gelangt, die direkte Demokratie. Im modernen Großflächenstaat ist die direkte Demokratie aus rein praktischen Erwägungen und Gegebenheiten existentiell in Frage gestellt. Sie hat jedoch im Gewande des demokratischen Parteienstaates gleichsam ihre Wiedergeburt erfahren. Denn der „moderne Parteienstaat" ist nach Leibholz „seinem Wesen wie seiner Form nach nichts anderes als... ein Surrogat der direkten Demokratie im modernen Flächenstaat".[16] Hier wird „der Volks- oder Gemeinwille, d. h. die ‚volonté générale' ... durch die Parteien gebildet". Die entscheidenden Sätze bei Leibholz lauten:

14 Ich zitiere aus dem Pamphlet des „Komitees": Notstandsgesetze vernichten Demokratie — Gutachten über Umfang und Ursachen des Abbaus der demokratischen Grundrechte in Westdeutschland, o. O. und J. (Juni 1965), S. 45.
15 Siehe hierzu Gerhard Leibholz' Aufsatzsammlung: Strukturprobleme der modernen Demokratie, Karlsruhe 1958, insbes. S. 71—155.
16 Aufsatz „Der Strukturwandel der modernen Demokratie", in: Strukturprobleme..., S. 93 f.

„Wie in der plebiszitären Demokratie der Wille der Mehrheit der Aktivbürgerschaft mit dem jeweiligen Gesamtwillen des Volkes identifiziert wird, wird in einer funktionierenden parteienstaatlichen Demokratie der Wille der jeweiligen Parteienmehrheit in Regierung und Parlament mit der ‚volonté générale' identifiziert. Der Gemeinwille kommt in der parteistaatlichen Demokratie allein mit Hilfe des Identitätsprinzips ohne Beimischung repräsentativer Strukturelemente zur Entstehung."[17] Für die Stellung des einzelnen Abgeordneten im Parlament ergibt sich daraus folgerichtig, daß er „nicht mehr als Repräsentant, der in Freiheit unter Einsatz seiner Persönlichkeit seine politischen Entscheidungen für das Volksganze fällt, angesprochen werden kann"[18]. Er wird damit „im modernen Parteienstaat zu einem organisatorisch-technischen Zwischenglied"[19], wobei die Selbständigkeit des Abgeordneten als völlig aufgehoben gilt. Dies ist nicht Wirklichkeitsanalyse (bzw. will es gar nicht sein), sondern theoretisches Postulat! Die Forderung „Bindung der Abgeordneten an den Volkswillen" hat somit in Leibholz' Parteienstaatslehre ihre theoretische Begründung und Rechtfertigung erfahren. Nach dieser Lehre hat der Abgeordnete im modernen Parteienstaat nicht Repräsentant zu sein, sondern er hat sich als Volks- bzw. Parteibote zu verstehen. Er hat, wogegen der damalige Bundestagsabgeordnete Kiesinger auf dem 4. Bundesparteitag der CDU heftig polemisierte, „gehorsamverpflichteter Funktionär (seiner) Partei"[20] zu sein.

Wer sich als „Radikaldemokrat" bzw. „konsequenter Demokrat" der klassischen Demokratietheorie verpflichtet fühlt, wird sich vielleicht mit diesen Konsequenzen einer Parteienstaats-Deutung abfinden müssen, es sei denn, er hält mit Flechtheim konsequenterweise auch den Einparteistaat für eine demokratische Möglichkeit bzw. als eine unter gewissen Bedingungen („innerparteiliche Demokratie") demokratisch legitimierte Alternative zum Parteienstaat.[21] Ein Vertreter der demokratischen Konkurrenzlehre wird sich allerdings mit der gleichen Deutlichkeit, mit der seine Theorie von der klassischen Lehre abweicht, von dieser Parteienstaats-Deutung distanzieren müssen. Die klassische Demokratietheorie ist reine Konstruktion. Sie ist noch nirgendwo praktisch realisiert worden. Alle dahin gehenden Versuche scheiterten. Sie hat damit den Beweis ihrer praktischen Bewährung bisher nicht erbringen können. Sie hat allerdings viel zur Mißinterpretation und darauf beruhenden Mißbilligung parteienstaatlicher Wirklichkeit beigetragen.

Die Konkurrenztheorie verfügt demgegenüber über den bemerkenswerten Vorzug, nicht deduktiv vom Katheder her, sondern induktiv auf Grund geschichtlicher Erfahrungen konzipiert worden zu sein. Stimmt man zu, daß in der französischen Geschichte ernsthaft der Versuch unternommen wurde, das klassische Demokratiemodell zu realisieren, so läßt sich mit Fraenkel sagen:

„ Der kontinentale Radikaldemokrat zeichnet sich durch den Mut zur Konsequenz aus; der insulare Repräsentativdemokrat hat − ohne übermütig zu werden − den

---

17 Ebd., S. 94.
18 Ebd., S. 96.
19 Ebd., S. 97.
20 4. Bundesparteitag der CDU, 1953, S. 100 ff.
21 Siehe Ossip K. Flechtheim: Weltkommunismus im Wandel, Köln 1965, S. 190.

Übermut zur Inkonsequenz besessen. So mag es sich erklären, daß während langer Jahrzehnte die Engländer sich als unfähig erwiesen haben, das Regierungssystem, das sie praktizieren, zu analysieren, während die Franzosen dieses Regierungssystem zwar zu analysieren, aber nicht zu praktizieren verstanden haben."[22]
Joseph Schumpeter hat in seiner allein auf den „Methoden-Aspekt" abhebenden Differenzierung die zwei Grundkonzeptionen der Demokratie in die Kurzformeln gebracht: Nach der klassischen Lehre ist „die demokratische Methode jene institutionelle Ordnung zur Erzielung politischer Entscheide, die das Gemeinwohl dadurch verwirklicht, daß sie das Volk selbst die Streitfragen entscheiden läßt, und zwar durch die Wahl von Personen, die zusammenzutreten haben, um seinen Willen auszuführen"[23]. Demgegenüber erweise sich die demokratische Methode nach der Konkurrenzlehre als „diejenige Ordnung der Institutionen zur Erreichung politischer Entscheidungen, bei welcher einzelne die Entscheidungsbefugnis vermittels eines Konkurrenzkampfs um die Stimmen des Volkes erwerben"[24].

III. Parteienstaat und Opposition in Großbritannien und den USA

Das in den angelsächsischen Ländern vorherrschende Verständnis des Parteienstaates entspricht dem Modell der Konkurrenzlehre. Dabei ist von den zwei Grundformen institutioneller Zuordnung auszugehen, die das Erscheinungsbild des modernen demokratischen Parteienstaates entscheidend prägen: in den Vereinigten Staaten das präsidentielle Regierungssystem und in Großbritannien das parlamentarische System. Zum Geschichtlichen sei hier nur so viel vermerkt: Als die amerikanische Bundesverfassung kurz vor der französischen Revolution konzipiert wurde, befand sich das parlamentarische Regierungssystem im britischen Mutterland noch im embryonalen Entwicklungsstadium. Erst seit 1830 (Kabinett Lord Grey), endgültig erst nach 1841 (zweites Kabinett Sir Robert Peel) wurde es zum anerkannten Verfassungsprinzip.
Das parlamentarische Regierungssystem war eine Schöpfung der Parteien im Parlament. Die das politische Leben bis 1688 eindeutig beherrschende Konfrontation von Krone und Parlament hatte sich seitdem mehr und mehr auf die Konfrontation von "His Majesty's Government" und "His Majesty's Opposition" verlagert. Das setzte voraus, daß die Institution „Opposition" als legitim und legal erachtet wurde. Das System konnte nur funktionieren, wenn die Opposition nicht als Außenseiter, Rebell oder Widerständler galt, sondern als ein anerkanntes Vollmitglied des Herrschaftsverbandes, das lediglich eine grundlegende Gegenposition zur Regierung vertritt.

---

22 Fraenkel, a.a.O., S. 61.
23 Joseph A. Schumpeter: Kapitalismus, Sozialismus und Demokratie, Bern 1950, S. 397.
24 Ebd., S. 428. Schumpeters Konkurrenzlehre ist allerdings im Gegensatz zu Fraenkels „vertiefter Konkurrenztheorie der Demokratie" (vgl. Fraenkel a.a.O., S. 62—68) noch äußerst einseitig am marktwirtschaftlichen Wettbewerbsmodell orientiert. Zur Kritik siehe auch Wolfgang Abendroth „Innerparteiliche und innverbandliche Demokratie als Voraussetzung der politischen Demokratie", in: Politische Vierteljahresschrift, 5. Jg., Heft 3, Sept. 1964, S. 307 ff.

Die Geschichte des britischen Regierungssystems kann demnach im wesentlichen als die Geschichte der parlamentarischen Opposition gesehen werden. Den wichtigsten Etappen ihrer Frühgeschichte bis zur Ausreifung als loyale, systematische, ständige Opposition „Ihrer Majestät" hat Archibald S. Foord in seinem Buch "His Majesty's Opposition, 1714—1830" eine eingehende, ausgezeichnete Anlalyse gewidmet.[25] Es war das letzte Mal kurz vor und vor allem nach der Französischen Revolution und den Napoleonischen Kriegen, daß die „formierte Opposition"[26] gegen „Ihrer Majestät Regierung" von führenden Politikern der Mehrheit als „unpatriotisch", „republikverdächtig", wenn nicht gar prinzipiell verfassungswidrig erachtet wurde. Als Sir John Cam Hobhouse während einer Unterhausdebatte im Jahre 1826 erstmals von "His Majesty's Opposition" sprach, wurde sein gezielter Scherz noch mit Lachen quittiert.[27] Kurze Zeit darauf gewann die neugeprägte Formel jedoch das Gewicht eines grundlegenden Verfassungsprinzips, das die Praxis des britischen Regierungssystems fast 100 Jahre lang bestimmte, bevor es 1937 im "Ministers of the Crown Act" auch verfassungsrechtlich bestätigt wurde. "His Majesty's Opposition" kennzeichnet danach eine Partei oder Parteiengruppe, deren Loyalität gegenüber der Krone und deren Verantwortlichkeit gegenüber Volk und Land keineswegs in Frage stehen, die aber nicht an der Regierung beteiligt ist, vielmehr als geschlossene Gruppe deutliche, öffentlich wirksame Kritik an ihr zu üben hat, für eine permanente, scharfkritische Regierungskontrolle sorgen muß, Mahner zur Wahrung von Recht und Freiheit sein will, notfalls Alternativpositionen erarbeiten soll und vor allem das Gemeinwesen mit einer Alternativregierung, einer zur Regierungsübernahme bereiten und befähigten „Mannschaft" unter Leitung eines vertrauenswürdigen und qualifizierten Premieraspiranten auszustatten hat. Bei Ivor Jennings heißt es knapp: die Opposition "is not only Her Majesty's Opposition, but also Her Majesty's alternative Government."[28] Parlamentarisches System und „formierte" Opposition sind somit die Grundmerkmale des britischen Regierungssystems, des

---

25 Archibald S. Foord: His Majesty's Opposition, 1714—1830, Oxford 1964. Siehe auch Kurt Kluxen: Das Problem der politischen Opposition — Entwicklung und Wesen der englischen Zweiparteienpolitik im 18. Jahrhundert, München 1956, und ders.: "Entwicklung und Idee der parlamentarischen Opposition" (Literatur), in: Politische Vierteljahresschrift, 6. Jg., Heft 2, Juni 1965, S. 219—228.

26 Siehe hierzu Sir Ivor Jennings: Party Politics, Bd. II: The Growth of Parties, Cambridge 1961, S. 2 ff., und Bd. III: The Stuff of Politics, Cambridge 1962, S. 15 ff. Zum Folgenden auch Foord a.a.O., S. 415 f.

27 Siehe Foord a.a.O., S. 1 f.

28 Sir Ivor Jennings: Parliament, 2. Aufl., Cambridge 1957, S. 174. Bezeichnend auch die Zusammenfassung bei Jennings (Party Politics, Bd. I: Appeal to the People, Cambridge 1960, S. XXXII f.): "It is not the function of the Opposition to oppose, but to find ideas or actions which they can oppose and then oppose. No doubt their purpose is to obtain office for themselves, the sense of power which office brings, the applause which half the population produces, though not always very enthusiastically, and the deference which everybode properly gives to Her Majesty's Ministers. In the process, however, they do seek out and expose grievances, challange the ideas upon which government action is based, and remind Ministers that they are neither infallible nor immortal ... What the Opposition does is to remind them that, in less than five years, they must appeal to the people."

"Party Government", des britischen Parteienstaates.[29] Diese Verfassung ist das Geschöpf der britischen Parlamentsparteien.

Als sich die Amerikaner 1787 eine Bundesverfassung gaben, konzipierten sie ein ge-
schriebenes Dokument, das von den Parteien nicht nur keine Kenntnis nahm, das
vielmehr die Parteien bewußt als „unerwünscht" draußen ließ. Die das politische Leben
bestimmenden Kontrahenten sollten Kongreß und Präsident sein. Da die Verfassung
jedoch ohne Parteien nicht funktionieren konnte, erschienen sie bald auf dem Plan.
Wohl konnte sich auch hier so etwas wie „Opposition" bilden, aber die Funktion einer
„formierten", permanenten, systematischen, geschlossen auftretenden, agierenden und
entscheidenden Opposition wurde nicht zur Grundbedingung des Systems. Da der
amerikanische Präsident vom Kongreß nicht abberufen werden kann, geraten weder
Regierung noch präsidentielles System in eine Krise, falls die Partei, der der Präsident
angehört, im Kongreß über keine oder völlig unzuverlässige Parlamentsmehrheiten
verfügt. Präsident Eisenhower mußte während seiner achtjährigen Amtszeit (Januar 1953
bis Januar 1961) sechs Jahre lang (und die republikanischen Präsidenten Nixon und
Ford während ihrer gesamten Amtszeit 1969–1977) mit Kongressen zusammenarbeiten, in denen die demokratische „Opposition" die Mehrheiten stellte. Die demokratischen Parlamentsmehrheiten fanden wiederum vierzehn Jahre lang die republikanische
„Opposition" im Besitz des Weißen Hauses.

Der amerikanische Präsident operiert mit Ad-hoc-Mehrheiten. Sie finden ihr Pendant
in Ad-hoc-Oppositionen. Wohl stehen sich im Kongreß fast immer eine kleine Einpar-
teimehrheit und eine klare Einparteiminderheit gegenüber. Das Zweiparteiensystem
arbeitet insofern perfekt. Für die Organisation beider Häuser des Kongresses ist das
auch von fundamentaler Bedeutung. Bei der Entscheidung substantieller Fragen können sich jedoch weder Mehrheitsführer noch Minderheitsführer auf ihre Fraktions-
genossen verlassen. Präsident Kennedy ist während seiner Regierungszeit bei Entscheidungen, die sein Prestige zentral betrafen, trotz überwältigender demokratischer Mehrheiten in beiden Kongreßkammern sechsmal im Repräsentantenhaus und zehnmal im
Senat nur dadurch vor einer eklatanten Niederlage bewahrt worden, weil Abgeordnete
der republikanischen „Opposition" gegen ihre Fraktionsmehrheit und für die Position
des Präsidenten stimmten. Selbst Präsident Johnson, der im Repräsentantenhaus
über eine demokratische Zweidrittelmehrheit „verfügt", konnte am 30. Juni 1965
bei einer entscheidenden Abstimmung zum Miethilfengesetz – bei dem es um grundlegende Prinzipienfragen und Milliardenbeträge ging – nur dank der Tatsache, daß
vier Republikaner ihrer Fraktionsführung den Gehorsam verweigerten, einer bedeu-

---

29 1855 schrieb die Edinburg Review: "It is the legal and acknowledged existence of an organized
opposition to the Government which is, in these times, the most salient characteristic of a free
country and its principal distinction from despotism..." Zitiert noch Foord a.a.O., S. 4.
Im gleichen Sinne schreibt Jennings 1957 (Parliament, S. 158): "The Opposition is not just a
nuisance to be tolerated, but a definite and essential part of the Constitution.... It is accepted
that opposition is not only legitimate but essential to the maintenance of democratic government."

tunsvollen Schlappe entgehen.[30] Eine Niederlage der Regierung hätte das Prestige der Opposition erheblich gestärkt. Da derartige Disziplinlosigkeiten einzelner Abgeordneter oft genug vorkommen, also Tradition sind, die Regierung sowieso nicht gestürzt werden kann und das System so angelegt ist, daß es auch ohne eine formierte Opposition zu funktionen scheint und seine Identität behält, haben die vier republikanischen Herren aus New York auch nichts Ernsthaftes von seiten ihrer Fraktion oder Wahlkreispartei zu befürchten.

Der Parteienstaat amerikanischer und der Parteienstaat britischer Fasson sind zwei erheblich verschiedenartig strukturierte Phänomene. Präziser: Der amerikanische Bundesstaat des präsidentiellen Systems und der britische Einheitsstaat des parlamentarischen Systems repräsentieren zwei grundverschiedene Erscheinungsformen des demokratischen Zweiparteiensystems.

Im britischen Parteienstaat sehen sich die parlamentarischen Parteien zwei Möglichkeiten gegenüber: entweder verzichten sie auf hohe Gruppenkohäsion, indem sie ihren Mitgliedern auch im Plenum völlige Entscheidungsfreiheit einräumen, und nehmen damit das Risiko einer instabilen, krisenanfälligen, seiner Amtsdauer niemals sicheren Regierung in Kauf, oder sie legen Wert auf eine verantwortungsvolle, relativ krisensichere arbeitsfähige Regierungsführung, die im parlamentarischen System allerdings eine stabile, verläßliche, allein durch Fraktionsdisziplin erstellbare Regierungsmehrheit voraussetzt. In der Mitte des 19. Jahrhunderts folgte die britische Verfassungspraxis weitgehend dem erstgenannten Fall. Im Zeitalter eng begrenzter Wählerschaften, als lediglich eine kleinere, weitgehend homogene Bevölkerungsschicht aktiv am politischen Entscheidungsprozeß teilnehmen durfte, konnte sich bei den anfallenden Regierungsaufgaben Großbritannien ein derartiges Verfahren einige Jahrzehnte lang erlauben.

Mit dem Anwachsen der Staatsaufgaben — weitgehend bedingt durch Bevölkerungswachstum und Industrialisierung — sowie dem unaufhaltsamen Demokratisierungsprozeß (Wahlgesetze von 1867 und insbesondere 1884/85) wurde die bisher praktizierte „Möglichkeit" parlamentarischer Regierungsweise ernsthaft in Frage gestellt. Industriestaat und Demokratie zwangen den britischen Parteienstaat zur Verfahrensreform.[31] Die Regierung festigte ihre Position im Parlament vermittels Geschäftsordnungsreform und „Gefolgschaftsverpflichtung", die parlamentarische Opposition die ihre durch das „Schließen eigener Reihen" und den Appell an die „Öffentliche Meinung" — sprich: Wählerschaft. Die „Partei im Lande" wurde hierfür zum entscheidenden Hebel. Die englischen Parlamentsparteien haben es dabei jedoch bis heute verstanden, ihre Parteien im Lande nicht zum Herren ihrer politischen Entscheidungen in

---

30 Vgl. New York Times, 1. Juli 1965 und (eingehender) Congressional Quarterly Weekly Report, Nr. 27, 1965, S. 1269 ff. Der entscheidende Antrag des republikanischen Abg. James Harvey: „Rücküberweisung der Vorlage an den Ausschuß mit Instruktionen", wurde am 30. Juni mit 208 gegen 202 Stimmen abgelehnt. Zum Ganzen siehe auch den Artikel von Arthur Krock, Once More Into the Breach..., in: New York Times, International Edition, 5. Juli 1965, S. 4.
31 Hierzu David Thomson: England in the Nineteenth Century, 1815 bis 1914, Cambridge 1950.

Parlament und Regierung werden zu lassen. Sie ließen es nicht zu, daß das Grundprinzip des britischen parlamentarischen Regierungssystems, wonach sich die Regierung (Kabinett) vor dem Parlament und das Parlament vor den Wählern zu verantworten hat, durch Gehorsam gegenüber der eigenen Partei im Lande durchbrochen wird.[32] Lediglich die nach 1900 gegründete Labour Party, die als einzige britische Großpartei nicht vom Parlament hinaus, sondern „von draußen" her ins Parlament hineinwuchs, stellte dieses Prinzip einige Zeit ernsthaft in Frage. Wenn wir McKenzies grundlegender Arbeit zum modernen britischen Parteienstaat folgen dürfen, so hat sich auch diese Partei weitgehend dem traditionellen britischen Parlamentssystem angepaßt.

Wie wirkte sich diese Entwicklung auf die Rolle von "Her Majesty's Opposition" im modernen demokratischen Parteienstaat aus? An ihren Grundfunktionen hat sich gegenüber „früher" prinzipiell nichts geändert. In der Methode mußte die Opposition jedoch neue Strategien und Taktiken entwickeln. Ihre Funktionen sind dieselben geblieben: Kritik an der Regierungspolitik, Kontrolle aller Regierungsaktionen, Mahner zur Wahrung von Recht und Ordnung sein, Erarbeitung realisierbarer Alternativpositionen, Selektion qualifizierter Regierungsaspiranten, stete Bereitschaft zur Regierungsübernahme. Der Wille zur Regierungsübernahme, der Wille zur Verantwortung bleiben die treibende Kraft jeder ernsthaften Opposition. Dieser Wille muß erlahmen, wenn das gesteckte Ziel unerreichbar wird.

Im britischen Unterhaus einen Regierungswechsel durch Mißtrauensvotum herbeiführen zu wollen, erwies sich auf Grund der verfestigten Parteifronten in diesem Jahrhundert als immer aussichtsloser. Der Wahlerfolg bildet die einzig reale Chance. In England sind Wahlen alle fünf Jahre fällig, es sei denn, der Premierminister setzt einen früheren Termin. Für diesen Augenblick stets gerüstet zu sein, ist eine der Aufgaben der Opposition. Das läßt sich, wie die Praxis lehrt, leichter postulieren als realisieren. Das oppositionelle Unterfangen, eine etablierte Regierung im Rahmen allgemeiner Wahlen aus dem Amt zu drängen — im Zweiparteiensystem die einzige Möglichkeit —, sieht sich wachsenden Schwierigkeiten gegenüber. Diese Feststellung trifft offensichtlich nicht nur auf die moderne Opposition in Großbritannien zu, sondern gilt, wie u. a. Manfred Friedrich am Beispiel Englands, Schwedens und der Bundesrepublik zu zeigen versuchte, für die Opposition im parlamentarischen Wohlfahrtsstaat schlechthin.[33] Hier setzt denn auch die Kritik der von uns als „demokratisch-pluralistische Zweifler" bezeichneten Beobachter des parlamentarischen Parteienstaates ein. Ebenso die einiger radikaldemokratischer Kritiker.

32 Siehe R. T. McKenzie: British Political Parties, 2. Aufl., New York—London 1963, insbes. S. 645. Eine deutsche Übersetzung der ersten Auflage liegt unter dem Titel: Politische Parteien in England, Köln und Opladen 1961, vor.
33 Manfred Friedrich, Opposition ohne Alternative? — Über die Lage der parlamentarischen Opposition im Wohlfahrtsstaat, 2. Aufl., Köln 1962.

IV. Das Ende des Parteienstaates?

Den größten Zweifel an der Zukunft des Parteienstaates hat der radikaldemokratisch argumentierende Politologe Ekkehart Krippendorff 1962 in seinem Monat-Artikel „Das Ende des Parteienstaates?" vorgetragen.[34] Das Fragezeichen steht allerdings nur im Titel, der Text setzt klare Ausrufungszeichen. Der Verfasser beabsichtigt, „die vor Jahren im ‚Monat‘ von Wilhelm Grewe gestellte Frage ‚Parteienstaat oder was sonst?‘ ihres rhetorischen Charakters zu entkleiden und einer ernsthaften (!) Diskussion des ‚was sonst?‘ den Weg zu bereiten"[35].

Krippendorffs Resultate und Thesen sind eindeutig: Das Ende des Parteienstaates europäischer Prägung ist abzusehen; der Entwicklungstrend geht eindeutig zum Einparteistaat; die „große Koalition" ist lediglich eine Vorform dieses Zukunftsstaates, in dem die politische Kontrolle in die „Einheitspartei" verlagert wird; das Ende des Parteienstaates bedeutet nicht notwendigerweise das Ende politischer Freiheit überhaupt, denn der Einparteistaat ist „als solcher nicht notwendig vom Übel: unter einer Führung mit verantwortlichem politisch-historischem Auftrag kann er durchaus stimulierend und progressiv arbeiten. Die Chance der Freiheit in einem nicht mehr in Frage gestellten Gesellschaftssystem liegt dann in der effektiven Verwirklichung innerparteilicher Demokratie."[36]

Es gibt sicherlich wenige, die bereit wären, Krippendorffs Argumentationen bis zur letzten, als logisch begründetes Resultat präsentierten Konsequenz zu folgen. In der Märznummer 1962 des Monats hat er jedenfalls unter den vier Autoren, die sich zu seiner „Provokation" äußerten — Helmut Wagner, Hans Schuster, Arnulf Baring, Joachim Redemann —, insoweit nur scharfen Widerspruch gefunden.[37] In der deutschen Gegenwartsdiskussion gibt es aber doch einige Gesprächspartner, die sich genötigt sehen, ihn bei seinen Überlegungen eine gute Wegstrecke weit zustimmend zu begleiten. Die „demokratisch-pluralistischen", d. h. an der Konkurrenzlehre der Demokratie orientierten Zweifler am Fortbestehen des überkommenen Parteienstaates gehen dabei allerdings von anderen Grundansichten aus als Krippendorff. Denn Krippendorff ist — sehr im Gegensatz etwa zu Wilhelm Grewe, der sich grundsätzlich zum demokratisch-pluralistischen Konkurrenzmodell bekennt — Vertreter der klassischen Demokratietheorie. Nur so läßt sich seine These verstehen, wonach das „eigentliche Dilemma des Parteienstaates" darin liege, daß er „darauf angelegt sei, über das Instrument der Volkspartei sich selbst aufheben zu müssen, indem er die Bedingungen der Möglichkeit von Oppositionsparteien aufhebt". Ebenso „könne und dürfe keine Regierung die Existenz einer Opposition anders werten denn als Zeichen eigener gesellschaftspolitischer Fehler bzw. als Zeichen dafür, daß sie ihr eigentliches Ziel, die gerechte

---

34 Ekkehart Krippendorff „Das Ende des Parteienstaates?", in: Der Monat, Heft 160, Januar 1962, S. 64—70.

35 Ebd., S. 65.

36 Ebd., S. 70.

37 „Die Zukunft des Parteienstaates — Kritische Stimmen zu Ekkehart Krippendorffs Analyse", in: Der Monat, Heft 162, März 1962, S. 84—94.

und jeden befriedigende Sozialordnung, noch nicht erreicht habe"[38]. Diesen Thesen liegt ein Verständnis von „Volkspartei" und „Opposition" zugrunde, dem kein Anhänger der Konkurrenzlehre — die Krippendorff als „Dogma liberaler Weltanschauung" mit leichter Hand verwirft — zustimmen kann. Daß „bereits der Begriff einer ausdrücklich sich an alle wendenden modernen ‚Volkspartei' einen jede Oppositionspartei ausschließenden absoluten Anspruch impliziert", bleibt kühne Behauptung. Warum es „zumindest begrifflich nicht zwei ‚Volksparteien' zugleich innerhalb eines und desselben Staates geben kann"[39], ist unerfindlich. Der Begriff Volkspartei besagt nichts weiter, als daß sich eine Partei bei ihrem Wählerappell nicht ausschließlich an eine Klasse oder eine engere Klassenkombination wendet und sich aus ihr rekrutiert, sondern, zumindest der Intention nach, an das „ganze Volk". Der Terminus ‚Volkspartei' ist immer noch vom Wort ‚Partei' her zu definieren, das begrifflich ein Gegenüber, eine Gegenpartei voraussetzt und den Konkurrenzbegriff mit einschließt. Partei und Klassenpartei sind keine Synonyme.

Krippendorffs einseitige Definitionen determinieren den Beweis der Argumentation. Auf diese Weise wird auch das Todesurteil über die Oppositionsparteien gefällt. „Seiner Majestät der Volksmehrheit loyale Opposition" ist danach blanker Unfug. Das Ende der Klassenparteien bedeutet auch das Ende der Oppositionsparteien, heißt es. Sobald eine Oppositionspartei nicht mehr willens und in der Lage ist, eine bestehende Gesellschaftsordnung prinzipiell in Frage zu stellen und ein prinzipiell anderes gesellschaftliches „Leitbild" zu setzen, verliert sie nach Krippendorff die entscheidende, ihre Existenz legitimierende Funktion.[40] Opposition hat das System in Frage zu stellen oder abzutreten. Andere Funktionen sind bloßes Beiwerk. Die gesamte Geschichte von "His Majesty's loyal Opposition" wird mit einer Handbewegung vom Katheder gefegt und das alte, der klassischen Demokratietheorie adäquate Vorurteil von der Opposition als „des Volkes fünfter Kolonne" faktisch wieder aufpoliert.

Bei Krippendorff wird der Parteienstaat jedoch nicht nur „zu Tode definiert", vielmehr werden zahlreiche ernsthafte Argumente angeführt, die auch und gerade den „demokratisch-pluralistischen Zweiflern" keine Ruhe lassen. Allerdings „schießt", wie Manfred Friedrich kommentiert, Krippendorff hierbei ebenfalls „über das Ziel hinaus"[41]. Wohl teilen zahlreiche Beobachter Krippendorffs Auffassung, daß „amtierende Regierungen durch Wahlen nicht mehr ablösbar zu sein scheinen"[42]. Zu ihnen gehört auch Friedrich, der sich um den Nachweis bemüht, daß den modernen Wohlfahrtsstaaten die generelle Tendenz einer zunehmenden Stärkung und Festigung der Regierungspositionen eigen ist, wogegen es „für die Opposition immer schwieriger wird, die Wählerschaft (in der Innen- wie Außenpolitik) mit einer klar erkennbaren Alternative zur Regierungspolitik zu konfrontieren"[43]. Während Friedrich jedoch

---

38 Krippendorff a.a.O., S. 67.
39 Ebd., S. 66.
40 Ebd., S.69.
41 Friedrich a.a.O., S. 63 Anm. 1.
42 Krippendorff a.a.O., S. 64.
43 Friedrich a.a.O., S. 8.

vorsichtig von einer generell feststellbaren erheblichen Erschwerung spricht, geht Krippendorff entschieden weiter. Aus der allgemeinen Tendenz wird bei ihm letztlich ein unausweichliches Entwicklungsgesetz:

„Es scheint sich herauszustellen, daß die parlamentarische Demokratie als ein System sich in der Machtausübung durch Wahlentscheidung ablösender Parteien das Produkt einer Übergangszeit ist (oder war), das auf der Annahme beruhte, der gesellschaftliche und ökonomische Entwicklungsprozeß sei entweder prinzipiell nicht lenkbar oder aber Planung und Lenkung seien schädlich für den Fortschritt. Diese Annahme stellt sich als falsch heraus: Umfassende Planung ist nicht nur wissenschaftlich möglich, sondern auch für einen krisenfreien Fortschritt nötig geworden. Das impliziert früher oder später das Ende des Parteienstaates. Es tritt früher ein, wenn die Oppositionspartei das jeweilige gesellschaftliche System nicht mehr prinzipiell in Frage zu stellen gewillt oder in der Lage ist. Nur wo eine Oppositionspartei nicht diesen Weg geht, hat der Parteienstaat noch eine gewisse, aber auch dann nur beschränkte Zukunft."[44]

Es dürfte kaum strittig sein, daß der moderne, komplizierte Sozialstaat ohne ein erhebliches Maß an Planung und Lenkung immer funktionsunfähiger zu werden droht und daß zahlreiche sozioökonomische Entwicklungstendenzen berechenbar sowie gewisse Unzufriedenheiten in der Bevölkerung „erfragbar" und ihre Ursachen weitgehend feststellbar sind. Wohl wird auch jede vernünftige Regierung daraus, wenn sie kann, Konsequenzen ziehen, die ihre Position erheblich zu festigen vermögen. Krippendorffs extreme Erwartungen gegenüber Wissenschaft und praktisch-politischer Nutzanwendungsmöglichkeiten beruhen jedoch offensichtlich auf einem Verständnis des Menschen und seiner Berechenbarkeit — als Individuum wie als Gruppenglied —, das alles andere als wissenschaftlich gefestigtes Überzeugungsgut sein dürfte. In Krippendorffs Zukunftsstaat wie Marxens klassenloser Gesellschaft — die beide als prinzipiell konfliktlose, berechenbare Gemeinwesen erscheinen — wird nur noch verwaltet.

V. Der Einparteistaat — eine demokratische Alternative?

Krippendorffs Prophezeiung ist der Einparteistaat, seine Freiheitshoffnung die innerparteiliche Demokratie. Liegt darin eine demokratische Alternative zum Parteienstaat? Wilhelm Grewe hatte es 1951 unter Verweis auf die Erfahrungen mit dem totalitären „Einparteistaat" abgelehnt, darauf überhaupt näher einzugehen.[45] Heute wird uns insbesondere unter Hinweis auf die Einparteigebilde einiger Entwicklungsländer vorgehalten, daß man diese Organisationen nicht unbedingt als undemokratisch abtun könne, geschweige denn mit den totalitären Einheitsparteien kommunistischer oder faschistischer Version in einen Topf werden dürfe. Letzteres muß sicherlich zugestanden werden.

Es würde hier zu weit führen, auf das komplizierte Problem einer exakten Beschreibung von Funktion und Realität der durchweg sehr verschiedenartigen „Parteien" in

44 Krippendorff a.a.O., S. 69 f.
45 Siehe oben S. 204.

diesen jungen Ländern, über die wir noch sehr wenig wissen, näher einzugehen. Wir wollen uns mit der Frage begnügen, ob denn jeder nichttotalitäre Einparteistaat qua definitione ein demokratischer Einparteistaat im Sinne der Konkurrenzlehre sei. Offenkundig nicht. Er wäre es nur dann, wenn in ihm tatsächlich der Wähler unter (mindestens zwei) miteinander konkurrierenden Kandidaten im Rahmen rechtlich geordneter und kontrollierter Verfahren für alle entscheidenden politischen Staatsämter — vor allem direkt oder indirekt für das des Regierungschefs — frei seine Auswahl treffen könnte. Sobald ein Einparteistaat diese Grundbedingung erfüllt, sobald er sich dieser demokratischen Methode zur Fällung politischer Entscheidungen bedient, wird man ihn wohl einen „demokratischen Staat" bzw. „nicht undemokratischen Staat" nennen müssen. Ein derartiger Staat wäre demnach theoretisch möglich. Es hat ihn in der Wirklichkeit jedoch, abgesehen von schwachen Ansätzen, noch nie gegeben. Er ist eine Definitions-Konstruktion, wobei man um der begrifflichen Sauberkeit willen in diesem Zusammenhang eigentlich mit Grewe von einem „Staat mit politischer Einheitsorganisation" sprechen sollte.

Wie hätte die politische Wettbewerbspraxis in einem derartigen Staat auszusehen?: Konkurrierende Kandidaten für politische Staatsämter müßten sich den Wählern nur unter ein und demselben „Parteinamen" präsentieren, dürften in ihrer Wahlkampagne nur andere Wahlkonkurrenten, nicht jedoch „die Partei" angreifen und über keine eigene, von der Gesamtpartei unabhängige Organisation, etwa zur Wahlkampf—Finanzierung, verfügen. Diese Kandidaten müßten sich also freier Amtsbewerbung stellen — Kriterium der Demokratie —, dürften sich und ihre Anhänger aber nicht vermittels eines eigenen politischen Namens als Gruppe kenntlich machen und präsentieren sowie als eigenständige Gruppe organisieren. Sie müßten sich folglich ein ähnliches Verhalten auferlegen, das normalerweise von Bewerbern für die Nomination innerhalb einer Partei gefordert wird, die sich dann in einer Wahl den Kandidaten einer anderen Partei zu stellen haben. Das wäre eine die freie Wettbewerbsaktion des einzelnen Kandidaten äußerst stark beengende Auflage. Warum sollte er sich dieser „unnatürlichen Prüderie" unterwerfen? Dort, wo eine solche Praxis befolgt wird, hat sie stets ihre sehr realen Gründe. Zwei Beispiele: Entwicklungsländer und Südstaaten der USA.

Entwicklungsländer mit Einparteiherrschaft — d. h. in der Praxis solche, in denen eine Großpartei eindeutig vorherrscht, neben der lediglich völlig konkurrenzunfähige Splitterparteien bestehen — befinden sich gegenwärtig durchweg in einer staatlichen „Notstandssituation". Sie suchen nach ihrer nationalen Identität, sind mit der Errichtung staatlicher Institutionen und den ersten Versuchen ihrer Handhabung befaßt und müssen das ungeheure Problem einer Mobilisierung des Volkes zur Überwindung des sozioökonomischen Entwicklungsrückstandes bewältigen. In einem derartigen Ausnahmezustand käme der Versuche, dem charismatischen Volksführer und Regierungschef — der normalerweise zugleich der erfolgreiche Führer der nationalen Unabhängigkeitsbewegung ist — eine „formierte Opposition" gegenüberstellen zu wollen, einem „Verrat an der Sache" gleich. In einer solch exzeptionellen Konstellation, wie sie in den Entwicklungsländern gegeben ist, den Ansatz für eine allgemeine Entwicklungstendenz zu einer „nicht undemokratischen" Alternative zum Parteienstaat entdecken zu wollen, scheint mir ziemlich kühn zu sein. Diese Einparteistaaten sind bestenfalls „gutwillige Erziehungsdiktaturen" bzw. „gelenkte Demokratien", d. h. autoritäre Staaten, in denen der ernsthafte Versuch gemacht wird, demokratische Ansätze auszubauen und zu fördern. Die Bewährungsprobe kommt, wenn sich der Staat etabliert hat. Die Realität der einparteistaatlichen Entwicklungsländer zeichnet da jedoch keineswegs so rosige Bilder. Franz Ansprenger, der beste deutsche Kenner der Parteienproblematik in den afrikanischen Entwicklungsländern, hat u. a. in seiner ausgezeichneten Studie „Zur Rolle der Führungspartei in einigen jungen Staaten Afrikas" einiges Material präsentiert.[46] Nach einer Analyse wichtiger Äußerungen afrikanischer Staatsführer zum Parteienproblem kommt er zum Schluß:

„(Die angeführten Zitate) schildern drei Phasen der Erfahrung junger afrikanischer Staaten (aus der Sicht ihres Führers) mit dem Parteiensystem als politischem Entscheidungsorgan. In der *ersten Phase* unmittelbar nach der Unabhängigkeit... drängt sich die Vorherrschaft der einen Führungspartei schlechtweg als vom Volke gewollter Tatbestand auf. In der *zweiten Phase* verraucht die spontane Begeisterung für die neue Souveränität...; das Volk steht erste Enttäuschungen und Krisen durch, und die Partei muß — wenn sie ehrlich bleiben will — beständig kritisch an sich selbst arbeiten, um das hohe Gut der Einmütigkeit zu bewahren: den ‚Familiengeist', der nach Nyerere Voraussetzung für eine vernünftige Pflege des Gemeinwohls in Afrika ist.
Muß dann eine *dritte Phase* folgen (Ansprenger bezieht sich hier auf eine drohende Rede Nkrumahs aus Ghana vom 2. April 1960), in der die Identität von Partei und Volk mit Drohungen und Repressalien, Konzentrationslagern gar, geschützt wird, in der organisierte Opposition nur deshalb nicht existiert, weil nicht sein kann, was nicht sein darf?"[47]
Ansprenger weist darauf hin, daß wir über diese dritte Phase noch fast gar nichts wissen, da sich die meisten Staaten noch in den ersten Entwicklungsjahren befinden. „Bis zur Stunde", schreibt er 1963, „ist immer noch der Drang nach nationaler Einmütigkeit, die sich konkret in der einheitlichen Führungspartei niederschlägt, so deutlich und im unabhängigen Afrika so allgemein verbreitet, ... daß wir von einer typischen Erscheinung für diesen Erdteil und die gegenwärtige Zeit, nämlich die erste Phase moderner unabhängiger Staatlichkeit, sprechen dürfen. Ja, die Übernahme der politischen Entscheidungsfunktionen durch eine einheitliche Partei scheint uns das hervorragende Kennzeichen des Afrika der sechziger Jahre zu sein."[48] Man sollte sich vor allen weiterreichenden Prognosen hüten, muß jedoch auch zur Kenntnis nehmen, daß „oppositionelle Politiker im Gefängnis oder in Ungnade oder Verbannung leider keine Seltenheit mehr in Afrika" sind.[49]
Deutlich autoritäre Züge wiesen — und weisen teilweise auch heute noch — die Einparteistaaten im Süden der Vereinigten Staaten auf. In diesen Staaten war die Demo-

---

46 Franz Ansprenger „Zur Rolle der Führungspartei in einigen jungen Staaten Afrikas", in: Faktoren der politischen Entscheidung — Festgabe für Ernst Fraenkel, hrsg. von Gerhard A. Ritter und Gilbert Ziebura, Berlin 1963, S. 410—451.
47 Ebd., S. 411.
48 Ebd., S. 412.
49 Ebd., S. 444.

kratische Partei die unbestrittene „Führungspartei". Wenn den einzelnen Bundesstaaten der USA — die im Gegensatz zu den afrikanischen Entwicklungsländern die Grundzüge eines präsidentiellen und nicht die eines parlamentarischen Systems aufweisen — auch alle Merkmale „souveräner Staatlichkeit" im völkerrechtlichen Sinne fehlen, sie vielmehr den Charakter selbstbewußter und immer noch recht machtvoller „Bundesländer" haben, so sei doch auf dieses Phänomen verwiesen. Der Grund für die Errichtung jener Einparteiordnung ist eindeutig in dem Bemühen der Weißen zu suchen, die von der Sklaverei befreite Negerbevölkerung vom politischen Entscheidungsprozeß innerhalb ihres Staates auszuschalten und den Bund durch demonstrierte Solidarität daran zu hindern, in der Rassenfrage intervenierend tätig zu werden. In der Rassenfrage duldete die führende Schicht der Weißen weder außerhalb noch innerhalb der „Partei" irgendwelche Opposition. (Mit der neuerdings zunehmenden Intervention des Bundes in die südstaatliche Handhabung der Negerfrage werden heute dieser Haltung allerdings Grenzen gesetzt, die deutlich die Tendenzen zur Entwicklung eines Zweiparteiensystems fördern.)

Jenseits dieser entscheidenden Tabu-Zone gab und gibt es durchaus innerparteilichen Konkurrenzkampf — von Staat zu Staat im einzelnen unter jeweils recht verschiedenartigen Bedingungen. Allen Staaten gemeinsam ist jedoch die Tatsache, daß die Nomination in der Demokratischen Partei faktisch der Wahl gleichkommt. Die Nomination erfolgt durch „Vorwahlen" (primaries), an denen in der Regel fast jeder Wahlberechtigte (eine bereits durch Wahlregistraturen begrenzte Gruppe) in seiner Eigenschaft als „Parteiangehöriger" teilnehmen kann. Bei diesen innerparteilichen Nominationswahlen sind in der Regel wiederum zwei Typen bzw. Etappen zu unterscheiden: 1. die „Vor-Vorwahlen" (pre-primaries) und 2. die „Stich-Vorwahlen" (run-off primaries). An den pre-primaries kann sich jeder Parteiangehörige als Bewerber beteiligen. In den anschließenden run-off primaries fällt die Entscheidung zwischen den jeweiligen zwei Spitzenkandidaten, es sei denn, ein Kandidat hat bereits bei der pre-primary die absolute Mehrheit gewonnen.

Stellt das nicht ein faires Verfahren dar, das allen formellen Anforderungen eines demokratischen Konkurrenzkampfes gerecht wird? V. O. Key ist dieser Frage in seinen grundlegenden Studien "Southern Politics" und "American State Politics" nachgegangen.[50] Er kommt zum Ergebnis, daß in Staaten mit straffer Parteiorganisation die „Vorwahlen" in der Regel zur Farce werden, da die Parteiführungsgruppen den „Wahlausgang" zu lenken wissen. Gibt es die „Partei" demgegenüber weitgehend nur dem Namen nach, weil weder Organisation noch klare Führungsgruppen bestehen, so führen die primary-Verfahren zu unkontrollierbarer Willkür. Eine Orientierung an Sachfragen wird kaum möglich, da die einzelnen Kandidaten nicht als Repräsentanten bestimmter, erkennbarer politischer Gruppen, deren politische Grundtendenzen und bisherige Lei-

---

50 V. O. Key: Southern Politics in State and Nation, New Nork 1949 (eine bedeutende Pionierleistung amerikanischer Politikwissenschaft), vgl. dort insbes. S. 298—310, S. 406 ff. und 444 ff. — Ders.: American State Politics — An Introduction, New York 1963, bes. S. 287 ff., und ders.: Politics, Parties and Pressure Groups, 5. Aufl., New York 1964, bes. S. 386 ff. (mit zahlreichen Literaturhinweisen).

stungen bekannt sind, auftreten, sondern als „unabhängige Persönlichkeiten". Wer sich einen „Namen" gemacht hat, ganz gleich auf welche Weise und auf welchem Gebiet, wer momentan „Lokalheld" ist, wer über Geld und entsprechende Hintermänner verfügt, dem bietet sich oftmals eine überraschende Erfolgschance. Im primary-Wahlkampf wird die „Person" des Gegenkandidaten zum Hauptgegenstand der Auseinandersetzungen, weniger die Stellungnahme zu anstehenden Sachfragen. Dem Demagogen bieten sich alle Möglichkeiten, da er Großes versprechen kann, ohne ernsthaft verpflichtet zu sein, seinen Versprechungen später nachzukommen, denn er gelangt ins Parlament als „Person" — einer von hundert — und nicht als Mitglied einer erkennbaren, handlungsfähigen Gruppe, die sich als solche zu einer gewissen Grundhaltung und Politik bekennt und daraufhin später in Verantwortung genommen werden kann.[51]

Key weist nach, daß derartige primary-Prozeduren die Herausbildung befähigter politischer Führungsgruppen stark erschweren, in den Parlamenten zu unkontrollierbaren Überraschungsentscheidungen führen, eine Kontrolle parlamentarischer Aktion durch die Wähler fast unmöglich machen, zur Lähmung effektiver Parlamentsarbeit erheblich beitragen und nur dort ertragbar erscheinen, wo von Parlamenten weitsichtige und wichtige Entscheidungen kaum erwartet werden.[52] Im Hintergrund steht die Überzeugung, daß ein Minimum an Regierung und staatlicher Tätigkeit überhaupt ein Maximum an bürgerlicher Freiheit bedeute. Bei diesen Einpartei-Parlamenten haben wir es mit Gremien zu tun, die ein buntes Gewirr unkontrollierbarer Cliquen- und Interessenkombinationen produzieren, die Herausbildung klarer, auf Dauer angelegter Mehrheits- und Minderheitsfronten jedoch unmöglich machen. Nur ein präsidentielles System befindet sich mit einem derartigen Parlament nicht in permanenter Regierungskrise.

VI. Die Lage der Opposition im demokratisch-parlamentarischen Parteienstaat

In einem parlamentarischen System lassen sich Regierungskrisen nur dann vermeiden, wenn sich die Regierung auf eine tragfähige Parlamentsmehrheit stützen kann. Ein parlamentarisches System funktioniert lediglich unter der Bedingung praktizierter Mehrheitsdisziplin. Setzt sich diese Mehrheit aus einer Parteienkoalition zusammen, so wird die Koalitionsdisziplin zur conditio sine qua non. Am klarsten zeigen sich die Fronten im Zweiparteiensystem. Konflikte müssen innerhalb der Mehrheit ausgetragen werden und finden ihre Grenze in der „Kabinettsfrage". Die Existenz einer Opposition mit ihrem permanenten Regierungsanspruch bildet die entscheidende Voraussetzung für das geschlossene Auftreten der Regierungsmehrheit. Die Opposition zielt immer auf die Öffentlichkeit. Die Opposition zwingt die Mehrheit, ihre Entscheidungen vor der Wählerschaft zu erklären und zu rechtfertigen. Sie bedient sich dabei des Angriffs und der „Gegenvorstellung", d. h. der Begründung und Propagierung von Alternativpositionen. Gelingt es ihr dadurch, die Regierungsmehrheit zu sprengen, d. h. so viele Stimmen auf ihre Seite zu ziehen, daß sich die Gewichte entscheidend verlagern, wird sie selbst zur „Regierungsmehrheit".

51 Siehe Key: Southern Politics, S. 304f.
52 Key: American State Politics, S. 283f.

Da, wie die Erfahrung lehrt, eine Opposition nicht damit rechnen kann, die Regierungsmehrheit im Parlament selbst zu „sprengen", weil hier „Disziplin" geübt wird, richtet sich ihr Bemühen auf die „Mehrheit im Lande". Nur auf diesem Wege einer permanenten Einwirkung auf die Wählermehrheit bietet sich eine reale Chance, aus der Minderheit herauszukommen. Eine Opposition, der es mit ihrem Regierungswillen ernst ist, hat sich diesen Tatsachen zu stellen und entsprechend zu verhalten, notfalls Illusionen aufzugeben. Nur wenn sie auf diesem Wege erfolgreich ist, kann sie auch ihre Oppositionsfunktion wirksam erfüllen, d. h. die Politik der bestehenden Regierungsmehrheit (Regierung und Parlamentsmehrheit als Einheit verstanden) beeinflussen sowie insbesondere die Parlamentsmehrheit zur Wahrnehmung ihrer Kontrollfunktion gegenüber der Regierung anhalten.[53] Um die Lage einer konkreten Opposition beurteilen zu können, müssen vor allem zwei Gesichtspunkte berücksichtigt werden: Einmal die allgemeine Position einer Opposition im modernen Wohlfahrtsstaat schlechthin und zum anderen die besondere geschichtliche Situation, in der sich eine zur Diskussion stehende Oppositionspartei gerade befindet.

Zur allgemeinen Lage wird u. a. angeführt, daß es der Opposition rein objektiv im modernen Sozialstaat immer schwerer werde, der Regierungspolitik gegenüber ein grundlegendes Alternativprogramm zu entwickeln. Es sei denn, so heißt es, die Opposition sei willens, die bestehende Gesellschaftsordnung prinzipiell in Frage zu stellen. Nur dann sei Opposition im echten Sinne überhaupt möglich. Wenn diese Ansicht zutrifft, ist ein funktionierendes parlamentarisches Regierungssystem in einem demokratischen Parteienstaat qua definitione niemals möglich. Denn zwei einander ausschließende Thesen stehen sich gegenüber:

These 1: Ein parlamentarisches Regierungssystem kann nur dann funktionieren, wenn sowohl Mehrheit als auch Opposition ihre systembedingten Funktionen erfüllen, was voraussetzt, daß beide die verfassungsrechtliche Ordnung prinzipiell nicht in toto in Frage stellen, zwischen ihnen mehr Gemeinsames als Trennendes besteht und beide die geltenden Spielregeln des Regierungssystems nicht mißbrauchen. Nur so ist ein Wechselspiel zwischen Opposition und Mehrheit möglich, nur dann bedeutet ein Regierungswechsel eine mehr oder weniger wichtige „Neubesetzung" und Neuorientierung und nicht eine legalisierte Form der Revolution.

These 2: Ein parlamenarisches System kann nur funktionieren, wenn die Opposition willens ist, prinzipielle Alternativen aufzustellen, was wiederum ein prinzipielles In-Frage-Stellen des bestehenden Gesellschaftssystems voraussetzt.

Das parlamentarische Regierungssystem Großbritanniens hat im wesentlichen deshalb bisher „funktioniert", weil es die in These 1 skizzierten Grundbedingungen stets erfüllte. Der langsame Demokratisierungsprozeß des britischen parlamentarischen Sy-

---

53 Vgl. hierzu Jennings: Parliament, S. 167—182.

stems hat bewirkt, daß neu hinzukommende Wählerschichten – im Verfolg eines dazu parallel verlaufenden, langsamen gesamtgesellschaftlichen Evolutionsprozesses – erst dann in den politischen Entscheidungsprozeß einbezogen wurden, als sie zur Befolgung der Grundbedingungen des Systems prinzipiell bereit waren. In Großbritannien – wo eine Debatte um eine „Große Koalition" zur Rettung der Opposition, die sich angeblich im modernen Wohlfahrtsstaat allerorts in aussichtsloser Lage befindet, nicht geführt wird – funktioniert das parlamentarische System offensichtlich auch als demokratischer Parteienstaat. Man ist sich dort sehr wohl bewußt, daß die besonderen Schwierigkeiten der Labour Party als Oppositionspartei primär durch ihre eigene Geschichte, Parteistruktur und zu enge Bindung an bestimmte Klassenpositionen bedingt sind. Die Geschichte der Labour Party beweist, daß die Parteiführung sich dieser Problematik wohl bewußt ist und man sich den systembedingten Notwendigkeiten zu stellen bemüht ist.

Zur allgemeinen Lage der Opposition wird des weiteren angeführt, daß es heute nicht mehr um „wirkliche" Alternativen, sondern um „Persönlichkeiten" gehe: man wähle nicht mehr zwischen Sachalternativen, sondern nur noch zwischen Personalalternativen. Nun ist es sicherlich eine unbestreitbare Tatsache, daß bei allen Parlaments- (bzw. in den USA auch Präsidenten-)Wahlen niemals „Sachen", sondern immer Personen gewählt werden. Aber das wird ja auch nicht bestritten. Gemeint wird vielmehr, daß bei „früheren" Wahlen Programme eine größere Rolle spielten, während heute Personen deren Leitbildfunktion übernehmen. Daß diese Unterscheidung zwischen früher und heute auch auf die amerikanischen Präsidentschaftswahlen zutrifft, wird von niemandem ernsthaft behauptet. Dieser Wandel scheint demnach eine Besonderheit des parlamentarischen Systems zu sein. Das hat seine guten Gründe.

In jedem Lande stellt die Wahl des Regierungschefs die bedeutungsvollste Personalentscheidung dar. In den USA bildet die gesamte Nation eine Art Einmannwahlkreis zur Bestellung des Regierungschefs. Hier kann der Wähler direkt über die Person des künftigen Amtsinhabers entscheiden. Seine Person steht für den Wähler nicht nur zur Diskussion, sondern zur Disposition. Anders im parlamentarischen System. In ihm wird der Regierungschef entweder, wie in der Bundesrepublik, direkt vom Parlament gewählt oder – wie in Großbritannien, wo der Premier formell von der Krone ernannt wird – indirekt: Da das britische Unterhaus den Premierminister abberufen kann, kann nur der *eine* Regierungschef werden, den das Parlament *nicht* abberufen wird. Darüber entscheidet de facto die Mehrheit. Nur der hat eine Chance, sich im Amt zu halten, den sie als Fraktion erwählt.

Im parlamentarischen System wird der Regierungschef zunächst „gleichrangig" wie jeder andere Abgeordnete ins Parlament gewählt. Im Vielparteiensystem überträgt sich häufig die Ungewißheit über die spätere Zusammensetzung der regierungstragenden Koalition auf die Person des künftigen Regierungsoberhauptes. In einem Zweiparteiensystem mit disziplinierten Parlamentsparteien können beide Parteien ihre Premier- bzw. Kanzlerkandidaten dem Wähler unmittelbar „zur Disposition" stellen. Jetzt wählt der einzelne Bürger seine Regierung direkt, indem die Nation zum Einmannwahlkreis für den Kanzlerkandidaten wird, während alle anderen Abgeordneten insoweit als

„Elektoren", deren Verpflichtung auf den einen oder den anderen Kandidaten durch ihre Parteizugehörigkeit bekannt ist, fungieren.[54]

Es ist nun dem Wähler anheimgestellt, ob er sich bei seiner Stimmabgabe primär an der Person des Kanzlerkandidaten orientiert oder ob er sich bewußt wird, daß er mit ihm auch eine „Regierungsmannschaft" bestellt und eine Abgeordnetengruppe, die eine bestimmte Grundhaltung bei künftigen Sachentscheidungen erwarten lassen. Bei der Wahl eines Regierungchefs steht normalerweise nicht irgendeine Person zur Disposition, die, einmal im Amt, in völliger Unabhängigkeit die „Richtlinien der Politik" bestimmen kann. Diese Person ist vielmehr im Verlauf eines langwierigen Selektionsprozesses als jener Kandidat herausgestellt worden, der im Namen seiner Partei, und zunächst ihr gegenüber verpflichtet, des Vertrauens der Wähler für würdig erachtet wird. Das bindet und verpflichtet mannigfach. Der Kanzlerkandidat repräsentiert im Rahmen seiner Regierungsmannschaft de facto stets eine politische Programmatik. Der Wähler ist sich dieser Tatsache wohl bewußt: „Parteiprogramme sind der großen Mehrzahl der Wähler nahezu unbekannt, ebenso vielen Parteianhängern. Person plus Parteirichtung bestimmen die politischen Vorstellungen des Wählers: ‚Anstelle der Identifizierung mit Programmen tritt eine Personifizierung der Parteiziele zutage' (Emnid)."[55]

„Früher", heißt es, gab es noch klare Programme. Im Vielparteisystem mußten sich die Parteien u. a. deshalb hinter fixierten Programmen verschanzen, weil sie dem Wähler in der Regel keine Kanzlerkandidaten mit glaubwürdiger Erfolgschance präsentieren konnten. Sie kündeten mit ihrem Programm insofern an, unter welchen Gesichtspunkten sie in eventuelle Koalitionserörterungen treten würden. Das endgültige Regierungsprogramm blieb dabei stets mehr oder weniger im Ungewissen. Je geringer die Mehrheitschance einer Partei im modernen Großstaat ist, desto profilierter wird ihr Programm sein.

Keine Opposition kann ohne „Alternativen" existieren; nur so vermag sie ihre Identität zu bewahren. Sie bietet sich mit ihrer Regierungsmannschaft dem Wähler zugleich als Personalalternative wie als politisches Alternativprogramm an.[56] Auch die Regierungsmehrheit muß um ihre Identität bedacht sein und sich als Alternative von der Opposition absetzen. „Die Frage der Prioritäten, der Rangordnung der zu lösenden Aufgaben, die Methoden und Akzente"[57], sie kennzeichnen den Bereich, in dem eine moderne Opposition ihre wichtigsten Alternativpositionen erarbeiten muß. Dieses Setzen von zeitlichen und sachlichen Rangordnungen, von Methoden und Akzenten ist eine eminent politische Entscheidungsaufgabe. Mit diesen Setzungen wird in das Leben der

---

54 Die Extrempositionen „Personenwahlen" und „Parteiwahlen" stehen hier in einem sachbegründeten Komplementärverhältnis zueinander.

55 Joachim Raschke: Wahlen und Wahlrecht, Berlin 1965, S. 60.

56 Zum Verhältnis zwischen „Person" und „Programmpunkt" bzw. Sachfrage schreibt V. O. Key (Southern Politics, S. 304): "When two distinct groups with some identity and continuity exist, they must raise issues and appeal to the masses if for no other reason than the desire for office. Whether the existence of issues causes the formation of continuing groups of politicians or whether the existence of competing groups causes the issues to be raised is a moot point. Probably the two factors interact."

57 Willy Brandt: Plädoyer für die Zukunft, Frankfurt am Main 1961, S. 19.

Bürger nehmend und gebend, zuordnend und Grenzen setzend, regulierend und verpflichtend eingegriffen. Keine Maßnahme trifft alle Individuen und Gruppen gleich: *Wem* soll und muß *was* zugemutet werden — und wann! Wer in diesem Bereich keinen Ansatz für „wahre" Alternativen finden kann, verkennt den politischen Charakter staatlich zu fällender Entscheidungen. Günter Gaus hat kürzlich in Westdeutschland geschrieben: „Die grobschlächtigen Unterscheidungsmerkmale der Parteien sind zu Nuancen geworden, was als eine ungewohnte Novität die intellektuellen Wähler ebenso zu verstören scheint wie die an politische Hausmannskost gewöhnten Durchschnittsbürger."[58] Man kann für „Parteien" getrost „Alternativen" setzen.

Materialien für Alternativen werden nicht von den Parteien erfunden, sondern an sie herangetragen, ihnen aufgedrängt. Die Parteien haben die realisierbaren Alternativen herauszuarbeiten. Sie werden sich dabei zum Sprecher und Sachwalter jener Anliegen machen, die sie für berechtigt halten, von deren Durchsetzung und Propagierung sie sich einen Nutzen versprechen und für deren Realisierung sie bereit sind, die Verantwortung zu übernehmen. In diesem Zusammenhang muß das weite Feld komplizierter Wechselbeziehungen zwischen Parteien und Interessengruppen gesehen und bedacht werden. Diese Gruppen streben vor allem innerhalb der Parteien nach Einfluß und Berücksichtigung und versuchen durch sie — oder direkt -- auf deren Repräsentanten in den entscheidenden Staatsämtern einzuwirken. Geichzeitig darf die Funktion und Wirksamkeit all jener anderen „Unruhestifter", Alternativ-Initiatoren und „Anreger" gegen eine Erstarrung der Großparteien nicht unberücksichtigt bleiben, die nach Einfluß streben und von der „öffentlichen Meinung" über konkurrierende Kleinparteien sowie politische und sonstige Klubs bis zu den verschiedenartigsten Beratergruppen reichen.[59]

VII. Zur Problematik einer Großen Koalition

Der Einparteistaat ist keine demokratische Alternative zum Parteienstaat. Krippendorff hat eine „Große Koalition" im parlamentarischen System als eine „Vorform des Einparteistaates" bezeichnet.[60] Diese These mag einiges für sich haben. Die Bildung einer „Großen Koalition" wird in der Regel mit ähnlichen Begründungen zu rechtfertigen versucht, wie sie Einparteistaaten für ihre Selbstrechtfertigung in Anspruch zu nehmen pflegen: Wahrung der Einheit aller politischen Kräfte, um anliegende außerordentliche Gemeinschaftsaufgaben bewältigen zu können. Dennoch besteht ein essentieller Unterschied zwischen einem Einparteistaat und einem Staat mit Großer Koalition oder Allparteienregierung — vorausgesetzt, die Parteien können jederzeit ihre Eigenständigkeit

---

58 Günter Gaus: Bonn ohne Regierung? Kanzlerregiment und Opposition — Bericht, Analyse, Kritik, München 1965, S. 139.
59 Was für einen Einfluß etwa „ideologische Anreger" auf Parteien gewinnen können, hat kürzlich Henry J. Steck am Beispiel der englischen „Anti-Atomrüstungs"-Bewegung aufgezeigt, "The Re-Emergence of Ideological Politics in Great Britain: The Campaign for Nuclear Disarmament", in: The Western Political Quarterly, Bd. 18, Nr. 1, März 1965, S. 87–103.
60 Krippendorff a.a.O., S. 70.

wieder gewinnen. Während im Einparteistaat eine organisierte Opposition weder innerhalb noch außerhalb der Partei geduldet werden darf, da er sich sonst aufgeben und
zum Parteienstaat entwickeln würde, setzt die Bildung einer Großen Koalition die Existenz organisatorisch voneinander unabhängiger Parteien voraus. Es handelt sich hier
demnach um Parteien, die zwar in einem „Koalitionsvertrag" bzw. einer „Koalitions-
absprache" eine engere Zusammenarbeit vorsehen können, potentiell aber jederzeit zur
völligen Unabhängigkeit zurückzukehren vermögen.

Eine auf Dauer angelegte Regierungsführung durch Große Koalition birgt jedoch im
parlamentarischen System erhebliche Gefahren in sich. Da die einzelnen Koalitionspartner, falls sie sich weiterhin als Parteien erhalten wollen, um ihre Eigenständigkeit
bemüht sein müssen, stellt sich die Frage, wie sie vor dem Wähler als gemeinsam die
Regierung tragende Parteien ihre Identität bewahren und glaubhaft begründen sollen.
Die Klarheit der Verantwortlichkeiten geht in einem Parlament ohne unabhängige Opposition, die als solche erkenntlich wird, in entscheidendem Maße verloren. Die Parteien sind der Gefahr ausgesetzt, ihr Erstgeburtsrecht verantwortlicher Eigenständigkeit für das Linsengericht des „Dabei-Seins" preiszugeben. Die Wähler haben nur noch
die Wahl zwischen einem Etwas-mehr-hiervon und Etwas-mehr-davon. Das Proporz-
prinzip wird zum Grundprinzip auch bei der Besetzung aller politischen Ämter in den
entscheidenden staatlichen Letztinstanzen. Die „Proporzdemokratie" wird so zur generellen Methode. Die Entscheidung für eine völlig neue Regierungsmannschaft wird
den Wählern erheblich erschwert. Die wechselseitige Kontrolle zwischen den Koali-
tionspartnern findet weitgehend hinter verschlossenen Türen statt. Der Appell an die
Öffentlichkeit erfolgt nur noch punktuell und verliert jegliches Profil. Es gibt keine
Opposition, die von dem Geschäft der „Öffentlichkeitsarbeit" leben muß.

Österreich bietet ein geradezu klassisches Modell dafür, was eine Große Koalition in
der Praxis bedeuten kann. Österreich ist mit seinen 7 Millionen Einwohnern der zweit-
größte demokratische Parteienstaat Europas, der sich mit diesem Experiment auf längere
Zeit eingelassen hat. Das geschah — selbst abgesehen von der außenpolitischen Sonder-
situation beim Abschluß des Neutralitätsvertrages — alles andere als freiwillig. Die beiden Großparteien — Österreichische Volkspartei und Sozialistische Partei Österreichs —
sind aus allen Nachkriegswahlen fast gleichstark hervorgegangen. Dem Versuch, neue
Wählerschichten zu erschließen, sind in einem Lande, in dem die Wahlbeteiligung immer um und über 95 % der Wahlberechtigten beträgt, engste Grenzen gezogen. Keine
der beiden Großparteien kann von sich aus eine Regierung bilden, ohne die parlamentarischen Splitterparteien zum Zünglein an der Waage werden zu lassen.[61] Gleiches gilt
für den größten europäischen Parteienstaat (über 9 Millionen Einwohner), dessen Regierungsmehrheit auf einer Großen Koalition basiert: Belgien, mit seiner gesetzlichen
Wahlpflicht für alle über 21 Jahre alten Männer und Frauen. Da die „Jungwähler" überwiegend „links" wählen und zu den Gruppen gehören, die eine relativ geringe Wahlbeteiligung erbringen, mag in diesem Zusammenhang die Frage aufgeworfen werden,

---

61 Siehe hierzu U. W. Kitzinger „Wahlkampf in Österreich", in: Politische Vierteljahresschrift,
2. Jg., Heft 1, März 1961, S. 36—56. Vgl. auch Otto Kirchheimer "The Waning of Opposition
in Parliamentary Regimes", in: Social Research, Bd. 24, Sommer 1957, S. 127—156.

ob eine Wahlpflicht in der Bundesrepublik bei der gegenwärtigen Parteienkonstellation nicht der SPD zugute käme, den Trend zum „Gleichziehen der Großparteien" fördern und damit die Vorbedingungen für die Bildung einer Großen Koalition verstärken würden.

Die politische Bereitschaft, eine Große Koalition zu bilden, wird stets mit dem Verweis auf eine „besondere Notlage" begründet. Das war auch bei fast sämtlichen Gesprächspartnern an der jüngsten Koalitionsdebatte in der Bundesrepublik der Fall. Hier wurde die Notlage entweder mit besonderen außen- oder (und) innenpolitischen Aufgabenstellungen begründet oder, wie bei Manfred Friedrich, aus einer allgemeinen Oppositionslage heraus erklärt, die „durch jene Entwicklungstendenzen, die in den modernen Wohlfahrtsstaaten als unausweichlich erscheinen", bedingt sei.[62]

Die Diskussionen um die Große Koalition hatten 1961 in der Bundesrepublik einen ersten Höhepunkt erreicht, der von den lebhaften Erörterungen vor den letzten Bundestagswahlen noch bei weitem übertroffen wurde. Seit dem 19. September 1965 hat die Problematik in den Tageskommentaren offensichtlich ihre Aktualität völlig eingebüßt. Im Rahmen unserer Überlegungen zur Kritik am Parteienstaat kommt dieser Problematik jedoch eine prinzipielle Bedeutung zu — abgesehen davon, daß sie auch in der politischen Tagespraxis erneut an brennender Aktualität gewinnen kann. Eine Auseinandersetzung mit Thesen der jüngsten Diskussion zur Großen Koalition sollte daher auch heute nicht nur von rein theoretisch-spekulativem Interesse sein.

Von einigen Gesprächspartnern der jüngsten Koalitionsdebatte sind Thesen aufgestellt worden, die wegen ihrer grundlegenden Bedeutung nicht unerwähnt bleiben dürfen. So ist beispielsweise Ulrich Lohmar in einer 1963 veröffentlichten und vielbeachteten Studie so weit gegangen, die Bildung einer Großen Koalition als „den einzigen zur Zeit gangbaren Weg zu bezeichnen, eine Gewaltenteilung in der Machtstruktur der Bundesrepublik und zugleich eine Beteiligung aller qualifizierten politischen Kräfte der großen Parteien bei der Bewältigung der Staatsaufgaben zu erreichen..."[63]. Die besondere Notlage ergibt sich nach Lohmar aus der „Immobilität der Machtstruktur der Bundesrepublik". Die Tatsache, daß die SPD als eine der zwei Großparteien seit 1949 in der Opposition stand, diente ihm damals als Beweis für seine These. Die Immobilität der Machtstruktur wird nach Lohmar auch dadurch nicht aufgelockert, daß die Oppositionspartei in der Bundesrepublik auf Bundesebene zwar Oppositionspartei, auf Landesebene jedoch Regierungspartei sein kann und dies bekanntlich in mehreren Bundesländern der Fall war und ist. Das Problem der „föderalistischen Struktur der Bundesrepublik" wird bei ihm mit einem Satz abgetan.[64]

62 Friedrich a.a.O., S. 108.

63 Ulrich Lohmar: Innerparteiliche Demokratie — Eine Untersuchung der Verfassungswirklichkeit politischer Parteien in der Bundesrepublik Deutschland, Stuttgart 1963, S. 131. Zum folgenden siehe insbesondere Kapitel V („Gewaltenteilung im Parteienstaat") S. 125-131.

     Im folgenden setze ich mich lediglich mit den im angezeigten Buch formulierten Argumentationen des Verfassers auseinander. Ich weiß, daß Lohmar heute die Gewaltenteilungsproblematik weit differenzierter sieht.

64 Siehe ebd., S. 126.

Die bedeutsame Mitwirkung der Länder über den Bundesrat an der Bundesgesetzgebung spielt keine Rolle. Es bleibt der Vorwurf, daß in der Bundesrepublik die Arbeit der Opposition nicht honoriert werde, sie faktisch aus dem politischen Entscheidungsprozeß ausgeschlossen sei und alle Macht bei der Regierungsmehrheit und ihrer Führung konzentriert liege.

Diese besondere Lage wird nun in der vorliegenden Studie nicht primär aus den geschichtlich, sozialpsychologisch und parteistrukturell bedingten Eigenheiten erklärt, denen sich die SPD als Oppositionspartei seit 1949 konfrontiert findet und mit denen sie sich auseinanderzusetzen hat, sondern aus einer angeblich grundgesetzfremden Verfassungsentwicklung. Lohmar erklärt: „Die Gewaltenteilung in der Bundesrepublik entspricht... nicht dem Modell des Grundgesetzes."[65] Das scheint mir eine unhaltbare Behauptung zu sein. Sie beruht auf der falschen Annahme, daß das Grundgesetz ein Gewaltenteilungs-„Modell" vorsehe, das einem funktionierenden parlamentarischen Regierungssystem entgegenstehe. Lohmar liest in den Artikel 20 Absatz 2 des Grundgesetzes, der u. a. proklamiert, daß die Staatsgewalt „durch besondere Organe der Gesetzgebung, der vollziehenden Gewalt und der Rechtsprechung ausgeübt" werde, offensichtlich eine an Montesquieu orientierte Gewaltenteilungs-Vorstellung hinein; eine Vorstellung, die dem Gewaltenteilungsschema des präsidentiellen Systems entspricht. Zwar erwähnt er, gleichsam en passant, die „Verantwortlichkeit der Regierung" (Wahl und Abberufbarkeit des Bundeskanzlers durch den Bundestag), zieht aber aus dieser entscheidenden, vom Grundgesetz gewollten Abweichung vom Montesquieuschen Gewaltenteilungskonzept (vgl. Art. 63, 65, 67 und 68 GG) keinerlei Konsequenzen.

Lohmar konstruiert demgemäß einen Gegensatz zwischen einem der Verfassung unterstellten Modell der Gewaltenteilung (Regierung und Verwaltung auf der einen Seite, das Parlament auf der anderen Seite) und der de-facto-Gewaltenteilung zwischen der Regierungsmehrheit (als der politischen Einheit von Regierung und Parlamentsmehrheit) einerseits und der Opposition andererseits. Das parlamentarische System lebt aber gerade von dieser Gegenüberstellung. Es kann auf die Dauer nur arbeitsfähig bleiben und verantwortlich handeln, kurz funktionieren, wenn Regierung und Parlamentsmehrheit eine geschlossene Handlungseinheit bilden, der eine Opposition gegenübersteht, die durch ihren permanenten, systematischen Appell an die Wählerschaft die Regierungsmehrheit zur öffentlichen Rechtfertigung und Begründung ihrer Aktionen nötigt, d. h. Regierung und Parlament zur Publizität ihrer Handlungen zwingt. Dieses Gewaltenteilungssystem ist vom Grundgesetz nicht nur „geduldet", sondern gewollt. Das Grundgesetz sieht verfassungs*rechtlich* vor, daß Regierung und Parlament als selbständige Organe über bestimmte Kompetenzbereiche verfügen, sie miteinander kooperieren müssen und in einem wechselseitigen Kontrollverhältnis zueinander stehen. Verfassungs*politisch* kann das System nur funktionieren und voll aktionsfähig sein, wenn Regierung und Parlamentsmehrheit als eine integrierte Handlungsgruppe fungieren und als geschlossene Gruppe vom Wähler in kollektive Verantwortung genommen werden können.

---

65 Ebd., S. 126.

Daß eine derart integrierte Regierungsmehrheit ein inneres Kontrollgefüge aufweisen wird[66] und aufweisen muß — sowie ihre internen Konflikte haben wird —, soll damit keineswegs bestritten werden. Ganz im Gegenteil: Erst diese internen Kontrollbeziehungen und belebenden Spannungen befähigen die Mehrheit, politische Erstarrungen zu vermeiden und verantwortlich zu handeln.

Die geringste Kontrolle innerhalb der Regierungsmehrheit und der höchste Grad an Integration zwischen Parlamentsmehrheit und Regierung sind in der Person des Ministers erreicht: Er ist — im Regelfalle — in Personalunion zugleich „hundertprozentiger" Abgeordneter und „hundertprozentiges" Regierungsmitglied. Er ist sowohl Repräsentant des Parlaments als auch der Regierung. Seine Abgeordnetenkenntnisse kommen ihm als Minister zugute; sein Wissen als Regierungsmitglied kommt ihm als Parlamentsmitglied zugute. Die Minister bilden demnach innerhalb der Parlamentsmehrheit eine Abgeordnetengruppe, die über ein Höchstmaß an Informationen, Entscheidungsbefugnisse und politischen Einfluß verfügt. Diese so herausgestellte und mit besonderen Regierungskompetenzen ausgestattete Führungsgruppe der Mehrheitsfraktion (bzw. der die Mehrheit konstituierenden Fraktionen — ein Umstand, der die mannigfachen Wechselbeziehungen um einiges komplizierter gestaltet) muß von der „restlichen" bzw. nur im Parlament verbleibenden Fraktion — wenn sie sich nicht in blinde Abhängigkeit von ihrer eigenen ministeriellen Führungsgruppe bringen will — stets in Verantwortung gehalten werden. Die wache Kontrolle der Parlamentsmehrheit der Ministergruppe gegenüber — vermittelt durch den erweiterten Fraktionsvorstand — mag zwar nach außen nicht so deutlich in Erscheinung treten; dafür hat primär die Opposition zu sorgen. Es wird jedoch gefährlich, wenn auch die interne, mehr oder weniger hinter verschlossenen Türen stattfindende Kontrolle zunehmend erlahmt und unwirksam wird, denn im Extremfall könnte eine unkontrollierte Regierungsführung zur faktischen Regierungsdiktatur entarten.

Auch in einer integrierten Regierungsmehrheit gilt die Funktionsteilung zwischen regieren und kontrollieren: Die Abgeordneten der Mehrheitsfraktion (bzw. Mehrheitsfraktionen), die in der Regierung sitzen, sollen regieren, die übrigen Fraktionsmitglieder primär kontrollieren. Kontrollieren heißt beeinflussen, zustimmen sowie notfalls

66 Samuel Lubell hat darauf hingewiesen, daß in einem demokratischen Zweiparteiensystem die grundlegenden politischen Konflikte nicht nur zwischen Mehrheit und Opposition, sondern vor allem innerhalb der Mehrheit ausgetragen werden. Das amerikanische Zweiparteiensystem verglich er mit einem Sonnensystem, in dem die Mehrheit die „Sonne" und die Minderheit den „Mond" darstellt. Die zur Entscheidung führenden Auseinandersetzungen werden im Mehrheitslager „hitzeerzeugend" ausgetragen. Solange die Mehrheit zum Ausgleich befähigt ist, verbleibt die Opposition beim Reflektieren erzeugter Hitze. Sobald die Konflikte im Mehrheitslager zur Überhitzung und Spaltung führen, ist die Stunde der Opposition gekommen. Sie fängt „belebendes Feuer", wird selbst zur Sonne und der „erkaltende Mehrheitsrest" sieht sich in die Rolle des reflektierenden Mondes verwiesen. Dieses Bild weist der Opposition zwar eine ziemlich passive Funktion zu. Die Opposition kann jedoch darauf hinwirken, daß die Mehrheit zerfällt. Mit einem Frontenwechsel zwischen Mehrheit und Minderheit kann nach Lubell allerdings nur über längere Zeiträume hin gerechnet werden.
Siehe Samuel Lubell: The Future of American Politics, 2. Aufl., New York 1956, Kapitel X: A New Theory of Political Parties, S. 210—218.

kritisieren und ablehnen. Eine Regierungsmehrheit darf es nicht so weit kommen lassen, daß sie sich auf Zustimmung und Beeinflussung beschränkt und der Fähigkeit zur öffentlichen Kritik „ihrer" Regierung begibt. Letzteres wäre beispielsweise dann gegeben, wenn das Parlament der Regierung die Entscheidung über reine Exekutivmaßnahmen, wie etwa die Entscheidung für oder gegen bestimmte Flugzeugtypen, abnehmen würde.

Im Bundestag wurde diese Frage am 19. Februar 1965 in einer interessanten Aussprache aufgegriffen (166. Sitzung, S. 8295 bis 8305). Es ist immerhin bemerkenswert, daß es der Parlamentarische Geschäftsführer der CDU/CSU-Fraktion, Will Rasner, war, der — unter Berufung auf „den" Gewaltenteilungsgrundsatz — im Plenum für seine Fraktion erklärte:

„Dieses Haus hat eine legislative Aufgabe und eine Kontrollfunktion. Es hat keine exekutive Funktion und sollte nach dem Grundsatz der Gewaltenteilung keinerlei exekutive Funktion auf sich ziehen. Wir tun auch nicht gut daran, wenn wir der Regierung erlauben, sich auf Kosten dieses Hauses bei Regierungsmaßnahmen zu entlasten...
Wir selbst stehen der Ausübung unserer eigenen Kontrollfunktion entscheidend im Wege, wenn wir durch Abstimmung Mitverantwortung für Regierungsmaßnahmen, für reine Exekutivmaßnahmen, auf uns ziehen. Es scheint mir undenkbar zu sein, daß, wenn dieses Haus Mitverantwortung für eine exekutive Maßnahme auf sich zieht, es anschließend die Regierung wegen solcher Maßnahmen kritisiert. Das kann in extremen Fällen zu schweren verfassungspolitischen Konflikten führen."

VIII. Große Koalition — Ordnungsmodell oder Übergangslösung?

Solange die Regierung eine Politik betreibt, die die Zustimmung der Mehrheit findet und so angelegt ist, daß sie — trotz aller entgegenwirkenden Tätigkeit der Opposition — die Majoritätspartei einem erneuten Wahlsieg zuzuführen verspricht, wird die Parlamentsmehrheit der Versuchung ausgesetzt sein, sowohl ihre öffentliche wie nichtöffentliche Regierungskontrolle zu vernachlässigen. Eine schwache Opposition trägt demnach zur Schwächung einer wirksamen parlamentarischen Regierungskontrolle bei. Erst eine starke Opposition, d. h. eine Opposition, die sich so verhält, daß ihr Wahlsieg zur realen Chance wird, trägt zur Stärkung einer parlamentarischen Regierungskontrolle bei. Lohmar ist weitgehend zuzustimmen, wenn er sagt: „Solange die Opposition diese (Wahl-) Chance nicht greifbar vor sich sieht, ist sie eine quantité négligeable."[67] Sobald diese Situation in einem parlamentarischen System gegeben ist, leidet nicht nur die Opposition, sondern drohen dem ganzen System Lethargie und Erstarrung.

Die entscheidende Frage in einer derartigen Lage darf aber weder falsch gestellt noch allzu leichtfertig beantwortet werden. Sie lautet nicht — wie etwa Manfred Friedrich meint —, ob Opposition überhaupt noch möglich sei. Sie muß zunächst von der Vorfrage ausgehen, warum eine konkrete Partei, die die Oppositionsfunktion auszuüben hat, den „Modellerwartungen" nicht gerecht wird. Im Falle der SPD als Oppositions-

67 Lohmar a.a.O., S. 127.

partei werden die Antworten auf diese Vorfrage dann — ganz konkret — zu drei weiteren Fragen führen: 1. Muß das System geändert werden, da die SPD die „Modellerwartungen" nicht erfüllen kann? oder 2. ist die SPD willens und in der Lage, sich als Partei dem parlamentarischen System anzupassen? oder 3. empfiehlt sich eine vorübergehende Lösung, die der SPD den Anpassungsprozeß erleichtert und damit gleichzeitig dazu beiträgt, die Funktionsfähigkeit des parlamentarischen Systems zu sichern bzw. die nötigen Grundbedingungen hierzu zu schaffen?

Ulrich Lohmar mag die dritte Frage im Auge gehabt haben, er stellt sich jedoch nur der ersten. Auf Grund seiner eigenwilligen Verfassungsdeutung lautet für ihn diese Frage allerdings etwas anders. Er will nicht das System „ändern", sondern ein angeblich verfremdetes System zur Verfassungskonformität zurückführen. Sein Ordnungskonzept ist das „Modell der Großen Koalition, das die Kommunen geschaffen haben", das sich dort bewährte und „als zur Zeit einzig gangbarer Weg" auch auf Bundesebene zur Anwendung gelangen müsse,[68] und zwar mit dem ausdrücklichen Anspruch, damit „die Gewaltenteilung im Staate wiederherzustellen". Wie würde diese vermittels des Modells der Großen Koalition „wiederhergestellte" Gewaltenteilung aussehen? Lohmar schreibt:

„Das Parlament und seine Fraktionen würden sich wieder als Legislative und als Kontrollorgan der Regierung betrachten können; ein der Verfassung entsprechendes Selbstverständnis des Parlaments könnte möglich werden. Die Mehrheitsfraktion wäre nicht länger die parlamentarische Exekutive der Regierung, sondern die beiden großen Fraktionen im Parlament würden der Regierung, die aus Vertretern beider Parteien gebildet wäre, gegenüberstehen."[69]

Was Lohmar hier als Gewaltenteilungsmodell formuliert, erweist sich als die Beschreibung eines präsidentiellen Regierungssystems, in dem die politischen Auseinandersetzungen nicht primär zwischen Opposition und Regierungsmehrheit, sondern in erheblichem Ausmaße zwischen Parlament und Regierung stattfinden. Es gibt vor allem zwei Staaten, auf die Lohmars Darstellung weitgehend zutrifft: die Schweiz und die USA. Beide haben kein parlamentarisches Regierungssystem. Auch das amerikanische Beispiel nähert sich Lohmars Beschreibung in gewisser Weise sogar darin, daß gelegentlich „Vertreter beider Parteien" selbst in höchsten Regierungsämtern zu finden sind: sowohl Eisenhower als auch Kennedy und Johnson waren bemüht, einige der Oppositionspartei nahestehende Personen in wichtige Regierungsämter aufzunehmen. Unter Kennedy waren dies — um berühmte Fälle zu erwähnen — auf Kabinettsebene z. B. die „Republikaner" MacNamara als Verteidigungsminister und insbesondere Dillon als Finanzminister.

Die „Arbeitsleistung" seines Modells beschreibt Lohmar weiterhin mit der Bemerkung: „Das heute bestehende Machtkartell von parlamentarischer Mehrheit, Regierung und Verwaltung wäre damit beseitigt."[70] Deutlicher läßt sich die Tatsache, daß damit eine der wesentlichen Grundvoraussetzungen für ein funktionierendes parlamentarisches Sy-

---

68 Ebd., S. 130 f.; siehe Anmerkung 61, zweiter Absatz.
69 Ebd., S. 130.
70 Ebd., S. 130.

stem, nämlich die Geschlossenheit der Regierungsmehrheit im weiteren Sinne, zerstört wäre, wohl kaum hervorheben.

Lohmar empfiehlt demnach de facto nichts weniger als eine grundlegende Verfassungs-revision, um der SPD, die angeblich in der verfestigten „Machtstruktur der Bundes-republik" keinerlei Wahlchancen habe und daher eine „quantité négligeable" sei, neues Leben einzublasen; denn, so Lohmar, „der Wähler identifiziert sich nicht gern mit einer Partei, ›die nichts zu sagen hat‹."Es wird also nicht dafür plädiert, daß die SPD eine Politik betreiben müsse, die sie in die Lage versetzt, sich den Grundregeln des „Systems" so anzupassen, daß sie in ihm „funktionsgerecht" wirksam werden könne. Nicht die SPD wird zur Reform und Systemanpassung aufgerufen, sondern das Ver-fassungssystem sollte einer entscheidenden Korrektur unterzogen werden, damit auf diese Weise — wie sich logischerweise folgern läßt — der speziellen Problematik der SPD-Opposition Rechnung getragen werde.

Ist der hier aufgezeigte Weg wirklich der „zur Zeit einzige", der zur „Rettung" der sozialdemokratischen Opposition und damit des parlamentarischen Parteienstaates zu führen vermag? Ist die SPD tatsächlich auf eine derartige „Rettung" angewiesen? Dies wirft die zweite der oben angeführten Fragen auf: Ist die SPD willens und in der Lage, sich als Partei dem parlamentarischen System derart anzupassen, daß sie zur kon-kurrenzfähigen Regierungsalternative zu werden verspricht?

Neben vielen anderen hat sich Günter Gaus kürzlich dieser Frage gestellt und um eine Antwort bemüht.[71] Er weist darauf hin, daß es vor allem Herbert Wehners historisches Verdienst sei, die SPD auf den Weg einer Anpassung an die parlamentarische Wirklich-keit und ihrer Spielregeln gewiesen zu haben, und diesen Weg mit eiserner Energie und Konsequenz weiter verfolge. Mit dem Godesberger Programm von 1959 als sichtbarem Wendepunkt habe die SPD-Führung den Willen dokumentiert, die Partei als Volkspar-tei auszubauen und damit in den Bereich echter Wahlchancen geleitet. In den ersten zehn Jahren der Bundesrepublik habe die SPD in doppelter Hinsicht einen hoffnungs-losen Kampf geführt: sie gab sich weitgehend als Klassenpartei und legte großen Wert auf die Formulierung prinzipieller Alternativen. Sie gebärdete sich als modellgerechte Opposition, ohne in der Lage zu sein, die wichtigste Grundbedingung zu erfüllen: der Regierungsmehrheit so gefährlich zu werden, daß sie um ihre Wählermehrheit ernst-haft bangen mußte. Mit der Erweiterung zur Volkspartei und dem Verzicht auf „prin-zipielle" Alternativen unterwarf sie sich zwar schmerzhaften Reformen und zog sich den schärfsten Tadel sowohl traditionsverhafteter Funktionäre und Anhänger wie theoretisierender Kritiker zu, sie wurde aber zunehmend „wahlfähig".

1961 zog die SPD erstmals mit neuem Gesicht in den Wahlkampf. Erst seitdem hat die SPD wirksam damit begonnen, aus ihrem Willen, regierungsfähige Mehrheit zu werden, die praktischen Konsequenzen zu ziehen. Ein neues Kapitel parlamentari-scher Oppositionsgeschichte hat damit begonnen. Gaus ist zuzustimmen: „In diesem Jahre 1965 führt(e) sie (die SPD) ihren zweiten Wahlkampf als eine Partei, die die bundesdeutsche Wählermehrheit so anspricht, wie es der westdeutschen Realität ge-

---

71 Siehe S. 227. Anm. 55.

mäß ist: mit einem Alternativangebot, das den seit 1949 von den Regierungsparteien gezogenen Rahmen nicht mehr sprengen, sondern anders ausfüllen will."[72]

War das erste Jahrzehnt der sozialdemokratischen Opposition in Bonn „die heroische Zeit der Nachkriegs-SPD"[73], so kann die erste Hälfte des zweiten Jahrzehnts als „die Zeit der realistischen Orientierung" bezeichnet werden. Mit diesem Bemühen der SPD-Opposition, sich den politischen Realitäten und Spielregeln des Systems zu stellen und anzupassen, leistet die Partei nicht nur sich selbst, sondern dem gesamten parlamentarischen System einen unschätzbaren Dienst. Gaus verweist auf zentral bedeutsame Tatbestände, wenn er schreibt:

„Allein auf diese Weise nämlich wird Westdeutschland zu einem normal funktionierenden Parlamentarismus gelangen können: was wäre ein Zweiparteiensystem, in dem die eine Partei für die Mehrheit des Wählervolks auf Dauer als unwählbar erscheint? Mit der von Wehner herbeigeführten Anpassung der SPD an die derzeitigen Gegebenheiten und Wählerbedürfnisse wird zum ersten Mal überhaupt die Vorbedingung für einen politischen Zustand geschaffen, der bei oberflächlicher Betrachtung zwar schon lange zu bestehen scheint — die Konzentration der politischen Kräfte auf zwei Parteien nebst kleinem freidemokratischen Anhang —, dem jedoch bisher das Entscheidende fehlte: die Überzeugung der Wähler, daß ein Regierungswechsel in Bonn nichts Radikales zeitigen würde."[74]

Die SPD sieht sich auf ihrem „neuen Wege" innerhalb wie außerhalb der Partei enormen Schwierigkeiten gegenüber. Abgesehen von traditions- und parteistrukturell-bedingten Gegebenheiten, die es insbesondere der SPD sehr schwer machen, dem Grunderfordernis des parlamentarischen Repräsentativsystems gerecht zu werden, daß nämlich die politische Führung der Opposition primär im Parlament zu liegen hat und nicht bei der „Partei im Lande", abgesehen hiervon weiß sich gerade die SPD mit einem ganz besonderen Problem konfrontiert: sie hat sich als sozialdemokratische Partei und Opposition nicht nur Urteilen, sondern vor allem verfestigten Vorurteilen zu stellen. Wenn es Herbert Wehner — und mit ihm der Partei — gelingen sollte, „diese Schutthalde politischer Klischees abzutragen", meint Gaus, „so wird er nicht nur seiner Partei Zutritt zur Regierungsmacht verschafft haben: er würde der Bundesrepublik insgesamt zur politischen Normalität verhelfen".[75]

Die Wahlen vom 19. September haben gezeigt, daß es der SPD trotz der von Willy Brandt, Herbert Wehner und Fritz Erler verfochtenen Strategie nicht gelungen ist, die kurz vor den Wahlen sehr hochgetriebenen Erwartungen zu erfüllen. Sicherlich hat sich die Arbeit, verfestigte Vorurteile abzubauen, als weit mühseliger herausgestellt, als von einigen Hoffnungsvollen erwartet worden war. Dennoch wäre es zu billig, allein in den Vorurteilen der Wähler die Gründe für das enttäuschende Abschneiden der SPD suchen zu wollen. Vorurteile abbauen ist die eine Seite der Medaille; dabei zu viel des Guten tun, das eigene Profil mehr als vertretbar verlieren und dadurch vor den Urteilenden in

72 Gaus a.a.O., S. 77.
73 Ebd., S. 79.
74 Ebd., S. 80.
75 Ebd., S. 81.

Verruf geraten, die andere. Die CDU/CSU stellte sich zum erstenmal in ihrer Geschichte dem Wähler mit einem neuen Kanzlerkandidaten, der sich zudem auf Leistungen berufen konnte, die die Mehrheit der Wähler im eigenen Wohlstand bestätigt sahen: Ludwig Erhards Popularität war in Westdeutschland erheblich größer als die des − gemeinsam mit seinen „Landeskindern" nicht wahlberechtigten − Berliners Willy Brandt. Wenn die SPD am 19. September 1965 trotz aller ungünstigen Konstellationen dennoch den prozentual größten Wahlerfolg ihrer Geschichte erringen konnte, so sollte dieser Tatbestand in seiner Bedeutung nicht unterschätzt werden. Gemessen an manch hochgeschraubten Erwartungen mag das Wahlresultat für die Oppositionspartei ziemlich enttäuschend sein. Gemessen an den realen Schwierigkeiten, denen sich die SPD konfrontiert findet, bedeutet das Wahlergebnis für die Stabilisierung des parlamentarischen Systems der Bundesrepublik und damit des westdeutschen Parteienstaates jedoch einen begrüßenswerten Achtungserfolg, der allerdings dann vertan werden könnte, wenn sich die Partei für eine völlig neue Strategie, eine Abkehr vom Grundprogramm der letzten Jahre und damit vom bisher konsequent verfolgten Anpassungsprozeß an das gegebene Regierungssystem entscheiden sollte.

Die dritte der oben angeführten Fragen zur jüngsten Diskussion scheint zur Zeit nur noch von akademischem Interesse zu sein: Empfiehlt sich eine vorübergehende Lösung, die dazu angetan wäre, den Anpassungsprozeß der SPD zu fördern und zu forcieren? Ganz konkret: bietet das „Modell der Großen Koalition" bzw. der „Allparteienregierung" in diesem Zusammenhang einen akzeptablen Vorschlag? Da diese Frage gestellt wurde, sei auf sie abschließend kurz verwiesen. Günter Gaus, der die Allparteienregierung befürwortet, beantwortete die Frage eindeutig positiv. (Daß er dabei den „Lehrsatz: eine Opposition muß sein" in seinem Buch etwas zu leichthin angeht und zerpflückt, sei nur am Rande vermerkt.[76]) Gaus preist die Allparteienregierung aber nicht nur mit dem Argument, daß durch die akzeptierte Regierungsbeteiligung und öffentlich propagierte „Kabinettswürdigkeit" politisch-psychologisch ein entscheidender Beitrag zur Stärkung der SPD und damit des parlamentarischen Systems insgesamt geleistet würde. Ein ganzer Komplex innen- und vor allem außenpolitischer Gründe wurde vielmehr mitangeführt. Die Bundesrepublik sehe sich wichtigsten Aufgaben gegenüber − hieß es in Übereinstimmung mit vielen anderen Stimmen −, die nur von allen Parteien gemeinsam gelöst werden könnten.

Dazu ließe sich vieles sagen; das Wahlresultat vom 19. September hat jedoch politische Tatbestände geschaffen, die gegenwärtig eine eingehendere Diskussion im vorliegenden Rahmen überflüssig machen. Entscheidend bleibt allerdings die Gültigkeit der generellen These, daß eine Große Koalition (CDU/CSU − SPD) oder Allparteienregierung (CDU/CSU − SPD − FDP), wenn überhaupt, so nur als Übergangslösung zu befürworten wäre und sinnvoll sein könnte. „Ein Dauerzustand nach österreichischem Muster (dürfte eine) oppositionslose Zeit nicht werden."[77]

76 Siehe ebd., S. 113 ff.
77 Ebd., S. 85.

Ein demokratischer Parteienstaat wird ein recht unterschiedliches Parteiengefüge —
selbst in der Form eines Zweiparteiensystems — aufweisen, je nachdem, ob ihm ein
parlamentarisches oder ein präsidentielles Regierungssystem zugrunde liegt, ob er
zugleich Bundesstaat oder Einheitsstaat ist. Ein demokratischer Parteienstaat mit
parlamentarischem Regierungssystem, wie er im Grundgesetz der Bundesrepublik
angelegt ist, wird aber nur dann dauerhaft funktionieren sowie eine Erstarrung und
autoritäre Verfälschung vermeiden können, wenn in ihm ein offener Konkurrenzkampf zwischen Opposition und Regierungsmehrheit das politische Leben prägt.

Bundeskanzler Erhard ist grundsätzlich zuzustimmen, wenn er im Hinblick auf das
bestehende parlamentarische Regierungssystem der Bundesrepublik sowie die Diskussionen zur Großen Koalition, zur Rolle der Opposition und damit zum westdeutschen Parteienstaat warnte und bekannte:

„In der Proporzdemokratie wird die Politik hinter verschlossenen Türen von einem
kleinen Kreis gemacht. Seine Vorschläge passieren das Kabinett ohne Panne, im Bundestag gibt es dann keine Diskussion mehr. Die Fragen, in denen man sich nicht einig
ist, werden überhaupt nicht geregelt."[78]

Und:

„Es gibt keine glaubhafte parlamentarische Ordnung ohne Opposition."[79]

In der modernen Demokratie ist eine systematische, verantwortliche, öffentlich-
wirksame parlamentarische Opposition aber nur im Rahmen eines konkurrenzoffe-
nen Zwei- oder Mehrparteiensystems möglich.

---

78 Zitiert nach › Die Welt ‹ , 19. Juli 1965, S. 2.
79 Zitiert nach › Die Welt ‹ , 5. Juli 1965, S. 2.

9 b. Funktionen und Wirkungsmöglichkeiten von Opposition (1968)

Die Frage nach der praktizierbaren Freiheit in einem politischen System ist identisch mit der Frage nach der Freiheit und realen Wirkungschance politischer Opposition. Das Repräsentativsystem stellt zweifellos eine der bedeutendsten Leistungen der Verfassungsgeschichte dar. Erst in Verbindung mit der Anerkennung organisierter politischer Opposition jedoch wurde die Voraussetzung dafür geschaffen, daß sich das Repräsentativsystem zu einer Herrschaftsordnung zu entwickeln vermochte, in der politische Freiheit praktiziert werden kann. Die Geschichte politischer Freiheit ist weitgehend identisch mit der Geschichte der Organisations- und Wirkungsmöglichkeiten politischer Opposition, d. h. mit der Möglichkeit, öffentlich Gegenpositionen zu beziehen und für deren Beachtung wie Unterstützung werben zu können.

Opposition vermag nur dort öffentlich wirksam zu werden, wo das Prinzip politischer Konkurrenz sowie das Recht zur freien Diskussion latenter und akuter Konflikte anerkannt werden: nur dort, wo sowohl deren Legitimität wie Legalität unbestritten sind. Bildet der Dissens die Basis alles Politischen, so der Konsens eines der wichtigsten Ziele praktischer Politik. Der totale Staat lebt von der Utopie einer konfliktlosen Herrschaft als Ziel der Geschichte. Er sieht sich von dieser Utopie her legitimiert, den Konsens (angeblich wissend um die Richtigkeit seines Anspruchs) zwingend und total, also ohne Aussparung irgendwelcher Inseln autonomer Entscheidung — und seien sie privatester Natur — anzuordnen. Vor allem jedoch strebt er danach, den zentral verordneten Konsens, also die Überzeugung von der absoluten Richtigkeit seines Anspruchs, ins Bewußtsein jedes einzelnen einzubrennen; er strebt nach totaler Integration. Opposition gilt im totalen Staat für total dysfunktional.

Zwar verzichtet der autoritäre Staat normalerweise auf die Utopie einer konfliktlosen Gesellschaft, jedoch auch er ist dadurch charakterisiert, daß der Konsens verordnet wird. Allerdings begnügt sich der autoritäre Staat weitgehend mit dem Gehorsam der Machtunterworfenen und verzichtet auf die totale Integration jedes einzelnen. Opposition kann — wenn überhaupt — nur partiell geduldet werden; den geforderten Gehorsam darf sie jedoch keinesfalls ernsthaft gefährden. Die Opposition wird nicht als system-immanenter Partner, demnach politischer Gegner, gewertet, sondern primär als systemkonträrer Feind.

Der demokratisch-pluralistische Rechtsstaat ist demgegenüber dadurch gekennzeichnet, daß in ihm weder das Verbot gilt, Dissens offen zu bekunden, noch versucht wird, Konsens „von oben" zu verordnen. Er erhebt vielmehr den Anspruch, die Voraussetzungen dafür zu bieten, daß der erreichbare Konsens das Resultat eines bewußt vollzogenen Integrationsprozesses zu sein vermag. Eines Integrationsprozesses, der die Einhaltung gewisser allgemein anerkannter Spielregeln verlangt, deren Verbindlichkeit zu akzeptieren ist. Ein derartiger Integrationsprozeß kann nur dann bewußt, also in offener Konfrontation vollzogen werden, wenn gegebener Dissens artikuliert und damit bewußt gemacht wird sowie die Bereitschaft zum Kompromiß besteht. Zugleich müssen die Resultate des Entscheidungsprozesses auf eine Weise zustande kommen, die es zuläßt, daß ihr Werdegang in den entscheidenden Phasen nachvollziehbar und so weitgehend öffentlich kontrollierbar ist.

Es gehört zu den wichtigsten Funktionen sinnvoller Gewaltenteilung, die notwendigen institutionellen Vorkehrungen dafür zu schaffen, daß ein bewußt vollzogener Integrationsprozeß möglich ist. Es ist die zentrale Funktion jeder Opposition, dafür Sorge zu tragen, daß dies wirklich geschieht. Sicherlich gibt es bisher kein konkretes politisches System, das diesem hohen Anspruch bewußter Integration tatsächlich gerecht wird. Die politischen Systeme, die sich als demokratisch-pluralistische Rechtsstaaten begreifen, stellen vielmehr mehr oder weniger gelungene und glaubhafte Versuche dar, diesem Anspruch im Selbstverständnis gerecht zu werden und ihm im politischen Prozeß so weit wie möglich Geltung zu verschaffen. Der demokratisch-pluralistische Rechtsstaat ist nirgendwo ein gesicherter Zustand; er ist überall dort, wo man sich um seine Verwirklichung ernsthaft bemüht, eine Herausforderung an den jeweilig gegebenen Status quo. Der demokratisch-pluralistische Rechtsstaat steht unter der permanenten Forderung, sich seines hohen Anspruchs stets kritisch bewußt zu bleiben. Hierzu gehört es auch und insbesondere, sich über Funktionen und Erscheinungsformen von Opposition Klarheit zu verschaffen.

Generell kann zwischen zwei Grundformen von Opposition unterschieden werden, zwischen 1. „loyaler" bzw. systemimmanenter Opposition einerseits und 2. prinzipieller bzw. systemkonträrer Opposition andererseits.[1] Eine systemimmanente Opposition ist dadurch gekennzeichnet, daß sie die fundamentalen Grundsätze der gegebenen Verfassung und die sich aus ihr ergebenden, allgemein geltenden Spielregeln des politischen Willensbildungs- und Entscheidungsprozesses anerkennt und für deren Beachtung und Sicherung eintritt. Von einer systemkonträren Opposition kann dann gesprochen werden, wenn von ihr auch die geltenden fundamentalen Verfassungsgrundsätze prinzipiell in Frage gestellt werden oder ihnen gar die Anerkennung prinzipiell verweigert wird. Systemimmanente Opposition steht zum politischen Kontrahenten in einem Gegnerschaftsverhältnis; systemkonträre Opposition in der Regel in einem Freund-Feind-Verhältnis. Eine systemimmanente Opposition begreift den politischen Kontrahenten als Konkurrenten, systemkonträre Opposition hingegen normalerweise als den („autoritären") Feind.

Im modernen Verfassungsstaat treten beide Grundformen von Opposition primär auf zwei Wirkungsebenen auf: 1. als parlamentarische Opposition und 2. als außer- oder vorparlamentarische Opposition. Grundsätzlich sind beide Grundformen („loyale" ebenso wie „prinzipielle" Opposition) sowohl im parlamentarischen als auch im außerparlamentarischen Raum möglich. Die SPD-Fraktion im Reichstag des Kaiserreichs beispielsweise bzw. die KPD- und NSDAP-Fraktion im Reichstag der Weimarer Republik begriffen sich als prinzipielle parlamentarische Opposition.

1 Siehe hierzu auch meinen Artikel „Opposition", in: Kurt Sontheimer und Hans H. Röhring (Hrsg.), Handbuch des politischen Systems der Bundesrepublik Deutschland, München-Zürich 1977.

Eine prinzipielle Opposition hat in jedem System, auch im demokratisch-pluralistischen Rechtsstaat, eine bedeutsame Funktion: indem sie die Grundlagen des Systems in Frage stellt, zwingt sie zur permanenten Reflexion über Begründung, Sinn und Rechtfertigung dieser Grundlagen. Der demokratisch-pluralistische Rechtsstaat versteht sich als Grundordnung eines zukunftsoffenen politischen Systems. Er vermag dieser Zielsetzung nur dann überzeugend gerecht zu werden, wenn seine Verfechter die offene Diskussion auch mit denen nicht scheuen, die diese Grundordnung prinzipiell in Frage stellen. Diese offene Diskussion ist ein wesentlicher Bestandteil des allgemeinen Lernprozesses über die Legitimität und Effektivität des bestehenden Systems. Macht der Lernprozeß evident, daß die besseren Argumente auf seiten der Verfechter des bestehenden Systems zu finden sind, und zeigen sie sich willens und fähig, als notwendig oder geboten erkannte Reformen durchzusetzen, so hat die prinzipielle Opposition zur Verbesserung und damit Stabilisierung des bestehenden Systems beigetragen. In der Realität wird sich dieser Teil des Lernprozesses allerdings weniger in Form eines rational geführten offenen Diskussionsprozesses abspielen, als vielmehr weit eher die Züge eines mehr oder weniger erbittert geführten kalten Bürgerkrieges tragen. Wenn und daß es dazu kommt, ist sicherlich nicht immer nur das „Verdienst" der jeweiligen prinzipiellen Opposition. Aber auch in dieser Form vermag der Lernprozeß zur Stabilisierung des Systems zu führen, falls solche Reformentscheidungen getroffen werden, die es zumindest denen, die mit der prinzipiellen Opposition sympathisieren, ermöglicht, sich am Integrationsprozeß zu beteiligen.

Von besonderem Interesse und besonders wichtig ist es, sich über die mannigfachen Erscheinungsformen, Motivationen und Wechselbeziehungen von parlamentarischer und außerparlamentarischer Opposition Klarheit zu verschaffen. Befassen wir uns zunächst mit den Erscheinungsformen parlamentarischer Opposition. Die zwei konträrsten Erscheinungsformen lassen sich folgendermaßen beschreiben:

1. Opposition formiert sich im Parlament auf Grund der jeweils zur Diskussion und Entscheidung anstehenden Fragen. Sowohl Mehrheit als auch Opposition wechseln in ihrer Zusammensetzung je nach anliegendem Sachproblem. Mehrheit und Opposition stehen sich nicht als relativ geschlossene Kollektive permanent gegenüber, sondern als relativ locker gefügte Ad-hoc-Gruppen.
2. Opposition formiert sich im Parlament auf Grund ihrer generellen Beziehung zur Regierung und der sie stützenden Mehrheit im Parlament. Die Opposition begreift und gibt sich als systematisch und umfassend opponierendes, diszipliniert auftretendes Gegenkollektiv zur etablierten Regierung und der sie tragenden Parlamentsmehrheit.

Ganz gleich wie diese konträren Erscheinungsformen (diszipliniert und systematisch oder locker und ad-hoc-formiert) im einzelnen motiviert sein mögen, sie haben jeweils eine bedeutsame Auswirkung auf die Verhaltens- und Wirkungsweisen außerparlamentarischer Opposition.

Unter den mannigfachen Gründen, die dazu führen können, daß in einem Parlament entweder der Typus Ad-hoc-Opposition oder der systematischer Opposition dominiert, sei hier insbesondere auf das weitaus gewichtigste system-strukturelle Motiv verwiesen. Es liegt in der Grundentscheidung für ein präsidentielles oder ein parlamentarisches Regierungssystem. Obwohl präsidentielle wie parlamentarische Systeme im einzelnen in verschiedenartigsten individuellen Ausprägungen vorzufinden sind (USA, Lateinamerinische Staaten, Schweiz, als sehr divergierende Konkretisierungen des präsidentiellen Systems und Großbritannien, Bundesrepublik, Italien, Finnland sowie V. Republik in Frankreich als erheblich voneinander abweichende Ausprägungen des parlamentarischen Systems), so sind beide Systemtypen doch durch ein primäres Unterscheidungsmerkmal gekennzeichnet: im präsidentiellen System verfügt das Parlament nicht über das Recht, die Regierung — genauer — den formellen Regierungschef, vermittels eines politischen Mißtrauensvotums abzuberufen. Im parlamentarischen Regierungssystem hingegen muß die Regierung zurücktreten, wenn ihr formgerecht das parlamentarische Mißtrauen ausgesprochen wird. Die Abberufbarkeit des Regierungschefs ist das grundlegende Kennzeichen des parlamentarischen Regierungssystems. Das hat zur Folge, daß — sehr im Gegensatz zum präsidentiellen System — im parlamentarischen System die Regierung nur solange im Amt zu bleiben vermag und nur solange voll aktionsfähig ist, wie sie sich im Parlament auf eine Mehrheit zu stützen vermag. Regierungsstabilität wird identisch mit Mehrheitsstabilität im Parlament. Regierung und Parlamentsmehrheit stehen nicht nur in einem engeren Kooperationsverhältnis zueinander, sie sind weitgehend integriert; die Regierungsmitglieder sind in der Regel voll stimmberechtigte Parlamentsmitglieder.

Im parlamentarischen Regierungssystem haben die Parteien die Aufgabe, die Wechselbeziehung zwischen Regierung und Parlament so zu gestalten, daß trotz des Abberufungsrechts dauerhafte, stabile und effektive Regierungsführung möglich wird. Die Tatsache, daß ein Parlament sein Abberufungsrecht nicht aktualisiert, ist kein Beweis dafür, daß das Parlament de facto „abgedankt" habe, sondern weit eher ein Beleg für ein systembedingt funktionsgerechtes Verhalten der die Parlamentsmehrheit bildenden Partei bzw. Parteien-Koalition. Hierzu sind Parteien nur dann in der Lage, wenn ihre Fraktionen als geschlossen handelnde Aktionsgruppen auftreten, also Fraktionsdisziplin üben. Regierungsfähigkeit im parlamentarischen System ist nicht nur eine Frage der Stimmenmehrheit, sondern vor allem der Aktionsdisziplin. Für die Opposition heißt das: will sie ihre Regierungsfähigkeit beweisen, muß sie bereits als Opposition Aktionsdisziplin zeigen. Nur so vermag sie zugleich ihr politisches Gewicht sowohl im parlamentarischen wie außerparlamentarischen Bereich voll zur Geltung zu bringen. Das parlamentarische System verlangt insofern nach der systematischen Opposition.

Andere Bedingungen gelten im präsidentiellen System. Da hier die Parlamentsfraktionen nicht die Aufgabe haben, stabile Mehrheiten mit dem Ziel zu bilden, eine Regierung im Amt zu halten, entfällt zugleich die wichtigste funktionelle Notwendigkeit zur Fraktionsdisziplin. Ein präsidentielles System kann es sich, ohne das Risiko eines permanenten Regierungswechsels einzugehen, leisten, im parlamentarischen Entscheidungsprozeß mit Ad-hoc-Mehrheiten zu arbeiten. Die Ad-hoc-Mehrheit findet ihr Korrelat in der Ad-hoc-Opposition. Im präsidentiellen System der USA, auf das beispielhaft die Beschreibung zutrifft, ist es durchaus möglich, daß die eine Partei in einem oder in beiden Häusern des Kongresses die Mehrheit bildet, während die andere den

Regierungschef, in diesem Falle den Präsidenten der USA stellt. Präsident Eisenhower war als Republikaner sechs Jahre lang mit einem Kongreß konfrontiert, in dessen beiden Häusern die Demokraten über sichere Mehrheiten verfügten. Die Demokraten trieben nicht „systematische Opposition", vielmehr war es dem Präsidenten durchaus möglich, mit je nach Sachlage unterschiedlich zusammengesetzten Mehrheiten im Kongreß zusammenzuarbeiten. Die Strategie, Taktik und Wirkungsmöglichkeit außerparlamentarischer Gruppen, die in Opposition zu gewissen präsidentiellen Programmpunkten standen, bestand darin, in allen ihre Interessen betreffenden Fällen den Präsidenten daran zu hindern, im Kongreß zustimmende Mehrheiten für Vorlagen zu finden, die die Forderungen der Oppositionsgruppen nicht wenigstens hinreichend berücksichtigen. Das Ringen um das Votum jedes einzelnen Abgeordneten, die in Sachfragen keiner wirksamen Fraktionsdisziplin unterliegen, spielt dabei eine zentral wichtige Rolle – und ist oft genug erfolgreich.

Derartige Wirkungsmöglichkeiten bieten sich den außerparlamentarischen Oppositionsgruppen in den USA nicht nur dann, wenn die eine Partei den Präsidenten, die andere die Mehrheiten im Kongreß stellt. Grundsätzlich ändert sich auch dann nichts an der Qualität der Fraktionsdisziplin in Sachfragen, wenig an der Kooperationsdisziplin in Sachfragen und geringes an der Kooperationsbereitschaft zwischen Kongreß und Präsident, wenn der Präsident formell der gleichen Partei angehört wie die Kongreßmehrheiten. Auch bei einer solchen Sachlage ist es nicht nur möglich, daß Oppositionsgruppen gegen präsidentielle Programmpunkte im Kongreß um Erfolge bemüht sind. Ebenso können Gruppen entstehen, die spezielle Programme des Präsidenten lebhaft begrüßen und unterstützen, jedoch in Opposition zu einer in diesen Fragen kooperationsunwilligen Kongreßmehrheit stehen. In diesem Falle werden sie den Präsidenten in seinem Bemühen unterstützen, im Kongreß zustimmende Mehrheiten zu finden. Bereits aus diesen skizzenhaften Darlegungen wird deutlich, daß ein präsidentielles System (speziell amerikanischer Fasson) erheblich andere Oppositionsprobleme aufwirft und den mannigfachen außerparlamentarischen Oppositionsgruppen andere Wirkungsweisen nahelegt, als dies in einem parlamentarischen System grundsätzlich der Fall sein dürfte.[2]

Welches sind nun die Funktionen und Wirkungsmöglichkeiten der „offiziellen" parlamentarischen Opposition in einem parlamentarischen Regierungssystem? Der „offiziellen" Opposition insofern, als die Abgeordneten, die im Parlament die Oppositionsrolle wahrnehmen, Inhaber eines öffentlichen Amtes sind, in das sie gewählt wurden und das sie – die damit verbundenen Rechte, Pflichten und Funktionen genau kennend – angenommen haben. Diejenigen Abgeordneten, die weder der Regierung angehören noch sie unterstützen, gehören damit nicht zu den "outs" schlechthin. Sie haben vielmehr, gleichsam im Auftrage der Wähler – aller Wähler – Funktionen wahrzunehmen, ohne deren Wahrnehmung das parlamentarische System sehr bald verarmen, wenn nicht in eine existentielle Krise geraten würde: die Funktionen einer parlamentarischen Opposition.

---

2   Zur Entstehung von Oppositionsbildungen in den USA siehe Richard Hofstadter: The Idea of a Party System – The Rise of Legitimate Opposition in The United States, 1780–1840, Berkeley-Los Angeles-London 1972.

Das parlamentarische Regierungssystem verlangt nach der systematischen Opposition. Bereits rund hundert Jahre bevor sich in Großbritannien die fundamentalen Spielregeln des parlamentarischen Regierungssystems zum allgemein akzeptierten Verfassungsgrundsatz entwickelt hatten, vertrat Lord Bolingbroke im Jahre 1736 die Forderung, eine wirksame Opposition müsse sich als potentielle Regierung begreifen und als solche ein "alternative system of conduct" entwickeln. Sie müsse also klare Vorstellungen von einer „alle Einzelmaßnahmen bestimmenden Grundkonzeption vom Gemeinwohl" besitzen. Ein Zweiparteiensystem mit einer in diesem Sinne systematischen Opposition, die ein „Kontrastprogramm" zur bestehenden Regierungspartei bildete, entwickelte sich in Großbritannien erst seit 1868. Zwischen 1832 und 1868 war auch das britische parlamentarische Regierungssystem dadurch gekennzeichnet, daß mehrere, relativ locker gefügte und wenig Aktionsdisziplin aufweisende „Fraktionen" im Unterhaus von Mal zu Mal recht unterschiedliche Mehrheits- und Oppositionskoalitionen bildeten und Regierungsstürze somit nicht selten waren. Zum Musterbeispiel eines regierungsstabilen parlamentarischen Systems, in dem in der Regel einer disziplinierten Regierungspartei eine systematische, disziplinierte Oppositionspartei gegenübersteht, wurde das britische Regierungssystem erst gegen Ende des 19. Jahrhunderts. Hier entwickelte die parlamentarische Opposition einen Funktionskanon, der, ungeachtet der mannigfachen abweichenden Besonderheiten anderer konkreter parlamentarischer Systeme – und der sich daraus für jede Opposition jeweils ergebenden Spezialprobleme –, zum Leitbild systematischer parlamentarischer Opposition schlechthin wurde.

Danach können etwa sieben Grundfunktionen parlamentarischer Opposition unterschieden werden:

1. Kontrolle der Regierungsaktionen (einschließlich des von der Regierung zu verantwortenden Verwaltungshandelns).
2. Kritik an der Regierungspolitik.
3. Opposition als Mahner zur Wahrung von Recht und Ordnung, Freiheit und Minderheitenschutz (Opposition als „Hort der Freiheit").
4. Erarbeitung von Alternativpositionen (Sachalternative).
5. Selektion qualifizierter Regierungsaspiranten (Personalalternative).
6. Stete Bereitschaft zur Regierungsübernahme.
7. Opposition als eigentlicher „Beweger der Politik".

Üblicherweise werden diese sieben Grundfunktionen unter den drei Schlagworten Kontrolle, Kritik und Alternative zusammengefaßt. Zu den damit verbundenen Problemen sei hier nur soviel vermerkt: Die These, im parlamentarischen System werde die Regierung nicht mehr vom gesamten Parlament kontrolliert, vielmehr sei hier auf Grund der engen Verbindung von Parlamentsmehrheit und Regierung die parlamentarische Kontrollfunktion auf die Opposition übergegangen, gehört heute zum vorherrschenden Lehrbuchwissen. Thomas Ellwein hält den Vertretern dieser These allerdings entgegen, sie verkündeten ein Ammenmärchen; denn effektiv kontrollieren könne nur der, der auch zu entscheiden vermag. Im Parlament wird aber immer noch mit Mehrheit entschieden, und die Mehrheit liegt nicht bei der Opposition. Das ist zweifellos richtig.

Wirksame Kontrollkonsequenzen kann nur die Parlamentsmehrheit beschließen. Dennoch ist die These von der Kontrollfunktion der Opposition nicht falsch; denn sie besagt, die Opposition habe das Regierungs- und Verwaltungshandeln mit dem Ziel zu überwachen, tatsächliche oder vermutete Fehlhandlungen und kritikwürdiges Verhalten notfalls auf eine solche Weise publik zu machen, daß die Mehrheit zur Wahrnehmung ihrer Kontrollfunktion veranlaßt wird. Eine Opposition, die nicht über das erforderliche parlamentarische Instrumentarium (vom Fragerecht über das Informationsrecht in den Ausschüssen bis hin zur Unterstützung durch einen parlamentarischen Hilfsdienst) und ein gut funktionierendes Informations- und Kommunikationssystem außerhalb des Parlaments verfügt, wird ihre Kontrollfunktion allerdings kaum allzu effektiv wahrnehmen können.

Effektive Oppositionskontrolle ist ebenso von hinreichender Information abhängig wie von der Chance zu wirksamer Publizität. In der Bundesrepublik geschieht es gar nicht selten, daß der Opposition seitens der Regierung auch weniger gewichtiges Informationsmaterial mit dem Vermerk „streng vertraulich" oder „Dienstgeheimnis" verbunden mit der Versicherung zugestellt wird, daß eine öffentliche Verwendung solcherart mitgeteilter Daten den Informationsfluß von seiten der Regierung erheblich einengen würde. Auch hieraus kann sich für die Opposition ein Dilemma ergeben, wenn sie zwischen „informiertem Schweigen" und „weniger gut informierter Redefreiheit" zu entscheiden hat.

Nicht nur als Kontrolleur muß die Opposition über einen guten Bezug zur Öffentlichkeit verfügen. Ihr Kontakt mit der Öffentlichkeit bestimmt vor allem den Erfolg ihrer kritischen Funktion. Die Opposition hat dafür Sorge zu tragen, daß die Regierung und die sie tragende Parlamentsmehrheit dazu angehalten werden, sich bei allen wesentlichen Entscheidungen öffentlich mit Gegenpositionen auseinanderzusetzen und genötigt sehen, ihre Auffassungen und Entscheidungen öffentlich zu begründen und zu verteidigen. Eine Mehrheit, die der Opposition zur Wahrnehmung dieser zentral wichtigen kritischen Funktion nicht hinreichend Gelegenheit gibt, verhält sich nicht systemkonform und versagt vor dem Anspruch, den mündigen Bürger ernst zu nehmen. Welchen Informationswert hätte beispielsweise die zweite und dritte Lesung der „Notstandsverfassungsgesetze" im Bundestag gehabt, wenn nicht die FDP-Opposition – ungeachtet der Qualität ihrer Argumente im einzelnen – die Regierungsmehrheit zur öffentlichen, im Angesicht des politischen Gegners stattfindenden Begründung veranlaßt hätte? Die FDP-Opposition hat sich dabei funktionsgerecht verhalten und dem Bürger einen bedeutsamen Dienst erwiesen.

Kurt Kluxen formulierte einmal im Blick auf die Entwicklung des britischen Regierungssystems: „Die Verlängerung der Regierung ins Parlament hinein hatte die Verlängerung der Opposition in die Öffentlichkeit hinein bewirkt." Die Opposition kann ihre systemnotwendigen Funktionen nur dann erfüllen, ihrem öffentlichen Amt als Opposition nur dann gerecht werden, wenn die Öffentlichkeit deren Funktionen begreift, ihr Amt respektiert wird und ihr die erforderlichen Mittel zur Verfügung gestellt werden, sich in ähnlicher Weise wie die Regierung selbst der Öffentlichkeit mitteilen zu können. Ich halte es z. B. für durchaus vernünftig und begründet, wenn von Abgeordneten der Berliner CDU-Opposition der Vorschlag gemacht wird, die Opposition mit öffentlichen Mitteln zwecks Errichtung eines Presse- und Informationsamtes auszustatten. Um den Tatbestand zu betonen, daß die parlamentarische Opposition ein öffentliches Amt ausübt, halte ich es zugleich für angebracht, wenn man auch in der Bundesrepublik — dem englischen Beispiel folgend — den Führer der stärksten Oppositionsfraktion mit dem Rang (und Gehalt) eines Ministers ausstatten würde.

Die Abgeordneten sind Inhaber eines öffentlichen Amtes, gleichgültig, ob sie der Mehrheit oder der Opposition angehören. Sie fungieren als Repräsentanten des ganzen Volkes, d. h., sie sind im Rahmen ihrer Kompetenzen autorisiert, verbindliche Entscheidungen zu fällen, und in einer Demokratie als Inhaber eines freien Mandats verpflichtet, in ihren Überlegungen sowohl dem Gemeinwohl wie Einzelinteressen nach bestem Wissen und Gewissen Rechnung zu tragen und ihre Entscheidungen notfalls öffentlich zu begründen. Die Aufforderung zur öffentlichen Entscheidung und Rechenschaftslegung ergibt sich aus dem Charakter des Abgeordnetenamtes als eines Wahlamtes, das zugleich Wiederwahl zuläßt. Abgesehen von der letztgenannten Besonderheit und den unterschiedlichen Kompetenzbereichen besteht zwischen der Repräsentationsfunktion des Abgeordneten und der des Wählers kein prinzipieller Unterschied. Beide sind Inhaber eines öffentlichen Amtes, als solche Repräsentanten des ganzen Volkes, an Aufträge und Weisungen nicht gebunden und nur ihrem Gewissen verpflichtet: sowohl der Abgeordnete als auch der Wähler.

Der Wähler wird nicht gleich dem Abgeordneten in sein öffentliches Amt gewählt, es wird ihm vielmehr verfassungsrechtlich „zugesprochen". Die Bestellungsweise ändert nichts an der Bedeutung der Rechte und Pflichten, die mit dem öffentlichen Amt eines Wählers verbunden sind. Zu den Rechten gehört u. a., sich zu informieren, zu diskutieren, Fragen zu stellen, bei anstehenden Wahlen und sonstigen Entscheidungen seine Stimme frei, ohne an Weisungen und Aufträge gebunden zu sein, abgeben zu können. Zu den Rechten und Pflichten des Wählers gehört es aber auch, sich, wenn er es für geboten erachtet, öffentlich Gehör zu verschaffen, sei es als einzelner, sei es im Rahmen einer Ad-hoc-Gruppe, sei es vermittels einer organisierten Gruppe. Es ist dem Wähler wie dem potentiellen Wähler (letzterer unterscheidet sich lediglich dadurch vom Wähler, daß er noch nicht über das Recht zur verbindlichen Entscheidung verfügt) dabei unbenommen, ob und in welchen speziellen oder allgemeinen Sachfragen er sich gegebenenfalls als außerparlamentarische Opposition begreift, formiert und artikuliert.

Außerparlamentarische Opposition ist weder eine Neuerscheinung noch ein Seltenheitsfall. Seitdem es Parlamente und innerparlamentarische Opposition gibt, gibt es auch außerparlamentarische Opposition. Sie kann die unterschiedlichsten Zielsetzungen verfolgen und tritt erfahrungsgemäß in den verschiedenartigsten Organisationsformen auf.

So fungieren beispielsweise diejenigen Parteien in der Regel als außerparlamentarische Oppositionsgruppen, die — obgleich sie sich in den Wahlen stellten — nicht im Parlament vertreten sind. Derartige auf den vorparlamentarischen Raum beschränkte Parteien können sowohl zur Regierungsmehrheit wie zur parlamentarischen Opposition in (möglicherweise prinzipieller) Opposition stehen. Die NPD und die DFU gehören zu der Kategorie außerparlamentarischer Oppositionsgruppen. Auch die Parteien, deren gewählte Kandidaten die parlamentarische Opposition bilden, müßten grundsätzlich den außerparlamentarischen Oppositionsgruppen zugerechnet werden. Denn während die Mitglieder einer Oppositionsfraktion ihr Abgeordnetenmandat einer Wählerentscheidung verdanken, fungiert deren „Partei im Lande" (Parteiapparat wie Mitgliedschaft) stets als eine freigebildete Vereinigung, die ihr Selbstverständnis, ihre Zielsetzung und ihre Beziehung zu anderen Gruppen grundsätzlich autonom bestimmt. Daß der Fraktionswille mit dem Parteiwillen ernsthaft in Konflikt zu geraten vermag, hat die SPD in Baden-Württemberg neuerdings demonstriert.

Parteien sind von allen übrigen organisierten außerparlamentarischen Interessengruppen, deren Mitgliedschaft auf Freiwilligkeit beruht, lediglich dadurch unterschieden, daß sie als Wahlkampfverbände den Wählern Bewerber für öffentliche Ämter präsentieren und von ihnen erwartet wird, daß sie umfassende, realisierbare politische Programme erarbeiten und verfechten. Aus dieser besonderen Funktion (insbesondere als Wahlkampfverbände) ergibt sich zugleich − so im Grundgesetz − ihre spezifische verfassungsrechtliche bzw. gesetzliche Rechtsstellung als „Partei", die sie allen sonstigen Interessengruppen gegenüber auszeichnet.

Alle „sonstigen Interessengruppen", die die verschiedenartigsten speziellen (z. B. Bauernverbände) oder umfassenden (z. B. Kirchen) „Interessen" vertreten können, operieren dann als "Pressure Groups", wenn sie über den Appell an die Öffentlichkeit oder in direkter Kontaktnahme mit staatlichen Institutionen und deren Repräsentanten auf den politischen Entscheidungsprozeß Einfluß zu gewinnen bzw. Druck auszuüben versuchen (daher bekanntlich der Terminus "Pressure Groups"). Unter diesen mannigfachen Interessengruppen bzw. "Pressure Groups" spielen im politischen Willensbildungsprozeß wiederum diejenigen Gruppen eine besondere Rolle, deren zentrales Anliegen allgemeine politische Fragen bzw. politische Grundsatzfragen sind. Das kennzeichnet sie als betont politische Interessengruppen. Hierzu wären in der Bundesrepublik ebenso gewisse "single purpose movements" − wie die „Deutsche Wählergemeinschaft" oder das „Kuratorium Notstand der Demokratie" − zu rechnen als auch politische Vereinigungen und Klubs, politische Studentenverbände und Meinungsbildnerteams, die sich um die Publikation profilierter Presse- oder Zeitschriftenorgane bemühen. All diese Gruppen können gelegentlich oder systematisch in Opposition zur konkreten Politik oder dem politischen Sebstverständnis der staatlichen Repräsentanten, auch und insbesondere im Parlament, stehen; sie können also auf dem Wege wirksamer Artikulation und Demonstration ihrer Interessenstandpunkte und Ansichten die Funktionen einer außerparlamentarischen Opposition wahrnehmen.

In der Bundesrepublik ist dieser allgemeine Sachverhalt dadurch „dramatisiert" worden, daß sich eine Reihe politischer Interessengruppen mit dem Anspruch, sie repräsentierten *die* außerparlamentarische Opposition, betont ins öffentliche Bewußtsein brachten. Bei dieser selbsternannten außerparlamentarischen Opposition (APO) handelt es sich um ein Konglomerat diverser mehr oder weniger fest organisierter Gruppen und um Einzelpersonen, die primär durch ihre Protesthaltung gegenüber der Politik und Verhaltensweise staatlicher Repräsentanten in Parlament und Regierung verbunden sind.

Den formellen Anlaß, sich als außerparlamentarische Opposition zu deklarieren und zu formieren, bot der nicht unbegründete Vorwurf, die parlamentarische Opposition des

Bundestages habe bereits zu einem Zeitpunkt zunehmend darauf verzichtet, ihre systemnotwendige Kontroll-, Kritik- und Alternativfunktion wirksam und überzeugend wahrzunehmen, als sie dazu rein zahlenmäßig noch hätte in der Lage sein müssen. Mit der Bildung der Großen Koalition (1966) hatte diese strukturelle Fehlentwicklung ihr kritisches Stadium erreicht. Die Anklage lautet: Die Reduzierung der parlamentarischen Opposition auf eine Mini-Opposition, die als reale soziale Macht kein ernsthaftes Gegengewicht zur aufgeblähten Regierungsmajorität zu sein vermag, stellt die Funktionsfähigkeit des parlamentarischen Systems in Frage. Grundlegende Probleme können in der parlamentarischen Diskussion nicht mehr mit der notwendigen Wirksamkeit und kritischen Durchschlagskraft öffentlich ausgetragen werden. Ernsthaft umstrittene Sachfragen werden ausgeklammert, um die Koalitionseintracht nicht zu gefährden. Vertrauliche Koalitionsabsprachen rangieren vor öffentlicher Diskussion und Konfrontation.

Dieser systembezogene Vorwurf wurde noch dadurch zusätzlich verschärft, daß die Mini-Opposition (FDP) nur sehr partiell mit den Zielsetzungen der aktiven außerparlamentarischen Oppositionsgruppen konform geht. Die außerparlamentarische Opposition findet in der parlamentarischen keinen zuverlässigen „Gesinnungspartner". Weder auf Bundes- noch auf Landesebene. Gerade in den Großstädten und Stadtstaaten, dem Wirkungsfeld jener außerparlamentarischen Opposition, sind die politischen Grundauffassungen zwischen ihr und der parlamentarischen Opposition in der Regel noch kontroverser als zwischen ihr und der etablierten Regierungsmehrheit.

Bei einer derartigen Sachlage läßt sich — falls Resignation verworfen wird — der eigene Einfluß schwerlich anders als durch dramatische Selbstdarstellung potenzieren. Daß man sich dabei auch jener Aktionsformen bedient, die von der Bürgerrechtsbewegung in den USA entwickelt wurden (einer außerparlamentarischen Opposition besonderer Art), ist grundsätzlich durchaus legitim. Die notwendige Erkenntnis, daß der Verzicht auf gewaltfreie Aktionen mit demokratischen Spielregeln unvereinbar ist und letztlich auch dem erklärten Ziel, der Freiheit und sozialen Gerechtigkeit mehr Raum zu schaffen, kaum dienlich sein dürfte, muß dabei allerdings befolgt werden. Jene politische Aktionsgruppe, die sich die außerparlamentarische Opposition nennt, läßt sich als ein lockeres Koalitionsgefüge mannigfacher politischer Interessengruppen — unter denen die der politisch aktiven Jugend eine dominierende Rolle spielen — beschreiben, die primär durch ihren Protest gegen den politischen Status quo der Bundesrepublik und ihrer Bündnispartner zusammengehalten wird — weit weniger durch eine gemeinsame klare Zielsetzung. Wäre dies nicht der Fall, hätte längst der Prozeß zur Bildung einer Partei — gegebenenfalls einer „Partei neuen Typs" mit „wahrhaft innerparteilicher Demokratie" — ernsthaft eingeleitet werden können. Es gibt sicherlich zahlreiche Gründe dafür, warum es hierzu bisher noch nicht kam — ganz abgesehen von der prinzipiell ablehnenden Haltung jener antiparlamentarischen Revolutionäre unter den Akteuren der außerparlamentarischen Opposition, die das bestehende „System" in all seinen Erscheinungsformen zerstören und auf eine bisher nirgendwo klar formulierte Weise *alles* ganz anders und natürlich viel besser machen wollen. Auch in ihrer bisherigen Erscheinungs- und Wirkungsform hat diese außerparlamentarische Opposition, neben mancherlei Fehlleistungen, wichtige positive Funktionen erfüllt, indem sie Grundprobleme, offenkundige Versäumnisse, gefährliche Fehlentwicklungen und etliche Tabus bundesrepublikanischer und „westlicher" Politik scharf kritisch zur Diskussion stellte und damit ins öffentliche Bewußtsein brachte. Für die Präferenzfolge der Tagesordnungspunkte der politischen Entscheidungsgremien hat sie deutlich Akzente gesetzt. Ihre Wirksamkeit und ihr partieller Erfolg sind dabei unverkennbar.

Es liegt nun wesentlich bei diesen Gremien, insbesondere den „etablierten Parteien", solche Reformen und Sachentscheidungen zu treffen und zu vollziehen, die die Kluft zwischen „etablierter Macht" und außerparlamentarischer Opposition überbrücken helfen. Ein System, das die Loyalität eines erheblichen Teils seiner politisch aktiven Jugend zu verlieren droht, ist in existentieller Gefahr.

Daß jener politische Aktivismus in der Bundesrepublik, der unter der Bezeichnung „die parlamentarische Opposition" diskutiert wird, keineswegs lediglich system-strukturell zu deuten und zu verstehen ist, ist selbstverständlich. Daß jenes Phänomen auch die Frage nach der Rolle der Opposition im parlamentarischen Regierungssystem und der Wechselbeziehung zwischen parlamentarischer und außerparlamentarischer Opposition aufwirft, steht außer Zweifel. Die vorliegende Skizze ist auf diesen Aspekt beschränkt.

9 c. Mehr Demokratie auch für die Opposition? (1977)

Die Regierungserklärung vom 28. Oktober 1969, die erste eines sozialdemokratischen Bundeskanzlers seit Bestehen der Bundesrepublik, enthielt einen Satz, der wie kein anderer im öffentlichen Gedächtnis haften blieb und zum Fanal wurde: „Wir wollen mehr Demokratie wagen."[1]
Für die christdemokratische Opposition war das Verheißung und Kampfansage zugleich. Die Verheißung bezog sich auf den prinzipiellen Respekt, den die neue Regierungskoalition offensichtlich der parlamentarischen Opposition als Institution bekundete. Hierzu hieß es in den einleitenden Passagen der Regierungserklärung: „Im sachlichen Gegeneinander und im nationalen Miteinander von Regierung und Opposition ist es unsere gemeinsame Verantwortung und Aufgabe, dieser Bundesrepublik eine gute Zukunft zu sichern. Die Bundesregierung weiß, daß sie dazu der loyalen Zusammenarbeit mit den gesetzgebenden Körperschaften bedarf. Dafür bietet sie dem Deutschen Bundestag und natürlich auch dem Bundesrat ihren guten Willen an."[2]
Willy Brandt hatte bereits als Abgeordneter der sozialdemokratischen Opposition am 21. Mai 1954 im Bundestag festgestellt: „Die Opposition ist einer der Träger, ja einer der Pfeiler eines demokratischen Staatswesens."[3] Dieser Auffassung gab er nun auch in seiner Regierungserklärung Ausdruck. Der erste sozialdemokratische Bundeskanzler unterstrich damit eine Grundüberzeugung, die schon der erste sozialdemokratische Oppositionsführer, Kurt Schumacher, in seiner Entgegnung vom 21. September 1949 auf die erste Regierungserklärung des christdemokratischen Bundeskanzlers Adenauer klar umrissen hatte: „Die Wertung der Opposition und der Regierung, die vorbehaltlose Überbewertung der Regierungsfunktion und die ebenso vorbehaltlose Unterbewertung der Oppositionsfunktion stammt aus dem Obrigkeitsstaat, und die Begriffe des Obrigkeitsstaates scheinen noch in vielen Köpfen auch in diesem Hause sehr lebendig zu sein. Eine Opposition ist in ihren Qualitäten nicht dann staatserhaltend, wenn sie eine wohlwollende Beurteilung durch die Bundesregierung oder durch ihre Parteien findet... Die Regierung und die Opposition werden ihre Qualität durch ihre Leistungen bestimmen. Aber, werte Abgeordnete, der Grundsatz gilt für die Opposition, daß die Bundesregierung sich die Mehrheiten für ihre Gesetze aus den Reihen der Regierungsparteien zu schaffen hat... Man kann also als Opposition nicht die Ersatzpartei für die Regierung sein und die Verantwortung für etwas übernehmen, wofür die Verantwortung zu übernehmen sich manche Regierungsparteien gegebenenfalls scheuen werden. Die Opposition ist ein Bestandteil des Staatslebens und nicht eine zweitrangige Hilfe-

1 Abgedruckt in Willy Brandt: Bundestagsreden. Hrsg. von Helmut Schmidt, Bonn 1972, S. 111.
2 Ebenda.
3 Ebenda, S. 35.

stellung für die Regierung... Die Opposition ist die Begrenzung der Regierungsmacht und die Verhütung ihrer Totalherrschaft. Ihre Eindeutigkeit zwingt alle Parteien, die der Opposition wie die der Regierung, ihr innerstes Wesen an ihren Taten zu offenbaren... Ebenso richtig ist es, daß die Opposition sich nicht in der bloßen Verneinung der Regierungsvorschläge erschöpfen kann. Das Wesen der Opposition ist der permanente Versuch, an konkreten Tatbeständen mit konkreten Vorschlägen der Regierung und ihren Parteien den positiven Gestaltungswillen der Opposition aufzuzwingen... Wir können den heutigen politischen Machtzustand sich nicht stabilisieren lassen. Es ist die Aufgabe der Opposition, die Dinge im Fluß im Sinne einer Entwicklungsmöglichkeit zum Demokratischen und Sozialen zu halten."[4]

Die sozialdemokratische Opposition mußte vom ersten Bundestag an die Bitternis parlamentarischer Minderheitsmachtlosigkeit erfahren. Vornehmlich während der ersten drei Wahlperioden hatten dabei „Wesen, Aufgabe und Wertung" der Opposition seitens der CDU-geführten Bundesregierung nicht jene praktische Berücksichtigung gefunden, die die gelegentlich als „ewiger Neinsager" abqualifizierte SPD-Opposition für geboten erachtete. So rechnete denn Willy Brandt am 6. Dezember 1961 zu Beginn der vierten Wahlperiode in seiner Antwort auf die letzte Regierungserklärung Adenauers im Bundestag mit der bisherigen Regierungs- und Mehrheitspraxis ab: Der Regierungsstil sei „in diesen zwölf Jahren durch das gekennzeichnet (gewesen), was man vielerorts ,Kanzlerdemokratie' genannt" habe. Diese Kanzlerdemokratie sei durch eine Reihe „bedauerlicher Erscheinungsformen" charakterisiert, die insgesamt zu einer „Geringschätzung so ziemlich aller Kräfte außerhalb des Bundeskanzleramtes, zu einer Vergiftung der Atmosphäre, zu einem Gegeneinander der demokratischen Kräfte" geführt hätten. Aufgrund dieser Erfahrungen forderte er schließlich dezidiert: „Eine Änderung des bisherigen Regierungsstils ist die Voraussetzung für eine Gemeinsamkeit in den Lebensfragen unserer Nation. Wir hoffen, daß man in Zukunft nicht mehr von einer Kanzlerdemokratie sprechen muß, sondern von einem Staat, in dem die Regierung die volle Verantwortung trägt, die Parteien aber verantwortungsbewußt mitarbeiten können und nicht ausgesperrt werden."[5] Der Brandt-Formel „mehr Demokratie wagen" konnte demnach nicht nur eine Kritik am Regierungsstil früherer CDU/CSU-Regierungsmehrheiten entnommen werden, sondern auch die Verheißung, die demokratischen Kritik-, Kontroll- und Mitwirkungsrechte der parlamentarischen Opposition besser als bisher sichern und ausweiten zu wollen.

Neben der Verheißung stand jedoch die Kampfansage. Kurt Schumacher hatte „die Aufgabe der Opposition" darin gesehen, „die Dinge im Fluß im Sinne einer Entwicklungsmöglichkeit zum Demokratischen und Sozialen zu halten". Was er darunter für sich und seine politischen Freunde als „Programm der Opposition" verstanden wissen wollte, war den Schlußsätzen seiner Entgegnung auf die erste Regierungserklärung Adenauers zu entnehmen gewesen: „Wir sind nicht die bloße Negationserscheinung dieser Regierung. Wir sind etwas Selbständiges. So wollen wir unsere Opposition füh-

---

4 Abgedruckt in Kurt Schumacher: Bundestagsreden. Hrsg. von Annemarie Renger. Bonn 1972, S. 3 f.

5 Brandt, a.a.O. (Anm. 1), S. 83 ff., letztes Zitat S. 85.

ren, mit dem Ziel, für die Politik der sozialistischen Demokratie einmal in diesem Hause die parlamentarische Mehrheit zu finden."[6] Als der erste sozialdemokratische Bundeskanzler vor das Parlament trat und „mehr Demokratie" ankündigte, stellte sich somit zugleich die Frage, welche Phase auf dem Wege zum programmatischen Ziel eines demokratischen Sozialismus, wie ihn das Godesberger Programm seit 1959 anvisierte, damit gemeint sein könnte. Sicherlich sprach Willy Brandt nicht als Chef einer sozialdemokratischen Regierung, sondern als Kanzler einer sozialliberalen Koalition, in der dem liberalen Koalitionspartner nicht alles zugemutet werden konnte. Dennoch mußte die Formel „mehr Demokratie wagen" aus dem Munde eines sozialdemokratischen Kanzlers, der sich insbesondere als Parteivorsitzender dem Zentralsatz des Godesberger Programms „Sozialismus wird nur durch die Demokratie verwirklicht, die Demokratie durch den Sozialismus erfüllt" verpflichtet weiß, nicht nur formaldemokratische Verheißungen, sondern auch eine bestimmte materiale Programmatik enthalten. Diese setzte, im Gegensatz zum bisher vorherrschenden Denken in rechtlichen Ordnungsvorstellungen, mit ihrer Betonung eines Denkens in Kategorien des Wandels, der Veränderung und einer zielgerichteten Mobilisierung neue, explizit radikal-progressive Akzente. Sie fanden ihren Niederschlag in den Sätzen der Regierungserklärung: „Mitbestimmung, Mitverantwortung in den verschiedenen Bereichen unserer Gesellschaft wird eine bewegende Kraft der kommenden Jahre sein. Wir können nicht die perfekte Demokratie schaffen. Wir wollen eine Gesellschaft, die mehr Freiheit bietet und mehr Mitverantwortung fordert."[7] Damit war nicht „die perfekte Demokratie", nicht der Sozialismus als Regierungsprogramm verkündet, jedoch eine Kampfansage gegen die bisher vorherrschenden politischen Denkvorstellungen angezeigt. Wie würde die Opposition auf diese Herausforderung reagieren? Bereits unter dieser Fragestellung schien daher der in den einleitenden Partien der Regierungserklärung enthaltene Satz, „unsere parlamentarische Demokratie hat 20 Jahre nach ihrer Gründung ihre Fähigkeit zum Wandel bewiesen und damit ihre Probe bestanden", eher ein Fragezeichen denn ein Ausrufungszeichen zu rechtfertigen.[8] Zweifellos war die erste sozialliberale Koalition verfassungsrechtlich völlig korrekt zustande gekommen. Dennoch stand der Regierungswechsel unter einem ungünstigen Stern, und die Probe, d. h. der von der CDU/CSU auch verfassungspolitisch akzeptierte Wechsel von der Regierungsbank zum Oppositionsgestühl, stand noch zur Bewährung aus. Der Machtwechsel und der damit verbundene Wandel vom „CDU-Staat" zum „SPD-Staat" konnte sich 1969 keineswegs auf ein eindeutiges Wählervotum berufen.[9] Die seit 20 Jahren den Kanzler stellende CDU/CSU blieb auch nach den Wahlen die stärk-

6 Schumacher, a.a.O. (Anm. 4), S. 27.

7 Brandt, a.a.O. (Anm. 1), S. 111.

8 Ebenda, S. 110.

9 Hierzu und zum Folgenden Udo Bermbach: Stationen der Regierungsbildung 1969. In: ZParl (Zeitschrift für Parlamentsfragen), 1970, Heft 1, S. 5–23, sowie Klaus Bohnsack: Bildung von Regierungskoalitionen, dargestellt am Beispiel der Koalitionsentscheidung der F.D.P. von 1969. In: ZParl, 1976, Heft 3, S. 400–425.

ste Fraktion und vermochte weiterhin den Bundestagspräsidenten aus ihren Reihen vorzuschlagen. Während die CDU/CSU als der größere Partner der Großen Koalition zwar geringfügige Verluste hinnehmen mußte, gegenüber der erhebliche Gewinne verzeichnenden SPD jedoch immer noch mit einem Vorsprung von 18 Bundestagsmandaten eindeutig in Führung blieb und dies als „klaren Führungsauftrag" des Wählers interpretierte, mußte die bisher in Opposition stehende FDP bei großen Verlusten das schlechteste Wahlergebnis ihrer Geschichte hinnehmen.

Aufgrund dieser Ergebnisse hielt die CDU/CSU eine sozialliberale Koalition zwar für rechnerisch möglich, nicht jedoch für politisch gerechtfertigt. Für sie war ein klarer Wählerauftrag zur Ablösung der weiterhin stärksten Partei und Fraktion aus der Regierungsverantwortung nicht erkennbar. Die Bildung der sozialliberalen Koalition erschien ihr somit als das Verhandlungsergebnis kleiner Parteiführungszirkel, die bei problematischer Interpretation des Wählerwillens die CDU/CSU aus den Regierungsämtern verdrängen wollten. Da ein klarer, unmißverständlicher Wählerauftrag zum Machtwechsel nicht vorlag, bedurfte der Wechsel der Interpretation. Er blieb folglich kontrovers. Eine derartige Kontroverse mußte den in einer parlamentarischen Demokratie prinzipiell notwendigen und sinnvollen Frontenwechsel von Regierungsmehrheit und Opposition, der zwischen den zwei großen Volksparteien in der Bundesrepublik erstmals anstand, erheblich belasten. Die Probe, ob die durch den Frontenwechsel betroffenen Parteien ihre neuen Rollen und Aufgaben auch verfassungspolitisch annehmen und in Übereinstimmung mit den Verfahrens- und Verhaltensregeln parlamentarischer Demokratie wahrzunehmen verstehen, war mit dem verfassungsrechtlich einwandfreien Vollzug noch nicht erbracht.

In der parlamentarischen Demokratie der Bundesrepublik gibt es ein sowohl verfassungsrechtlich wie verfassungspolitisch ermöglichtes und gebotenes Gegeneinander und Miteinander von Regierungsmehrheit und Opposition. Regierungsmehrheit — als die politische Aktionseinheit von Regierung und Parlamentsmehrheit — und Opposition sind miteinander verpflichtet, die Verfahrensregeln des parlamentarischen Rechtsstaats zu respektieren und jenen demokratischen Grundkonsens zu wahren, ohne dessen bewußte Pflege eine offene Konfliktaustragung in friedlichen Formen dauerhaft nicht möglich ist. Das Gegeneinander von Regierung und Opposition im Sinne einer demokratisch-rechtsstaatlichen Gewaltenteilung verlangt wiederum, daß die Opposition ihre Fähigkeit zu öffentlich wirksamer Kritik und Kontrolle der Regierungsmehrheit und zur Erarbeitung politischer Alternativen erweist. Gerade bei einem erstmals vollzogenen Frontenwechsel der politischen Hauptkontrahenten, wenn gleichsam das ganze politische System im parlamentarisch-demokratischen Lernprozeß „zur Bewährung" ansteht, setzt das „Einüben" der neuen Rollen im Grunde eine klare Ämter- und Funktionszuweisung voraus. Die war für die CDU/CSU 1969 verfassungspolitisch nicht gegeben. Vor diesem Hintergrund kam für ein gutes Bestehen der Probe erschwerend hinzu, daß aus lerntheoretischer Sicht die Verfassungslage sowohl für die Regierung als auch die Opposition relativ ungünstig war. Und zwar vornehmlich aus drei Gründen:

1. Die neue Regierung verfügte im Bundestag als der ersten gesetzgebenden Körperschaft über eine äußerst schmale und im Bundesrat als der zweiten gesetzgebenden

Körperschaft über keine politisch verläßliche Mehrheit. Zudem war der in den Wahlen arg gerupfte liberale Koalitionspartner bei seiner Neuorientierung mit innerparteilichen Strukturveränderungen beschäftigt, die ein kritisches Fraktionswechsler-Potential zuungunsten der Regierungsmehrheit signalisierten. Im Bundesrat wiederum bestand wenig Aussicht, daß die anstehenden Landtagswahlen und Regierungskoalitionen eine Mehrheitsänderung im Sinne der politischen Übereinstimmung mit der Bundesregierung bewirken könnten. Die schwache Regierungsmehrheit mußte die Opposition dazu veranlassen, diesen ,,politischen Machtzustand sich nicht stabilisieren zu lassen'' (Schumacher).

2. Die CDU/CSU befand sich als Oppositioneleve in einer paradoxen Situation. Gerade aufgrund ihrer einmalig günstigen Grundposition war sie als ,,Opposition ohne klare Wählerzuweisung'' besonderen Selbstfindungsproblemen ausgesetzt.[10] War die Regierungsmehrheit stark genug, die Wahlperiode überhaupt voll durchzustehen? Erhebliche Zweifel daran ließen viele in der CDU/CSU die Oppositionsrolle erst gar nicht ernsthaft annehmen. Man begriff sich eher als potentielle Regierungsmehrheit, denn als weitgehend auf die kritisch-kontrollierende Funktion verwiesene Opposition. Die CDU/CSU, in Bonn erstmals in die Oppositionsrolle gedrängt, sah sich zudem Vorteilen gegenüber, die der SPD-Opposition bei ihrer siebzehnjährigen Oppositionspraxis niemals oder nicht in diesem Ausmaße je zur Verfügung gestanden hatten: Während der Großen Koalition war angesichts der Ungewißheit, wer künftig das harte Amt der Opposition auszuüben hätte, die sogenannte ,,Kleine Parlamentsreform'' fast einstimmig verabschiedet worden.[11] Mit ihr wurden die parlamentarischen Minderheitsrechte noch wirksamer als bisher ausgestaltet, was der Opposition zugute kam. (Spezifische Oppositionsrechte kennt das deutsche Parlamentsrecht nicht; die der Opposition zugute kommenden Rechte stehen je nach Quorum jeder entsprechend starken Minderheit zu.) Gleichzeitig verfügte die neue Opposition in ihren Reihen über ehemalige Minister und Experten, die mit dem Regierungsapparat bestens vertraut waren. Von besonderem Gewicht war jedoch der Tatbestand, daß die von der CDU/CSU getragenen Länderregierungen im Bundesrat über eine Mehrheit (zunächst von nur einer Stimme) verfügten. Diese konnte sich ebenso wie die Opposition des Bundestages gegebenenfalls auch an das Bundesverfassungsgericht wenden. Der CDU/CSU stand demnach ein reichhaltiges Oppositions-Arsenal zur Verfügung, mit dessen Hilfe sie ,,die Begrenzung der Regierungsmacht und die Verhütung ihrer Totalherrschaft'' (Schumacher) zu bewirken vermochte.

3. In England hatte sich angesichts der langjährigen Regierungsmacht der Konservativen in deren Reihen zu Beginn dieses Jahrhunderts die Auffassung verbreitet, es

10 Siehe hierzu die wichtige empirische Studie von Hans-Joachim Veen: Opposition im Bundestag — Ihre Funktionen, institutionellen Handlungsbedingungen und das Verhalten der CDU/CSU-Fraktion in der 6. Wahlperiode 1969–1972. Bonn 1976.
11 Vgl. hierzu vor allem die grundlegende Arbeit von Uwe Thaysen: Parlamentsreform in Theorie und Praxis — Eine empirische Analyse der Parlamentsreform im 5. Deutschen Bundestag. Opladen 1972.

gäbe gleichsam eine „natürliche" Regierungs- und Oppositionspartei. Die Argumentation lautete etwa folgendermaßen: Während die „Linken" als mehr oder weniger radikal-progressive Kritiker und Mahner eine wertvolle Funktion in der Oppositionsrolle auszuüben vermögen, sei es die Aufgabe der konservativeren Kräfte, jene linken Ideen und Anregungen aufzugreifen und gegebenenfalls politisch durchzusetzen, die dem Gemeinwesen insgesamt am besten förderlich wären. Als Regierende seien sie besser als die „Linken" vor der Versuchung gefeit, um ideologischer Zielsetzungen willen riskante kollektive Humanexperimente durchzuführen. Auch in der Bundesrepublik schien sich Anfang der fünfziger Jahre „rechts von der Mitte" die Auffassung zu verbreiten, die SPD könne auf Bundesebene als die natürliche Oppositionspartei angesehen werden (sie hatte bis zu Brandt noch niemals in Deutschland einen Außenminister gestellt), während die CDU/CSU seit Gründung der Bundesrepublik zur Kanzlerschaft berufen sei.

Diese rechte Oppositionsversion fand, wenn auch mit erheblich anderen Konsequenzen, auf der Linken eine bemerkenswerte Parallele. Kurt Schumacher hatte 1949 für die SPD erklärt: „Es ist die Aufgabe der Opposition, die Dinge im Fluß im Sinne einer Entwicklungsmöglichkeit zum Demokratischen und Sozialen zu halten." Eine Opposition, die sich dieser Aufgabe widmet, die im Dienst der Demokratisierung steht, bedarf der rechtlichen Absicherung und verdient jede Unterstützung. Was jedoch, wenn sich eine Opposition in ihrer Aufgabenstellung andere Akzente setzt? Was, wenn die Regierungsmehrheit deutlicher als die Opposition oder gar im Gegensatz zu ihr ein Programm der Demokratisierung verkündet und damit die „eigentliche Aufgabe" der Opposition in die Regierung integriert? Muß in diesem Fall eine Opposition nicht eher das Miteinander als das Gegeneinander betonen, wenn sie ihrer Aufgabe entsprechen will? Sicherlich, auch dann „gilt der Grundsatz für die Opposition, daß die Bundesregierung sich die Mehrheiten für ihre Gesetze aus den Reihen der Regierungsparteien zu schaffen hat" (Schumacher). Aber was, wenn diese Mehrheiten knapp werden oder die Opposition gar in politischer Übereinstimmung mit einer Mehrheit in der anderen gesetzgebenden Körperschaft kooperiert und damit ihr politisches Gewicht im Entscheidungsprozeß erheblich potenziert? Würde man nicht einer sehr formalen Argumentation folgen, wenn man Opposition gleich Opposition setzen und nicht nach der programmatischen Grundposition der jeweiligen Opposition fragen würde? „Mehr Demokratie wagen" bedeutet doch konkret, einer progressiven Opposition ein möglichst breites Wirkungsfeld erschließen. Ist dieses Postulat auch auf eine relativ konservative Opposition gegenüber einer betont progressiven Regierung anwendbar? „Mehr Demokratie wagen" darf doch nicht dadurch ins Gegenteil verkehrt werden, daß man einer weniger fortschrittlichen Opposition die Chance einräumt, einer zukunftsweisend-reformfreudigen, die Pfade der Demokratisierung mutig beschreitenden Regierungsmehrheit das Leben auf unverantwortliche Weise sauer zu machen.
Die sozialliberale Koalition war mit dem Versprechen angetreten, neue Horizonte zu erschließen, hatte Demokratisierung auf ihre Fahnen geschrieben und Reformeuphorie animiert. Sie wäre vor ihren Anhängern nahezu unglaubwürdig geworden, wenn sie bei

den knappen Mehrheitsverhältnissen der Opposition allzu großzügig begegnet wäre. „Mehr Demokratie wagen" konnte daher in der Praxis tatsächlich nur bedeuten, den Spielraum der christdemokratischen Opposition möglichst eng zu halten. Der sozialliberalen Regierung stand das Wasser zu hoch am Halse und die entrüstete Opposition drohte zu laut mit der Ankündigung, alle ihr zur Verfügung stehenden Mittel extensiv gegen den Machtusurpator in Anwendung bringen zu wollen, als daß sich die neue Regierung bereit finden konnte, der Opposition gegenüber einen wesentlich anderen Stil zu praktizieren, als dies in der kritisierten Vergangenheit ihrer Meinung nach der Fall gewesen war. Im „SPD-Staat" — ein provokanter Terminus, der weder der SPD noch der FDP munden mag — gab es auf freiwilliger Basis kein Mehr an Demokratie für die Opposition. Im Gegenteil, jeder Versuch der Opposition, ihre verfassungsrechtlichen Chancen wirkungsvoll auszunutzen, wurde, wenn möglich, nicht nur problematisiert, sondern mehr oder weniger energisch zurückgewiesen.

Hierzu kann zunächst das Bemühen gezählt werden, die bereits unter den CDU/CSU-Regierungen geübte Praxis fortzusetzen, die in der deutschen politischen Kultur latent vorhandenen Vorurteile gegen Opposition zu mobilisieren: Dies gilt für die Schlagworte von den ewigen Nein-Sagern, den Nörglern und Querulanten, die nur Kritik im Sinne haben, ihre Niederlage nicht verwinden können und der Regierung das verantwortungsvolle Staatshandwerk lediglich über Gebühr schwer machen, und denen in der Sache auch nichts Besseres einfällt, die gegenüber dem einzig richtigen Weg der Regierungsmehrheit stets ohne „wirkliche" Alternative dastehen, bis hin zu den Reizworten von den Versagern, der Regierungsunfähigkeit und dem schlimmen Wort vom Sicherheitsrisiko. Es trifft darüber hinaus auf eine Reihe verfassungsrechtlich und verfassungspolitisch bedeutsamer Sachverhalte zu, wobei im Folgenden nur die Stichworte Fraktionswechsel, Mißtrauensvotum, Politisierung des Bundesrates, Verfassungsgerichtsbarkeit und Rederecht von Bundesratsmitgliedern im Bundestag[12] erwähnt seien.

Am Anfang der Debatten verfassungsbedeutsamer Problemstellungen und Kontroversen stand das Thema Fraktionswechsler.[13] Das Thema selbst war nicht neu. Bis zum Ende der fünften Wahlperiode hatten bereits 120 Abgeordnete des Deutschen Bundestages im Laufe der Jahre ihre Fraktion verlassen und das politische Lager gewechselt. Im sechsten Bundestag, in dem 8 Abgeordnete (4 der FDP und 4 der SPD) zur Opposition übertraten, gewann die Debatte jedoch eine neue Dimension. Hier ging es um die Existenz der ersten von Sozialdemokraten geführten Bundesregierung.

Bei der dünnen Mehrheitsdecke zehrte jeder Fraktionswechsel an der Substanz. Bereits die erste Wechslergruppe um die FDP-Abgeordneten Mende, Starke und Zoglmann führte zu erregten Disputen und seitens der Mehrheit zu derart ehrenrührigen Verun-

---

12 Vgl. zum letztgenannten Thema die kontrovers geführte Diskussion: Zum Rederecht der Mitglieder des Bundesrates im Bundestag. In: ZParl, 1976, Heft 3, S. 317—328.

13 Zum Folgenden vor allem Martin Müller: Fraktionswechsel im Parteienstaat — Parlamentsreform und politische Kultur in der Bundesrepublik Deutschland. Opladen 1974; sowie Heino Kaack: Fraktions- und Parteiwechsler im Deutschen Bundestag. In: ZParl, 1972, Heft 2, S. 3—27, und ders.: Fraktionswechsel und Mehrheitsverhältnisse im Deutschen Bundestag. In: ZParl, 1972, Heft 3, S. 131—139.

glimpfungen, wie sie bisher in Verbindung mit diesem Thema unbekannt geblieben waren. Zwar hatte die CDU/CSU seit jeher am meisten von Fraktionswechslern profitiert, aber auch die SPD hatte bis zum sechsten Bundestag übertretende Abgeordnete in ihren Reihen herzlich begrüßt. Nun, da ihre Regierungsmacht und Programmatik auf dem Spiele stand, galt jeder Wechsel von der Regierungsmehrheit zur Opposition als ein Verrat am Geiste parlamentarischer Demokratie schlechthin.

Auch der Opposition bereiteten die Wechsler nicht nur eitel Freude. Einerseits genoß sie das Schauspiel schmelzender Mehrheitsherrlichkeit, andererseits wußte sie, daß die zu erwartenden Fraktionswechsler zwar einen Regierungssturz, aber kaum eine tragfähige Regierungsmehrheit würden bewirken können. Zugleich führten die Fraktionswechsler dazu, daß im Bundestag vorübergehend (Mitte 1972) eine doppelte Mehrheit produziert wurde: Bei Geschäftsordnungsfragen und in den Ausschüssen, wo die Berliner Abgeordneten ein Stimmrecht haben, verfügte die Koalition noch über eine Mehrheit. Nicht mehr hingegen bei materiellen Entscheidungen im Plenum.

Am 22. Februar 1970 hatte Herbert Wehner im Saarländischen Rundfunk den böse Reaktionen provozierenden Satz gesprochen: „Ich brauche die Opposition nicht, denn ich bin der Vorsitzende der Sozialdemokratischen Fraktion." Am 28. April 1972 wurde der Haushalt des Bundeskanzleramtes mit 247 zu 247 Stimmen bei einer Enthaltung abgelehnt. Auch außenpolitisch hatte sich die Bundesregierung mittlerweile in eine derartige Lage manövriert, daß bei einer ablehnenden Haltung der Opposition die gesamte Ostvertragspolitik zu scheitern drohte. Die sozialliberale Koalition brauchte zumindest eine Opposition, die sich der Stimme enthielt. Als diese sich hierzu — unter Zeitdruck stehend, der eine längere innerparteiliche Diskussion und Neuorientierung nicht zuließ — in ihrer überwiegenden Mehrheit bereit fand, erntete sie dafür seitens der Regierungsmehrheit noch Hohn. Am 30. November 1965 hatte Helmut Schmidt im Bundestag von den Oppositionsbänken her für seine politischen Freunde erklärt: „Es steht nirgendwo geschrieben, daß die Opposition dabei helfen soll, eine Regierung aus einer Zwickmühle herauszuholen, in die sie sich selber hineinmanövriert hat." Und Kurt Schumacher hatte als Oppositionsführer der SPD seinerzeit festgestellt: „Man kann also als Opposition nicht Ersatzpartei für die Regierung sein und die Verantwortung für etwas übernehmen..."[14]

Mitte April war es soweit, daß die Oppositionsführung das Wagnis eines Mißtrauensantrags glaubte eingehen zu können.[15] Bei einem Erfolg wäre die CDU/CSU damit unter anderem in der vorteilhaften Lage gewesen, von der Regierungsposition aus in den Wahlkampf zu ziehen. Als die Landtagswahlen des 23. April 1972 der CDU in Baden-Württemberg einen großen Wahlsieg, der ihr die absolute Mehrheit sicherte und anschließend gar den entscheidenden Fraktionswechsel des FDP-Bundestagsabgeordneten Wilhelm Helms bescherte, brachte sie tags darauf zur „Generalabrechnung mit der Bundesregierung" im Bundestag ihren Mißtrauensantrag ein. Oppositionsführer Rainer Bar-

---

14 Schumacher, a.a.O. (Anm. 4), S. 3.
15 Zur Vorgeschichte und zum Ablauf Martin Müller: Das konstruktive Mißtrauensvotum – Chronik und Anmerkungen zum ersten Anwendungsfall des Art. 67 GG. In: ZParl, 1972, Heft 3, S. 275–291.

zel war sich sicher, mit 250 Stimmen — einer Stimme mehr als notwendig — für seine Kanzlerwahl rechnen zu können. Am 27. April sollte es im Bundestag zur Abstimmung kommen. Die Angst über einen Erfolg des Antrages im Nacken, wurde im Lande von „Staatsstreich" gesprochen und bei einer verfassungsrechtlich korrekten Wahl eines neuen Kanzlers mit extremen Konsequenzen gedroht.

Die Regierung, allen voran der Kanzler, sprachen von Korruption und finsteren Kräften im Verborgenen. Da sich die Regierungsmehrheit der Geschlossenheit ihrer eigenen Reihen nicht sicher war, blieb sie — bis auf wenige Ausnahmen — bei der ersten geheimen Abstimmung über ein konstruktives Mißtrauensvotum, das die demokratische Opposition eingebracht hatte, in demonstrativer Boykotthaltung auf ihren Plätzen sitzen. Barzel erhielt 247 Stimmen, zwei weniger als erforderlich. Drei FDP-Abgeordnete hatten für Barzel gestimmt. Demnach mußten mindestens zwei CDU/CSU-Abgeordnete unter den „Abweichlern" gewesen sein.[16] Einer von ihnen, Julius Steiner, gab sich später mit dem Argument zu erkennen, er sei für seine Stimmabgabe gegen Barzel seitens der SPD bestochen worden. Den Beweis hierfür blieb er allerdings schuldig.

Neben den Themen Fraktionswechsel und Mißtrauensvotum spielte auch das Thema „der Bundesrat im parlamentarischen Parteienstaat" von Anbeginn der sozialliberalen Koalition eine gewichtige Rolle.[17] Bereits kurz nach Bekanntwerden der Wahlresultate hatte Bundeskanzler Kiesinger zu verstehen gegeben, daß sich eine CDU/CDU-Opposition im Bundestag um eine enge Kooperation mit der von den CDU/CSU-regierten Ländern getragenen Mehrheit des Bundesrates bemühen werde. „Daß die parteipolitischen Frontenbildungen von Bonn im Bundesrat durchschlagen"[18], war seit 1969 durchaus keine Neuerscheinung. So hatte schon Adenauer am 24. April 1953 die Bundesratsmehrheit angesichts der Versuche der SPD-Opposition, im Frühjahr 1953 über den Bundesrat die Westverträge der Bundesregierung zu Fall zu bringen, beschworen, um der „Interessen des deutschen Volkes" willen nachzuweisen, daß „der Bundesrat ein Organ in der Gesetzgebung ist, das sich auch einmal frei machen kann von parteipolitischen Rücksichten"[19]. Neu war hingegen die Aussicht, daß sich der Frontverlauf zwischen Regierungsmehrheit und Opposition mit umgekehrten parteipolitischen Vorzeichen dauerhaft im Bundesrat etablieren könnte. Damit wäre der sozialliberalen Koalition trotz ihrer Mehrheit im Bundestag keine gesetzgeberische Mehrheit bei allen zustimmungspflichtigen Gesetzen im Bundesrat gesichert. Das konnte und durfte nicht geduldet werden.

Somit begann jener große verfassungsrechtliche und verfassungspolitische Interpretationskrieg, der noch heute die Gemüter bewegt. Die Parteien vollzogen dabei — situa-

---

16 Rainer Barzel dazu am 12.1.1973 vor dem Landesparteitag der CDU Westfalen-Lippe in Siegen: „Drei gezinkte Karten spielten Geschichte."

17 Zu diesem Thema jetzt eingehend Friedrich Karl Fromme: Gesetzgebung im Widerstreit — Wer beherrscht den Bundesrat? Die Kontroverse 1969—1976. Bonn (Dezember) 1976.

18 Ebenda, S. 21.

19 Protokolle des Bundesrates, 105. Sitzung vom 24.4.1953, S. 188 B. — Zur Rolle des Bundesrates und den letztlich erfolglosen parteipolitischen Einflußnahmen der SPD-Opposition mit detaillierten Angaben Arnulf Baring: Außenpolitik in Adenauers Kanzlerdemokratie. München-Wien 1969. bes. S. 261—293.

tionsbedingt — einen nahezu totalen Frontenwechsel. Während die CDU/CSU bisher den Bundesrat zu parteipolitischer Zurückhaltung gemahnt hatte und deren Vertreter im Bundesrat einen bürokratisch unterkühlten Verhandlungston und Arbeitsstil zu etablieren wußten, spannte sie nun andere Rösser vor ihren Wagen. Sie behielt sich das Recht vor, die demokratisch legitimierte Mitwirkung und Verantwortung ihrer Parteien auch über den Bundesrat — der als gesetzgebende Körperschaft nicht in einem partei- und demokratieneutralen Vakuum tätig sein kann, falls der Bundesrat dem Demokratiegebot des Grundgesetzes gerecht werden sollte — zur Geltung bringen zu können. Die Regierungsmehrheit wiederum, aus deren Reihen früher mit anderen Akzenten argumentiert worden war, verlangte nun vom Bundesrat parteipolitische Abstinenz. Sie ging schließlich so weit, die äußerst konservative Bundesratsinterpretation des ehemaligen CSU-Kultusministers Theodor Maunz zu ihrem Glaubensbekenntnis zu erheben.[20] Die Zeichen standen auf Sturm. Es begann mit einigen Böen. Da die sozialliberale Regierungsmehrheit sehr knapp war und in den Ausschüssen des Bundestages in der Regel nur über eine Stimme mehr als die Opposition verfügte, entwickelte sie einen neuen Verhandlungsstil. Bisher war es durchaus üblich, daß Oppositionsanträge in der Ausschußarbeit mehr oder weniger großzügig berücksichtigt wurden. Nun trat die neue Regierungsmehrheit als ein auf Disziplin eingeschworener Block auf, der um seiner eigenen Kohäsion willen nach vorangegangenen Koalitionsabsprachen der Opposition in den Bundestagsausschüssen die kalte Schulter wies. Die Opposition drohte, bei mangelndem Entgegenkommen im Parlament entsprechende Konsequenzen im Bundesrat zu ziehen. Die Regierungsmehrheit wiederum sah sich nicht in der Lage, in vertraulichen Ausschußsitzungen der Opposition entgegenzukommen und — nur um damit das kooperative Wohlwollen der Bundesratsmehrheit zu gewinnen — im Bundestag, wo sie die Mehrheit besaß, wesentliche Abstriche von ihren Reformprogrammen hinzunehmen. Sie bevorzugte den Kollisionskurs, indem sie die Legitimität der Bundesratsmehrheit, eine eigene politische Grundposition vertreten zu dürfen, bestritt und diese bei einer Zurückweisung der Bundestagsbeschlüsse als fortschrittsfeindlichen Saboteur des parlamentarisch-demokratisch vermittelten Volkswillens anprangerte.

Während der ersten sozialliberalen Wahlperiode kam diese verfassungspolitische Auffassung noch nicht voll zum Tragen. Die vorzeitige Auflösung des Bundestages über den Weg eines „strategisch manipulierten" Vertrauensvotums[21] verhinderte vor Ablauf der

---

20 „Das Grundgesetz will nicht... einen ‚Parteienbundesstaat' schaffen, d. h. hier ein bundesstaatliches System aufbauen, in dem die politischen Parteien dazu verwandt werden, um aus parteipolitischer Haltung heraus vom Land her gegen die Bundesregierung Opposition zu machen. Es ist vielmehr der Wille und Ziel des Grundgesetzes, daß im Bundestag das Volk nach Parteien gegliedert repräsentiert wird, während es im Bundesrat nach Ländern gegliedert in Erscheinung tritt." Bei Entscheidungen aus parteipolitischen Beweggründen würden die Mitglieder des Bundesrates „damit gegen die verfassungsrechtliche Funktion des Bundesrates handeln." So Theodor Maunz: Die Rechtsstellung der Mandatsträger im Bundesrat. In: Der Bundesrat als Verfassungsorgan und politische Kraft. Hrsg. vom Bundesrat. Bad Honnef/Darmstadt 1974, S. 209 f. Siehe dazu auch Fromme a.a.O. (Anm. 17), S. 179 ff. und ebd. Anm. 586.

21 Hierzu Rolf Lange und Gerhard Richter: Erste vorzeitige Auflösung des Bundestages. Stationen vom konstruktiven Mißtrauensvotum bis zur Vereidigung der zweiten Regierung Brandt/Scheel. In: ZParl, 1973, Heft 1, S. 37—75.

Wahlperiode, daß eine Reihe strittiger Gesetzesvorhaben im Bundesrat noch rechtzeitig zur Abstimmung kamen. Vieles blieb unerledigt liegen. Anders stellten sich die Dinge nach dem klaren Wahlsieg der sozialliberalen Koalition vom 19. November 1972, der die SPD im 7. Bundestag zur stärksten Fraktion werden ließ. Nun gab es für die CDU/CSU keine Ausflucht und Verführung mehr, sich der ernsthaften Erfüllung des Oppositionsauftrages im Bundestag zu entziehen. Für die Regierungsmehrheit blieb jedoch das Dilemma einer oppositionellen Mehrheit im Bundesrat, die sich seit der Landtagswahl in Baden-Württemberg (23.4.1972) zugunsten der CDU/CSU stabilisiert hatte und während der 7. Wahlperiode des Bundestages weiterhin verstärken sollte. Zunehmend wurde daher die These propagiert[22], vom Grundgesetz sei ein parlamentarisches Regierungssystem konzipiert worden, in dem die demokratische Grundregel gelte, ,,daß die gewählte Mehrheit (des Bundestages) für eine Wahlperiode Chance und Pflicht habe, das vom Wähler gebilligte Programm zu verwirklichen"[23]. Wenn sich dem im Bundesrat eine ,,Gegenmacht" entgegenstelle, so sei dies im Grunde Verrat am demokratischen Wählerauftrag und ein Mißbrauch der Institution.

Mit ,,mehr Demokratie" im ,,formaldemokratischen" Sinne hat diese Verfassungsinterpretation allerdings wenig gemein. Das Grundgesetz hat bekanntlich keine parlamentarische Demokratie schlechthin, sondern einen parlamentarischen Bundesstaat konstituiert, in dem die Länder den Bundesrat bestellen. Dieser wirkt als Bundesorgan an der Gesetzgebung und Verwaltung des Bundes mit. Bei zustimmungspflichtigen Gesetzen (heute mehr als 50 % der Gesetze) verfügt er dabei über das gleiche Entscheidungsrecht wie der Bundestag. Auch der Bundesrat, der sich aus Mitgliedern der Landesregierungen zusammensetzt, die von den Landtagen gewählt werden und ihnen politisch verantwortlich sind, ist demokratisch legitimiert. Das Gewaltenteilungskonzept des Grundgesetzes befindet sich somit nicht im Konflikt mit dem Demokratiegebot, sondern ist Ausdruck des pluralistischen Demokratieverständnisses der Verfassung. Demgemäß besteht in der Bundesrepublik ein föderativ relativiertes parlamentarisches System, in dem den Parteien eine entscheidende, von der Verfassung gewollte Vermittlungsfunktion zukommt. Diese Vermittlungsfunktion der Parteien darf selbstverständlich nicht nur direkt im parlamentarischen, sondern indirekt auch im föderativen Bereich zur Wirkung gebracht werden. Es ist zweitrangig, ob man das Ergebnis dieses demokratischen Gewaltenteilungssystems der Bundesrepublik einen parlamentarisch-föderativen Parteienstaat oder einen parlamentarischen Parteienbundesstaat nennt. Die Entscheidung, ob die ,,zweite Kammer" strukturell dem Senats- oder Ratsprinzip unterworfen wird, ist dabei angesichts des vorrangigen Demokratiegebots der Verfassung von sekundärer, nicht substanzieller Bedeutung. Die Entscheidung zwischen Senats- und Ratsprinzip bedeutet nicht eine Entscheidung zwischen Demokratie und bürokratisch-autoritärer Technokratie.

In der Bundesrepublik kann demnach eine Partei bzw. Parteienkoalition ihr Programm nur dann verwirklichen, wenn sie sowohl im Bundestag als auch im Bundesrat die hier-

---

22 Zur Entwicklung dieser These Peter Schindler: Mißbrauch des Bundesrates? Dokumentation einer aktuellen Auseinandersetzung. In: ZParl, 1974, Heft 2, S. 157—166.

23 So der stellvertretende Vorsitzende der SPD-Bundestagsfraktion, Prof. Dr. Friedrich Schäfer, in einem Leserbrief an ,,Die Welt" vom 27. März 1974.

für erforderliche Mehrheit gewinnt. Der Bundestagswähler ist an seine eigene Verfassung gebunden. Er kann nicht über den Bundestag und dessen Mehrheit allein „Wähleraufträge" erteilen. Ein Zurückdrängen des Bundesrates aus der politischen Verantwortung, die zu übernehmen er als gewichtiges Entscheidungsorgan nach dem Grundgesetz verpflichtet ist, würde nicht mehr, sondern weniger Demokratie bedeuten – es sei denn, die Entscheidungskompetenzen des Bundesrates werden verfassungsrechtlich wesentlich reduziert.

Hat der Bundesrat gegen einen Gesetzesbeschluß des Bundestages Bedenken, macht er dies üblicherweise durch Anrufung des Vermittlungsausschusses kund. Während der 7. Wahlperiode nahmen diese Anrufungen durch den Bundesrat merklich zu. Hatten sie in den ersten drei Wahlperioden zwischen 10,7 und 12,5 % der dem Bundesrat zugeleiteten Gesetzesvorlagen betragen, so lauteten die Vergleichszahlen im 6. Bundestag 9,3 % und im 7. Bundestag gar 18,6 %, wobei nahezu die Hälfte der Anrufungen (44 von insgesamt 96) während des letzten Jahres der Wahlperiode (1975/76) erfolgten. Obgleich schließlich nur neun strittige Gesetze am Bundesrat scheiterten, davon lediglich sechs an der Unionsmehrheit, mußte die Regierungsmehrheit in zahlreichen Fällen weitreichende Kompromisse eingehen, um es überhaupt zu einer Gesetzesverabschiedung kommen zu lassen. Der Vorwurf der „Blockade" und „Obstruktion" durch den Bundesrat war Ausdruck der Verbitterung im Regierungslager.

Als am 3.10.1976 der 8. Bundestag gewählt war und die Fortsetzung der sozialliberalen Koalition feststand, antwortete der alte und neue Bundeskanzler Helmut Schmidt auf die Frage eines Fernsehreporters, ob er künftig „am Bundesrat vorbeiregieren" werde: „Ich glaube, es ist ein Irrtum zu glauben, daß die meisten Vorhaben, die wir in Angriff nehmen werden, der Zustimmung des Bundesrates bedürfen. Wir werden bei allen Gesetzen darauf achten, daß wir auf Regelungen verzichten, wenn das irgend möglich ist, die die Zustimmungsbedürftigkeit eines solchen Gesetzes begründen."[24] Am 31.10.1976 nahm hierzu der rheinland-pfälzische Ministerpräsident Bernhard Vogel (CDU), der bald darauf turnusgemäß zum Präsidenten des Bundesrates gewählt wurde, wie folgt Stellung: „Ich halte die Vorstellung, die Helmut Schmidt geäußert hat, man werde die Gesetze jetzt so formulieren, daß man sie am Bundesrat vorbeimachen könne, für eine ganz schlimme Geschichte, weil das heißt, daß man ein verfassungsmäßiges Organ mit List und Tücke zu umgehen versucht."[25] Vogel formulierte damit eine Auffassung, die er am 3.12.1976 bei seiner Antrittsrede als Präsident des Bundesrates in höflicheren Worten und eingehender begründend, jedoch nicht weniger bestimmt vortrug. Auch in der 8. Wahlperiode steht somit die Frage, was in diesem Zusammenhang unter mehr Demokratie konkret zu verstehen sei, kontrovers zur Diskussion.

Ähnliches gilt für ein weiteres Verfassungsinstitut, das nach dem Grundgesetz notfalls dafür Sorge zu tragen hat, daß die Bäume einer hoch hinaus strebenden Bundestagsmehrheit nicht auf Kosten unterlegener Minderheiten über den gesteckten Verfassungsrahmen hinweg in den Himmel wachsen. Bundesratspräsident Vogel hatte bei seiner Antrittsrede auf die Parallele verwiesen: „ Der Bundesrat rückt... in die Nähe der Auseinandersetzungen um die Zuständigkeiten des Bundesverfassungsgerichts. Sobald Entscheidungen dieses Verfassungsorgans in hochkontroversen Fragen nicht wunschgemäß

24 Fromme, a.a.O. (Anm. 17), S. 7.   25 Ebenda, S. 8.

ausfallen, flammt regelmäßig die Diskussion um die Legitimation seiner Entscheidungspraxis auf. Ich brauche nicht zu betonen, daß diese Form der Auseinandersetzung...
an die Grundlage unserer staatlichen Ordnung rührt."[26]
Auch in einer parlamentarischen Demokratie gilt in der Regel der Grundsatz, daß ein
Gesetz mit einfacher, eine Verfassungsänderung jedoch nur mit qualifizierter, d. h.
üblicherweise mit Zweidrittel-Mehrheit verabschiedet werden kann. Eine Opposition
vermag somit keine Gesetze, jedoch einen Eingriff in die Verfassung zu verhindern.
Was jedoch, wenn eine einfache Parlamentsmehrheit de facto die Verfassung gegen
die Interessen einer Minderheit verändert?
In diesem Fall verfügt in der Bundesrepublik auch die Opposition über das Recht, das
Bundesverfassungsgericht anzurufen. Daß sich eine Regierungsmehrheit wenig erfreut
zeigen wird, falls sie erleben muß, daß einige ihrer Gesetze nach Anrufung durch die
Opposition vom Verfassungsgericht ganz oder teilweise für verfassungswidrig und damit nichtig erklärt werden, ist prinzipiell durchaus verständlich. Bedenklich wird es
nur, wenn die Anrufung des Gerichts durch die Opposition ebenso als ein im Grunde illegitimes Wirken einer Minderheit zur Blockade des demokratischen Mehrheitswillens verdächtigt und abqualifiziert wird, wie eine Gerichtsentscheidung selbst, die zugunsten einer klagenden Minderheit ausfällt.
Die SPD konnte frühzeitig entsprechende Erfahrungen sammeln. Ein Beispiel[27]: Als die
SPD-Bundestagsfraktion auf Anregung Kurt Schumachers am 31.1.1952 beim Bundesverfassungsgericht eine vorbeugende Normenkontrollklage gegen die Verabschiedung
der Westverträge einbrachte, sah sie sich bald dem geharnischten Vorwurf ausgesetzt,
sie wolle das Verfassungsgericht politisch mißbrauchen. Das Bundesverfassungsgericht
hielt es bereits damals für geboten, die seinerzeitige Regierungsmehrheit darüber zu
belehren, daß die Opposition nach dem Grundgesetz bei ernsthaften Verfassungsbe-
denken nicht nur das Recht, sondern geradezu die Pflicht habe, das Verfassungsgericht anzurufen. Da bzw. falls die Opposition das Antragsrecht besitzt, darf sie nicht
ernsthaft schwerwiegende verfassungsrechtliche Bedenken äußern, ohne für eine Klärung bzw. Abhilfe durch das dafür allein zuständige Bundesverfassungsgericht Sorge zu
tragen. Von der Opposition wird erwartet, daß sie das Regierungshandeln stets in aller
Öffentlichkeit kritisch überprüft und sich zugleich als kritischer Wächter über die Einhaltung der Verfassung bewährt. Hierbei kann es geboten sein, gegebenenfalls auch das
Bundesverfassungsgericht zur Streitentscheidung aufzufordern. Ein Verzicht darauf
wäre nicht mehr, sondern weniger Demokratie.
Bisher mußte die christdemokratische Opposition im sozialliberalen „SPD-Staat" allerdings die Erfahrung machen, daß auch in dieser Hinsicht die Ankündigung, man wolle
„mehr Demokratie wagen", im Vergleich zu den Oppositionserfahrungen im „CDU-
Staat" eine mehr verheißende als einlösende Formel der ersten Regierungserklärung blieb.[28]

26 „Es geht um Grundlagen staatlicher Ordnung" — Antrittsrede des neuen Bundesratspräsidenten
   Dr. Bernhard Vogel. In: Das Parlament, Nr. 51, 18. Dezember 1976, S. 12.
27 Einzelheiten zum folgenden bei Arnulf Baring, a.a.O. (Anm. 19), S. 221—261.
28 Am 1. Juni 1978 rief der Fraktionsvorsitzende Herbert Wehner (SPD) im Bundestag nach einer
   Rede des Oppositionsführers Helmut Kohl der Opposition zu: „Sie sind eine außerparlamentarische Opposition, im Sinne nämlich von APO, aber rechts draußen... Sie feixende Meute — ja,
   das sind Sie!". Zitiert nach „Das Parlament", Nr. 23, 10. Juni 1978, S. 12.

10. Bürgerinitiativen und Gemeinwohl

Der Name „Bürgerinitiative" hat etwas Herausforderndes. Diese Herausforderung kann vom schlichten Zur-Kenntnis-nehmen, über den protestierenden Vorwurf des Versagens anderer, bis hin zur „systemüberwindenden" Kriegserklärung reichen. D. h. mit dem Wort Bürgerinitiative können sehr unterschiedliche Inhalte, Ziele und Aktionsformen verbunden sein. So kann, um bei den genannten drei Beispielen zu bleiben, mit der Verwendung des Wortes zunächst auf die schlichte Selbstverständlichkeit aufmerksam gemacht werden – was man zur Kenntnis nehmen möge – daß in einer Demokratie Bürger jederzeit befugt und aufgerufen sind, im Rahmen der geltenden Gesetze und unter Beachtung der verfassungsmäßigen Zuständigkeiten demokratisch legitimierter Institutionen ihren Beitrag zur Wahrung ihrer eigenen Interessen und der ihrer Mitbürger zu leisten. Das in diesem Sinne Bürger Initiativen ergreifen, sollte in einer Demokratie die selbstverständlichste Sache der Welt sein.

Eine Bürgerinitiative kann jedoch auch dadurch eine Herausforderung darstellen, falls und insoweit mit der Initiative der Vorwurf des Versagens anderer, eigentlich mit der wirkungsvollen Interessenwahrnehmung bzw. Problemlösung ermächtigter oder beauftragter Institutionen einhergeht. Bürgerinitiativen in diesem Sinne erheben nicht nur den Anspruch auf autonome Interessenwahrung als Selbsthilfegruppen oder auf Teilnahme am politischen Willensbildungs- und Entscheidungsprozeß, sondern verbinden diesen Anspruch zugleich mit protestierenden Vorhaltungen sowie mehr oder weniger prononcierter Kritik am Verhalten und an den Entscheidungen anderer.[1] Wobei diese „anderen" die verfassungsrechtlich zuständigen Institutionen einschließen. Ziel solcher Initiativen ist es zumeist, eine Verhaltens- bzw. Entscheidungsänderung der Institutionen zu bewirken. Auch derartige Bürgerinitiativen im Sinne von Kritik und Opposition gehören – solange sie nicht die rechtswidrige Absicht verfolgen,

---

1 In seinem 1953 erschienenen wichtigen Aufsatz „Zum Begriff der politischen Freiheit" hebt F. Neumann hervor: „Politisches Handeln in einer Demokratie ist die freie Wahl der Repräsentanten und die spontane Reaktion auf die Entscheidungen dieser Repräsentanten. Das wiederum setzt voraus, daß soziale Gebilde, wie etwa politische Parteien und Gewerkschaften, vom Staat unabhängig, daß sie offen und dem Druck von unten zugänglich bleiben; daß die Wähler, wenn mit schwerwiegenden Problemen konfrontiert, in der Lage sind, sich spontan zusammenzutun, um sie zu lösen...: keine Freiheit ohne politische Aktivität." (Zitiert nach W. Steffani (Hrsg.): Parlamentarismus ohne Transparenz. Opladen 1973, S. 21.) Siehe auch F. Hegner, „Entstehungsbedingungen von Bürgerinitiativen im Spannungsfeld von Bürger und Verwaltung", in: H. Matthöfer (Hrsg.): Bürgerbeteiligung und Bürgerinitiativen: Argumente in der Energiediskussion. Bd. 3, Villingen 1977, S. 158–206, sowie F. Minssen, „Die Arbeitsgemeinschaft für Bürgerinitiativen", in: Partizipation – Aspekte politischer Kultur. Offene Welt Nr. 101/1970. S. 168–173.

kritisierte Entscheidungen staatlicher Organe ohne deren Zustimmung durch eigene aufheben oder ersetzen zu wollen – zu den Grundmerkmalen pluralistischer Demokratie.

Schließlich kann das Herausfordernde einer Bürgerinitiative im Extremfall darin liegen, daß sie in Zielsetzung, Form und Inhalt in den Dienst einer Strategie zur totalen, revolutionären Änderung eines bestehenden politischen und gesellschaftlichen Systems gestellt wird. Hier wird die Grenzfrage aufgeworfen.

I. Die Grenzen tolerierbarer Toleranz

Da Kompromiß und Toleranz Grundprinzipien pluralistischer Demokratie bezeichnen, zielt diese „Grenzfrage" auf die Frage nach der Grenze tolerierbarer Toleranz. Oder in der Formulierung Herbert Marcuses: Wann schlägt Toleranz in „repressive Toleranz" um?[2]

In einem politischen System wird der Spielraum der Toleranz

1. durch die Grundwerte, mit denen sich das System selbst legitimiert,
2. durch deren Konkretisierung in den Grundrechten und
3. durch die Geltungskraft der Grundrechte in der politischen Praxis konstituiert.

Grundwerte und Toleranz stehen demnach in einer wechselseitigen Abhängigkeitsbeziehung. Ein prinzipielles In-Fragestellen (im Sinne von Verwerfen) systemkonstituierender Grundwerte, die den materialen Kerngehalt des Gemeinwohlverständnisses bezeichnen, bedeutet somit zugleich einen prinzipiellen, grenzüberschreitenden Angriff auf die in einem gegebenen politischen System ohne Selbstaufgabe praktizierbare Toleranz.

Obgleich sich die Frage nach dem in einem politischen System ohne Selbstaufgabe tolerierbaren Toleranzspielraum ebenso auf Ziele wie Inhalte und Aktionsformen politischen Denkens und Handelns beziehen kann, wird sie doch vor allem im Bereich der Verfahrens- und Verhaltensweisen im politischen Prozeß aktuell. Zwei Beispiele aus deutscher Gegenwart:

Die die DDR im Selbstverständnis der dort Herrschenden legitimierenden Grundwerte beruhen auf marxistisch-leninistischen Überzeugungen, wie sie von den Führungsgruppen der SED präzisiert werden. Von diesem Grundwerteverständnis aus, als deren einziger Hüter die kommunistische Sozialistische Einheitspartei fungiert, sind auch die in der DDR-Verfassung enthaltenen Grundrechtsgarantien zu interpretieren.[3] Das von der SED formulierte marxistisch-leninistische Grundwerte- und

2 Siehe H. Marcuse, „Repressive Toleranz", in: Robert P. Wolff, B. Moore und H. Marcuse: Kritik der reinen Toleranz, Frankfurt/Main 1966, S. 93–128; hier allerdings mit strenger Parteilichkeit im Sinne „kritischer Theorie" verstanden, wonach Intoleranz „vor allem gegenüber den Konservativen und der politischen Rechten" geboten sei (ebd. S. 121). Zum Ganzen jetzt H. Mandt, „Grenzen politischer Toleranz in der offenen Gesellschaft – Zum Verfassungsgrundsatz der streitbaren Demokratie", in: Aus Politik und Zeitgeschichte, B. 3/1978, S. 3–16. Zu Marcuse ebd. S. 15 f.

3 Häheres dazu bei S. Mampel: Die sozialistische Verfassung der Deutschen Demokratischen Republik, Text und Kommentar. Frankfurt/Main 1972, S. 174 ff und 488 ff.

darauf beruhende Gemeinwohlverständnis läßt die Möglichkeit eines sich autonom bildenden politischen Widerspruchs gegen den uneingeschränkten Herrschaftsanspruch der SED nicht zu. Hierdurch ist auch der Spielraum der in der DDR tolerierbaren Toleranz bestimmt: Eine autonom formierte Oppsition kann nicht zugelassen werden, weder innerhalb noch außerhalb der das Volk repräsentierenden Vertretungskörperschaften. Wer sich diesen Formbedingungen, nicht fügt, überschreitet die Grenzen tolerierbarer Toleranz und bekommt die dann üblichen rigorosen Sanktionshärten zu spüren. Resultat: Das Gemeinwohl verbietet die Toleranz von Opposition.

In der Bundesrepublik sind demgegenüber die Geltungskraft der systemlegitimierenden Grundwerte und deren rechtliche Beachtung nicht in die Hände einer absolutistische Richtigkeitsansprüche erhebenden und zum diktatorischen Machtgebrauch freigesetzten Partei gelegt. Hier stehen die miteinander konkurrierenden Parteien nicht über, sondern unter der geltenden Verfassung. Die in die Verfassung als einem weitgefaßten Parteienkompromiß eingegangenen Grundwerte finden ihre systemprägende Konkretisierung in den Grundrechten. Auf diese Beziehung zwischen Grundwerten und Grundrechten verweist das Grundgesetz in Art. 19 Abs. 2 mit den Worten: „In keinem Falle darf ein Grundrecht in seinem Wesensgehalt angetastet werden". An der Debatte darüber, was dieser Wesensgehalt konkret bedeute, nehmen die Parteien in besonderer Weise teil,[4] deren Mitglieder als Abgeordnete bei der Gesetzgebung auch entsprechende Akzente setzen können.

Die verfassungsrechtlich letzte Entscheidung liegt jedoch beim Bundesverfassungsgericht, dessen Wertentscheidungen in Streitfällen dann und so lange das vorherrschende Gemeinwohlverständnis artikulieren, wie sie in ihrem Geltungsanspruch Zustimmung finden und akzeptiert werden. Von diesem „herrschenden Gemeinwohlverständnis" ist die Rede, wenn es im Grundgesetz in Art. 14 einerseits heißt, daß der Gebrauch des Eigentums „dem Wohle der Allgemeinheit dienen" solle und andererseits festgestellt wird, daß auch eine Enteignung „nur zum Wohle der Allgemeinheit zulässig" sei.

Daß diesem „Wohl der Allgemeinheit", in dem das Wohl jedes einzelnen am besten zur Entfaltung gelangen soll, Geltung verschafft werde, ist die Grundfunktion der Verfassung. Diesem Ziel hat sie zu dienen. Hierfür benennt sie auch den systemimmanenten Spielraum tolerierbarer Toleranz. So heißt es beispielsweise in Art. 18 GG: „Wer die Freiheit der Meinungsäußerung, insbesondere die Pressefreiheit (Art. 5 Abs. 1) die Lehrfreiheit (Art. 5 Absatz 3), die Versammlungsfreiheit (Art. 8), die Vereinigungsfreiheit (Art. 9), das Brief-, Post- und Fernmeldegeheimnis (Art. 10), das Eigentum (Art. 14) oder das Asylrecht (Art. 16 Abs. 2) zum Kampfe gegen die freiheitliche demokratische Grundordnung mißbraucht, verwirkt diese Grundrechte".

---

4 Zur Grundwertedebatte mit Stellungnahmen von Helmut Schmidt, Helmut Kohl, Werner Maihofer u. a. siehe G. Gorschenek (Hrsg.): Grundwerte in Staat und Gesellschaft. München 1977. Siehe auch R. v. Weizsäcker: CDU-Grundsatzdiskussion — Beiträge aus Wissenschaft und Politik, Bonn 1977, bes. S. 25—80.

Die freiheitliche demokratische Grundordnung,[5] ein vom Bundesverfassungsgericht näher bestimmter Prinzipienkatalog, soll zum einen den freiheitlichen Gebrauch der Grundrechte sichern, zum anderen die als unverzichtbar erachteten Zuständigkeits-, Wettbewerbs- und Kontrollregelungen der Verfassung garantieren helfen. Erst die Beachtung der im Prinzipienkatalog für unverzichtbar erklärten Verhaltens- und Verfahrensregeln ermöglicht jene Toleranz, die eine Bedingung der Grundwerteverwirklichung und damit der Realisierung des Gemeinwohls darstellt. Jeder Angriff auf die freiheitliche demokratische Grundordnung bedeutet demnach einen Angriff auf den Toleranzspielraum des Grundgesetzes, dessen Breite gerade durch die freiheitliche demokratische Grundordnung gesichert werden soll. Die Grenze der tolerierbaren Toleranz — deren Spielraum die offene Konfliktaustragung durch Kritik und Opposition, demonstrative Protestartikulation und alternative Initiativen im Rahmen der verfassungsimmanenten Spielregeln ebenso einschließt wie die verfassungsgemäß geregelte Verfassungsänderung selbst — ist erst mit einem Angriff auf die freiheitliche demokratische Grundordnung überschritten. „Gegen jeden, der es unternimmt, diese Ordnung zu beseitigen, haben alle Deutschen das Recht zum Widerstand, wenn andere Abhilfe nicht möglich ist" (Art. 20 Absatz 4 GG). Wer diese Grenzen tolerierbarer Toleranz überschreitet, wird falls und solange an eine Selbstverteidigung gedacht wird, die systemadäquaten Sanktionsmaßnahmen zu spüren bekommen.

Wird das Gemeinwohlverständnis, wie es als Ergebnis eines politischen Willensbildungs- und Entscheidungsprozesses als Parteienkompromiß in die Verfassung Eingang gefunden hat, nicht mehr von der Bevölkerung in seinem Geltungsanspruch akzeptiert und bleibt der Weg einer gewaltfreien, friedlichen, geregelten Verfassungsrevision oder der Annahme einer völlig neuen Verfassung versperrt, so bleibt letztlich nur die systemüberwindende Rebellion oder Revolution als Alternative übrig.

Die erste bedeutsame Bürgerinitiative, die auf dem europäischen Kontinent diese letzte Alternative ergriff, war die Französische Revolution. Hier wurde unter der Parole, daß das Bürgertum als der „Tiers État" mit dem Volk identisch sei und dessen Gemeinwohl mit dem der geltenden Verfassung in Übereinstimmung gebracht werden müsse, systemüberwindend ein neuer Anfang gesetzt. Mit der Kampfansage an den absolutistischen Staat und dessen Überwindung wurde die Praxis von Bürgerinitiativen zum Lebenselement der bürgerlich-liberalen Demokratie. Die Entwicklung führte dabei vom betonten Individualliberalismus des früheren 19. Jahrhunderts über das kollektivere System des liberal-rechtsstaatlichen Gruppenpluralismus der Jahrhundertwende bis hin zum demokratisch-sozialen Neopluralismus unserer Gegenwart, dessen

---

5 Dazu F. Fuchs und E. Jesse, „Der Streit um die ‚streitbare Demokratie' — Zur Kontroverse um die Beschäftigung von Extremisten im öffentlichen Dienst", in: Aus Politik und Zeitgeschichte, 3/1978, S. 17—35, bes. S. 20 ff. Eine kritische Auseinandersetzung mit diesem Konzept aus „linksliberaler" Perspektive bietet E. Denninger (Hrsg): Freiheitliche demokratische Grundordnung — Materialien zum Staatsverständnis und zur Verfassungswirklichkeit in der Bundesrepublik. 2 Bde., Frankfurt/Main 1977.

Grundkonzeption auch das Grundgesetz der Bundesrepublik Deutschland kennzeichnet.[6]

Seit der Französischen Revolution sind demnach mit dem Namen Bürgerinitative zwei Aspekte verbunden: Zum einen sind Bürgerinitiativen eine allgemeine Erscheinungsform pluralistisch-parlamentarischer Demokratie und zum anderen sind sie Hüter eines revolutionären Erbes. Das demokratisch-revolutionäre Erbe ist grundsätzlich antiautoritär und privilegienfeindlich.[7] Sicherlich wird jede Bürgerinitiative, die bei der Verfolgung ihrer Ziele an das Gemeinwohl appelliert, auch an diesen Kriterien zu messen sein. Allerdings wird dieses Erbe heute von einigen Bürgerinitiativen weniger im Sinne bürgerlich-liberaler als vielmehr proletarisch-sozialistischer Revolution verstanden. Auch dabei kann sich im Extremfall die oben erörterte Grenzfrage stellen.

II. Bürgerinitiativen im allgemeinen, weiteren und speziellen Sinne

Mit der Verwendung des Namens Bürgerinitiative hat es eine ähnliche Bewandtnis wie mit der des Namens außerparlamentarische Opposition: Ein allgemeiner, auf eine Vielzahl von Erscheinungen zutreffender Begriff wird in einer Weise auf aktuelle Vorgänge bezogen, als handle es sich prinzipiell um ein neues Phänomen. Eine derartige Verfahrensweise kann im Laufe der Argumentation zu Mißverständnissen, Fehldeutungen und unhaltbaren Wertungen führen. Für die Frage des Verhältnisses zwischen Bürgerinitiativen und Gemeinwohl ist es daher angebracht, folgenden Zusammenhang nicht außer Acht zu lassen:

Grundsätzlich kann zwischen Bürgerinitiativen im allgemeinen, weiteren und speziellen Sinne unterschieden werden. Zu den „Bürgerinitiativen im allgemeinen Sinne" gehören neben der demokratischen Verfassung selbst auch alle den Bürgern durch die Verfassung eingeräumten Entscheidungs- und Mitwirkungsrechte, vom Wahlrecht bis hin zum Petitionsrecht.[8] Es handelt sich dabei um all die Rechte, die der Bürger zur unmittelbaren Handhabung sich selbst vorbehalten hat, während er im übrigen staatliche Institutionen einrichtet und deren Amtsinhaber im Rahmen der jeweils zugeordneten Kompetenzen ermächtigte, im Namen aller verbindlich für alle Entscheidungen zu fällen.

---

6 Zur Pluralismusdiskussion H. Kremendahl: Pluralismustheorie in Deutschland — Entstehung, Kritik, Perspektiven. Leverkusen 1977 sowie H. Maier und H. Oberreuter (Hrsg): Pluralismus — Reihe Politische Bildung. Heft 1, Jg. 1977.

7 In den Worten des Bundesverfassungsgerichts: „Die Demokratie des Grundgesetzes ist eine grundsätzlich privilegienfeindliche Demokratie". BVerfGE, Bd. 40, S. 296 ff (Zitat S. 317).

8 Daß das Petitionsrecht dem Bürger eine Chance eröffnet, mit Initiativen auf den politischen Prozeß einwirken zu können, verdeutlicht die Geschäftsordnung des Landtages von Schleswig-Holstein, in der der Petitionsausschuß den Namen „Ausschuß für Bürgerinitiativen und andere Eingaben" (§ 9 Abs. 1 Ziff. 11 GG) trägt. Siehe P. Hübner, „Landtagsausschuß für Bürgerinitiativen", in: ZParl, Heft 2, 1972, S. 199—201, sowie U. Battis, „Bürgerinitiativen als Gegenstand der Gesetzgebung", in: ZParl, Heft 2, 1975, S. 139—149, bes. 148 f.

„Bürgerinitiativen im weiteren Sinne" meint demgegenüber all jene öffentlich relevanten Initiativen der Bürger, die im Rahmen der allgemeinen und der politischen Grundrechte nach freier Gründung in kollektiven Handlungsformen in Erscheinung treten: so vor allem Parteien, Verbände, Vereinigungen bis hin zu mehr oder weniger locker organisierten Demonstrationen aller Art.

Von „Bürgerinitiativen im speziellen Sinne" ist dann die Rede, wenn das breite Feld möglicher Erscheinungsformen vornehmlich auf jene reduziert wird, die im Vorfeld des etablierten Verbände- und Vereinswesens, das durch relativ stringente und auf Dauer angelegte Organisationsformen gekennzeichnet ist, gebildet und wirksam werden.

Aus der Vielzahl möglicher, stets mehr oder weniger willkürlich getroffener Definitionsversuche von Bürgerinitiativen im speziellen Sinne[9] bietet sich für die folgenden Überlegungen der von Mayer-Tasch formulierte an. Er wird gerade in dem Bemühen, jede allzu willkürlich-einseitige Einengung zu vermeiden, der relativen Komplexität des Gegenstandes am ehesten gerecht: „In dem Versuch, sie auf den Begriff zu bringen, wird man die Bürgerinitiativen als spontan ins Leben gerufene, von einer mehr oder weniger losen Organisation getragene Gruppierungen von (Staats-)Bürgern ansprechen können, die aus einem konkreten Anlaß oder im Zeichen einer allgemeineren Zielsetzung zu Selbsthilfeaktionen schreiten und (oder) — auf kommunaler, regionaler und überregionaler Ebene — Einfluß auf politische Willensbildungsprozesse zu gewinnen suchen."[10] Die Definition macht deutlich, daß zwischen Bürgerinitiativen im weiteren und im speziellen Sinne kein prinzipieller, sondern allenfalls ein gradueller Unterschied besteht. Das Besondere dieser Bürgerinitiativen im speziellen Sinne liegt demnach in dem quantitativen Gewicht ihres Auftretens und den damit verbundenen qualitativen Auswirkungen, den in diesem Zusammenhang erhobenen Ansprüchen sowie der damit möglicherweise gegebenen Signalwirkung. Nur unter diesen besonderen Gesichtspunkten treten zu dem generell für das Verhältnis von Bürgerinitiativen und Gemeinwohl Zutreffenden noch besondere Aspekte hinzu.

III. Gemeinwohl

Der Begriff Gemeinwohl stellt eine Leerformel dar.[11] Damit ist zweierlei ausgesagt: Zum einen gibt es heute keine unumstritten vorherrschende Definition dessen, was unter Gemeinwohl konkret zu verstehen sei. Zum anderen verbindet sich mit der

---

9 Das Gemeinwohl wird zum zentralen Definitionsmerkmal bei T. Rasehorn: „Bürgerinitiativen sind autonome, spontane, aktionsbereite und projektorientiere Vereinigungen, die über das Partikularinteresse ihrer Mitglieder hinaus auf das Gemeinwohl motiviert sind." Ders., „Bürgerinitiativen und Gemeinwohl", in: D. von Posser und R. Wassermann (Hrsg.): Freiheit in der sozialen Demokratie, Karlsruhe 1975, S. 317—234, Zitat S. 317.

10 P. C. Mayer-Tasch: Die Bürgerinitiativbewegung — Der aktive Bürger als rechts- und politikwissenschaftliches Problem. Hamburg 1976, S. 14.

11 Hierzu mit weiteren Literaturhinweisen M. Stolleis, „Gemeinwohl und Minimalkonsens — Öffentliche und private Interessen in der Demokratie", in: Aus Politik und Zeitgeschichte, B 3/1978, S. 37—45.

Erkenntnis, daß ein häufig verwandter Begriff Leerformel-Charakter habe, die Aufforderung, bei einer Rückfrage, was mit dem Begriff konkret gemeint sei, eine nähere Erläuterung geben zu können.

Will man dieser Aufforderung entsprechen, so ist zunächst zwischen dem normativ-materialen und dem funktionalen Aspekt der Begriffsverwendung zu unterscheiden. Zum einen ist somit nach dem „Inhalt" des Gemeinwohls und der Verfahrensweise seiner Bestimmbarkeit gefragt, zum anderen nach dessen funktionalem Stellenwert im politischen System. Letzteres verweist auf den Tatbestand, daß mit der Verwendung des Wortes Gemeinwohl üblicherweise positive Wertorientierungen einhergehen, wobei eine Berufung auf das Gemeinwohl häufig mit Vorstellungen von Legitimität, moralischer Integrität und Autorität, Altruismus, Objektivität, Intergration, Loyalität in Verbindung gebracht wird. Es sei denn, der Begriff wird negativ zur Ideologieentlarvung verwandt, wobei der Appell an das Gemeinwohl als Herrschaftsinstrument zur Verhüllung von Klassenprivilegien und deren Durchsetzungssicherung erscheint.

Der normativ-materiale Aspekt verweist demgegenüber auf die Probleme der Wertnorm, der Werterkenntnis und der Wertverwirklichung bzw. Wertberücksichtigung. Hierzu muß es — ungeachtet der äußerst umfangreichen und diffizilen Problemgeschichte — mit folgenden, sehr allgemeinen Hinweisen sein Bewenden haben: Den Ausgangspunkt der Überlegungen bildet die Hypothese, daß ein politisches System als politisches Gemeinwesen nur dann eine handlungsfähige Einheit darstellen kann, wenn es als Willensverband in der Lage ist, auch einen einheitlichen Willen zu artikulieren und autoritativ zu vertreten. Ein politisches Gemeinwesen muß seinen Gemeinwillen in rechtsverbindlicher Form formulieren können. In einem größeren Gemeinwesen kann dieser Gemeinwill nur von hierzu ermächtigten Organen festgestellt und autoritativ verkündet werden. Staatsorgane, die zur verbindlichen Feststellung des Gemeinwillens und daraus resultierender, alle Bürger bindender Entscheidungen autorisiert sind, sind Repräsentativorgane.

Wie läßt sich dieser Gemeinwille jedoch „repräsentativ", d. h. jedermann zurechenbar feststellen und wie muß bzw. sollte er geartet sein, damit das Gemeinwesen als politische Einheit „sinnvoll" bleibt? Genügt hier der „freie Wille" des Repräsentanten, sei er ein Einzelner, eine Versammlung, ein System von Institutionen oder die Gesamtheit aller „erwachsenen" Bürger? Und wenn mehrere zu entscheiden haben, reicht dann das formale Kriterium einer bestimmten quantitativen Mehrheit aus? Oder müssen grundlegende Wertbindungen gelten? Welche Legitimationserfordernisse müssen dann aber erfüllt sein, damit die Entscheidungen eines Repräsentationsorgans die freie Zustimmung und Anerkennung der Bürger des politischen Zweckverbandes „Gemeinwesen" finden? Bei dem Bemühen, die Legitimation des Repräsentanten zum verbindlichen Handeln für andere zu begründen, wurde die Frage nach dem Gemeinwohl zu einem zentralen theoretischen und praktischen Problem. Unter dieser Perpektive bilden die Begriffe Gemeinwesen, Gemeinwille und Gemeinwohl einen engen Problemzusammenhang.

Wer auf diesen Problemzusammenhang in der Weise klassenanalytisch zugeht, daß er jedes Gemeinwesen einer staatlich vermittelten Klassendiktatur unterworfen sieht, solange nicht eine klassenlose sozialistische Gesellschaft verwirklicht wurde, wird grundsätzlich die Möglichkeit eines einheitlichen Gemeinwillens und Gemeinwohls verwerfen müssen. Hier wäre die Vorstellung eines einheitlichen Gemeinwohls nicht einmal als orientierungswirksame Fiktion sinnvoll, da sie der Propagierung eines Klassenkampfbewußtseins entgegenstünde. Im anderen Falle besteht immerhin die Möglichkeit zu fragen, inwieweit in einem gegebenen historischen Zeitabschnitt ein klassen-, schichten- und gruppenübergreifender Wertbewußtseinskonsens bestehen kann und welche Bedeutung dies für die Existenz und Verhaltensweisen eines politischen Gemeinwesens zu haben vermag.

Ernst Fraenkel[12] hat in diesem Zusammenhang zwischen einem monistischen a priori- und einem pluralistischen a posteriori-Gemeinwohlbegriff unterschieden. Im erstgenannten Fall wird von der Annahme ausgegangen, daß es ein vorgegebenes, als richtig erkennbares Gemeinwohl gebe, das umfassend genug sei, um ohne Rekurs auf Verfassung und Gesetz richtiges politisches Handeln zu ermöglichen. Dieses richtige Gemeinwohl ist nicht einer Wertverständigung im Sinne von Diskussion und Abstimmung zugänglich, weder in seinen „Grundwerten" noch in seinen prinzipiellen Anwendungsbezügen. Nach diesem a priori-Gemeinwohlverständnis kann es daher stets nur richtige und falsche Entscheidungen geben, was zur Folge hat, daß nach Abschluß des politischen Erkenntnisprozesses oppositionelles Beharren auf einem abweichenden Standpunkt grundsätzlich illegitim ist, da es dem Gemeinwohl entgegensteht.

Das a posteriori-Gemeinwohlverständnis geht demgegenüber nach Fraenkel von der Hypothese aus, „in einer differenzierten Gesellschaft könne im Bereich der Politik das Gemeinwohl lediglich a posteriori als das Ergebnis eines delikaten Prozesses der divergierenden Ideen und Interessen der Gruppen und Parteien erreicht werden, stets vorausgesetzt, um dies der Klarheit wegen zu wiederholen, daß bei deren Zusammen- und Widerspiel die generell akzeptierten, mehr oder weniger abstrakten regulativen Ideen sozialen Verhaltens respektiert und die rechtlich normierten Verfahrensvorschriften und die gesellschaftlich sanktionierten Regeln eines fair play ausreichend beachtet werden".[13]

Der wesentliche Unterschied zwischen diesen zwei Gemeinwohlkonzeptionen besteht also nicht darin, daß die eine von verbindlichen Wert- und Richtigkeitsvorstellungen ausgeht, während die andere Konzeption schlichtestem Wertrelativismus folgt. Vielmehr geht es um Ausmaß und Konkretheit der dem Gemeinwohl zugerechneten Wertbasis. Während im erstgenannten Fall das Gemeinwohl die Züge einer bestimmten Wissenschafts- oder Glaubensposition oder gar eines mehr oder weniger detaillierten Parteiprogramms anzunehmen vermag, reduziert sich die für jedermann verbindliche Wertbasis beim pluralistischen a posteriori-Gemeinwohl auf einen Minimalkonsens regulativer Ideen, zu denen die rechtlich normierten Verfahrensregeln und Grundregeln eines zivilisierten fair play hinzugerechnet werden („due process").

---

12 Siehe E. Fraenkel: Deutschland und die westlichen Demokratien. 5. Auflg., Stuttgart 1973, S. 197 ff und Kremendahl a.a.O. S. 450 ff.
13 Fraenkel a.a.O. S. 200.

Daraus folgt, daß bei der Definition des Gemeinwohls einmal (monistisches Gemeinwohl) stärker auf ein vorgegebenes umfassendes Wertnorm-System abgehoben wird, das es zu realisieren gilt, während im anderen Fall (pluralistisches Gemeinwohl) ungeachtet der Tatsache, daß dem Gemeinwohl stets ein mehr oder weniger verbindlich festgelegter Minimalkonsens für „unveräußerlich" erklärter oder als solche festgestellter Grundwerte im Sinne regulativer Ideen zuzurechnen ist, stärker auf den prozessualen Aspekt abgehoben wird, wonach die inhaltliche Bestimmung des Gemeinwohls als das Ergebnis eines „delikaten" Willensbildungs- und Entscheidungsprozesses charakterisiert wird. Dieses Verständnis eines a posteriori-Gemeinwohls läßt es folglich grundsätzlich zu, daß die „richtige" Begründung und Konkretisierung eines verbindlichen Gemeinwohls prinzipiell der öffentlichen Kontroverse zugänglich bleibt. Damit wird Opposition legitimiert.

IV. Gemeinwohlfindung unter dem Grundgesetz

Auf die Situation der Bundesrepublik Deutschland bezogen besagt dies: allgemein verbindliche Wertnormen bilden als regulative Ideen den normativ-materialen Grundwertebestand des Gemeinwohls. Die Werterkenntnis und Festsetzung ihrer Verbindlichkeit für das Gemeinwesen erfolgte als „revolutionärer Akt" bei der Verabschiedung der Verfassung und des Grundrechtskatalogs. Die das Gemeinwohl konstituierenden Grundwerte bilden den „Wesensgehalt" der Grundrechte. Die dem Grundgesetz zugrunde liegenden Gemeinwohlgrundwerte lassen sich (nach v. Arnim) unter den Stichworten Freiheit, Gerechtigkeit, Sicherheit, Frieden und Wohlstand zusammenfassen.[14] Zur gemeinwohl-orientierten Berücksichtigung und Verwirklichung dieser Grundwerte sind alle staatlichen Organe und Institutionen verpflichtet und alle gesellschaftlichen Einrichtungen und Gruppen aufgerufen. Jede politische Entscheidung, die dem Gemeinwillen Geltung verschaffen will, d. h. die als staatlich verbindliches Recht verkündet werden soll, muß daher der kritischen Frage gewärtig sein, ob sie mit dem Gemeinwohl zu vereinbaren ist. In diesem Sinne stehen alle politischen Handlungen, die zu autoritativen Entscheidungen des Staates führen sollen, unter dem Erfordernis, dem Gemeinwohl zu entsprechen. Aus diesem Grunde spielt auch der Gemeinwohlappell, der die politischen Willensbildungs- und Entscheidungsprozesse so lautstark begleitet, in der Bundesrepublik eine erhebliche Rolle.

Wie läßt sich nun im Einzelfall feststellen bzw. behaupten, ob und daß eine politische Auffassung, Forderung oder Entscheidung in Übereinstimmung mit dem Gemeinwohl stehe und zu dessen Verwirklichung beitrage? Die Frage gewinnt dann an Bedeutung, wenn das Gemeinwohl — unter der Voraussetzung, daß allgemein anerkannte Grundwerte als regulative Ideen und verfassungskonforme Verfahrensweisen beachtet werden — als das Ergebnis eines politischen Willensbildungs- und Entscheidungsprozesses begriffen wird.

14 Zum folgenden siehe die grundlegende Arbeit von H. H. v. Arnim: Gemeinwohl und Gruppeninteressen — Die Durchsetzungsschwäche allgemeiner Interessen in der pluralistischen Demokratie. Frankfurt/Main 1977.

Hans Herbert v. Arnim hat zu dieser Frage und im Blick auf das Grundgesetz darauf hingewiesen, daß zwischen zwei Grundtypen des „Gemeinwohlverfahrens" zu unterscheiden ist, die sich idealypisch in zwei Gruppen einteilen lassen: die „macht- und interessenten-determinierten Verfahren" einerseits und die „wert- und erkenntnisorientierten Verfahren" andererseits.

Die macht- und interessenten-determinierten Verfahren sind dadurch gekennzeichnet, „daß die Intentionen der Verfahrensbeteiligten nicht auf das Gemeinwohl (im Sinne einer situationsabhängigen Werteoptimierung) gerichtet sind, sondern auf möglichst weitgehende Befriedigung der eigenen (faktischen) Interessen (Maximierung des Gewinns, des persönlichen Nutzens, der politischen Macht ect.). Diesem Bereich sind schwerpunktmäßig zuzuordnen: die wettbewerbliche Marktwirtschaft und das bargaining und Entscheiden im Rahmen eines Macht-Gegenmacht-Gefüges, also die kollektiven tarifautonomen − in letzter Konsequenz bis zum Arbeitskampf gehenden − Verhandlungen und Entscheidungen von Gewerkschaften und Arbeitgebern. Diese durch den Willen und die Macht der Interessenten determinierten Verfahrensarten können insoweit einen Gemeinwohltrend besitzen, als die Durchsetzungsstärke der Bedeutung der Interessen entspricht, so daß diese sich angemessen auspendeln. Beim Verfolgen eigennütziger Interessen kann auf diese Weise das Gemeinwohl-richtige ausgefällt werden. Das Gemeinwohl setzt sich dann durch, indem es listig die Interessen für sich einspannt. Es kommt in diesem Verfahren also nicht aufgrund der dahingehenden Motivation der handelnden Menschen, sondern ohne und möglicherweise gegen ihren Willen zustande".[15]

Die wert- und erkenntnis-orientierten Gemeinwohlverfahren sind demgegenüber nicht von der Macht und Durchsetzungsfähigkeit der jeweiligen Interessenten, sondern „vom Normativen und Erkenntnismäßigen, vom Sollen und Wissen (bzw. Vermuten), bestimmt. Die Intention der Verfahrensbeteiligten geht auf die Ermittlung des Gemeinwohlrichtigen. Das machtbestimmte Ausbalancieren der eigennützigen Interessen verschiedener Interessenträger findet hier seine (gedankliche) Entsprechung in einem wert- und erkenntnis-orientierten Abwägen und Auspendeln verschiedener Interessen durch einen (oder eine Gruppe von), decision maker(s), oder seinen (ihre) Ratgeber. Es braucht theoretisch also nur ein einziger Verfahrensbeteiligter dazusein, in dessen Inneren der Interessenkonflikt seinen Austrag findet. Das schließt natürlich nicht aus, daß die Entscheidung bei Beteiligung mehrerer ausgewogener ausfällt, weil dann auch Gesichtspunkte berücksichtigt werden, die einer allein vielleicht übersehen hätte. Wesentlich ist aber, daß es allen an der Entscheidung Beteiligten auf die sach- und wertorientierte Richtigkeit, nicht auf die möglichst weitgehende Berücksichtigung eigennütziger Interessen ankommt. Das Verfahren erfordert Unparteilichkeit und innere Unbefangenheit; es ist − idealtypischerweise − das des Richters".[16]

Es würde sicherlich zu weit führen, die mit diesen zwei idealtypischen Gemeinwohlfindungsverfahren jeweils verbundenen Organisations-, Verständigungs-, Entscheidungs- und Denkstrukturen im einzelnen näher zu erörtern.[17] Hier müssen folgende Hinweise

15 v. Arnim a.a.O. S. 50 f.
16 Ebd. S. 51.
17 Dazu v. Arnim a.a.O.

genügen: Das Macht-Interessen-Verfahren vermag dann zur Gemeinwohlverwirklichung zu führen, wenn die Interessenten ihre Interessen jeweils relativ klar erkennen und formulieren können, im Entscheidungsprozeß konfliktfähig, d. h. mit gleichgewichtigen Machtanteilen ausgestattet sind, die Verfahrensregeln fair handhaben und sich grundsätzlich kompromißbereit zeigen. Das Wert-Erkenntnis-Verfahren wiederum könnte dann zur Gemeinwohlverwirklichung führen, wenn die Werterkenntnis einem logischen Subsumtionsprozeß entspräche, der objektiv feststellbare, objektiv kontrollierbare Richtigkeitsurteile zuließe und keinerlei wertende Abwägungen und damit Wertbestimmungen oder Wertinterpretationen bei der Wertverwirklichung abverlangte.

Niemand wird ernsthaft die These vertreten wollen, daß die den jeweiligen Gemeinwohlfindungsverfahren idealtypisch unterstellten Bedingungen in der Realität irgendwo vorhanden oder herstellbar seien. Ein pluralistisches Harmoniemodell[18] wäre ebenso realitätsfremd wie die Annahme, das Gemeinwohl lasse sich im Rahmen eines Wissenschaftsprozesses ohne Methodenstreit und Legitimationsprobleme erkennen und verwirklichen. Verfehlt wäre es auch, das Macht-Interessen-Verfahren schlicht mit Politik und das Wert-Erkenntnis-Verfahren mit Recht in der Weise gleichzusetzen, daß Verbände, Parteien und Parlamentarier mit gemeinwohlabträglichen Machtkonflikten und Staatsverwaltung sowie unabhängige Gerichtsbarkeit mit interessen- und machtneutraler Gemeinwohlorientierung identifiziert werden. In einem demokratischen Rechtsstaat sind vielmehr sowohl ,,Politik" als auch ,,Recht" auf die Gestaltung von Recht bezogen, wobei sich die ,,Politik" mit der gestaltenden Änderung und Neusetzung von Recht befaßt, während das ,,Recht" die gestaltende Rechtsanwendung und Rechtsinterpretation meint.

Daraus folgt, daß bei dem Versuch, in einem politischen System ein optimales Gemeinwohlfindungsverfahren zu etablieren, nicht die Wahl zwischen den idealtypischen Verfahren zur Diskussion steht, sondern allein deren angemessene Zuordnung. Die pluralistisch-sozial-rechtsstaatliche Demokratie der Bundesrepublik hat dabei folgende Verfahrenskombination entwickelt: Die den Minimalkonsens des Gemeinwesens kennzeichnenden Grundwerte sind im Grundgesetz, in das sie als regulative Ideen (,,Wesensgehalt") eingegangen sind, als Grundrechte näher konkretisiert. Die unverletzlichen und unveräußerlichen Menschen- und Grundrechte ,,binden Gesetzgebung, vollziehende Gewalt und Rechtsprechung als unmittelbar geltendes Recht" (Art. 3 GG). Zum Schutz der Grundrechte ist eine verfassungsmäßige Ordnung konzipiert, die als freiheitliche demokratische Grundordnung jene grundlegenden Verfahrensprinzipien benennt, die für die Entfaltung und Sicherung eines freiheitlichen und sozial gerechten Gemeinwesens als schlechthin unverzichtbar angesehen werden. Wer es versucht, die Anwendung dieser Wert- und Verfahrensprinzipen durch aktives Handeln zu verhindern oder außer Kraft zu setzen, überschreitet damit die Grenzen politisch tolerierbarer Toleranz und muß mit entsprechenden Sanktionen rechnen.

18 Daß von Arnim den Neopluralismus Ernst Fraenkels unter Berufung auf neueste politologische Forschung (lediglich R. Eisfeld und Gudrich/Fett (!) werden hierbei angeführt) als eine Form des Laissez-Faire-Pluralismus unter der Rubrik ,,pluralistisches Harmoniemodell" subsumiert, stellt eine bedauerliche Fehlinterpretation seines sonst verdienstvollen Buches dar. Zum Neopluralismus Ernst Fraenkels siehe Kremendahl a.a.O. und meinen Aufsatz ,,Pluralismus – Konzeptionen, Positionen, Kritik" in: H. Maier und H. Oberreuter a.a.O. S. 3–33, bes. S. 16 ff.

Die freiheitliche demokratische Grundordnung benennt die Grundprinzipien eines politischen Systems, das bei der Gestaltung und rechtlichen Regelung öffentlich relevanter Angelegenheiten Staat und Gesellschaft miteinander auf vielfältige Weise verbindet. Im Zentrum des politischen Willensbildungs- und Entscheidungsprozesses dieses politischen Systems stehen die Parteien, denen im Grundgesetz unmittelbar nach Art. 20, der die Verfassungsgrundsätze benennt, in Art. 21 an zentraler Stelle ein eigener Verfassungsartikel gewidmet ist. Die Parteien wirken insofern in besonderer Weise an der politischen Willensbildung des Volkes mit, als ihnen die Aufgabe zukommt, Kandidaten für die Wahlen zur Besetzung staatlicher Organe zu benennen und sie den Wählern in Verbindung mit Programmaussagen zu präsentieren. Die Parteiprgramme dienen dabei sowohl der Eigenorientierung der Parteimitglieder als auch der der Wähler, wobei diese zugleich in die Lage versetzt werden sollen, zwischen realisierbaren politischen Alternativen entscheiden zu können. Diese Programme geben zum einen Auskunft über das Gemeinwohlverständnis der Parteien — je unterschiedlich nach ihrem Selbstverständnis als Volksparteien, Interessenparteien, oder Klassenparteien —, zum anderen stellen sie die wichtigste, für künftige staatliche Grundentscheidungen wesentliche Interpretation dessen dar, was die Parteien unter einer Verwirklichung des in der Verfassung angelegten Gemeinwohls zu einem gegebenen Zeitpunkt verstehen bzw. für realisierbar halten.

V. Streitentscheidung bei Gemeinwohlkontroversen

Bei der Wahl entscheidet der Wähler nicht nur zwischen den Kandidaten oder Kandidatenlisten verschiedener Parteien, sondern zugleich über programmatisch formulierte Gemeinwohlinterpretationen — gleichgültig, ob er sich dessen im einzelnen bewußt ist oder nicht. Auf jeden Fall wird die ins Parlament oder andere Vertretungskörperschaften einziehende Mehrheit durch den Wahlakt legitimiert, im Rahmen der von der Wählermehrheit zumindest formal akzeptierten Programmatiken — die bei Koalitionsregierungen zu einem vertretbaren Kompromiß gebracht werden müssen — Gemeinwohlinterpretationen vorzunehmen. Sie finden ihren Ausdruck bzw. ihren Niederschlag in staatlichen Entscheidungen, zu denen insbesondere die Setzung verbindlichen Rechts gehört. Obgleich die mehrheitlich akzeptierten Partei- bzw. Wahlprogramme als den Gesetzgebungsprozeß leitende Gemeinwohlinterpretationen zu beachten und zu respektieren sind, bleibt es den in der Minderheit verbliebenen Parteien unbenommen, außerhalb des Parlaments als außerparlamentarische, innerhalb des Bundestages als parlamentarische Opposition von der Mehrheit abweichende Gemeinwohlinterpretationen zu propagieren und von dieser Position aus Mehrheitsentscheidungen zu kritisieren. Der offen ausgetragene Streit um die angemessene Gemeinwohlinterpretation kennzeichnet dabei ebenso die Verfassungswirklichkeit einer pluralistischen Demokratie wie die Tatsache, daß die Programme der Parteien in mehr oder weniger auffallendem Maße Gemeinsamkeiten zeigen werden. Es wird sich dabei in der Regel um zwischen den Parteien nicht strittige Gemeinwohldeutungen handeln.

Der Streit zwischen unterschiedlichen und kontroversen Gemeinwohlausdeutungen wird in der Wahl durch den Wähler, bei der Regierungsbildung gegebenenfalls durch den Bundestag und die sich hier ermöglichenden Koalitionsbildungen entschieden. Was jedoch, wenn das mehrheitlich oder aufgrund von Koalitionsabsprachen zustande gekommene Gemeinwohlverständnis zu Rechtssetzungsakten führt, die nach Meinung der in der Opposition verbliebenen oder nach Meinung sonstiger in ihrer Auffassung von der Mehrheit abweichender Minderheiten mit dem für jedermann verbindlichen Gemeinwohl-Minimalkonsens der Verfassung in Widerspruch stehen? In diesem Fall kann das Bundesverfassungsgericht zur letztinstanzlich verbindlichen Rechtsentscheidung angerufen werden. Bei Normenkontrollverfahren – abstrakten wie konkreten – entscheidet das Bundesverfassungsgericht stets darüber, ob der Gesetzgeber bei der Verwirklichung seiner Gemeinwohlinterpretation Entscheidungen getroffen hat, die er bei unverändertem Verfassungstext im Rahmen der dem Gesetzgeber zustehenden Mehrheitsverfahren so treffen konnte. Gelangt das Bundesverfassungsgericht mehrheitlich zu der Überzeugung, daß der Gesetzgeber insofern seine Kompetenzen überschritten hat, als er Entscheidungen fällte, die nur mit verfassungs*ändernden* Mehrheiten getroffen werden konnten oder die im Rahmen des auch für den Verfassungsänderungsprozeß verbindlichen Gemeinwohls ohne Verabschiedung einer neuen Verfassung überhaupt nicht zulässig sind,[19] so muß es dieses feststellen. Der „einfache" Gesetzgeber vermag dann ein Votum des Verfassungsgerichts nur dadurch zu überwinden, indem er eine verfassungsändernde Mehrheit mobilisiert. Dies sind Verfassungsregeln einer *rechtsstaatlichen* Demokratie.

Für die Zuordnung der idealtypisch skizzierten Verfahren ergibt sich daraus, daß eher dem Macht-Interessen-Verfahren zuzurechnende Selektionsprozesse in den Wahlen, bei der Koalitionsbildung und im Gesetzgebungsprozeß zur Anwendung gelangen, während eher dem Wert-Erkenntnis-Verfahren entsprechende Prozeduren und Entscheidungsmechanismen bei der verbindlichen Verfassungsinterpretation und strittigen Rechtsanwendung durch die Staatsverwaltung zum Zuge kommen. Die Gemeinwohlverfahren folgen demnach zunächst den Spielregeln eines pluralistischen Konfliktmodells, um schließlich zur rechtlichen Letztentscheidung in die Prozeduren eines werterkennenden Entscheidungsverfahrens einzumünden. Die so rechtsverbindlich gefällten Entscheidungen hängen in ihrer Geltungskraft wiederum langfristig davon ab, ob und inwieweit sie als legitime Streitentscheidungen von den staatlichen Institutionen befolgt und von den Bürgern als politisch zumutbar und anerkennungswürdig respektiert werden. Die Legitimations- und die Intergrationsfunktion von Gemeinwohlverfahren können nur dann in einem Gemeinwesen erfüllt werden, wenn die Ergebnisse der politischen und staatlichen Entscheidungsprozesse – einschließlich der letztverbindlichen Verfassungsgerichtsurteile – langfristig ohne unzumutbare Zwangsandrohung die loyale Zustimmung der überwältigenden Mehrheit der Bürger zu finden vermögen.

---

19 Art. 79 Absatz 3 GG.

IV. Bürgerinitiativen und Gemeinwohl

In diesen Gemeinwohlfindungsprozeß sind neben Parteien, Verbänden und Vereinigungen mannigfacher Art prinzipiell auch die Bürgerinitiativen einbezogen. Dabei kann zunächst von der bereits erwähnten These ausgegangen werden, daß zur Berücksichtigung und Verwirklichung der Gemeinwohlgrundwerte (Freiheit, Gerechtigkeit, Sicherheit, Frieden, Wohlstand) alle staatlichen Organe verpflichtet und alle gesellschaftlichen Gruppen und Institutionen aufgerufen sind. D. h. im Gegensatz zu allen staatlichen Organen sind die gesellschaftlichen keineswegs dazu verpflichtet, ihre Handlungen und Intentionen stets an Gemeinwohlkriterien messen zu lassen. Sie haben ein Freiheitsrecht auf Egoismus. Sie können und dürfen im Rahmen der allgemein geltenden Gesetze durchaus mit aller Energie Partikularinteressen verfolgen. Das Recht der kritischen Bewertung eines solchen Verhaltens bleibt davon selbstverständlich unberührt.[20]

Es gehört ja schließlich bei einer Unterscheidung zwischen Parteien einerseits und Verbänden und Vereinigungen andererseits zu den grundlegenden Definitionsmerkmalen, daß erstere in ihren Programmen vor allem den allgemeinen Interessen und letztere vornehmlich Sonder- und Spezialinteressen ihre Aufmerksamkeit zu widmen pflegen. Das Zusammenspiel zwischen Parteien und Verbänden bzw. Vereinigungen wird dabei so beschrieben, daß es Aufgabe der Interessengruppen sei, ihre besonderen Anliegen und Forderungen deutlich zu artikulieren und die Funktion der Parteien, die vorgetragenen Interessenpositionen unter Beachtung des Gemeinwohls in politisch durchsetzbare Konzeptionen zu aggregieren und dabei jene Kompromißlösungen zu erarbeiten, die eine möglichst breite oder zumindest mehrheitliche Zustimmung finden können.

Damit wird jedoch keineswegs geleugnet, daß Parteien insbesondere als Interessen- oder Klassenparteien faktisch Partikularinteressen verfolgen können und es zahlreiche Interessengruppen gibt, die zumindest in Teilbereichen Ziele anstreben, die als dem Wohle der Allgemeinheit dienlich allgemeine Anerkennung finden. Letzteres wird vor allem dann zu einer dringend gebotenen Interessenwahrnehmung, wenn die Parteien trotz entgegenstehender Programmaussagen nicht der Aufgabe entsprechen, als Interessengruppe der nicht oder kaum Organisationsfähigen, der nicht oder kaum Konfliktfähigen, der nicht oder kaum Integrierbaren wirksam tätig zu werden, oder wenn allgemeine öffentliche Interessen (Bildungswesen, Umweltschutz, Gesundheitswesen) mangels einer kapitalkräftigen Lobby nicht in hinreichendem Ausmaße gemeinwohlorientiert wahrgenommen werden. Hierbei kann es vorkommen, daß eine Interessengruppe erst über den Rechtsweg die Verwaltung oder gegebenenfalls den Gesetzgeber zwingt bzw. nötigt, gemeinwohlverpflichtete Handlungen zu unternehmen.[21] Dies gilt sowohl für Bürgerinitiativen im weiteren wie im speziellen Sinne.

---

20 Ob man allerdings extrem unsozial-egoistische - d. h. durchaus menschliche — Bürgerinitiativen als „unmenschlich" charakterisieren sollte, dürfte sicherlich nicht nur eine Geschmacksfrage sein. Siehe hierzu K. Oeser, „Progressive und reaktionäre Bürgerinitiativen", in: Bürger initiativ — Mit Beiträgen von W. H. Butz u. a., Stuttgart 1974, S. 47.

21 v. Armin a.a.O. S. 248 ff.

Wie die Bürgerinitiativen im speziellen Sinne unter diesen Gesichtspunkten in ihren unterschiedlichen Zielvorstellungen und in ihrer Einflußnahme gegenüber staatlichen Organen und Parteien von seiten der Parteien selbst eingeschätzt werden, hat die CDU – um ein jüngeres Beispiel zu zitieren – in einem Beschluß ihres Bundesausschusses vom 28. November 1977 u. a. in folgenden Leitthesen zusammengefaßt: „Unsere Verfassung verleiht ausschließlich den gewählten Parlamenten und Regierungen das Recht, politische Entscheidungen zu treffen. Die CDU ist sich jedoch bewußt, daß in einer sich ständig verändernden Welt viele neue Probleme entstehen, die von Parlamenten und Verwaltungen nicht immer rechtzeitig erfaßt und gelöst werden. Es entspricht außerdem der demokratischen Grundüberzeugung der CDU, daß den Bürgern ein möglichst großer Freiraum für eine selbstverantwortliche Mitgestaltung des Gemeinwesens im Rahmen der Gesetze erhalten und gesichert werden muß. Bürgerinitiativen als Selbsthilfegruppen, die sich konstruktiv und ohne Anrufung des Staates um die Lösung von Problemen im engeren Lebensbereich ihrer Mitglieder bemühen, werden von der CDU begrüßt.

Auch Bürgerinitiativen, die im öffentlichen Bereich Mängel aufzeigen und neue Problemstellungen signalisieren, haben ihre Berechtigung. Die CDU setzt sich für eine Politik ein, die die berechtigten Anliegen solcher Bürgerinitiativen aufgreift und versucht, sie unter Berücksichtigung aller anderen berechtigten Interessen zu einer am Allgemeinwohl ausgerichteten Lösung zu führen.

Daneben sind auch die an den Staat gerichteten Initiativen von einer Gruppe von Bürgern legitim, die in erster Linie ihre eigenen Interessen durchsetzen wollen. Die CDU weist allerdings darauf hin, daß solche Bürgerinitiativen vielfach Gesetzgebung und Gesetzesvollzug auch negativ beeinflussen, weil sie die Erreichung eines notwendigen Kompromisses erschweren können.

Wir bekämpfen Bürgerinitiativen, die von ihrer Zielsetzung her oder nach Unterwanderung durch Verfassungsfeinde auf die Zerstörung unserer freiheitlichen demokratischen Grundordnung ausgerichtet sind. Ihren Aktivitäten, wie z. B. gesetzwidrigen Grundstücksbesetzungen, gewaltsamen Störungen des Universitätsfriedens oder der geistigen Vorbereitung von Gesetzesverstößen muß der Rechtsstaat schnell und mit aller gebotenen Härte begegnen".[22]

Damit wird festgestellt, daß Bürgerinitiativen selbstverständlich sowohl in ihrer Eigenschaft als Selbsthilfegruppen als auch in ihrer Einflußnahme auf die Öffentliche Meinung und die staatlichen Institutionen als Formen bürgerlichen Freiheitsgebrauchs grundsätzlich positiv zu bewerten sind. Das gilt so lange, wie sie nicht wie andere Interessengruppen auch, die Entscheidungsfähigkeit und Verantwortlichkeit der verfassungsmäßig zuständigen und demokratisch legitimierten staatlichen Organe behindern oder gar lähmen. Dabei wird deutlich zwischen solchen Bürgerinitiativen unterschieden, die – ob berechtigtermaßen oder nicht – für die staatlichen Institutionen und Parteien lediglich zum lästigen Ärgernis werden, und solchen, die den verfassungsmäßigen Spielregeln und Kompetenzzuweisungen prinzipiell aus welchen

---

22 Thesen mit Erläuterungen in: Union in Deutschland; CDU-Dokumentation 42/43 vom 8.12. 1977, „Bürgerinitiativen als Problem von Staat und Gesellschaft", S. 1 f.

Gründen auch immer den Kampf ansagen – vor allem dann, wenn ihre Aktivitäten auf die „Zerstörung der freiheitlichen demokratischen Grundordnung ausgerichtet – sind".

Zu den letztgenannten Mitteln werden Bürgerinitiativen insbesondere dann greifen, wenn deren Mitglieder ihr Gemeinwohlverständnis so sehr von dem im politischen System vorherrschenden absetzen, daß die Regelverletzung, die Spielregelmißachtung gleichsam zum Prinzip erhoben und erst in der radikalen Systemüberwindung eine Chance für die Verwirklichung der eigenen, als allein maßgeblich gesetzten Gemeinwohlauffassung gesehen wird. Das Selbstverständnis derartiger Bürgerinitiativen hat Claus Offe[23] zustimmend in die Worte gefaßt: „Wir verstehen unter ‚Bürgerinitiativen‘ alle *Aktionen,* die sich auf eine Verbesserung der *disparitären Bedürfnisbereiche* richten ... und die weder bloße Form *kollektiver Selbsthilfe* sind noch sich darauf beschränken, den offiziösen Instanzenzug des politischen Systems zu mobilisieren; sie bringen vielmehr Formen der Selbstorganisation der unmittelbar Betroffenen hervor, die ebenso wie ihre Aktionsformen im System der politischen Institutionen nicht vorgesehen sind ... Sobald sich Bürgerinitiativen auf die Formen der Auseinandersetzung *beschränken* denen Bürokratien allein gewachsen sind, zerstören sie die Bedingungen ihres eigenen Erfolgs. Alle erfolgreichen Bürgerinitiativen benutzen deshalb, neben und vor allen Verhandlungen, jene Mittel, die die einzige Basis ihrer Sanktionsgewalt (und gerade deshalb kriminalisiert) sind: Go-in, Besetzung, Blockade, gezielte Sabotage und Boykott. Vorbilder liefern wieder die Aktionen der militanten Schwarzen Gruppen sowie anderer Minoritäten in den USA ... überall handelt es sich um eine Kombination von Verhaltensstrategien mit kalkulierten Gewaltakten. Diese *Kombination,* sowie die *Radikalität* und *Kurzfristigkeit* der Forderungen sind die einzigen Mittel, mit denen verhindert werden kann, daß Bürgerinitiativen zu Scheingefechten auf falschem Terrain verkümmern."[24]

Wenn derartige Betrachtungsweisen, Bewertungen und Verhaltensempfehlungen auch bei einigen Theoretikern und Praktikern Anklang fanden, so blieben sie im breiten Spektrum der Deutungen und Tätigkeiten von Bürgerinitaitven in der Bundesrepublik doch eine – wenn auch vielbeachtete – Randerscheinung.[25] Denn es ist für Bürgerinitiativen keineswegs typisch, daß ihre Mitglieder die Interpretation eines proletarischen Klassengemeinwohls übernehmen oder entwickeln, diese mit dem „Gemeinwohl des Volkes" identifizieren und von daher jede „Regelverletzung" legitimieren.

Soweit sich in der Bundesrepublik Bürgerinitiativen bei ihren Aktionen auf das Gemeinwohl beziehen, fügen sie sich üblicherweise in den allgemeinen, gegebenenfalls durch verfassungsgerichtliche Urteile konkretisierten Gemeinwohlfindungsprozeß des politischen Systems ein. Eine Berufung auf das Gemeinwohl hat dann normalerweise

---

23 C. Offe, „Bürgerinitiativen und Reproduktion der Arbeitskraft im Spätkapitalismus", in: H. Grossmann (Hrsg.), Bürgerinitiativen – Schritte zur Veränderung? Frankfurt/Main 1971, S. 152–165.

24 Ebd. S. 159 und 162 f.

25 Zur Kritik an Offes Konzeption Oeser a.a.O. S. 29 ff, bes. 33 ff.

die Funktion, die Legitimität der eigenen Ziele und Handlungen zu betonen, deren relative Uneigennützigkeit herauszustreichen und insgesamt die eigene Wirksamkeit zu erhöhen.

Nicht selten tritt dabei die Überzeugung hinzu, entweder als unmittelbar betroffene oder als gemeinwohlverpflichtete Sympathisanten in einer am Postulat der Selbstbestimmung und dem Ideal des mündigen Bürgers orientierten Demokratie zum engagierten Einsatz besonders berufen zu sein. Dieses Selbstverständnis hat vor allem in der Demokratisierungseuphorie der 60er und 70er Jahre, die in der Brandt'schen Formel aus der ersten Regierungserklärung der sozialliberalen Koalition vom 28. Oktober 1969 „wir wollen mehr Demokratie wagen" gipfelte, Ausdruck und Förderung gefunden.

In ihrem Massenauftreten zugleich Träger wie Geschöpf der Demokratisierungswelle, begriffen möglicherweise manche Akteure ihr Handeln als direktdemokratische Alternative zur parlamentarisch-repräsentiven Demokratie. Auch unter dieser Perspektive kann die eine oder andere Gruppe zur Ansicht gelangt sein, gleichsam als selbsternannter kollektiver Volkstribun den staatlichen Institutionen die Wirklichkeit „wahrer und echter Basisdemokratie" gegenüberstellen zu müssen und von daher sogar zu gewissen außergewöhnlichen Verhaltensweisen befugt zu sein. Gerade in einer pluralistischen Demokratie ist jedoch die Form die Schwester der Freiheit. Ohne rechtlich geordnetes Verfahren droht spontane, auf Gruppenaktionen beruhende „Basisdemokratie" unweigerlich in Handlungswillkür umzuschlagen. Kaum jemand würde bestreiten, daß selbst „außergewönliche", spontan agierende, regelabweichende Aktionsgruppen in einer Demokratie die befreiende, gemeinwohlfördernde Wirkung eines Hechtes im Karpfenteich entwickeln können. Allerdings wäre ebenso gewiß auch das Gegenteil nicht auszuschließen. Daher muß in einer rechtsstaatlichen Demokratie bei gemeinwohlorientierten Ansprüchen auf verfassungskonformem Wege darüber entschieden werden, wie und bis zu welchen Grenzen direktdemokratische Aktionen als notwendige Ergänzungen in das repräsentative Institutionskonzept des Staates eingefügt und durch dessen Vermittlung zur Wirksamkeit gebracht werden können.

VII. Bürgerinitiativen und Gemeinnützigkeit

Einen kritischen Punkt bezeichnet in diesem Zusammenhang die Frage, unter welchen Bedingungen einer Bürgerinitiative die behördliche Anerkennung der Gemeinnützigkeit gewährt oder verweigert werden darf. Zu welchen Kontroversen es hierbei kommen kann, sei abschließend am Beispiel einer Bürgerinitiative aus Cloppenburg in Niedersachsen exemplarisch dargetan.[26]

---

26 Die erforderlichen Unterlagen, aus denen im folgenden zitiert wird, sind mir freundlicherweise von Herrn Oberstudienrat Paul Willenborg, Sprecher der Cloppenburger Bürgerinitiative „Schutz der Umwelt", zur Verfügung gestellt worden.

Anfang Januar 1977 stellte die Bürgerinitiative „Schutz der Umwelt" beim Finanzamt Cloppenburg den Antrag, als gemeinnützig anerkannt zu werden. Ziel und Aufgabe der Bürgerinitiative sind in § 2 der Satzung beschrieben: „Aufgabe und Ziel des Vereins ist die Durchführung und Förderung aller Maßnahmen, die die Schädigung des natürlichen Lebensraumes der Menschen verhindern können. Er setzt sich vorrangig ein für eine kritische, öffentliche, umfassende und verantwortungsvolle Information und Diskussion über Vor- und Nachteile, Bedarf, Alternativen und Risiken der Kernenergie." Tatsächlich hatte die Bürgerinitiative ihren Beitrag zu öffentlicher Information und Diskussion u. a. zu dem Ergebnis geführt, dem Rat der Stadt Cloppenburg den Entwurf für eine interfraktionelle Entschließung zuzuleiten, in dem gegen die Errichtung einer Atommülldeponie in Niedersachsen schwere Bedenken vorgetragen wurden; übrigens in weitgehender Übereinstimmung mit der Niedersächsischen Landesregierung Albrecht-Gross.

Diese ablehnende Grundhaltung der Bürgerinitiative nahm das Finanzamt zum Anlaß, seinen negativen Bescheid vom 20. Mai 1977 — der nach eingelegtem Einspruch mit Schreiben vom 7. Dezember 1977 erneut im Grundsatz bestätigt wurde — mit folgender Begründung zu versehen: „Mit der Errichtung von Kernkraftwerken soll der Strombedarf in der Zukunft sichergestellt werden. Dieses entspricht dem Energieplan der Bundesregierung, an dem auch nach den Protestaktionen in der letzten Zeit festgehalten wird. Die Nutzung der Kernenergie wird somit zur Voraussetzung für die weitere Entwicklung der Wirtschaft und für die Sicherung der Arbeitsplätze. Unter diesem Gesichtspunkt dienen die Kernkraftwerke der Allgemeinheit. Der Betrieb von Kernkraftwerken erfordert jedoch die Verwertung und Beseitigung des nicht verbrennbaren Teils der Brennelemente. Körperschaften, die den Bau einer solchen Verwertungsanlage bzw. den Bau einer Lagerstätte für Uranreste bekämpfen, fördern deshalb allenfalls einen beschränkten Personenkreis, nicht jedoch die Allgemeinheit."[27]

Das Finanzamt sah sich offensichtlich mit dem Dilemma konfrontiert, zwei konträre Gemeinwohlauffassungen miteinander in Einklang bringen zu müssen: Wohl gehen Staat und Bürgerinitiative gemeinsam davon aus, daß „eine Durchführung von Maßnahmen, die die Schädigung des natürlichen Lebensraumes der Menschen verhindern können, dem Umweltschutz dient und die Allgemeinheit fördert."[28] Daher wird dieser Zweck in Nr. 24 der Anlage 7 EStR 1975 auch als besonders förderungswürdig anerkannt. Zu diesen förderungswürdigen Zwecken gehört ebenfalls das vorrangig von der Bürgerinitiative verfolgte Satzungsziel einer „verantwortungsbewußten Information und Diskussion über Vor- und Nachteile der Kernenergie."

Was jedoch, wenn diese Diskussion seitens der Bürgerinitiativen wie im vorliegenden Fall zu Ergebnissen führt, die mit Beschlüssen der Bundesregierung nicht in Einklang zu bringen sind? Beide — Bundesregierung wie Bürgerinitiative — berufen sich bei ihren entgegenstehenden Auffassungen auf ihre prinzipielle Verpflichtung gegenüber dem Gemeinwohl. Niemand wird in einer pluralistischen Demokratie bestreiten wollen,

---

27 Bescheid des Finanzamtes Cloppenburg vom 20. Mai 1977, S. 1.
28 Ebd.

daß bei einer derartigen Konfliktlage den Beschlüssen der Bundesregierung eindeutig der Vorrang gebührt. Die Regierung ist schließlich im Gegensatz zur Bürgerinitiative zu ihrem Entscheidungsvorrang durch allgemeine Wahlen und Verfassung demokratisch und rechtsstaatlich legitimiert. Heißt das aber, daß eine von der Regierungsmehrheit abweichende, möglicherweise ihr entgegenstehende Auffassung davon, was tatsächlich langfristig gemeinwohlfördernd sein werde, nicht hinreichend legitimiert und damit keineswegs als gemeinnützig anzusehen ist? Kann eine außerparlamentarische Opposition unter keinen Umständen als gemeinnütziger Verein anerkannt werden? Eine derartige Ansicht dürfte schwerlich mit einem pluralistischen Gemeinwohlverständnis zu vereinbaren sein.

Fazit: Nicht nur dem Namen nach, sondern oft genug auch faktisch stellen Bürgerinitiativen eine Herausforderung dar. Es ist keineswegs deren Funktion, den Regierenden und der Verwaltung stets angenehm, hilfreich und bequem zu sein.[29] Der sozialdemokratische Bürgermeister Hamburgs, Hans-Ulrich Klose, wußte wovon er redete, als er in seinem Tutzinger Referat zum Thema ,,Unregierbarkeit der Städte" (8. Juni 1975) zunächst auf die Bürgerinitiativen zu sprechen kam. Sicherlich tragen auch zahlreiche, egoistische Partikularinteressen verfolgende Aktionsgruppen mehr zur Förderung ihrer Spezialinteressen als zur Förderung des Wohls der Allgemeinheit bei.[30] Dennoch sind die Bürgerinitiativen grundsätzlich nicht nur als ein Merkmal lebendiger Demokratie zu begreifen, sondern mehrheitlich insbesondere in ihrer gemeinwohlbezogenen Wirksamkeit zugleich als eine notwendige Bereicherung des etablierten politischen Systems zu werten.

29 Mayer-Tasch (Anm. 10, a.a.O. S. 161 f) verweist in diesem Zusammenhang auf das sogenannte ,,Gesetz" der ,,antagonistischen Kooperation". Siehe auch Grossmann a.a.O. S. 166 ff.
30 Siehe Oeser a.a.O. S. 46 f.

11. Verfassungsgerichtsbarkeit und demokratischer Entscheidungsprozeß

Die Geburtsstunde des Bundesstaates ist zugleich die Geburtsstunde der modernen Verfassungsgerichtsbarkeit. Als sich das amerikanische Volk in den Jahren 1787–1789 eine geschriebene Verfassung gab, die die Errichtung eines Bundesstaates konzipierte, wurde erstmals die Einsetzung eines Obersten Gerichtshofes (Supreme Court) vorgesehen, zu dessen vornehmlichster Aufgabe es gehören sollte, bei einem Kompetenzkonflikt zwischen Bund und Einzelstaaten dem Willen der Bundesverfassung verbindlich Geltung zu verschaffen. Diesem historischen Vorbild sind eine Reihe späterer bundesstaatlicher Konzeptionen – wie die Österreichs, der Schweiz, in Deutschland die der Weimarer Republik und vor allem die der Bundesrepublik, in den Commenwealth-Ländern die Australiens und Kanadas – in mehr oder weniger enger Anlehnung gefolgt.[1]

In den USA stellte sich jedoch bereits frühzeitig die prinzipielle Frage, ob sich nach der gegebenen Verfassung die Kontroll- und Entscheidungsbefugnisse der Bundesgerichte lediglich auf Akte der Einzelstaaten erstrecken oder ob ihr auch Bundesakte unterworfen sind. Konkret gesprochen: Verfügt der Supreme Court der USA, dessen Mitglieder vom Präsidenten mit Zustimmung des Senats auf Lebenszeit ernannt werden, über die Befugnis, Gesetze, die vom „demokratisch" gewählten Kongreß verabschiedet wurden, bei einem anhängigen Streitfall daraufhin zu überprüfen, ob sie mit der Verfassung vereinbar sind und widrigenfalls ganz oder teilweise für nichtig und darauf beruhende Exekutivakte für rechtsunwirksam erklären zu können?

Im berühmten Streitfall Marbury v. Madison vom Jahre 1803[2] hat der Supreme Court den entscheidenden Präzedenzfall geschaffen und sich auch dieses Normenkontrollrecht zugesprochen, obgleich die amerikanische Bundesverfassung die zugrundeliegende Kompetenzfrage bis heute nicht unmißverständlich geklärt hat. Chief Justice Marshall begründete im Falle Marbury v. Madison die Ansicht des Gerichts mit dem Argument, daß sich das Normenkontrollrecht (judicial review) des Supreme Court gegenüber Bundesakten zwingend aus der Logik der Verfassung ergebe. Die Verfassung, die

---

1 Einen umfassenden vergleichenden Überblick über den Stand der Verfassungsgerichtsbarkeit in diesen und zahlreichen weiteren Staaten der Gegenwart bietet Band 36 der von Hermann Mosler herausgegebenen Beiträge zum ausländischen öffentlichen Recht und Völkerrecht des Max-Planck-Instituts für ausländisches öffentliches Recht und Völkerrecht: Verfassungsgerichtsbarkeit in der Gegenwart – Länderberichte und Rechtsvergleichung, Köln-Berlin 1962 (1047 S.).

2 Marbury v. Madison, 1 Cranch 137 (U.S. 1803).

ebenso die Quelle aller Befugnisse und Pflichten des Kongresses wie der des Präsidenten und der Gerichtsbarkeit sei, gehe als höherrangiges Recht dem Gesetzesrecht vor. Es gehöre zu den verfassungsmäßigen Pflichten des Gerichts, im Konfliktsfalle dem höherrangigen Recht verbindlich Geltung zu verschaffen.

Obwohl sich diese Auffassung nach langen und teilweise erbittert geführten Auseinandersetzungen durchgesetzt hat und im heutigen demokratischen Regierungssystem der USA als akzeptierter Verfassungsgrundsatz gilt, wird sie dennoch auch und gerade in der Gegenwart immer wieder mit wechselnder Intensität sowohl prinzipiell wie hinsichtlich ihrer konkreten Auswirkungen zur Diskussion gestellt[3]. Und das ist gut und notwendig. Da es bei diesen Diskussionen um Grundfragen des demokratischen Selbstverständnisses geht, sollten sie nie für abgeschlossen erklärt werden.

I. Der Siegeszug der Verfassungsgerichtsbarkeit

Die gegenwärtigen amerikanischen Diskussionen zur Rolle des Supreme Court im demokratischen Entscheidungsprozeß der USA beziehen sich keineswegs lediglich auf die mangelhafte Präzision der geschriebenen Bundesverfassung. Sie können vielmehr zugleich auf ein reiches Erfahrungsmaterial zurückgreifen, das die nun fast 180jährige Gerichtstätigkeit produzierte — ein Material, das nicht nur Entscheidungen und deren politische Auswirkungen sowie den reichen Schatz an Urteilsbegründungen der Gerichtsmehrheit umfaßt, vielmehr auch jene zahlreichen Voten der in der Minderheit verbliebenen Richter, die in mitunter höchst scharfkritischer und belehrender Sprache öffentlich dartun, warum es ihnen nicht möglich war, sich der Mehrheitsentscheidung des Gerichts anzuschließen. Gerade diese vielzitierten abweichenden Richtervoten spielen in der amerikanischen Verfassungsdiskussion eine sehr bedeutsame Rolle und tragen zu deren Lebendigkeit und Fruchtbarkeit wesentlich bei.[4]

---

3 Unter den zahlreichen Schriften aus jüngster Zeit sei hier nur verwiesen auf die Abhandlungen von Charles L. Black, The People and the Court — Judicial Review in a Democracy, New York 1960 (Black bezeichnet den Supreme Court als "the people's institutionalized means of self-control", ebd., S. 20); Eugene V. Rostow, The Sovereign Prerogative, New York und London 1962 (vor allem Kap. 5 und 6: "The Democratic Character of Judicial Review"); C. Hermann Pritchett, Congress versus the Supreme Court, 1957–1960, University of Minnesota Press, Minneapolis 1961; Walter F. Murphy, Congress and the Court — A Case Study in the American Political Process, Chicago 1962; Sidney Hook, Democracy and Judicial Review, in: S. Hook, The Paradoxes of Freedom, Berkeley and Los Angeles 1964, S. 63–105 (Hook plädiert für stärkere demokratische Kontrollen des Supreme Court); Martin Shapiro, Law and Politics in the Supreme Court — New Approaches to Political Jurisprudence, Glencoe and London 1964, sowie Henry Steel Commager, Kapitel ›Democracy and Judicial Review‹ in seinem jüngsten Buch 'Freedom and Order', New York 1966, S. 3–51 (Commager betont die verfassungspolitische Bildungsfunktion des obersten Gerichts).

4 Siehe hierzu die informativen, für amerikanische Verhältnisse allerdings erstaunlich kritischen Darlegungen von Bernard Schwartz, The Supreme Court — Constitutional Revolution in Retrospect, New York 1957, S. 354–362. Schwartz, der — man ist versucht zu sagen: selbstverständlich — prinzipiell die Veröffentlichung abweichender Richtervoten befürwortet, be-

Die deutsche Diskussion unserer Tage über Rolle und Bedeutung der Verfassungsgerichtsbarkeit im demokratischen Rechtsstaat der Bundesrepublik verläuft demgegenüber bereits unter den genannten drei Gesichtspunkten — Eindeutigkeit des Verfassungstextes, Entscheidungsvolumen und öffentliche Richtervoten — in einem erheblich andersgearteten Kontext.[5] Das Grundgesetz hat sich in unmißverständlicher Sprache *für* eine Verfassungsgerichtsbarkeit mit extrem umfassenden Kompetenzen, einschließlich einer weitreichenden konkreten und abstrakten Normenkontrolle, entschieden. Das seit 1951 in zwei Senaten tätige Bundesverfassungsgericht — das im Gegensatz zum US-Supreme Court speziell als Verfassungsgericht mit erst- und letztinstanzlicher Entscheidungsbefugnis konzipiert wurde und insoweit auf Bundesebene eine Monopolstellung innehat — kann zwar bis heute bereits auf eine recht umfangreiche und materiell höchst bedeutsame Rechtsprechung zurückblicken. Verständlicherweise vermag sie sich jedoch weder ihrem Umfange noch ihrer Erfahrungspraxis nach mit der des Supreme Court zu messen. Und schließlich blieb auch das Bundesverfassungsgericht lange Zeit dem Prinzip des anonymen Richtervotums treu: Abweichende Richervoten konnten wohl zu den „geheimen" Akten gelegt werden, veröffentlicht wurde jedoch nur das Votum des Gerichts.

Die Bundesrepublik Deutschland gehört zu denjenigen Staaten, in denen (nach Mosler) „seit dem Zweiten Weltkrieg der Gedanke der Verfassungsgerichtsbarkeit einen Aufschwung nahm, der bis dahin außerhalb der realisierbaren Möglichkeiten gelegen hatte"[6].

Dieser Aufschwung war vor allem durch jene Länder bewirkt worden, die nach den bitteren Erfahrungen totalitären Machtmißbrauches danach strebten, eine rechtsstaatlich gesicherte Demokratie zu errichten: Österreich, das mit der Wiedereinsetzung des Verfassungsgerichts seine republikanische Verfassung der Vorkriegszeit wiederherstellte, Italien, Japan und seit 1949 mit den umfassendsten Konsequenzen die Bundesrepublik Deutschland.

Andere Länder folgten, unter ihnen Zypern und die Türkei. Selbst ein kommunistischer Staat machte sich mit dem Gedanken der Verfassungsgerichtsbarkeit vertraut: Die neue Bundesverfassung Jugoslawiens vom 7. April 1963 sieht die Einsetzung eines Verfassungsgerichts vor, das partiell sogar über weitergehende Kompetenzen verfügt als das deutsche Bundesverfassungsgericht. Es kann im Gegensatz zu

---

faßt sich in seinem Buch vor allem mit den Auswüchsen der modernen amerikanischen Dissenting-Praxis unter der bezeichnenden Überschrift "Dissentio ad Absurdum". Zur allgemeinen Praxis und Problematik der Minderheitsvoten mit eingehendem Verweis auf amerikanische Erfahrungen sei besonders auf die Arbeit von Wolfgang Heyde, Das Minderheitsvotum des überstimmten Richters, Jur. Diss., Bonn 1964, hingewiesen.

5 Über diese Gesamtproblematik informiert eingehend Heinz Laufer: Verfassungsgerichtsbarkeit und politischer Prozeß, Tübingen 1968 (und jetzt Christian Starck (Hrsg.): Bundesverfassungsgericht und Grundgesetz — Festgabe aus Anlaß des 25jährigen Bestehens des Bundesverfassungsgerichts, 2 Bde, Tübingen 1976 sowie Peter Häberle (Hrsg.): Verfassungsgerichtsbarkeit, Darmstadt 1976).

6 Mosler a.a.O. (vgl. Anm. 1), S. IX.

allen anderen genannten Verfassungsgerichten unter bestimmten Umständen auch ohne Antrag dritter, allein von sich aus tätig werden.[7]

Diesen triumphalen Siegeszug der Verfassungsgerichtsbarkeit im modernen demokratischen Rechtsstaat hat bisher niemand in höheren Lobestönen besungen als der österreichische Rechtsgelehrte René Marcic, der sein 1963 erschienenes Buch „Verfassung und Verfassungsgericht" mit den Worten ausklingen läßt: „Das Verfassungsgericht ist Hüter der Verfassung, Wächter aller Rechtswege, Hirte der Rechtsgenossen, die einen Staatsverband bilden. Die Verfassungsgerichtsbarkeit ist Hut des Vorrangs der Verfassung, sie ist die Mitte des Gegenwartsstaates, weil sie die Haupt- und Grundwerte verwirklicht, denen die Menschen sich verschrieben haben: Menschenwürde, Freiheit, Gleichheit, Gemeinwohl, Herrschaft des Rechts, Vorherrschaft der Verfassung – und Friede, der bloß als Werk des Rechts gesichert ist."[8] Und Marcic schließt, „sie ist, um William E. Gladstone als Zeugen zu führen, die wunderbarste Tat, die zu irgendeiner Zeit menschlichen Hirnen entsprungen ist," wobei er im Glorifizierungseifer allerdings übersieht, daß Gladstones Aussage sich nicht auf die Verfassungsgerichtsbarkeit, sondern auf die amerikanische Verfassung schlechthin bezog.[9]

Heinz Laufer faßt diese Thesen in der Kurzformel zusammen: Verfassungsgerichtsbarkeit sei „die Vollendung der rechtsstaatlichen Demokratie"[10]

Friedrich Gieses Feststellung, die Verfassungsgerichtsbarkeit gelte heute als Krönung des Rechtsstaates,[11] formuliert unstreitig die herrschende Auffassung. Welche Problematik liegt jedoch in der These, nicht nur der Rechtsstaat, sondern auch die Demokratie gelange erst in jenen Regierungssystemen zur Vollendung, welche Verfassungsgerichtsbarkeit praktizieren? Aus der Fülle sich aufdrängender Probleme seien drei Fragenkomplexe herausgegriffen: *Erstens* das Spannungsverhältnis zwischen Mehr-

---

7 So heißt es in Art. 4, Abs. 3 des „Gesetzes über das Verfassungsgericht von Jugoslawien" vom 24. Dezember 1963 (SL 52/1963; Position 715): „Das Verfassungsgericht kann das Verfahren zur Prüfung der Verfassungs- und Gesetzmäßigkeit einer Vorschrift oder eines sonstigen allgemeinen Aktes auch auf Grund eigener Initiative einleiten. Jedes Mitglied des Verfassungsgerichts kann verlangen, daß das Verfahren eingeleitet wird und daß das Verfassungsgericht darüber entscheidet." (Deutsche Übersetzung nach: Die Verfassungsgerichtsbarkeit in Jugoslawien – Gesetzestexte, Berichte des Osteuropa-Instituts an der Freien Universität Berlin, Reihe Wirtschaft und Recht, Heft 66).

8 René Marcic, Verfassung und Verfassungsgericht, Wien 1963, S. 212. Bereits in seinem grundlegenden Werk › Vom Gesetzesstaat zum Richterstaat ‹ (Wien 1957) hat Marcic sein zeitweilig etwas peinlich anmutendes Loblied vieltönig angestimmt – so z. B. Verfassungsgericht als „Hort der Freiheit", ebd., S. 347 ff.

9 Der volle Wortlaut des bekannten Gladstone-Zitats kann in Ernst Fraenkels Buch: Das amerikanische Regierungssystem – Eine politische Analyse, Köln und Opladen 1960, S. 21, Anmerkung 1, nachgelesen werden: "As the British Constitution is the most subtle organism which has proceeded from the womb and long gestation of progressive history, so the American Constitution, so far as I can see, the most wonderful work ever struk off at a given time by the brain and purpose of man."

10 Hierzu Heinz Laufer, Das demokratische Regime in der Bundesrepublik, in: Aus Politik und Zeitgeschichte, Beilage zur Wochenzeitung Das Parlament, Nr. 30/65 vom 8. Juli 1965, S. 15–20; die „Formel" ebd., S. 20.

11 Friedrich Giese, Mehr Verfassungstreue!, in: Zeitschrift für Politik, 3. Jg. N. F. (1956), S. 124.

heitsherrschaft und Minderheitsrechten; *zweitens* die Kontroverse um die These vom Verfassungsgericht als „Hüter der Verfassung"; *drittens* die aktuelle Erörterung der spezifischen Problematik öffentlicher Richtervoten und deren Bedeutung für den demokratischen Willensbildungs- und Entscheidungsprozeß. Diese drei Fragenkomplexe sollen im folgenden vor allem im Blick auf die Funktion und Wirksamkeit des Bundesverfassungsgerichts im Regierungssystem der Bundesrepublik Deutschland erörtert werden.

II. Mehrheitsherrschaft und Minderheitsrechte

Die These, Verfassungsgerichtsbarkeit und Demokratie, insbesondere gerichtliche Normenkontrolle und demokratischer Entscheidungsprozeß, seien miteinander vereinbar, je sie bedingten (und potenzierten) einander, setzt ein bestimmtes Demokratieverständnis voraus. Eine entscheidende Rolle spielt dabei die Frage, welche prinzipielle Bedeutung dem Postulat der Mehrheitsherrschaft zugesprochen wird. Gilt es nicht nur als maßgebliches Verfahrensprinzip des Entscheidungsprozesses, sondern als essentielles Definitionsmerkmal der Herrschaftsform (Demokratie gleich Volksherrschaft im Sinne von absoluter Mehrheitsherrschaft), so sind Verfassungsgerichtsbarkeit und Demokratie miteinander schlechthin unvereinbar. Das Postulat absoluter Mehrheitsentscheidung impliziert die Identität von Gesetzgeber und Verfassungsgeber. Wird hingegen eindeutig zwischen „Verfassungsgesetzgeber" und „einfachem Gesetzgeber" (pouvoir constituant und pouvoir constitué) sowie zwischen höherrangigen und niederen Normen unterschieden — verbunden mit der Forderung, daß die höheren Normen (Verfassung) im Konfliktsfalle den niederen (Gesetze) unbedingt vorgehen, und die höheren Normen nur einer qualifizierten Mehrheit (in der Regel einer Zwei-Drittel-Mehrheit, der sogenannten „verfassungsändernden Mehrheit") zur Disposition stehen —, so wird damit das strenge Prinzip absoluter Mehrheitsentscheidung aufgegeben. Denn eine Zwei-Drittel-Mehrheit kann nur dann entscheiden, falls die Minderheit auf ein entsprechendes Minimum beschränkt bleibt. Beträgt diese Minderheit demnach mehr als ein Drittel der erforderlichen Stimmen, so verfügt sie über das Entscheidungsresultat. De facto liegt hier folglich ein Fall von „Minderheitsherrschaft" vor. Daran ändert auch der Einwand wenig, diese Minderheit könne zwar mit ihrem Vetorecht der Mehrheit wirksam den Entscheidungserfolg streitig machen, nicht hingegen selbst Entscheidungen erzwingen. Denn tatsächlich hat sich im vorliegenden Fall die Minderheit der Mehrheit gegenüber politisch durchgesetzt, indem sie die Mehrheit daran hinderte, den Status quo zu ändern.[12]

---

12 In diesem Zusammenhang sei besonders verwiesen auf das Buch von Austin Ranney und Willmoore Kendall: Democracy and the American Party System, New York 1956, Kap. 2: › Basic Principles for a Model of Democracy ‹, S. 18—39, bes. S. 29—39. Vgl. auch Heinrich Höpker, Grundlagen, Entwicklung und Problematik des Mehrheitsprinzips und seine Stellung in der Demokratie, Jur. Diss., Köln 1957.

Ein Volk, das seine Verfassung nach den skizzierten Grundsätzen ausrichtet und deren Konsequenzen respektiert, wendet sich damit gegen das Postulat absoluter Mehrheitsherrschaft. Es bekennt sich vielmehr zur primären Geltung des Prinzips politischer Gleichheit und damit zum Grundsatz des Minderheitsschutzes.[13] Begreift man — gleichsam als orientierungswirksame Fiktion — die Verfassung als Manifestation des „strategischen Volkswillens" und die Entscheidungen des Gesetzgebers als Äußerungen des „taktischen Volkswillens"[14], so besagt dies, daß der strategische Volkswille dem taktischen, sich im Gesetzgebungsprozeß aktualisierenden Volkswillen unter Berufung auf das Postulat politischer Gleichheit den Respekt vor Minderheitsinteressen abverlangt. Politische Gleichheit (und das damit verbundene Recht zur Opposition) läßt sich nur dann realisieren, wenn die in der Minderheit Verbleibenden hinsichtlich der Wahrnehmung ihrer politischen Wirkungsmöglichkeiten nicht völlig zur Disposition einer Gesetzgebungsmehrheit stehen. Im entscheidenden Konfliktsfall zwischen dem Postulat politischer Gleichheit und dem Anspruch absoluter Verbindlichkeit von Mehrheitsentscheidungen kommt demnach der politischen Gleichheit letztlich das ausschlaggebende Gewicht zu. Eine entsprechende Problematik kennzeichnet das Spannungsverhältnis zwischen Freiheit und Ordnung, Person und Gemeinwesen, Rechtsstaat und Demokratie. Zu dieser Problematik, speziell der Antinomie und Synthese der Begriffsinhalte Rechtsstaat und Demokratie, haben u. a. Bäumlin und Kägi Grundlegendes ausgesagt.[15]

---

13 Shapiro (a.a.O., S. 220) argumentiert im Rahmen des "unending dialogue over majority rule and minority rights": "Some scholars have insisted that talk of minority rights is a deviation from the logic of democracy. They are incorrect, and they are incorrect because they have confused a working and imperfect expedient (majority decision) with a fundamental principle. The principle is political equality. Majority rule is the only expedient available to turn this principle into practice, but it is a democratically faulty device because it deprives the minority of political equality. That is why the tension between majority rule and minority rights is an inherent feature of democratic though itself."
Ähnlich argumentiert Mason, indem er die Rolle des Supreme Court im demokratisch-rechtsstaatlichen Prozeß der USA zu beschreiben versucht: "The real problem is to protect individuals and minorities without thereby destroying capacity in the majority to govern. Majorities — and this is the key point of democratic theory — are always in flux. Tomorrow's majority may have a different composition as well as different goals. Defense of the political rights of minorities thus becomes, not the antithesis of majority rule, but its very foundations. The Supreme Court can contribute toward realization of free government by guaranteeing all minority groups free access to the political process and the instruments of political change, while at the same time allowing the majority government — as long as the political process is open and untrammeled — to rule.... The freedom the judiciary has from political responsibility and control makes its processes more rather than less appropriate for critical exploration." Alpheus T. Mason, The Supreme Court: Temple and Forum, in: Yale Review, Bd. 48 (1959), S. 524 f.

14 Zu dieser Unterscheidung siehe Oskar Werner Kägi, Die Verfassung als rechtliche Grundordnung des Staates, Zürich 1945, S. 152, sowie Rolf-Richard Grauhan, Gibt es in der Bundesrepublik einen «pouvoir neutre»?, Jur. Diss., Heidelberg 1959, S. 47 f. und 50 ff.

15 Oskar Werner Kägi, Rechtsstaat und Demokratie, in: Demokratie und Rechtsstaat — Festgabe für Z. Giacometti, Zürich 1953, S. 107–142; Richard Bäumlin, Die rechtsstaatliche Demokratie. Zürich 1954.

Hinsichtlich der bisher skizzierten Problematik hat das Grundgesetz der Bundesrepublik Deutschland eindeutige Grundentscheidungen getroffen: „Die Gesetzgebung ist an die verfassungsmäßige Ordnung, die vollziehende Gewalt und die Rechtsprechung sind an Gesetz und Recht gebunden", heißt es in Art. 20 Abs. 3 GG. Diese „verfassungsmäßige Ordnung" – in ihrem Kernbereich definiert als „freiheitliche demokratische Grundordnung" – konzipiert kein bloßes Organisationskonzept, sie postuliert vielmehr eine wertgebundene Ordnung. Ausgehend von der Deklaration der Unantastbarkeit menschlicher Würde und dem Bekenntnis zu unverletzlichen und unveräußerlichen Menschenrechten formuliert das GG einen Grundrechtskatalog, welcher sowohl die gesetzgebende und vollziehende als auch die rechtsprechende Gewalt als unmittelbar geltendes Recht bindet (Art. 1 GG) – ein revolutionärer Akt in der deutschen Verfassungsgeschichte.

Das Grundgesetz bleibt aber nicht dabei stehen. Indem es in Art. 79 GG diese in Art. 1 und 20 GG niedergelegten Grundsätze (d. h. die Grundrechtsbindung und die freiheitliche demokratische Grundordnung, die zusammengenommen gleichsam das Allerheiligste der demokratisch rechtsstaatlichen Verfassung ausmachen) der Verfassungsänderung entzieht, macht es das Grundgesetz insoweit dem Verfassungsgeber selbst unmöglich, dem einzelnen wie der Minderheit die entscheidenden Freiheits- und Mitwirkungsrechte vorzuenthalten – ein revolutionärer Akt in der Verfassungsgeschichte überhaupt.

III. Zur Diskussion um den „Hüter der Verfassung"

Wer aber soll nun der „Hüter" dieser anspruchsvollen Verfassung sein? Wer soll vor allem dem Gesetzgeber wehren, wenn dieser – gewollt oder ungewollt – den Grundentscheidungen der Verfassung und ihren Regelungen nicht entspricht und sie verletzt? Letztlich ist dazu niemand anderes als das „Volk" selbst berufen. Jeder Bürger sollte sich demnach seiner Pflicht, als „Hüter der Verfassung" zu fungieren (insbesondere bei seiner Stimmabgabe in den Wahlen), bewußt sein. Das Volk ist der oberste Hüter seiner Verfassung.

Damit ist das aufgeworfene Problem indes noch nicht gelöst. Es bleibt die zentrale Frage nach dem Repräsentativ-Organ, das im Auftrage des Volkes innerhalb des staatlichen Ordnungsgefüges die Funktionen eines Verfassungswahrers und -hüters auszuüben hätte. Grundsätzlich ist sicherlich jede staatliche Institution hierzu verpflichtet, vor allem die obersten Verfassungsorgane; nach dem Grundgesetz also der Bundestag, der Bundesrat, die Bundesregierung, der Bundespräsident und das Bundesverfassungsgericht.[16] Welche der genannten Instanzen ist jedoch auf Grund ihrer Struktur und Kompetenzen zur Wahrnehmung der „Hüter"-Funktion besonders qualifiziert?

16 § 52 des Bundesbeamtengesetzes vom 14.7.1953 verpflichtet jeden Beamten zum „Verfassungshüter" mit den Worten: „Der Beamte muß sich durch sein gesamtes Verhalten zu der freiheitlichen demokratischen Grundordnung im Sinne des Grundgesetzes bekennen und für deren Erhaltung eintreten."

Diese Frage nach dem obersten Hüter der Verfassung unter den staatlichen Organen hatte bereits in der Weimarer Republik zu heiß umstrittenen Auseinandersetzungen geführt. Im Jahre 1927 bezeichnete der Staatsgerichtshof des Deutschen Reiches sich selbst als „Hüter der Verfassung"[17]. Diesem Anspruch hielt damals Carl Schmitt die These entgegen, die Justiz sei hierzu völlig ungeeignet. Indem er Recht und Politik als zwei konträre Wesensbereiche definierte und den Tatbestand außer acht ließ, daß jeder Gestaltungsakt sowohl einen rechtlichen als auch einen politischen Aspekt umschließt, das heißt, daß jeder Akt ebenso die Frage nach der Rechtsmäßigkeit wie die nach der Zweckmäßigkeit impliziert, warnte Schmitt vor der „Expansion der Justiz auf eine vielleicht nicht mehr justiziable Materie". Denn eine solche „Expansion" würde „nicht etwa eine Juridifizierung der Politik, sondern eine Politisierung der Justiz"[18] zur Folge haben, bei welcher „die Politik nichts zu gewinnen und die Justiz alles zu verlieren hätte"[19]. Schmitt erachtete den Reichspräsidenten als am besten für die Hüterfunktion qualifiziert. Als Reichskanzler Hitler im August 1934 auch das Amt des Reichspräsidenten übernahm, empfand er sich als „wahrer Hüter der Verfassung". Weder Recht noch Politik hatten dabei etwas gewonnen, sie hatten alles verloren.

Die Verfasser des Grundgesetzes haben sich auch aus diesen Erfahrungen heraus für ein anderes „Hüteramt" entschieden. Sie schufen ein Bundesverfassungsgericht, das im Rahmen seiner Kompetenzen mit der Funktion eines „obersten Verfassungshüters" betraut wurde.[20] Während Schmitt einen unmittelbar vom Volk gewählten und mit hohen politischen Machtbefugnissen ausgestatteten Politiker zum Hüter inthronisieren wollte, hat das Grundgesetz einer weit weniger demokratisch anmutenden Lösung den Vorzug gegeben. Die Hüterfunktion wurde einem auf recht konplizierte Weise zu bestellenden, jeweils in Vierjahresabständen nur partiell zu ergänzenden

17 Entscheidung vom 15.10.1927, RGZ 118, Anhang 4. Heinrich Triepel hatte bereits 1923 in seiner Abhandlung: Streitigkeiten zwischen Reich und Ländern, in: Festgabe für Wilhelm Kahl (Tübingen 1923, S. 48, 93 und 118), den Staatsgerichtshof als „Hüter der Freiheit" und „Hüter der Verfassung" bezeichnet.

18 Zitiert nach Carl Schmitt, Der Hüter der Verfassung, Tübingen 1931, S. 22.

19 Ebd., S. 35. Mit diesem Guizot-Zitat (allerdings mit anderer Wortstellung) schließt auch Schmitts im August 1928 abgeschlossener Aufsatz: Das Reichsgericht als Hüter der Verfasung (abgedruckt in: C. Schmitt, Verfassungsrechtliche Aufsätze aus den Jahren 1924—1954, Berlin 1958, S. 63—100).

20 Zur These des Bundesverfassungsgerichts als „oberstem Hüter und Garanten der Verfassung" siehe Gerhard Leibholz, Verfassungsgerichtsbarkeit im demokratischen Rechtsstaat, in: Zeitschrift für Politik, 3. Jg., N. F. (1956), S. 1—17, bes. S. 8. Diese Abhandlung von Leibholz bietet sich ebenso wie der gleichfalls mit pädagogischen Intentionen verfaßte Aufsatz von Ernst Friesenhahn, Aufgabe und Funktion des Bundesverfassungsgerichts, in: Aus Politik und Zeitgeschichte, Beilage zur Wochenzeitung Das Parlament, Nr. 6/65 vom 10.2.1965, S. 3—20, vorzüglich für eine ideologiekritische Analyse der Argumentationsweise dieser zwei ehemaligen Bundesverfassungsrichter an. Einen bemerkenswerten ersten Vorstoß in diese Richtung unternimmt Otwin Massing mit seiner Abhandlung: Recht als Korrelat der Macht? Überlegungen zu Status und Funktion der Verfassungsgerichtsbarkeit, in: Gert Schäfer und Carl Nedelmann (Herausgeber), Der CDU-Staat — Studien zur Verfassungswirklichkeit der Bundesrepublik, München 1967, S. 123—150.

Gremium übertragen, für dessen Amtsübernahme sich nur eine äußerst schmale Bevölkerungsschicht zu qualifizieren vermag: Als Kandidaten kommen lediglich die Personen in Frage, die das 40. Lebensjahr vollendet haben, zum Bundestag wählbar sind und die Befähigung zum Richteramt besitzen (§ 3 BVerfGG). Also nur Angehörige einer bestimmten Berufsgruppe. Dieses heute 16 Richter umfassende, in zwei Senaten mit je 8 Richtern tagende und entscheidende Gremium verfügt im demokratischen System der Bundesrepublik über das Monopol, nach Eingang eines entsprechenden Antrages mit verbindlicher Entscheidungsgewalt strittige Staatsakte daraufhin zu überpüfen, ob sie mit der Verfassung vereinbar seien. Der eine Entscheidung initiierende Antrag kann, je nach Sachlage, von einem einzelnen Bürger oder einer Gemeinde (Verfassungsbeschwerde), einem Richter, einer Länderregierung, der Bundesregierung, dem Bundestag oder der parlamentarischen Opposition (ein Drittel der Mitglieder des Bundestages) ausgehen.[21]

Das Bundesverfassungsgericht ist damit im Rahmen seiner weitreichenden Kompetenzen, insbesondere dank seines umfassenden Normenkontrollrechts, in den politischen Prozeß eingeflochten. Es fungiert insoweit de facto als eine politische Gewalt, als Teilhaber am politischen Entscheidungsprozeß. Seine Teilhabe ist allerdings keineswegs ungebunden und völlig eigenem Ermessen überlassen. Vielmehr haben sich auch die Verfassungsrichter bei einer anhängigen Streitsache prinzipiell allein mit der Frage der verfassungsgewollten Rechtmäßigkeit und nicht mit der der politischen Zweckmäßigkeit zu befassen. Alle Rechtsentscheidungen tragen aber auf mehr oder weniger bedeutsame Weise zur Regulierung sozialer Konflikte und Interessengegensätze bei. Es ist daher unvermeidlich, daß derartige Entscheidungen — je nach Sachlage mit unterschiedlicher Erheblichkeit — mit politischen Konsequenzen verbunden sind. Für keine Art von Streitentscheidungen gilt dies so uneingeschränkt wie für verfassungsrechtliche. Sie tangieren in besonderem Ausmaße das öffentliche Interesse.

Rechtliche Konfliktregelung erweist sich demgemäß als eine spezielle, rational humanisierte Form politischer Konfliktregelung. Je gravierender die Machtkonflikte sind, die im Gewande von Rechtskonflikten zur Entscheidung anstehen, desto deutlicher wird das potentielle Spannungsverhältnis zwischen Zweckmäßigkeit und Rechtmäßigkeit zu einem politischen Problem. Wer von der Zweckmäßigkeit und „Richtigkeit" seiner Handlungen überzeugt ist, wird im Streitfall deren Rechtmäßigkeit möglicherweise anders beurteilen als derjenige, der auf Grund seiner konträren Interessenposition die behauptete Zweckmäßigkeit und Sachnotwendigkeit vehement bestreitet. Es ist keineswegs immer leicht, die Grenze zwischen Zweckmäßigkeit und Rechtmäßigkeit eindeutig zu ziehen. Gerade bei gewichtigen Machtkonflikten — und es sind in der Regel solche, mit denen sich ein Verfassungsgericht zu befassen hat — stehen die Bundesverfassungsrichter in einer hohen Verantwortung. Oft genug läßt sich solch ein Fall kaum allein auf Grund logischer Deduktionen und durch Anwendung präziser Rechtskategorien entscheiden, sondern verlangt nach folgenreicher Wertabwägung.

21 Für Einzelheiten siehe Ernst Friesenhahn, Die Verfassungsgerichtsbarkeit in der Bundesrepublik Deutschland, Köln und Berlin 1963.

Wohl hat ein Verfassungsgericht prinzipiell über die Rechtmäßigkeit und nicht über die politische Zweckmäßigkeit einer anhängigen Streitsache zu befinden. Das besagt jedoch nicht, daß es völlig darauf verzichten kann und darf, die politischen Folgen seiner Entscheidungen zu bedenken und hinreichend in Rechnung zu stellen.

Das Bundesverfassungsgericht ist sich dieser Problematik offensichtlich deutlicher bewußt als dies — einigen seiner Verlautbarungen nach — beim Staatsgerichtshof der Weimarer Republik der Fall war. In einer Urteilsbegründung vom 17. Dezember 1927 erklärte der Staatsgerichtshof, er begreife sich als ,,ein Gericht, das über verfassungsrechtliche Streitigkeiten nach Rechtsgrundsätzen zu entscheiden hat. Die Ergebnisse, zu denen er auf Grund des von ihm anzuwendenden objektiven Rechts gelangt, hat er auszusprechen, ohne die politischen Folgen seines Spruches in Betracht ziehen zu dürfen."[22] In dieser Formulierung eine ungeschminkte Neufassung der alten Maxime fiat justitia, pereat mundus.

Der erste Präsident des Bundesverfassungsgerichts, Hermann Höpker-Aschoff, bekannte demgegenüber bei seiner Ansprache zur Eröffnung des Bundesverfassungsgerichts am 28. September 1951: ,,Das Bundesverfassungsgericht muß sich bei seinen Entscheidungen der politischen Folgen seiner Entscheidungen bewußt bleiben ... und darf auch der Frage nicht ausweichen, ob nicht durch seine Entscheidungen ein gesetzloser Zustand herbeigeführt werden kann, der eine Gefahr für die freiheitlich demokratische Grundordnung des Staates bedeutet."[23]

Der Verfassungsrichter muß nicht nur ein qualifizierter Rechtskenner sein, er sollte sich auch als Staatsmann erweisen und bewähren. Dabei hat allerdings — wie der zweite Präsident des Bundesverfassungsgerichts, Gebhard Müller, bei seiner Amtseinführung im Jahre 1959 hervorhob — gerade der Richter als Staatsmann zu bedenken, daß ,,der Satz ,fiat justitia, pereat mundus' zu vieldeutig und zu gefährlich ist, als daß er nicht durch die Erkenntnis ersetzt werden müßte: si fit justitia, vivit mundus"[24]. Besteht doch, wie Müller weiter ausführte, die schwierigste Aufgabe und größte Verantwortung des Verfassungsrichters darin, ,,die rechte Mitte, den Ausgleich zwischen den Notwendigkeiten des Gemeinwohls und dem Schutz der Einzelpersönlichkeit, zwischen den das politische Leben bewegenden Kräften und Institutionen und unverrückbaren rechtlichen Vorschriften und Ordnungen zu finden".

Zu den schwierigen Aufgaben des Verfassungsgerichts gehört es, im Blick auf die Sicherung und Förderung der freiheitlich demokratischen Grundordnung die je gegebenen und im Verfassungswandel immer wieder in neuen Konstellationen aufbrechenden

---

22 Zitiert nach Dreher, Glanz und Elend der Staatsgerichtsbarkeit, in: NJW, Bd. 41 (1951) S. 379.

23 Höpker-Aschoffs ,,Ansprache bei der Eröffnung des Bundesverfassungsgerichts am 28. September 1951" ist abgedruckt in der vom Bundesverfassungsgericht besorgten Publikation anläßlich seines zehnjährigen Bestehens ›Das Bundesverfassungsgericht ‹, Karlsruhe 1963, S. 1—4. Zitat ebd., S. 4.

24 Das Bundesverfassungsgericht, S. 20.

25 Siehe hierzu Art. 93 Abs. 5 (2) GG und §§ 90—96 des Bundesverfassungsgerichtsgesetzes vom 12. März 1951 (mit Änderungen vom 21.7.1956). (Seit der Verfassungsänderung vom 29.1.1969 ist die Verfassungsbeschwerde in Art 93 als neuer Absatz 4a und b aufgenommen und damit der Disposition des Gesetzgebers entzogen worden.)

Spannungen zwischen Rechtssatz und Wirklichkeit verringern zu helfen, den Grundrechten Neuland zu erschließen (wobei sich der Gleichheitssatz als Kernproblem erweist), den demokratischen Entscheidungsprozeß offenzuhalten, den sozialen Frieden sichern zu helfen und damit sowohl als Bewahrer wie Gestalter der Rechtsordnung im Gemeinwesen integrierend zu wirken.

Es ist die aus geschichtlicher Erfahrung resultierende Grundentscheidung für eine *rechtsstaatliche* Demokratie, die die Verfasser des Grundgesetzes veranlaßte, ein Richtergremium mit dieser Aufgabenfülle zu betrauen. Dieses Richtergremium unterliegt jedoch nicht nur einer funktionsimmanenten Kontrolle, indem es seine Entscheidungen in rechtlich relevanter Form zu fällen und zu begründen hat. Es unterliegt auch demokratischen Kontrollen, die das unabhängige Richtergremium daran hindern sollen, sich auf Grund seiner Kompetenzfülle und mangels notwendiger Selbstbeschränkung als Superlegislative zu etablieren. Die Kontrolle erfolgt einmal dadurch, daß die geschriebene Verfassung — etwa im Falle allzu kühner Interpretation vieldeutiger Verfassungsbestimmungen seitens des Bundesverfassungsgerichts — mit entsprechend qualifizierter Mehrheit geändert bzw. präzisiert werden kann. Diesem Zweck soll zum anderen auch das Recht demokratisch kontrollierter Richterernennung sowie die dem einfachen Gesetzgeber zustehende Möglichkeit dienen, weitreichende Regulierungsbefugnisse auf dem Wege der Verfassungsgerichts-Gesetzgebung wahrzunehmen. Auf Grund dieser Befugnisse können u. a. Größe, Struktur, Verfahrensweisen und gewisse Kompetenzen des Gerichts (in der Bundesrepublik z. B. die Entscheidungsbefugnis über Verfassungsbeschwerden)[25] vom Parlament mit einfacher Mehrheit bestimmt und revidiert werden.[26]

Vor allem aber findet die Verfassungsgerichtsbarkeit im entscheidenden Konfliktfalle ihre Grenzen an der Bereitschaft der übrigen Teilhaber des demokratischen Entscheidungsprozesses, den Gerichtsentscheidungen die gebührende Beachtung zu zollen. Denn Glanz und Elend der Verfassungsgerichtsbarkeit in einer Demokratie sind letztlich bestimmt durch die Autorität, die das Gericht auf Grund der Überzeugungsfähigkeit seiner Entscheidungen im Gemeinwesen zu gewinnen vermag.

VI. *Verfassungsgerichtsbarkeit und demokratisches Informationsverlangen*

Das Bundesverfassungsgericht genießt in der Bundesrepublik zweifellos ein sehr hohes Maß an Autorität. Seine Entscheidungen zum Grundgesetz bilden den wichtigsten Kommentar zur bestehenden Rechtsordnung.[27] Ihm ist es wesentlich zu verdanken, daß das Grundgesetz im Bewußtsein der Bürger weit stärker zur Geltung gelangt, als dies der Weimarer Verfassung jemals gegeben war. Es hat sich bei der Wahrung und Gestaltung der Rechtsstaatlichkeit der Bundesrepublik erhebliche Verdienste erworben.

26 Äußerst skeptisch hinsichtlich der De-facto-Wirksamkeit derartiger demokratischer Kontrollen gibt sich — wenn auch unter Verzicht auf überzeugende empirische Belege — Massing in seinem oben (Anm. 20) angeführten Aufsatz.

27 Aufschlußreich hierfür das Werk von Leibholz und Rinck: Grundgesetz — Kommentar an Hand der Rechtsprechung des Bundesverfassungsgerichts, Köln 1966.

Dennoch ist es eine sehr ernsthafte Frage, ob der Glanz hoher Autorität, der das Bundesverfassungsgericht umgibt, nicht teuer erkauft ist, weil für ihn ein Preis gezahlt wird, der in einer entwickelten Demokratie, will sie ein Gemeinwesen mündiger Bürger sein, nicht ohne schwerwiegende Bedenken entrichtet werden sollte. Die Redewendungen „die da in Bonn" und „ja, wenn Karlsruhe nicht wäre" verweisen auf die Problematik. Steht doch dahinter letztlich die grobe Pauschalformel: in Bonn wird mehr oder weniger schmutzige Politik gemacht, in Karlsruhe hingegen wird dem reinen Recht gedient. Politik und Recht sind wesensverschieden; die Politik ist allein in Bonn, das Recht allein in Karlsruhe beheimatet.

Sachbegründeter Argwohn und kritische Wachsamkeit sind allen staatlichen Organen, allen Machthabern gegenüber wohl angebracht. Das sollte auch gegenüber dem Bundesverfassungsgericht gelten. Über Bonn wird die Öffentlichkeit vergleichsweise gut unterrichtet. Die dort wirkenden Akteure sind bekannt, ihre Handlungen unterliegen weitgehend öffentlicher Kontrolle, die unterschiedlichen Auffassungen, die konträren Entscheidungspositionen werden deutlich gemacht. Sollte diese öffentliche Präsentation, dieses Sich-stellen-Müssen nicht auch und besonders von einer Instanz verlangt werden, die in so eminenter Weise am politischen Prozeß beteiligt ist, so grundlegend auf ihn einwirkt, wie das beim Verfassungsgericht in seiner Eigenschaft als „Hüter der Verfassung" der Fall ist? Beruht nicht der Respekt einer Instanz gegenüber, deren Amtsinhaber fast völlig unbekannt sind und deren interne Entscheidungskontroversen unter Ausschluß der Öffentlichkeit registriert werden, letztlich auf einer höchst fragwürdigen, gerade im Krisenfall möglicherweise wenig zuverlässigen Autoritätsgläubigkeit? Der Richter lediglich «la bouche des lois»? Recht und Robe als Symbole vollkommener Neutralität? Das Verfassungsgericht (in seiner Symbolfunktion als «pouvoir neutre») das republikanische Surrogat der Krone? Wird ohne hinreichende Vertrautheit mit einer Institution und ihrer Problematik die Wahrnehmung einer effektiven, rational motivierten Kontrolle nicht sehr erschwert? Muß sich nicht ein − aller Unkenntnis zum Trotz − allzu willig und unkritisch gezollter Respekt gegenüber dem Bundesverfassungsgericht als bedenklich erweisen?

In der vergleichenden Betrachtung gerade dieser Fragen wird der bedeutsame Unterschied zwischen der Position und Rolle des Supreme Court im amerikanischen Regierungssystem und der Stellung und Funktion des Bundesverfassungsgerichts im System der Bundesrepublik besonders augenscheinlich.

Der Supreme Court hat „selbstverständlich" seinen Sitz in Washington, direkt dem Kongreß gegenüber. Die Richter sind weiten Kreisen der Bevölkerung wohlbekannt. Sie haben sich bei jeder Gerichtsentscheidung öffentlich zu bekennen und das Recht, ihre zustimmenden oder abweichenden Voten öffentlich zu begründen. Sie machen damit deutlich und schärfen Einsicht und Bewußtsein dafür, daß auch Rechtsprechung Menschenwerk ist, daß gerade der Verfassungsrichter oft genug zwischen Alternativen zu wählen hat, die sowohl hinsichtlich ihrer Rechtsbegründung wie in der Darlegung ihrer jeweils als möglich antizipierten politischen Folgewirkungen höchsten Respekt abverlangen.

Der Supreme Court hat auf Grund dieser Verfahrensweise (Veröffentlichung sämtlicher Richtervoten einschließlich ihrer Begründungen) seine Autorität nicht geschmälert, sondern im Bewußtsein der Bürger gefestigt. Er hat Entscheidungen von weitreichender, ja gelegentlich von geradezu revolutionärer Bedeutung gefällt. So seit dem Zweiten Weltkrieg vor allem im Bereich bürgerrechtlicher und politischer Grundrechtssicherungen; sei es einstimmig wie im berühmten Falle Brown v. Board of Education of Topeka im Jahre 1954 und 1955[28] oder in Verbindung mit höchst kritischen Minderheitsvoten wie in den politisch folgenschweren Entscheidungen zur Wahlkreiseinteilung (reapportionment) der Jahre 1962 und 1964.[29]

In beiden Fällen, sowohl im Brown Case als auch bei den Entscheidungen zur Wahlkreiseinteilung, hatte das Gericht seine bis dahin befolgte Rechtsprechung revidiert. Im Brown Case vom Jahre 1954 erklärte der Supreme Court die seit 1896[30] für verfassungskonform erachtete These "separate but equal" — mit der die Rassentrennung in öffentlichen Schulen und sonstigen öffentlichen Einrichtungen legalisiert worden war — nun einstimmig für verfassungswidrig. Diese grundlegende Revision der Gerichtshaltung (um der Rechtssicherheit willen ein relativ seltener Vorgang) war nicht unwesentlich durch die Überzeugungskraft bisher in der Minderheit verbliebener, publizierter und viel diskutierter Richtervoten bewirkt und langfristig vorbereitet worden. Minderheitsvoten tragen insoweit wesentlich zur Rechtsentwicklung bei. Eine ähnlich bedeutsame Generalrevision bis dahin praktizierter Rechtsprechung ging den Urteilen zur Wahlkreiseinteilung voran. In der sensationellen Entscheidung Baker v. Carr vom Jahre 1962 machte sich die Mehrheit des Supreme Court die bis dahin stets in der Minderheit verbliebene Auffassung zu eigen, derzufolge Fragen der Wahlkreiseinteilung nicht zur Kategorie der "political questions" gehören, das heißt ihrer Natur nach außerhalb der Rechtsprechungskompetenz der Gerichte liegen, sondern als justiziable Streitobjekte zu bewerten sind.[31]

Der Supreme Court hat bei seinen Entscheidungen auch Krisen keineswegs gescheut und schärfste Kritik in Kauf genommen. Seine Macht und Autorität hat er dabei jedoch nicht eingebüßt — was beispielsweise die Reaktion der amerikanischen Öffentlichkeit auf Präsident Roosevelts "court packing plan" im Jahre 1937 bewies.[32]

Wie stellt sich demgegenüber die angeschnittene Problematik in der Bundesrepublik dar? Das Bundesverfassungsgericht hat seinen Sitz im „stillen und ruhigen Karlsruhe",

---

28 347 U. S. 483 (1954) und 349 U.S. 294 (1955).

29 Es handelt sich hierbei um die Grundentscheidungen in den Fällen Baker v. Carr,, 369 U.S. 182 (1962); Wesberry v. Sanders, 376 U.S. 1 (17. Febr. 1964) und Reynolds v. Sims, 377 U.S. 533 (15. Juni 1964). Zum Falle Baker v. Carr siehe Karl Loewenstein: Baker v. Carr: Policy Decision und der Supreme Court, in: Gerhard A. Ritter und Gilbert Ziebura (Herausgeber), Faktoren der politischen Entscheidung — Festgabe für Ernst Fraenkel, Berlin 1963, S. 237—272. Zum Ganzen jetzt Robert B. McKay, Reapportionment: The Law and Politics of Equal Representation, The Twentieth Century Fund, New York 1965.

30 Plessy v. Ferguson, 163 U.S. 537 (1896).

31 Zu dieser Problematik jetzt Fritz Wilhelm Scharpf, Grenzen der richterlichen Verantwortung — Die political question Doctrine in der Rechtsprechung des amerikanischen Supreme Court, Karlsruhe 1965.

32 Hierzu immer noch grundlegend die Studie von Robert H. Jackson, The Struggle For Judicial Supremacy — A Study of a Crisis in American Power Politics, New York 1941.

wie Giese lobend hervorhebt[33] — weit weg vom politisch lärmenden Regierungs- und Parlamentssitz Bonn, wo es aus sachlichen Gründen eigentlich hingehörte. Die Richter des Bundesverfassungsgerichts sind fast völlig unbekannt; man würde nahezu jedermann in Verlegenheit bringen, wollte man nach Namen fragen, geschweige denn nach rechts- und verfassungsrelevanten Grundpositionen, die diese Richter jeweils vertreten. Die Richter verbleiben weitgehend in der Anonymität.[34] Die Öffentlichkeit wird nur mit solchen Auffassungen vertraut gemacht, die das Gerichtsurteil begründen — und sei die entscheidungsnotwendige Gerichtsmehrheit auch noch so knapp. Die möglicherweise gewichtigen Gegenargumente und abweichenden Auffassungen der Minderheit sowie deren Begründungen werden dem Bürger vorenthalten. Bei den SRP- und KPD-Urteilen des Bundesverfassungsgerichts zum Mandatsverlust als Folge eines Parteiverbots der Jahre 1952 und 1956 zum Beispiel bzw. beim Urteil zur staatlichen Parteienfinanzierung vom Juli 1966 hätten Minderheitsvoten sicherlich bemerkenswerte Argumente anführen und das Verfassungsverständnis wesentlich fördern können.

V. *Öffentliche Minderheitsvoten und demokratischer Entscheidungsprozeß*

Den Minderheitsvoten eines Verfassungsgerichts ist vom demokratischen Willensbildungs- und Entscheidungsprozeß her größte Bedeutung beizumessen. Der Verzicht auf ihre Veröffentlichung bedeutet schon insofern einen erheblichen Verlust, als diese Minderheitsvoten beispielhaft einen ersten entscheidenden Beitrag sachverständiger und gegebenenfalls richtungweisender Urteilskritik zu leisten vermögen. Darüber hinaus geht ein wesentlicher Impuls zur Anleitung einer breiten, sachorientierten öffentlichen Diskussion grundlegender Urteile solange verloren, wie es keine publizierten Minderheitsvoten gibt. In einer Demokratie vermag gerade das Verfassungsgericht eine höchst bedeutsame politische Bildungsfunktion zu erfüllen — mit dem Ziel, das Verfassungsverständnis zu vertiefen und die kritische Verfassungsdiskussion anzuregen. Der Verzicht auf öffentliche Minderheitsvoten kommt einer fragwürdigen Reduzierung der Wirksamkeit dieser Bildungsfunktion gleich.[35]
Gegen die Veröffentlichung von Minderheitsvoten wird in der Regel angeführt, sie würden möglicherweise der Autorität und Würde des obersten Gerichtshofes abträglich sein, eine allgemeine Rechtsunsicherheit fördern und die Unabhängigkeit der Richter gefährden; zudem widerspreche dieses Verfahren aller traditionellen deutschen Ge-

---

33 Giese, a.a.O., S. 125.

34 Selbst anläßlich der Wahl von Bundesverfassungsrichtern wird den gewählten Kandidaten in der führenden Presse allenfalls eine flüchtige Randnotiz gewidmet. Siehe z. B. › Die Welt ‹ vom 13. Juli 1967, S. 3, unter „Kurz berichtet": „Vier neue Verfassungsrichter" (13 einspaltige Zeilen); › Die Welt ‹ vom 15. Juli 1967, S. 3, Notiz: „Bundesrat wählte Verfassungsrichter" (11 einspaltige Zeilen).

35 Rudolf Smend sprach in seinem › Festvortrag zur Feier des zehnjährigen Bestehens des Bundesverfassungsgerichts am 26. Jan. 1962 ‹ davon, daß „die Publizität der Bundesverfassungsjustiz heute ein Weg der Werbung und der Inanspruchnahme, kurz gesagt der politischen Erziehung (!) des Bürgers in der Bundesrepublik" sei (Das Bundesverfassungsgericht, S. 29).

richtspraxis.[36] Wolfgang Heyde hat im einzelnen dargetan, daß keines dieser Argumente wirklich stichhaltig ist.[37] Denn einmal hat es auch in der deutschen Gerichtsgeschichte durchaus die Veröffentlichung von Minderheitsvoten gegeben, so in der ersten Hälfte des 19. Jahrhunderts beim Württembergischen Gerichtshof und bei den Badischen Gerichten wie in der Gegenwart beim Bayerischen Verfassungsgerichtshof.[38] Zum anderen haben sich in den Ländern, deren Gerichte die Veröffentlichung abweichender Minderheitsvoten kennen — wie beispielsweise die Gerichte aller angelsächsischen Staaten, dazu die Obersten Gerichte in Norwegen, Schweden, der Schweiz (partiell), in Japan und die der meisten mittel- und südamerikanischen Staaten —, die befürchteten Folgen keineswegs eingestellt.[39]

Warum sollte auch für den Richter eines Kollegialgerichts nicht dasselbe gelten wie für einen Amtsrichter, der sich bekanntlich stets als Person zu seinem Urteil sowie dessen Begründung bekennen muß und der sich ebenfalls nicht hinter der Anonymität der Institution „Gericht" zu verbergen vermag? In der Bundesrepublik genügte ein entsprechender Beschluß des Verfassungsgerichts, um die Veröffentlichung in der Minderheit verbliebener Richtervoten und deren Begründungen zuzulassen. Weder das Grundgesetz noch das Bundesverfassungsgerichtsgesetz stehen einer derartigen Praxis entgegen oder verbieten sie gar.[40]

In den USA hat der Supreme Court stets danach gestrebt, notfalls durch verfassungskonforme Interpretation von Gesetzen deren Vereinbarkeit mit der Verfassung sicherzustellen und damit die Mehrheitsentscheidungen des demokratisch bestellten Gesetz-

---

36 Der Präsident des Bundesverfassungsgerichts, Dr. Gebhard Müller, vertrat in der 119. Sitzung des Rechtsausschusses des Bundestages vom 3.11.1960 (3. Wahlperiode, Stenographisches Protokoll, S. 45) u. a. die Ansicht, daß die Praxis abweichender Richtervoten mit der „deutschen Mentalität" kaum vereinbar sei, da sie hierzulande die zwei höchsten Zwecke der Rechtssprechung — Streitentscheidung mit Autorität und Herstellung des Rechtsfriedens — gefährden würde. Dazu Laufer a.a.O. S. 331 ff.

37 Auf das in Anm. 4 genannte Buch, das reichhaltiges Material verarbeitet, sei in diesem Zusammenhang besonders verwiesen.

38 Heyde, a.a.O., bes. S. 120–138, 143–148 u. 180 ff. § 8 Abs. 6 der GO des Bayerischen Verfassungsgerichtshofs vom 24. Mai 1948 lautet: „Wichtige Entscheidungen des Verfassungsgerichtshofes sind zu veröffentlichen. Die Entscheidung darüber trifft der erkennende Senat. In solchen Fällen sind die abweichenden Ansichten von Mitgliedern des Verfassungsgerichtshofes mit zu veröffentlichen." Zur Praxis in Bayern: Heyde, a.a.O., S. 144 f.

39 Bekommt ein mit knapper Mehrheit im Parlament angenommenes Gesetz erst dadurch „Würde und Respekt" eingeblasen, wenn es von einer sich als Behörde gebenden, anonymen Gerichtsbarkeit mit Einstimmigkeit interpretiert wird? Über die Problematik der Möglichkeiten des Mißbrauchs und die damit verbundenen Gefahren einer Veröffentlichung abweichender Richtervoten in den USA siehe vor allem Schwartz (Anm. 4), S. 354 bis 362, sowie allgemein Heyde, a.a.O., S. 68 ff. und 215 f. Zahlreiche deutsche Stimmen aus Vergangenheit und Gegenwart, die die Veröffentlichung abweichender Richtervoten befürworten, zitiert Heyde, a.a.O., S. 173–178, dazu S. 199–213. Siehe auch die bei Mosler (Anm. 1) besonders S. 853–870 wiedergegebene Diskussion des 1961 in Heidelberg absolvierten Internationalen Kolloquiums.

40 Heyde, a.a.O., Kap. VIII, S. 148–172, 215.

gebers zu legitimieren.[41] Führte dieses Bemühen zu keinem Erfolg, sah sich die Gerichtsmehrheit also genötigt, ein Kongreßgesetz für verfassungswidrig zu erklären (was in der fast 180jährigen Geschichte des amerikanischen Supreme Court bisher nur rund 90mal geschah), so bezeugten oft genug die Begründungen abweichender Minderheitsvoten, daß die Ansicht des Kongresses, das verabschiedete Gesetz sei verfassungsgemäß, wenn auch nicht von der Mehrheit, so doch von einzelnen Richtern des höchsten Gerichtshofes geteilt wurde. Damit wurden dem Kongreß und — falls er das betreffende Gesetz befürwortete und unterzeichnet hatte — dem Präsidenten immerhin „höchstrichterlich" bestätigt, daß deren Verfassungsinterpretation zwar nicht verbindlich, wohl aber möglich und zumindest respektabel sei.

Ein unmündiges Volk konfrontiert man mit Ergebnissen, ein mündiges verlangt danach, am politischen Willensbildungs- und Entscheidungsprozeß in allen seinen Phasen soweit wie möglich beteiligt zu werden. Einem unmündigen Volk gegenüber mag es aus pädagogischen Gründen gerechtfertigt erscheinen, den Eindruck harmonischer Gerichtseinstimmigkeit selbst dann erwecken zu wollen, wenn diese Einstimmigkeit de facto nicht besteht. Einem mündigen Volk sollte man so viel Einsichtsvermögen zutrauen, daß es den Respekt vor der verbindlichen Entscheidung und der Autorität seines Obersten Verfassungsgerichts auch dann nicht verliert, wenn es mit der tatsächlichen Konfliktlage vertraut gemacht wird. In einer Demokratie sollte die Autorität eines Verfassungsgerichts nicht dadurch potenziert werden, daß dem Bürger wesentliche Tatsachen vorenthalten werden und ihm damit die Aneignung wichtiger Einsichten erschwert, wenn nicht verhindert wird.

Trotz aller Beachtung der fundamentalen Unterschiede zwischen amerikanischer und deutscher Rechtsproblematik, Verfassungsstruktur und Tradition stellt die Einführung der — rechtlich jederzeit zulässigen — Praxis einer Veröffentlichung abweichender Richtervoten beim Bundesverfassungsgericht ein dringend notwendiges Erfordernis dar. Erst wenn sich das Bundesverfassungsgericht als besonders dem Recht verpflichtetes Verfassungsorgan auch der Kritik des Bürgers mit völlig geöffnetem Visier stellt und dennoch seine Autorität zu bewahren, wenn nicht gar zu vermehren vermag, hat es sich als „Hüter der Verfassung" bewährt und seine Stellung und Funktion im politischen Entscheidungsprozeß der Bundesrepublik Deutschland hinreichend demokratisch legitimiert.

---

41 Die sehr ähnliche deutsche Gerichtspraxis diskutiert Joachim Burmeister, Die Verfassungsorientierung der Gesetzesauslegung — Verfassungskonforme Auslegung oder vertikale Normendurchdringung?, Berlin–Frankfurt/M. 1966.

VI. Nachwort: Verfassungsgerichtsbarkeit 1978

Das hier vorgetragene Plädoyer für Minderheitsvoten wurde im Jahre 1967 verfaßt. Seitdem haben sich Entwicklungen ergeben, die hinsichtlich der erörterten Fragestellungen vor allem zu drei Tatbeständen führten:

1. Mit dem Vierten Gesetz zur Änderung des Gesetzes über das Bundesverfassungsgericht (BVerfGG) vom 21. Dezember 1970 wurde in § 30 Absatz 2 BVerfGG die Bestimmung eingefügt: „Ein Richter kann seine in der Beratung vertretene abweichende Meinung zu der Entscheidung oder zu deren Begründung in einem Sondervotum niederlegen; das Sondervotum ist der Entscheidung anzuschließen. Die Senate können in ihren Entscheidungen das Stimmenverhältnis mitteilen." Das Verfahren für die Abgabe eines Sondervotums wurde in § 55 der Geschäftsordnung des BVerfG vom 2. September 1975 näher geregelt. Damit ist nun auch in der Bundesrepublik das verfassungsgerichtliche Minderheitsvotum rechtlich etabliert.

2. In einer parlamentarischen Demokratie wie der Bundesrepublik stehen beide, Regierungsmehrheit wie Opposition, gleichrangig unter dem Recht. Wenn die Opposition gegen die Rechtsauffassung der gesetzgebenden Mehrheit verfassungsrechtliche Bedenken hat, darf sie dies nicht nur kundtun, sie muß vielmehr, falls sie über ein entsprechendes Antragsrecht verfügt, dafür Sorge tragen, daß ernsthafte Rechtsbedenken notfalls einer gerichtlichen Klärung zugeführt werden. Als die CDU-Fraktion und deren Koalitionspartner 1952 der SPD-Opposition des Bundestages dieses Recht streitig machen wollten, stellte das Bundesverfassungsgericht in seinem Urteil vom 7. März 1953 fest: „Es ist nicht nur das Recht der Opposition, außer ihren politischen auch ihre verfassungsrechtlichen Bedenken geltend zu machen, sondern im parlamentarisch-demokratischen Staat geradezu ihre Pflicht." Denn "es gibt weder eine rechtliche Befugnis der Parlamentsmehrheit, ihre Rechtsansicht im Parlament durchzusetzen, noch gibt es eine Verpflichtung der Minderheit, sich der Rechtsauffassung der Mehrheit zu fügen. Das parlamentarische System beruht auf dem Kampf der freien Meinungen, die sowohl über die politische als auch über die rechtliche Seite vorgetragen werden können. Eine Unterwerfungspflicht besteht für jedermann erst gegenüber einer verkündeten Rechtsnorm, und zwar bis zu ihrer Wiederaufhebung oder Nichtigerklärung."[42]

Die SPD-Opposition begrüßte diese Grundsatzentscheidung und machte von ihrem Recht, Normenkontrollverfahren einzuleiten − so z. B. um den EVG-Vertrag zu Fall zu bringen[43] −, weidlich Gebrauch. Als sich nach 1969 die sozial-liberale Koalition anschickte, ihr Reformprogramm gesetzgeberisch umzusetzen und die in den Wahlen nur knapp unterlegene CDU/CSU-Opposition nun ihrerseits die Einleitung von Normenkontrollverfahren beantragte, gewann mit der geänderten Position auch die

---

42 BVerfGE Bd. 2, S. 172.
43 Siehe hierzu Arnulf Baring: Außenpolitik in Adenauers Kanzlerdemokratie − Bonns Beitrag zur Europäischen Verteidigungsgemeinschaft, München−Wien 1969, S. 221−261 und Laufer a.a.O. S. 387 ff, 392 ff, 411 ff, 416 f und 426 ff.

Argumentation der Parteien neue Akzentsetzungen. Nun sieht sich die CDU/CSU-Opposition seitens der Regierungsmehrheit dem Vorwurf ausgesetzt, dem Mehrheitswillen der Wähler auf verfassungsgerichtlichem Wege auf wenig demokratische Weise wehren zu wollen.[44] Dabei wird es der neuen Opposition besonders übel genommen, daß sie erstaunlich oft vor Gericht erfolgreich blieb.

3. Als der SPD-Vorsitzende Willy Brandt im April 1978 vor Vertrauensleuten seiner Partei erklärte: „Daß die Führungen der Oppositionsparteien nach fast jeder parlamentarisch bedeutsamen Niederlage nach Karlsruhe gehen, kommt ja auch nicht von ungefähr",[45] war damit zweierlei angedeutet: Zum einen der Vorwurf, daß die CDU/CSU „ganz bewußt jede fortschrittliche Gesellschaftspolitik mit dem Odium der Verfassungswidrigkeit"[46] zu belegen trachte. Zum anderen jedoch auch der Hinweis darauf, daß die Opposition zunehmend die Erfahrung mache, mit ihrer Rechtsauffassung vor dem Verfassungsgericht mehr Gehör als die Regierungsmehrheit zu finden. Dies galt, abgesehen vom „verfassungskonform interpretierenden" Urteil zum Grundlagenvertrag (1973), vor allem für die Entscheidungen zum „Niedersächsischen Vorschaltgesetz" (1973), zum „§ 218 StGB" (1975), zur „Wahlpropaganda" (1977), zur „Etathoheit des Parlaments" (1977) und zur „Wehrpflichtnovelle" (1978). In all diesen Fällen blieb die Opposition vor Gericht erfolgreich. Die Opposition beschuldigte daher die Regierungsmehrheit eines lockeren Umgangs mit der Verfassung[47]. Diese erhob wiederum mit zunehmender Eindringlichkeit den Vorwurf, das Gericht entwickle eine Entscheidungspraxis, die die gebotenen Grenzen der Selbstbeschränkung weit übersteige und zum usurpatorischen Vorstoß in den Kompetenzbereich des Gesetzgebers führe. Diese schweren Vorwürfe sind besonders prononciert vom Hessischen Ministerpräsidenten Holger Börner (SPD) am 20. Mai 1978 vor einem rechtspolitischen Forum geäußert worden: „Bescheidet sich eigentlich noch das Bundesverfassungsgericht mit der Rolle eines ‚Hüters der Verfassung' oder tritt es zunehmend auch mit rechtspolitischen Anweisungen im Stile verbindlicher Mustergesetze als ‚Herr der Verfassung' und als ‚Herrscher der Verfaßten' hervor? Manche Sachkenner fragen sich dies, und auch der Politiker muß sich die Frage stellen angesichts einer Reihe von Verfassungsgerichtsentscheidungen der letzten Jahre... Diese Entscheidungen haben bei allen rechtlichen und tatsächlichen Unterschieden eines gemeinsam: Das höchste Gericht verläßt in Streitfragen ‚politischen Rechts' zunehmend die Linie richterlicher Selbstbeschränkung und drängt mit gesetzgeberischen Handlungsanweisungen ungehemmt in die politische Machtkonkurrenz. Diese Neigung tritt auch dort zutage, wo die Rechtsbasis dem unbefangenen Betrachter so unklar und mehrdeutig erscheint, daß die Grenze zwischen Rechtserkenntnissen und politischen Bekenntnissen fließend wird. Für den

---

44 Siehe hierzu oben S. 27 ff. und 275.

45 SPD-Pressedienst PPP, 29. Jahrgang, Nr. 72 vom 14. April 1978.

46 Ebd.

47 Siehe hierzu die CDU-Dokumentation „SPD und das Recht — Verfassungsverstöße von SPD und ihre Ursachen, mit einem Vorwort von Dr. Heiner Geißler, Generalsekretär der CDU", vorgelegt dem Rechtspolitischen Kongreß von CDU und CSU am 18./19. Mai 1978 in Karlsruhe.

Politiker, der im tagtäglichen Kampf um die Mehrheitsfähigkeit seiner Konzepte das hochgradige Irrtumsrisiko aller politischen Lösungen immer wieder erfährt, ist diese Entwicklung einigermaßen schockierend. Wenn das Verfassungsgericht spezifisch gesetzgeberische Funktionen bei der Gestaltung der Sozialordnung beansprucht, gerät es in eine Rolle, für die es weder kompetent noch ausgerüstet ist. Die friedensstiftende Autorität des Hüters der Verfassung muß Schaden nehmen, wenn die jeweilige Richtermehrheit keine Chance versäumt, Gesetzgebungsprogrammatik für den Rest des Jahrhunderts zu verfassen. Diese fortschreitende Entmächtigung des Parlaments scheint mir nicht die Krönung des Rechtsstaats zu sein."[48]

Die CDU/CSU sah in diesen und ähnlich weitreichenden Kritiken ein Zeichen der Unzufriedenheit mit zentralen Grundregeln des Grundgesetzes und insgesamt den Beweis eines „gestörten Verhältnisses" zum Bundesverfassungsgericht. Am 11. Mai 1978 schrieb CDU-Generalsekretär Heiner Geißler: „Selbstverständlich ist keine Regierung davor geschützt, Fehler mit verfassungsrechtlicher Relevanz zu begehen. Auffallend ist jedoch die Schwere und Häufigkeit der Verfassungsverstöße der SPD in so kurzer Zeit."[49] Das Verfassungsgericht sah sich somit in parteipolitische und verfassungsideologische Kontroversen erheblichen Ausmasses einbezogen. Die einen forderten vom Gericht machtbegrenzende „Rechtsklarheit", die anderen ein hohes Maß an gerichtlicher Selbstbeschränkung und weitreichender Toleranz gegenüber dem Gestaltungsspielraum der gesetzgebenden Mehrheit. In einer derartigen Lage könnte es keinem Gericht gelingen, allen Erwartungen jemals gerecht zu werden.
Der vom Verfassungsgericht gewählte Grundkurs, in entsprechend gelagerten Fällen zwar keine „Mustergesetze" zu konzipieren, aber doch entscheidende Grenzmarkierungen für den gesetzgeberischen Handlungsspielraum möglichst detailliert aufzuzeigen, hat nicht nur bei den streitenden Parteien, sondern auch bei wissenschaftlichen Beobachtern kritische Kommentare hervorgerufen. So hat beispielsweise der ehemalige Verfassungsrichter Konrad Zweigert angesichts der Urteile zum Grundlagenvertrag und Schwangerschaftsabbruch den Vorwurf eines „verfehlten Selbstverständnisses" erhoben: „Dem Gericht drohen von innen heraus zwei Gefahren: eine Selbstentfremdung durch ein Realitätsdefizit und eine Verschiebung seines Selbstverständnisses durch eine Usurpation von evidenten Aufgaben des Gesetzgebers… Wenn das Gericht eine Rechtsnorm für nichtig erklärt, so hat der Gesetzgeber noch immer eine Fülle von Möglichkeiten, um ein legislatives Sachproblem zu lösen — Möglichkeiten, die über die Phantasie des Verfassungsgerichts weit hinausreichen können. Das Bundesverfassungsgericht darf sein Selbstverständnis… weder in Richtung einer Blindheit gegenüber Realitäten noch in Richtung des Aufbaus einer eigenen Gesetzgebungskompetenz verfälschen."[50]

---

48 Die Rede ist abgedruckt in „Frankfurter Rundschau", Nr. 112, 30. Mai 1978, S. 4.
49 CDU-Dokumentation, S. XVIII.
50 Konrad Zweigert „Einige rechtsvergleichende und kritische Bemerkungen zur Verfassungsgerichtsbarkeit", in: Starck (Hrsg) a.a.O. Bd. 1, S. 74 f. Prof. Zweigert war von 1951 bis 1956 Richter des Bundesverfassungsgerichts.

Zum Grundlagenvertrags-Urteil betonte Zweigert zudem: „Was mich an diesem Urteil am meisten gewundert hat ist dieses: keiner der Richter in diesem Zweiten Senat hat die Möglichkeit einer dissenting opinion wahrgenommen, obwohl sie sich gerade bei diesem Urteil – in Fragen der Begründung – geradezu aufdrängen."[51] Hat hier das Gericht demnach auf einen innergerichtlich-kritischen Dialog verzichtet, so hat es in anderen Fällen davon durchaus Gebrauch gemacht. Die Minderheitsvoten überstimmter bzw. in ihrer Begründung abweichender Richter spielen mittlerweile in der Diskussion über Selbstverständnis und Rolle des Verfassungsgerichts im politischen Prozeß unserer Demokratie einen wichtigen und unentbehrlichen Part. Sie sind nicht nur ein Indikator dafür, inwieweit die Rechtsauffassungen des im Streit unterlegenen Teils unter den Richtern Anerkennung gefunden haben.[52] Sie dienen auch dem permanenten Dialog über die verfassungsrechtliche und verfassungspolitische Funktion des Gerichts unter dem Grundgesetz. Dabei kann, trotz aller Kritik in Einzelfragen, grundsätzlich der anläßlich des 25jährigen Bestehens des Bundesverfassungsgerichts formulierten Einschätzung Jochen Froweins zugestimmt werden: „Überblickt man die Rechtsprechung des Bundesverfassungsgerichts in den letzten fünfundzwanzig Jahren, so zeigt sich ein Bild, das bei aller möglichen Kritik als eindrucksvoll bezeichnet zu werden verdient... Es ist nicht schwer, die Gefahren einer Verfassungsgerichtsbarkeit, die politische Ambitionen hat und politische Ziele verfolgt, zu formulieren. Es kann aber nicht übersehen werden, daß hiergegen Gegengewichte wirksam werden, die sich aus dem Druck der öffentlichen Meinung und der politischen Kräfte sowie daraus ergeben, daß ein Verfassungsgericht außer seiner Autorität, die wesentlich auf der Überzeugungskraft seiner Entscheidungen beruht, keinerlei Macht zur Verfügung hat."[53]

---

51 Ebd. S. 74.
52 Siehe hierzu die Sondervoten der Richter Wiltraut Rupp-v. Brünneck und Helmut Simon zu den Urteilen „Niedersächsisches Vorschaltgesetz" und „§ 218" sowie Joachim Rottmann zum Urteil „Wahlpropaganda".
53 Jochen Abr. Frowein „25 Jahre Bundesverfassungsgericht", in: Die Öffentliche Verwaltung, 29. Jgg., Heft 20, Okt. 1976, S. 691. Prof. Frowein ist Mitglied der Europäischen Menschenrechtskommission.

12. Unabhängigkeitserklärung und Verfassung der USA: Dokumente der Freiheit?

Wer die Vereinigten Staaten von Amerika auf dem Seewege über New York ansteuert, wird seit 1886 an der Hafeneinfahrt von der Freiheitsstatue begrüßt. Bei der Ankunft kann der Neuankömmling damit rechnen, daß seine Beobachtungsgabe und sein Amerikaverständnis getestet werden. Wohl weiß jeder, daß die bronzene Statue in ihrer gen Himmel gestreckten Rechten die Freiheitsfackel trägt. Jedoch, was tut die Dame mit ihrer Linken? Wer darauf antwortet, die Linke halte eine Schrifttafel, zeigt seine gute Beobachtungsgabe. Von anderer Qualität ist die anschließende Frage, welches der zwei grundlegenden Dokumente aus der amerikanischen Gründungsphase in die Schrifttafel eingemeißelt wurde: die Unabhängigkeitserklärung vom 4. Juli 1776 oder die Verfassung der USA vom 17. September 1787? Es könnte weiter gefragt werden: welche dieser zwei Urkunden ist das eigentliche amerikanische „Dokument der Freiheit", das, falls wir heute entscheiden müßten, für die Schrifttafel der Freiheitsstatue ausgewählt werden sollte?

Hinter dieser Frage steht das in den USA nun seit 200 Jahren mit unterschiedlicher Intensität diskutierte Problem der Wechselbeziehung von Freiheit und Demokratie, Freiheit und Gleichheit. Auf welche Weise finden diese Prinzipien in den zwei Gründungsurkunden der Vereinigten Staaten ihren Niederschlag? Ist die Unabhängigkeitserklärung primär ein „Dokument der Freiheit" und die Verfassung primär ein „Dokument der Demokratie" oder umgekehrt? Martin Diamond hat in seinem Essay "The Declaration and the Constitution: Liberty, Democracy, and the Founders"[1] anläßlich der zweihundertsten Wiederkehr des Unabhängigkeitstages darauf hingewiesen, daß sich in der amerikanischen Diskussion mit der Entscheidung für die eine oder andere Version üblicherweise ein unterschiedliches Amerikaverständnis verbinde.

Die nahezu konträren Positionen und Deutungen der amerikanischen Gründungsphase lassen sich verkürzt etwa folgendermaßen skizzieren:

Während die Verfassung noch zur Zeit des ersten Jahrhundertgedenkens im Jahre 1887 nahezu einstimmig im Sinne der schwärmerischen Lobeshymne des britischen Premiers William Gladstone gefeiert wurde, wonach die amerikanische Verfassung das herrlichste Wunderwerk sei, das menschlichem Verstande jemals sein Dasein verdankte[2],

---

1 Abgedruckt in: The Public Interest, Heft Nr. 41, Herbst 1975, das dem Thema "The American Commonwealth — 1976" gewidmet ist, S. 39—55.
2 Vgl. unten S. 305.

machte sich um die Jahrhundertwende zunehmend eine weit kritischere Betrachtungsweise geltend. Förderer und Interpreten dieses wachsenden, in seinen Grundthesen bald in zahlreiche Lehrbücher Eingang findenden Kritizismus wurden die Arbeiten von J. Allen Smith ("The Spirit of American Government", 1907), Charles A. Beard ("An Economic Interpretation of the Constitution of the United States", 1913), Vernon L. Parrington ("Main Currents in American Thought", 1927), aber auch die einflußreichen Werke von S. E. Morison und H. S. Commager ("The Growth of the American Republic", 1. Aufl. 1930) sowie Richard Hofstadter ("The American Political Tradition", 1948).

In diesen kritischen Studien und Abhandlungen – insbesondere in den vereinfachenden Deutungen ihrer Epigonen – erscheint die amerikanische Gründungsphase und Verfassungsgeschichte gleichsam wie ein „Drama in vier Akten" (Diamond), das unter dem Thema „Revolution und Reaktion" abläuft. Im ersten Akt erscheint die Unabhängigkeitserklärung als Ausdruck des revolutionären Verlangens nach Gleichheit, Volkssouveränität und Demokratie. Im zweiten Akt tritt die Reaktion auf. (Morison und Commager stellen ihr Kapitel über die Entstehung der Bundesverfassung unter das Schlagwort „Thermidor"!)[3] Unter dem Anspruch, die Freiheit zu sichern – womit eigentlich Privilegien und vor allem Besitz gemeint seien –, entwerfen nach dieser Lesart das Besitzbürgertum und Großgrundbesitzer eine Verfassung, deren wahre Intention in der Abwehr demokratischer, durch die Unabhängigkeitserklärung geweckter Hoffnungen und Erwartungen besteht. Hofstadter spricht von der „antidemokratischen Position der Verfassungsschöpfer".[4]

Der dritte Akt zeigt die bisherige amerikanische Verfassungsgeschichte als einen mühsam-langjährigen Versuch, das politische System der USA trotz der restriktiven Grundkonzeption der Verfassung zu demokratisieren.

Den vierten Akt bildet schließlich der Aufruf an das werte Publikum, zu erwägen, ob man sich tatsächlich mit den bisher erzielten Teilerfolgen begnügen und das frustrierende Geschäft mit Detailreformen weiterverfolgen dürfe oder ob man nicht doch im Namen der Demokratie – wie sie in der frühen Revolutionsphase bereits als Vision aufgezeigt wurde – eine grundlegendere Änderung des gesamten Verfassungssystems fordern müsse. Hofstadter kommt zum Ergebnis, daß moderne humanistische Denker für die Lösung der gesellschaftlichen Gegenwartsprobleme "can expect no answer in the philosophy of balanced government as it was set down by the Constitution-makers of 1787".[5]

---

3 Allerdings bewerten die Autoren die amerikanische „Thermidorreaktion" auf die revolutionäre Bewegung der Unabhängigkeitsphase relativ positiv: „Selten hat eine Bevölkerungsschicht klüger zum Wohle des Ganzen gehandelt als es die Föderalisten taten, das heißt die Partei der Besitzenden, der Publizisten und der Mitglieder freier Berufe, die sich selbst gebildet hatte und später die Bundesverfassung schuf... Außerdem ging der amerikanische Thermidor ruhig und friedlich vor sich, ohne Säuberung, Verbannung, Hinrichtung oder Mord. ,Jakobiner', wie Patrick Henry und Sam Adams, blieben im Besitz all ihrer Rechte und wurden später Gouverneure und Senatoren. Denn die Amerikaner waren damals bereits in ihren politischen Gepflogenheiten gereift und in ihren politischen Methoden zivilisiert." Morison und Commager: Das Werden der Amerikanischen Republik, Bd. 1, Stuttgart 1949, S. 311.
4 Richard Hofstadter: The American Political Tradition, New York 1948, S. 15.
5 Ebd. S. 17.

Wer in der Unabhängigkeitserklärung als primäres Postulat die demokratische Gleichheitsforderung entdeckt und die Verfassung demgegenüber als gegenrevolutionär-bürgerliches Freiheitsschutz-Dokument deutet, wird somit dazu neigen, in der Gegenwart fundamentale Verfassungsänderungen für notwendig zu halten — und möglicherweise annehmen oder vorschlagen, daß die Freiheitsstatue die Verfassungsurkunde als Amerikas Dokument der Freiheit umschlingt. L. L. Matthias publizierte 1964 bei Rowohlt sein polemisches Buch „Die Kehrseite der USA" mit einer Freiheitsstatue auf dem Einbanddeckel, die dem Betrachter die Kehrseite zuwendet: so gewendet erscheint die Statue als Symbol eines bürgerlichen Freiheitsprivilegs auf Kosten der Demokratie. Tatsächlich trägt die Freiheitsstatue jedoch die Unabhängigkeitserklärung im Arm. Wenn die Unabhängigkeitserklärung primär als Dokument der Freiheit begriffen wird, kann die Verfassung dann als Dokument der Demokratie gedeutet werden? Steckt die Verfassung mit ihrem Konzept der Gewaltenteilung, des Föderalismus und der wechselseitigen Hemmungen und Kontrollen nicht voller Restriktionen? Kann der Mehrheitswille des Volkes in dem institutionellen Kompetenzgewirr der Verfassung überhaupt ungebrochen zur Geltung gelangen?
Am 4. Juli 1976 feierten die Amerikaner den 200. Jahrestag der Verkündung ihrer Unabhängigkeit. Es ist ihr bedeutendster nationaler Feiertag. Während andere Nationen häufig an ihrem „ersten" nationalen Feiertag einer historisch bedeutsamen Gewalttat gedenken — Sturm auf die Bastille in Frankreich, Sturm auf das Winterpalais in Rußland, das Schweizer Tellschießen (Geßlermord) am 1. August, der 17. Juni 1953, die Debatten um den 20. Juli 1944 in Deutschland —, bezieht sich der Nationalfeiertag der Amerikaner auf die freiheitliche Proklamation einer Rechtsentscheidung. Die Unabhängigkeitserklärung ist wie ein Gerichtsbescheid angelegt. Einleitend werden die Maßstäbe, die Rechtskriterien genannt, die dem „Urteil" zugrunde liegen; dann folgt eine „Tatsachenfeststellung" über die Verhaltensweisen des britischen Königs Georg III.; schließlich wird das Urteil gefällt, wonach die Unabhängigkeit der amerikanischen Kolonien auf Grund der Verbrechen des britischen Königs gemäß der einleitend proklamierten Maßstäbe ein Gebot des Rechts und der Selbstachtung sei.
Welches sind nun diese Maßstäbe? Thomas Jefferson hat sie in brillanter Prägnanz und Knappheit im zweiten Absatz der Unabhängigkeitserklärung zusammengefaßt. Dieser Absatz enthält in interpretationsoffener Form die vier wichtigsten, bis heute wirksamen Zentralsätze der Locke'schen Staatstheorie:

„Folgende Wahrheiten erachten wir als selbstverständlich: daß alle Menschen gleich geschaffen sind ("created equal"); daß sie von ihrem Schöpfer mit gewissen unveräußerlichen Rechten ausgestattet sind, daß dazu Leben, Freiheit ("Liberty") und das Streben nach Glück gehören; daß zur Sicherung dieser Rechte Regierungen unter den Menschen eingesetzt werden, die ihre rechtmäßige Macht aus der Zustimmung der Regierten ("Consent of the Governed") herleiten; daß, wann immer irgendeine Regierungsform sich als diesen Zielen abträglich erweist, es das Recht des Volkes ist, sie zu ändern oder abzuschaffen und eine neue Regierung einzusetzen und diese auf solchen Grundsätzen aufzubauen und ihre Gewalten in der Form zu organisieren, wie es ihm zur Gewährleistung seiner Sicherheit und seines Glücks geboten zu sein scheint.

Gewiß gebietet die Weisheit, daß von alters her bestehende Regierungen nicht aus geringfügigen und vorübergehenden Anlässen geändert werden sollten; und demgemäß hat jede Erfahrung gezeigt, daß die Menschen eher geneigt sind, zu dulden, solange die Mißstände noch erträglich sind, als sich unter Beseitigung altgewohnter Formen Recht zu verschaffen. Aber wenn eine lange Reihe von Mißbräuchen und Übergriffen, die stets das gleiche Ziel verfolgen, die Absicht erkennen läßt, sie absolutem Despotismus zu unterwerfen, so ist es ihr Recht und ihre Pflicht, eine solche Regierung zu beseitigen und neue Wächter für ihre künftige Sicherheit zu bestellen."

Die vier Zentralsätze dieses Absatzes beziehen sich demnach
1. auf das Gebot unveräußerlicher Grundrechte,
2. das Prinzip der Volkssouveränität,
3. das Prinzip der Gewaltenteilung („ihre Gewalten in der Form zu organisieren...")
und schließlich
4. nicht nur das Recht, sondern im Falle despotischer Unterdrückungs- und Vernichtungsabsicht sogar die Pflicht zum Widerstand.

Die Bedeutung dieser Grundsätze bis in unsere Gegenwart hinein wird in der Bundesrepublik Deutschland u. a. darin ersichtlich, daß sie — verbunden mit dem Sozialstaatsprinzip — in Artikel 1 und 20 des Grundgesetzes Eingang gefunden haben und ihnen ein derart hoher Rang beigemessen wird, daß sie gemäß Artikel 79 Absatz 3 des Grundgesetzes nicht einmal der Verfassungsänderung unterworfen werden dürfen.
Der Streit um die Frage, ob es sich bei der Unabhängigkeitserklärung primär um ein Dokument demokratischer Gleichheit oder der Freiheit handelt, bezieht sich zunächst auf die Interpretation der Formeln "created equal", "Consent of the Governed" und "Liberty" sowie deren Stellenwert in der Erklärung. Während nun die einen die zwei erstgenannten Formeln mitunter so weit ausdeuten, als sei mit dem Gleichheitssatz der Anspruch gleicher Lebensumstände für alle postuliert und im Grunde ein eindimensional-partizipatorisches Demokratieverständnis proklamiert, wonach die Zustimmung aller zu jeder politischen Entscheidung geboten wäre, setzen die anderen erheblich abweichende Akzente. So macht beispielsweise Diamond darauf aufmerksam, daß die Unabhängigkeitserklärung von der Vertragstheorie ausgehe und demnach keineswegs „Gleichheit schlechthin" meine, sondern lediglich gleiche politische Freiheit.[6] Ebenso bedeute Volkssouveränität im Sinne der Unabhängigkeitserklärung das Recht des Volkes, über die Form des Regierungssystems und die Besetzung der Ämter direkt oder indirekt zu bestimmen, nicht hingegen, das Regierungsgeschäft selbst auszuüben. Im Zentrum der Erklärung stehe vielmehr eindeutig der Begriff „Freiheit", auf die im Sinne politischer Freiheit jedermann einen gleichen Anspruch habe. Die Erklärung fordert somit das Volk auf, derjenigen Staatsform und demjenigen Regierungssystem den Vorzug zu geben, die als am besten geeignet erscheinen, das Ziel des Schutzes, der Sicherung und Entfaltung gleicher politischer Freiheit zu erreichen. Weitere Forderungen, etwa die nach Errichtung einer Republik oder einer bestimmten Form von Demokratie, werden nicht erhoben. Die Unabhängigkeitserklärung ist demnach ein Dokument

6 Diamond a.a.O. S. 48 ff.

des gleichen Anspruchs aller auf politische Freiheit und des Rechts des Volkes, über die ihm dafür geeignet erscheinende Regierungs- und Staatsform selbst zu entscheiden. Die Verfassung stellt sich in dieser Sicht nun keineswegs als antidemokratische Reaktion auf eine revolutionäre Verheißung dar, sondern als die seinerzeit realisierbare Erfüllung der von der Unabhängigkeitserklärung gestellten Aufgabe, ein Verfassungssystem zu konzipieren, das dem Grundprinzip Freiheit gerecht wird. Dabei wollte man im Jahre 1787 keine perfekte Verfassung für alle Zeiten schaffen, sondern nach den schlechten Erfahrungen mit den Konföderationsartikeln eine Bundesverfassung konzipieren, die unter Berücksichtigung der Prinzipien der Unabhängigkeitserklärung sowohl praktikabel als auch die Interessenlagen beachtend durchsetzbar blieb.

Das Ergebnis war eine geschriebene Verfassung, die sich bisher als die dauerhafteste und anpassungsfähigste der Menschheitsgeschichte erwies. Dieser Verfassung kann nur der das Etikett „demokratisch" verweigern, der Demokratie lediglich im Sinne direkter, ungehinderter Mehrheitsherrschaft akzeptiert und in jeder Form repräsentativer Demokratie einen Verrat am Grundprinzip zu erkennen meint. Die amerikanischen Verfassungsväter waren sich offenkundig darüber einig, daß für die Vereinigten Staaten nur eine Demokratie als Staatsform in Frage kam, welche die Entartungsmöglichkeiten direkter Mehrheitsherrschaft und der bis dahin bekannt gewordenen Volksregimentsversuche unbedingt vermied. Daher die kritische Auseinandersetzung der Verfassungsväter mit den Schwächen der Demokratie. Es galt nämlich eine Demokratie zu schaffen, die das Ziel, gleiche politische Freiheit zu sichern, auch tatsächlich zu erreichen versprach. So entstand das Konzept einer repräsentativen Demokratie mit bundesstaatlich-präsidentiellem Regierungssystem, das im Gegensatz zur direkten Demokratie von den Schöpfern der Verfassung unter der Bezeichnung „Republik" bzw. „repräsentative Regierung" ("representative government") diskutiert und verfochten wurde.[7]

Mit dieser Verfassung hat sich im Verlauf von nahezu zwei Jahrhunderten eine Demokratisierung des politischen Systems vollzogen, die nicht im Widerspruch zu angeblich antidemokratischen Intentionen der Verfassungsväter stand und steht, sondern eine jeweils zeitnotwendige Fortentwicklung der in der Verfassung angelegten demokratischen Grundprinzipien und Möglichkeiten darstellt. Die auch in Zukunft notwendige Fortentwicklung dieser Verfassung muß an den gleichen Forderungen wie die Arbeit der Verfassungsväter gemessen werden: einen Staat und ein Regierungssystem zu schaffen, die vornehmlich im Dienst gleicher politischer Freiheit für alle stehen.

Die in den USA immer wieder und auch in der Gegenwart aufgeworfene Frage, ob man eher in der Unabhängigkeitserklärung oder in der Bundesverfassung das grundlegende Dokument der Freiheit bzw. der Demokratie zu sehen habe, verweist somit auf unterschiedliche Deutungen der amerikanischen Gründungsphase, der Entwicklung des politischen Systems sowie der Rolle des Freiheitsbegriffs und des Demokratieverständnisses in der Gegenwart. Es ist eine Debatte, die auch nach den Zweihundertjahrfeiern der Republik mit ihren Fragestellungen und Perspektiven an Aktualität und Bedeutung kaum etwas verloren hat.

---

7   Siehe hierzu insbesondere den von James Madison verfaßten "Federalist Nr. X" aus dem Jahre 1787.

13. Grundzüge des amerikanischen Regierungssystems

I. Die Anpassungsfähigkeit der Verfassung

In der vergleichenden Verfassungsgeschichte erfreuen sich die Verfassungen Großbritanniens und der USA einer besonderen Wertschätzung. Bereits vor einem knappen Jahrhundert formulierte William Gladstone einmal voller Bewunderung: „Wie die britische Verfassung den subtilsten Organismus darstellt, der nach langen Wehen dem Schoße der Geschichte entwachsen ist, so ist, soweit ich sehen kann, die amerikanische Verfassung das herrlichste Wunderwerk, das menschlichem Verstande jemals sein Dasein verdankte."[1]

Der weitverbreitete Respekt, der — wenn auch selten so emphatisch artikuliert — diesen zwei „angelsächsischen Verfassungen" gezollt wird, gilt vor allem ihrer erstaunlichen Flexibilität und der bewährten Anpassungsfähigkeit, die beide bisher ausgezeichnet haben. Dabei ist eine Anpassungsfähigkeit in doppelter Hinsicht gemeint. Einmal gegenüber den Herausforderungen der Geschichte: Beide Verfassungen haben sich als fähig gezeigt, dem radikalen Wandel von einer unterentwickelten Agrargesellschaft zum hochentwickelten Industriestaat mit großer Elastizität weitgehend gerecht zu werden. Zum anderen ist jedoch auch von jener Anpassungsfähigkeit die Rede, die die genannten Verfassungen in ihrer Eigenschaft als primäre Organisations- und Verfahrensstatuten des jeweiligen Regierungssystems sowohl in „Normallagen" als auch in „Krisenlagen" aufwiesen, d.h. ihrer Fähigkeit, sich sowohl als Friedens- wie als Krisen- oder Notstandsverfassung zu bewähren[2].

Diese doppelte Adaptationsfähigkeit mag weniger bei der britischen Verfassung verwundern. Das britische Königreich hat, abgesehen von einigen grundlegenden Organisationsgesetzen und Geschäftsordnungsbestimmungen, eine ungeschriebene Verfassung, deren Substanz sich mit dem Wandel der gewohnheitsrechtlich geltenden Zuständigkeits-, Verfahrens- und Verhaltensregeln ändert. Die ungeschriebene britische Verfassung ist im wesentlichen eine praktizierte Verfassung. Sie ermöglicht es den öf

1 Der volle Wortlaut des bekannten Gladstone-Zitats ist bei Ernst Fraenkel: Das amerikanische Regierungssystem — Eine politologische Analyse (Köln und Opladen 1960) S. 21, Anm. 1 zu finden: "As the British Constitution is the most subtle organism which has proceeded from the womb and long gestation of progressive history, so the American Constitution, so fas as I can see, the most wonderful work ever struck off at a given time by the brain and purpose of man."

2 Einen knappen Überblick zur amerikanischen Notstandsproblematik mit Verweisen auf weitere Spezialliteratur bietet der Aufsatz von Carl-Christoph Schweitzer: Betrachtungen zur amerikanischen Notstandsgesetzgebung, in: Aus Politik und Zeitgeschichte, Beilage zur Wochenzeitung Das Parlament, B 3/68, vom 17. Januar 1968, S. 21—30.

fentlichen Gewalten, sich den jeweiligen politischen „Lebenslagen" ohne komplizierte formelle Verfassungsänderung anzupassen und auf die verschiedenartigen Herausforderungen flexibel zu reagieren.

Erheblich größere Verwunderung muß demgegenüber die Anpassungsfähigkeit der amerikanischen Verfassung hervorrufen. Die USA haben die älteste auch heute noch geltende geschriebene Verfassung aller Staaten — sie wurde am 17. September 1787 vom Verfassungskonvent in Philadelphia angenommen. Sie ist noch heute in Kraft, ohne jemals einer fundamentalen Verfassungsrevision unterzogen worden zu sein. Da die Verfassung zudem Änderungsverfahren so sehr erschwert, daß sich nur in den seltensten Fällen eine formelle Änderung oder Ergänzung des Verfassungstextes realisieren läßt, mag es verständlich erscheinen, warum die amerikanische Verfassung selbst partieller Revision nur äußerst selten unterzogen wurde[3]. Sieht man von den ersten zehn Zusatzartikeln ab, die bereits im Jahre 1791 in Kraft traten und die sogenannte „Bill of Rights" ausmachen, so ist der Text bis heute lediglich durch 15 Zusatzartikel ergänzt oder geändert worden. Die fünf letzten (Zusatzartikel 22—26) wurden nach dem 2. Weltkrieg angenommen. Es dürfte symptomatisch sein, daß sie die Wahl bzw. das Amt des Präsidenten und Vizepräsidenten zum Gegenstand haben.

Für den Tatbestand, daß die amerikanische Verfassung trotz ihrer formellen Starrheit bis in die Gegenwart hinein als grundlegendes Organisations- und Verfahrensstatut des amerikanischen Regierungssystems respektiert und praktiziert wird, lassen sich mehrere Gründe anführen. Als wichtigste wären zu nennen:

1. Das ausgewogene Zuordnungsverhältnis zwischen den verschiedenen vorgesehenen Staatsorganen und Kompetenzen (Kongreß, Präsident, Gerichtsbarkeit, Bundesstaatlichkeit) sowie deren wechselseitige Einwirkungsmöglichen;
2. die Knappheit des Verfasungstextes und dessen Konzentration auf einige wenige Grundregeln;
3. die zeitweilig sehr weitreichende und großzügige Interpretation fundamentaler Verfassungsbestimmungen durch den Supreme Court, der wesentlich dazu beitrug, das immer wieder aufbrechende Spannungsverhältnis zwischen Verfassungsnorm und Verfassungswirklichkeit mildern zu helfen, wenn nicht gar vorübergehend zu beseitigen;
4. die Ergänzung der Verfassung durch institutionelle, d. h. organisatorische und verfahrensrelevante Vorkehrungen und Praktiken, die in der geschriebenen Verfassung zwar nicht vorgesehen sind, mit ihrem Text aber auch nicht im Widerspruch stehen, ihr als Möglichkeiten durchaus inhärent sind oder vom Supreme Court dazu erklärt wurden.

---

3 Nach Art. 5 US-Verfassung schlägt der Kongreß mit Zweidrittelmehrheit beider Häuser Verfassungsänderungen vor. Zur Ratifizierung ist die Zustimmung der Parlamente in drei Vierteln der Einzelstaaten erforderlich. Allein dieses Verfahren wurde bisher angewandt. Möglich wäre auch die Einberufung eines Bundeskonvents und die Ratifizierung durch spezielle Verfassungskonvente in den Einzelstaaten. — Die US-Verfassung wird, anders als das Grundgesetz, durch Zusatzartikel geändert, die der textlich unverändert bleibenden „Urfassung" der Verfassung angehängt werden.

Neben den „zeitgemäßen" Verfassungsinterpretationen waren es vor allem diese „praktischen Verfassungsergänzungen", die die Anpassungsfähigkeit der geschriebenen Verfassung ermöglichten. Zu diesen meist ungeschriebenen institutionellen und strukturellen Verfassungsergänzungen gehören aber nicht nur die für den politischen Entscheidungsprozeß aller modernen Staaten wichtigsten Einrichtungen: die Parteien und politisch relevanten Interessengruppen. Hierzu zählen vielmehr auch eine Reihe staatlicher Praktiken und Institutionen, die für die spezifischen Besonderheiten des politischen Prozesses des amerikanischen Regierungssystems von erheblicher Bedeutung sind. Einige von ihnen gelten heute so sehr als etabliert und systemprägend, daß die irrige Vermutung, die betreffenden Regelungen seien in der geschriebenen Verfassung vorgesehen, durchaus verständlich ist. Auch in den USA ist ein wesentlicher Teil der „geltenden" Verfassung ungeschrieben[4].

II. Verfassungstext und Verfassungspraxis

Hierzu seien ein paar Beispiele skizziert, mit denen zugleich auf einige charakteristische Besonderheiten des amerikanischen Regierungssystems verwiesen sei. Die Beispiele betreffen die Bestellungsweise der Wahlmänner, das Kabinett, das Ausmaß der praktizierten Inkompatibilität, die Ausschüsse des Kongresses, das parlamentarische Untersuchungsrecht, das Senioritätsprinzip, die Residenzpflicht der Repräsentantenhausabgeordneten, die Filibusterregel im Senat und schließlich die Normenkontrolle des Supreme Court.

1. Es ist zwar allgemein bekannt, daß heute der amerikanische Präsident de facto direkt vom Volk gewählt wird, während die Verfassung seine Wahl durch (frei entscheidende) Wahlmänner vorschreibt. Weit weniger bekannt ist jedoch die Tatsache, daß die Verfassung mit keinem Wort die *direkte Wahl der Wahlmänner durch das Volk* bestimmt. In Artikel 2, Sektion 1, Absatz 2 der US-Verfassung heißt es hierzu lediglich: „Jeder Einzelstaat ernennt (shall appoint) in der von seiner gesetzgebenden Körperschaft vorgeschriebenen Weise eine Anzahl von Wahlmännern..." Erst 1828 hatte sich in fast allen Staaten der USA die noch heute geltende Regel der direkten Wahl der Wahlmänner durch das Volk durchgesetzt. Zuvor waren

---

4 Das wichtigste von einem deutschen Autor für deutsche Leser verfaßte Buch zum amerikanischen Regierungssystem ist immer noch die in Anm. 1 genannte Studie von Ernst Fraenkel, die seit 1976 in der 3. Auflage vorliegt. Reichhaltiges Material enthält das umfassende Werk von Karl Löwenstein: Verfassungsrecht und Verfassungspraxis der Vereinigten Staaten (Berlin-Göttingen-Heidelberg 1959). Neuere Entwicklungen auf einer aktuellen Materialbasis berücksichtigen die Arbeiten von Hans J. Kleinsteuber: Die USA — Politik, Wirtschaft, Gesellschaft: Eine Einführung (Hamburg 1974), Kurt L. Shell: Das politische System der USA (Stuttgart 1975) und Peter Lösche: Politik in USA — Das amerikanische Regierungs- und Gesellschaftssystem seit der Präsidentenwahl 1976, Opladen 1977. Als ausgezeichnete amerikanische Einführungen sind zu erwähnen Arnold M. Rose: The Power Structure — Political Process in American Society (New York 1967) und Robert A. Dahl: Democracy in the United States: Promise and Performance (2. Aufl., Chicago 1972).

in den einzelnen Staaten die unterschiedlichsten Bestellungsweisen praktiziert worden. Zu ihnen hätte der Verfassung nach durchaus auch die Ernennung der Wahlmänner durch den Gouverneur des betreffenden Einzelstaates gehören können. Noch im Jahre 1816 war das eindeutig dominierende Verfahren die indirekte Wahl, d. h. die Bestellung der Elektoren durch das Parlament des jeweiligen Staates. South Carolina blieb sogar bis 1860 bei dieser Bestellungsweise seiner Wahlmänner. Die direkte Wahl der Wahlmänner durch das Volk und die gleichzeitige Durchführung ihrer Wahl in allen Staaten der USA an einem bestimmten Tage wird nicht durch die Verfassung vorgeschrieben, sondern ist ein Resultat der Verfassungsentwicklung.

2. Gemäß Art. 2, Sektion 1, Satz 1 der US-Verfassung „liegt die vollziehende Gewalt bei dem Präsidenten der Vereinigten Staaten von Amerika". Er ist in Personalunion Staatsoberhaupt, Regierungschef und der einzige verantwortliche Minister, den die Verfassung kennt. Er allein stellt nach dem Wortlaut der Verfassung die Regierung dar. Vom Vizepräsidenten heißt es in diesem Zusammenhang lediglich, daß er „für dieselbe Amtszeit (wie der Präsident) zu wählen" sei, für vier Jahre also. Das amerikanische *Kabinett* ist der Verfassung unbekannt. Es ist gleichsam eine private Veranstaltung des Präsidenten, durch Gewohnheitsrecht etabliert, jedoch ohne jede verfassungsrechtliche Entscheidungskompetenz. Allein das Votum des Präsidenten ist von verfassungsrechtlicher Bedeutung. Er allein trägt die Verantwortung[5].

3. Mit der Bestimmung: „... niemand, der ein Amt im Dienste der Vereinigten Staaten bekleidet, darf während seiner Amtsdauer Mitglied eines der beiden Häuser (des Kongresses) sein" (Art.1, Sektion 6, Abs. 2 US-Verfassung), wird das *Inkompatibilitätsprinzip* postuliert. Es wäre folglich mit dem Wortlaut des vorliegenden Verfassungstextes durchaus vereinbar, als Kongreßmitglied zugleich Mitglied eines einzelstaatlichen Parlaments oder Beamter bzw. Angestellter „im Dienste eines Staates der USA", also „Landesbeamter" zu sein. Daß das Inkompatibilitätsprinzip uneingeschränkt auch für sämtliche in diesem Zusammenhang denkbaren Fälle gilt, ja sogar derart rigoros gehandhabt wird, daß bereits die Kandidatur für ein Kongreßmandat die Entlassung aus dem öffentlichen Dienst zur Voraussetzung hat — was erhebliche Konsequenzen für die praktische Politik zeitigt —, ist ungeschriebene Gewohnheitsnorm, nicht Verfassungspostulat.

4. In beiden Häusern des Kongresses, Senat wie Repräsentantenhaus, spielen die *Ausschüsse* — insbesondere die Vermittlungsausschüsse, die ständigen Fachausschüsse, die Bewilligungsausschüsse sowie im Repräsentantenhaus der Geschäftsordnungsaussschuß (de facto der „Lenkungsausschuß" des Hauses) — eine eminent wichtige Rolle[6]. In keinem anderen Parlament der Welt kommt den ständigen

---

5 Für Einzelheiten s. Richard F. Fenno: The President's Cabinet (New York 1959) und Louis W. Koenig: The Chief Executive, 2. Aufl. (New York 1968), S. 155–265. Grundlegend ist nach wie vor Joseph E. Kallenbach: The American Executive — The Presidency and the Governorship (New York und London 1966) und jetzt Thomas E. Cronin: The State of the Presidency, Boston-Toronto 1975.

6 Vgl. hierzu Winfried Steffani: Das "Rules Committee" des amerikanischen Repräsentantenhauses: Eine Machtbastion, in: Politische Vierteljahresschrift (Dezember 1967) S. 585–607, mit zahlreichen Literaturhinweisen.

Ausschüssen eine ebenso weitreichende Entscheidungskompetenz zu wie im amerikanischen Kongreß. Von derartigen Ausschüssen weiß die US-Verfassung jedoch nichts.

5. Vor allem seit dem 2. Weltkrieg haben die Kongreßausschüsse eine *Untersuchungstätigkeit* entfaltet, die weder in der eigenen Geschichte noch in der eines anderen Parlamentens ihresgleichen findet. Senator McCarthys Investigationen wurden zu einem unrühmlichen Beispiel. Die Untersuchungsausschüsse haben das Recht, jedermann — außer Präsident und Vizepräsident — vor ihre Schranken zu zitieren und unter Eid zur Aussage anzuhalten. Weigerung und wissentlich falsche Aussagen können hart, gegebenfalls als Meineid, bestraft werden (contempt of Congress). Von einem Untersuchungsrecht des Kongresses und seiner Ausschüsse steht nichts in der Verfassung. Der Kongreß hatte sich dieses Recht als Konsequenz seiner Gesetzgebungsbefugnis zugesprochen, der er nur bei erschöpfender Information nachkommen könne. Der Supreme Court hat sich im Jahre 1927 dieser Verfassungsinterpretation angeschlossen.

6. Die Arbeitsweise des Kongresses und insbesondere seiner Ausschüsse sowie die faktischen Entscheidungsmöglichkeiten seiner Mitglieder können ohne rechte Würdigung des herrschenden *Senioritätsprinzips* nicht verstanden werden. Der Senioritätsgrad eines Abgeordneten bemißt sich nach der Dauer seiner ununterbrochenen Mitgliedschaft im Kongreß oder in einem seiner Ausschüsse. Bei der Konkurrenz zwischen zwei Mitgliedern der gleichen Partei um begehrte Positionen kann ein Tag mehr oder weniger Seniorität von ausschlaggebender Bedeutung sein. Seniorität heißt Privileg: bei der Bewerbung um einen vakanten Ausschußsitz, bei der Rangfolge des Rede- und Fragerechts in den Ausschüssen, ja bis hin zur Raumverteilung — der „Senior" hat stets den Vortritt. Von zentraler Wichtigkeit ist dieses Prinzip vor allem bei der Bestellung der Ausschußvorsitzenden, den machtvollsten und begehrtesten Posten im kongreßinternen Entscheidungsprozeß. Obgleich in den Geschäftsordnungen beider Häuser steht, daß die Vorsitzenden der Ausschüsse mit Mehrheit im Plenum gewählt werden, folgt die Praxis einem anderen Prinzip. Vorsitzender wird selbstverständlich das Ausschußmitglied, das am längsten ununterbrochen dem betreffenden Ausschuß angehört und Mitglied der Mehrheitspartei seines Hauses ist. Der Vorsitz ist ihm sicher, gleichgültig, ob der „Aufgerückte" hierfür qualifiziert erscheint, das Vertrauen der Mehrheit seines Ausschusses besitzt oder sich gar im Laufe der Jahre der in seiner Partei vorherrschenden Grundauffassung völlig entfremdet hat. Auf die Motive, die zur strikten Beachtung des Senioritätsprinzips führten, und auf deren Konsequenzen kann nicht näher eingegangen werden. Hier mag der Hinweis genügen, daß sich dieses Verfahrensprinzip weder aus der Verfassung noch aus irgendeiner Geschäftsordnungsbestimmung ergibt. Es kennzeichnet lediglich eine für den politischen Prozeß der USA äußerst bedeutungsvolle, durch Gewohnheit sanktionierte Verhaltensnorm[7]. Obgleich es bereits früher

---

7 Zur Geschichte, Motivation und Problematik des Senioritätsprinzips, dargestellt am Beispiel des Führungswechsels in einem wichtigen Kongreßausschuß siehe unten S. 346 ff.

ganz gelegentlich Abweichungen von der Senioritätsregel gab, muß es doch auffallen, wenn zu Beginn des 94. Kongresses im Frühjahr 1975 gleich in drei Fällen süddemokratisch-konservative Senioren bei der Wahl von Ausschußvorsitzenden übergangen wurden. Ob sich hier ein neuer Trend ankündigt, ist gegenwärtig noch nicht auszumachen.

7. Die Verfassung verlangt, daß ein Mitglied des Repräsentantenhauses ebenso wie ein Senator zum Zeitpunkt der Wahl seinen Wohnsitz in dem Staate haben muß, in dem er sich zur Wahl stellt (Art. 1, Sektion 2, Abs. 2 bzw. Sektion 3, Abs. 3 der US-Verfassung). Tatsächlich muß er jedoch auch in dem Wahldistrikt seinen Hauptwohnsitz haben, dessen Abgeordneter er zu werden wünscht. Eine Ausnahme von dieser ungeschriebenen Regel einer *Residenzpflicht* im Distrikt ist trotz aller einschränkenden Konsequenzen, die sich hieraus für die Kandidatenauswahl ergeben, seit Jahrzehnten unbekannt.

8. Im Senat hat jedes Mitglied, dem das Wort erteilt wird, das Recht, so lange zu sprechen, wie es dies für richtig hält oder physisch durchhält — es sei denn, eine Redezeitbeschränkung wurde einstimmig akzeptiert. Mit einfachem Mehrheitsbeschluß darf keinem Senator das Wort entzogen werden. Solange ein Senator spricht oder sich zur Sache zu Worte meldet, kann das Haus keine Entscheidung zur Sache fällen. Hat die Rede eines Abgeordneten das Ziel, die Mehrheit des Senats nicht zur Abstimmung kommen zu lassen, so spricht man vom *„Filibuster"*. Dem Senat bleibt in diesem Falle keine andere Wahl, als den Tagesordnungspunkt zu vertagen, abzusetzen oder Regel 22 der Geschäftsordnung anzuwenden. Nach dieser Regel kann lediglich in Geschäftsordnungsfragen mit Zweidrittelmehrheit der anwesenden Senatoren beschlossen werden, daß jedes Senatsmitglied „nur" noch je eine Stunde zur anhängigen Sache sprechen dürfe. In allen anderen Fällen ist für einen entsprechenden Beschluß die Zustimmung von drei Fünftel der gesetzlichen Mitgliederzahl des Senats erforderlich. Eine so qualifizierte Mehrheit kommt erfahrungsgemäß nur sehr selten zustande. Eine engagierte Minderheit, die im Konfliktsfalle das entsprechende Sperrquorum (ein Drittel plus einem der abstimmenden Senatoren bzw. zwei Fünftel plus einem der gesetzlichen Mitgliederzahl) zu mobilisieren weiß, vermag die Senatsmehrheit daran zu hindern, jemals überhaupt zur Sache abstimmen zu können. Somit arbeitet der Senat tatsächlich stets unter dem Vorbehalt eines absoluten Minderheitsvetos. Wenn die amerikanische Verfassung bestimmt: „In jedem Hause ist die Anwesenheit der Mehrheit der Mitglieder zur Beschlußfähigkeit erforderlich" (Art. 1, Sektion 5, Abs. 1), so besagt dies für den Senat keinesfalls, daß eine derartige Mehrheit tatsächlich dazu befähigt ist, überhaupt Beschlüsse zu fassen. Eine entsprechende Minderheit ist durchaus in der Lage, sie daran zu hindern. Im extremen Konfliktsfall entscheidet im Senat die Minderheit. Ihre Stärke und das Gewicht ihrer Verhandlungsposition im Senat beruht darauf, daß die Mehrheit sich stets davor hüten muß, einen solchen Extremfall zu provozieren. — Es gehört seit langem zum Eröffnungsritual eines jeden neu zusammentretenden Kongresses, daß eine Gruppe von Senatoren den Versuch unternimmt, Regel 22 der Geschäftsordnung zu revidieren. Auch zu Beginn des 95. Kongresses im Januar 1977 ist ein solcher Versuch unternommen worden — und wie üblich kurz darauf gescheitert.

9. Der Oberste Gerichtshof (Supreme Court) ist zugleich das höchste Verfassungsgericht der USA. Er besitzt ebenso das Recht der letztinstanzlichen Verfassungsinterpretation wie die Befugnis zur *Normenkontrolle*. Bei einer kaum änderbaren Verfassung wie der amerikanischen bedeutet das eine erhebliche Machtmöglichkeit. Obgleich sich die Verfassung zu dieser Frage keineswegs eindeutig äußert, hat sich der Supreme Court in seiner berühmten Entscheidung Marbury v. Madison aus dem Jahre 1803 auch diese Kompetenz zugesprochen. Es war eine Entscheidung vom Range einer Verfassungsergänzung. Daß dem Supreme Court das Recht zusteht, bei anhängigen konkreten Fällen die Verfassung und entscheidungsrelevante Gesetze verbindlich zu interpretieren sowie darüber zu entscheiden, ob diese vom Kongreß verabschiedeten Gesetze verfassungsmäßig sind und folglich als Gesetze überhaupt Geltungskraft haben, ist heute allerdings unbestritten[8].

III. Strukturprobleme des amerikanischen Regierungssystems

Jede Verfassung hat ihre Besonderheiten, Probleme, Vorzüge und Schwäche. Mit der amerikanischen Verfassung wurde der Versuch unternommen, ein staatliches Organisationsgefüge zu konzipieren, das sowohl Handlungsfähigkeit wie Machtkontrolle ermöglichen sollte, ohne dabei auf die Wirksamkeit von Parteien angewiesen zu sein. Die Machtkontrolle sollte nicht durch Parteienkonkurrenz, sondern durch institutionelle Differenzierungen und ein System komplizierter wechselseitiger Gewaltenverschränkungen bewirkt werden.

Um die Besonderheiten und Strukturprobleme des amerikanischen Regierungssystems besser erfassen zu können, seien zum Vergleich einige Merkmale des britischen Regierungssystems in Erinnerung gebracht. Die Parteien des britischen Unterhauses haben zu Beginn des 19. Jahrhunderts das parlamentarische Regierungssystem „erfunden". Gegen Ende des Jahrhunderts war das britische System durch folgende Struktureigenheiten gekennzeichnet: Das Unterhaus kann der Regierung jederzeit durch Mehrheitsbeschluß das Mißtrauen aussprechen und sie damit entweder zum Rücktritt oder zur Parlamentsauflösung zwingen.

Amtsdauer und Stabilität der Regierung sind demnach von Stärke, Struktur und Stabilität der sie tragenden Parlamentsmehrheit abhängig. Eine gesicherte Stabilität und die sie begründende Vertrauensbasis zwischen Parlamentsmehrheit und Regierung zu bewirken ist eine der primären Aufgaben der Mehrheitsparteien. Diesem Ziel dient vor allem die Parteidisziplin. Parlamentsmehrheit und Regierung streben danach, eine geschlossen auftretende Aktionseinheit zu bilden. Der Dualismus „Regierung contra Parlament" wird durch die Integration von Parlamentsmehrheit und Regierung („Re-

8 Eine gute Einführung zur Rolle des Supreme Court im politischen Prozeß und den damit verbundenen Kontroversen geben Fritz Wilhelm Scharpf: Grenzen der richterlichen Verantwortung — Die Political-Question-Doktrin in der Rechtsprechung des amerikanischen Supreme Court (Karlsruhe 1965) und Walter Haller: Supreme Court und Politik in den USA — Fragen der Justiziabilität in der höchstrichterlichen Rechtsprechung (Bern 1972), sowie John R. Schmidberg und Larry R. Berg: The Supreme Court and Congress: Conflict and Interaction, 1945—1968, New York 1972.

gierungsmehrheit") abgelöst. Dabei tritt jedoch ein neuer, fundamental bedeutsamer Dualismus in Erscheinung: der Dualismus „Regierungsmehrheit contra Opposition". Die Geschichte des parlamentarischen Regierungssystems in Großbritannien erweist sich als die Geschichte der Entstehung und Verfestigung systematisch betriebener parlamentarischer Opposition. Im britischen wie in jedem funktionierenden parlamentarischen Regierungssystem hat die Opposition bei ständigem Appell an die Wählerschaft als Garant wirksamer Kritik und Machtkontrolle durch praktizierte Gewaltenteilung zu fungieren.

Eine erheblich andersgeartete Grundstruktur kennzeichnet das Regierungssystem der Vereinigten Staaten. Die amerikanische Bundesverfassung verheimlicht nicht, daß Montesquieu bei den „founding fathers" in höchsten Ehren stand. Montesquieus Gewaltenteilungsentwurf wurde als ein nützliches Orientierungsmodell bei dem Versuch gepriesen, einen Staat mit einem Höchstmaß an freiheitsichernder Machtkontrolle zu errichten. Damit, so hoffte man, ließen sich insbesondere die Gefahren einer befürchteten Mehrheits- und Parteientyrannei bannen. Die amerikanischen Verfassungsväter konzipierten einen Bundesstaat, dessen Bundesgewalt weitgehend nach der von Montesquieu in seinem «De l'esprit des lois» dargebotenen Organisationsskizze konstruiert wurde. Sie entwarfen ein System getrennter und personell voneinander unabhängiger Institutionen, nämlich Kongreß (bestehend aus Repräsentantenhaus und Senat), Präsident und Supreme Court, von denen jede zwar mit besonderen grundlegenden Kompetenzen ausgestattet wurde, jedoch zugleich bestimmte Rechte zugewiesen erhielt, um in wirksamer Weise in die Kompetenzbereiche der anderen Instanzen eingreifen zu können. Mit der Errichtung des Supreme Court wichen die Verfassungsväter allerdings von der Montesquieuschen Organisationsskizze ab. Weniger die Gewalten*trennung* als vielmehr die Art der Gewalten*verschränkung* (System der "checks and balances") macht das besondere Merkmal der amerikanischen Gewaltenteilung aus. Dieses Gewaltenteilungssystem kennzeichnet Richard Neustadt mit der einprägsamen Formel "A government of separated institutions *sharing* powers"[9].

Die Eigenständigkeit der Institutionen kommt vor allem darin zum Ausdruck, daß zum einen der Kongreß nicht über die Möglichkeit verfügt, durch Mißtrauensvotum den Regierungschef, d. h. den Präsidenten, abzuberufen, und zum anderen dem Präsidenten das Recht der Parlamentsauflösung nicht gegeben ist. Die Unabsetzbarkeit des Regierungschefs während seiner Amtsdauer ist das entscheidende Kriterium des präsidentiellen Regierungssystems. Aus der Unabsetzbarkeit des Präsidenten wie aus dem Fehlen einer präsidentiellen Kompetenz zur Parlamentsauflösung ergeben sich für die Struktur und das Selbstverständnis der Parteien entscheidende Konsequenzen: sie haben nicht wie im parlamentarischen System die Funktion, im Parlament für die Bildung kompakter Mehrheiten Sorge zu tragen, um „ihre" Regierung im Amt zu halten. Dadurch entfällt zugleich das wichtigste, systembedingte Motiv zur Einhaltung von Partei- und Fraktionsdisziplin.

Der amerikanische Regierungschef kann sich bei seiner kooperativen Abhängigkeit vom Kongreß mit ad hoc zustande kommenden und je nach Entscheidungsgegen-

9 Richard E. Neustadt: Presidential Power – The Politics of Leadership (New York 1962) S. 33.

stand wechselnden Kongreßmehrheiten begnügen, ohne sein Amt zu gefährden. Da der Präsident von keiner ihn tragenden disziplinierten Mehrheit abhängig ist, sich folglich auch auf keine zuverlässige Parlamentsmehrheit verlassen kann, muß sich seine Regierung die jeweils erforderlichen Abstimmungsmajoritäten in beiden Häusern des Kongresses immer erst „erarbeiten". Die Mitarbeiter des Präsidenten haben sich dabei in den Reihen beider Parteien um die notwendigen Koalitionspartner zu bemühen. Sie müssen sich stets sowohl mit den gewählten Fraktionsführern als auch mit den eigenständigen „Senioritätsführern" (d. h. Führern kraft privilegierender Seniorität) sowie den in Sachfragen von ihrer jeweiligen Fraktion recht unabhängig entscheidenden Abgeordneten verständigen und arrangieren[10].

Selbst in den Fällen, in denen der Präsident sein ganzes Prestige in die Waagschale wirft, umfassen die für oder gegen die Regierungsposition votierenden Abstimmungsblocks im Kongreß in der Regel Abgeordnete beider Parteien[11]. Korrekter wäre es, in diesem Zusammenhang von drei Parteien zu sprechen, denn die Republikaner, die Süddemokraten und die Norddemokraten stellen drei Parteigruppierungen dar, deren überwiegende Mehrheit jeweils durch ein bestimmtes Abstimmungsverhalten ausgezeichnet ist. Will man vergröbernde Aussagen nicht scheuen, so könnte die dabei zutage tretende politische Grundhaltung der Republikaner und Süddemokraten als mehrheitlich konservativ und partiell reaktionär bezeichnet werden (die Süddemokraten zeigten bis vor kurzem eine reaktionäre Solidarität in allen Rassenfragen), während die unter den Norddemokraten dominierende Grundhaltung als progressiv zu charakterisieren wäre.

Bei innenpolitischen, besonders bei sozialpolitischen Entscheidungen formieren sich im Kongreß normalerweise zwei größere Abstimmungskoalitionen. Die eine Gruppe umfaßt die überwiegende Mehrheit der Norddemokraten, zu denen vereinzelt Süddemokraten und eine relativ kleine Gruppe republikanischer Abgeordneter aus großstädtischen Wahlbezirken stoßen. Die Gegengruppe setzt sich aus Süddemokraten und Republikanern zusammen; sie bilden die sogenannte „konservative Koalition". Die demokratischen Präsidenten Kennedy und Johnson fanden bei ihrer Sozial- und Schulförderungspolitik unter den Norddemokraten ihre zuverlässigsten Partner, ihre gewichtigsten Gegner in den Reihen der „konservativen Koalition". Zwischen diesen beiden relativ locker gefügten Gruppen bewegen sich zahlreiche Abgeordnete, die jederzeit sowohl für die eine wie die andere Gruppe als Abstimmungspartner in Frage kommen. Sie werden von beiden Seiten entsprechend umworben.

Die Macht der „konservativen Koalition" liegt nicht nur in ihrer beachtlichen quantitativen Stärke begründet, sondern vor allem darin, daß die Süddemokraten im Aus-

---

10 Zur Beziehung von Präsident und Kongreß in historischer Sicht s. Wilfred E. Binkley: President and Congress, 3. Aufl. (New York 1962). Eine knappe systematische Einführung zum jüngeren Entwicklungsstand gibt Nelson W. Polsby: Congress and the Presidency, 1. Aufl. (Englewood Cliffs, J. J. 1971) und jetzt vor allem Jürgen Hartmann: Der amerikanische Präsident im Bezugsfeld der Kongreßfraktionen, Berlin 1977.

11 Eine eingehende parlamentarische Abstimmungs- und Führungsgruppenanalyse anhand der Gegebenheiten des 81. Kongresses (1949–50) verdanken wir David B. Truman: The Congressional Party – A Case Study (new York 1959).

schußsystem beider Kongreßhäuser über eine außergewöhnlich starke Position verfügen. Hier kommt ihnen die Senioritätsregel bei der Besetzung der einflußreichen Vorsitzendenposten außerordentlich zugute. Ein typisches Beispiel aus der Mitte der 60er Jahre bietet der 89. Kongreß (1965/66). Sowohl im Senat als auch im Repräsentantenhaus bildeten die Süddemokraten etwa ein Drittel der demokratischen Fraktion, sie stellten aber jeweils zwei Drittel der maßgeblichen Ausschußvorsitzenden. Obgleich sich bis zum 93. Kongreß die Relationen leicht verändert haben, bleibt für den Süden doch ein deutliches Übergewicht[12]. Kein Wunder, daß die Süddemokraten mit besonderer Vehemenz die Senioritätsregel verteidigen. Ein Verzicht auf ihre strikte Beachtung würde politisch hochexplosiven Zündstoff in die Kongreßparteien tragen und zumindest auf seiten der Demokraten zu einer Parteispaltung und damit zum Ende des überkommenen Zweiparteiensystems führen können. Nicht das ins Auge fallende Zahlenverhältnis zwischen Demokraten und Republikanern spielt im Kongreß die entscheidende Rolle, sondern die vom Wähler schwer überschaubaren tatsächlichen Kooperationsbeziehungen und Positionsvorteile der verschiedenen politischen Gruppierungen. Obgleich der Präsident erfahrungsgemäß damit rechnen kann, daß ihn fast immer mehr Angehörige seiner eigenen Partei unterstützen werden als Abgeordnete der anderen Partei, bleibt die jeweilige Fluktuation zwischen den Fraktionen bei politisch bedeutsamen, umstrittenen Vorlagen weitgehend unbestimmt. Hierin liegt die entscheidende Ursache für die erhebliche Unberechenbarkeit der Entscheidungsprozesse im amerikanischen Kongreß. Denn der einzelne Kongreßabgeordnete richtet sich in vielen, vor allem innenpolitischen Fragen primär nach den in seinem Distrikt bzw. Staat tatsächlich oder gemäß seiner Einschätzung vorherrschenden Interessenpositionen und fragt erst in zweiter Linie nach den übergreifenden, in der Partei dominierenden Vorstellungen, nach Programmsätzen und Wahlversprechungen. Im Konfliktfall rangieren häufig spezielle Interessengesichtspunkte vor Parteierwartungen oder Regierungswünschen. Der amerikanische Abgeordnete ist bei seinem parlamentarischen Abstimmungsverhalten unvergleichlich stärker interessengruppenorientiert als seine betont parteiorientiert votierenden britischen oder westdeutschen, ja selbst seine französischen Parlamentskollegen.

12 a) Ausschußvorsitz durch Seniorität, 89. Kongreß (1965–66):

Senat

(18 ständige Ausschüsse)	45 Norddemokraten –	6 Vorsitzende
	23 Süddemokraten –	12 Vorsitzende

Repräsentantenhaus

(21 ständige Ausschüsse)	193 Norddemokraten –	7 Vorsitzende
	101 Süddemokraten –	14 Vorsitzende

Ähnlich war die Relation bei den zahlreichen Unterausschüssen.

b) Ausschußvorsitz durch Seniorität, 93. Kongreß (1973–1974):

Senat

(17 ständige Ausschüsse)	41 Norddemokraten –	9 Vorsitzende
	16 Süddemokraten –	8 Vorsitzende

Repräsentantenhaus

(21 ständige Ausschüsse)	161 Norddemokraten –	12 Vorsitzende
	84 Süddemokraten –	9 Vorsitzende

Die Eigenheiten dieses politischen Entscheidungsprozesses kennzeichnen das amerikanische Regierungssystem. Sie werden einerseits durch die Verfassung, andererseits durch die Rolle der Parteien bestimmt[13].

IV. Die Rolle der Parteien

Die Parteien haben nicht die geschriebene Verfassung geschaffen. Es war vielmehr die Absicht der Verfassungsväter, eine Ordnung zu konzipieren, die ohne Parteien funktionieren sollte. Das erwies sich jedoch als Illusion. Die praktische Tätigkeit der unabhängigen Institutionen der Verfassung verlangte nach Parteien, die den politischen Verständigungsprozeß zwischen den von der Verfassung geschaffenen Staatsorganen ermöglichten und vor allem die Wahlen organisierten. Die Parteien haben sich dabei den Bedingungen und Intentionen der vorgegebenen Verfasung weitgehend angepaßt[14].

Die erwähnten Intentionen der Verfassung lassen sich in die Kurzformel fassen: *Einheitlichkeit und zentralisierte Stärke nach außen, Dezentralisation nach innen —* wobei der Bund auf unbedingt erforderliche, relativ enggefaßte Kompetenzbereiche zu beschränken ist, während die innenpolitische Zuständigkeitsvermutung bei den Einzelstaaten verbleibt. Diese dialektische Beziehung zwischen Zentralisation und Dezentralisation charakterisiert nicht nur das Verhältnis von Bund und Einzelstaaten, sondern auch die Bundesorgane selbst. Unter ihnen repräsentiert das Amt des Präsidenten das Element extremer Zentralisation, der Kongreß hingegen das Element weitreichender Dezentralisation.

Die Dezentralisation des Kongresses zeigt sich bereits in seiner Grundstruktur. Der Kongreß besteht aus zwei eigenständigen Häusern. Jedes Haus ist wiederum in eine Reihe machtvoller, voneinander weitgehend unabhängiger Ausschüsse untergliedert, von denen die meisten zahlreiche, in ihrem jeweiligen Zuständigkeitsbereich relativ autonom entscheidende ständige Unterausschüsse eingesetzt haben. Die institutionelle Aufsplitterung der parlamentarischen Substruktur wird nun keineswegs durch eine straff gegliederte Partei- bzw. Fraktionsorganisation überwunden, die als durchgreifender Koordinator wirken könnte. Vielmehr ist die Dezentralisation auch das wesentlichste Merkmal der amerikanischen Fraktionen und Parteien selbst. Zum Beleg

---

13 Die Literatur zum amerikanischen Regierungssystem ist so umfangreich, daß jede Auswahl riskant ist und nur als Empfehlung gelten kann. Gleiches gilt für die amerikanische Parteienliteratur. Das Standardwerk zur Rolle von Parteien und Interessengruppen in den USA verfaßte V. O. Key: Politics, Parties, and Pressure Groups, 5. Aufl. (New York 1964). Brauchbare Einführungen sind ferner Frank J. Sorauf: Party Politics in America (Boston 1968), James L. Sundquist: The Dynamics of the Party System (Washington, D.C. 1973) und William N. Chambers und Walter D. Burnham (Hrsg.): The American Party Systems — Stages of Growth, 2. Aufl. (New York 1975). Sehr kritisch zu den amerikanischen Parteien James McGregor Burns: The Deadlock of Democracy — Four Party Politics in America (Englewood Cliffs, J.J.1963). Zur neueren Entwicklung Lösche a.a.O. (Anm. 4).
14 Zur Entstehungsgeschichte der amerikanischen Parteien William N. Chambers: Political Parties in a New Nation — The American Experience 1776—1809 (New York 1963).

dieser These braucht man nicht erst auf die sehr unterschiedlichen Parteikonstella-
tionen in den verschiedenen Einzelstaaten und die mangelhafte Kooperation der einzelnen „Landesparteien" zu verweisen. Auch auf Bundesebene verbirgt sich hinter
der Zweiparteienfassade eine Vielparteienrealität.

Bereits in ihrer Eigenschaft als Wahlkampfverbände zeigen die amerikanischen Parteien ein diffuses Bild. Die abgestuften Wahlen zum Repräsentantenhaus, Senat und
Präsidentenamt sind nicht immer koordiniert. Die verschiedenen Wahlkampagnen beziehen sich auf unterschiedlich terminierte Amtsperioden[15] und steuern keineswegs
in jeder Hinsicht gleichgeartete Nahziele an. Sowohl die Demokraten als auch die Republikaner haben ebenso im Repräsentantenhaus wie im Senat ihre jeweils eigenständige Parteiorganisation. Dazu kommen die vor allem an der Wahl ihres jeweiligen Präsidentschaftskandidaten interessierten Bundesorganisationen.

Nach den alle zwei Jahre stattfindenden Bundeswahlen können dabei die verschiedenartigsten Mehrheits- und Minderheitsrelationen zustande kommen. Seit dem Zweiten
Weltkrieg stellten die Republikaner von 1953 bis 1961 und 1969 bis 1977 den Regierungschef im Weißen Haus, während sie sich in beiden Häusern des Kongresses weiterhin
mit der Minderheitsrolle begnügen müssen, in der sie sich — mit den kurzen Unterbre-
chungen republikanischer Mehrheiten während der Jahre 1947/48 und 1953/54 — bereits seit 1933 befinden. In den letzten 30 Jahren der Nachkriegszeit gehörten demnach Präsident und Kongreßmehrheit nur 14 Jahre der gleichen Partei an, während
16 Jahre lang Kongreßmehrheit und Weißes Haus von verschiedenen Parteien kontrolliert wurden — ein in der amerikanischen Geschichte einmaliges, in den Beziehungen
zwischen Kongreß und Präsident sowie hinsichtlich der Rolle der Parteien im politischen Prozeß neue Akzente setzendes Phänomen.

Im Gegensatz zum parlamentarischen System Großbritanniens mit seiner klaren Konfrontation von Regierungsmehrheit und Opposition kennt das amerikanische präsidentielle System eine Vielzahl unterschiedlichster Oppositionskonstellationen institutioneller und parteiorganisatorischer Art. Welche Partei stellt im amerikanischen System
im Vergleich zum britischen Zweiparteiensystem „die" Opposition? Wurde diese Funktion zur Zeit Nixons von der republikanischen Kongreßminderheit gegenüber der Kongreßmehrheit oder von der demokratischen Kongreßmehrheit gegenüber dem republikanischen Präsidenten ausgeübt? Aber selbst wenn man die Parteizugehörigkeit des Präsidenten als Kriterium setzt und der „anderen" Partei die Oppositionsrolle zuspricht,
bleiben eine Reihe offener Fragen. Sie werden besonders deutlich bei der Suche nach
„dem" Oppositionsführer. Wird dieses im britischen System eindeutig herausgestellte Amt
in den USA vom unterlegenen Präsidentschaftskandidaten, vom Mehrheitsführer im Se-

---

15 Das Repräsentantenhaus wird alle zwei Jahre neu gewählt, die Amtszeit des Präsidenten beträgt vier Jahre, die eines Senators sechs, wobei jeweils ein Drittel der Senatoren alle zwei
Jahre gewählt wird. Die Überschneidungen haben u. a. zur Folge, daß sich ein Senator nur
alle zwölf Jahre zugleich mit einem Präsidentschaftskandidaten der Wahl stellen muß. Bei einer
Präsidentenwahl gehen erfahrungsgemäß etwa ein Drittel mehr Wähler zur Abstimmung; zugleich ist die Wählerschaft anders strukturiert als in den sogenannten "off-year elections". Siehe
auch oben S. 74 ff.

nat oder vom Mehrheitsführer bzw. Speaker des Repräsentantenhauses wahrgenommen? Die Frage nach „dem" Oppositionsführer verweist auf den bedeutsamen Unsterschied zum britischen Regierungssystem. „Der" Oppositionsführer ist dem amerikanischen System unbekannt. Wie es in den Vereinigten Staaten keine disziplinierte Mehrheitspartei gibt, so kennt die politische Praxis auch keine systematisch und diszipliniert agierende Opposition. Den ad-hoc-Mehrheiten stehen ad-hoc-Oppositionsgruppierungen gegenüber — ein Spiegelbild der strukturellen Dezentralisation[16].

V. *Zum Spannungsverhältnis von Konzentration und Dezentralisation*

Die in der Verfassung angelegte dialektische Beziehung zwischen Zentralisation (Präsident) und Dezentralisation (Kongreß) führt in der politischen Praxis zu unterschiedlichen Konsequenzen. In außerordentlichen Krisenzeiten, speziell in echten Notstandslagen (eindeutig zur Zeit des Bürgerkrieges 1861—65, aber auch während beider Weltkriege) verlagert sich die Machtfülle des Systems weitgehend zum Präsidenten hin, dessen Entscheidungskompetenz erheblich wächst. In entspannten Friedenszeiten liegt die Kompetenzfülle hingegen mehr beim Kongreß. Die Chance des „verfassungskonformen" Wechsels zwischen Machtkonzentration und Machtstreuung eröffnet die Fähigkeit zu situationsmotivierter Anpassung[17].

Auch in „Normallagen" lassen sich verschiedene Funktionsbereiche abgestufter Zentralisation und Dezentralisation unterscheiden. Stark vereinfachend kann gesagt werden: Im außenpolitischen Bereich dominiert der Präsident, also das Prinzip der Zentralisation; im innenpolitischen Bereich dominiert, soweit der Bund zuständig ist, der Kongreß, das Prinzip der Dezentralisation. Eine Mittelposition nimmt die Militär- und Verteidigungspolitik ein: In Fragen der Strategie übt der Präsident den bestimmenden Einfluß aus, in Fragen der Rüstungsproduktion und der Lokalisation militärischer Installationen kommt das Mitbestimmungsrecht des Kongresses stärker zum Zuge[18].

Inwieweit diese jeweiligen Kompetenzansprüche verfassungskonform sind oder nicht, entscheidet bei konkreten Streitfällen, die sich sowohl auf Konflikte zwischen Bundesorganen als auch zwischen Bund und Einzelstaaten beziehen können, in letzter Instanz der *Supreme Court*. Er besteht seit 1869 aus neun Richtern, die vom Präsidenten mit Zustimmung des Senats auf Lebenszeit ernannt werden. Eine Altersgrenze gibt es nicht, Tod, freiwilliger Rücktritt oder, bei offenkundiger Amtsverletzung, or-

---

16 Vgl. hierzu Robert A. Dahl: The American Oppositions: Affirmation and Denial, in: R. A. Dahl: Political Oppositions in Western Democracies (New Haven and London 1966) S. 34—69 und George K. Romoser: Politische Opposition zwischen Konsens und Instabilität: Das amerikanische Präsidialsystem, in Heinrich Oberreuter (Hrsg.): Parlamentarische Opposition — Ein internationaler Vergleich (Hamburg 1975), S. 52—82.

17 Zur Problematik dieses Aspekts J. Malcolm Smith und Cornelius P. Cotter: Powers of the President During Crisis (Washington, D.C. 1960) und Arthur M. Schlesinger: The Imperial Presidency (Boston 1973).

18 Näheres hierzu bei Samuel P. Huntington: The Common Defense — Strategic Programs in National Politics (New York-London 1961) S. 179 ff.

dentliches Anklageverfahren vor dem Kongreß (dem alle Bundesbediensteten, auch der Präsident der USA, unterworfen werden können) sind die einzigen Möglichkeiten, die Amtszeit eines obersten Bundesrichters zu terminieren.

Der Supreme Court entscheidet mit einfacher Mehrheit, wobei es auch einer überstimmten Minderheit zusteht, ihr abweichendes Votum öffentlich zu begründen. Mit diesem Verfahren hat das Oberste Gericht wesentlich zur Belebung und sachlichen Fundierung einer permanenten kritischen Verfassungsdiskussion in den USA beigetragen.

Im Supreme Court hat sich lange Zeit, vornehmlich bei wirtschafts- und sozialpolitisch bedeutsamen Streitfällen, eine konservative Mehrheit durchsetzen können. 1937 war das sensationelle Jahr einer deutlichen Neuorientierung. Seitdem hat sich das Gericht nicht mehr bereit gefunden, „progressive" Gesetze des Kongresses auf Grund konservativer Verfassungsinterpretationen für verfassungswidrig zu erklären. Von nun an entfalteten die Richter einen mancherorts kritisch beurteilten Aktivismus zugunsten einer sehr liberalen Interpretation der Grundrechte, insbesondere der Freiheits- und Gleichheitsrechte des Bürgers. Die wohl berühmtesten und politisch bedeutsamsten Urteile, die der Gerichtshof in diesem Entscheidungsbereich fällte, waren das richtungweisende Rassentrennungs-Verbotsurteil für öffentliche Schulen vom Jahre 1954[19] und die wichtigen Wahlkreiseinteilungs-Urteile der Jahre 1962 und 1964. In den letztgenannten Entscheidungen wurde das Wahlrecht des Bürgers nicht länger als (manipulierbares) Privileg, sondern − unter Anwendung des Gleichheitssatzes − als verfassungsgesichertes Bürgerrecht interpretiert.[20]

Obgleich sich das amerikanische Regierungssystem im Laufe der Jahrzehnte den Ansprüchen eines modernen Industriestaates weitgehend angepaßt hat, wobei die Bundeskompetenzen durch Praxis und verfassungsgerichtliche Interpretation zunehmend auf Kosten einzelstaatlicher Autonomie erweitert wurden, steht das heute auf Bundesebene vorfindbare Verhältnis zwischen zentralisierter und dezentralisierter staatlicher Entscheidungskompetenz erneut zur Diskussion. Es stellt sich dabei die Frage, ob die gegenwärtigen Herausforderungen größer sind als die Anpassungs- und Leistungsfähigkeit des Regierungssystems.

---

19 Brown v. Board of Education of Topeka, 347 U.S. 483 (1954).
20 Es handelt sich hierbei um die Fälle Baker v. Carr, 369 U.S. 182 (1962) sowie Wesberry v. Sanders, 376 U.S. 1 (17. Febr. 1964) und Reynolds v. Sims, 377 U.S. 533 (15. Juni 1964). Eine Analyse des Falles Baker v. Carr unternahm Karl Loewenstein: Baker v. Carr: Policy Decision und der Supreme Court, in: Gerhard A. Ritter und Gilbert Ziebura (Hrsg.): Faktoren der politischen Entscheidung − Festgabe für Ernst Fraenkel (Berlin 1963) S. 237−272. Zur anstehenden Problematik, insbesondere der politischen Bedeutung der Wahlkreiseinteilung und ihrer Konsequenzen, vgl. Robert B. McKay: Reapportionment: The Law and Politics of Equal Representation (New York 1965), und Andrew Hacker: Congressional Districting − The Issue of Equal Representation, 2. Aufl. (Washington, D.C., 1963).

VI. Der Kongreß im innenpolitischen Entscheidungsprozeß

Die folgende Skizze zur Anpassungsfähigkeit des amerikanischen Regierungssystems beschränkt sich auf den innenpolitischen Entscheidungsbereich, in dem vor allem die Sachkomplexe „großstädtische Siedlungsgebiete", „Sozialgesetzgebung", „Bildungsförderung" und „Rassenintegration" Probleme aufwerfen.

Es steht außer Frage, daß sich die einzelnen Staaten der USA zunehmend als unfähig erwiesen haben, die anstehenden Sachfragen, soweit sie auf dem Wege staatlicher Regelungen angegangen werden können, ohne weitreichende Mitwirkung des Bundes zu einer befriedigenden Lösung zu bringen. Auf Bundesebene wird heute vom Präsidenten erwartet, daß er nicht nur die Probleme benennt und den Kongreß durch Botschaften (messages) zum Tätigwerden auffordert, sondern daß er Lösungsmöglichkeiten anbietet und sie in Form detaillierter Gesetzesentwürfe dem Kongreß zur Entscheidung zuleitet. Unter diesem Aspekt ist der Gesetzgebungsprozeß im Verlaufe unseres Jahrhunderts einem bedeutsamen Wandel unterzogen worden[21]. Es ist nicht mehr der Präsident, der den Kongreß zur Initiative auffordert und auf die Gesetzesinitiative des Kongresses zustimmend oder mit seinem Veto reagiert. Vielmehr hat der Präsident heute in allen wichtigen Fragen die Gesetzesinitiative zu ergreifen, und der Kongreß reagiert, indem er entweder der Initiative des Präsidenten mit mehr oder weniger gravierenden Abweichungen im Prinzip und im Detail zustimmend folgt oder sich der präsidentiellen Initiative verweigert, indem er die Anregungen des Präsidenten nicht weiterverfolgt. Das mag als weiteres Beispiel eines bedeutungsvollen Verfassungswandels gelten.

Unter den Mitteln, die dem Präsidenten bei seinen Verständigungsbemühungen mit dem Kongreß zur Durchsetzung seiner Ziele zur Verfügung stehen, rangieren Überzeugung, Werbung und Appell an die öffentliche Meinung an erster Stelle[22]. Im Zeitalter der Massenkommunikationsmittel vermag der Präsident, der die breite Öffentlichkeit anzusprechen weiß, den Kongreß wirksam unter Druck zu setzen und zur Kooperation anzuhalten. Die Effektivität des Appells an die Wähler hat aber seine Grenzen, denn dem Wähler ist es — falls er die Position des Präsidenten unterstützt — nur sehr beschränkt möglich, auf die Mehrheitsentscheidungen im Kongreß direkten Einfluß zu

---

21 Die Phasen dieses Wandlungsprozesses beschreibt Richard E. Neustadt: Politicians and Bureaucrats, in: David B. Truman (Hrsg.): The Congress and America's Future, 2. Aufl. (Englewood Cliffs, N.J. 1973), S. 118—140, Zitat S. 127—128. "By 1949 the legislative 'program of the President' had come to be a fixed, defined, and comprehensive entity... In the fifties the White House still stopped short of sending bill-drafts with its messages; these went instead from a department head to committee chairman for introduction 'by request'; the fiction was preserved that Presidents themselves did not send bills to Congress. By 1961, however, 'John Kennedy' became the signature on draft bills sent with messages directly to the Speaker and the President of the Senate, very much as though the White House were Whitehall. While this has not been the invariable practice since, the fiction disappeared — and no one noticed."

22 Neustadt formuliert "the essence of the problem" mit den Worten: "Presidential power is the power to persuade" (Anm. 9, S. 10). S. auch Elmer E. Cornwell: Presidential Leadership of Public Opinion (Bloomington, Ind., 1965) und auch Hartmann a.a.O. (Anm. 10) S. 22.

nehmen. Der Wähler kann sich lediglich an einzelne Abgeordnete, weniger an Parteien als geschlossen auftretende Aktionsgruppen wenden. Der Mangel an Fraktionsdisziplin hat zur Folge, daß die Fraktionen im Kongreß als locker gefügte Abgeordnetenkoalitionen fungieren, die vom Wähler nicht in kollektive Verantwortung genommen werden können. Die Rolle der Wahlen wird damit in ihrem politischen Entscheidungsgehalt relativiert. Demgegenüber gewinnt die Einwirkung auf den in weitgehender Parteiunabhängigkeit entscheidenden Abgeordneten erheblich an Gewicht. Die Interessengruppen, vor allem die finanzstarken und sozial etablierten, finden hier ihr Wirkungsfeld und wissen es zu nutzen[23].

Die dezentralisierte Machtstruktur des Kongresses erschwert die Mehrheitsbildung zugunsten gesetzgeberischer Vorlagen, mit denen nicht das Ziel verfolgt wird, bestehende Interessenpositionen abzusichern, sondern fordernde Neuerungen durchzusetzen. Aufgrund seines dezentralisierten Ausschußsystems, der Wirkungen der geltenden Senioritätsregel, der Filibustermöglichkeit im Senat sowie der komplizierten Geschäftsordnungsregeln bietet der Kongreß jeder gut postierten und taktisch versierten Minderheit die Chance, im Gesetzgebungsprozeß dilatorisch, wenn nicht gar blockierend tätig zu werden oder jede Vorlage auf den „niedrigsten gemeinsamen Nenner" zu bringen[24].

Konkret haben diese Strukturmängel und Verzögerungstaktiken seit Jahrzehnten zur Folge gehabt, daß zahlreiche längst überfällige bildungs- und sozialpolitische Gesetzesvorlagen die Hürden des Kongresses nicht oder nur stark „verwässert" zu nehmen vermochten. Keine andere Bevölkerungsgruppe hat die Konsequenzen dieser schwerfälligen Entscheidungsapparatur so deutlich zu spüren bekommen wie die dunkelhäutigen Bürger der USA[25]. Ihre Forderungen nach bürgerrechtlicher Gleichberechtigung in allen Staaten der USA fanden im Kongreß erst dann die erforderliche gesetzgeberische Unterstützung, als die vor allem unter Führung Martin Luther Kings dramatisierte Notlage der Schwarzen ein Krisenstadium erreichte, das Präsident und Kongreß zur Kooperation zwang. Die Geschichte des Mitte 1964 verabschiedeten Bürgerrechtsgesetzes ist lehrreich[26].

---

23 Den kritischen Aspekt dieses Problemkomplexes diskutiert E. E. Schattschneider: The Semisovereign People — A Realist's View of Democracy in America (New York 1960); mehr „verstehend" argumentiert Clinton Rossiter: Parties and Politics in America (Ithaca, N.Y., 1960). Betont positiv R. Joseph Monsen und Mark W. Cannon: The Makers of Public Policy — American Power Groups and Their Ideologies (New York 1965).

24 Aus der äußerst umfangreichen Kongreßliteratur seien hier nur genannt Daniel M. Berman: In Congress Assembled — The Legislative Process in the National Government (New York und London 1964) mit guter Bibliographieauswahl; Stephen K. Bailey: The New Congress (New York 1966); Malcolm E. Jewell and Samuel C. Patterson: The Legislative Process in the United States (New York 1966); Lewis A. Froman: The Congressional Process (Boston 1967); Richard Fenno: Congressmen in Committees (Boston 1973); David R. Mayhew: Congress — The Electoral Connection (New Haven 1974).

25 Wertvoll für unsere spezielle Fragestellung die Studie von Daniel M. Berman: A Bill Becomes a Law — Congress Enacts Civil Rights Legislation, 2. Auflage (New York 1966).

26 Beste Quelle zur Geschichte und für Einzelheiten des Gesetzes: "Congressional Quarterly Almanac", Bd. XX (1964) S. 338–380.

Präsident Kennedy hatte es trotz seiner Wahlversprechungen aufgrund der realen Machtpositionen im Kongreß lange Zeit nicht gewagt, dem Bundesparlament den seit Jahrzehnten überfälligen Entwurf eines Bürgerrechtsgesetzes zuzuleiten, das den Gleichheitsanspruch aller Rassen, wie ihn die Verfassung postuliert, rechtlich tatsächlich zu sichern versprach. Noch im Februar 1963 glaubte der Präsident, Martin Luther King in dieser Hinsicht keinerlei Hoffnungen machen zu können. Die Führer der Bürgerrechtsbewegung sahen sich zum außergewöhnlichen Appell an die Öffentlichkeit genötigt. Mit dem weitpublizierten Drama von Birmingham (April/Mai 1963) wurden die Akzente gesetzt. Die Wucht der öffentlichen Reaktion auf die empörenden Gewaltakte weißer gegen schwarze Demonstranten trug entscheidend dazu bei, daß Kennedy den Mut zur Gesetzesinitiative fand[27]. Mitte Juni legte er dem Kongreß einen spezifizierten Regierungsentwurf vor.

Schleppend begannen die Arbeiten in den zuständigen Fachausschüssen beider Häuser. Um den Prozeß zu forcieren und den Kongreß auf die Konsequenzen einer erneuten Verweigerung aufmerksam zu machen, organisierte die Bürgerrechtsbewegung den berühmt gewordenen Marsch nach Washington (28. August 1963). Erst nach der Ermordung Kennedys kam der Gesetzentwurf in den Plena beider Kongreßhäuser auf die Tagesordnung. Am 10. Februar 1964 verabschiedete das Repräsentantenhaus den von seinen Ausschüssen überarbeiteten Gesetzentwurf mit 290 gegen 130 Stimmen.

Mit dem stärksten Widerstand war im Senat zu rechnen. Am 29. Februar wurde der in den Senatsausschüssen bearbeitete Regierungsentwurf nach längeren taktischen Manövern zum Abruf im Senatsplenum auf die Tagesordnung gesetzt. Da die süddemokratischen Senatoren zu einer strategisch angelegten Filibusteraktion rüsteten, sahen sich die demokratischen Mehrheitsführer genötigt, den Tagesordnungspunkt erst im April aufzurufen. Zunächst mußten sie im Senat dafür Sorge tragen, daß anstehende, als dringend notwendig erachtete und weniger strittige Gesetzesvorlagen zur Entscheidung gebracht wurden.

Mit dem schließlich riskierten Aufruf der Bürgerrechtsvorlage begann im Senatsplenum das 57 Tage währende Schauspiel eines Filibustermarathons. Während des Ablaufs dieser Aktion konnten keine anderen Gesetzentwürfe diskutiert, geschweige denn verabschiedet werden. Am 10. Juni vermochte sich der Senat schließlich dazu durchzuringen, mit 71 gegen 29 Stimmen für „Schluß der Debatte" zu stimmen[28]. Es war ein historischer Beschluß; der erste in der amerikanischen Kongreßgeschichte, der dazu führte, daß eine süddemokratische Filibusteraktion gegen Bürgerrechtsgesetze ohne Erfolg blieb.

27 Hierzu auch Martin L. King: Wohin führt unser Weg? – Chaos oder Gemeinschaft, Fischer Bücherei Bd. 973 (Frankfurt/M. und Hamburg 1968) S. 20. Zum Ganzen vor allem M. L. King: Warum wir nicht warten können, Fischer Bücherei Bd. 681 (Frankfurt/M. und Hamburg 1965) mit einem informativen Nachwort von Hans Lamm.
28 Das Stimmenverhältnis lautete, angenommen 71–29: Rep. 27–6; Dem. 44–23 (Norddem. 41–3; Süddem. 3–20.

Als die komplexe Bürgerrechtsvorlage endlich am 19. Juni 1964 im Senatsplenum zur Abstimmung kam und mit 73 gegen 27 Stimmen angenommen wurde[29], durfte dieses Ergebnis als ein historisch bedeutsamer Erfolg gefeiert werden. Um bei der hochexplosiven Gesamtlage weitere Verzögerungen zu vermeiden, verzichtete das Repräsentantenhaus auf die Einsetzung eines Vermittlungsausschusses[30] und stimmte der Senatsvorlage — die in einigen Punkten von der des Repräsentantenhauses abwich — am 2. Juli mit dem Ergebnis 289 gegen 126 zu. Noch am gleichen Tage unterzeichnete Präsident Johnson das Gesetz in feierlicher Zeremonie im Weißen Haus.

Um den Widerstand einer engagierten Senatsminderheit brechen zu können — dessen Überwindung für das Zustandekommen des Gesetzes unumgänglich war —, mußte eine breite Öffentlichkeit erst mobilisiert, mußten zahllose Gewaltakte der Gegner des Gesetzes erst wirksam publiziert, mußte auf den Straßen des Landes erst Blut vergossen werden.

Mit dem Bürgerrechtsgesetz von 1964 wurde lediglich ein besonders eklatantes Beispiel für den generell äußerst schwerfälligen und komplizierten parlamentarischen Entscheidungsprozeß herausgegriffen. In anderen Fällen mag es weniger dramatisch zugehen. Die Schwerfälligkeit der Apparatur kann jedoch von jeder Minderheit jederzeit gegen jedes Gesetz mit einiger Erfolgsaussicht mobilisiert werden. Die bitteren Erfahrungen, die Präsident Kennedy und Präsident Johnson (dieser vor allem während seiner letzten Regierungsjahre) mit ihren sozialpolitischen Regierungsprogrammen machen mußten, haben in unseren Tagen erneut die Frage nach der Anpassungsfähigkeit des Systems aufgeworfen[31]. Sicherlich war es Präsident Johnson während der Anfangsjahre seiner Präsidentschaft gelungen, zahlreiche Gesetze durch den Kongreß zu bringen. Durch diese Gesetze wurde der Präsident jedoch lediglich dazu autorisiert, gewisse Regierungsprojekte unternehmen zu können. Das zur Durchführung dieser Projekte erforderliche Geld mußte anschließend erst durch einen gleichfalls äußerst komplizierten Gesetzgebungsprozeß vom Kongreß erwirkt werden. Nicht nur Kennedy und Johnson, sondern ebenso Nixon wie Ford mußten die Erfahrung machen, daß ihnen nicht immer die erforderlichen Mittel bewilligt wurden, um bereits gesetzlich genehmigte Regierungsprojekte tatsächlich wirkungsvoll durchführen zu können[32].

---

29 Zwischen dem Votum vom 10. Juni (Schluß der Debatte) und der Annahme des Gesetzes am 19. Juni fanden im Senat nicht weniger als 107 namentliche Abstimmungen zu Einzelbestimmungen statt. Die Abstimmung vom 19. Juni ergab, angenommen 73—27: Rep. 27—6; Dem. 46—21 (Norddem. 43—1; Süddem. 3—20).

30 Zur Rolle der Vermittlungsausschüsse (Conference Committees) in den USA im Vergleich zur Lage in der Bundesrepublik Harri Reinert: Vermittlungsausschuß und Conference Committees (Heidelberg 1966).

31 Vier exemplarische Bücher: Mariam D. Irish: Continuing Crisis in American Politics (Englewood Cliffs, N.J., 1963); Douglass Cater: Power in Washington — A Critical Look at Todays Struggle to Govern in the Nation's Capital (New York 1964) und Robert Bendiner: Obstacle Course on Capitol Hill (Toronto-London—New York 1964); sehr detailliert James L. Sundquist: Politics and Policy — The Eisenhower, Kennedy, and Johnson Years (Washington, D.C. 1968).

32 Zur eminenten Macht des Kongresses im Geldbewilligungsprozeß s. Richard Fenno: The Power of the Purse — Appropriations Politics in Congress (Boston and Toronto 1966) and Aaron B. Wildavski: The Politics of the Budgetery Process, 2. Auflage (Boston 1974).

Es ist verständlich, daß sowohl die Arbeitsweisen des Kongresses wie die von zahlreichen Kritikern als politisch unverantwortlich erachteten Verhaltensweisen der Parteien und deren Rollenverständnis im System seit längerem Hauptthemen der in den USA stets recht lebhaft geführten Reformdiskussionen sind[33].

VII. Positionen der Reformdiskussion

In der neueren Reformdiskussion zum amerikanischen Regierungssystem stehen sich — etwas vereinfacht dargestellt — die Vertreter zweier Grundpositionen gegenüber. Die einen argumentieren: Die USA sind unter den territorial und bevölkerungsmäßig größten Staaten der Welt das Land, in dem mit Abstand der höchste Lebensstandard und das höchste Maß an individueller Freiheit nachweisbar sind. Zu den wesentlichen Vorzügen des amerikanischen Regierungssystems gehören — wie in jüngerer Zeit sowohl der Vietnamkrieg als auch die Nachwirkungen der Watergate-Affäre zeigten — Handlungseffizienz in echten Notlagen, vor allem aber wirksame Machtkontrolle, Machtbeschränkung und Minderheitenschutz. Handlungseffizienz wird vornehmlich durch den Präsidenten bewirkt, dessen Machtposition stetig an Umfang gewinnt. Für wirksame Machtkontrolle haben neben der öffentlichen Meinung und dem Pluralismus der Gruppen insbesondere der Kongreß und der Supreme Court zu sorgen. Der Preis für die Erhaltung der Einheit des Landes und der Freiheit seiner Bürger sind die Schwerfälligkeit und Kompliziertheit seiner Entscheidungsprozeduren sowie die dezentralisierte Struktur seiner wenig profilierten Parteien. Solange der hohe Lebensstandard der Bevölkerung und der soziale Friede gesichert bleiben und solange der Versuchung zur Errichtung einer Diktatur weiterhin wirksam begegnet werden kann, ist der entrichtete Preis nicht zu hoch. Die Vertreter dieser Auffassungen tendieren verständlicherweise mehr zur verstehenden Apologie des überkommenen Systems als zur kritischen Forderung nach weitreichenden Reformen[34].

Die anderen argumentieren: Der hohe Lebensstandard und die großzügigen Freiheitsgarantien, die die USA auszeichnen, kommen nicht allen Bürgern zugute. Der soziale Friede läßt sich in einem freiheitlichen Gemeinwesen nur dann aufrechterhalten,

---

33 1950 veröffentlichte ein unter Vorsitz Schattschneiders arbeitender Expertenausschuß der American Political Science Association einen Report unter dem Titel "Toward a More Responsible Two-Party System", der eine sehr lebhafte noch heute andauernde Diskussion einleitete. Zur allgemeinen Reformdiskussion s. Klaus von Beyme: Das präsidentielle Regierungssystem der Vereinigten Staaten in der Lehre der Herrschaftsformen (Karlsruhe 1967), bes. S. 30—55.

34 Diese Position findet in der Formulierung von Monsen und Cannon (Anm. 23) S. 335, mit der sie ihre Forschungsergebnisse zusammenfassen, einen prägnanten Ausdruck: "American Democracy today has achieved a political system which political philosophers have long dreamed of, but never effectively worked out in theory. The making of publik policy in America by minorities rule through a political brokerage system of negotiation and compromise, though imperfect, represents the most effective democratic system yet devised for a large bureaucratic society comprising riva economic interests." Einen ähnlichen Standpunkt vertritt Ernest S. Griffith: Congress — Its Contemporary Role (New York 1961), das auch in deutscher Übersetzung vorliegt.

wenn soziale Gerechtigkeit praktiziert wird. Die inhaltliche Bestimmung dessen, was soziale Gerechtigkeit sei, muß stets von neuem vollzogen und faktisch verwirklicht werden. Die wirtschaftlichen und technischen Voraussetzungen für die Durchsetzung eines derartigen Programmes sind gegeben und müssen planmäßig erweitert werden. Die Organisationsformen und Verfahrensweisen des Regierungssystems müssen den hieraus erwachsenden Aufgabenstellungen angepaßt werden. Vor allem sind eine durchgreifende Parteien- und Kongreßreform unvermeidlich. Zahlreiche Anregungen hierfür liegen vor. Es ist an der Zeit, von der Diskussion zur Realisierung zu schreiten. Die Zukunft wirft Probleme auf, die nur dann bewältigt werden können, wenn der Mut zur grundlegenden Neuorientierung und zum damit verbundenen Risiko aufgebracht wird[35].

Die Verfechter beider Positionen vertreten nicht nur unterschiedlich akzentuierte Orientierungsmodelle. Sie repräsentieren zugleich unterschiedliche wirtschaftliche und soziale Interessenlagen. Da von beiden Positionen aus gewichtige Argumente in die Diskussion eingebracht werden und die Vertreter der erstgenannten Auffassung im politischen Entscheidungsprozeß bestimmenden Einfluß auszuüben wissen, ist zur Zeit mit einer gravierenden Reform des amerikanischen Regierungssystems kaum zu rechnen. Lediglich in Einzelfragen werden Reformen vorangetrieben, sei es bei den Parteien hinsichtlich der Zusammensetzung ihrer Parteikonvente und der Parteien- sowie der Wahlfinanzierung, sei es bei der technischen Ausstattung des Kongresses, der sich zunehmend mit den Möglichkeiten des Computer-Zeitalters vertraut macht, sei es bei der Organisation der gesamten staatlichen Bürokratie. Welche Konsequenzen sich hieraus für die bisher bewährte Adaptationsfähigkeit des Systems ergeben werden, kann nur die Zukunft lehren.

---

35 Eine schüchterne Andeutung findet diese Position bereits in der Forderung der auf dem Demokratischen Parteikonvent 1964 angenommenen Parteiplattform: "The Congress of the United States should revise its rules and procedures to assure majority rule after reasonable debate and to guarantee that major legislative proposals of the President can be brought to a vote after reasonable consideration in committee." In der republikanischen Parteiplattform 1964 fehlte eine derartige Forderung.
   Unter den zahlreichen kritischen Büchern seien hier nur genannt das Buch des Politologie-Professors James M. Burns: The Deadlock of Democracy — Four-Party Politics in America (Englewodd Cliffs, N.J., 1963), des demokratischen Senators Joseph S. Clark: Congress: The Sapless Branch (New York 1964), und die Bücher des demokratischen Repräsentantenhausabgeordneten Richard Bolling: House Out of Order (New York 1965) und ders.: Power in the House — A History of the Leadership of the House of Representatives (New York 1968). Die Reformdiskussion wird — soweit sie zu Reformvorschlägen führte — in den Publikationen des Congressional Quarterly Service, z.B. seinen Weekly Reports und Almanacs, seit Beginn der 50er Jahre verfolgt und dokumentiert.

14. Amerikanischer Kongreß und Deutscher Bundestag – ein Vergleich

Kein anderes Staatsorgan steht so sehr im Zentrum des politischen Gestaltungsprozesses eines demokratischen Regierungssystems wie das Parlament. Ein volles Verständnis seiner Rolle im Regierungssystem, seiner Organisation, Befugnisse, Zusammensetzung, Arbeitsweisen und politischen Machtstellung kann nur gewonnen werden, wenn es aus dem Gesamtzusammenhang des bestehenden Herrschaftssystems her analysiert wird. Ein derartiges System ist stets ein äußerst komplexes, kompliziertes und dynamisches Phänomen. Die Analyse eines Parlaments erfordert daher eine umfassende und eingehende Untersuchung. Das Problem wächst, wenn die Parlamente zweier verschiedener Systeme miteinander verglichen werden sollen.

Das Thema ist anspruchsvoll. Hier soll es mit dem Verweis auf einige grundlegende Probleme und Sachzusammenhänge sein Bewenden haben. Die folgenden Erörterungen enthalten: zunächst einige geschichtliche Hinweise, zweitens einen mehr systematisch angelegten Vergleich und drittens einen Verweis auf die Gegenwartsdiskussion zu Stellung und Reformbedürftigkeit von Kongreß und Bundestag.[1]

I. Ungebrochene Tradition des amerikanischen Verfassungssystems

Am 4. Januar 1965 trat in Washington der 89. Kongreß zu seiner konstituierenden Sitzung zusammen. Am 19. September 1965 fanden in der Bundesrepublik Deutschland die Wahlen zum 5. Deutschen Bundestag statt. Diese nüchternen Zahlen – 89. Kongreß und 5. Bundestag – verweisen auf bedeutsame geschichtliche Tatsachen und Probleme. Der Deutsche Bundestag ist heute (1965) sechzehn Jahre alt, der amerikanische Kongreß genau einhundertsechzig Jahre älter. Ein Vergleich zwischen Kongreß und Bundestag muß also zunächst von der Tatsache ausgehen, daß sich hier in gewisser Weise ein geschichtlicher „Patriarch" und ein geschichtlicher „Neuling" gegenüberstehen. Daß der „geschichtliche Patriarch" ausgerechnet in den USA und der „Neuling" im Zentrum Europas zu finden ist, mag vor allem jene Europäer erstaunen und verwundern, die von der alten Schablone nicht lassen können, daß im Gegensatz zu Europa in Amerika alles ziemlich jung, geschichtsarm und traditionsmager sei.

Zu denjenigen, die es besser wissen, gehören jedenfalls nicht zuletzt die neugewählten Abgeordneten des Kongresses und des Bundestages, sobald sie ihre ersten Erfahrungen in ihren Parlamenten zu sammeln beginnen. Es fängt schon mit rein äußerlichen Ein-

---

1 Siehe hierzu, mit anderer thematischer Akzentsetzung, auch Winfried Steffani „Funktion und Arbeitsweise der Fraktionen im amerikanischen Kongreß und Deutschen Bundestag – Eine vergleichende Betrachtung", in: Gegenwartskunde, Heft 2, 1969, S. 125–137.

drücken an. Welcher Kongreßmann ist nicht, wenn er den Kapitolshügel bestiegen hat und das Kongreßgebäude in seiner vollen Pracht vor sich liegen sieht, vom Anblick geschichtsträchtiger Majestät tief beeindruckt? Die würdevolle Architektur symbolisiert für ihn reife Tradition. Auch die Innengestaltung weist darauf hin, daß man dem Stil der Väter hohen Respekt zollt. Und sollte der neugewählte Abgeordnete gar als Senator in den Kongreß einziehen, so wird er im Plenum seines Hauses für sich ein Pult vorfinden, das getreulich einem Modell aus dem Jahre 1819 nachgebildet wurde. Das Pult ist noch heute mit Tintenfaß und Federhalter sowie einem Schüttelglas voller Streusand ausgerüstet. Und falls es den jungen Herrn Senator nach einer Prise gelüsten sollte, so braucht er nur auf einen der zwei stets mit frischem Schnupftabak gefüllten Behälter zuzusteuern, die rechts und links am Podium des Vizepräsidenten angebracht sind.

Geschichte und ungebrochene Tradition beherrschen aber nicht nur die Architektur. Gleiches gilt für die meisten der geschriebenen und ungeschriebenen Geschäftsordnungs-Regeln. Neben den geschriebenen Regeln und deren zahlreichen Auslegungen — diese Regeln und Auslegungs-Entscheidungen durch den "Speaker" des Hauses umfassen heute allein im Repräsentantenhaus mehr als 11 000 Einzelbestimmungen, eine beträchtliche Anzahl gibt es auch im Senat[2] — muß sich der Neuankömmling zugleich ungeschriebenen Verhaltensregeln einfügen, die in beiden Häusern des Kongresses zum eisernen Bestandteil der tatsächlichen Spielregeln gehören. Zu diesen ungeschriebenen Regeln zählt im Kongreß z.B. die höchst bedeutungsvolle "seniority rule", weit weniger jedoch die Parteidisziplin, die demgegenüber im Deutschen Bundestag eine beherrschende Rolle spielt. Es gibt kaum einen Abgeordneten, der es ungestraft wagen könnte, diese Spielregeln auch nur teilweise zu mißachten.

Viele der geltenden Geschäftsordnungsregeln und Verfahrensweisen sind sehr alt. Die Geschäftsordnung des Senats ist beispielsweise seit Januar 1884 keiner umfassenderen Revision mehr unterzogen worden. Mehrere Kongreßmänner — im Senat angeführt von den Senatoren Clark (Demokrat) und Case (Republikaner) und im Repräsentantenhaus vor allem die "Democratic Study Group" — machen öffentlich keinen Hehl daraus, daß sie einige dieser Regeln für völlig überholt und äußerst reformbedürftig halten. Reformversuche scheitern jedoch in der Regel am Widerstand einflußreicher ,,alter Herren". Der Senior Senator von New York, der Republikaner Jacob Javits, ein recht reformfreudiger Mann, empfahl einmal, im Senat ein paar Kalender aufzustellen, damit einige seiner sehr ehrenwerten Herren Kollegen davon Kenntnis nehmen könnten, daß sie tatsächlich im 20. Jahrhundert lebten.

Der neugewählte Abgeordnete des Deutschen Bundestages hat da recht andere Erlebnisse. Die Stadt Bonn, in der vor 1949 noch niemals ein überregionales deutsches Parlament getagt hatte, wurde zur Heimstatt des westdeutschen Parlaments. Hier ist der Bundestag in neuzeitlich konstruierten Gebäuden untergebracht, die keinerlei Anspruch auf architektonische Aussagekraft beanspruchen.

---

2 Vgl. Lewis Deschler: Constitution, Jefferson's Manual and Rules of the House of Representatives, Washington 1963, S. VI.

Auch innerhalb des Bundestagsgebäudes gibt sich alles recht modern. Die letzte Generalrevision der Geschäftsordnung stammt aus dem Jahre 1951[3]. Mit den geschriebenen und ungeschriebenen Spielregeln wird weiterhin experimentiert. Man gibt sich prinzipiell zukunftsoffen, greift Anregungen zu Verfahrensverbesserungen in der Regel bereitwillig auf und zeigt sich grundsätzlich reformfreudig — und gelegentlich wird sogar etwas reformiert.

II. Wechselvolle deutsche Parlamentsgeschichte

Es wäre nun aber gewiß ein Irrtum, anzunehmen, Organisation und Arbeitsweisen des Kongresses seien lediglich an bewährten und nicht änderbaren Verhaltensmustern orientiert. Daß auch im Kongreß viel von Reform geredet wird und einiges tatsächlich reformiert wird — wir werden darauf noch zurückkommen —, ist unbestritten. Ebenso unbestritten ist allerdings, daß eine jahrhundertelange, ungebrochene Kongreßtradition es jedem Reformer im amerikanischen Parlament bitter schwer macht.
Andererseits ist der Bundestag zwar relativ jung und reformfreudig, aber auch er ist bekanntlich nicht ohne Vorfahren. Die deutsche Parlamentsgeschichte ist keineswegs auf den Bundestag beschränkt. Einige deutsche Einzelstaaten können auf eine recht lebendige Parlamentsgeschichte verweisen, die bis ins frühe 19. Jahrhundert zurückreicht. Zu ihnen gehören Württemberg und Bayern.
Das erste gesamtdeutsche Parlament — und dank der Einbeziehung Österreichs zugleich das erste und letzte wirklich *gesamtdeutsche* Parlament — trat im Jahre 1848 in Frankfurt am Main zusammen, gewählt auf Grund eines Reichswahlgesetztes, das die Prinzipien der allgemeinen, gleichen, direkten und geheimen Wahl respektierte. Es konnte sich nur kurze Zeit seiner Existenz erfreuen. Nach einem Jahr wurde dem Parlament, das eine gesamtdeutsche Verfassung erarbeitet hatte, das Lebenslicht wieder ausgeblasen. 1867 erlebte das deutsche Parlament in gewandelter Form, und zunächst bis 1871 auf die Partner des Norddeutschen Bundes beschränkt, seine Neugeburt. Auch die Abgeordneten dieses Reichstages — wie das in Berlin tagende Parlament seitdem bis 1945 hieß — wurden ebenso wie die des Frankfurter Parlaments von 1848 in Einmannwahlkreisen nach den Prinzipien allgemeiner, gleicher, direkter und geheimer Wahl gewählt.
Wir nannten den Kongreß im Vergleich zum Bundestag einen ,,geschichtlichen Patriarchen". Stellen wir jedoch die ,,Reichstagsgeschichte", ohne die der Bundestag schlechterdings nicht zu verstehen ist, mit in Rechnung, so geht es nicht mehr an, das deutsche Bundesparlament als einen ,,Neuling" abzutun. Hundert Jahre Parlamentsgeschichte haben ihre Spuren hinterlassen und dürfen nicht unterschätzt werden.
Aber selbst wenn nun der Altersunterschied zwischen Kongreß und deutschem Parlament nicht mehr gar so gewaltig erscheint, so bleibt doch für beide in geschichtlicher Perspektive ein wesentlicher Unterschied.

---

3 Jetzt ist auf die sogen. ,,kleine Parlamentsform" vom Jahre 1969, die im wesentlichen eine Geschäftsordnungsreform darstellt, zu verweisen. Dazu Uwe Thaysen: Parlamentsreform in Theorie und Praxis, Opladen 1972.

Wenn sich ein amerikanischer Kongreßmann unserer Tage über die fundamentalen Kompetenzen und die Organisation seines Parlaments informieren will, dann wird er wie seine Vorgänger im Jahre 1915 oder 1840 oder 1791 stets zunächst nach ein und derselben Verfassung greifen, der Bundesverfassung aus dem Jahre 1787 bzw. 1791. Von den wenigen späteren Ergänzungsartikeln, die den Kongreß betreffen, mag in diesem Zusammenhang abgesehen werden. Sicherlich, kein Kongreß gleicht dem anderen. Jeder Kongreß bleibt, wie David Truman sagt, „ein wohlvertrauter Fremder", denn er ist stets beides zugleich, „alt und immer neu".[4] „Immer neu", weil jeder Kongreß in einer anderen historischen Situation operieren muß, sich mit anderen und neuen Problemen konfrontiert findet, weil seine Mitgliederzusammensetzung ständig wechselt, eine Generation die andere ablöst, weil jede Generation vorgegebene, gleichbleibende Normen, selbst wenn sie verfassungsrechtlich nur wenig geändert werden, neu oder anders interpretiert, neue Akzente setzt. Dennoch ist jeder Kongreß zugleich „alt"; eben weil der verfassungsrechtliche Grundrahmen, in den der Kongreß einbezogen ist, seit 1787 trotz aller Änderungen prinzipiell der gleiche geblieben ist.

Genau dieser Tatbestand geschichtlicher Kontinuität gilt nicht fürs deutsche Parlament. Während der amerikanische „Patriarch" in einem Gewande heranwachsen konnte, das in Freiheit geschneidert worden war und das freie Wachstum seiner Glieder nicht über Gebühr beengte oder gar verhinderte, schien das deutsche Parlament auf einem Prokrustesbett geboren zu sein.

Es würde zu weit führen, hier auf die Parlamentsgeschichte näher einzugehen, obgleich — wie gesagt — Kompetenzen, Struktur und Arbeitsweisen sowohl des Kongresses als auch des Bundestages ohne geschichtliche Rückbesinnung nicht voll zu verstehen sind. Der Hinweis mag genügen, daß bei der deutschen Parlamentsgeschichte seit 1867 vier Perioden zu unterscheiden sind:

1. Von 1867 bis 1918 war das deutsche Parlament in eine Verfassungskonzeption einbezogen, die in gewisser Weise einigen Grundmerkmalen des präsidentiellen Regierungssystems entsprach. Diese Verfassungskonzeption wies aber nur beschränkte demokratische Ansätze auf. Das Wilhelminische Kaiserreich war eine konstitutionelle Monarchie. Wohl ging der Reichstag aus demokratischen Wahlen hervor — sie waren zu dieser Zeit formell demokratischer als die fast aller anderen Länder der Welt, auch die der USA, wo es damals z. B. noch kein geheimes Wahlrecht gab. Das Parlament konnte aber den Reichskanzler, den Chef der Regierung, weder ein- noch absetzen (soweit ähnelten seine Befugnisse denen des Kongresses), denn der Reichskanzler war praktisch nur dem Kaiser (und König von Preußen) verantwortlich, der ihn jederzeit ernennen und entlassen konnte. Darüber hinaus vermochte der Kaiser aber den Reichstag aufzulösen und Neuwahlen anzusetzen. Zugleich hatten die Beschlüsse des Reichstages nur dann Rechtsgültigkeit, wenn sie mit den Beschlüssen des „Oberhauses", des nichtdemokratisch bestellten Bundesrates (dessen Vorsitz beim Reichskanzler lag), übereinstimmten.

---

4 So David B. Truman: The Congressional Party — A Case Study, New York 1959, S. VI.

Vergleicht man Kongreß und Reichstag in dieser Periode, so läßt sich vereinfachend sagen: Der Reichstag hatte es im Lande mit einem starken Kaiser und einer einflußreichen Erbaristokratie zu tun; das Land selbst war im engen Europa im Norden und Süden wie Osten und Westen von Nachbarn umgeben, die nicht stets als Freunde angesehen wurden. Der Kongreß hatte es demgegenüber weit besser: Im Lande selbst sah er sich weder mit einem Kaiser noch mit einer Erbaristokratie konfrontiert, und außenpolitisch waren die USA im Norden und Süden von guten Nachbarn und im Osten und Westen von Fischen umgeben. Glückliches Amerika!

2. Die zweite Periode deutscher Parlamentsgeschichte von 1919 bis 1933 ist die Zeit der Weimarer Republik. Nach dem ersten Weltkrieg wurde das demokratische Wahlrecht – als Verhältniswahlrecht – in Deutschland erstmals voll zur Geltung gebracht. Der Reichstag sowohl als auch der Reichspräsident und die Parlamente der Einzelstaaten (Länder) waren demokratischen Wahlen unterworfen. Gleichzeitig war das parlamentarische Regierungssystem eingeführt worden, d. h. die Regierung wurde vom Vertrauen des Parlaments abhängig, dessen Mißtrauensvotum zum Sturz der Regierung führte. Ein derartiges System vermag nur zu funktionieren, wenn sich die Regierung auf klare, entscheidungsstarke und -willige Parlamentsmehrheiten stützen kann. Das parlamentarische Regierungssystem, wie es in der Weimarer Verfassung konzipiert worden war, setzte voraus, daß sich Wähler, Parteien, Regierung, Reichspräsident und alle anderen Staatsorgane und gesellschaftlichen Gruppen kompromißbereit und in demokratischer Verantwortung zu steter Kooperation willig zeigten. Das war für die Zeit nach 1918 offensichtlich zuviel verlangt. Das System von Weimar scheiterte endgültig, als Reichspräsident von Hindenburg den Vorsitzenden der NSDAP, Adolf Hitler – der übrigens nie Mitglied des Reichstages war –, am 30. Januar 1933 zum Reichskanzler ernannte. Er ernannte Hitler, obgleich dieser kein Hehl daraus machte, daß er die Demokratie zerstören wollte und Hitler im Parlament nur eine Minderheit hinter sich hatte, nämlich 248 Abgeordnete. 336 Abgeordnete, eine große Mehrheit also, standen in Opposition. Hitler löste sofort den Reichstag auf, und bald senkten sich die Schatten der Tyrannei über Deutschland.

3. In der dritten Periode deutscher Parlamentsgeschichte, von 1933 bis 1945, erlitt mit dem ganzen Lande auch das deutsche Parlament seine tiefste Erniedrigung. Die in SA-Uniform erscheinenden Abgeordneten erhielten zwar weiterhin Diäten, ihre Arbeit bestand jedoch nur noch darin, hin und wieder einmal einer Rede Hitlers zu lauschen, dann „Hurra" zu brüllen und die Nationalhymnen zu singen. Man nannte den Reichstag jetzt den „teuersten Gesangverein Deutschlands".

4. Als der Parlamentarische Rat 1948/49 in Bonn die neue Verfassung diskutierte, standen die Erfahrungen, die Deutschland mit dem parlamentarischen Regierungssystem Weimarer Fasson gemacht hatte, die Niederlage der Demokratie und die scheinlegale Machtergreifung Hitlers bei den Überlegungen und Entscheidungen als drohende Warnung Pate. Das Ergebnis – auf das auch die Besatzungsmächte mit einigem Erfolg Einfluß zu nehmen versuchten – war das Grundgesetz vom 23. Mai 1949.

Es soll hier nicht das Grundgesetz analysiert werden. Es muß genügen, ein paar wesentliche Verfassungszüge aufzuzeigen, die deutlich machen, inwiefern der heutige Bundestag in ein recht andersgeartetes Herrschaftssystem eingebettet ist als der amerikanische Kongreß der Gegenwart. Dazu ist es allerdings erforderlich, zunächst einige grundlegende Begriffe zu klären.

III. Zur Typologie von Regierungs-, Verfassungs- und Parlamentssystem

Im folgenden sei zwischen vier Typen institutioneller Zuordnung und zwei Typen institutioneller Grundorientierung unterschieden. Es sind dies im einzelnen:

1. Parlamentarisches Regierungssystem und präsidentielles Regierungssystem.
2. Einheitsstaat und Bundesstaat.
3. Redeparlament und Arbeitsparlament.[5]

1. Parlamentarisches und präsidentielles Regierungssystem

Das wichtigste Unterscheidungsmerkmal zwischen parlamentarischem und präsidentiellem Regierungssystem ist darin zu sehen, daß im parlamentarischen System die Regierung – vor allem der Regierungschef – vom Parlament abberufen werden kann. Das hat zur Folge, daß eine Regierung nur so lange im Amt bleiben kann, wie sie von einer parlamentarischen Mehrheit getragen wird. Fehlt ihr die Mehrheit, stürzt die Regierung. Stabilität und Geschlossenheit einer parlamentarischen Mehrheit werden geradezu identisch mit der Stabilität, Handlungsfähigkeit und Krisenfestigkeit der Regierung. Im präsidentiellen System kann die Regierung vom Parlament nicht abberufen werden. Die Regierung bleibt auch dann im Amt, wenn die parlamentarischen Mehrheiten wechseln oder nicht geschlossen handeln. Die Amts*dauer* und Stabilität der Regierung sind nicht abhängig von bzw. identisch mit der Schaffung geschlossen handelnder, stabiler parlamentarischer Mehrheiten. Der Amts*erfolg* und die Regierungsleistungen sind nur davon abhängig, ob Regierungsvorlagen im Parlament überhaupt Mehrheiten finden.

2. Einheitsstaat und Bundesstaat

Im Einheitsstaat gibt es nur ein zentrales Parlament, das (gleichgültig ob ein- oder zweikammerig strukturiert) über die Fülle aller Gesetzgebungsbefugnisse verfügt. Selbstverwaltungskörperschaften auf regionaler oder kommunaler Ebene sind, allen zugestandenen Autonomien zum Trotz, den Entscheidungen des Parlaments grundsätzlich unterworfen und wirken bei Verfassungsänderungen nicht mit. Im Bundesstaat besteht demgegenüber eine Kompetenzaufgliederung zwischen bundes- und einzelstaatlichen Befug-

5 Näheres hierzu auch unten S. 333.

nissen. Die Einzelstaaten verfügen über eigene Kompetenzbereiche und wirken auch ganz oder teilweise bei der Bundesgesetzgebung durch eine zweite Kammer maßgeblich mit. Die Mitwirkung gilt insbesondere für Verfassungsänderungen.

Im Einheitsstaat kann das Parlament aus einer einzigen Kammer bestehen; falls ein Zweikammersystem gegeben ist, wird das Übergewicht zumeist eindeutig bei einer Kammer liegen. In einem Bundesstaat hingegen ist das Parlament in der Regel ein Zweikammerparlament. Entweder haben dabei beide Kammern fast gleiche Machtbefugnisse – das ist im amerikanischen Kongreß der Fall –, oder eine Tendenz zum Einheitsstaat wird deutlich.

3. Redeparlament und Arbeitsparlament

Ein Redeparlament ist ein eminent politisches Parlament. Es erhebt vor allem den Anspruch, das wichtigste Forum der öffentlichen Meinung, die offizielle Bühne aller großen, die Nation bewegenden politischen Diskussionen zu sein. Die Parlamentsrede hat verschiedene grundlegende Funktionen zu erfüllen: Rechtfertigung eigener Entscheidungen, Kritik an der Haltung anderer, öffentlich wirksame Kontrolle, Information und politische Bildung im weitesten Sinne. Im Parlamentsplenum wird nicht primär diskutiert, um sich gegenseitig zu überzeugen. Derartige „Überzeugungsgespräche" finden auf anderen Ebenen in größeren und kleineren Gruppen sowie in vielerlei Form und Weise statt. Die parlamentarische Plenarrede gilt im wesentlichen Maße der öffentlichen Meinung, der Presse, dem Wähler. Das Redeparlament lebt davon, daß die wichtigsten Redepartner entscheidende politische Macht repräsentieren. Daher steht im Zentrum die Debatte zwischen Premier und Oppositionsführer, zwischen Minister und „Schattenminister". Das Redeparlament hat daher nur dort eine Chance, wo Regierungschef und Oppositionsführer Mitglieder des Parlaments sind oder zumindest in ihm ein Rederecht und eine Auskunftspflicht haben. Ein Redeparlament wird nur dort seinen Funktionen gerecht, wo Parlamentsreden mit wacher Resonanz in der öffentlichen Meinung rechnen können. Das Zusammenspiel zwischen einer glaubwürdigen, systematischen und überzeugenden Opposition und einer kritischen öffentlichen Meinung wird zum wichtigsten Element wirksamer politischer Kontrolle.

Während im Redeparlament das Plenum eine wesentliche Rolle spielt, verlagern sich im Arbeitsparlament Macht und Arbeit in entscheidender Weise in die Ausschüsse. Nicht der Redner, sondern der kenntnisreiche Detailexperte, der unermüdliche Sachbearbeiter wird zur wichtigsten Parlamentsfigur. Der Machteinfluß des einzelnen Abgeordneten hängt jetzt vor allem von seiner Position im parlamentarischen Ausschußsystem ab. Im Arbeitsparlament findet die Regierungskontrolle nicht primär dadurch statt, daß die Regierung und Verwaltung sowie deren politische Apologeten, die Mehrheitsparteien, im Plenum von der Opposition öffentlich zur Rede gestellt und wirksam kritisiert werden. Hier wird das Parlament vielmehr weitgehend zu einer Spezialbürokratie, in der parlamentarische Experten Experten der Exekutive in höchst intensiver Weise um Rede und Auskunft ersuchen und bis zu Detailfragen und bis zu kleinsten Einzelposten hin überprüfen und weitgehend durch Bestimmungen im vorhinein festzulegen versuchen.

IV. England: Parlamentarisches Regierungssystem, Einheitsstaat, Redeparlament

Diese sechs verschiedenen skizzierten Typen können in der politischen Praxis in sehr verschiedener Kombination, Ausprägung und in mannigfachen Zwischenformen auftreten. Als zwei klassische Beispiele konsequenter, geschichtlich gewachsener Kombinationen, die darauf hinweisen, daß je drei der genannten Typen innerlich zueinander gehören, lassen sich das englische und amerikanische Regierungssystem präsentieren. In England bilden das parlamentarische Regierungssystem, der Einheitsstaat und das Redeparlament eine geschlossene Einheit. In England gibt es faktisch nur ein Parlament, auf das jedermann seine Blicke richtet, das Unterhaus in London. Die parlamentarische Mehrheit im Unterhaus muß so geartet sein, daß die Regierung handlungsfähig und das System krisenfest bleibt. Daß es zu stabilen Mehrheiten kommt, dafür haben die Parteien zu sorgen. Ohne Parteidisziplin können sie diese zentral wichtige Funktion im parlamentarischen Regierungssystem nicht erfüllen. Ohne Parteidisziplin sind weder stabile Mehrheiten noch eine geschlossene, verantwortliche Opposition möglich. Nur bei einer klaren Gegenüberstellung von Mehrheit und Opposition kann das Redeparlament dem Wähler grundlegende Alternativen und Gemeinsamkeiten deutlich werden lassen. Ohne Parteidisziplin verliert jede Partei ihr Profil. Parteien, die keine Geschlossenheit zeigen, können vom Wähler schwerlich auf demokratische Weise zur Verantwortung gezogen werden. Sie entziehen sich der Bereitschaft zu kollektiver Verantwortung, zur Verantwortung als Gruppe. Das Funktionieren des englischen Regierungssystems, in dem parlamentarisches System, Einheitsstaat und Redeparlament eine Einheit bilden, ist, ebenso wie die Arbeitsweise des Unterhauses, ohne die Phänomene Opposition und Partei- bzw. Fraktionsdisziplin nicht zu verstehen.

Wohl kann Fraktionsdisziplin — verstanden als ein Kompromißverhalten von Mitgliedern einer Partei im Parlament (Fraktion) zur Realisierung wirksamer Entscheidungen — zum verfassungswidrigen Fraktionszwang entarten und dergestalt mißbraucht werden. Daß der Fraktionsdisziplin jedoch nicht nur im parlamentarischen System funktional, sondern grundsätzlich eine positive Bewertung beizumessen ist, hat kaum jemand eindringlicher hervorzuheben gewußt, als der klassische Verfechter des freien Mandats, der zugleich der „beredteste Verteidiger von Parteiloyalität"[6] war, der Engländer Edmund Burke. Burke schrieb im Jahre 1770: „In einer Vereinigung (Connexion, d. h. Partei) hat der Unbedeutendste, indem er zum Gewicht des Ganzen beiträgt, seinen Wert und seinen Nutzen. Ohne eine derartige Vereinigung verliert selbst das größte Talent seine Nützlichkeit für die Öffentlichkeit... Sobald Menschen miteinander verbunden sind, können sie einander leicht und schnell auf die Gefahren über Machenschaften aufmerksam machen. Sie sind in der Lage, derartige Absichten gemeinsam zu erörtern und mit vereinigter Kraft gegen sie zu opponieren. Wenn sie jedoch zerstreut sind, ohne Übereinstimmung, Ordnung und Disziplin, ist die Kommunikation ungewiß, die Beratung schwierig und der Widerstand zwecklos... Wenn es ein

---

6 Burke, "the most eloquent advocate of party loyalty". F. W. Raffety in der Einleitung zu "The Works of... Edmund Burke". Ausgabe: World's Classics, London 1906, Bd. II, S. XI.

Mann der Öffentlichkeit unterläßt, sich in eine Lage zu begeben, aus der heraus er seine Pflichten wirksam zu erfüllen vermag, begeht er eine Unterlassung, die die Zielsetzungen seines Amtes fast ebenso zunichte macht, als wenn er sie offen verraten hätte."[7] Besteht doch der Sinn des freien Mandats nach Burke gerade darin, den Abgeordneten als Inhaber eines öffentlichen Amtes von speziellen Wählerwünschen, regionalen Interessenaufträgen oder seinen Parteifreunden außerhalb des Parlaments frei zu halten, damit er *im* Parlament als loyales Mitglied einer Aktionsgruppe realistischen und der Gesamtheit dienlichen Vorhaben zuzustimmen vermag.

V *USA: Präsidentielles Regierungssystem, Bundesstaat, Arbeitsparlament;*

In Nordamerika bilden demgegenüber das präsidentielle Regierungssystem, der Bundesstaat und das Arbeitsparlament eine geschlossene Einheit. Opposition, Partei und Parteidisziplin haben in diesem System andere Funktionen als im englischen zu erfüllen. Dieser prinzipielle Unterschied zwischen England und den USA kommt nicht von ungefähr. A. Lawrence Lowell hatte schon 1901 auf folgende Tatsachen hingewiesen[8]: Das entwickelte englische parlamentarische Regierungssystem ist fast ein halbes Jahrhundert jünger als das präsidentielle der USA. Das parlamentarische System ist im wesentlichen eine Erfindung der englischen Parteien, die die Schöpfer der Grundzüge und Arbeitsprozesse des Systems sind. Sie haben entscheidende Charakterzüge ihrer eigenen Struktur auf den Staat übertragen. Wir können hinzufügen: Das parlamentarische System scheint die einzige Regierungsform zu sein, um Demokratie und Monarchie weitgehend miteinander zu versöhnen.

In den USA ist demgegenüber die geschriebene Verfassung älter als die Partei modernen Typs. Die Mehrheit der Verfassungsväter war ausgesprochen parteifeindlich eingestellt. Die Partei sollte außerhalb der Verfassung bleiben. Man nahm an, das System würde auch ohne Parteien funktionieren, ja es würde ohne deren Einmischung weit besser arbeiten. Das System der Hemmungen und Gegengewichte (checks and balances) der amerikanischen Verfassung ist jedoch ohne die Vermittlung von Parteien zum Stillstand verurteilt. Die Bildung von Parteien erwies sich somit in der Praxis als eine dringende Notwendigkeit, falls ein Minimum an politischer Aktion erreicht werden sollte. So nahm die Geschichte der modernen Parteien unmittelbar nach Inkrafttreten der amerikanischen Verfassung in der neuen Welt ihren Ausgangspunkt.

Es bildeten sich aber nicht Parteien des englischen Typs, Parteien kollektiver Verantwortlichkeit und kollektiver Operation in Personal- und Sachfragen, sondern Parteien, die zwar in Personalfragen ein hohes Maß an Geschlossenheit entwickelten, sich in Sachfragen aber mit Minimalforderungen zufriedengaben.

---

7 Edmund Burke "Thoughts of the Cause of the Present Discontents, 1770", zitiert nach "The Works of…", London 1906, Bd. II, S. 84.

8 A. Lawrence Lowell "The Influence of Party upon Legislation in England and America", in: Annual Report of the American Historical Association for the Year 1901, Washington 1902, Bd. I, S. 319 ff, bes. S. 343 ff.

Das wichtigste Merkmal der zwei großen amerikanischen Parteien liegt auch heute noch in der Dezentralisation innerparteilicher Macht. Jede der zwei Mammutparteien findet sich nur gelegentlich auf Bundesebene zu gemeinsamer Aktion zusammen, am deutlichsten sichtbar zur Wahl eines Präsidenten und Vizepräsidenten. Während in England somit die Parteien die wichtigsten Organisationsweisen des Systems nach ihrem Bilde formten, haben sich die amerikanischen Parteien in ihrer eigenen Struktur den Erfordernissen und Leitbildern der vorgegebenen Verfassung angepaßt. Sie haben das nach Meinung einiger Beobachter so perfekt getan, daß die Parteien heute geradezu als *die* Garanten eines dezentralisierten Regierungssystems in Amerika angesehen werden[9].

Im Kongreß spiegeln sich die Eigenheiten der amerikanischen Parteien wider. Da der Kongreß als Parlament eines präsidentiellen Systems fungiert, haben in ihm die Parteien folglich nicht die Aufgabe, stabile Mehrheiten zu bilden, um die Regierung im Amte zu halten. Der wichtigste Antrieb zur Parteidisziplin fällt somit fort. Strikte Parteidisziplin wird jedoch praktiziert, wenn die Machtpositionen im Kongreß zu besetzen sind. Bei der Wahl des "Speaker" im Hause ist es beispielsweise Tradition, daß beide Parteien hundertprozentige Parteidisziplin zeigen. Stellen die Demokraten in beiden Häusern die Mehrheit, so ist es selbstverständlich, daß alle entscheidenden parlamentarischen Positionen von Demokraten besetzt werden. Wohl kann ein demokratischer Präsident einen Republikaner in sein Kabinett berufen — das tat z. B. Präsident Kennedy mit Robert S. McNamara als Verteidigungsminister und Douglas Dillon als Finanzminister —, aber einen republikanischen Ausschußvorsitzenden bei demokratischen Majoritäten würde man im Kongreß vergeblich suchen.

Spielt die Partei somit in personalpolitischen Fragen eine ausschlaggebende und bei der Bildung regierungstragender Mehrheiten mangels Notwendigkeit überhaupt keine Rolle, so kommt ihr bei der Entscheidung über Gesetzgebungs- und sonstige Sachfragen nur eine untergeordnete Rolle zu. Der Präsident kann sein Programm notfalls auch vermittels Ad-hoc-Mehrheiten durchsetzen. Erleidet er dabei Niederlagen, führen sie keineswegs zum Regierungssturz. In der Praxis wartet man notfalls auf eine Krise, die dann gegebenenfalls genügend Druck hervorruft, um notwendige Vorlagen im Kongreß durchzubringen.

Während es in England kein ernsthaftes Problem darstellt, wie die Mehrheit bei Vorlagen der Regierung entscheiden wird, können im Kongreß mitunter selbst die besten „Stimmungskenner" nicht voraussagen, ob eine Regierungsvorlage überhaupt eine Mehrheit finden wird und aus welchen Abgeordneten sie sich letztlich zusammensetzen mag. Dennoch haben eine Fülle neuerer Abstimmungsstudien nachgewiesen, daß die Partei auch in Gesetzgebungsfragen, wie Julius Turner sagt, „enger als irgendein anderer erkennbarer Faktor mit dem Abstimmungsverhalten im Kongreß verbunden bleibt... Mit anderen Worten: Im Kongreß war die Parteidisziplin hinreichend stark genug, um

9 Vg. hierzu vor allem Morton Grodzins "American Political Parties and the American System", in: The Western Political Quarterly, Bd. XIII, Dezember 1960, S. 974—998, bes. S. 998.

es den Wählern zu ermöglichen, zwischen dem Abstimmungsverhalten der beiden Parteien zu unterscheiden."[10]

Als Gründe für dieses überraschende statistische Resultat führt Allen M. Potter u. a. an: „Daß ein moderner Abgeordneter weitgehend zu wählen hat, ob er bei seinen Abstimmungen der Partei oder seinem Gewissen folgen will, ist ein Mythos. Seine Wahlmöglichkeit ist in der Regel darauf beschränkt, ob er seiner Partei oder einer Interessengruppe folgen will. Der britische Abgeordnete stimmt in Übereinstimmung mit seiner Partei ab, der amerikanische Kongreßmann folgt Interessengruppen... Da jedoch die Mehrheit jeder der drei Hauptgruppen im Kongreß – Republikaner, Süddemokraten und Norddemokraten – gewöhnlich aus Wahldistrikten kommt, die ungefähr gleichgeartet sind, und es daher mit den gleichen Interessengruppen zu tun haben wird, ist bei namentlichen Abstimmungen im Kongreß zumindest ein gemäßigter Parteilichkeitscharakter bei jeder der drei genannten Hauptgruppen erkennbar."[11]

Zu einem ähnlichen Ergebnis kommt Lewis A. Froman, wenn er sagt: „Letzten Endes stammt wohl der wichtigste Druck, der auf Kongreßabgeordnete ausgeübt wird, von den Wahldistrikten... Jedoch besagen ‚Wahldistrikt-Einfluß' und ‚Partei-Einfluß' oftmals genau dasselbe."[12] Freilich, im Vergleich zu anderen Ländern, insbesondere zu Großbritannien, sind in den USA ausgesprochene Parteiabstimmungen, bei denen sich die Parteien als fast perfekt geschlossen abstimmende Einheiten gegenüberstehen, die Ausnahme, nicht die Regel. Bei einem Vergleich mit europäischer Parteidisziplin müssen die Amerikaner sehr schlecht abschneiden. Für amerikanische Verhältnisse jedoch ist die Parteidisziplin – oder besser Parteikohäsion – im Kongreß erstaunlich hoch, denn weder innerhalb noch außerhalb des Kongresses sind die Parteien auf Bundesebene in der Lage oder ernsthaft willens, ihre Mitglieder für gute Leistungen wirksam zu belohnen oder für Parteivergehen ernsthaft zu bestrafen. (Daß zu Beginn des 89. Kongresses den demokratischen Abgeordneten Williams aus Mississippi und Watson aus South Carolina die Seniorität entzogen wurde, da beide öffentlich den republikanischen Präsidentschaftskandidaten Goldwater unterstützt hatten, ist ein ausgesprochener Seltenheitsfall.) Der Einfluß der Bundesparteien wird innerhalb des Kongresses vor allem durch die Wirksamkeit des Senioritätsprinzips und außerhalb des Kongresses durch die Tatsache beschnitten, daß die Kongreßparteien auf die Nomination und weitgehend auch die Wahl ihrer Mitglieder in der Regel überhaupt keinen Einfluß haben, weder finanziell noch organisatorisch.

Der Parteieinfluß auf das Abstimmungsverhalten der Abgeordneten innerhalb des Kongresses ist im Repräsentantenhaus etwas größer als im Senat. Schon die Geschäftsordnung räumt dem einzelnen Senator weit größere Freiheiten ein, als sie dem Hausmitglied zustehen. Schließlich umfaßt der Senat nur 100 Mitglieder, während das Repräsentantenhaus 435 Mitglieder zählt.

10 Julius Turner: Party and Constituency – Pressures on Congress, Baltimore 1951, S. 34 f, 2. erweiterte Auflage 1970.
11 Allen M. Potter: American Government and Politics, London 1955, S. 170 f.
12 Lewis A. Froman: Congressmen and their Constituencies, Chicage 1963, S. 5 u. 7.

VI. Deutschland: Parlamentarisches Regierungssystem, Bundesstaat und „arbeitendes Redeparlament".

In den USA bilden offenkundig präsidentielles Regierungssystem, Bundesstaat und Arbeitsparlament eine Einheit, in der die Parteien ganz spezielle, weitgehend systembedingte Funktionen erfüllen, wo Opposition und Mehrheit sich nicht klar als geschlossene Parteien gegenüberstehen und die Parteidisziplin keine ausschlaggebende Rolle spielt.

In England bilden andererseits parlamentarisches Regierungssystem, Einheitsstaat und Redeparlament eine Einheit, in der Opposition und Mehrheit einander klar gegenüberstehen, die Parteien als relativ geschlossene Einheiten auftreten sowie als kollektive Gruppen Verantwortung tragen und die Parteidisziplin eine fundamentale Funktion zu erfüllen hat.

Welches Bild bietet nun die Bundesrepublik Deutschland? Die Bundesrepublik repräsentiert im Vergleich zum englischen und amerikanischen Modell eine „Mischform". Sie hat im Gegensatz zu den USA ein parlamentarisches System, und zwar in engerer Anlehnung an das englische Modell. Zugleich ist sie aber im Gegensatz zu England eine *Bundes*republik; und der Bundestag ist weder ein Redeparlament des englischen Typs noch ein Arbeitsparlament des amerikanischen Typs. Der Bundestag ist weitgehend beides, oder will es anscheinend sein: sowohl ein Redeparlament mit starker Fraktionsdisziplin als auch ein Arbeitsparlament, in dem ein Hauptteil an parlamentarischer Macht und Arbeit in den ständigen Fachausschüssen zu finden ist bzw. geleistet wird. Im Bundestag, der als „parlamentarisches Parlament" Strukturmerkmale eines „arbeitenden Redeparlaments" aufweist,[13] können demnach der Parteiredner und der Fachexperte gleichermaßen zu den wahren Heroen des parlamentarischen Kampffeldes aufsteigen. Ein paar Daten zum Vergleich: Im englischen *Unterhaus*, in dem es keine ständigen Fachausschüsse für bestimmte Gesetzesbereiche gibt, können nur zwei Drittel der 630 Abgeordneten im Plenum Platz finden und je etwa dreißig Abgeordnete müssen sich ein „Arbeitszimmer" teilen. Im Deutschen *Bundestag* gibt es heute 28 ständige Fachausschüsse, die über erhebliche Machtbefugnisse verfügen, alle Abgeordneten haben einen festen Platz im Plenum (wie das im amerikanischen Senat der Fall ist) und etwa zwei Abgeordnete teilen sich einen Arbeitsraum und eine Schreibkraft. Im amerikanischen *Kongreß* wird die Hauptarbeit in den ständigen Fachausschüssen geleistet, denen im Senat und Repräsentantenhaus eine Macht zusteht, wie sie in keinem anderen Parlament der Welt zu finden ist, und jedes Mitglied des Repräsentantenhauses hat rund fünf und jeder Senator rund acht und mehr Angestellte und Sekretäre. Gleichzeitig stehen jedem Mitglied des Repräsentantenhauses zumindest zwei offizielle Arbeitsräume, jedem Senator mindestens drei Zimmer zur ausschließlichen Benutzung zur Verfügung, ganz zu schweigen von den großen Mitarbeiterstäben, mit denen jeder Kongreßausschuß und Unterausschuß ausgestattet ist und deren Umfang und Einfluß in keinem europäischen Parlament ein ernsthaftes Gegenstück finden.

13 Zu diesen Begriffen siehe oben S. 92 ff.

Da die Bundesrepublik ein parlamentarisches Regierungssystem aufweist, in dem die Regierung jederzeit dadurch abberufen werden kann, daß ein neuer Kanzler mit absoluter Mehrheit der Abgeordneten gewählt wird, vermag das System nur dann krisenfest zu funktionieren, wenn die Parteien Disziplin üben. Die Parteidisziplin wird im Bundestag fast so streng gehandhabt und eingehalten wie im englischen Unterhaus. Sie hat dafür zu sorgen, daß in den wichtigsten Ausschußposten Abgeordnete sitzen, die zu den Vertrauensmännern der Partei bzw. zu deren Führungsgruppen gehören. Parteidisziplin wird weder im Bundestag noch im englischen Parlament primär dadurch bewirkt, daß man ungetreue Mitglieder direkt bestraft, sondern indem man sie nicht fördert, sie nicht in erstrebenswerte Machtpositionen hineinwählt und sie damit faktisch indirekt benachteiligt. Die wichtigsten Vorarbeiten und Abstimmungen im parlamentarischen Entscheidungsprozeß finden einmal in den jeweiligen Fraktionssitzungen und denen der Fraktionsausschüsse (Arbeitskreise der Fraktionen) statt, zum anderen in den ständigen Fachausschüssen des Bundestages und deren Unterausschüssen. In den Plenarsitzungen werden die Ergebnisse der Fraktions- und Ausschußsitzungen öffentlich „registriert", in Reden gerechtfertigt oder angegriffen bzw. gegebenenfalls in Einmütigkeit von allen Parteien stillschweigend akzeptiert – was übrigens nicht nur im Kongreß, sondern ebenso im Unterhaus und Bundestag recht oft geschieht.

Da im Bundestag der Kanzler und die Minister nicht nur in den Ausschüssen, sondern auch im Plenum Rede und Antwort stehen müssen, können gelegentlich Debatten, Interpellationsdiskussionen und Fragestunden das weitere Interesse der öffentlichen Meinung in stärkerem Ausmaß gewinnen. Bei der öffentlich wirksamen Kontrolltätigkeit des Bundestages stehen der Opposition besondere Befugnisse zu. Sie kann notfalls auch als Minderheit vom Bundestag die Einsetzung eines parlamentarischen Untersuchungsausschusses erzwingen – ein verfassungsmäßig garantiertes Minderheitsrecht, über das – im Unterschied zu allen ausländischen Parlamenten – nur die Opposition im Deutschen Bundestag verfügt.

Daß Fraktionsdisziplin in der Regel etwas anderes als blinder Gehorsam gegenüber der Regierung ist, geht bereits aus der Tatsache hervor, daß nur wenige Gesetzesvorlagen der Regierung vom Bundestag unverändert angenommen werden. So manche Regierungsvorlage ist darüber hinaus schon in den Bundestagsausschüssen stillschweigend begraben worden. Die Regierung kann nur dann erfolgreich mit ihren Vorlagen sein, wenn sie innerhalb ihrer Parteimehrheit einen breiten Konsensus gefunden hat. Das zu erreichen ist nicht immer ganz einfach. Für diese Schwierigkeit einer Konsensusbildung sind vor allem zwei Tatsachen verantwortlich:

1. Auf die personelle Zusammensetzung der Fraktion im Bundestag hat der Bundesvorstand der Partei nur einen relativ geringen und indirekten Einfluß (hauptsächlich auf finanziellem Gebiet). Hier macht sich die bundesstaatliche Struktur Westdeutschlands bemerkbar. Nach geltendem Wahlrecht (personalisierte Verhältniswahl) werden 248 Abgeordnete des Bundestages in Einmannwahlkreisen gewählt und 248 über Landeslisten. Über die Parteikandidaten der Einmannwahlkreise entscheiden letztlich (laut Wahlgesetz vom 7. Mai 1956, § 22) allein die Parteigruppen im Wahlkreis. Über die Landeslisten entscheiden letztinstanzlich die Landesparteiorganisationen (§ 28).

2. Ein weiteres kommt hinzu. Die Interessengruppen versuchen im Konkurrenzkampf ihre Interessen auf allen Entscheidungsebenen zur Geltung zu bringen: durch Einflußnahme auf die öffentliche Meinung, andere Interessengruppen, Parteien, einzelne Abgeordnete, Verwaltung und Regierung. Das ist grundsätzlich ihr gutes Recht, von dem sie in den USA ebenso Gebrauch machen wie in Deutschland und England. Während sich die Interessengruppen in den USA jedoch weniger auf die Parteien als solche konzentrieren, sondern mehr einzelne Abgeordnete zu bearbeiten suchen, ist diese Methode in Deutschland weit weniger erfolgversprechend, da der einzelne Abgeordnete ja der Fraktionsdisziplin unterworfen ist. Insoweit schützt die Fraktionsdisziplin den einzelnen Abgeordneten vor übergroßem Druck durch Interessengruppen.

Dafür sind die Interessengruppen nun daran interessiert, Vertreter ihrer Organisationen als „Werber" und „Informationsquellen" in die Parteifraktionen selbst hineinzubekommen. Das Ergebnis ist, daß zahlreiche Abgeordnete Vertreter von Interessengruppen sind, die sich zwar letztlich der Parteidisziplin beugen müssen, aber zugleich dafür sorgen können, daß ein innerparteilicher Konsensus auf ihre Kosten zumindest nicht zu überstürzt zustande kommt. Eine Parteiführung, die bei der Bildung eines derartigen Konsensus allzu rücksichtslos verfährt, kann sehr bald mit Widerstand und Krisenerscheinungen in der Partei rechnen bzw. schlimmstenfalls eine Parteizersplitterung oder Parteispaltung und damit gar ihren Sturz heraufbeschwören.

Der Föderalismus wirkt sich auf den Bundestag aber nicht nur über die Parteistruktur aus. Denn neben dem Bundestag steht, in gewissem Sinne als zweite Kammer, der Bundesrat, die Vertretung der Länder. Erst beide zusammen, Bundestag und Bundesrat, bilden das eigentliche Gegenstück zum Konreß, der ja aus dem Repräsentantenhaus und dem Senat besteht. Der Bundesrat ist aber, obgleich er im deutschen System der Hemmungen und Gegengewichte (checks and balances) eine ziemlich machtvolle Position einnimmt, nicht ganz mit dem Senat zu vergleichen.

Der Bundesrat ist einmal nicht − wie der Senat − in allen Gesetzgebungsbereichen in gleicher Weise beteiligt. In einigen Bereichen kann er nur Einspruch erheben, der vom Bundestag aber überstimmt werden kann; in anderen Fragen jedoch, wie etwa bei Verfassungsänderungen, ist die Rechtsgültigkeit eines Gesetzes oder einer Rechtsverordnung an die Zustimmung des Bundesrates gebunden. Setzt sich der amerikanische Senat aus 100 Senatoren zusammen (je Staat zwei, unabhängig von dessen Größe und Bevölkerungszahl), so besteht der Bundesrat aus Vertretern bzw. Mitgliedern der Landesregierungen, die weisungsgebunden sind und nur je Land geschlossen ihre Stimme abgeben können. Von den 11 Bundesländern haben die größten je fünf Stimmen, die kleinsten, wie Bremen, Hamburg und das Saarland, je drei; Berlin hat vier Stimmen. Insgesamt umfaßt der Bundesrat gegenwärtig 45 Stimmen.

Wechselt eine Landesregierung von einer Partei zur anderen − nach deren Sturz oder nach einer Landtagswahl, die nicht in allen Ländern gleichzeitig stattfinden −, so ändert sich auch die parteipolitische Zusammensetzung des Bundesrates.

Eine enge Kontaktmöglichkeit zwischen Bundesrat und Bundestag ist dadurch gegeben, daß die Bundesratsmitglieder im Plenum wie in allen Ausschüssen des Bundestages anwesend sein dürfen und auf Verlangen jederzeit gehört werden müssen. So konnte z. B. der Kanzlerkandidat der Sozialdemokraten, der Berliner Regierende Bürgermeister Willy Brandt, der als Mitglied des Bundesrates nicht Mitglied des Bundestages sein konnte, dort wenigstens zu Wort kommen, wenn auch als Sprecher des Landes Berlin und nicht in seiner Eigenschaft als Oppositionsführer.[14]

Stimmen Bundesrat und Bundestag bei einer Gesetzesvorlage nicht überein, so kann, wie im Kongreß, ein Vermittlungsausschuß angerufen werden. Dieser Ausschuß ist aber im Gegensatz zu seinem amerikanischen Pendant ein ständiger Ausschuß. In ihm sind auch die Bundesratsmitglieder nicht mehr weisungsgebunden (Art. 77, 2 GG). Diese Weisungsfreiheit kann im Konfliktsfalle bedeutsam sein. Denn einmal wird damit der Vermittlungsausschuß von Bundesratsmitgliedern besetzt, die nicht mehr Beauftragte einer Landesregierung sind, sondern Repräsentanten des Bundesorgans „Bundesrat"; zum anderen dient das zur Überwindung der systemimmanenten Spannung zwischen parlamentarischem Regierungssystem und Bundesstaat. Daß parlamentarisches Regierungssystem und Bundesstaat eigentlich nur schwer miteinander in Einklang zu bringen sind, kann kaum geleugnet werden. Was nützt einer Regierung mit disziplinierter Mehrheit ihre Macht und Bereitschaft zu ungeschmälerter politischer Verantwortlichkeit, wenn ein unabhängiger Bundesrat in einigen Fragen über ein suspensives, in anderen Bereichen aber sogar über ein absolutes Veto verfügt? Um dem entgegenzuwirken, versuchen Bundespartei und Landesparteien engsten Kontakt miteinander zu wahren. Die Bundespartei muß daran interessiert sein, falls sie im Bundestag die Mehrheit besitzt, diese auch im Bundesrat zu erreichen bzw. zu erhalten. Deshalb wird sie zugleich dafür sorgen müssen, daß den Bundesratsmitgliedern im Vermittlungsausschuß, die der gleichen Partei angehören, nahegelegt wird, den Gesichtspunkt notwendiger Parteitreue nicht völlig außer acht zu lassen. Daß die einflußreichen Herren des Vermittlungsausschusses (je elf vom Bundestag und elf vom Bundesrat entsandt) allerdings nicht stets diesen Parteibitten folgen, wird mitunter offen eingestanden und beklagt.

Daß die Bäume einer disziplinierten parlamentarischen Parteimehrheit nicht in den Himmel wachsen, dafür haben vor allem die Wahlen zu sorgen. Alle vier Jahre wird der Bundestag gewählt. Die Wähler und das Wahlsystem haben bisher dafür Sorge getragen und bewirkt, daß nur einmal, im dritten Bundestag von 1957—1961, eine Partei — die CDU/CSU — die absolute Mehrheit stellte.

Daß parlamentarische Majoritäten darüber hinaus ihre Entscheidungen stets in Übereinstimmung mit den Vorschriften der Verfassung ausüben — was vornehmlich für verabschiedete Gesetze gilt —, darüber hat das Bundesverfassungsgericht zu wachen. Das Bundesverfassungsgericht ist in der Bundesrepublik der „Hüter der Verfassung" — insofern das Gegenstück zum amerikanischen Supreme Court.

14 Siehe hierzu auch die kontrovers geführte Diskussion von Claus Arndt und Winfried Steffani „Zum Rederecht der Mitglieder des Bundesrates im Bundestag", in: Zeitschrift für Parlamentsfragen, Heft 3, Sept. 1976, S. 317—328.

VII. Reformbestrebungen in den USA

Zum Schluß einige Hinweise zu den stets mehr oder weniger aktuellen Reformdiskussionen zum Kongreß und Bundestag.

Das Institut, das von allen Diskussionspartnern als ausgezeichnet und in keinerlei Hinsicht als reformbedürftig bezeichnet wird, muß noch erfunden werden. So ist auch der Kongreß, trotz aller Bewährung in der Vergangenheit, heute erneut Gegenstand einer hitzig geführten Auseinandersetzung. Auf der einen Seite stehen dabei diejenigen, die, unter Verweis auf sein vortreffliches Funktionieren in vergangenen Jahrzehnten, den Status quo verteidigen. Zu ihnen gehören vor allem jene Kongreßabgeordneten, die dank hoher Seniorität im Kongreß entscheidende Machtpositionen innehaben oder als Minoritäten von gegenwärtigen Gepflogenheiten und Traditionen reichlich profitieren.

Auf der anderen Seite stehen diejenigen, die meinen, daß Bewährung in der Vergangenheit keine Garantie für eine Bewährung in der Zukunft biete und daß diese Zukunft mit ihren gewaltigen Forderungen hohe und neue Ansprüche ans Parlament stellen werde. Für sie steht es außer Frage, daß der Kongreß ohne tiefgreifende Reformen und einen Haltungswandel vieler Abgeordneter schwerlich diesen künftigen Aufgaben gerecht werden könne. Zugleich sind sie gar nicht überzeugt davon, daß sich der Kongreß bisher tatsächlich so sehr bewährt habe.

Beide Diskussionsgruppen berufen sich bei ihrem heutigen Disput gern auf die Bekenntnisse eines der größten und erfolgreichsten Kongreßmänner der Gegenwart, der seine Grundüberzeugung 1958 in dem Artikel "My Political Philosphy" niederlegte.[15] Lyndon B. Johnson schrieb damals — und diese Stelle wird vor allem von den „Status-quo-Verfechtern" angeführt:

„In unserem Regierungssystem besteht die wahre Aufgabe des Kongresses darin, 531 Individuen, die 170 Millionen Individuen repräsentieren, zusammenzubringen, damit sie bei ihren Entscheidungen über den Weg, den die Nation einschlagen soll, eine Übereinstimmung erreichen können (achieve a consent)... Ich glaube nicht, daß wir eine Antwort gefunden haben, bevor wir zu einer die ganze Nation umfassenden Antwort gelangt sind, zu einer Antwort, der alle vernünftigen Menschen zustimmen können. Unsere Arbeit ist nicht getan, bevor wir diese Antwort gefunden haben — selbst wenn uns das Jahre unseres Lebens kosten sollte."[16]

Demgegenüber heben die ungeduldigen Reformer, die unter dem Eindruck der Tatsache, daß Zeit heute sehr kostbar geworden ist und daß die Tage drängen, mit weit größerer Freude eine andere Passage aus Johnsons Artikel hervor:

„Eine lebensvolle Regierung darf in keinem Bereich einen Stillstand dulden — weder im außenpolitischen noch im innenpolitischen. Sie muß nach Lösungen im nationalen Interesse suchen: energisch, mutig und vertrauensvoll."[17]

---

15 Lyndon B. Johnson "My Political Philosophy", in: The Texas Quarterly, Bd. I, Winter 1958, S. 17–22.
16 Ebd. S. 18 f.
17 Ebd. S. 22.

Und die Reformer stimmen in diesem Zusammenhang mit Allen M. Potter überein, der 1955 geschrieben hatte:

„Regierung durch Konsensus ist ein Ideal, das in der amerikanischen Verfassungstradition fest verwurzelt ist. Indem es Maßhaltung betont, entspricht es den Bedürfnissen einer Mittelstandsgesellschaft. Es wäre ungerecht, leugnen zu wollen, daß viele Kongreßmänner bemüht sind, diesem Ideal zum Durchbruch zu verhelfen. Aber es wäre ein Fehler, zu übersehen, daß ‚Konsensus‘, solange er nicht vom Präsidenten gelenkt wird, in der Praxis lediglich ‘Herumwursteln‘ und ‚Gefälligkeitswirtschaft‘ (log-rolling) bedeutet.“[18]

Daß die amerikanischen Präsidenten in den letzten Jahren ihre Führungsaufgaben sträflich vernachlässigt hätten, wird von wenigen Reformern ernsthaft behauptet. Ihrer Meinung nach liegt das wahre Problem vielmehr in der Unfähigkeit des Kongresses bzw. der in ihm vertretenen Parteien, präsidentielle Empfehlungen und Vorschläge verantwortlich aufzugreifen. Die wichtigsten Kampfesdevisen der Reformer fordern daher: „Schaffung eines eindeutigen *verantwortlichen* Zwei-Parteien-Systems“, und: „Etwas mehr Parteidisziplin, bitte!“ Lang und umfangreich sind die Listen detaillierter Verbesserungsvorschläge, die allerorts präsentiert werden. Zu den als „dringend“ bezeichneten Reformanregungen gehören Vorschläge für ein stärker zentralisiertes Parteiensystem, für eine totale Neuorientierung im entscheidend wichtigen Bereich der Wahldistrikteinteilungen gemäß dem Grundsatz „eine Person, eine Stimme“ (one man, one vote) und für eine durchgreifende Reform der Arbeitsweisen und Geschäftsordnungsregeln in beiden Häusern des Kongresses. In den letzten Jahren war die Aufmerksamkeit der Reformer und einer breiteren Öffentlichkeit im wesentlichen auf den insgesamt nicht sehr erfolgreichen Kampf um den machtvollen Geschäftsordnungsausschuß (House Rules Committee) des Repräsentantenhauses und die „Filibuster“-Frage (Recht der unbegrenzten Rede) im Senat konzentriert.

Alle zwei Jahre, zu Beginn eines neuen Kongresses, ist die große Stunde für die Kongreßreformer gekommen. Dann wird über die Geschäftsordnung beschlossen. Seit dem Reformgesetz vom Jahre 1946 (Legislative Reorganization Act), das sich im wesentlichen auf eine Neuordnung des Ausschußsystems beschränkt hatte, blieb es aber bei marginalen Änderungen. Zwar ist die im Kongreß anfallende Arbeitslast seit dem zweiten Weltkrieg gewaltig angestiegen, die parlamentarische Maschinerie arbeitet jedoch im Atomzeitalter weiterhin mit konventionellen Methoden. Sie zu modernisieren ist bei dem starken Widerstand einflußreicher innerparlamentarischer Machtgruppen nur mit Hilfe starken öffentlichen Drucks möglich. Ihn für eine derart komplizierte Materie wie die Kongreßreform wirksam zu entfachen, erwies sich bisher als hoffnungslos. So mancher Reformer sieht resignierend äußerst kritische Zeiten voraus.

Unter diesem Gesichtswinkel brachte die Eröffnung des 89. Kongresses überraschende Erfolgsnachrichten. Freilich, im Senat führten die Debatten zur Filibuster-Frage (Geschäftsordnungsregel Nr. 22) bisher zu keinem Ergebnis. Aber im Repräsentantenhaus kam es zu ein paar Neuregelungen, die der Mehrheit und ihren Führern künftig eine größere Handlungsfreiheit einräumen werden. Zu ihnen gehören nicht nur die Stärkung

---

18 Potter a.a.O. S. 171.

der Position des „Speaker" und ein paar wichtige prozedurale Vereinfachungen, wie z. B. bei der Anrufung und Einsetzung eines Vermittlungsausschusses im Konfliktsfalle zwischen Repräsentantenhaus und Senat. Zur bedeutsamsten Geschäftsordnungsreform schrieb die New York Times am 6. Januar 1965 in einem Kommentar:

„Am ersten Sitzungstage der neuen Wahlperiode errang das Repräsentantenhaus einen Sieg zugunsten eines der wichtigsten seiner eigenen Rechte — nämlich des Rechts, abzustimmen.

Bisher hatten die Abgeordneten des Repräsentantenhauses nur dann die Möglichkeit, über eine wichtige Gesetzesmaterie abzustimmen, falls der Geschäftsordnungsausschuß (Rules Committee) die Erlaubnis erteilte, daß eine Vorlage im Plenum überhaupt zur Abstimmung gelangen dürfe. Dies Verfahren wurde nun geändert. Sollte der Geschäftsordnungsausschuß künftighin eine Vorlage länger als 21 Tage zurückhalten, so kann das Haus nun mit einfacher Mehrheit beschließen, daß die Vorlage im Plenum zur Abstimmung gebracht wird. Das ist kein unbedeutender Sieg zugunsten demokratischer Verfahrensprinzipien. Es sollte gleicherweise Präsident Johnson bei der Verabschiedung seines Gesetzgebungsprogramms von Nutzen sein... In dieser Hinsicht hat das Repräsentantenhaus zu einem guten Start angesetzt."[19]

VIII. Deutscher Bundestag: Beispielhafter Mittelweg?

Die Kritik am Deutschen Bundestag kann nicht dieselbe sein. Wenige führen hier Klage darüber, daß die Parteien im Bundestag zu wenig Fraktionsdisziplin zeigten oder daß die Mehrheit nicht ihren Willen bekomme bzw. durch Geschäftsbestimmungen zu sehr gehemmt werde. Ganz im Gegenteil. Viele Kritiker hätten wenig gegen etwas mehr Unabhängigkeit und sichtbare Initiative des einzelnen Abgeordneten einzuwenden. Die Hauptdiskussionen kreisen vielmehr um die Frage, ob der Bundestag sich mehr am Vorbild seines Arbeitsparlaments, etwa im amerikanischen Sinne, oder am englischen Vorbild eines Redeparlaments orientieren solle. Dem Bundestag wird dabei vor allem vorgeworfen, daß er seiner Funktion, öffentliches Diskussionsforum grundlegender politischer Fragen zu sein, nicht hinreichend gerecht werde. Führende Parlamentarier und Regierungsmitglieder zögen bei bedeutsamen Stellungnahmen öfter als zulässig Presseinterviews, Radioreden und Fernsehauftritte der Parlamentsbühne vor. Das parlamentarische Forum verliere damit an Bedeutung und Ansehen, lautet der Vorwurf. Inwieweit die Einrichtung von Fragestunden und „aktuellen Stunden" Ansätze für Besserungen bieten, bleibt abzuwarten. Gleichzeitig wird kritisch vermerkt, im Bundestag werde nicht mehr angemessen debattiert. Im Hintergrund stand Anfang der 60er Jahre die Klage, Opposition und Regierungsparteien seien sich in vielen Bereichen so nahe gekommen, daß klare Alternativen nicht mehr deutlich genug in Erscheinung träten. Deutschland und die Bundesrepublik waren in dieser Hinsicht bisher — und sind es seit den 70er Jahren wieder — anderes gewohnt.

19 Zur neueren Entwicklung jetzt Jürgen Hartmann: Der amerikanische Präsident im Bezugsfeld der Kongreßfraktionen, Berlin 1977, mit wertvollem Literaturverzeichnis.

Ob sich alle Bundestagskritiker stets darüber im klaren sind, ob sie letztlich ein Rede-oder Arbeitsparlament wollen und welche Konsequenzen mit ihrer jeweiligen Grundentscheidung und den darauf basierenden Forderungen verbunden sind, ist eine offene Frage. Immerhin haben einige der genannten Vorwürfe im Bundestag vornehmlich im Rahmen der sogenannten „kleinen Parlamentsreform"vom Jahre 1969 zu Neuorientierungen und Reformen geführt, die neben den allgemeinen Arbeitsprozeduren auch die Öffentlichkeitsarbeit des Bundestages merklich verbesserten.[20] Eines scheint jedoch evident zu sein: Ein Parlament, das sich einerseits ausschließlich am Modell des Arbeitsparlaments orientiert, droht in der Detailarbeit aufzugehen und den Blick für die großen Linien und Probleme zu verlieren. Einem Parlament, das sich andererseits vornehmlich am Modell des Redeparlaments ausrichtet, droht die Kontrolle über die entscheidenden Detailprobleme immer mehr aus den Händen zu gleiten. Vom modernen Parlament, das sowohl seiner Integrations- wie seiner Kontrollfunktion nachkommen will, sollte erwartet werden, daß es ebenso die Fähigkeit zur öffentlich wirksamen, verantwortlichen Diskussion großer Sachprobleme besitzt wie das Vermögen, Regierungsvorlagen notfalls auch sachverständiger Detailüberprüfung und -revision zu unterziehen. In den USA waren es vor allem die Senatoren Javits, Case und Clark, die für eine größere Publizität und Straffung politischer Debatten im Kongreß eintraten. Die neueren Diskussionen um eine Reform der Arbeitsprozeduren des amerikanischen Kongresses kreisen auch um diesen Fragenkomplex. Hinsichtlich des britischen Redeparlaments wird demgegenüber neben anderen parlamentarischen Reformerwägungen immer ernsthafter die Frage erörtert, ob nicht ein Ausbau des verkümmerten parlamentarischen Ausschußsystems und die Schaffung kompetenter Fachausschüsse, in denen sachinformierte "backbencher" tätig werden könnten, für den Status des Parlaments und dessen Arbeitsleistung von einem gewissen Nutzen wären.[21] In diesem Zusammenhang stellt sich schließlich die Frage, ob nicht der Deutsche Bundestag auf dem Wege ist, als „arbeitendes Redeparlament" jene Balance zwischen Rede- und Arbeitsparlament zu finden, die für den allgemeinen Entwicklungstrend moderner Parlamente beispielhaft werden könnte.

20 Dazu näheres oben S. 175 ff.
21 Siehe hierzu Thomas J. Carbery "Views and Opinions – The Americanisation of British Politics", in: The Journal of Politics, Bd. 27, Nr. 1, Februar 1965, S. 179 ff und S. A. Walkland "Science and Parliament: The Role of the Select Committees of the House of Commons", in: Parliamentary Affairs, Bd. 18, Nr. 3, Sommer 1965, S. 266–278, bes. S. 277 f.

15. Seniorität im amerikanischen Kongreß: Das Beispiel Cannon

Der amerikanische Präsident steht im vollen Rampenlicht der Weltbühne. Seine Macht im eigenen Lande ist jedoch begrenzt.[1] Viele Maßnahmen und Verhaltensweisen des Präsidenten sind nur verständlich, wenn man die Machtfülle des Kongresses im amerikanischen Regierungsprozeß voll in Rechnung stellt. Dank eines merkwürdigen, für europäische Vorstellungen äußerst seltsamen Prinzips, des sogenannten Senioritätsprinzips — das allerdings seit Beginn der 70er Jahre eine gewisse Lockerung erfahren hat — ist es hier einigen Männern, deren Namen mitunter selbst im eigenen Lande so gut wie unbekannt sind, möglich, im Kongreß und über den Kongreß eine politische Machtposition aufzubauen, die in bestimmten staatlichen Zuständigkeitsbereichen selbst der des Präsidenten mehr als ebenbürtig zu sein vermag.

Wie so etwas möglich ist, welche Bedeutung dem Senioritätsprinzip zukommt und welche Rolle es im parlamentarischen Entscheidungsprozeß spielt, läßt sich besonders eindringlich an Hand der Karriere von Clarence Cannon beschreiben. Als der 85jährige Kongreßabgeordnete Clarence Cannon am 12. Mai 1964 starb, war er als Vorsitzender des Bewilligungsausschusses des Repräsentantenhauses einer der einflußreichsten und mächtigsten Männer der amerikanischen Bundespolitik. Dennoch war der Demokrat aus Missouri den weitaus meisten Amerikanern völlig unbekannt.

Nomen est omen. Für so manchen Bürger der USA hat der Name Cannon einen etwas bitteren Beigeschmack. Der Mehrzahl ist es allerdings kaum bewußt, daß die väterlich-vertraulich klingende Formel *"Uncle Joe"*, mit der während des Zweiten Weltkrieges Stalin bedacht wurde, eine Anspielung auf einen berühmten Namensvetter des kürzlich verstorbenen Kongreßmannes war: Joseph G. Cannon, den „Zaren", den Diktator schlimmer Tage. Joseph Cannon führte zu Beginn dieses Jahrhunderts als Speaker des Repräsentantenhauses im Kongreß ein hartes Regiment. Ohne seine Zustimmung war fast jede Vorlage zum Scheitern verurteilt. Nur was vor ihm Gnade fand, konnte hoffen, ungeschoren die Kongreßhürden zu überspringen. Cannons barsche Diktatur führte 1910 zur berühmten „Hausrevolte" und zur entscheidenden Beschneidung der Position des Speaker. Die Schwächung der „integrierenden Führungsspitze" aber hatte zur Folge, daß die Macht der Kongreßausschüsse und ihrer Vorsitzenden wuchs. Diesen Ausschüssen kommt in den USA seit jeher eine weit größere Bedeutung im parlamentarischen Gesetzgebungs- und Entscheidungsprozeß zu, als gleichgearteten Parlamentsgremien irgendeines anderen Landes. Schon 1885 hatte Woodrow Wilson in seinem klassischen Buch über den Kongreß erklärt, der Kongreß bestehe in Wirklichkeit aus einem schlecht — wenn überhaupt— koordinierten Konglomerat selbstbewußter Miniaturparlamente, den Kongreßausschüssen.[2]

1 Vgl. dazu oben S. 65 f., dort bes. Anm. 16.
2 Woodron Wilson: Congressional Government, Boston 1885.

Vor 1910 lag die letzte Entscheidung über die Besetzung dieser Ausschüsse und ihrer Vorsitzendenposten beim Speaker. Seitdem gilt vor allem für die Auswahl der Ausschußvorsitzenden das ungeschriebene Gesetz der Seniorität: Das Mitglied der Majoritätspartei, das am längsten und ununterbrochen einem Ausschuß angehört, hat Anspruch auf das Amt des Vorsitzenden. Dieser Ausschußvorsitzende ist weit mehr als ein *primus inter pares.* Er verfügt traditionsgemäß seinen Ausschußmitgliedern gegenüber sowie bei der Besetzung von Unterausschüssen und der Ernennung ihrer Vorsitzenden über Entscheidungsbefugnisse, die faktisch denen des Speakers vor der Revolte von 1910 gleichkommen.[3]

I. Die "Seniority Rule"

Bis zu einem gewissen Grade gilt in jeder parlamentarischen Körperschaft das Senioritätsprinzip: Die Abgeordneten, die am längsten einem Parlament angehören, werden innerhalb ihrer Parteien und im Parlament selbst aufgrund ihrer Erfahrungen bei entsprechender Leistung besondere Vorzüge genießen. Aus ihnen werden sich vor allem die Ausschußvorsitzenden rekrutieren. Eine derartige „natürliche" Senioritätsregel wird aber stets unter dem Vorbehalt parlamentarischer bzw. fraktioneller Mehrheitsentscheidungen stehen. Formal ist das auch in beiden Häusern des Kongresses der Fall. So heißt es beispielsweise in "Rule X, 3" der Geschäftsordnung des Repräsentantenhauses:

"At the commencement of each Congress, the House shall elect as chairman of each standing committee one of the Members thereof..."

Gerade bei der Wahl eines Ausschußvorsitzenden gilt jedoch die Senioritätsregel mit einer solch automatischen Perfektion, daß die Geschäftsordnungsbestimmung, die die Mehrheitswahl durch das Haus vorschreibt, zu einer reinen Floskel degradiert wurde. Tatsächlich herrscht das ungeschriebene Gesetz der Seniorität nirgendwo sonst so „ehern" wie gerade bei der Besetzung der zentral bedeutsamen Posten der Ausschußvorsitzenden: Das Mitglied der Majoritätspartei, das am längsten und ununterbrochen einem Ausschuß angehört, wird *automatisch* dessen Vorsitzender. Die politische Grundhaltung des Kandidaten spielt dabei keine Rolle. Selbst als ausgemachter Gegner der Mehrheit seiner eigenen Partei verliert er üblicherweise nicht seinen „Rechtsanspruch" auf den Ausschußposten, falls die Reihe an ihn kommt. Das „eherne Gesetz" der Seniorität geht in diesem Falle allen parteipolitischen Erwägungen vor.

Es nimmt hier als ungeschriebene Verfahrensregel den Platz ein, der in parlamentarischen Parlamenten wie dem Britischen Unterhaus und Deutschen Bundestag der ungeschriebenen Norm der Fraktionsdisziplin zukommt.

---

3 Näheres hierzu und zum folgenden mit eingehenden Nachweisungen in meinem Aufsatz „Das ‚Rules Committee' des amerikanischen Repräsentantenhauses: Eine Machtbastion", in: Politische Vierteljahresschrift, Heft 4, Dez. 1967, S. 585–607, hier bes. S. 586 ff.

Eine relativ lange Tradition hat die Senioritätsregel im Senat. Im Repräsentantenhaus gewann sie erst seit dem zweiten Jahrzehnt dieses Jahrhunderts ihre noch heute vorherrschende Bedeutung. Bis zum Jahre 1910 entschied der vom Repräsentantenhaus gewählte Speaker über die Ausschußbesetzung und die Benennung von Ausschußvorsitzenden. Zwar war es schon damals weitgehend üblich, der Senioritätsregel zu folgen: kein Speaker suchte mutwillig Händel. Aber die Senioritätsregel galt nicht automatisch, sondern wirkte nur als allgemeine Leitlinie, an die sich kein Speaker völlig gebunden fühlte. Erst als die Speaker Thomas Reed gegen Ende des vorigen Jahrhunderts und insbesondere Joseph Cannon im ersten Jahrzehnt dieses Jahrhunderts von ihrem Entscheidungsrecht allzu eigenwilligen Gebrauch machten, indem sie persönliche und politische Freunde mit Posten belohnten, Gegner jedoch rücksichtslos übergingen, führte das 1910 zur erwähnten Rebellion gegen „Zar Cannon". Am 5. April 1911 wurde schließlich die oben zitierte "Rule X, 3" endgültig in die Geschäftsordnung des Hauses aufgenommen. Damit war dem Speaker das Ernennungsrecht entzogen worden.

Nun drohte allerdings den Parteien bei der Kandidatenaufstellung eine politische Zerreißprobe. Um diese zu vermeiden, zog man sich in beiden Parteien mehr und mehr auf das mechanische Selektionsmittel der Senioritätsregel zurück. Aus Furcht vor innerparteilichen Revolutionen erhielt die Senioritätsregel mit der Zeit auch im Repräsentantenhaus die Qualität eines unumstößlichen Gewohnheitsrechts, über das junge Abgeordnete mitunter herzhaft schimpfen, während es von Kongreßveteranen, die bereits einige Jahre Seniorität erworben haben, mit mahnendem Finger geheiligt wird. Kein anderer Sachverhalt macht die enge Wechselbeziehung zwischen Parteien- und Kongreßreform so offenkundig wie der der "Seniority Rule". Die Senioritätsregel stärkt den einzelnen Abgeordneten als unabhängigen Einzelgänger gegenüber seiner Partei (bzw. Fraktion), dem wichtigsten Organisator und Integrationsfaktor innerhalb eines Zweiparteien-Parlaments. In einem Parlament, dessen Ausschüsse als die bedeutsamsten Arbeits- und Machtzentren anzusehen sind, wird die Senioritätsregel somit zum entscheidenden Garanten wirkungsvoller Machtaufsplitterung und allgemeiner politischer Dezentralisation — und demgemäß zum wesentlichen Hemmnis für die Einhaltung aktionsfördernder Parteidisziplin.[4]

Andererseits sind es gerade die Parteien im Parlament, die als Gralshüter des Senioritätsprinzips wirksam werden, denn die Parteien sind es ja, die allein für die Einhaltung der Senioritätsregel zuständig sind. Das ergibt sich bereits aus dem Prozeß der allgemeinen Ausschußbesetzung. Bei der Aufstellung der Listen für die Besetzung der Ausschüsse (seit 1848 üblich) und deren Vorsitzendenposten wird zunächst zwischen den Parteien

---

4 Daß die Senioritätsregel keineswegs auf die Ausschußbesetzung bzw. Wahl der Ausschußvorsitzenden beschränkt ist, sondern ein weit allgemeineres Selektionsprinzip darstellt, hebt Galloway hervor: "The rule of seniority is a factor not only in the choice of committee chairmen, but also in the distribution of office suites in the House Office Buildings, in committee assignments, in the appointment of members of the influential conference committees, and even in the protocol of social life in the nation's capital. Seniority in the House of Representatives is a major factor in giving a member position and influence in the Congress and in Washington." George B. Galloway: History of the House of Representatives, 2. Auflg., New York 1972, S. 34.

ausgehandelt, in welchem Stärkeverhältnis sie in jedem einzelnen Ausschuß vertreten sein sollen. Die Relationen sind hierbei von Ausschuß zu Ausschuß mitunter recht unterschiedlich. Anschließend bestimmt jede Partei für sich (gemäß den ihr zustehenden Posten) die Ausschußmitglieder und deren Rangfolge. Hierbei folgt sie, insbesondere bei der Vorsitzendenbestellung, ,,freiwillig" der Senioritätsregel. Im Plenum des jeweiligen Hauses werden die ,,Vorschlagslisten" beider Parteien dann in der Regel en bloc einstimmig angenommen.

Theoretisch können die Parteien jederzeit jedem ihrer Mitglieder die Seniorität entziehen. Keine Bestimmung hindert sie daran, die Senioritätsregel als unbedingt geltendes Richtmaß überhaupt abzuschaffen. Ledlich die Furcht vor einem Parteizerfall (sowie den damit möglicherweise verbundenen Konsequenzen für das etablierte Zweiparteiensystem und die gewohnten Arbeitsweisen) hält sie von diesem Schritt zurück. Die Furcht sitzt trotz aller Kritik und Reformbemühungen tief und sichert dem Senioritätsprinzip bis heute seine robuste Lebenskraft.[5]

Diese Senioritätsregel prägt den gesamten parlamentarischen Entscheidungsprozeß bedeutungsvoller als so mancher Verfassungssatz.

So bildet beispielsweise nach der Verfassung in jedem der zwei Kongreßhäuser die Mehrheit das zur Erledigung aller parlamentarischen Arbeit erforderliche Quorum. In der Praxis hat sich diese Parlamentsmehrheit jedoch so lange zu gedulden, bis ihr der zuständige Kongreßausschuß eine Vorlage zur Abstimmung zuweist. Ob und wann das geschieht, liegt faktisch allein in der Entscheidungsgewalt des jeweiligen Ausschusses und hier weitgehend in der seines Vorsitzenden. Jedermann innerhalb und außerhalb des Kongresses, der von den Kongreßabgeordneten etwas will, wird es also peinlich vermeiden, den Unwillen selbstbewußter Ausschußfürsten leichtfertig heraufzubeschwören.

Alle Geschäftsordnungsregeln, mit denen eine endlose Verzögerungstaktik widerspenstiger Ausschüsse und besonders unkooperativer Vorsitzender vereitelt werden kann und soll, haben sich bisher nur in den seltensten Fällen als wirksam erwiesen. Es gehört zu den prägenden Kongreßtraditionen, die Weisheit und Unabhängigkeit der zuständigen Fachausschüsse mit bewundernswertem Langmut zu respektieren. Das Minderheitsrecht der Fachausschüsse wird selten dem Majoritätsrecht der Mehrheit aller Kongreßabgeordneten ,,geopfert".

---

5 Als die Demokraten im Repräsentantenhaus zu Beginn des 89. Kongresses (Januar 1965) ihren Fraktionskollegen John B. Williams (Miss.) und Albert W. Watson (S.C.) die Seniorität entzogen, da sie sich während der Wahl 1964 öffentlich für die Präsidentschaft des republikanischen Kandidaten Goldwater und gegen Johnson erklärt hatten, bedeutete dies eine ausgesprochene Sensation. Es war das erste Mal seit 1911, daß ein derartiger Sanktionsakt von der demokratischen Fraktion mit Mehrheit beschlossen wurde.
Auf republikanischer Seite gab es mehrere ähnlich gelagerte Fälle in den zwanziger Jahren, zumeist in Verbindung mit der Präsidentschaftskandidatur LaFolletts als ,,Progressiver". Näheres hierzu bei Clarence A. Berdahl "Party Membership in the United States", in: APSR, Bd. 36, 1942, Teil I, S. 16–50 und Teil II, S. 241–262.
Zum Fall Williams–Watson siehe auch den interessanten Beitrag von Daniel Rapoport "Mr. Blatnik Plans a Purge", in: The Reporter, 3. Dezember 1964, S. 32–34 sowie "Congressional Quarterly Weekly Report", Nr. 2 (8. Januar 1965), S. 33 und Nr. 25 (18. Juni 1965) S. 1185.

Ein Abgeordneter, der in seinem Distrikt immer wieder gewählt wird, im Kongreß Seniorität sammelt und schließlich — dank des Todes, der Resignation oder des Wahlpechs seiner Vorgänger — in seinem Ausschuß einen leeren, traditionsgemäß ihm allein zustehenden Vorsitzendensessel vorfindet, erhält diesen Sitz zwar nur als Mitglied der Majoritätspartei. Ihr gegenüber kann er jedoch eine hochgradige Unabhängigkeit und Eigenständigkeit entwickeln.

Die Parteizugehörigkeit im Kongreß ist weitgehend ein formaler Tatbestand. Wer in seinem Distrikt als „Demokrat" oder „Republikaner" gewählt wurde — und das hängt in der Regel von rein lokalen Bedingungen ab — sowie im Repräsentantenhaus bei der Wahl des Speaker „seinem" Parteikandidaten die Stimme gibt, hat damit seine Grundpflichten als Parteimann erfüllt. Kein Fraktionsmitglied ist verpflichtet, das Parteiprogramm des Präsidenten — der, falls sie den gleichen Parteinamen führen, zugleich sein Parteivorsitzender ist — auch nur zu unterstützen. Nach der Speaker-Wahl hat ein Fraktionsmann nur noch Mitglieds*rechte*: das Recht, bei der Verteilung der Ausschußsitze aus dem Kontingent seiner Partei befriedigt zu werden; das Recht, in den Ausschuß gewählt zu werden, in dem er bereits zuvor saß — es sei denn, seine Bitte um Überweisung in einen „besseren" und wichtigeren Ausschuß findet Gehör (auch hierbei spielt das Senioritätsprinzip eine gewisse Rolle); das Recht, falls seine Partei die Mehrheit stellt und er über die höchste Seniorität — d. h. also Mitgliedschaft an Jahren, Monaten und Tagen (!) im Ausschuß — verfügt, den Vorsitz zu übernehmen.

Als Ausschußvorsitzender gehört ein Abgeordneter zu den Schlüsselfiguren der parlamentarischen Machtstruktur. Er kann dabei mitunter eine Politik vertreten, die der der Mehrheit seiner Partei, deren gewählten parlamentarischen Führern und des vom Volke gewählten Präsidenten der gleichen Partei zuwiderläuft. Sein Ausschußvorsitz und seine Macht sind damit in der Regel nicht in Frage gestellt. Ganz im Gegenteil: man stellt nun erst recht was dar, man ist eine Realität, mit der sich der Rest der Partei abzufinden hat, die umworben sein will und die einkalkuliert werden muß. Besonders dann, wenn man den Vorsitz in einem der wichtigsten Ausschüsse des Kongresses inne hat, dem Bewilligungsausschuß des Repräsentantenhauses.

II. Das Beispiel Clarence Cannon

Clarence Cannon war seit 1941 Vorsitzender des Bewilligungsaussschusses des Repräsentantenhauses. Lediglich 1947/48 sowie 1953/54, als die Republikaner vorübergehend die Mehrheiten im Kongreß stellten, mußte der Demokrat aus Missouri einem republikanischen Kollegen den Platz frei machen. Während seiner zwanzigjährigen Amtszeit als Vorsitzender dieses Ausschusses begründete Cannon eine Machtstellung und komplette politische Unabhängigkeit von jedermann, insbesondere den Fraktionsführern und Präsidenten seiner eigenen Partei, die selbst in der amerikanischen Parlamentsgeschichte schwerlich ihresgleichen findet — und in diesem Ausmaß künftig wohl kaum mehr möglich sein dürfte. Es wird berichtet, daß Präsident Kennedy einmal vergeblich beim Vorsitzenden des Bewilligungsausschusses anrief, um ihn zu bitten, eine wichtige Vorlage nicht weiterhin zu verzögern. Cannon lehnte es rundweg ab, überhaupt ans Telefon zu kommen.

Der Vorsitzende des Bewilligungsausschusses ist der Zerberus des Kongresses, denn die *„power of the purse"* bildet das Herzstück parlamentarischer Macht. Ohne die Zustimmung der Bewilligungsausschüsse beider Kongreßhäuser kann der Präsident der Staatskasse keinen Cent entnehmen. Wohl werden alle Geldbewilligungen letztlich vom Parlamentsplenum verabschiedet. Vorlagen des Bewilligungsausschusses unterliegen jedoch im Repräsentantenhaus speziellen Geschäftsordnungsbedingungen und erfahren im Plenum ohne Zustimmung des Ausschusses nur sehr selten größere Änderungen. Im Ausschuß werden die entscheidenden Weichen gestellt; jedes Gesetz, das Ausgaben verursacht, benötigt den Segen des Bewilligungsausschusses. Das gilt nicht nur für die zwölf separaten Haushaltsgesetze der einzelnen Ministerien. Sämtliche Ausgabenanträge müssen die beiden Etappen der Autorisierung und der Bewilligung durchlaufen.[6]

Nehmen wir das Beispiel finanzieller Schulbeihilfen durch den Bund, und vergegenwärtigen wir uns den parlamentarischen Leidensweg eines entsprechenden Antrages im Kongreß. Sobald ein derartiger Gesetzentwurf eingebracht wird, wird er im Repräsentantenhaus automatisch vom „Parlamentarier" – einem Kongreßangestellten, der in der Praxis zumeist diese Aufgabe des Speaker erfüllt – dem zuständigen Fachausschuß für Arbeit und Erziehung zugewiesen. Es liegt völlig in der Entscheidungsgewalt dieses Ausschusses, ob und unter welchen Bedingungen er den Entwurf bearbeiten, abändern oder völlig neugestalten will. In der Regel wird er einem speziellen ständigen Unterausschuß zugestellt, der die nötigen öffentlichen Anhörungen (Hearings) unternimmt. Der Unterausschuß-Entwurf wird dann im Gesamtausschuß erörtert, überarbeitet und eventuell verabschiedet.

Kontroverse Gesetzesvorlagen – d.h. all die, bei deren Verabschiedung im Plenum keine Einstimmigkeit vorliegt oder zu erwarten ist – gehen anschließend dem *"Rules Committee"* zu, das erneut in sachliche Erörterungen eintreten kann sowie die speziellen Bedingungen bestimmt, unter denen der Gesetzentwurf im *"Committee of the Whole House"* und anschließend im Plenum debattiert und verabschiedet werden soll.[7] Über jede Vorlage, die Geldbewilligungen nötig macht, muß zunächst im *"Committee of the Whole House"* abgestimmt werden, bevor die Schlußabstimmungen im Plenum stattfinden können.

Findet der Entwurf vor dem 15 Mitglieder umfassenden *"Rules Committee"* keine Gnade oder besteht kaum Aussicht, daß sich die Mehrheit im Plenum den Verfahrensvorschlägen des „Geschäftsordnungsausschusses" anschließen wird, bekommt das Haus im allgemeinen den Entwurf nie mehr zu Gesicht.

Sollte der vorliegende Gesetzentwurf trotz allem dank erfolgreicher Manöver im Plenum des Repräsentantenhauses verabschiedet werden, hat er einen sehr ähnlichen Prozeß im Senat zu durchlaufen. Weicht der Senatsentwurf vom Hausentwurf ab, tritt ein für jedes Gesetz neu zusammengesetzter Vermittlungsausschuß in Aktion, dessen Vorschläge in beiden Häusern nur insgesamt abgelehnt oder angenommen werden können. Ist letzteres der Fall, geht der vom Kongreß verabschiedete Beihilfenbeschluß dem Präsidenten zu, der sein Veto einlegen kann oder unterzeichnet, womit das Gesetz zustande gekommen ist. Dieses Gesetz ist ein Autorisierungsgesetz, d.h. mit ihm wird der Präsident lediglich autorisiert, das entsprechende Aktionsprogramm zu starten. Zu-

---

6 Siehe auch oben S. 324.   7 Siehe S. 347, Anm. 3.

gleich werden die zuständigen Gremien innerhalb des Kongresses aufgefordert und autorisiert, die erforderlichen Mittel hierfür bis zu einem bestimmten Höchstbetrag zu bewilligen.

Nun beginnt die zweite Etappe: der Geldbewilligungsprozeß. Dieser Prozeß muß stets vom Bewilligungsausschuß des Repräsentantenhauses ausgehen. Erst wenn der Ausschuß dazu gesetzlich autorisiert ist, darf er die zweckgebundenen Geldmittel bis zu dem im Autorisierungsgesetz festgelegten Höchstbetrag freistellen. Dazu kann er erneut in eine sachliche Diskussion eintreten — die er in der *Praxis* bereits vor Verabschiedung des Autorisierungsgesetzes aufnehmen kann, wenn sein Vorsitzender es will! — und mit seiner Bewilligung jederzeit unter dem autorisierten Höchstbetrag bleiben. Bei diesen Erörterungen können sich die Bewilligungsausschüsse beider Häuser Zeit lassen. Gelegentlich vermag das nahezu in Sabotage auszuarten: Anfang Dezember 1963 hatte der Kongreß — vor allem wegen der Verzögerungstaktik einiger süddemokratischer Unterausschuß-Vorsitzender des Bewilligungsausschusses im Senat — noch nicht einmal die Hälfte der zwölf ordentlichen Haushaltsgesetze des laufenden Haushaltsjahres (1. Juli 1963 bis 30. Juni 1964) dem Präsidenten zur Unterzeichnung zugewiesen. Die betroffenen Ministerien mußten sich für die laufenden Geschäfte bis zur Höhe der Bewilligungen des vergangenen Haushaltsjahres Geld borgen und durften neue Programme nicht starten. Es war ein deutliches Zeichen für das seinerzeit getrübte Verhältnis zwischen dem demokratischen Präsidenten Kennedy und seinem Kongreß, in dessen beiden Häusern die Demokraten eine überwältigende Mehrheit hatten, zugleich aber auch ein Beweis der unfreundlichen Beziehungen zwischen Präsident und Bewilligungsausschuß, dessen konservative Mehrheit im Repräsentantenhaus unter Leitung seines erzkonservativen Vorsitzenden Cannon dem progressiven Sozialprogramm des Präsidenten spürbaren Widerstand entgegenbrachte.

Im Bewilligungsausschuß wird der Ausgabenantrag zunächst vom zuständigen Unterausschuß und später im Vollausschuß erörtert und verabschiedet. Wird die Vorlage des Bewilligungsausschusses dem Plenum zugeleitet, wird sie wie stets bevorzugt behandelt. Ist sie angenommen, muß der gleiche Bewilligungsprozeß im Senat absolviert werden. Eventuelle Abweichungen sind im Vermittlungsausschuß auszugleichen. Haben beide Häuser der gleichen Version zugestimmt, geht die beschlossene Vorlage zur Unterschrift ins Weiße Haus. Falls der Präsident sein Veto nicht einlegt, wird die Vorlage mit dem bewilligten Geldbetrag Gesetz.

Was für das Schulhilfengesetz zutrifft, gilt ebenso für Agrarsubventionen, subventionierte Kanal- und Brückenbauten, Verteidigungsausgaben, Auslandshilfen usw. In all diesen Bereichen erarbeiten die zuständigen Fachausschüsse die Autorisierungsgesetze, die den jeweiligen Höchstbetrag festlegen, während der Bewilligungsausschuß in jedem Falle die Freigabe einer geringeren Summe vorschlagen und in der Regel im Plenum durchsetzen kann.[8]

In diesem komplexen und komplizierten Gesetzgebungsprozeß nimmt der Bewilligungsausschuß eine entscheidende, strategische Position ein — und im Ausschuß selbst

---

8 Zu den Erfahrungen, die die Präsidenten Kennedy, Johnson und Nixon mit ihrem Gesetzgebungsvorhaben im Kongreß machten, siehe jetzt Jürgen Hartmann: Der amerikanische Präsident im Bezugsfeld der Kongreßfraktionen, Berlin 1977.

dessen Vorsitzender. Er hat somit einen bedeutenden Einfluß auf eine Vielzahl grundlegender innen- und außenpolitischer Entscheidungen. Die Macht des Vorsitzenden gegenüber seinen Kollegen innerhalb und außerhalb des Ausschusses beruht dabei nicht zuletzt auf seiner Chance, durch freundliche oder ablehnende Gesten bei der Bewilligung von Einzelbeträgen, mit denen öffentliche Projekte einzelner Distriktabgeordneter bedacht werden, deren bereitwillige Kooperation zu erkaufen. Ist der Ausschußvorsitzende in der Lage, die potentiellen Machtmöglichkeiten seiner Stellung durch sachliche Kennerschaft und taktisches Vermögen geschickt auszuschöpfen, wird er zur zentralen Figur in den wichtigsten Bereichen parlamentarischer Gesetzgebung.

Clarence Cannon war ein Meister dieser Künste. Er wurde mit den Jahren im Kongreß zu einer Institution, deren Bedeutung in den Kulissen der Washingtoner Bühnen nur Dilettanten und Narren gering achteten.

Cannons immenser Einfluß lag keineswegs nur in seinem Amt begründet. Wirklich machtvolle Vorsitzende müssen immer noch etwas mehr als bloße Seniorität aufweisen können. So war Cannon ein ganz außergewöhnlicher und außerordentlicher Mann. Er gehörte nicht zu den liebenswürdigen Naturen; mehr gefürchtet und respektiert als geschätzt und verehrt, machte er den persönlichen Umgang nicht immer ganz einfach. Bekannter als seine Liebenswürdigkeit war die Neigung zum Jähzorn. Es kam gelegentlich vor, daß sich ein Abgeordneter plötzlich mit ihm in einen handfesten Faustkampf verwickelt sah. Ein Parlamentskollege verlor kostbare Zähne dabei. Von kleiner Gestalt, zeitweilig mit bitterem Zynismus kokettierend, trug Cannon ein Gesicht zur Schau, daß aussah, als hätte ein ganzer Bienenschwarm sein Stachelgift darin abgeladen und es dabei vor allem auf die Nase abgesehen. Als Cannon einmal vorgeworfen wurde, er sei in seinem Sparsamkeitsfanatismus nicht ohne Vorurteile, da Ausgaben für sozial- und erziehungspolitische Projekte sowie besonders im Sektor der Auslandshilfe unter seinem Einfluß rigoros gekürzt, Agrarsubventionen hingegen äußerst liebevoll gehandhabt würden, kurz: er trüge zwei Gesichter, gab Cannon bissig zur Antwort: „Zwei Gesichter? Glauben Sie, ich würde dann immer mit diesem hier herumlaufen?"

Clarence Cannon vertrat seit den frühen zwanziger Jahren den konservativen ländlichen 9. Kongreßdistrikt im Nordosten Missouris, in dem es bis zum heutigen Tage keine größere Stadt gibt. Am gleichen Tage im März 1923, da der Demokrat Cannon erstmals seinen Abgeordnetensitz im Repräsentantenhaus einnahm, beendete sein Namensvetter Joseph Cannon, Republikaner aus Illinois, ein Nachbar also, seine berühmt-berüchtigte Kongreßkarriere. Clarence Cannon hatte die Stärken und Schwächen, Aufstieg und Niedergang des Speaker Cannon wohl studiert. Während Joseph seine „Diktatur" ausbaute, lehrte Clarence — geboren am 11. April 1879 — als Geschichtsprofessor am Stephens College in Missouri (1904–1908). Zugleich studierte er Jura. 1908 eröffnete er eine Rechtspraxis.

Während dieser Zeit vertrat ein Demokrat namens Champ Clark den 9. Distrikt von Missouri. Der junge Cannon war bald dessen Protegé und Mitarbeiter. Als Clark im Jahre 1908 zum demokratischen Fraktionsführer gewählt wurde und mit den „Revolutionären" der republikanischen Majorität den siegreichen Kampf gegen Speaker Cannon, den „Zaren", eröffnete, gehörte der gelehrte junge Freund aus dem Heimatdistrikt zu seinen Gehilfen. Speaker Cannon hatte den Bogen der Machtausbeute überspannt. Darin ist ihm Clarence Cannon nicht gefolgt.

Nach dem demokratischen Wahlsieg vom Jahre 1910 wurde Champ Clark im April 1911 zum Speaker gewählt. Er blieb es bis 1919. Clarence Cannon erhielt das Amt des „Parlamentariers" im Repräsentantenhaus zugetragen. Dessen Aufgabe ist es, den Speaker bei der Auslegung und Anwendung der Geschäftsordnung zu beraten. In beiden Kongreßhäusern sind die Geschäftsordnungen in Verbindung mit den zahlreichen Präzedenzfällen (heute allein im Repräsentantenhaus mehr als 11000) so verwickelt und kompliziert, daß die Hilfe eines versierten Experten des öfteren unumgänglich wird. Cannon wurde mit den Jahren der anerkannt beste Kenner dieser äußerst verzwickten Materie. Seine Publikationen auf diesem Gebiet sind berühmt. In Fortsetzung der Arbeiten von Asher Hinds wurde er Mitverfasser der voluminösen elfbändigen Fallsammlung *"Hinds' and Cannon's Precedents of the House of Representatives".* Seine synoptische Übersicht hierzu, *"Cannon's Procedure in the House of Representatives",* ist heute die Bibel des amerikanischen Geschäftsordnungswesens, das amerikanische Gegenstück zu Sir T. Erskine Mays *"Parliamentary Practice".*

Cannon war der erste „Parlamentarier", der sowohl unter einem demokratischen als auch einem republikanischen Speaker im Amt blieb. Zugleich war er der erste „Parlamentarier", der sich erfolgreich um einen Abgeordnetensitz bewarb. Die dabei gesammelten Erfahrungen und Kenntnisse kamen ihm in einem Parlament, dessen komplizierte Verfahrensweisen es zum Tummelplatz des cleveren Taktikers machen, sehr zustatten.

Madison schrieb einmal: „Je größer eine parlamentarische Versammlung ist, desto geringer wird die Zahl derer sein, die ihre Prozeduren bestimmen." Der Bewilligungsausschuß ist mit seinen 50 Mitgliedern der größte Ausschuß. Clarence Cannon herrschte in ihm mit eiserner Faust — wie Jahre zuvor Joseph Cannon, der, bevor er Speaker wurde, von 1889 bis 1891 und von 1897 bis 1903 dem gleichen Gremium präsidierte. Unterdessen ist jedoch die Machtstellung des Ausschusses erheblich gewachsen. Das gilt nicht nur für das Geldvolumen. Seit 1943 stehen vielmehr dem Bewilligungsausschuß sowie allen seinen Unterausschüssen äußerst weitreichende Untersuchungsrechte gegenüber sämtlichen Zweigen der Exekutive zu. Cannons Ausschuß wurde damit zum parlamentarischen Zentrum der Bewilligung und Kontrolle aller Staatsausgaben.

In seinem Ausschuß war Cannons Einfluß fast unbegrenzt. Welche Macht und Entscheidungsgewalt ein Ausschußvorsitzender zu entfalten vermag, wird aus folgendem deutlich: Cannon bestimmte weitgehend die Zusammensetzung der zwölf ständigen und aller nichtständigen Unterausschüsse sowie die Personen ihrer Vorsitzenden. Er selbst machte sich zum Mitglied sämtlicher Unterausschüsse, um notfalls sein persönliches Gewicht bereits in den ersten Diskussionsstadien durch Rat und Stimme ins Spiel bringen zu können.

Am besten verstand er sich in seinem Ausschuß mit den konservativen süddemokratischen Kollegen — die zugleich die Mehrzahl der Unterausschußvorsitzenden stellten, da sie am stärksten von der Senioritätsregel profitierten — und den prinzipiell knauserigen oppositionellen Republikanern. Mit ihnen teilte er die Überzeugung, daß es kein Budget gebe, das sich nicht kürzen ließe, und daß Sparsamkeit in (fast) jedem Falle die höchste aller Tugenden sei.

Unterausschuß-Vorsitzenden, die dieser Linie folgten, ließ Cannon weitgehend freie Hand. Zeigten sie sich hingegen zu „regierungsfreundlich", konnte er zu energischen Maßnahmen greifen. So löste er beispielsweise am 25. Januar 1964 kurzerhand einen Unterausschuß auf, der zentral die wichtige Aufgabe einer Bearbeitung von Nachforderungen sämtlicher Ministerien und Agenturen zu erfüllen hatte. Die Auflösung und Verteilung seiner Zuständigkeiten auf mehrere Unterausschüsse verursachte langwierige Verzögerungen, hatte für einige laufende Regierungsprogramme katastrophale Folgen und wurde im Weißen Haus, das nichts gegen Cannons Handlungen unternehmen konnte, als eine äußerst unfreundliche Aktion des eigenwilligen Ausschußfürsten empfunden. Der Vorsitzende des aufgelösten Gremiums war ein „Johnson-Freund" aus Texas, der demokratische Abgeordnete Albert Thomas. Cannon hatte selbst ihn ohne Rücksprache vor vollendete Tatsachen gestellt.

Gewann hingegen ein „Unterfürst" Cannons aktive Sympathie und Rückendeckung, vermochte er seinerseits zur Schlüsselfigur zu werden. Zu diesen Männern gehörte – um ein extremes Beispiel zu nennen – Otto Passman, Vorsitzender des für Auslandshilfen zuständigen Unterausschusses. Der Demokrat aus Louisiana setzte jahrelang Einfluß, Energie und umfassende Detailkenntnisse dafür ein, die Politik der Auslands- bzw. Entwicklungshilfe des jeweiligen Präsidenten und seines Außenministers zu sabotieren. Sowohl Eisenhower als auch Kennedy hatten es nach ihrem ersten Gespräch mit Passman angewidert und als völlig sinnlos aufgegeben, mit dem Repräsentanten des fünften Distrikts von Louisiana weiterhin zu verhandeln. Passmans Argumentationen und Aktionen kreisten um die Erkenntnis: sämtliche Auslands- und Entwicklungshilfe ist grober Unfug und reine Geldverschwendung. Johnson war der erste amerikanische Präsident, der es fertig brachte, Passmans Reden mit stoischer Geduld zuzuhören. Er wußte, daß die Macht des Präsidenten dem Kongreß gegenüber weitgehend von seiner Überzeugungs- und Überredungskunst abhängt, die die geschickteste Manövertaktik begleiten muß. Konnte auch er den Louisiana-Mann nicht überzeugen, so doch wenigstens so tun, als nehme er ihn ernst, denn er war bis zu Cannons Tod gefährlich.

Präsident Kennedy war 1963 mit dem unpopulären Auslandshilfeprogramm in höchste Bedrängnis geraten. Die Geschichte dieses Gesetzes gehört zu den dunkelsten Kapiteln parlamentarisch-präsidentieller Kooperation in den USA und zeigt die Grenzen präsidentieller Entscheidungsfähigkeit im außenpolitischen Bereich.[9]

Anfang 1963 hatte Präsident Kennedy den Kongreß um 4,9 Milliarden Dollar Auslandshilfe für das kommende Haushaltsjahr ersucht, die Summe dann aber auf Grund der Empfehlungen des sogenannten „Clay Report" auf 4,5 Milliarden reduziert. Das Repräsentantenhaus autorisierte 3,5 Milliarden Dollar, der in Ausgabenfragen präsidentenfreundlichere Senat 3,7. Beide Häuser einigten sich schließlich Anfang Dezember auf ein Autorisierungs-Gesetz, das die Ausgabenhöhe mit 3,6 Milliarden Dollar festlegte.

Beim anschließenden Bewilligungsprozeß stand Präsident Johnson, der Kennedys Erbe am 22. November angetreten hatte, ein harter Kampf mit Passman bevor, dessen prinzipieller Widerstand bereits alle bisherigen Verhandlungen überschattet hatte. Der De-

---

9 Zum folgenden Belege in: Congressional Quarterly Almanac 1963, herausgegeben vom Congressional Quarterly Service, Bd. XIX, Washington 1964, S. 288–297.

mokrat aus Louisiana (1962 zum neunten Mal in seinem Einparteienstaat und -distrikt mit 24 609 Stimmen ohne Gegenstimme wiedergewählt – ein Wahldistrikt umfaßt durchschnittlich 410 000 Einwohner!) brachte es mit Cannons Rückendeckung fertig, daß das Repräsentantenhaus nur 2,8 Milliarden bewilligte. Da der Senat für 3,3 Milliarden stimmte, mußte ein Vermittlungsausschuß eingesetzt werden, in dem Passman die Vertreter des Repräsentantenhauses anführte. Nach endlosen Tag-und-Nacht-Manövern und harten Gefechten, in die Präsident Johnson sein ganzes Prestige investierte, kam ein Kompromiß zustande, wonach der Kongreß endgültig 3 Milliarden Dollar bewilligen sollte. In den frühen Morgenstunden des Weihnachtstages 1963 stimmte das Repräsentantenhaus in dramatischer Sitzung dem Bewilligungskompromiß zu. Der Senat folgte unmittelbar vor Jahresschluß.

Damit standen dem Präsidenten am 1. Januar 1964 zwei Drittel der angeforderten Summe für das laufende Auslandshilfeprogramm zur Verfügung, dessen Haushaltsjahr am 1. Juli 1963 begonnen hatte. Das amerikanische Volkseinkommen betrug im Jahre 1963 rund 660 Milliarden Dollar; das Budget des Bundes sah Ausgaben in Höhe von rund 96 Milliarden Dollar vor.

Während der zwanzig Jahre seiner Präsidentschaft über den Bewilligungsausschuß passierten Clarence Cannons Zensur weit mehr als eine Billion Dollar. Er war ein gestrenger Zerberus vor dem Kassenschrank seines Volkes.

III. Der Wechsel von Cannon zu Mahon

Als Cannon am 12. Mai 1964 im Alter von 85 Jahren starb, war er nicht das älteste Kongreßmitglied, weder an Lebensjahren noch an Dienstjahren im Repräsentantenhaus. Senator Carl Hayden aus Arizona (geb. 2. Oktober 1877), Vorsitzender des Bewilligungsausschusses im anderen Kongreßflügel – wovon sein Heimatstaat Arizona stark profitierte –, Präsident *pro tempore* des Senats und nach Speaker McCormack (73 Jahre) zweiter in der Präsidentennachfolge, war bereits 86 Jahre alt. Seit Februar 1912 saß er ununterbrochen im Kongreß, bis 1927 als Mitglied des Repräsentantenhauses, seitdem als Senator. Der Vorsitzende des Verteidigungsausschusses, Carl Vinson aus Georgia, wie Hayden ein Demokrat, war zwar erst 81 Jahre alt aber bereits seit 50 Jahren (1914) im Repräsentantenhaus.

Die strahlende Jugend Präsident Kennedys ließ leicht vergessen, daß das demokratische Haupt zwar jung, der Leib im Kongreß jedoch alt, recht alt war und ist. (Bei einem Wahlsiege Nixons 1960 hätte man das gleiche von den Republikanern sagen können – bis zur Nominierung Goldwaters war er theoretisch der Führer seiner Partei.) Erst Seniorität verschafft Einfluß und Macht in beiden Kongreßhäusern.[10] 1964 betrug das Durchschnittsalter der sieben wichtigsten Ausschußvorsitzenden im Senat 69 Jahre, im Repräsentantenhaus 72. Alle von ihnen waren älter als Präsident Johnson, ganz zu schweigen von Präsident Kennedy.

10 Darauf beruhte lange Zeit, und teilweise noch heute, die besondere Machtstellung der süddemokratischen Abgeordneten im Rahmen der demokratischen Kongreßmehrheiten. Dazu oben S. 316, Anm. 12.

Das Senioritätsprinzip treibt seltsame Blüten. Zu seinen Vorzügen zählt, daß es die Gewißheit eines monarchischen Erbfolgegesetzes verleiht. Jedes Ausschußmitglied wird im Rahmen der Kronprinzenfolge gesehen — und oftmals allein danach bewertet. In der Sekunde, da ein König stirbt, kennen die Mannen seinen Nachfolger und scharen sich um ihn. Der König ist tot, lang lebe der König! Cannons Nachfolger an der Tafelrunde der Ausschußfürsten wurde ein relativ junger Mann aus Texas, George Herman Mahon, 63 Jahre alt. Seit 1934 im Kongreß und seit 1940 Mitglied des Bewilligungsausschusses, war Mahon in der Schule Cannons gereift. Dennoch wurde der freundliche Riese aus dem Süden, der zumindest an Körpergröße seinem Landsmann Johnson ebenbürtig war, im Weißen Haus nicht ohne gedämpfte Hoffnungen im neuen Amt begrüßt.

Mahon selbst war seit Jahren Vorsitzender des Unterausschusses für Verteidigungsausgaben. Seine Macht in diesem lebenswichtigen und äußerst kostspieligen Haushaltsbereich sollte in den kommenden Jahren noch wachsen. Mahon ging jedenfalls der Ruf voraus, auch in außenpolitischen Fragen ein Verständnis für die Aufgaben eines amerikanischen Präsidenten in der Mitte des zwanzigsten Jahrhunderts zu besitzen. Die Manager der Johnson-Administration sahen daher mit dem Wechsel von Cannon zu Mahon zunehmende Morgenröte am Horizont. Hinter den Türen hieß es: Cannon ist tot, lang lebe Mahon!

Die gehegten Erwartungen wurden nicht enttäuscht. Das zeigt die Geschichte des Auslandshilfegesetzes fürs neue Haushaltsjahr 1964—65. Der Widerstand des Kongresses gegen die Kennedy-Forderungen hatte Präsident Johnson veranlaßt, sich nach der Decke zu strecken. Er kürzte seinen Voranschlag fürs kommende Hilfsprogramm auf 3,4 Milliarden Dollar. Passman kündigte sofort an, daß eigentlich nur 2,6 Milliarden gerechtfertigt seien und er zumindest 1/2 Milliarde aus der geforderten Summe herausschießen werde. Darüber starb Cannon. Passman wußte, daß er bei Mahon kaum Rückendeckung finden konnte. Aber er blieb zuversichtlich. Zwei Wochen nach Cannons Tod errang Präsident Johnson im Außenpolitischen Ausschuß des Repräsentantenhauses einen ersten bedeutsamen Triumph. Die Bescheidenheit des Präsidenten (die europäischen Staaten blieben aufgefordert, *ihren* Beitrag zu erhöhen), seine Wirksamkeit hinter den Kulissen und die Logik eines Wahljahres hatten dazu beigetragen, daß der zuständige Fachausschuß am 27. Mai 1964 beschloß, eine Autorisierung für die volle geforderte Summe auszusprechen — zuzüglich einer präsidentiellen Nachforderung von 125 000 Dollar Sonderbeitrag für Süd-Vietnam. Es war das erste Mal in der siebzehnjährigen Geschichte des amerikanischen Hilfsprogramms, daß die Kürzungen nicht bereits im Außenpolitischen Ausschuß des Hauses begannen. Es gehörte sonst zum guten Ton, schon hier wenigstens ein paar Millionen abzustreichen.

Am 10. Juni 1964 schloß sich das Repräsentantenhaus dem Autorisationsvorschlag des Ausschusses an. Die Ausgabenhöhe war auf 3,5 Milliarden begrenzt — davon 1/3 für Militär-, der Rest für Wirtschaftsbeihilfen.

Nun begann Passmans Kampf um sein Prestige. Er verkündete, daß er es persönlich während der letzten neun Jahre bewirkt habe, daß die Auslandshilfebewilligungen um insgesamt 8,1 Milliarden Dollar gekürzt wurden. Die Zuversicht des Kleinstädters aus Louisiana wuchs, als der republikanische Oppositionsführer Charles A. Halleck seine

Fraktion aufforderte, geschlossen für Passmans Kürzungsantrag von 514 Millionen Dollar zu stimmen.

Mitte Juni fand ein *tête-à-tête* zweier Texaner statt: Präsident Johnson und Kongreßmann Mahon trafen sich zu intensivem Gespräch. George Mahon ließ sich überzeugen, daß der Präsident um ein absolutes Minimum gebeten habe und weitere Kürzungen ohne ernsthafte Schädigungen amerikanischer Außenpolitik nicht zu vertreten seien. Mahon gab nun Passman höflich aber deutlich zu verstehen, er müsse seinen Kürzungskampf allein ausfechten.

Ein neuer, ungewohnter, kühler Wind wehte Passman vom Vorsitzendensessel her entgegen. Er und einige seiner Anti-Hilfe-Kollegen wollten Mitte Juni 1964 auf Staatskosten eine Reise nach Süd-Vietnam unternehmen. Mahon erklärte plötzlich, er könne nur zustimmen, wenn Passmans Reise von jedem Mitglied seines Unterausschusses schriftlich befürwortet werde. Der Abgeordnete aus Louisiana schäumte vor Zorn. Er lehnte es ab, einer Einladung des Präsidenten in den Rosengarten des Weißen Hauses zu folgen, bestritt öffentlich dessen Urteilsfähigkeit und rief Reportern bissig zu, er sei keine „politische Prostituierte", die man durch Reisen und „das Riechen an Rosen" kaufen könne.

Passmans Zorn war verständlich. Unter Mahons Vorsitz erlitt er seine erste eindeutige Niederlage — sowohl in seinem eigenen Unterausschuß als auch im Vollausschuß. Im Unterausschuß war es ein junger Republikaner, der Passman und seinem eigenen Fraktionsführer Halleck den Fehdehandschuh hinwarf: Silvio O. Conte aus Massachusetts. Mit und dank seiner Stimme konnte die Mehrheit der Ausschußdemokraten gegen den erbitterten Widerstand des demokratischen Ausschußvorsitzenden Passman — den bis auf Conte alle Ausschußrepublikaner bedingungslos unterstützten — einen Kürzungskompromiß von 200 Millionen Dollar durchbringen. Unter Führung Mahons schlossen sich der Vollausschuß und am 1. Juli 1964 das Repräsentantenhaus diesem sensationell geringen Kürzungsvorschlag an. Die entscheidende Abstimmung lautete 208 gegen 198 — für den Kompromiß stimmten 185 Demokraten und 23 Republikaner, für weitere Kürzungen von 214 Millionen (Antrag Passman) stimmten 143 Republikaner und 55 fast durchweg aus den Südstaaten stammende Demokraten.

Otto Passman geriet über seine Niederlage so außer sich, daß er es ablehnte, seinen Ausschuß im Plenum zu repräsentieren, und ein demokratischer Kollege, Vaughen Gary aus Virginia, damit beauftragt wurde.

Im Senat war bis Ende Juli 1964 weder ein Autorisierungs- noch ein Bewilligungsgesetz verabschiedet. Der Senatsausschuß für Auswärtige Angelegenheiten hatte unter Vorsitz von Senator Fulbright am 2. Juli für eine Autorisierung gestimmt, die nur um 50 Millionen Dollar unter der Präsidentenforderung lag. Vor dem Republikanischen Parteikonvent in San Franzisko kam es dann zu keiner weiteren Aktion. Das neue Haushaltsjahr lief am 1. Juli an.

Im Repräsentantenhaus hatte der neue, allerdings recht vorsichtig zu Werke gehende Ausschußvorsitzende Mahon nicht unwesentlich zum entscheidenden Klimawechsel beigetragen. Auch in Zukunft sollte für den Erfolg wesentlicher Gesetzgebungsprojekte des präsidentiellen Aktionsprogramms viel davon abhängen, ob der Tod der einen und die dank permanenter Wiederwahl gesicherte Seniorität der anderen im Kongreß jene rechte Auslese produzierte, die dem Präsidenten mehr Mahons als Cannons bescherte.

QUELLENNACHWEIS

1 Gewaltenteilung im demokratisch-pluralistischen Rechtsstaat, in: Politische Vierteljahresschrift, Heft 3, 1962, S. 256–282, ergänzte Fassung.

2 Erstveröffentlichung.

3 Erstveröffentlichung.

4 Demokratie und Legitimation, in: Dienen und Gestalten, Bd. 5, herausgegeben vom Deutschen Bundeswehr-Verband e.V., Bonn-Herford 1974, S. 19–32, ergänzte Fassung.

5 Parlamentarismus in den EG-Staaten und demokratisches Defizit der europäischen Institutionen, in: ZEITSCHRIFT FÜR PARLAMENTSFRAGEN, Heft 2, 1978, S. 233–253.

6 Parlamentarische Demokratie – Zur Problematik von Effizienz, Transparenz und Partizipation, in: Winfried Steffani (Hrsg.): Parlamentarismus ohne Transparenz, Kritik Bd. 3, Opladen 1971, S. 17–47.

7 Das öffentliche Parlament, in: Wilhelm Lenz (Hrsg.): Mensch und Staat in NRW – 25 Jahre Landtag von Nordrhein-Westfalen, Düsseldorf 1971, S. 259–279, gekürzte Fassung.

8 Über die parlamentarischen Untersuchungsausschüsse, in: Politische Vierteljahresschrift, Heft 2, 1960, S. 153–177.

9a Zur Kritik am Parteienstaat und zur Rolle der Opposition, in: Aus Politik und Zeitgeschichte, Beilage zur Wochenzeitung DAS PARLAMENT, B 45/1965 vom 10. November 1965, S. 17–40.

9b Möglichkeiten der Opposition – In einer parlamentarischen Demokratie und anderswo, in: Die politische Meinung, Nr. 13, 1968, S. 43–54.

9c Mehr Demokratie auch für die Opposition? In: Frank Grube und Gerhard Richter (Hrsg.): Der SPD-Staat, München 1977, S. 278–296.

10 Bürgerinitiativen und Gemeinwohl, in: Bernd Guggenberger und Udo Kempf (Hrsg.): Bürgerinitiativen und repräsentatives System, Opladen 1978, S. 49–74.

11 Verfassungsgerichtsbarkeit und demokratischer Entscheidungsprozeß, in: Aus Politik und Zeitgeschichte, Beilage der Wochenzeitung DAS PARLAMENT, B 21/68 vom 22. Mai 1968, S. 3–14, ergänzte Fassung.

12 Unabhängigkeitserklärung und Verfassung: Dokumente der Freiheit? In: Wochenzeitung DAS PARLAMENT, Nr. 32/33, 7. August 1976, S. 2.

13 Das amerikanische Regierungssystem, in: Regierungssystem und Gesellschaft in den USA, Politische Bildung Heft 2, 1976, (2. Auflage), S. 3–21.

14 Amerikanischer Kongreß und Deutscher Bundestag – Ein Vergleich, in: Aus Politik und Zeitgeschichte, Beilage zur Wochenzeitung DAS PARLAMENT, B 43/65 vom 27. Oktober 1965, S. 12–24, ergänzte Fassung.

15 Cannon ist tot, lang lebe Mahon! – Seniorität im amerikanischen Kongreß, in: Der Monat, Nr. 192, September 1964, S. 30–37, ergänzte Fassung.

Printed by Books on Demand, Germany